编委会：

顾　　问：游文昌
主　　任：郑一琳
副主任：张顺彬　王唯山
主　　编：戴一峰
编　　委：陈辉杰　徐晋民　陈　芳

海外移民与跨文化视野下的

近代鼓浪屿社会变迁

戴一峰 等 ◎著

厦门大学出版社 国家一级出版社
XIAMEN UNIVERSITY PRESS 全国百佳图书出版单位

图书在版编目(CIP)数据

海外移民与跨文化视野下的近代鼓浪屿社会变迁/戴一峰等著. —厦门:厦门大学
出版社,2018.3
ISBN 978-7-5615-6912-2

Ⅰ.①海…　Ⅱ.①戴…　Ⅲ.①社会变迁-研究-鼓浪屿-近代　Ⅳ.①K295.73

中国版本图书馆 CIP 数据核字(2018)第 054641 号

出 版 人	郑文礼
责任编辑	薛鹏志
特约编辑	戴浴宇
封面设计	蒋卓群
技术编辑	朱　楷

出版发行 厦门大学出版社

社　　址	厦门市软件园二期望海路 39 号
邮政编码	361008
总 编 办	0592-2182177　0592-2181406(传真)
营销中心	0592-2184458　0592-2181365
网　　址	http://www.xmupress.com
邮　　箱	xmup@xmupress.com
印　　刷	厦门集大印刷厂

开本	720mm×1000mm　1/16
印张	30
插页	2
字数	500 千字
印数	1～2 000 册
版次	2018 年 3 月第 1 版
印次	2018 年 3 月第 1 次印刷
定价	90.00 元

厦门大学出版社
微信二维码

厦门大学出版社
微博二维码

目　录

第一章

绪论:为什么是鼓浪屿

第一节　缘起:问题意识与样本选择

今天我们无疑正处于一个激烈变动的新时代。流动性与灵活性的加剧,全球化与本土化的并存,多元文化交流与碰撞的提速,构成了这个时代的基本特点。当人们试图从各自的角度来理解和解释这个时代出现的各种社会现象时,我们注意到,学术界的一种流行观点竭力强调当今时代的断裂性,因而完全忽视了今天社会变迁的历史连续性。连续与断裂,在历史长河中并非绝然隔离为二。连续中有断裂,断裂中有连续,这应是历史发展的自然面目。鉴于此,本书选择了中国东南沿海厦门湾里的一座海岛鼓浪屿,力图在长时段的视野下,考察和讨论这座海岛在 19 世纪中叶到 20 世纪中叶近百年间走过的近代化历程及其经历的社会变迁,探索一个既定区域的结构性要素以及历史积累与积淀,如何影响和制约该区域的近代化进程,锻造其鲜明样貌,形塑其基本特征,探索在全球化浪潮席卷世界各地的时代,移民及其负载的文化要素如何与移居地本土的异质文化产生碰撞、冲突、交错和交融,从而影响着该特定地区的历史进程。

鼓浪屿是地处中国东南沿海福建省南部(简称闽南)九龙江出海口厦门湾里的一座海岛,与厦门岛隔着 600 余米宽的鹭江海峡遥遥相望,行政上隶属于福建省厦门市。鼓浪屿全岛外观略显狭长,犹如一艘停泊在海湾的帆船,面积约 1.88 平方公里。岛上散布着 7 座花岗岩小山,以及众多的洞壑和井泉。环岛四周,白色的沙滩与多姿的礁石群交替散布,给这座海岛增添

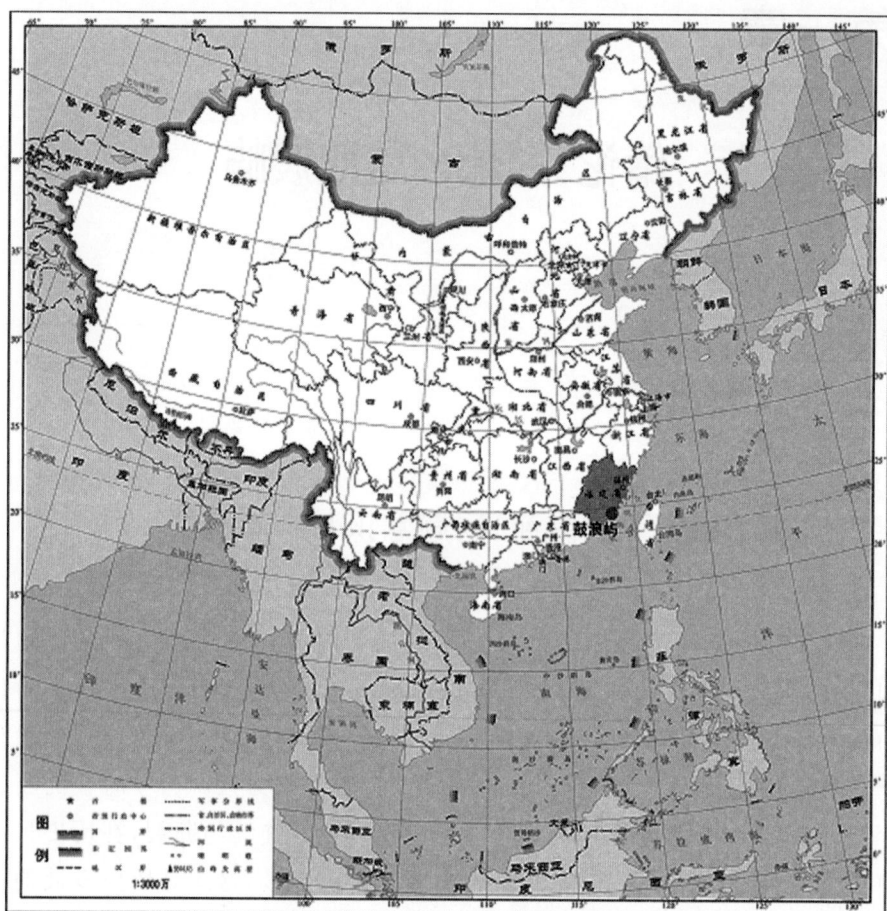

图 1-1　鼓浪屿区位图

了几多秀美。这里属亚热带海洋性季风气候，四季温暖潮湿，雨水充沛。全岛生长着数千种植物，遍地是常年郁郁葱葱的绿树。这使鼓浪屿成为厦门湾万顷碧波上一座风光秀丽，气候宜人，适合人居的海岛。然而，选择鼓浪屿作为研究样本，并非出于对它秀丽风光的迷恋，而是因为鼓浪屿独特而又充满魅力的近代历程。

在很长一段历史时期里，鼓浪屿是一座无人定居的海岛，尽管偶然有人造访它，并留下活动足迹。大约在元代（1271—1368），鼓浪屿邻近的闽南地区居民，在具有悠久历史传统的海洋经略活动中，选择了鼓浪屿作为新的栖息之地，掀开了鼓浪屿开发的序幕。此后，经历数百年的历史风雨，因应着15世纪地理大发现、新航路开辟带来的东西方交通大发展，汹涌澎湃的第一波全球化浪潮将闽南地区卷入其中。闽南地区居民的海上经略活动规模急剧扩展,海外贸易与移民迅速增长,移居开垦鼓浪屿的闽南居民人数也不断增加。虽然中经明代初年居民奉命内迁和复旧的挫折,但随着闽南移民移居开发鼓浪屿活动的不断扩展、累积,鼓浪屿岛上渐次形成三个较完整的居民聚落——内厝澳、岩仔脚和鹿耳礁。随着鼓浪屿闽南移民聚落片区的渐次形成,显示聚落渐趋稳定和成熟的闽南传统文化标识——包括"大夫第"、"四落大厝"等现今依然留存的闽南代表性民居建筑,祭拜祖先的"黄氏大宗祠"即"莲桂堂"、"黄氏小宗"、"景贤堂"、"垂裕堂"、"四美堂"等祠堂和祭祀神灵的"种德宫"、"兴贤宫"等寺庙也相继出现。这表明鼓浪屿已经沉浸在闽南文化的汪洋中,深深打上闽南文化的烙印。

如果说中国东南沿海岛屿的早期开发,总是与周遭大陆地区居民的海洋经略活动密切相连,那么鼓浪屿的早期开发除了这一共同特点外,另有其特色。作为厦门岛海上屏障的卫星岛,鼓浪屿的早期开发、发展,是与厦门岛的发展紧密勾连的。这一特点一直带入近代。18世纪中叶,当厦门岛面对鼓浪屿的西南部成为一处繁华的城区时,鼓浪屿也成了一座"上有小山,田园、村舍,无所不备","鸡犬桃花云水外"的海岛。厦门地方文人雅士更是将充满田园风光的鼓浪屿视为别开洞天的乐土。[①] 而在行政区划上,鼓浪屿也一直隶属于厦门,是厦门市镇四社下的一个保,称鼓浪屿保。[②] 至鸦片战争前的道光年间,鼓浪屿改为归属和凤前后社。[③] 步入近代前,据在鸦片战争期间进入鼓浪屿的外国人估计,鼓浪屿大约有3000名的居民。[④]

19世纪40年代初,随着厦门的开埠,西方商人、传教士、官员以及他们的家属接踵而至。不断涌入的西方侨民自然寻求开拓合适的社会生活空间,以满足社会活动和居住的需求。在经历一番挫折之后,他们最后选定鼓浪屿为移居之地。鼓浪屿逐渐成为华洋共居相处的国际社区。外国侨民从租房到自建西式楼房,逐渐形成与华人居民聚落相对分离的居住区。各国

① (清)薛起凤主纂,江林宣、李熙泰整理:《鹭江志》卷之一,《山川》,厦门:鹭江出版社,1998年,第40页。

② (清)薛起凤主纂,江林宣、李熙泰整理:《鹭江志》卷之一,《四社》,《四都》,厦门:鹭江出版社,1998年,第47、48页。

③ (清)周凯:《厦门志》卷二,《分域略》,厦门:鹭江出版社,1996年,第29~30页。

④ [英]翟理斯:《鼓浪屿简史》,载何丙仲辑译:《近代西人眼中的鼓浪屿》,厦门:厦门大学出版社,2010年,第171页。

领事馆、教堂、教会学校、医院和邮局等也随之相继开办于此。① 至 19 世纪 70 年代,鼓浪屿的外国侨民已近 200 人。为了提升社会生活品质,1880 年前后,居住在鼓浪屿的外国人组织了一个"鼓浪屿道路墓地基金委员会",通过征收人头税、人力车辆税、马匹税、车辆税、坟地税等各种税款的办法筹款,在鼓浪屿居住区内修筑了道路,架设了街灯,整治了水沟,栽种了树木等,②从而开始将他们的社会公共空间治理文化带入了鼓浪屿。

外国侨民中的传教士,则以鼓浪屿为中心,逐渐建立了一个覆盖整个闽南地区的传教网络。为了有效推进传教,教会和传教士把行医、办学作为传播福音的重要手段,将其视为传教事业的左右手。因此,教会、传教士在鼓浪屿掀开了兴办近代教育、医疗卫生和其他文化事业的序幕,先后创办了 20 余所学校、数家医院,以及创办一些报刊。③

与此同时,外国侨民还把西方业已成型的文明理念和生活方式带进鼓浪屿,影响了鼓浪屿的社会风尚。溺婴、缠足等一些代表传统文化糟粕的陈旧陋习受到冲击,妇女儿童权益的保护问题,包括生命权、健康权和人身自由权等受到重视,华人居民的饮食习惯、服饰与发式等流行时尚、出行方式以及婚丧礼仪等社会生活习俗也在悄然发生变化。来自异域的休闲娱乐方式也逐渐被本地居民所接受和喜好。西洋音乐和西式现代体育运动的逐渐流行,就是一个显著的标识。由于教会创办的学校中大多设置了音乐课和体育课,大大推动了西洋音乐和西式体育运动在鼓浪屿的传播与流行。④

1903 年,由于清政府的昏庸无能,鼓浪屿被辟为公共租界,由外国侨民占主导地位的鼓浪屿工部局行使对鼓浪屿全岛的行政管理权。其主要职能包括"应添筑修理新旧码头、道路,设立路灯,须水通沟,设立巡捕,创立卫生章程,酌给公局延请办事上下各项员役之薪工及设法抽收款项"。于是,工部局引入西方的市政建设与管理理念及其制度设计,在鼓浪屿积极推行公共设施建设和行政、立法、司法三权分立的管理体制。

由于作为工部局最高管理层的董事会从一开始就设置了一名华人董事,以及作为执掌司法机构的会审公堂由中国政府承担房租、薪金以及行政

① 张镇世、叶更新、杨纪波、洪卜仁:《"公共租界"鼓浪屿(1903—1941 年)》,厦门市政协文史资料研究委员会编:《厦门文史资料》第 16 辑,厦门:鹭江出版社,1990 年,第 5 页。

② *Decennial Reports*,*Amoy*,1892—1901.

③ 详见本书第五章。

④ 详见本书第四章。

开支,其堂长及其下属均为由中国政府委任雇用的华人,因此鼓浪屿一开始就存在华人介入社区管理的缝隙和运作空间。此后,随着鼓浪屿华人人口发急速增长,尤其是随着一批具备雄厚经济实力的闽南籍海外移民从台湾和东南亚返乡[①],入住鼓浪屿,华人社会力量迅速增长,参与社区建设与管理的力度不断加大。返乡的富有侨商不仅围绕着服务社区居民在鼓浪屿创办了戏院、市场等一系列新式商业,以及碾米厂、印刷厂、汽水厂、食品罐头厂、皮革厂、砖瓦厂等新式企业,而且在有力推进社区供水、供电、通讯、交通以及开辟公共活动空间等各种社区公共设施建设方面都发挥了举足轻重的作用。[②] 鼓浪屿国际社区聚落的格局,也逐渐从华洋并置,相对独立,转变为相互交错,相互融合。从而奠定了鼓浪屿社区聚落的基本样态和模式。

与此同时,随着返乡海外移民这个社会群体的经济实力不断增长,随着他们成为鼓浪屿社区的纳税大户,他们对鼓浪屿管理事务的介入和参与也日渐增强。事实上,早在公共租界刚刚设立的 1903 年 2 月,闽南返乡移民就倡议组织设立"鼓浪屿会议公所",于乌埭角每星期六晚聚会一次,讨论有关事项。首届议长由菲律宾归侨陈日翔担任。虽然被工部局借口该公所未经呈报,擅自成立,加以取缔,但以这个社会群体为中坚的华人参与鼓浪屿社区管理的强烈意愿已经初显。

1924 年,这个鼓浪屿社会的精英群体仿照"洋人纳税者会"规章,组织"华人纳税者会",用于委派工部局董事。尔后,鼓浪屿地方名流黄廷元发起组织"华民公会",原华人纳税者会成员中的返乡移民精英如黄奕住、林尔嘉、黄仲训等都参加。华民公会因此取代华人纳税者会。1926 年 3 月 1 日,华民公会召开董事会,提出修改《鼓浪屿公共地界章程》,改组工部局董事会,收回会审公堂等主张。驻厦领事团被迫接受修改意见,工部局华董名额由原来 1 名增至 3 名。1928 年 1 月,华民公会会址迁到中山图书馆内,吸收新会员,扩大组织,成立"华人议事会筹备处",发出改组通知书,分设 7 个登记处,进行选民登记,公开投票选举议员。当日参加投票选举的选民有 2000

---

① 本书中使用海外移民这一概念,意指移民台湾和东南亚的原中国居民。移民台湾属国内移民,移民东南亚属国际移民。其中,移居台湾的海外移民,我们习惯上称之为"台胞";移居东南亚的海外移民,以往学界则习惯以"华侨"称呼;对返乡的来自东南亚的海外移民,则习惯以"归侨"称呼。因此,本书有时因上下文的关系,也沿用这些称呼。

② 详见本书第三章。

余人。经选举产生 20 名议员和 20 名候补议员,正式成立"华人议事会"。该会规定由议员中推举 3 人为主席团,主持日常事务,秘书 1 人。并规定议员每年由鼓浪屿全岛华人直接选举,连选可连任。议员如被选为工部局华董,名额由候补议员递补。显然,这个精英群体逐步吸收来自西方现代文明的精髓,在鼓浪屿社区近代化建设和治理中发挥更大作用。①

在文化教育事业和推动社会文明建设方面,这个社会群体同样表现出他们的实力和智慧。他们不但创办了普育小学、闽南职业中学和厦门女子师范学校(后改名慈勤女子中学)等一批新式学校,而且在资金、师资等方面大力支持新式教育,并积极参与学校董事会,在一定程度上促进了西式教育的在地化。而在推进社会文明建设方面,许春草、张圣才等人于 1929 年倡导成立的,以"挽救遭受虐待迫害的婢女,伸张正义,反对封建的奴婢制度"为宗旨的"中国婢女救拔团"堪称典范。在各界有识之士以及工部局的支持下,该组织卓有成效地开展各项活动,先后收容挽救了 300 余名遭受苦难的婢女,受到国际联盟考察团的赞赏。是为厦门地区妇女解放运动史上鲜亮的一页。②

至 20 世纪 30 年代,中外多元文化的并存与交融已经渗透到居民的日常生活中。教堂里唱诗班传出的悠扬歌声与种德宫、兴贤宫前喧天的锣鼓声鞭炮声并行不悖,各得其所;传统的戏曲、说书与西式的电影、戏剧共存,满足不同居民的偏好;西式的饮食习惯、时尚服饰成为了一批华人的喜好,但中式传统饮食习惯和服饰依旧流行;西医被越来越多的华人所接受,但中医依然占有一席之地;西洋音乐、体育等西式娱乐休闲活动日渐普及,但注重传统文化风情与底蕴的吟诗作赋、相互唱和,依旧大行其道。

固然,在当时中国社会大背景下,鼓浪屿并非世外桃源,也并非人间乐土。这里同样有贫困、有欺压、有凌辱,同样有嫖娼、吸毒、赌博和帮派械斗等不良社会风气,更有半殖民地制度下的种种屈辱。但是,这里毕竟是时代条件制约下一处多元文化交融产生现代性成果的地方,为后人留下一份宝贵的文化遗产。

遗憾的是,由于中日战争爆发,1938 年日本将侵略魔爪伸向厦门地区。尤其是 1941 年太平洋战争后,日本完全控制了鼓浪屿,将鼓浪屿推入苦难

---

① 详见本书第六章。
② 详见本书第四章。

深渊。外国侨民纷纷撤离,华人,尤其是返乡闽南移民也相继离开,鼓浪屿不再是一处宜人的国际化社区。1945 年日本战败投降,国民政府收回鼓浪屿公共租界。但由于此后国内战争爆发,局势动荡,鼓浪屿也基本上停止了发展的脚步。直到 1949 年新中国成立,鼓浪屿才翻开崭新的一页。

综上所述,在 19 世纪中叶到 20 世纪中叶的近百年间,鼓浪屿这座远处中华帝国边陲海疆的小岛,从经由闽南移民世代辛劳开发,散发着浓郁的闽南乡土气息,在地理大发现时代体验过东西方大交通律动的一处乡村,逐渐转变成由西方传教士、商人和官员及其亲属所组成的多国侨民所青睐的一处居留地,成了本地华人居民与外国侨民公共居住的社区,成了多国侨民展现和传播异域文化的处所。进而在以国内闽南移民为主体的本地华人居民、以返乡海外闽南籍移民为主体的华人精英群体,以及以传教士为主体的外国侨民的共同作用下,演化成一处带有浓郁的多元文化气息,传统与现代并存,中式与西式融合,初显现代市政风貌,管理井然有序,居住环境宜人的国际社区。

正是这样奇特的经历,使鼓浪屿在全球化进程提速,东西方交通全面展开,东西方文明激烈碰撞、交流的新时代里被推上时代的潮头,被形塑成多元文化交流、融合的窗口和样本;使鼓浪屿在中华帝国沉重的大门被新兴的资本主义列强的炮舰轰开,古老的文明帝国在一波又一波西学浪潮冲击下,开始步入社会转型,步履蹒跚地迈向近代化的特殊历史阶段,成了一群以闽南籍返乡移民和新式知识分子为主体的社会精英,自觉吸收西方现代文明精华,融合多国文化精髓,建构一处近代化城市社区的理想场所。

正是这样丰满的经历,使鼓浪屿为后人留下了一份内涵丰富多彩,弥足珍贵的文化遗产,也留下许许多多值得深入探究的历史启示。

作为一处五星级景区,当今天来自五洲四海、四面八方的游客踏上鼓浪屿,惊喜地观赏着岛上那一座座外形迷人,风格多样的建筑时,当他们感受着岛上丰富多彩的文化气息,体味着其中富含的历史内涵时,当他们的耳畔回响着一个个精彩纷呈,扑朔迷离的鼓浪屿传说与故事时,或许他们的脑海里会不由自主地浮现一连串的问题:是什么力量形塑了鼓浪屿的今天?在鼓浪屿穿过时代变幻无常的风云前行的路上,它曾经有过什么样鲜为人知的遭遇?为什么这样的经历会塑造出如此多姿多彩的鼓浪屿?鼓浪屿昨天走过的历史进程,又给今天的我们留下什么样的启示?这些也正是本书所要探究的核心问题。

第二节　检讨:研究回溯与资料检索

在很长一段历史时期里,鼓浪屿只是一座无人居住、孤悬海上的小岛。大约在元代(1271—1368),邻近的闽南地区居民开始移居这座海岛。我们见到记载鼓浪屿最早的史籍,是刊行于明弘治庚戌(1490年)由镇守太监陈道监修,黄仲昭编纂的首部福建省志《八闽通志》。该志书始修于明成化乙巳(1485年),成于弘治己酉(1489年)。编纂人黄仲昭(1435—1508),名潜,以字行,学者称未轩先生,福建莆田县人,是明代著名方志学家、诗文家。明宪宗成化二年(1466年)中进士,授翰林院编修。次年因上《谏元宵赋烟火诗疏》讽刺朝廷耽于逸乐,粉饰太平,得罪皇上,被廷杖、贬职,出任湖南湘潭知县,途中,改任南京大理评事。弘治元年(1488年),任江西提学佥事,然辞官回乡,历尽数年艰辛,编成《八闽通志》八十七卷。黄仲昭在序言中称:"其间若地理、食货、秩官、学校、选举、坛庙、恤政、宫室、丘墓、古迹之类,皆因诸郡所采事迹,随其详略,稍加删次。"[①]透露出其编写通志的资料来源。据该书所载:"古浪屿在嘉禾里二十四都,居民二千余家,洪武间尝徙其居民,成化六年仍复其旧。"[②]可见其时鼓浪屿称古浪屿。在明初,岛上居民曾经历内徙、复旧。但所载"居民二千余家",恐不足采信。[③] 事实上,关于古代鼓浪屿的史料甚少。除了方志史籍等地方文献和家谱族谱等民间文献只言片语的记载外,我们仅能从考古发掘和岛上现存的民居、祠堂、庙宇以及墓地遗址等获得一些零碎的信息。由此可以粗线条地描述出古代鼓浪屿岛上来自闽南地区移民及其后裔生息繁衍的大致情况。

19世纪40年代以降,由于鸦片战争中英军一度占领鼓浪屿长达3年多,尤其是随着1843年厦门的开埠,外国侨民相继入住鼓浪屿,鼓浪屿受到的关注骤然增多,有关鼓浪屿的史料也便迅速增多,尤其是西文资料。这些

---

① 福建省地方志编纂委员会主编:《八闽通志》上册,八闽通志序,福州:福建人民出版社,2006年。

② 福建省地方志编纂委员会主编:《八闽通志》上册,卷之一,地理,山川,泉州府,福州:福建人民出版社,2006年,第132页。

③ 详细考证参见本书第二章,第一节。

史料包括外国侨民中的部分商人、传教士和官员及其眷属的私人书信、日记、旅行笔记和回忆录等等私家文献资料,也包括报纸杂志上刊登的有关新闻及其他相关信息,还包括官员、传教士为上司或相关机构撰写的报告、公函等官方或半官方文献或档案资料。① 更值得一提的是英美日等驻厦领事按照规定,每年定期向主管机关递交的有关所在口岸的领事报告,内容广泛,连续性强。与此类似的是海关报告。由于 19 世纪 60 年代初,厦门海关建立了由外籍税务司掌管的洋关制度,外籍税务司依照总税务司的指令,编制贸易年报和自 20 世纪 80 年代开始的十年报告,提供了不少与近代鼓浪屿相关的史料。② 此外,类似的资料还有英国国会档案。不过,上述文献资料大多都是以有关厦门的信息为主的,与鼓浪屿相关的信息,只是作为附属部分,所占的分量很小。这是完全可以理解的。因为与鼓浪屿的前近代史不同,早在地理大发现、新航路开辟以来的东西方交通急剧扩展的第一波全球化浪潮时期,厦门就深深卷入其中。是故,西人早在鸦片战争之前就对厦门有了较多了解,因而在结束鸦片战争的谈判中选择厦门作为首批开放的 5个通商口岸之一。外国人自然首先将目光投向厦门本岛上的通商口岸。

与此同时,最初的鼓浪屿研究也就此缓缓展开。不过,和上述资料显示的情况一样,关于鼓浪屿的带有一定研究性质的文献,大多也是被包裹在有关厦门的研究或叙事中的,甚至有的只是出现在有关早期中外关系或中国历史著作的碎片中。前者如 1872 年英国人乔治·休士(George Hughes)在香港出版的《厦门及周边地区》(*Amoy and the surrounding districts*)一书、1996 年英国人朱利恩·休斯·爱德华发表在《中国评论》(*The China Review*)上的《厦门地理通述》(*Amoy: General Geographical Description*);③后者则如米琪(Alexander Michie)的《阿礼国传》(*The Englishman in China During the Victorian Era as Illustrated in the Career of Sir Rutherford*

---

① 相关的材料可以参见 Willian N. Brown(潘维廉)编写的《老外看老鼓浪屿》(中英对照),厦门:厦门大学出版社,2010 年;何丙仲辑译:《近代西人眼中的鼓浪屿》,厦门:厦门大学出版社,2010 年。

② 相关资料的中文译本,参见戴一峰等译编:《近代厦门社会经济概况》,厦门:鹭江出版社,1990 年。

③ 译文见何丙仲辑译:《近代西人眼中的鼓浪屿》,厦门:厦门大学出版社,2010 年,第 1~124 页。

Alcock）两卷本。①

《厦门及周边地区》一书的内容包括厦门及其周边地区的历史、人文地理和通商贸易等。这是我们至今见到的关于厦门地区历史专题的最早的西文书籍。但其中仅有寥寥数语涉及鼓浪屿，简要叙述外国侨民在鼓浪屿居住的环境。在篇幅长达百余页的这本书中，有关鼓浪屿部分不足一页。《厦门地理通述》和《二十世纪香港、上海和中国其他商埠志》中的"厦门"一文中有关鼓浪屿的部分均有所增加，但依然只是作为厦门的附属内容。

我们至今见到的第一部有关鼓浪屿的专著，是英国人赫伯特·艾伦·翟理斯（Herbert Allen Giles）所编写，1878 年出版的《鼓浪屿简史》（*A Short History of Koolansu*）。翟理斯 1867 年来华，曾先后担任英国驻汕头、厦门、宁波和上海等地领事。在中国生活了 24 年，是个中国通。期间于 1878 年出任英国驻厦代理领事，1881 年离任。《鼓浪屿简史》内容丰富，对鼓浪屿的历史、地理、气候、人口、治安、土地制度、宗教、墓地、贸易、航运、外国侨民、休闲娱乐、风水、碑铭等等诸多方面均有涉及。但全书更多的是简介性的叙事，缺少学理性的阐述。与其说是一部学术著作，不如说是一部地方志书。或许正是因此缘故，据载，这部书颇受外国侨民的喜爱。有外国侨民甚至将其视为旅游指南类的工具书，作为圣诞礼物赠送他人。②

有趣的是，这些文献的作者大多是通晓中文的外国在华官员和传教士，如翟理斯是驻华领事，乔治·休士于 1862 年 12 月至 1865 年 4 月和 1869 年 12 月至 1875 年 3 月两度在厦门洋关担任外籍税务司。实际上，早期的欧美汉学家大多就是从这类人中产生的。翟理斯回国后就曾担任剑桥大学的汉学教授，成为著名的汉学家。

进入 20 世纪，随着鼓浪屿辟为公共租界，随着从海外返乡的闽南籍海外移民纷纷入住鼓浪屿，随着鼓浪屿人口的急剧增长，随着鼓浪屿社会政治、经济与文化变迁的加速，鼓浪屿受到来自各方的关注度也不断提高，有关鼓浪屿的信息资料随之不断增加。首先，随着地方报刊的增多，有关鼓浪屿的新闻报道、时政评议，以及各种社会生活动态的信息资料不断增多；其

---

① *The Englishman in China During the Victorian Era*，as Illustrated in the Career of Sir Rutherford Alcock，Willian Blackwood and Sons，Edinburgh and London，1900.

② ［英］翟理斯：《鼓浪屿简史》，载何丙仲辑译：《近代西人眼中的鼓浪屿》，厦门：厦门大学出版社，2010 年，第 165～166 页。

次，随着鼓浪屿社会政治的急速变化，有关中外官方的交涉以及外国在华势力间博弈的信息资料不断增多；再次，随着鼓浪屿社区公共设施建设与管理的演化，不同社会群体之间互动的信息资料不断增加；第四，随着鼓浪屿新型休闲娱乐文化生活的传播、扩展，相关的官私文献资料信息也在不断增加。

值得一提的是，在成系统的系列性档案资料中，除了前面提及的领事报告和海关报告外，鼓浪屿工部局的档案资料提供了一个新的系列。这一系列档案资料不仅包括鼓浪屿工部局的年度报告、会议记录，包括工部局颁布的各种律令、法规和通告，还包括工部局与外部各种组织机构来往函件，以及工部局颁发的各种证件、单据等等。另一个值得关注的新生增量来自日本各种在华组织机构的调查报告。由于自甲午战争日本割占台湾后，日本将福建视为其势力范围，大举展开各种活动，其中包括开展各种实地调查和资料搜集。由此形成了诸如厦门三五公司编的《福建事情实查报告》[①]、东亚同文会编印的《支那省别全志》第十四卷，福建省、[②]外务省通商局编印的《福建事情》、[③]兴亚资料经济编第十二号《福建省事情》[④]和台湾总督府热带产业调查会编印的《南支那の资源と経済》[⑤]等等一系列文献资料。此外，这一时期还有一些类似城市指南的小册子出版，提供了一些当时的各种信息资料。如苏警予、陈佩真、谢云声等编的《厦门指南》、[⑥]吴雅纯辑的《厦门大观》[⑦]。民国福建省政府也陆续印行出版了一批全省的相关统计数据和其他信息资料。如福建省政府秘书处统计室编的《福建历年对外贸易统计》[⑧]和《福建省统计年鉴：第一回》(合订本)[⑨]等。

除了上述文献资料外，近代来华外国人所绘制的地图或所拍摄的照片，

---

①　厦门三五公司编：《福建事情实查报告》，台湾日日新报社印，1908年。

②　东亚同文会编：《支那省别全志》第十四卷，福建省，1918年。

③　外务省通商局编：《福建事情》，1921年。

④　兴亚资料经济编第十二号《福建省事情》，1939年。

⑤　臺灣總督府熱帶產業調查會编：《南支那の資源と經濟》，1936年。

⑥　苏警予、陈佩真、谢云声等编：《厦门指南》，厦门：厦门新民书社，1931年。

⑦　吴雅纯辑：《厦门大观》，厦门：厦门新绿书店，1947年

⑧　福建省政府秘书处统计室编：《福建历年对外贸易统计》，福建省政府秘书处统计室发行，1935年。

⑨　福建省政府秘书处统计室编：《福建省统计年鉴：第一回》(合订本)，1937年。

也形成非常珍贵的史料系列。尤其是 19 世纪中后期，在相关文献资料比较匮乏的情况下，这些地图或照片对认知鼓浪屿聚落空间的演化以及早期外国侨民的生活状况，提供非常难得的证据，如大英图书馆所藏的各个时期的鼓浪屿地图和康奈尔大学图书馆所藏的有关 19 世纪 80 年代鼓浪屿的照片。①

然而，信息量的不断增长似乎并没有产生有效地研究推动。20 世纪上半期，在鼓浪屿研究领域，未见引人注目的进展。我们未见到单独或直接以鼓浪屿为研究对象的论著，仅有少数论著在有关厦门地区、闽南地区，甚或福建省的历史研究中，涉及鼓浪屿。如张遵旭的《福州及厦门》②、周之德的《闽南伦敦会基督教史》③、陈达的《南洋华侨与闽粤社会》④、郑林宽的《福建华侨汇款》⑤、别所孝二的《新厦门》⑥、茅乐楠编的《新兴的厦门》⑦等。此外西文方面，鼓浪屿依然是在研究其他问题的著作中被提及，如 1912 年出版的、美国传教士毕腓力（Philip Wilson Pitcher）撰写的《厦门纵横——一个中国首批开埠城市的历史》(*In and about Amoy：Some Historical and Other Fact Connected with One of The First Open Ports in China*)，⑧1910 年出版的、马士（Hosea Ballou Morse）撰写的《中华帝国对外关系史》(*The International Relations of The Chinese Empire*)⑨以及阿诺德·赖斯（Arnold Wright）主编的，1908 年出版的《二十世纪香港、上海和中国其他商

---

① 近十余年来，部分地图和照片被选编成书，如洪卜仁主编：《厦门旧影》，北京：人民美术出版社，1999 年；厦门市国土资源与房地产管理局编印：《图说厦门》，2006 年；洪卜仁主编：《厦门旧影新光》，厦门：厦门大学出版社，2008 年；洪明章：《百年鼓浪屿》，福州：福建美术出版社，2010 年；鼓浪屿申报世界文化遗产系列丛书编委会编：《鼓浪屿之路》，福州：海峡书局，2013 年；鼓浪屿申报世界文化遗产系列丛书编委会编著：《大航海时代与鼓浪屿：西洋古文献及影像精选》，北京：文物出版社，2013 年。

② 张遵旭著：《福州及厦门》，铅印本，1916 年。

③ 周之德著：《闽南伦敦会基督教史》，中华基督教闽南大会，1934 年。

④ 陈达：《南洋华侨与闽粤社会》，上海：商务印书馆，1937 年。

⑤ 郑林宽著：《福建华侨汇款》，福建省秘书处统计室印行，1940 年。

⑥ ［日］别所孝二：《新厦门》，大阪每日新闻社，1940 年。

⑦ 茅乐楠编：《新兴的厦门》，厦门萃经堂印务公司，1934 年。

⑧ 译本见［美］毕腓力著，何丙仲译：《厦门纵横——一个中国首批开埠城市的史事》，厦门：厦门大学出版社，2009 年。

⑨ ［美］马士著，张汇文等译：《中华帝国对外关系史》，北京：三联书店，1957 年。

埠志》(*Twentieth Century of Hongkong*，*Shanghai and Other Treaty Ports of China*)①等。

20世纪50年代,随着政权的更替,新中国的建立,鼓浪屿进入一个全新的历史时期。与鼓浪屿历史研究相关的史料建设也随之呈现一个新的局面:一是政协文史资料的大量涌出,二是各种档案资料的整理、汇编、出版。

鉴于全国各级政协中名流荟萃,集聚了一大批各行各业的代表性人物,1959年4月,全国政协三届一次会议闭幕当日,时任政协主席的周恩来邀请60岁以上的政协委员举办一个茶会。会上,周恩来倡议政协委员将自己在晚清和民国时期的亲历、亲见和亲闻记录下来,汇集出版。这一倡议立即得到热烈响应。7月,以著名历史学家范文澜为主任的全国政协文史资料研究会成立。随后,全国各地各级政协的文史资料工作机构也相继成立,一个覆盖全国各地的政协文史资料建设网络迅速形成,并有效运行。一批又一批各级政协组织撰写、编辑和出版的文史资料纷纷涌现。除了"文革"期间有短时间中断外,这项工作一直延续至今。烟台师范大学还因此建立了一个政协文史资料研究机构,搜集了全国各地各级文史资料。20多年前我有幸参观了该机构的图书资料室,面对一排排堆满文史资料的书柜,甚为惊叹。

正是在此情势下,1963年3月,《厦门文史资料》(第一辑)问世。此后,陆续有20余辑的《厦门文史资料》出版。尽管《厦门文史资料》所收集的文章大多与鼓浪屿历史无关,但也有一些珍贵的资料,如关于近代鼓浪屿的教会、传教士活动,关于近代鼓浪屿的教育,关于近代鼓浪屿的返乡海外移民,关于近代鼓浪屿公共租界的社会变化情况,等等。1995年底,《鼓浪屿文史资料》(第一辑)也问世。时任厦门政协主席的蔡望怀满怀期待和信心地表示:"我们一定可以做到每年都汇出一两本有分量、有水平、有借鉴价值的好集子。"果然,到2003年,共有10辑的《鼓浪屿文史资料》出版,汇集了一批甚为珍贵的史料。② 此外,在省级和其他地级的文史资料中,偶尔也可以见到与鼓浪屿历史相关的文史资料。如《福建文史资料》第5辑中,就刊载了《厦门的洋行与买办》一文。毋庸置疑,大量地方文史资料的涌现,为地方历史

①　译本见何丙仲辑译:《近代西人眼中的鼓浪屿》,厦门:厦门大学出版社,2010年,第124～164页。

②　这10辑的鼓浪屿文史资料,2010年由鼓浪屿申报世界文化遗产系列丛书编委会合编为《鼓浪屿文史资料》,分上、中、下三册印行。

研究提供了极其丰富的史料,有效弥补了档案资料和史籍文献的不足。值得注意的是,随着政协文史资料工作的进展,参与撰写文章的已经不仅仅局限于政协委员,还有地方的文人学者。另一方面,所刊载的文章也并非仅仅是个人"三亲"的记录,还有一些是对史料的挖掘和解读,带有一定的研究成分。

与此同时,各种档案资料汇编也先后问世。举其要者,全国性的有由中国科学院经济研究所主编的《中国近代经济史参考资料丛刊》①、中国史学会主编的《中国近代史料丛刊》②和程道德等编的《中华民国外交史资料选编(1919—1931)》③等。地方性的则有林金枝、庄为玑等编的《近代华侨投资国内企业史资料选辑》(包括福建、广东和上海三卷)④;厦门市档案局和厦门市档案馆编的《厦门档案资料丛书》,⑤包括《近代厦门教育档案资料》《近代厦门经济档案资料》《厦门抗日战争档案资料》《近代厦门涉外档案史料》等;由戴一峰翻译选编的厦门海关档案室收藏的旧海关档案资料《近代厦门社会经济概况》⑥《厦门海关历史档案选编》⑦等;福建省档案馆选编的《福建档案史料丛书》,包括《福建华侨档案资料》(上下两册)⑧;以及厦门总商会、厦门市档案馆编的《厦门商会档案史料选编》⑨等等。此外,一些历史照片和地图的搜集出版也值得一提。如鼓浪屿申报世界文化遗产系列丛书编委会编的

---

① 该丛刊包括《中国近代经济史统计资料选辑》《中国近代工业史资料》第一辑、《中国近代工业史资料》第二辑(上、下册)、《中国近代农业史资料》第一辑、《中国近代农业史资料》第二辑、第三辑、《中国近代手工业史资料》(4卷)、《中国近代对外贸易史资料》(3册)和《中国近代航运史资料》第一辑(上、下册)等。

② 该丛刊包括近代中国历次大的历史事件如《鸦片战争》《洋务运动》等。

③ 程道德等编:《中华民国外交史资料选编(1919—1931)》,北京:北京大学出版社,1985年。

④ 林金枝、庄为玑:《近代华侨投资国内企业史资料选辑》(福建卷),福州:福建人民出版社,1985年;林金枝、庄为玑:《近代华侨投资国内企业史资料选辑》(广东卷),福州:福建人民出版社,1989年;林金枝:《近代华侨投资国内企业史资料选辑》(上海卷),厦门:厦门大学出版社,1994年。

⑤ 该丛书均由厦门大学出版社出版,1997年。

⑥ 戴一峰等译编:《近代厦门社会经济概况》,厦门:鹭江出版社,1990年。

⑦ 戴一峰主编:《厦门海关历史档案选编》,厦门:厦门大学出版社,1997年。

⑧ 福建省档案馆选编:《福建华侨档案资料》(上下两册),北京:档案出版社,1990年。

⑨ 厦门总商会、厦门市档案馆编:《厦门商会档案史料选编》,厦门:鹭江出版社,1993年。

《鼓浪屿之路》和《大航海时代与鼓浪屿：西洋古文献及影像精选》等。① 档案资料和影像资料选编的出版，为研究者查阅利用相关史料，提供了极大的便利。

随着鼓浪屿史料的不断挖掘，鼓浪屿研究也有了一定的起色。一方面是依然有一批研究厦门城市发展历史和与鼓浪屿相关的人物研究的论著涉及鼓浪屿，另一方面，也是更重要的是，这一时期开始重现直接以鼓浪屿为研究对象的专题研究。关于前者，除了赵德馨的《黄奕住传》②和库柯（James A. Cook）的《通向现代性厦门的桥梁：海外华人与中国东南沿海的现代化》（*Bridges to Modernity Xiamen，Overseas Chinese and Southeast Coastal Modernization*，1843—1937）③等一些较有质量的学术著作外，有一个特殊现象值得一提，便是始自 80 年代末，在"盛世修志"的口号下，一批由政府提倡、策划，相关行业机构承担的，新的地方史志相继问世。如厦门海关编著的《厦门海关志（1684—1989）》、厦门房地产管理局编的《厦门市房地产志》、厦门港史志编纂委员会编的《厦门港史》、厦门华侨志编纂委员会编的《厦门华侨志》、厦门市政志编纂委员会编的《厦门市政志》、厦门市粮食局、厦门粮食志编纂委员会编的《厦门粮食志》④等等。至于后者，可以看到为数不多的直接以近代鼓浪屿为研究对象的论著，其关注的兴趣点基本上集中于鼓浪屿建筑和鼓浪屿的租界身份两个主题上。⑤ 其中最值得一提的是作为《厦门文史资料》第 16 辑出版的《厦门的租界》⑥一书。该书包括三部分：一是"公

---

① 鼓浪屿申报世界文化遗产系列丛书编委会编：《鼓浪屿之路》，福州：海峡书局，2013年；《大航海时代与鼓浪屿：西洋古文献及影像精选》，北京：文物出版社，2013 年。

② 赵德馨：《黄奕住传》，长沙：湖南人民出版社，1998 年。

③ James A. Cook, *Bridges to Modernity Xiamen，Overseas Chinese and Southeast Coastal Modernization*，1843—1937，San Diego：University of California，1998.

④ 厦门海关编著：《厦门海关志（1684—1989）》，北京：科学出版社，1994 年；厦门房地产管理局编：《厦门市房地产志》，厦门：厦门大学出版社，1988 年；厦门港史志编纂委员会编：《厦门港史》，北京：人民交通出版社，1993 年；厦门华侨志编纂委员会编：《厦门华侨志》，厦门：鹭江出版社，1991 年；厦门市政志编纂委员会编：《厦门市政志》，厦门：厦门大学出版社，1991 年；厦门市粮食局、厦门粮食志编纂委员会编：《厦门粮食志》，厦门：鹭江出版社，1989年。

⑤ 如吴瑞炳、林荫新、钟哲聪主编：《鼓浪屿建筑艺术》，天津：天津大学出版社，1997年。

⑥ 厦门市政协文史资料研究委员会编：《厦门的租界》，《厦门文史资料》第 16 辑，厦门：鹭江出版社，1990 年。

共租界"鼓浪屿和帝国主义对鼓浪屿的殖民统治,二是辑录有关厦门岛海后滩英国租界的资料,三是辑录厦门人民反对日本企图将虎头山划为日本租界斗争的资料。其中第一部分对鼓浪屿被开辟为公共租界的经过,以及公共租界时期鼓浪屿的统治机构、教会、民间社团、民族工商业、交通运输业、教育、医院、报刊等诸多方面做了比较全面的描述。该书资料翔实、丰富,包括披露了一些工部局的原始资料。从序言可以看出,该书史料的收集和初稿撰写工作,应该是始于 20 世纪 60 年代,反帝反侵略的革命史观是当时的主旋律。受此影响,该书对近代鼓浪屿复杂多元的社会面貌并未给予充分关注和清晰认知,因而相关研究也未得到有效展开。

进入 21 世纪,鼓浪屿研究迎来了它的黄金时期。无论是史料的挖掘、整理,还是学术研究的开展,都出现繁荣兴盛的局面。这一方面是因为改革开放 20 余年来,随着中国的社会经济飞速发展,经济体制改革步步深入,中国更加自信地融入世界体系,努力承担一个正在崛起的文明大国应有的责任和担当。这样一个全新的历史时期,带给人们,尤其是学界更加宽广的视野,更加坦荡的胸襟,更加睿智的思想。因此,人们对五星级风景区鼓浪屿历史的观感正在悄悄发生变化。与此同时,由于对鼓浪屿历史文化遗产价值的重新估量和评价,鼓浪屿被确定推荐申请世界文化遗产。这更直接推动了鼓浪屿研究的全面展开。

由于政府的重视和大力推动,在进入 21 世纪的短短十余年中,尤其是在 2008 年鼓浪屿申遗工作正式启动之后,鼓浪屿历史资料的收集、整理取得很大进展。不仅在申报世界文化遗产系列丛书的名义下整理出版了《鼓浪屿文史资料》(3 册)、《老外看老鼓浪屿》、《近代西人眼中的鼓浪屿》和《厦门纵横——一个中国首批开埠城市的史事》等一系列很有价值的史料汇编,而且中共厦门市委宣传部和厦门市社会科学联合会还合编了《口述历史:我的鼓浪屿往事》(两册)。① 口述历史既是一种新兴的历史书写与记录,也是一种珍贵的历史资料。口述史料的发掘,生动展现了曾经的和现在的鼓浪屿人记忆中的鼓浪屿往昔,大大丰富了人们对鼓浪屿历史的认知。

与此同时,更值得关注的是以鼓浪屿历史为研究对象的一系列著作的

---

① 中共厦门市委宣传部、厦门市社会科学联合会编:《口述历史:我的鼓浪屿往事》(之一),厦门:厦门音像出版有限公司,2011 年;中共厦门市委宣传部、厦门市社会科学联合会编:《口述历史:我的鼓浪屿往事》(之二)厦门:厦门音像出版有限公司,2013 年。

相继问世。其中最引人注目的两套丛书的出版：一是以《厦门社科丛书·鼓浪屿历史文化系列》的名义出版的一套丛书①；二是以《鼓浪屿申报世界文化遗产鼓浪春秋系列丛书》的名义出版的一套丛书②。前者共计 10 部，主题涵盖了近代鼓浪屿的历史、租界、教育、宗教、建筑、音乐、风光、学者、原住民和侨客等诸多方面。后者我们仅见到 3 部，涉及近代鼓浪屿的社会经济、建筑和教育等。这些丛书的共同特点是叙事语言生动活泼，可读性强。但或许由于前期学术积累的厚薄程度不同，对鼓浪屿研究历史脉络了解的程度不同，以及对鼓浪屿全面认知的深浅程度不同，各书呈现的质量也高低不同。部分著作白描部分较多，学理性的深入探索和剖析显得较弱。此外，部分丛书不做规范性注释，似乎彰显出丛书原本的非学术定位。

　　除了上述两个系列丛书，这一时期还有周子峰的《近代厦门城市发展史研究》③，何其颖的专题著作《公共租界鼓浪屿与近代厦门的发展》④，龚洁的《鼓浪屿老别墅》⑤等，以及一批论文。如 2015 年至 2017 年间，厦门市社科联先后或与厦门大学人文学院合办，或独办出版的 6 期不定期的刊物《鼓浪屿研究》，便刊载了一批较有质量的文章。

　　从以上对鼓浪屿研究的简要回溯和相关史料的检索中，我们不难看出，长期以来，甚少有专文将鼓浪屿作为独立的研究对象加于深入探究，鼓浪屿研究一直只是作为厦门的附属部分，夹杂在厦门研究里。直到近年来，这种现象方才得于改观。但对鼓浪屿近代历程作全面的、综合性的深入探究和

---

①　该丛书包括泓莹著：《鼓浪屿原住民》，厦门：厦门大学出版社，2010 年；黄橙著：《鼓浪屿风光》，厦门：厦门大学出版社，2010 年；彭一万著：《鼓浪屿音乐》，厦门：厦门大学出版社，2010 年；颜允懋、颜如璇、颜园园著：《鼓浪屿的侨客》，厦门：厦门大学出版社，2010 年；何丙仲著：《鼓浪屿公共租界》，厦门：厦门大学出版社，2010 年；林丹娅著：《鼓浪屿建筑》，厦门：厦门大学出版社，2010 年；苏西著：《鼓浪屿宗教》，厦门：厦门大学出版社，2011 年；洪卜仁、詹朝霞著：《鼓浪屿的学者》，厦门：厦门大学出版社，2011 年；许十方、陈峰著：《鼓浪屿教育》，厦门：厦门大学出版社，2012 年；李启宇、詹朝霞著：《鼓浪屿史话》，厦门：厦门大学出版社，2013 年。

②　该丛书包括何书彬著：《奔腾年代：鼓浪屿上的商业浪潮》，福州：福建人民出版社，2015 年；刘永峰著：《西学东渐：鼓浪屿教育的昨日风华》，福州：福建人民出版社，2015 年；毛剑杰著：《理想年代：鼓浪屿建筑的融合之美》，福州：福建人民出版社，2016 年。

③　周子峰著：《近代厦门城市发展史研究》，厦门：厦门大学出版社，2005 年。

④　何其颖：《公共租界鼓浪屿与近代厦门的发展》，福州：福建人民出版社，2007 年。

⑤　龚洁著：《鼓浪屿老别墅》，厦门：鹭江出版社，2010 年。

研讨的学术专著,依然缺乏。由此可见,鼓浪屿研究的学术积累尚少,有待加强。作为一个研究领域,鼓浪屿研究园地既非荒漠一片,也非古木成林,鲜花怒放。这给后续研究带来极大的挑战。当然,长期以来学术界以鼓浪屿为独立研究对象的深入研究成果甚少,并不意味着鼓浪屿研究要"就鼓浪屿说鼓浪屿"。恰恰相反,鼓浪屿研究要有深度,就必须站在鼓浪屿,放眼全世界。正是居于此,本书试图将考察视野沿着鼓浪屿—厦门地区—闽南地区—南中国海海域—全球这样的空间顺序,尝试在一个从里向外不断扩展的空间范畴里深入探讨鼓浪屿的近代化历程。由此,鼓浪屿研究实际上还与学术界其他研究领域有勾连和交集。诸如租界研究、城市史研究、区域研究尤其是跨国跨界区域研究、中外关系研究和跨文化研究等等。关于这些研究领域的演化脉络,我们就不再一一详加叙述,仅在本书相关部分有所论述。

第三节 文本:叙事结构与主要内容

我们认为,就区域史研究的方法论而言,一个既定区域的社会变迁,不仅受制于该区域内部的社会环境与自然因素,而且受制于该区域的外部联系,即该区域在一个更大空间内的结构性位置。鼓浪屿虽然仅仅是一座面积不足2平方公里的海上小岛,但对它的深入考察,既要对其自然要素、社会要素和文化要素三者的交互作用有一个深入、全面的把握,又要将考察视野扩展到鼓浪屿外部更为广阔的空间,关注鼓浪屿与外部世界的互动关系。是故,立足于对鼓浪屿近代化历程的基本认知,我们设计了本书叙事的如下基本框架。

全书共分七章,首尾两章分别是绪论和结论,中间五章为正文。作为绪论,本书第一章拟阐述三个问题。第一,本书研究对象选择背后的缘由,以及这一选择潜藏的问题意识。第二,作为本书研究对象的鼓浪屿,以往研究的演进途径、历程及其特点,以往研究的关注点以及有待加强的新的、潜在的研究关注点。同时,追踪、分析鼓浪屿研究相关史料的累积情况,并对史料作必要的考订。第三,则是对本书的叙事结构,各章主要内容及其相互之间的内在联系和叙事逻辑,做一个简要说明。

第二章阐述鼓浪屿近代社区的形成与人口变迁。本章将从描述鼓浪屿早期聚落空间形成过程及其基本特征开始，顺着历史的时间轴，探讨鼓浪屿历史空间轴的变化。由此展示鼓浪屿如何由邻近的闽南地区移民建立的充满乡村气息的早期聚落，演化为一片近代城市社区。在鼓浪屿空间格局的历史演化进程的不同阶段中，来自不同地域，以各种不同身份，迁居鼓浪屿的移民群体——开发鼓浪屿的早期闽南移民，带来西方异质文化的外国侨民，以及从海外尤其是台湾和东南亚返乡的闽南籍海外移民，如何发挥各自的作用与影响。

其次，本章还将描述在鼓浪屿居民聚落空间形态演化进程中，鼓浪屿社会人口变迁的情况，并进而探讨近代鼓浪屿人口的结构，包括显示鼓浪屿人口来源地以及性别比例、年龄构成的自然结构和显示鼓浪屿人口职业构成以及社会分层状况的社会结构。由此将探究，移民如何不仅影响了鼓浪屿人口数量和结构的变化，促成新型社会群体的萌生，而且影响了鼓浪屿聚落的空间格局，促发鼓浪屿近代新型社区的生成。作为互动，鼓浪屿近代社区的形成和演化如何影响和制约鼓浪屿的人口变迁。

最终，本章的研究将显示，鼓浪屿聚落形态与空间格局的演化，社会人口的变迁，即构成推动鼓浪屿社会化变迁的基本要素，也从一个层面生动反映了这一历史进程的样貌特征。

第三章讨论近代鼓浪屿的社会经济变迁。作为方圆不足 2 平方公里，山地纵横，地势起伏不平，生产资源匮乏的一座小岛，鼓浪屿的地理空间限制了其发展工业生产，尤其是大型工业生产的可能性。20 世纪 30 年代，时人曾将厦门视为"并非生产之地"。实际上，与厦门岛相比，这一时论更适合于描述近代鼓浪屿的社会经济特征。正是因此，最初进入鼓浪屿的外国侨民认为鼓浪屿不是适合生产的地方，却是适合生活的地方，因为它有秀丽的自然风光和相对隔离的空间。是故，厦门开埠之后，来此从事商业、传教和政治活动的外国侨民便纷纷视鼓浪屿为居留地的最佳选择。这里成了外国侨民的生活区。

作为外国侨民和本土华人共同居住生活的地方，鼓浪屿近代工业的发展，实在不足挂齿。但是，这并不意味着鼓浪屿的社会经济发展是停滞的，或苍白的。近代鼓浪屿的社会经济变迁呈现出其特有的样貌。首先是它的经济发展以满足民生需求为主导，从而以商业、金融业、房地产业、公用事业为主；其次，返乡的闽南籍海外移民资本，在近代鼓浪屿的社会经济发展中发挥举足轻重的作用；再次，一群返乡的闽南籍海外移民，在鼓浪屿构筑了他们实业救乡的时代梦,给近代鼓浪屿的社会经济铭刻上别具风采的一道印记。凡此种种,都是本章所要深入探讨的话题。

第四章拟描述和探讨近代鼓浪屿的宗教信仰与社会风尚。宗教信仰既涉及人们对某种超自然力量崇拜和敬畏的心理和认知状态,也涉及因信仰而形成的特定行为和实践模式。社会风尚则包含了社会的风俗、习惯、时尚和一定时期人们的价值观和道德观。二者均属于较高层面的文化形态,并受到自然、经济、社会、政治等多重因素的共同作用。

鼓浪屿的早期居民从闽南乡村迁居鼓浪屿时,便带来了在闽南地区已经流行数百年的混合型宗教信仰,同时也带来了闽南地区流行的风俗习惯和社会风尚。因此,鼓浪屿早期居民的宗教信仰和社会风尚与其地处的闽南地区是同源、同构的。进入近代,由于外国侨民的相继入住,由于返乡的闽南籍海外移民的大量入住,鼓浪屿无论是居民的宗教信仰还是彰显的社会风尚,均经历了一个渐进的、复杂的演化过程,社会文明从传统向现代转型,促使近代鼓浪屿形成了具有移民特征的国际社区。

外国移民和返乡华人海外移民对社会转型起了至关重要的作用,华人制度化的实践将社会整合与文化整合连接起来,促使转型过程所获得的进步成果体现在社会生活的多个方面。因此,除了对宗教信仰问题的探索,本章还将深入细致地检索和探究近代鼓浪屿妇女儿童权益的保护问题,包括生命权、健康权和人身自由权等;探索鼓浪屿居民在饮食习惯、服饰与发式流行时尚、出行方式以及婚丧礼仪等社会生活习俗的变迁;探究近代鼓浪屿居民在娱乐休闲方式方面的若干或明显或细微的变化,包括音乐文化和休闲体育。

本章的研究将表明:在西风东进、西学东渐的全球化浪潮中,外国侨民、返乡华侨、本地华人在各自文化背景下业已定位的实践又以具体情景下特定的方式汇聚在一起,从而直接参与近代鼓浪屿宗教信仰和社会风尚的建构,形成了近代鼓浪屿所特有的中西文化交流互动、兼容并蓄的社会变迁主旋律。

近代文化教育和医疗卫生事业在鼓浪屿的萌生与发展,是近代鼓浪屿社会变迁中一个突出的现象,因此,本书第五章的讨论将集中于此。

鼓浪屿近代教育萌生与发展的历程颇为曲折,本章拟将其划分为 4 个时期,深入探究鼓浪屿近代教育如何在 19 世纪后半期由移居鼓浪屿的西方传教士开始推动,先后开办了近 20 所不同类型与不同层次的学校,包括幼儿园、职业学校和学院;紧随其后,鼓浪屿华人居民,尤其是返乡的海外移民如何在此影响、示范和带动下,开始兴办近代教育;20世纪20年代的"非基督教"运动如何深刻影响了鼓浪屿的教会学校,促使其经历了管理体制、课程设置与教学内容改革,日益本土化与世俗化;中日战争期间,由于日本独占鼓浪屿,鼓浪屿已经建立的颇为完整的近代化教育体系如何遭受摧残,以及战后鼓浪屿教育如何经历短暂的恢复。

医疗卫生方面,本章同样将其演进历程划分为4个阶段,分别描述4个不同时期,鼓浪屿近代医疗卫生事业演化的具体面貌,从而探究移居鼓浪屿的教会、传教士如何从19世纪50年代建立一些小型西式诊所起步,进而建立西式医院,并附设医学专科学校,由此带动鼓浪屿华人创设西式医疗机构,形成鼓浪屿岛上良好的医疗卫生环境。同时也探讨在1903年鼓浪屿成为公共租界后,近代医疗卫生事业如何获得较快发展,讨论工部局如何利用市政管理权,颁布法令,加强岛上卫生与医疗事业的管理,改善岛上公共卫生环境与医疗条件。最后探讨1938年日军占领厦门后,鼓浪屿原本良好的医疗卫生环境如何一步一步遭到破坏,医疗卫生事业严重倒退,以及抗战胜利后医院如何相继复业,中西医诊所逐渐走向正轨,却因国内局势的恶化,复苏态势很快就被打断,直至1949年新中国的建立。

本章还涉及对近代鼓浪屿其他文化事业的描述和讨论。内容包括鼓浪屿基督教会首先创办的书局和教会刊物如何促进了鼓浪屿近代文化事业的兴起,外国传教士在鼓浪屿近代文化事业发展中如何发挥引领与示范的作用;1902年后,由于政治、经济与社会文化等各方面因素的影响,鼓浪屿文化事业如何获得很大发展,这种发展表现在由于大量宗教与非宗教报刊杂志的先后出版,出版印刷业也获得一定程度发展;近代鼓浪屿第一家公共图书馆——中山图书馆如何在革命党人和返乡海外移民的支持下兴办,从而改善了岛内的文化服务设施,方便民众的借阅与阅读,提高了民众的文化生活水平。在此基础上,本章还将进一步探讨近代鼓浪屿社会公共领域的形成及其特点。

本章的叙述与讨论将表明,近代以来,移居鼓浪屿的外国侨民尤其是西方传教士,带来了迥异于中国传统的西式教育、医疗卫生,以及近代报刊、出版等文化事业,对中国传统形成了强大的压力与刺激。鼓浪屿岛上的华人居民从被迫接受到主动吸纳,逐步实现岛上教育、医疗卫生及文化事业的转型与发展。这种转型与发展构成鼓浪屿社会近代化的一各重要部分,使近代鼓浪屿社会变迁的内容更丰富与深刻。19世纪末20世纪初,大量闽南籍海外移民从东南亚回国,定居到鼓浪屿。他们骨子里烙上的是中国传统文化的印记,而长期生活在东南亚,受西方文化与东南亚本土文化的双重冲击与影响,因而他们带来了大量的异质文化,进一步促进了鼓浪屿教育、医疗和文化事业的发展,加快了鼓浪屿近代化进程,形成了具有鼓浪屿特色的多元文化景观。

第六章拟探讨近代鼓浪屿社区的建设与管理。19世纪40年代以降,由于多国侨民相继移居鼓浪屿,鼓浪屿逐渐发展成一个国际社区,近代鼓浪屿社区的公共设施建设和社区管理就此拉开序幕。此后,在长达近百年的历史进程中,鼓浪屿社区的建设与管理经历了一系列的变化。因此,本章将阐述近代鼓浪屿社区建设与管理如何经历三个不同的历史阶段,以及在三个不同历史时期,由不同的社会群体构成的社会力量,如何对近代鼓浪屿社区建设与管理产生不同的影响和作用;描述和探究近代鼓浪屿社区公共交通和通讯设施、供水供电等公用事业设施,以及城市公共环境如园林绿地设施等公共设施建设的萌生与演化,探讨这些为居民提供公共服务产品的各种公共性、服务性设施,如何在满足了居民的安全、便利、舒适和参与等各种公共需求中,标识着社会文明的进步程度。

本章也将阐述近代鼓浪屿社区管理组织架构的生成和演化;探讨在厦门开埠、外国侨民纷纷移居鼓浪屿后,清政府如何维持在鼓浪屿的传统治理模式,外国侨民又是如何逐步介入社区管理体系,建构自己的组织;阐述鼓浪屿被辟为公共租界后,工部局组织内部的构成及其演化,以及华人的参与意识如何逐步增强并付诸实践,鼓浪屿华人的利益如何得到维护;阐述1938年日本军队占领厦门后,如何在鼓浪屿扩展其势力,并在1941年以军事占领的方式攫取鼓浪屿管理权,原先的组织架构遭到彻底破坏。

本章还将阐述近代鼓浪屿管理的制度演进。阐述鼓浪屿管理主体权属如何演化,如何从当地中国政府手中,逐步转到外国侨民为主导的新的组织建构中,以及此后,由返乡海外移民和本土知识分子为主体的鼓浪屿华人社会群体如何参与制度建设,分享管理权;叙述和讨论鼓浪屿管理当局管理职能的演变,尤其是在鼓浪屿公共租界时期,工部局如何引进西方管理理念和制度设计,转变管理职能,有效引导鼓浪屿社区公共设施建设的推进和公共环境的管理;阐述鼓浪屿土地制度的变迁,尤其是围绕学界多有争议的租界土地制度问题,就鼓浪屿个案,探讨其土地制度的若干特点。

本章的研究将表明,其一,由外国侨民、本地华人和返乡移民三个不同社会群体构成的不同社会力量的参与和发挥各自的作用,是近代鼓浪屿社区建设与管理发展变化的一个重要的内在因素;其二,多元文化的碰撞和交融,是推动近代鼓浪屿社区形态演化,社区建设与管理发展变化的另一个重要的内在因素;其三,中国外部政治与外交环境的变化,在华列国势力的博弈与演化,是影响近代鼓浪屿社区建设与管理变迁的主要外部因素。这构成近代鼓浪屿建设与管理的一个鲜明特点。

作为本书的结论,最后一章即第七章将在本书以上各章对近代鼓浪屿社会变迁的各个方面做了深入研究和剖析的基础上,探讨我们在"缘起"中提出的促使我们进入鼓浪屿研究领域的两个基本问题。

第一,是什么力量形塑了鼓浪屿的今天? 在鼓浪屿穿过时代变幻无常的风云前行的路上,它曾经有过什么样鲜为人知的遭遇? 什么要素影响和制约着近代鼓浪屿的历史进程,形塑了它的基本样态和形体特征?

第二,鼓浪屿昨天走过的历史进程,又给今天的我们留下什么样的启示? 在经历了近代历史的种种磨难和奋斗之后,在经历了新中国建国60多年来的曲折发展之后,今天的中国,正充满自信,大踏步地走向世界。在这样新的历史时期,我们究竟能从鼓浪屿昨天的历史中获得什么样的教诲,使得我们在世界各地与各种不同的异质文化相遇时,可以更明智、更理性,也更睿智。

在上述思考和阐述中,我们自然会回应学术界在相关领域研究中提出的各种观点和理论。

第二章
鼓浪屿近代社区的形成与人口变迁

鼓浪屿从一座孤悬海上的荒岛,历尽沧桑,演化为一座楼宇林立、街市纵横,绿荫掩映,风光宜人的近代城市社区,无疑是历代鼓浪屿居民辛勤劳作、细心经营、不断积累的结果。这其中就包括了不同历史时期,来自不同地域,以各种不同身份,迁居鼓浪屿的移民群体:鸦片战争前先后开发鼓浪屿的早期闽南移民,鸦片战争后带来西方异质文化的外国侨民,近代以来从闽南和国内其他地区移居鼓浪屿的新移民,以及 19 世纪末以来从海外尤其是台湾和东南亚返乡的闽南籍海外移民,等等。移民不仅影响了鼓浪屿人口数量和结构,促成新型社会群体的萌生,而且影响了鼓浪屿聚落的空间格局,促发鼓浪屿近代新型社区的生成。鼓浪屿聚落形态与空间格局的演化,社会人口的变迁,既构成推动鼓浪屿社会与文化变迁的基本要素,也从一个层面生动反映了这一历史进程的样貌特征。

第一节　鼓浪屿早期聚落的形成及其居民

鼓浪屿是中国东南沿海的一个海岛。位于东经 118°03″,北纬 24°26″,地处福建省南部(闽南地区)最大河流九龙江出海口的厦门湾上,与厦门隔着宽约 600 米的鹭江水道相望。岛屿南向龙海市的太武山,北对大观山,前临鹭江,后倚金带水,东南方则有大担、二担等小岛,扼住厦门港出海要道。故道光《厦门志》称:"鼓浪屿,广袤三里,迫近厦门,称为'辅车',安危共之。"①

---

① （清）周凯:《厦门志》卷四,《防海略》,厦门:鹭江出版社,1996 年,第 73 页。

全岛外观呈现为长约 1800 米,宽约 1000 米的不规则椭圆形,面积仅1.78平方公里。岛上一座座小山丘构成东西、南北走向的两条山岭:从西到东的几座低丘绵延伸展,分别是浪荡山、鸡母山、龙头山(又称岩仔山,日光岩或晃岩)和升旗山(旧称弥陀山);由南向北的这条山岭,顺次由燕尾山、笔架山、鸡母山和旗仔尾山(现在的英雄山)构成。中部屹立着龙头山,海拔 96米,是鼓浪屿最高山峰。因此,岛内大部分地区为起伏不平的丘陵地带,很少见到大片的平地。由于岛屿狭小,山丘众多,岛上并无地理意义上的河流。

鼓浪屿属亚热带海洋性季风气候,冬暖夏凉,雨量充沛,四季如春,气候宜人。全岛沙滩环抱,形成天然的海滨浴场。环岛四周,白色的沙滩与多姿的礁石群交替散布,给这座海岛增添了几多秀美。大自然的鬼斧神工造就了鼓浪屿秀美多姿、明丽隽永的海岛风光,在近代素有世外桃源之佳名。[①]

历史上,中国东南沿海地区居民对沿海岛屿的开发,是与其海洋经略活动密切相连的。鼓浪屿的早期开发也不例外。是故,考察鼓浪屿早期开发的历史进程,就必须将视野扩展到鼓浪屿所处的福建南部地区,即闽南地区。

在背山面海的闽南地区世居的居民,与海洋有着天然的因缘关系。"以海为田"形象地描绘出农耕时代的闽南人与海洋密切无间的依存关系。始自远古时期,闽南先民就扬帆远航,驰骋于辽阔的南中国海,从事远洋贸易及其他海上活动。隋唐以降,闽南地区海上贸易的发展逐渐提速。至宋元时期,闽南地区的海外贸易步入兴盛时期,是为中国古代海外贸易第一个高潮的重要组成部分。是时,闽南海商的足迹不仅遍布中国海,尤其是南中国海的菲律宾群岛、南洋群岛和中南半岛,而且远至非洲。地处闽南泉州府的泉州港也一跃成为马可·波罗眼中的"世界最大的港口之一"[②]。时人描绘此时闽南地区的海外贸易盛景称:"泉,七闽之都会也,番货远物、异宝珍玩之所渊薮,殊方别域、富商巨贾之所窟宅,号为天下最。"[③]

鼓浪屿地处闽南地区九龙江出海口,与厦门隔水相望。闽南人频繁的

---

① 《厦门乡土志》,厦门鼓浪屿英华书院,1940 年,第 31 页。

② [意]马可·波罗口述:《马可·波罗游记》,福州:福建人民出版社,1981 年,第 82 章"泉州港"。

③ (元)吴澄:《草庐吴文正公集》卷十六,清乾隆二十一年(1756 年)刻本。

海上活动自然会在鼓浪屿留下痕迹。尽管唐宋时期的鼓浪屿或许尚未开发，但渔民、海商或海盗的偶然造访还是不可避免的。20世纪90年代初在鼓浪屿西南角滨海处出土的一批汉代至宋代（公元前至公元13世纪）的50多种古钱币，便是一个明证。[①]不管埋藏者为何人，这表明宋代的鼓浪屿已经不是一个无人问津的荒岛。

至于鼓浪屿开发的起始时间，目前尚未有史料确证。有学者将移民定居、开发鼓浪屿的时间选定在南宋时期，但尚无确凿史料支撑。相传"宋幼主益王间，曾浮舟过此"。[②]鼓浪屿菽庄花园附近的一处海面俗称"金带水"，也相传是南宋末代皇帝抛掷金带之处。[③]但证之于史籍，仅记载南宋末代幼主到过嘉禾屿，即今厦门岛，未涉及鼓浪屿。如《厦门志》卷十六《旧事志》记载："景炎元年（1276年）冬，张世杰驻师嘉禾屿。"该条旁还专门注释："通鉴，是年五月，益王（即赵昰）即位福州。元兵迫，世杰、陈宜中等备海舟，奉帝及卫王（即赵昺）航海入泉州港。招抚使蒲寿庚闭城叛，降元。帝遂至嘉禾屿，登五通，由大担出港，赴潮州。"[④]至于上述1990年鼓浪屿发掘出大批窖藏古钱，虽然据专家推断古钱窖藏时间属南宋时期，但也不能确证此时鼓浪屿已有定居移民。[⑤]

就现存官私史料观之，将鼓浪屿最早有定居聚落的时间定在元代是较为可靠的。据刊行于明弘治庚戌（1490年）由镇守太监陈道监修，黄仲昭编纂的首部福建省志《八闽通志》所载：

> 古浪屿在嘉禾里二十四都，居民二千余家，洪武间尝徙其居民，成化六年仍复其旧。[⑥]

这是我们至今见到的对鼓浪屿最早的史籍记载。由此可知，其时鼓浪

---

① 郑东：《鼓浪屿首次出土宋窖藏古钱》，载鼓浪屿申报世界文化遗产系列丛书编委会编印：《鼓浪屿文史资料》上册，2010年，第115页。

② 《江声报》，1936年3月23日，载鼓浪屿申报世界文化遗产系列丛书编委会编印：《鼓浪屿文史资料》中册，2010年，第195页。

③ 张宗洽：《南宋幼主南奔和鼓浪屿的"金带水"》，载鼓浪屿申报世界文化遗产系列丛书编委会编印：《鼓浪屿文史资料》下册，2010年，第124页。

④ （清）周凯：《厦门志》卷十六，《旧事志》，厦门：鹭江出版社1996年，第152页。

⑤ 郑东：《鼓浪屿首次出土宋窖藏古钱》，《鼓浪屿文史资料》上册，第115页。

⑥ 福建省地方志编纂委员会主编：《八闽通志》上册，卷之一，《地理·山川·泉州府》，福州：福建人民出版社2006年，第132页。

屿称为"古浪屿",属同安嘉禾里二十四都。由此还可以推定,在明王朝建立之前,鼓浪屿已有早期的居民聚落。只是由于明初厉行的海禁政策,明王朝强令沿海居民内迁,鼓浪屿一度荒芜。这一推测也得到地方族谱的印证。根据《鼓浪屿黄氏廷枫派谱牒》记载,祖籍闽南同安黄氏家族廷枫房的黄清波(1298—1347)于元初入住鼓浪屿,传衍开发,成为廷枫派在鼓浪屿的开基祖。黄清波卒于元至正七年(1347年),墓葬于鼓浪屿的陆驼山。[①] 这是鼓浪屿第一位有文字记载的居住者。由此可以推知,鼓浪屿元初已有居民。另据载,元末有闽南海澄县三都贞庵村的李姓渔民,因避风浪而在岛上搭茅屋,开垦田园,逐渐成为半渔半农的村落,时人称其为"李厝澳"。明洪武二十年(1387年),因海禁令,李氏家族迁回嵩屿。[②]

由上述引文还可知,当时鼓浪屿岛上有居民二千余家。但这一数据甚为可疑,恐不足采信。首先,《八闽通志》始修于明成化乙巳(1485年),成于弘治己酉(1489年)。按上述引文所载,明朝政府是在成化六年,也就是1470年,开始允许居民迁居鼓浪屿的。由此到黄仲昭修志年份,其间不足20年,岛上便有2000家,即大约10000人,平均每年大约500人迁入鼓浪屿岛,这显然是不可能的。其次,以鼓浪屿不足2平方公里的面积(明代估计只有1.5平方公里),加上岛上山丘遍布,以农耕为生,恐很难维持10000人的生存。再次,细读《八闽通志》该段文字,黄仲昭是将"古浪屿"与"嘉禾屿"、"丙洲屿"并列,且均称"居民二千余家"。然嘉禾屿即厦门岛之古称,新石器时代晚期已有古闽越人居住,在唐代业已有南下汉人上岛开发,且该岛面积有鼓浪屿数十倍之大。其时两个岛屿有大致相等的居民数,实属不可能。据明朝著名史家、闽南人何乔远在成书于明万历四十四年(1616年)的《闽书》中记载:

> 鼓浪屿,在嘉禾海中,民居之。洪武二十年,与大嶝、小嶝具内徙。成化间复旧。上有大石壁立,刻"鼓浪洞天"四大字。傍有岩,名日光。[③]

这是至今所见史籍中首次出现"鼓浪屿"地名的。比照上述《八闽通志》引文,可见何乔远并未采信"居民二千余家"之说。另据明末清初著名地理学家顾祖禹在其花费30余年心血编撰的《读史方舆纪要》中有关鼓浪屿的

---

① 陈全忠:《黄姓与鼓浪屿的开发》,《鼓浪屿文史资料》下册,第6页。

② 陈全忠:《黄姓与鼓浪屿的开发》,《鼓浪屿文史资料》下册,第195页。

③ (明)何乔远:《闽书》第一册,福州:福建人民出版社,1994年,第272页。

如下记载，也没有采信"居民二千余家"之说。

> 鼓浪屿及夹屿，旧皆有民居。洪武二十年，系迁入内地。成化以后，恢复旧土。[①]

此后的地方志书，如清代闽南海澄人薛起凤于清乾隆三十一年（1766年）编成刊行的《鹭江志》，周凯编纂的，于道光十二年（1832年）刊行的《厦门志》等，凡记载鼓浪屿，均未有采信《八闽通志》的"居民二千余家"之说的。至于明代鼓浪屿究竟由多少居民，至今尚无确凿史料。不过，以鸦片战争期间，外国侨民估算鼓浪屿有 3000 居民，由此推测，明代鼓浪屿岛上居民应该不多。

15 世纪末以来的地理大发现和新航路的开辟，开始了人类历史的新纪元，被中外学术界公认为全球化的开端。它不仅拓展和加速了东西方文明的交汇、碰撞与交融。而且深刻影响和不断改变着世界政治与经济格局。因应着这一时代的大变局，作为东方文明古国，明清时期的中国也在悄然发生种种变化。西方商业势力的东渐，给富有海外贸易传统的东南沿海商民发展私人海上贸易的机缘。闽南地区商民则成了这一时期私人海上贸易的主力军。闽南地区不但从事海上贸易的人数众多，规模庞大，而且形成一批颇具实力的海商集团。闻名遐迩的郑氏海商集团就来自闽南安海的郑氏家族。依托繁盛的私人海上贸易先后崛起的漳州月港和厦门港，则不仅为私人海上贸易的扩展提供种种便利和推力，而且促发和推进了港口及其周边地区的社会发展与文化变迁。正是在这样的背景下，鼓浪屿进入了其早期开发的重要阶段。

正是在这一时期，闽南大陆地区的居民陆续移民鼓浪屿，其中以鼓浪屿隶属的同安县居民为最，并以黄姓、洪姓和陈姓为主，透露出闽南人乡族式、连锁式移民的基本特征。随着闽南移民的不断迁入，鼓浪屿早期的三个主要聚落片区——内厝澳、岩仔脚和鹿耳礁——也渐次形成。

如前所述，鼓浪屿岛内地形大部为起伏不平的丘陵，很少见到大片的平地。岛上分布的龙头山（也称岩仔山）、升旗山、鸡冠山、英雄山（也称旗仔尾山）、鸡母山、浪荡山（又称骆驼山）、笔架山、坡仔尾山、大石尾山和燕尾山等一系列山丘，基本形成两组，成南北、东西向十字形分布，从而把鼓浪屿隔为

---

① （清）顾祖禹：《读史方舆纪要》卷九十九，福建五，北京：中华书局，2005 年。

几片区块,这些自然分割的区块便是鼓浪屿早期聚落形成的基础。早期居民根据地形,遵从中国古代堪舆学说选取环山面水、靠近水源的地方居住,在有限的平地上开垦种植。

内厝澳聚落是鼓浪屿上形成时间最早的传统聚落,相传最早为海澄李氏家族于元末明初所开发,时称"李厝澳"。此后李氏族人迁回故里,有来自同安角尾锦宅村的黄氏族人于成化年间陆续迁入,改称"内厝澳"。①黄氏族人在内厝澳先后建立莲桂堂(又称"黄氏大宗祠")、莲瑞堂、莲美堂等祠堂,并建造了能折射出闽南渔民浓浓生活气息的典型民间信仰的代表性建筑"种德宫"。宫内祀奉在民间代表医神的"保生大帝"。至清初,内厝澳村落基本成型。

该聚落地处鼓浪屿西侧,与海澄、嵩屿隔海相望,是岛上最靠近九龙江出海口的咽喉要道之处,也是早期海上贸易航线重要通道,地理位置优越。清康熙二十三年(1684年),清政府在收复台湾后开放海禁,在沿海设立四处海关。设立在厦门的闽海关在鼓浪屿设置了一个青单小口。据载,该青单小口设于"鼓浪屿后内厝澳,离正口水路十里,与嵩屿亦隔水对面,水陆皆通漳州"。小口"设馆一所,船桨一只","轮派书役稽查石码、海澄及漳属各小船货物"。②该小口曾于康(熙)雍(正)年间的1717—1727年关闭,后重开。

岩仔脚是鼓浪屿另一处早期的传统聚落。据载,清初,同安石浔的黄氏族人来此地定居开发,形成村落。由于地处俗称"岩仔山"的"日光岩"山脚下,故有"岩仔脚"之称。"石浔黄氏"先祖在鼓浪屿岩仔脚开发了"竖坊"与"鱼池仔内"一带聚落,建造了祠堂、节孝坊和关帝庙,后来关帝庙变成祭祀保生大帝的兴贤宫。清嘉庆元年(1796年),石浔黄氏中的黄勗斋,来鼓浪屿置业,选中岩仔脚内的"草埔仔"。族人在这里建造了祠堂"景贤堂"以及留存至今的宅邸"大夫第"和"四落大厝"等。由此形成岩仔脚聚落内相互照应的竖坊、鱼池仔内和草埔仔三个片区。岩仔脚居民聚落地处鼓浪屿中部,面向厦门岛一侧。

鹿耳礁聚落也是鼓浪屿三个早期传统聚落之一,但形成时间相对较晚。清嘉庆年间,或许由于内厝澳聚落居住空间开始趋于饱和,先前开发内厝澳聚落的同安锦宅黄氏宗族的一支,迁居鹿耳礁,逐渐在此形成村落。族人在

---

① 陈全忠:《黄姓与鼓浪屿的开发》,《鼓浪屿文史资料》下册,第6~8页。

② (清)周凯:《厦门志》卷十六,《旧事志》,厦门:鹭江出版社,1996年,第156页。

这里建造了名为"垂裕堂"的黄氏支系祠堂,以及专门祭祀锦宅黄氏入鼓开发旁系祖先牌位的祠堂"四美堂"。[①] 鹿耳礁聚落地处鼓浪屿岛东部,依山面海,是三个早期传统聚落中与鼓浪屿岛面向厦门一侧海滨相距最近的。

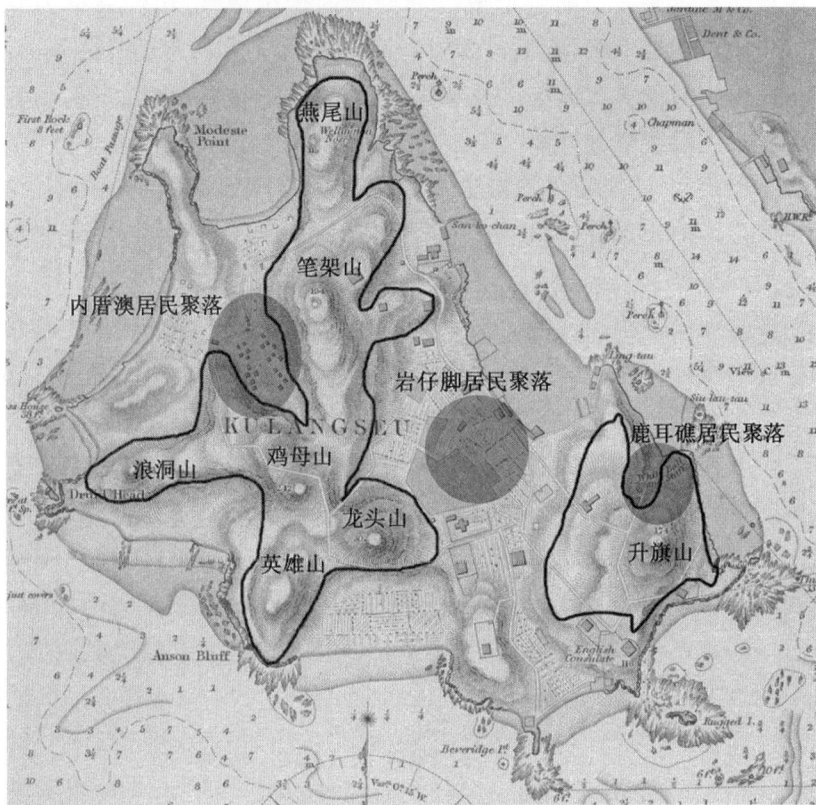

图 2-1 鼓浪屿早期居民聚落示意图

资料来源:根据鼓浪屿管委会提供的地图档案,根据大英图书馆 1863 年鼓浪屿地图绘制。

图 2-1 是以 1863 年外国人绘制的鼓浪屿地图为底图。这一时期随着外国侨民的到来,鼓浪屿已经有了一些变化,但鼓浪屿山脉的走向和分布不会发生太大变化。因此,由当时的地图依然能够看到,岛内山丘岩石众多,平地面积较少。鼓浪屿上的山坡、平地呈现为不同层次的纵横交错分布状态。鼓浪屿早期居民的聚落基本上依山而建,在有限的平地上开垦种植。从实

---

① 陈全忠:《黄姓与鼓浪屿的开发》,《鼓浪屿文史资料》下册,第 8、9、10、11 页。

际效果来看,这样的地段一方面受台风影响较轻,另一方面利于开垦周边的相对平坦的土地为农田。

随着鼓浪屿闽南移民聚落片区的渐次形成,显示聚落渐趋稳定和成熟的闽南传统文化标识——包括"大夫第"、"四落大厝"等现今依然留存的闽南代表性民居建筑,祭拜祖先的"黄氏大宗祠"即"莲桂堂"、"黄氏小宗"、"景贤堂"、"垂裕堂"、"四美堂"等祠堂和祭祀神灵的"种德宫"、"兴贤宫"等寺庙也相继出现。这表明鼓浪屿已经沉浸在闽南文化的汪洋中,深深打上闽南文化的烙印。

18世纪中叶,当厦门岛面对鼓浪屿的西南部成为一处繁华的城区时,鼓浪屿也成了闽南人相继迁入定居之处。薛起凤在《鹭江志》中就称:"鼓浪屿在海中,长里许,上有小山,田园、村舍,无所不备。"地方文人更是视鼓浪屿为乐土,有诗为证:"纵横四里环沧海,石洞开时别一天,鸡犬桃花云水外,更从何处问神仙。"①

当然,鼓浪屿并非世外桃源。虽然移居岛上的闽南移民大多仍以农耕和捕鱼维持生计,但鼓浪屿是一座由花岗岩构成的小岛。在方圆仅不足2平方公里的岛上,纵横交错地散布着许多小山,可耕地有限,加上土壤贫瘠,单靠农耕恐难于维持生计。史料表明,早在明代,鼓浪屿岛上就盛行采石。明末地方名人就曾在诗作中指称,闽南人在鼓浪屿开采岩石用于制作石碑和建造石屋已历经数百年。② 直到清乾隆年间,方志中仍然记载:"漳泉用石多采于此。"③

此外,在15世纪末以来的世纪风云中,鼓浪屿也同样感受了新航路开辟后东西大交通的律动。据载,明崇祯三年(1630年)5月,就有一艘名为"鼓浪屿号"的帆船航行于厦门海域和大员(今台南)之间④。尽管我们无法确定船主和船员是否是鼓浪屿居民,但至少可以由此知悉鼓浪屿在当时从事海上贸易活动的闽南商民中的名声。其他史籍记载和鼓浪屿岛上保留的

---

① (清)薛起凤主纂,江林宣、李熙泰整理:《鹭江志》卷之一,《山川》,厦门:鹭江出版社,1998年,第40页。
② (明)池显方:《晃岩集》,厦门:厦门大学出版社,2009年,第22,99页。
③ (清)乾隆《泉州府志》卷八,《山川三》,泉州市地方志编纂委员会办公室,1984年影印本,第34页。
④ 江树生译注:《热兰遮城日志》第一册,转引自李启宇、詹朝霞著:《鼓浪屿史话》,厦门:厦门大学出版社,2013年,第10～11页。

外国人墓地,可以从一个侧面反映出当时鼓浪屿感应东西方大交通的情况。据载,1623 年秋,荷兰人在占据台湾的前一年,曾到过鼓浪屿和厦门曾厝垵。[①] 大约在此前后,鼓浪屿也被标示在西方人的航海图上。[②] 至今鼓浪屿岛上还保留着几处外国人的墓地。其中,鼓浪屿岛东北角有三座,墓碑上所刻铭文如下:

兹长眠着特朗布尔号司令官亨利·达菲尔德之子约翰·达菲尔德的遗体。亡故于 1698 年 9 月 6 日。

兹长眠着成功号前指挥官斯狄芬·贝克上尉的遗体。亡故于 1700 年 10 月 18 日,享年 49 岁。

庞嘉锡兰的多明戈和其他两个菲律宾的印度人之墓。亡故于 1759 年 10 月某日。

另有一座在鼓浪屿南部的田尾区,墓碑所刻铭文为:

曼努埃尔·德塞斯佩德斯·卡里阿索,出生于布尔格斯大主教区的巴塞尼亚斯—德尔里韦罗镇,是马尼拉大帆船——瓜达卢佩圣母号的货物管理员(押运员),卒于 1759 年 10 月 12 日,享年 30 岁。[③]

从碑文可以看出,埋葬在鼓浪屿的西方人均是船员或海商。据考证,他们分别是葡萄牙人、荷兰人,以及部分菲律宾西班牙属殖民地与印尼荷兰属殖民地的马来人和欧亚混血儿。[④] 这些人应该是航海途中路经鼓浪屿或短期待在鼓浪屿,而非长住于此,不知何故身亡,就近埋葬。

另一个明证是岛上的传统建筑"红砖厝"。有学者认为闽南红砖文化是进入大航海时代以后,月港商人从占领菲律宾的西班牙人那儿学来的。红砖是西方人在其东南亚殖民地使用的建筑材料。同一时期,中国传统区域普遍使用青砖。闽南商人觉得红砖颜色喜庆,且比青砖坚固,故引进。[⑤]

---

① 厦门市地方志编纂委员会编:《厦门市志》(第一册),北京:方志出版社,2004 年,第 25 页。

② 厦门市档案局、厦门市档案馆编:《近代厦门涉外档案史料》,厦门:厦门大学出版社,1997 年,第 269 页。

③ [英]翟理斯:《鼓浪屿简史》,载何丙仲辑译:《近代西人眼中的鼓浪屿》,厦门:厦门大学出版社,2010 年,第 179 页。

④ 泓莹:《鼓浪屿原住民》,厦门:厦门大学出版社,2010 年,第 1 页。

⑤ 萧春雷:《追寻闽南红砖大厝的起源》,载《中国国家地理》2009 年 5 月号;毛剑杰:《理想年代鼓浪屿建筑的融合之美》,福州:福建人民出版社,2016 年,第 18～20 页。

明末清初,鼓浪屿成为郑成功最初的抗清根据地。《南疆绎史》等文献记载,郑成功在南安故里焚青衣起兵后,立即"与所部陈辉等九十余人第一旅遁入金门,随往南澳收集余众,得数千",随之"移屯鼓浪屿",时在隆武二年(1646 年)。郑氏起师伊始,军费拮据,处境困难。恰好有一艘郑家的商船从日本开来停泊在鼓浪屿,郑成功遂将这艘商船带来的 10 万两银子用来募兵和购置军械。接着在鼓浪屿日光岩等要地屯营扎寨,设水操台练兵,并积极从鼓浪屿引兵配合闽南抗清力量,在泉州、同安、海澄一带抗击清军。永历四年(1650 年),郑成功计夺厦门岛,兼并郑彩、郑联的军队,始形成包括鼓浪屿在内的金、厦抗清根据地。由于郑成功军队驻扎四年,鼓浪屿得到一定的开发与建设。20 世纪 30 年代时,鼓浪屿山麓还有明末忠臣陈迪庵墓(即陈士京墓),其墓旁边还发现了其他古墓,墓碑上书"明诰封武将军础石杨公"、"复明将军玉环杨公、元配懿雅淑人惠氏,赞襄贞纯夫人谢氏坟墓",据说二杨均为郑成功时代之忠臣。①

显而易见,步入近代之前,鼓浪屿的发展轨迹是和厦门紧紧相连的。实际上,鼓浪屿在行政区划上也一直隶属于厦门。据方志所载,鼓浪屿在清代之前即隶属时称嘉禾里的厦门,归属同安县嘉禾里二十二都二图。②康熙二十四年重建厦门城后,"通厦烟户,市镇设福山、和凤、怀德、附寨四社,乡村设二十一都、二十二都、二十三都、二十四都。编立保甲,令各保长督同甲头,互相稽查奸,各造烟户缴查,计共烟户一万六千一百余户。"③市镇所设 4 社共辖 12 保,乡村所设 4 都则各领 2 图,共辖 28 保。④鼓浪屿归属附寨社,称鼓浪屿保。至鸦片战争前的道光年间,鼓浪屿改为归属和凤前后社。⑤此外,为加强船舶的管理和保护港口的安全,清政府在厦门港内外海域及各岛屿要害处设五营汛地,其中鼓浪屿也是五营汛地之一。⑥

① 《明志士墓受保护又有新古墓发现》,《江声报》,1935 年 11 月 1 日。
② 吴锡璜总纂:《同安县志》,北京:方志出版社,2007 年,第 101 页;(明)何乔远《闽书》第一册,福州:福建人民出版社,1994 年,第 272 页。
③ (清)薛起凤主纂,江林宣、李熙泰整理:《鹭江志》,卷之一,《保甲》,厦门:鹭江出版社,1998 年,第 47 页。
④ (清)薛起凤主纂,江林宣、李熙泰整理:《鹭江志》卷之一,《四社》,第 47 页,四都,第 48 页,厦门:鹭江出版社,1998 年。
⑤ (清)周凯:《厦门志》卷二,《分域略》,厦门:鹭江出版社,1996 年,第 29～30 页。
⑥ (清)周凯:《厦门志》卷四,《防海略》,厦门:鹭江出版社,1996 年,第 77 页。

19世纪40年代初,当中英鸦片战争的硝烟还在弥漫,随着英国舰队从广州北上进入厦门港湾,并最终驻扎鼓浪屿的英军士兵和军官,曾留下对鼓浪屿如下一些描述。

其一,1841年,伯纳德在《"复仇神"号轮船航行作战记》一文中这样写道:

> 鼓浪屿自被占领以来,一直保留在我们手中。这个岛值得说一说。它长约一英里半,宽约四分之三英里。但它的形状是不规则的。地多岩石,起伏不平,大部分是不毛之地。但也有不干净的稻田穿插其间,使此地环境不卫生。的确有一个时期,我们在这里驻扎的部队的死亡率是很可怕的,几乎没有一个军官不生过病,很多人死亡。然而,这一种病对中国人似乎影响不大,因为这个岛上有几座整洁的甚至是雅致的郊区别墅,室内摆设着雕刻精美的木家具。看来这些是几个较为富裕的厦门公民的休养地。而我们占领了这样一个在位置上便于控制港口与城市贸易的地方,这对中国当局与居民而言是造成极大骚扰的根源。[①]

其二,1842年,跟随中英鸦片战争中占领鼓浪屿英军居住在鼓浪屿的海军医院和舰队督察官约翰·威尔逊博士在《在华行医记》中留下如下记载:

> 大体说来,鼓浪屿是一个贫瘠的不适合生产的地方,尽管它极其美丽,但毫无用处。在英军攻陷并有条件地占据鼓浪屿之前,岛上密布着房屋和精致的小别墅,据说居民有3000人,成了厦门对面的有点海盖特(Highgate)或里士满(Richmond)那样的市民们喜欢去消遣、呼吸新鲜空气,观看比闹市那又脏又挤的街道要赏心悦目得多的城区。鼓浪屿人住的房子既好看又有利于健康,不会拥挤不堪,也不会挡住新鲜空气和自然景观。这些房子的位置总是令人称心如意,通常坐落于浪漫的自然美景中。有的是在峭壁之下,四周都是巨大的石头;有的是在小小的谷地里,常常点缀着开花的灌木丛。[②]

从以上鸦片战争期间英军士兵、随军医生等人的记载,结合前面列举的

---

① 福建师范大学历史系、福建地方史研究室编:《鸦片战争在闽台史料选编》,福州:福建人民出版社,1982年,第181~182页。

② [英]翟理斯:《鼓浪屿简史》,载何丙仲辑译:《近代西人眼中的鼓浪屿》,厦门:厦门大学出版社,2010年,第171页。

地方史籍所载,我们可以大致了解站在近代大门口的鼓浪屿的基本样貌。

总体而言,在厦门开埠之前,鼓浪屿已发展了一些具有闽南乡村特色的小片居民区,人口大约有 3000 人,从事农业和渔业。比较成规模的居民区分别位于内厝澳、岩仔脚和鹿耳礁三处。这些区域地势相对平坦,开垦周边荒地较方便,便于从事农业种植,而且这些地段受台风影响也比较小。这里的环境卫生状况不佳。此外,这里已经有了初步的社会分层,存在少量的富裕居民。

第二节　外国侨民的移居与近代社区的萌生

虽然在上述大航海时期,就曾有外国人造访鼓浪屿,但鸦片战争前,鼓浪屿可能没有任何外国人入住,因为道光十九年(1839 年)刊行的《厦门志》里没有提及任何外国人,也未见任何西方史料提及。[①] 由于鼓浪屿是重要的战略要地,虽然厦门周围有很多岛屿,但英国人"最有兴趣的一个是鼓浪屿","它与厦门城只有一水之隔,这条水道直通厦门内港。事实上,占领鼓浪屿,厦门本身或者更恰当地说它的城市与市郊就都处在我们完全控制之下了"。[②] 因此,鸦片战争期间,即 1841 年 9 月,英军攻占鼓浪屿,并留下三艘军舰和三艘运输船以及 550 名士兵驻扎,[③]保证对厦门港口的全面控制,其余军队继续北上。1842 年 2 月,美国归正教会传教士文惠廉(Wm J. Boone)和美国圣公会牧师雅裨理(David W. Abeel)来到鼓浪屿。[④] 同年 6 月,美国医疗传教士甘明(W. N. Cumming)也赶到鼓浪屿。他们在海边租

---

① [英]翟理斯:《鼓浪屿简史》,载何丙仲辑译:《近代西人眼中的鼓浪屿》,厦门:厦门大学出版社,2010 年,第 168 页。

② 福建师范大学历史系、福建地方史研究室编:《鸦片战争在闽台史料选编》,福州:福建人民出版社,1982 年,第 168 页。

③ 福建师范大学历史系、福建地方史研究室编:《鸦片战争在闽台史料选编》,福州:福建人民出版社,1982 年,第 183 页。

④ [英]翟理斯:《鼓浪屿简史》,载何丙仲辑译:《近代西人眼中的鼓浪屿》,厦门:厦门大学出版社,2010 年,第 170、195 页。

用民房办了一间医务所,还经常渡海到厦门,甚至到内地活动。①

　　1843年11月2日,作为一年多之前中英双方为结束鸦片战争签订的《南京条约》约定开放的五个通商口岸之一,厦门正式开埠。由于当时英国驻厦门领事馆尚在建设之中,英国人于1844年在鼓浪屿建立了一座领事楼房,作为临时办事处,英国官员与传教士共计5人一直住在岛上,受英军保护。1845年2月,清政府还清第五期赔款后,英国军队按照先前协议全部撤走,英国领事也从鼓浪屿迁居厦门。当时,英国人以厦门"屋宇湫隘",请求清政府允许英商"数人在鼓浪屿租房暂住",但清政府未予许可。② 不过,岛上仍有外国侨民居住,清政府曾短期派兵常驻鼓浪屿以保护这些侨民。据载,1847年时,居住在鼓浪屿的外国侨民有20多人。③

　　史料表明,在19世纪40年代,虽然一开始外国侨民大多选择居住鼓浪屿,但由于鼓浪屿卫生条件恶劣,导致许多侨民生病,因此,鼓浪屿"对四十年代早期来这里的传教士和商人们并无魅力可言"④。部分外国侨民还是选择居住在厦门岛。直到1853年,小刀会占领厦门城,外国侨民才在兵舰的护送下重返鼓浪屿。⑤ 此后,随着厦门开埠后对外贸易的发展,鼓浪屿上的外国侨民不断增多。

　　据载,厦门正式开埠,与西方诸国的贸易随之迅速展开,德记、和记、宝记、合记和协隆等西方洋行接踵而来。到1880年,厦门洋行数增加到24家。⑥ 这24家洋行几乎包揽了厦门除南洋贸易以外的全部直接对外贸易。此外,有4家洋行还在台湾开设分行,参与厦门与台湾间的埠际贸易。按海关统计作粗略估计,这24家洋行在1880年的营业额达900万海关两左

　　① [美]杰拉德·F.德庸著,杨丽、叶克豪译:《美国归正教在厦门(1842—1951)》,台北:龙图腾文化有限公司,2013年,第28页。

　　② 文庆等纂:《筹办夷务始末》(道光朝)第6册,台北:文海出版社,1970年,第2943页。

　　③ 张镇世、叶更新、杨纪波、洪卜仁:《"公共租界"鼓浪屿(1903—1941年)》,厦门市政协文史资料研究委员会编:《厦门文史资料》第16辑,厦门:鹭江出版社,1990年,第5页。

　　④ [美]毕腓力著,何丙仲译:《厦门纵横——一个中国首批开埠城市的史事》,厦门:厦门大学出版社,2009年,第167页。

　　⑤ [英]乔治·休士:《厦门及周边地区》,载何丙仲辑译:《近代西人眼中的鼓浪屿》,厦门:厦门大学出版社,2010年,第25页。

　　⑥ *Trade Reports*,Amoy,1865.

右。[①]　其中,对英贸易约占 2/3 以上。[②]　因此,来到厦门的外国商人、传教士和官员也越来越多。他们大多选择入住鼓浪屿,因为他们发现,"由于环境以及自然风光的迷人,有优美的港口,还有群山的环抱,沿着整个中国海岸再找不到比这里更美的地方。"[③]

　　可见,尽管一开始由于对鼓浪屿不良卫生环境的抱怨,外国侨民一度并不完全青睐于鼓浪屿。但随着来厦外国侨民数量的增加,在对比和权衡利弊之下,他们还是为鼓浪屿相对独立的社会空间和秀丽迷人的自然风光所深深吸引,选择鼓浪屿作为生活居留地。19 世纪 60 年代后,随着厦门对外贸易的迅速发展,来此地从事商贸活动的外国商人相继入住鼓浪屿,各国领事馆、教堂、教会学校、医院和邮局等也相继开办于此。侨居鼓浪屿的外国人数迅速增加。关于这一时期鼓浪屿外国侨民的人数,各种资料来源多有出入。据出版于 1878 年的《鼓浪屿简史》所载,1878 年,侨居厦门和鼓浪屿各种国籍的外国人总数为 251 人,其中居住厦门的 58 人,居住鼓浪屿的多达 193 人,占鼓浪屿岛上总人口的 6.8%。这应该是岛上外国人占比最高的年份。《鼓浪屿简史》作者为英人赫伯特·艾伦·翟理斯。他于 1867 年以英国驻华使馆翻译生的身份来华。1878 年出任英国驻厦门代理领事。他在书中详细罗列了所有侨居厦门和鼓浪屿侨民的名单,其统计数据较为可靠。另据厦门海关统计,1879 年、1880 年和 1881 年三年,厦门和鼓浪屿外国侨民的人数分别为 292 人、285 人和 275 人。参照 1878 年的情况,这些外国侨民应大多居住在鼓浪屿,但具体人数不详。至 19 世纪 90 年代,鼓浪屿的外国居民则多达 300 余人,其中绝大多数是商人。他们居住在鼓浪屿,但商行则大多设在对岸厦门的近海一带,即海后滩英租界及其周围。[④]

　　侨居鼓浪屿的外国人一开始都租赁当地华人房屋住宿和办事。如最早

---

　　①　*Trade Reports*,Amoy,1880.

　　②　[英]班思德编:《最近百年中国对外贸易史》,海关总税务司署统计科,1931 年,第 35～36 页。

　　③　[美]毕腓力著,何丙仲译:《厦门纵横——一个中国首批开埠城市的史事》,厦门:厦门大学出版社,2009 年,第 164 页。

　　④　马士著,张汇文等译:《中华帝国对外关系史》第 1 卷,北京:三联书店,1957 年,第 409 页;厦门市档案局、厦门市档案馆编:《近代厦门涉外档案史料》,厦门:厦门大学出版社,1997 年,第 272～273 页。关于岛上外国人人数,另一数据为 1890 年有 100 多人,1909 年则达 250 人(见《厦门文史资料》第 16 辑,第 5 页)。

来厦门的传教士雅裨理牧师(Rev. David Abeel)在 1842 年 2 月抵达鼓浪屿后,就租赁"黄氏小宗"祠堂居住,一边传教,一边在寓所给病人治病。此后还与稍后侨居鼓浪屿的美国的内科医生甘明(Dr. William H Cumming)一道,在这里开设了鼓浪屿第一家西式诊所。[①] 但渐渐的,入住鼓浪屿的外国侨民便开始购地自建楼房。现存的史料及其相关研究表明,为了在鼓浪屿与厦门岛之间往来交通的便利,也为了追求良好的视觉、光照条件,同时也考虑到与鼓浪屿上中国人传统聚落的适当疏离,这一时期外国侨民的建筑大多集中于鼓浪屿岛的东南部,临近鹿耳礁华人聚落。鹿耳礁聚落面向大海,域内有升旗山,这是鼓浪屿内除了日光岩外的第二个制高点,山上视野开阔,便于观景,聚落周边海滨区域开发空间大。[②] 这样的地理环境符合外国侨民对居住空间的选择。因而外国侨民最早选择鹿耳礁聚落附近的山上高点及海滨自建楼房,与中国人聚落形成一定的区隔。

早在 19 世纪 60 年代初期,这里就盖起了西班牙领事馆、英国领事馆、英国领事公馆、海关税务司公馆、大北电报公司和德记洋行住宅等西式建筑。至 70 年代末,这里更增添了田尾女学堂、海关副税务司公馆、协和礼拜堂、联合俱乐部、德国领事馆等西式建筑。此外,在鼓浪屿岛的中部靠海之处,则建有汇丰银行职员公寓、汇丰银行公馆和德商宝记洋行等西式建筑。

另据 1862 年 12 月至 1865 年 4 月和 1869 年 12 月至 1875 年 3 月两度在厦门关担任海关税务司的英国人乔治·休士撰写并于 1872 年在香港出版的《厦门及周边地区》(*Amoy and the surrounding districts*)一书所载,其时,

> 鼓浪屿所有最好的位置,都星罗棋布着漂亮的房子,商人、传教士和有钱的官员的私人住宅,合起来可能有 15 万元。

> 他们经商的地方都在厦门的海滩边上,是一个相当热闹的地点,很少有住宅公馆,所以大部分人就在鼓浪屿建造私人房子。鼓浪屿是一个靠近厦门的有许多岩石的小岛,堪称是建楼筑屋的绝佳之地。外国居民们精心地选择这些地点,根据气候变化情况建造房屋。夏天,他们

---

① ［美］纽约美国归正教会海外传教委员会:《厦门传教百年史》,载何丙仲辑译:《近代西人眼中的鼓浪屿》,厦门:厦门大学出版社,2010 年,第 288 页。

② 鼓浪屿申报世界文化遗产系列丛书编委会编,徐家宁撰文:《大航海时代与鼓浪屿:西洋古文献及影像精选》,北京:文物出版社,2013 年,第 115 页。

可以享受到强劲的海风,大部分的白天海风习习,夜里则是从陆地吹向大海的风。冬天也不会冷到使他们感到难受。[①]

下面这一张拍摄于当时鼓浪屿的照片也可以佐证休士的上述描述。

图 2-2　1868 年的鼓浪屿东南角

资料来源:鼓浪屿申报世界文化遗产系列丛书编委会编:《鼓浪屿之路》,福州:海峡书局,2013 年。

到 19 世纪末期,鼓浪屿岛上已经有 10 余个国家的领事馆,6 所洋人教会办的学校,5 幢教堂,2 所洋人办的医院,1 个洋人办的小型船坞,1 所邮政局,1 所电报局,数家洋行。[②] 于是,领事馆、教堂、学校、医院、邮政局、电报局、洋行等各种建筑以及诸多的私人住宅,遍布岛上。[③] 这些以外廊式建筑风格为主的西式建筑大多集中于以燕尾山、笔架山、鸡母山和旗仔尾山为界,朝向厦门岛的一侧,与岛上原有的居民传统聚落并置,形成相对独立,略有交错的基本格局。形态各异的各种西式公馆、别墅从山顶沿着山谷,向海边伸展,铺开。构成一道亮丽的风景线。这些西式洋楼别墅大多带有园林和草地,体现了外国侨民的审美情趣。这些西式建筑以最直观的方式,展现了异域文化的别样风采,体现和传播着异域建筑文化和社会生活的内涵。

与此同时,外国侨民为了改善居住环境,还着力铺设道路、栽种树木、架

---

①　[英]乔治·休士:《厦门及周边地区》,载何丙仲辑译:《近代西人眼中的鼓浪屿》,厦门:厦门大学出版社,2010 年,第 35、41 页。

②　余丰、张镇世、曾世清:《鼓浪屿沦为"公共地界"的经过》,《厦门文史资料》第 2 辑,第 82 页。

③　*Decennial Reports*, Amoy, 1892—1901; Wright A: *Twentieth Century Impressions of HongKong, Shanghai and Other Treaty Ports of China*, p. 805.

设路灯。尤其是1878年成立"鼓浪屿"之后,道路建设有了更大推进。以致厦门海关税务司在呈送总税务司的《海关十年报告》中称赞道:"(在鼓浪屿)这里平展的道路已经修成,并有人专管,以期保持道路的良好状况","沿着路旁栽种了树木……使这里带有一种森林的风味"。① 在外国人眼中,景色秀丽的鼓浪屿已经"像欧洲南部的城市一样"呈现"一幅悦人心目的图画"。②

图 2-3　19 世纪末的鼓浪屿

资料来源:鼓浪屿申报世界文化遗产系列丛书编委会编:《鼓浪屿之路》,

福州:海峡书局,2013年,附录图

　　显而易见,在19世纪中后期的50余年间,在西人东渐,全球化浪潮滚滚而来的大背景下,鼓浪屿的聚落形态和空间布局均发生了一系列变化。一个与鼓浪屿岛上由闽南早期移民建构的带有浓郁闽南传统乡村特色的原有聚落形态完全不同的近代城市社区已经萌生。推动这一变化的主导社会力量来自由外国商人、传教士和官员构成的外国侨民。尽管在中国东南沿海的各个通商口岸,这种聚落形态与空间格局的演化都在不同程度地发生。但鼓浪屿由于它特殊的自然条件以及与厦门岛的特殊关系,遂使它的这种演化具有鲜明的地域特征。这一特征在其随后的历史进程中还将进一步显露。

---

① *Decennial Reports*, Amoy, 1892—1901.

② Decennial Reports, Amoy, 1892—1901; Wright A, *Twentieth Century Impressions of HongKong, Shanghai and Other Treaty Ports of China*, p.805.

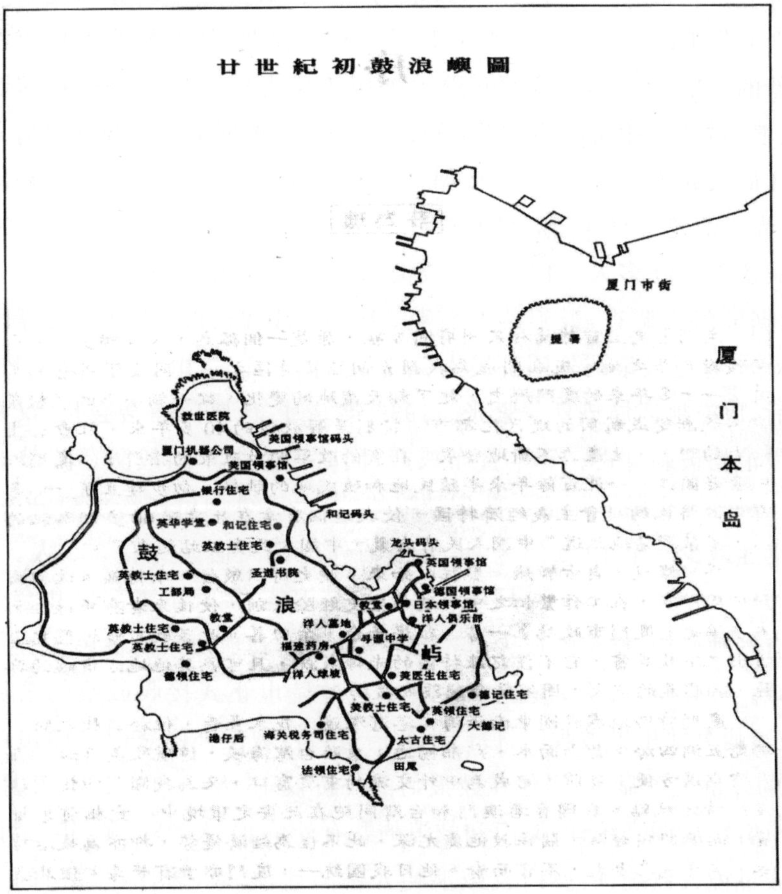

图 2-4 20 世纪初的鼓浪屿

资料来源:厦门市国土资源与房地产管理局编印:《图说厦门》,2006 年,第
124 页。

第三节 闽南海外移民返乡与近代社区的发展

如果说 19 世纪中后期是外国侨民在主导鼓浪屿民居聚落的变迁,那么
进入 20 世纪,主导鼓浪屿聚落形态与空间格局演化的主导社会力量则转移
到一个新的社会群体,即返乡的闽南籍海外移民。

1902 年,清政府与美、日、英等国签订《厦门鼓浪屿公共地界章程》,将鼓浪屿辟为公共租地。翌年1月,鼓浪屿工部局成立,"专理界内应办事宜",是一个对鼓浪屿全岛实行行政管理的机构。由此,鼓浪屿的近代历程进入一个新的时期。公共租地的开辟给外国侨民提供了更安全有效的制度环境,鼓浪屿外国侨民的数量持续增长。1905年,根据厦门洋务公局对居住鼓浪屿洋商人数调查,当时岛上外籍商人及家属89人。[①] 这仅涉及外国商人部分,尚不清楚所有外国居民的总数。另据厦门海关的统计,1909年岛上外国侨民增至250多人。1911年,鼓浪屿外国居民大约300人。[②] 1930年8月,根据厦门市调查,鼓浪屿共有英、美、法、日、西、丹、俄、荷、葡等国侨民567人。[③] 这是鼓浪屿外国侨民人数的最高值。此后,由于1938年日军侵占厦门后,厦鼓地区局势日益紧张。1939年5月,伪厦门商会会长、汉奸洪立勋在鼓浪屿被刺身亡。日本宣布戒严,同时派遣海军陆战队登陆鼓浪屿。[④] 英、美、法等国也随即派遣舰队到鼓浪屿。[⑤] 岛上外国侨民纷纷离开鼓浪屿,人数迅速减少。至1940年8月,鼓浪屿外国侨民估计约有350人。[⑥] 1941年12月,太平洋战争爆发,日军趁机占领鼓浪屿,接管了工部局和会审公堂及所有管理机构,鼓浪屿成为日本独占的地盘,其他国家的侨民人数更进一步锐减。1945年12月,厦门市政府奉行政院电正式接收鼓浪屿公界行政权,鼓浪屿公共租界被收回,厦门市政府进行过数次外侨登记。1946年2月15日的外侨名录显示,居住在鼓浪屿的外侨仅16人。[⑦] 1946年12月,根据厦门市警察局调查统计,厦门和鼓浪屿共有外侨81人。[⑧] 1947年,根据外侨居留或过境人数统计,厦门及鼓浪屿外侨共计52人,居住在厦门的10人,

---

① 厦门市档案局、厦门市档案馆编:《近代厦门涉外档案史料》,厦门:厦门大学出版社,1997年,根据第27~28页资料统计。

② 戴一峰等译编:《近代厦门社会经济概况》,厦门:鹭江出版社,1990年,第356页。

③ 厦门市档案局、厦门市档案馆编:《近代厦门涉外档案史料》,厦门:厦门大学出版社,1997年,第121页。

④ 厦门市地方志编纂委员会编:《厦门市志》(第一册),北京:方志出版社,2004年,第49页。

⑤ 《外国军舰集中鼓浪屿》,《申报》,1939年5月19日。

⑥ 林慕苏:《1940年8月游鼓印象记》,《鼓浪屿文史资料》中册,第97页。

⑦ 厦门市档案局、厦门市档案馆编:《近代厦门涉外档案史料》,厦门:厦门大学出版社,1997年,第127~128页。

⑧ 厦门市档案局、厦门市档案馆编:《近代厦门涉外档案史料》,厦门:厦门大学出版社,1997年,第121~122页。

居住在鼓浪屿的 41 人,1 人不明。① 1949 年 7 月,厦门警察局调查统计显示,厦门(含鼓浪屿)外侨共有 59 户,122 人。②

与外国侨民人数变化形成鲜明对比的是进入 20 世纪后鼓浪屿华人人数的迅猛增长。如果与鼓浪屿华人在 19 世纪中后期的人口增长情况相比,这一增长速度就更为惊人了。

如前所述,依据 1842 年随英军进驻鼓浪屿的督察官约翰·威尔逊博士《在华行医记》的记载,鼓浪屿"据说居民有 3000 人"③。另据乔治·休士(George Hughes)1872 年的记载,鼓浪屿岛上有 4 个中国人的小村庄,人口增加到约 4000～6000 人。④ 但依据英人翟理斯的记载,1878 年,鼓浪屿首次进行人口普查时,鼓浪屿分为 10 甲,居民户为 629 户,足龄男性 1588 人,足龄女性 1247 人,中国居民总数共计 2835 人。⑤ 翟理斯在书中详细描述了这次人口普查的经过,因此,这一数据相对应是比较可靠的。不过,这一统计数据仅包括足龄人口,因此实际人口应在 3500 人左右。而英人爱德华 1896 年出版的《厦门地理通述》中记载,当时鼓浪屿人口估计有 2500～3000 人(不包括外国人 300 人)。⑥ 尽管上列史料所载数据并不精确,但有一点可以确定的是,这一时期鼓浪屿华人人数增长极其缓慢。

进入 20 世纪,情况幡然改观。据厦门海关 1911 年的记载,在"过去十年里",鼓浪屿"中国人口增加一倍多,1911 年大约为 12000 人"⑦。十年后的 1920 年,依据日本人的统计,鼓浪屿约有 15000 人。⑧ 1924 年,军阀臧致平

---

① 厦门市档案局、厦门市档案馆编:《近代厦门涉外档案史料》,厦门:厦门大学出版社,1997 年,第 65～67 页。

② 厦门市档案局、厦门市档案馆编:《近代厦门涉外档案史料》,厦门:厦门大学出版社,1997 年,第 122 页。

③ [英]翟理斯:《鼓浪屿简史》,载何丙仲辑译:《近代西人眼中的鼓浪屿》,厦门:厦门大学出版社,2010 年,第 171 页。

④ [英]乔治·休士:《厦门及周边地区》,载何丙仲辑译:《近代西人眼中的鼓浪屿》,厦门:厦门大学出版社,2010 年,第 35 页。

⑤ [英]翟理斯:《鼓浪屿简史》,载何丙仲辑译:《近代西人眼中的鼓浪屿》,厦门:厦门大学出版社,2010 年,第 175 页。

⑥ [英]朱利恩·休斯·爱德华:《厦门地理通述》,载何丙仲辑译:《近代西人眼中的鼓浪屿》,厦门:厦门大学出版社,2010 年,第 119 页。

⑦ 戴一峰等译编:《近代厦门社会经济概况》,厦门:鹭江出版社,1990 年,第 356 页。

⑧ 日本外务省通商局监理:《福建省事情》,东京商业会议所发行,1921 年,第 2 页。

占领厦门,漳泉各地避居者日多,鼓浪屿人口短期内曾增加至近四万人。[①]随着局势和缓,部分避居者又迁走。1929年,鼓浪屿尚有二万多人。1930年,鼓浪屿人口为21032人。[②] 1932年,由于红军进入漳州,许多人逃入鼓浪屿。[③] 鼓浪屿的人口急剧增加。据1934年7月25日的《华侨报》载工部局报告,鼓浪屿人口已达52000人。[④] 另据统计,1936年年底鼓浪屿有30854人,其中男性15640人,女性15214人。[⑤]

　　1938年5月厦门沦陷后,居民大量逃离厦门岛,日本人别村孝二曾描述此种状况:"厦门攻略战,厦门市内残留民一万五千人或二万人,市街宛然废墟。"[⑥]一部分人逃到内陆或国外,很大一部分则逃至鼓浪屿,当时留在鼓浪屿的难民不下7万多人。《南支那的资源与经济》一书则认为"鼓浪屿的难民是人口的三倍,超过10万人"。[⑦] 由于鼓浪屿条件艰苦,很多难民在形势稳定后选择离开鼓浪屿,有的回大陆原籍,有的出国到南洋,也有回到厦门,但是还是有不少难民留在鼓浪屿。至1938年底,救济会负担食宿的难民,尚有一万四千余人,其中学龄儿童三四千人。[⑧] 到1940年8月,鼓浪屿华人约4万。[⑨] 此数虽然不太准确,但也大体反映了此时鼓浪屿的人口概况。1941年,鼓浪屿人口保持在43000人左右。[⑩] 但当年日本独占鼓浪屿后,华人大量外逃,人数锐减。1946年5月,鼓浪屿人口为24039人。[⑪]

---

① 《江声报》,1936年3月23日—26日,《鼓浪屿史料》,《鼓浪屿文史资料》中册,第195页。

② 厦门市档案局、厦门市档案馆编:《近代厦门涉外档案史料》,厦门:厦门大学出版社,1997年,第116页。

③ 张镇世、叶更新、杨纪波、洪卜仁:《"公共租界"鼓浪屿(1903—1941年)》,厦门市政协文史资料研究委员会编:《厦门文史资料》第16辑,厦门:鹭江出版社,1990年,第146页。

④ 茅乐楠编:《新兴的厦门》,厦门:厦门萃经堂印务公司,1934年,第28页。

⑤ 厦门市政府统计室编:《厦门要览》,厦门市政府统计室,1946年,第9页。

⑥ [日]别所孝二编:《新厦门》,大阪每日新闻社,1940年,第21页。

⑦ 台湾总督府热带产业调查会编:《南支那の资源と经济》(第一卷,福建省),南洋协会台湾支部发行,1938年,第30页。

⑧ 陈冰玲:《鼓浪屿难民机构和国际救济会》,《厦门文史资料》第12辑,第54页。

⑨ 林慕苏:《1940年8月游鼓印象记》,《鼓浪屿文史资料》中册,第97页。

⑩ 戴一峰等译编:《近代厦门社会经济概况》,厦门:鹭江出版社,1990年,第270、427页。

⑪ 厦门市政府统计室编:《厦门要览》,厦门市政府统计室,1946年,第9页;吴雅纯辑:《厦门大观》,厦门:厦门新绿书店,1947年,第8页。

虽然在 1938 年日本占领厦门之前,鼓浪屿华人人口的急速增长与这一时期闽南地区局势动荡有关,但也与这一时期闽南海外移民持续不断的返乡密切相关。明清时期闽南人的海外移民,以台湾和东南亚为两个主要流向地。前者属国内移民,后者属国际移民。向台湾的移民在明末清初达到高潮。期间,有百余万闽南人移居台湾。而向东南亚的移民高潮则出现在近代。期间亦有近 200 万闽南人移民东南亚各地。是故,从海外返乡的闽南移民也便大多来自台湾和东南亚。

由于中日甲午战后日本割占台湾,许多先前移居台湾的闽南人纷纷返乡。他们被鼓浪屿新生的社区景观所吸引,移居岛上。与此同时,先前移居东南亚的闽南人也有人返乡,同样被鼓浪屿所吸引,移居鼓浪屿。来自东南亚的返乡移民在文献上一般称为回国华侨,或简称归侨。进入 20 世纪,返乡的闽南海外移民人数激增。据厦门海关统计,其中就有一部分人移居鼓浪屿。是故,返乡移民及其眷属构成这一时期鼓浪屿人口的大部。1929 年,南京国民政府外交部厦门交涉员刘光谦曾称:"鼓浪屿孤峙海中,周围虽仅三里,然屿上居民户口约在四万左右,十之六七系属各县回国华侨,实闽省精华荟萃之区。"[①]"十之六七"比例可能偏高,但也反映出鼓浪屿人口中返乡移民及其眷属人口之多。这些返乡移民在海外谋生时已经接触了西方的文明,熟悉西方的各种文化习俗,同时他们又对生于斯长于斯的闽南故土文化充满情怀,两者交织,使他们易于成为中西文化交融、合璧的中介。这突出体现在他们对鼓浪屿社区发展的推进上,尤其是鼓浪屿聚落形态的进一步演化和空间格局的进一步变迁。

20 世纪以来,尤其是 20 世纪 20 年代,闽南返乡海外移民在鼓浪屿大兴土木,为自己和家人兴建别墅、私家花园和各式洋楼。至今尚存的海天堂构、黄荣远堂、迎薰别墅、杨家园、怡园、八卦楼、黄家花园等著名建筑,都是这一时期返乡海外移民所造。与此同时,部分返乡海外移民还因应鼓浪屿华人人口激增的需求,投资成立房地产公司,兴建了大量西式楼房。据统计,仅 20 到 30 年代十几年间,返乡海外移民就在鼓浪屿岛上兴建了 1014 座楼房。[②] 另据统计,1924 年至 1936 年期间,鼓浪屿工部局颁发的 970 份建筑

---

①　厦门市档案局、厦门市档案馆编:《近代厦门经济档案资料》,厦门:厦门大学出版社,1997 年,第 328 页。

②　鼓浪屿申遗丛书编委会:《鼓浪屿文史资料》上册,第 119 页。

执照中属于返乡海外移民及其眷属的占 75%①。

这一时期返乡海外移民在鼓浪屿的大规模建设大大改变了鼓浪屿聚落形态和空间格局。他们所兴建的各种洋楼大多呈现中西合璧的建筑风格，如番婆楼、八卦楼等。尤其是在外部装饰上，形成别具一格的"厦门装饰风格"。更重要的是，由于大量楼房的建造，打破了原先华洋聚落并置，各自独立的空间格局，使华洋聚落交错，穿插。由于返乡海外移民在原先外国侨民不曾进入建造洋楼的内厝沃一带，也兴建了大量的新式楼房。② 先前被疏离的内厝沃传统聚落也被带进了新的社区。随着大量新式楼房的建造，19 世纪末已经初步成行的道路网络也进一步扩展、完善。

值得一提的是，作为一座面积不到 2 平方公里的小岛，鼓浪屿物理空间有限，但其海岸线漫长，当居住空间受限，有向外拓展需求时，自然会填海筑地。因此，这一时期大量楼房的兴建使得鼓浪屿岛开始出现建筑用地供求关系的失衡，"好的地点，早已筑起楼房，很难找到一块空旷的地点"，③从而促成填海筑地频频出现，尤其是在岛的东部海滩一带。今天所能见到的大片平地大都是历次填海形成。如 1927 年夏，岛上富商王仔添在三丘田码头之南，筑堤填地，兴建一幢两层楼房。1927 年，菲律宾归侨苏谷南和苏供南兄弟联合另外 5 人组成利民房地产开发公司（当地人称"七公司"），向黄祖荫购买其祖上留下的作为船坞的海滩，并经当时政府许可，在龙山洞口南部海滩筑堤填海造地，建房出售或单建售地皮。1928 年，黄仲训出资十几万块银元，旧通商局口海滩附近建筑起一条 300 余米长的堤岸，使今厦门航海俱乐部角头与和记栈房堤岸相衔接，填海成陆。填地后的黄家渡一带，曾先后作过何姓的码头工人聚居点、木屋居民区、英国伦敦马戏团演出场地、黄家渡难民所、饮食市。今鹿礁路滨海地带及其两边土地，昔时为一大片海滩，大约在 1930 年，人们开始在今鹿礁路填海造地，建设供社会上层人士或外国水兵住宿餐饮宴会的中海滨旅社。日本人于 1918 年创办"博爱医院"，最早建的房屋在鹿礁路上，后来修建的建筑物，是 1933 年购买林尔嘉在西仔路头所填海滩一带的地皮扩建的，房屋延伸至海口。1933 年之后通过筑堤

① 吴瑞炳等主编：《鼓浪屿建筑艺术》，天津：天津大学出版社，1997 年，第 10 页。
② 吴瑞炳等主编：《鼓浪屿建筑艺术》，天津：天津大学出版社，1997 年，第 20 页。
③ 朱泓模口述、林更新、刘剑学等整理：《鼓浪屿三一堂建筑始末》，载厦门市委员会文史资料研究委员会编：《厦门文史资料》第 7 辑，厦门市郊区印刷厂，第 112 页。

造地建设的房屋还有:今鹿礁路 59 号一列的三座楼房及隔巷并列的 83 号至 95 号等几座房屋及其以东濒海的所有楼房的宅基地。[①]

总之,20 世纪以来,由于鼓浪屿华人人口的急剧增长,由于返乡海外移民的大兴土木,大力发展房地产业,鼓浪屿居民聚落空间迅速扩展,中外居民聚落穿插交错,鼓浪屿近代社区的空间样貌就此形成。

图 2-5　20 世纪 30—40 年代的鼓浪屿

资料来源:厦门市档案馆藏。

第四节　鼓浪屿人口的空间结构与自然结构

人口的空间结构与自然结构是人口结构的两个主要构成。前者意在探寻一个特定区域人口的来源地构成,后者则意在探究该区域人口的性别构成与年龄构成。两者的辨析有助于我们更深切地了解一个特定区域社会的特征。

就人口的空间结构而言,近代鼓浪屿的居民首先可以大致分为外国侨民和本国居民。后者既包括从中国国内各地迁入鼓浪屿的中国人,也包括从海外返乡移居鼓浪屿的台胞和华侨,即本文所称的返乡海外移民。

先看外国侨民,鼓浪屿外国侨民人数不多,却来自于很多不同的国家。19 世纪 40—50 年代,多来自英国和美国。如 1844 年鼓浪屿仅有 5 名外侨,全部是英国人。两年后,外国侨民开始增加,主要是英、美传教士及其家属。1856 年外国侨民有 34 人,其中英国领事馆人员 5 名,英商 22 名,英美传教

[①]　陈全忠:《鼓浪屿东部海滩沧桑》,《鼓浪屿文史资料》下册,第 109、110、111、113 页。

士 7 名。①

1878 年,厦门和鼓浪屿各种国籍的外国侨民增加到 251 人,其中居住于厦门者为 58 人,居住于鼓浪屿者达 193 人。② 厦鼓所有外国侨民中,成年男性 135 人,成年女性 60 人,男孩 26 人,女孩 30 人。其中,美国人 21 人,英国人 133 人,法国人 3 人,德国 38 人,意大利 6 人,日本 8 人,葡萄牙 19 人,西班牙 16 人。总计 251 人。已婚男性 51 人,已婚女性 45 人,独身男性 81 人,鳏夫 3 人,寡妇 2 人,成年未婚女性 13 人,儿童 56 人。③

1905 年,根据厦门洋务公局对居住鼓浪屿洋商人数的调查,鼓浪屿外国商人共 89 人,其中男 59 人,女 30 人。英国籍男 33 人,女 18 人,其中有入籍英国华人打扮者男女各 7 人;日商计 28 人,其中男 20 人,女 8 人;德籍 10 人,其中男 6 人,女 4 人。④ 这仅涉及外国商人部分,尚不清楚普通外国居民的情况。

1930 年 8 月,根据厦门市调查,鼓浪屿共有英、美、法、日、西、丹、俄、荷、葡等国侨民 567 人,其中英国人 76 人(男 51 人,女 25 人),美国 62 人(男 38 人,女 24 人),法国 25 人(男 18 人,女 7 人),日本人 369 人,西班牙 5 人(男 3 人,女 2 人),丹麦 9 人(男 7 人,女 2 人),俄国 4 人(男 2 人,女 2 人),荷兰 10 人(男 6 人,女 4 人),葡萄牙 7 人(男 5 人,女 2 人)。⑤ 其中部分人的职业为:商业 65 人、交通 3 人、教员 12 人,学生 1 人(高丽)、技师 1 人、辩护士 1 人、医士 7 人、公务 17 人,传教 4 人,佣役 3 人,娼妓 7 人(日本),共计 121 人。⑥

1946 年 12 月,根据厦门市警察局调查统计,厦门和鼓浪屿共有外侨 81 人,其中男女人数分别为 44 人、37 人。这些外侨中,英国 24 人(男 13 人,女

---

① [美]马士著,张汇文等译:《中国帝国对外关系史》第 1 卷,北京:三联书店,1957 年,第 409 页。

② [英]翟理斯:《鼓浪屿简史》,载何丙仲辑译:《近代西人眼中的鼓浪屿》,厦门:厦门大学出版社,2010 年,第 175 页。

③ [英]翟理斯:《鼓浪屿简史》,载何丙仲辑译:《近代西人眼中的鼓浪屿》,厦门:厦门大学出版社,2010 年,第 194 页。

④ 厦门市档案局、厦门市档案馆编:《近代厦门涉外档案史料》,厦门:厦门大学出版社,1997 年,根据第 27~28 页资料统计。

⑤ 厦门市档案局、厦门市档案馆编:《近代厦门涉外档案史料》,厦门:厦门大学出版社,1997 年,第 121 页。

⑥ 厦门市档案局、厦门市档案馆编:《近代厦门涉外档案史料》,厦门:厦门大学出版社,1997 年,第 117 页。

11 人),美国 8 人(男 4 人,女 4 人),俄国 3 人(男 2 人,女 1 人),荷兰 6 人(男 4 人,女 2 人),菲律宾 11 人(男 7 人,女 4 人),瑞士 2 人(男 1 人,女 1 人),瑞典 4 人(男 3 人,女 1 人),德国 2 人(男 1 人,女 1 人),丹麦 7 人(男 1 人,女 6 人),西班牙 7 人(男 5 人,女 2 人),葡萄牙 7 人(男 3,女 4 人)。[①] 由此可知,厦门和鼓浪屿的外侨人数虽不多,但国籍甚为分散,居然有 11 国。

1947 年,根据外侨居留或过境人数统计,厦门及鼓浪屿外侨共计 52 人,其中居住在鼓浪屿的为 41 人,1 人不明,其余住在厦门。居住鼓浪屿的外国人分别为:英国 10 人,美国 8 人,荷兰 4 人,菲律宾 11 人,西班牙 1 人,德国、丹麦白俄、苏联葡萄牙瑞士瑞典各 1 人。[②]

1949 年 7 月,厦门(含鼓浪屿)外侨共有 59 户,122 人(男 72 人、女 50 人),其中英国 51 人(男 28 人,女 23 人),美国 30 人(男 14 人,女 16 人),菲律宾 20 人(男 15 人,女 5 人),荷兰 6 人(男 4 人,女 2 人),俄国 4 人(男 3 人,女 1 人),丹麦 2 人(男 1 人,女 1 人),葡萄牙 4 人(男 2 人,女 2 人),西班牙 2 人(男性),德国 1 人(男性),瑞典 1 人(男性),无籍 1 人(男性)。[③]

上述表明,整体而言,近代前期鼓浪屿的外国侨民以英国人占多数,其次是美国人。但 1895 年日本割占台湾之后,以福建为其势力范围,大举向厦门地区作势力渗透,进入鼓浪屿的侨民迅速增加。1905 年的统计数据表明,在鼓浪屿的 89 名外国侨民商人中,有日商 28 人,占比 31%仅次于英商人数,居第二位。至 1930 年,日本在鼓浪屿的侨民已多达 369 人,占比接近 32%,跃居第一位。这与日本正在策划大举侵华密切相关。

至于鼓浪屿华人方面,鼓浪屿的开发是邻近的闽南地区移民所为,因此,在前近代时期,鼓浪屿岛上的中国居民大多来自闽南地区的泉州府属同安与漳州府属龙海等地。步入近代,这一基本特征依然承袭,但有了一定变化,来源地范围明显扩大。据 20 世纪 30 年代《江声报》的报道,鼓浪屿居民原籍"几全为漳泉二属","以县别言,同安、晋江、南安、惠安最多,龙溪、海

---

① 厦门市档案局、厦门市档案馆编:《近代厦门涉外档案史料》,厦门:厦门大学出版社,1997 年,第 121～122 页。

② 厦门市档案局、厦门市档案馆编:《近代厦门涉外档案史料》,厦门:厦门大学出版社,1997 年,第 65～67 页。

③ 厦门市档案局、厦门市档案馆编:《近代厦门涉外档案史料》,厦门:厦门大学出版社,1997 年,第 122 页。

澄、闽侯等次之"。① 这里统计的原籍闽南的居民,显然已包括返乡的闽南籍海外移民及其眷属。

除了占据多数的来自闽南地区的居民外,近代鼓浪屿也有部分人口来自于福建省的其他地区,以及来自外省。上引《江声报》所列举县名中的闽侯,即非属闽南地区,而是属闽东地区。至于来自外省的地区,主要有上海、浙江、山东、天津和广东等地。如淘化大同公司 1935 年有固定工人 70 名,其中部分来自浙江温州,其余是漳州或泉州人。② 再如近代鼓浪屿有相当一部分裁缝来自上海,民间因此有"上海剪刀"之称。③ 鼓浪屿来自外省的政府公务人员稍多。由于本地巡捕"靠不住",工部局在 1917 年向天津征募了 12 名北方巡捕来鼓。1918 年,工部局再从山东威海卫雇来 21 名巡捕(其中 3 名被认为"行为不端"解职)。20 世纪 30 年代,工部局又数次从威海卫和天津招募巡捕,1932 年时巡捕总数已增至 102 人。其中华人巡捕分队由天津籍和威海卫籍组成,以威海卫籍占多数。④ 因此,鼓浪屿部分民众来自天津、山东等北方省份。广东距厦门很近,而且厦门的广东人人数还不少,鼓浪屿也有广东人,鼓浪屿会审公堂委员朱兆莘、石广垣和周先觉等即来自广东,委员吴照轩来自江西,刘亮齐来自湖南,⑤人数比较少。20 世纪 30 年代,很多共产党员到厦门从事革命活动,很多居住在鼓浪屿,其中不少是厦门或鼓浪屿人,也有本省其他地方的人,如郭香玉、谢景德为龙岩人,董云阁为晋江人,杨适为福建建瓯人,但外省人也不少,罗明、李国珍、王海萍和梁慧贞分别为广东大埔、海丰、海南海口与琼州人;蔡协民与曾志分别为湖南华容、宜章人;刘乾初为山东平度人。⑥

---

① 《鼓浪屿史料(一)》,《鼓浪屿文史资料》中册,第 196 页。

② 《华侨日报》,1935 年 8 月 2 日。

③ 张镇世、叶更新、杨纪波、洪卜仁:《"公共租界"鼓浪屿(1903—1941 年)》,,厦门市政协文史资料研究委员会编:《厦门文史资料》第 16 辑,厦门:鹭江出版社,1990 年,第 31 页。

④ 张镇世、叶更新、杨纪波、洪卜仁:《"公共租界"鼓浪屿(1903—1941 年)》,厦门市政协文史资料研究委员会编:《厦门文史资料》第 16 辑,厦门:鹭江出版社,1990 年,第 145、146 页。

⑤ 厦门市档案局、厦门市档案馆编:《近代厦门经济档案资料》,厦门:厦门大学出版社,1997 年,第 328 页。

⑥ 胡冠中:《鼓浪屿的革命志士》,《鼓浪屿文史资料》下册,第 105～108 页。

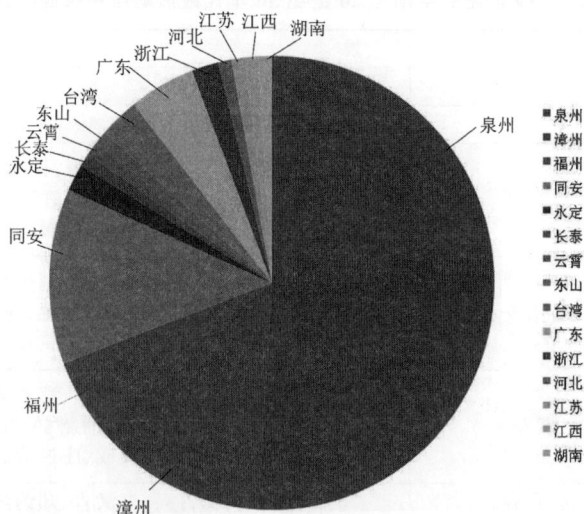

图 2-6　19 世纪后半期至 20 世纪 30 年代鼓浪屿居民来源比例示意图

　　以上是对鼓浪屿人口来源的一般描述性分析,由于缺乏鼓浪屿的相关人口统计资料,我们根据鼓浪屿口述历史、文史资料和相关档案资料,粗略统计了资料中涉及的、1937 年以前生活在鼓浪屿的居民的籍贯,时间跨度为 19 世纪后半期至 1937 年,形成如下一表。①

---

　　① 样本主要选择统计 19 世纪后半期至 1937 年以前居住在鼓浪屿的具体人物,居住 1 年的人不列入,如一些中国共产党革命者。为了统计方便,一个家族主要统计最初入住鼓浪屿的人,出生在鼓浪屿的子女未计入,如廖家只统计了廖悦发,其子女未计入。另外,根据籍贯统计,如杨华漪出生在晋江,一岁到福州,少年时到鼓浪屿,统计时列入晋江。虽有姓名,籍贯不详的一律不计。

表 2-1　19 世纪后半期至 20 世纪 30 年代鼓浪屿居民来源统计表

籍贯			人数	姓名
福建 (90)	泉州 (53)	泉州	2	王雨亭、龚植
		安溪	3	叶成屋、许春草、白瑞安
		晋江	12	朱鸿谟(安海)、杨华漪、许卓然、陈聘祥(安海)、苏谷南、顾一尘、郑柏年(安海)、施光丛、李清泉、许经权、黄秀琅、黄念忆
		南安	15	李来荣、陈天恩、黄思藻、刘俊平、黄谷本、林谋盛、吴辰泗、陈国辉、黄奕住、黄奕守、李硕果、卓全成、卓锦成、卓德成、黄仲训
		惠安*	17	钟玛送、周楚声、叶若虚、郑意澄、郑辅友、何志华、黄维姜、何仰潜、潘翀鹤、王紫如、王其华、王态九、梁安、朱贵成、庄逸清、周之桢、陈晋惠
		永春	4	释妙用、释善兴、李汉青、郑约惠
	漳州 (14)	漳州	1	黄典诚
		海澄	7	邱继善、陈金方、林文庆、黄建华、王政声、黄天景、黄赐敏
		龙溪	2	廖悦发、马乾骅
		平和	2	林语堂、叶友益
		漳平	1	陈慰中
		漳浦	1	林俊卿
	福州 (5)	福州	1	林冠增
		闽侯	4	谢宝三、李家麒、陈香藩、陈荣芳
		同安	13	洪得胜、洪瑜莹(女)、邵庆元、叶豆仔、杨抱川、陈焕章、卢赣章、黄秋声、蔡温德、卢铸英、李嘉禄、李博用、黄廷元
		永定	2	林芝亚、徐亮钦
		长泰	1	吴怜悯(女)
		云霄	1	方织云
		东山	1	林嘉
台湾			3	林尔嘉、林刚义、林鹤寿
广东			5	高春泽(新会)、黄伯权(梅县)、朱兆莘、石广垣、周先觉
浙江			2	鲁彦(镇海)、李叔同
河北			1	孙振环(沧州)
江苏			1	殷碧霞
江西			1	吴照轩
湖南			1	刘亮齐

　　* 注：有详细姓名的惠安人非常多，笔者选择一些比较有影响的人列入，以免影响样本分析效果。

　　资料来源：鼓浪屿申报世界文化遗产系列丛书编委会编：《鼓浪屿文史资料》（上、中、下），2010 年；中共厦门市委宣传部、厦门市社会科学联合会编：《口述历史：我的鼓浪屿往事》（之一），厦门：厦门音像出版有限公司，2011 年；中共厦门市委宣传部、厦门市社会科学联合会编：《口述历史：我的鼓浪屿往事》（之二），厦门：厦门音像出版有限公司，2013 年；厦门市档案局、厦门市档案馆编：《近代厦门经济档案资料》，厦门：厦门大学出版社，1997 年。

　　以上统计居民共 104 人，其中籍贯为福建的计 90 人，占总数的 86.5%，另外广东、台湾和浙江人数稍多，分别为 5 人、3 人和 2 人，分别占总数的 4.8%、2.8%、和 1.9%，比例非常低，河北、江苏、江西和湖南则分别只有 1 人，这也说明鼓浪屿绝大多数都是福建人。在福建人中，以泉州（53 人）、漳州（14 人）和同安（13 人）为主，分别占福建人总数的 58.9%、15.6% 和 14.4%，三者合计（80 人）占福建人总数的 88.9%。来源于泉州各地的也有区别，惠安（17 人）、南安（15 人）和晋江（12 人）居多，分别占泉州部分总数的 32.1%、28.3% 和 22.6%，占福建人总数的 18.9%、16.7% 和 13.3%，三者合计（44 人）占福建人、鼓浪屿居民统计总数的 48.9%、42.3%，可见惠安、南安和晋江在鼓浪屿的居民比重之高。漳州为 14 人，其中以海澄（龙海）最多，为 7 人，占鼓浪屿福建籍总数的 15.6%，漳州籍人数远不及泉州，仅为泉州籍人数的 1/4 多，与鼓浪屿一水之隔的海澄仅有 7 人，这与实际情况应不相符。为什么会出现这种状况？这主要是因为统计缺陷，造成这种状况主要原因是笔者统计主要根据口述史与文史资料之类，统计的也是一些有详细姓名且有影响或有一定声望的居民。泉州地区海外移民人数远远多于漳州，回鼓浪屿定居的人数也更多，在鼓浪屿的历史上影响更大，返乡的漳州海外移民较少，更多的为底层民众，对鼓浪屿的影响相对较小，在口述史和文史资料中人物较少，统计中人数便较少。

　　人口的性别结构蕴含着深刻的社会经济和文化因素。由于重男轻女传统思想和溺弃女婴陋习的影响，福建省的人口性别比例偏高，尤以厦门为最。相比之下，鼓浪屿华人居民的性别比例较为平衡。以现有统计资料可以比较的 1936 年为例，当年福建省人口性别比例为 123∶100，厦门为 131∶

100,鼓浪屿则为 103∶100。① 不过,回到半个多世纪前的 1878 年,鼓浪屿人口的性别比例也高达 127∶100。可见鼓浪屿在这一历史进程中受到外国侨民带来的西方文明熏陶产生的社会进步。

第五节　鼓浪屿人口的社会结构与社会阶层

所谓社会结构,是指一个群体或一个社会中的各要素相互关联的方式。② 社会阶层则是指在一个社会等级体系或分层系统中的等级位置。③ 阶层的概念可以分解成三个相关方面:政治地位(权力)、经济地位(财富)和社会地位(声望)。④ 通常而言,劳动分工会形成不同的职业,同类职业从业者的集合构成一定的社会阶层。随着社会经济发展,劳动分工不断细化,原来由同一类职业者所担负的功能分离成专门部分,由不同职业者承担,这就是阶层分化。⑤ 阶层分化表现为新社会阶层的出现、各社会阶层的特征凸显和阶层之间收益收入、权力和声望差距的扩大。

中国传统社会是以"士、农、工、商"四民为基本社会阶层。不过,鼓浪屿面积较小,人口少,因而在步入近代之前,居民的职业比较单一,以捕鱼和农耕为生,社会结构也就比较简单。然而,鸦片战争后,随着外国侨民入住,以及鼓浪屿社会经济的发展,社会分工日趋精细,鼓浪屿传统职业与社会阶层都出现了新的特征。

一、外国侨民的职业构成

鼓浪屿外国侨民以商人和洋行、公司职员占多数。厦门开埠后各国洋

---

① 《各年福建省各县市(区)户口统计表》,载《民国福建各县市(区)户口统计资料(1912—1949)》,福建省档案馆编,1988 年,第 3~39 页。

② 〔美〕戴维·波普诺著,李强等译:《社会学》(第 11 版),北京:中国人民大学出版社,2007 年,第 107 页。

③ 〔美〕戴维·波普诺著,李强等译:《社会学》(第 10 版),北京:中国人民大学出版社,1999 年,第 242 页。

④ 〔美〕伊恩·罗伯逊著,黄育馥译:《社会学》,北京:商务印书馆,1990 年,第 308 页。

⑤ (澳)沃特斯著,杨善华等译:《现代社会学理论》,北京:华夏出版社,2000 年,第 311 页。

行相继涌入,它们的经营机构大多设在厦门,但经理和职员则大多居住鼓浪屿。早在厦门开埠之初,就有德记、和记、宝记、协隆、合记(一说瑞记)等5家洋行开办,时称"五行"。其后不久,又有厦门船坞公司、厦门机器工程公司、屈臣氏大药房、主利大药房等公司、洋行设立。1873年到1890年间,西方商人又开设了汇丰银行、宝顺洋行、水陆洋行、协隆洋行、旗昌洋行、振昌洋行、美利时洋行、三五洋行、义和洋行、台湾银行、大阪轮船公司等十多家公司、洋行,还有台湾记、广顺、德建、和利以及龙头酒家等五家商店,以及三达石油公司(又称美孚石油公司)、亚细亚火油公司和德士古石油公司等。[①]这些公司、洋行的经理和职员便大多居住鼓浪屿。有些洋行经理还身兼领事职务,如英国德记洋行老板在1852年兼任西班牙领事;同治年间,德商宝记洋行经理代理荷兰领事。[②] 正因为商人和洋行、公司职员人数居多,当1903年鼓浪屿首届工部局董事会成立时,7位董事有6位为外国商人,其职业分别为英商和记洋行(Boyd & Co.)大班、英商汇丰银行大班、英商德记(Tait & Co.)大班、英商义和洋行(R. V. Solina & Co.)大班、日商台湾银行支店长和德商宝记洋行(Pasedag & Co.)大班。其后历届董事会成员也多数为商人,有的甚至出任工部局董事会董事长。可见外商在鼓浪屿之影响。另据下列1938年厦门市外侨调查表显示,除个别外侨在海关工作外,其余均为企业管理人员与职员。

表2-2　福建省厦门市部分外侨调查表(1938年2月)

外侨姓名	国籍	年龄	职务及服务处所	详细住址	备考
斯密	英国	47	福德汽车公司经理	厦禾路26号	住在鼓浪屿
庞德士	英国	26	中山路359号颐中公司经理	鼓浪屿升旗山	
伊文士	英国	32	中山路367号和记泽行管账	鼓浪屿田尾	
丁士德	英国	47	鹭江道3号太古洋行经理	鼓浪屿田尾	

---

① 张镇世、叶更新、杨纪波、洪卜仁:《"公共租界"鼓浪屿(1903—1941年)》,厦门市政协文史资料研究委员会编:《厦门文史资料》第16辑,厦门:鹭江出版社,1990年,第4~5页。

② 厦门市档案局、厦门市档案馆编:《近代厦门涉外档案史料》,厦门:厦门大学出版社,1997年,第89~90页。

续表

外侨姓名	国籍	年龄	职务及服务处所	详细住址	备考
伊敏士	英国	27	鹭江道 3 号太古洋行副经理	鼓浪屿田尾	
马礼	英国	30	鹭江道 44 号得意利士洋行经理	鼓浪屿港仔后	
甘饶理	英国	32	厦门海港检疫所顾问	鼓浪屿田尾	
孙尔敦	美国	51	鹭江道 52 号美孚公司经理	鹭江道 52 号	随美孚公司往鼓浪屿营业
许威廉	美国	50	鹭江道 52 号美孚公司副经理	鹭江道 52 号	随美孚公司往鼓浪屿营业
施伯兰	荷兰	41	鹭江道 52 号渣华中国日本轮船公司经理	鼓浪屿旗仔尾	
施敏	荷兰	41	鹭江道 52 号渣华中国日本轮船公司福经理	鼓浪屿田尾	
柯耐罗	葡萄牙	40	鹭江道 52 号美孚公司打字	鹭江道 52 号	随美孚公司往鼓浪屿营业
华拉索	俄国	41	鹭江道自来水公司督工	鼓浪屿笔架山	

资料来源:厦门市档案局、厦门市档案馆编:《近代厦门涉外档案史料》,厦门:厦门大学出版社,1997 年,第 122～124 页。

鼓浪屿外国侨民中,政府公务人员人数位居第二。这与西方各国先后在鼓浪屿建立领事馆密切相关。到 1894 年中日甲午战争前夕,已有 13 个国家在鼓浪屿设立领事馆。因此领事和领事馆的外国工作人员人数不少。如日本领事馆,下分本馆和警察署两大部分,本馆除总领事外,还有副领事 2 名,下又分政务、监理等 8 个系,警察署设署长 1 人,下辖警官几十人,均为日本人,不雇用华人职员。此外,公务人员还包括海关洋员以及地方外籍警察等。他们在厦门工作,而大多居住在鼓浪屿。

近代鼓浪屿外国侨民中,传教士人数也不少,且颇具社会影响。如首届工部局董事会董事长即为金禧甫牧师(H. F. Rank),其任期直至 1914 年。但是,传教士并非仅仅传教,他们有的是医生或教师。如著名的郁约翰牧师,他创设了"救市医院附设医学专科学校",每周给学生上 9 小时的课程。抗战之后,虽然鼓浪屿外国人大量减少,仍有不少外国传教士留在岛上。据1946 年初的统计,在 16 名鼓浪屿外国侨民中,就有 6 名传教士,占 37.5%,

如下表：

表 2-3　鼓浪屿外侨传教士名录(1946 年 2 月 15 日)

中文姓名	性别	年龄	国籍	职业服务所	来华时间	备考
庞迪仁	男	45	西班牙	鼓浪屿天主堂教士	1941.8	鼓浪屿博爱路
茂中砥	男	35	西班牙	鼓浪屿天主堂教士	1941.12	鼓浪屿博爱路
马守仁	男	73	西班牙	鼓浪屿天主堂教士	1916.7	鼓浪屿博爱路
卜显理	男	57	英国	牧师鼓田尾路 24	1946.1	鼓浪屿博爱路
闵加力	男	54	英国	牧师鼓田尾路 24		
倪任石	男	33	英国	鼓伦敦公会牧师	1945.12	鼓鸡母山 1 号

资料来源：厦门市档案局、厦门市档案馆编：《近代厦门涉外档案史料》，厦门：厦门大学出版社，1997 年，第 127～128 页。

上述商人及公司职员、政府公务人员和传教士三种社会群体，构成了鼓浪屿外国侨民的主体。此外，还有少量的医生、教师或仆役。如鼓浪屿工部局 1925 年、1926 年的董事英国人司青华(E. E. Steward)在鼓浪屿开有司青华牙医诊所，并还在福州和汕头游医。工部局卫生官历来由医生充任，如1913 年英国爱恩斯利埃(Dr. D. H. Ainslie)，在厦门挂牌行医，有医学士和化学士学位，兼任厦门海关医官，并任厦门济世医院院长。其后分别有英国人夏礼(Dr. J. W. Hartly)(1914—1919)、英国人林务赐(Dr. F. Lindsay—Woods)(1920—1924,1926—1928)英国人楼森(Dr J. M. A. Lowson)(1925)和俄国人伊万诺夫(N. P. Ivannoff)(1925—1926)。德国人木嘉洛 1946 年在鼓浪屿田尾路担任家庭教师。居住在鼓浪屿鹿礁路的德国人包乐道 1947年任厦门大学新生院教授。[①] 1928 年俄国女侨民克绵连伐和依各罗夫分别为"看家"和大北公司仆役、男侨民克拉沙乌司忌、立司可乌司忌、绵尔叶可

---

① 厦门市档案局、厦门市档案馆编：《近代厦门涉外档案史料》，厦门：厦门大学出版社，1997 年，第 128、143 页。

夫和波尔加可夫和大北公司仆役。[1]

二、华人居民的职业构成

由于有效史料的缺乏,我们尚难以对近代鼓浪屿华人的职业构成及其变化给予详细、准确的描述和分析。不过,从目前可见的人口统计资料,借助相关的文献资料,我们还是可以大体描述近代鼓浪屿人口职业构成的概貌。

至今可见的一份比较详细的鼓浪屿人口职业构成的统计数据,源于1946年厦门市政府对全市人口职业构成所作的调查,试看下表。

表 2-4　厦门人口职业分类表(1946 年)

区别	性别	共计	农业	矿业	工业	商业	交通运输	公务	自由职业	人事服务	其他	无业 *
中心区		52988	557	3	6258	11379	768	1135	799	20090	3571	8408
厦港区		10435	2394	1	958	1234	145	100	189	474	9	1031
禾山区		21987	8027	2	516	1966	21	106	140	9489	125	1561
鼓浪屿区	男	6523	53	0	1086	2247	119	419	174	62	31	2332
	女	8031	3	0	403	93	3	94	43	5707	2	1683
	合计	14554	56	0	1489	2340	122	513	217	5769	33	4015
总计		99964	11034	6	9221	16949	1056	1858	1345	39722	3758	15015

注:无业人员包括就学人员,其中鼓浪屿无业栏男性包括就学 1345 人,女性包括就学 1025 人。本表满 12 岁以上之男女人口分别计算填列。

资料来源:厦门市档案局、厦门市档案馆编:《近代厦门经济档案资料》,厦门:厦门大学出版社,1997 年,第 657 页。

依据上表的统计口径,结合相关的文献资料,我们可以对近代鼓浪屿华人人口职业结构及其反映的社会变迁状况,作如下描述:

类别 1,农业从业者。在鼓浪屿步入近代之前,鼓浪屿岛上散布着三个村落,来自附近闽南地区的移民以农耕和捕鱼为业,因此,岛上居民无疑应

---

① 厦门市档案局、厦门市档案馆编:《近代厦门涉外档案史料》,厦门:厦门大学出版社,1997 年,第 132 页。

以务农为多。从上表可见,至 1946 年,岛上从事农业的居民仅有 56 人,占从业人员总数(即总人口数扣除无业人口数,下同)的 0.5%。与上表显示的厦门其他三个社区相比,则更为突出。可见鼓浪屿人口城市化速度较快,社会变迁幅度较大。这从一个侧面反映了近代鼓浪屿新型社区演化的基本特征。

类别 2,工业从业者。近代鼓浪屿是作为在厦门地区从事商业、公务和传教等活动的外国侨民及其眷属居住的生活区发展起来的。加上鼓浪屿面积狭小,丘陵、山地纵横,地理空间也限制发展大规模工业生产的可能性。因此,近代鼓浪屿的工业并不发达,唯有一批服务居民生活需求的轻工业和公用事业。[①] 因此,从事工业生产的人员数量甚少。

1876 年,英商在鼓浪屿设立"厦门机器工程公司"(原内厝澳造船厂)。到 1894 年时,厦门机器工程公司估计有 100 人。[②] 1871 年 4 月,丹麦人在鼓浪屿田尾西路设立了大北电报局,雇用工人人数不详。1927 年初,在中共厦门地下负责人罗扬才的支持下,电报公司工人和电灯公司外线工人、电话公司工人联合成立了"电气工会",[③]工会人数不详。根据 1929 年《厦门职工工作报告》,大同、淘化两个罐头工厂、电灯、电话、自来水之外,竟找不出产业工人,就是手工业工人也一样的少,构成厦门社会工人群体的,主要是市政和交通的工人。[④] 厦门尚且如此,鼓浪屿更甚。

根据南京国民政府 1931 年调查显示,鼓浪屿的近代企业分别有兆和罐头厂(厂址在鼓浪屿康泰垵),厂中工人 45 人。大同淘化(鼓浪屿内厝澳),男工 45 人。东方江东制冰厂(鼓浪屿龙头),男工 20 人。新南州花砖厂(鼓浪屿康泰垵),男工 7 人。福建硝皮厂(鼓浪屿康泰垵),男工 25 人。[⑤] 总体而言,鼓浪屿近代工厂雇用的工人大约 142 人。

---

① 参见本书第三章。

② 孙毓棠编:《中国近代工业史资料》第 1 辑(1840—1895),北京:中华书局,1962 年,第 1178 页。

③ 张镇世、叶更新、杨纪波、洪卜仁:《"公共租界"鼓浪屿(1903—1941 年)》,厦门市政协文史资料研究委员会编:《厦门文史资料》第 16 辑,厦门:鹭江出版社,1990 年,第 71 页。

④ 中共厦门市委党史办编:《厦门革命历史文献资料选编》(内部资料)(第 2 集),中共厦门市委党史办,1987 年,第 235、274 页。

⑤ 《江声报》,1931 年 2 月 27 日,厦门市档案局、厦门市档案馆编:《近代厦门经济档案资料》,厦门:厦门大学出版社,1997 年,第 3 页。

1935年,淘化大同有固定工人70名,薪金最高者,机师每月105元,工人伙食由厂方供给,每名每月7元,住宿也在厂方。此外,雇有临时做工,多鼓浪屿妇女,其工作则是切菜、贴商标等,每日人数10人或20人不等。妇女所以恃以生活者,平均没有20余人。另外,淘化大同附近有一小规模制造厂,有工人40多人,技师10多人,学徒10多人,可以修理大小轮船及制造油渣发电机、制订机和铁炉等。①

抗战结束后,厦门市政府接收的鼓浪屿近代企业所雇用的工人人数大体如下:商办厦门电话股份有限公司鼓浪屿交换所,27人;中华电气股份有限公司,46人;东方江东冰水种植股份有限公司,26人;厦门淘化大同罐头实业股份有限公司,151人;百福加工厂和新发加工厂工人分别为2人和4人。由上可知,鼓浪屿产业工人有256人。②

1947年,鼓浪屿近代企业雇用工人如下:鼓浪屿中华电气公司,可容40余员工;东方冰水厂,容纳员工20余人,尚在停顿中;淘化大同罐头厂,可容员工59余人;福建硝皮厂,可容26人;南州花砖厂,员工21人。合计约180多人。③ 1947年统计,厦门工人有9748人,④鼓浪屿工人占厦门市工人总数的1.85%。

1948年,鼓浪屿近代企业雇用工人如下:福建硝皮厂,职员6人,工人,男10人;厦门淘化大同罐头公司制造厂,职员10人,工人,男22人;东方江东冰水厂,职员4人,工人,男16人。⑤ 企业员工总计68人,其中工人48人。

除上述统计外,鼓浪屿还有一些新式企业。如龙头街有启新印字馆、中华路有育源铸字厂(兼营印刷业务),康泰埯有福建砖瓦厂,黄家渡有兆祥、许养、原兴、信合等几家承包建筑的公司,又有南记绞米厂、新发绞米厂和成

---

① 《华侨日报》,1935年8月2日。

② 厦门市档案局、厦门市档案馆编:《近代厦门经济档案资料》,厦门:厦门大学出版社,1997年,第18～22页。

③ 《江声报》,1947年5月20日,厦门市档案局、厦门市档案馆编:《近代厦门经济档案资料》,厦门:厦门大学出版社,1997年,第8～9页。

④ 福建省档案馆编:《民国福建各县(市)区户口统计资料》(1912—1949),福建省档案馆,1988年,第196页。

⑤ 厦门市档案局、厦门市档案馆编:《近代厦门经济档案资料》,厦门:厦门大学出版社,1997年,第46、50、55页。

丰加工厂等加工厂。[①] 这些企业规模都很少,雇用人数不详,几家建筑承包公司有业务才临时雇工,没有业务就歇业。因此,这些新式企业雇用的工人数量非常少。

由上可知,鼓浪屿近代工业主要集中在食品、造船、电气、印刷和邮政、电报和自来水等行业,产业工人数量非常少。

类别3,商业从业者。上表表明,近代鼓浪屿拥有一个规模较大的从商人口,这与近代鼓浪屿发达的商业相匹配。近代鼓浪屿商业正处于新旧交替、并置的历史时期。一方面,传统商业得于延续,另一方面,新式商业萌生并扩展。据1930年的统计,鼓浪屿岛上共有各种中国商铺200余户,外国商铺10余户。[②] 至于肩挑手提,沿街叫卖的流动小商贩,"像走马灯一样轮番上街,闹个不停",[③]数量更众。

此外还有一批从事休闲文化产业的企业,如电影院、戏院、舞厅、酒楼,等等。据载,鼓浪屿在二十世纪二十年代已有"金星影片营业公司"为当地居民提供新式的娱乐消遣活动,公司专营出租影片给各戏院放映。初期多使用零时场地,1924年间,有人从上海运来两部影片在鼓浪屿放映室借普育小学礼堂放映。1925年夏,又有人在中华路旷地各盖杉棚,作为临时戏院,放映电影达半年之久。社区居民对公共放映空间的需求已经显露,虽然观众较少。隔年,鼓浪屿第一家专业电影戏院鹭江戏院在草埔仔成立。[④] 1928年缅甸华侨王紫如、王其华兄弟投资兴建了鼓浪屿市场和延平戏院。延平戏院在大市场二楼,是当时岛上最大的戏院,市场北门对面为屿光戏院。可以说鼓浪屿相继成立"延平"和"屿光"两个供市民娱乐的公共放映空间。王氏兄弟还创立了龙头街市场,把原有排在路上的鱼肉菜的摊贩集中到市场内,取消了路边的排摊。这一大型建设项目集菜市场、戏院、影院等多种功能于一身,成为鼓浪屿新兴龙头路商业街的核心及社区居民公共生活的核

① 张镇世、叶更新、杨纪波、洪卜仁:《"公共租界"鼓浪屿(1903—1941年)》,厦门市政协文史资料研究委员会编:《厦门文史资料》第16辑,厦门,鹭江出版社,1990年,第40页。

② 何其颖:《公共租界鼓浪屿与近代厦门的发展》,福州:福建人民出版社,2007年,第104页。

③ 范寿春:《鼓岛早年的广告业》,《鼓浪屿文史资料》上册,第392页。

④ 张镇世、叶更新、杨纪波、洪卜仁:《"公共租界"时期的鼓浪屿》,《厦门文史资料》第3辑,第76~77页。

心。① 另外,鼓浪屿岛上还有大量纯属营业性质的舞厅、酒楼。②

在商业从业人员群体中,最引人注目的自然是从海外返乡的那些侨商。他们在近代鼓浪屿的社会、经济、文化和政治等各个领域,均发挥了重要作用。对此,我们将在本书后面的各个章节中不断见到他们积极活动的身影。

类别 4,自由职业从业者。民国时期,人口调查将自由职业(包括医生、教师、律师、工程师、会计师、新闻记者、宗教人员和社团事业从业者)作为专门职业类别单独列出。这一阶层的共同特点在于受过一定程度的教育、掌握一定的科学文化知识,主要依靠脑力劳动为生,大多数为知识分子。人口调查将其单独列出反映了民国以来新的职业和社会阶层的出现,反映了城市人口中各类专业人员和社会管理者的比重增加,这也从一定程度上反映出城市人口发展中近代化成分的增加。

19 世纪下半叶开始,随着鼓浪屿近代化的推进,岛上出现了不少近代知识分子。鼓浪屿新型知识分子组成主要有两部分:一是鼓浪屿岛上教会学校、医院及岛内外各类新式学堂培养出来的学生,二是在海外接受教育后归国的海外移民或其眷属。另外,鼓浪屿也有传统私塾,因而也有接受传统教育、受新式思潮影响分化出来的新人。

鼓浪屿新式学校颇多,教会学校也不少,这些学生接收了新式教育,受到近代文明的影响,成为最早的一批新式知识分子,在鼓浪屿后来的社会、经济事务中发挥了重要作用。近代鼓浪屿建立了从幼儿园到专科教育以及职业教育的完整教育体系,鼓浪屿中小学之多,民众受教育比例之高,是当时中国大多数地方无法比拟的。南京国民政府外交部厦门交涉员刘光谦 1929 年曾指出,岛上"学校林立,人民尤多识字,迥非内地可比"③。鼓浪屿居民可以接受多样化的新式教育,中国人自办学校与教会学校同时并存,并行不悖,均为新式学校,教学质量也不错,培养了大量专业人才。而且,鼓浪屿女子也能广泛接受教育。由于基督教的输入,鼓浪屿民众已经逐步扭转了轻视女子教育的传统观念,女孩很早就与男孩一样接受新式教育,岛上因而涌现出了林巧稚、周淑安、殷碧霞等一批才女名媛。1947 年,厦门受高等

① 陈全忠:《龙头市场的变迁》,《鼓浪屿文史资料》上册,第 172 页。

② 张镇世、叶更新、杨纪波、洪卜仁:《"公共租界"时期的鼓浪屿》,《厦门文史资料》第 3 辑,第 40 页。

③ 厦门市档案局、厦门市档案馆编:《近代厦门经济档案资料》,厦门:厦门大学出版社,1997 年,第 328 页。

教育者 2132 人,占 1.76％;受中等教育者 12757 人,占 10.52％。[①] 从鼓浪屿的学校数量可以推测,鼓浪屿接受各级教育人数的比例应该高于厦门。文化程度是影响一个人职业地位的首要因素,受教育程度高的人向上流动的可能性更大。对于能够完成高、中等学业的人很可能就此改变自己原来的社会阶层。学校毕业生的出路也不仅仅是走仕途做官,也可以选择教师、律师、医生等社会所需要的职业,而且这些职业的社会评价比传统时代也高得多。

另外,自由职业阶层还包括受聘于外国领事馆、外资企业和中资银行或公司企业等新式机构的普通职员、技术人员以及管理人员。首先,外国领事馆和工部局的职员。如英国领事馆聘用三名中国人为翻译、打字员和汉文抄写员;美国领事馆聘五名中国人为翻译、通译、会计、出纳和打字员等。这些领事馆雇员中,翻译地位最高,他们经常与领事接触,有时代领事处理某些事务。如英国领事馆翻译代领事检验英商进出口的船只。从 1925 年至抗日战争胜利后,丁锡荣一直担任英国领事馆翻译。美国领事馆翻译长期由许绍琪担任。另外厦门同文学院毕业的陈清簌也是该馆老翻译。其他领事馆也聘请了数量不一的华人职员,如民国时期,荷兰领事馆华人头号职员是黄和源。不过,有些外国领事馆完全不聘中国人为职员,如日本领事馆,总领事馆职员几十人,完全由日人充任。另外,工部局的翻译(也称秘书)、会计和出纳聘任三名中国人。秘书为工部局内中国人职员第一把手,早期由林慈担任,继而是吴祥云,后来先后由黄省堂、蔡利谦继任。蔡利谦任期最长,从 1925 年直至 1945 年抗战胜利后。

其次,外国公司或中国新式公司企业聘用的职员。外国商人在鼓浪屿开设银行、洋行和公司,雇佣了当地的一些中国人,其中部分即为传统所称的"买办"。1923 年工部局华董卓锦成即为美孚洋行买办。因为中国雇员熟悉情况,外国公司通过他们做生意更方便,相对使用成本也更低。当然,外资企业对受聘人员的素质要求较高,特别是管理技术人员,一般要懂得外语和商业知识。近代海关由外国人控制,一些鼓浪屿的中国人在厦门海关服务。与其他阶层相比,外资企业雇员的收入较高,工作和生活方式也趋于洋化。中资公司管理者和技术人员很多,1933 年工部局华董洪朝焕、黄伯权分

---

① 福建省档案馆编:《民国福建各县市(区)户口统计资料(1912—1949)》,福建省档案馆,1988 年,第 328 页。

别为华侨银行与中国银行行长,1938 年华董林汉南为电话公司经理,黄省堂为黄聚德堂经理。林汉南和黄省堂还曾先后为工部局下属委员会的委员。曾任委员的还有中南银行经理马锡瑕、孟记钱庄经理林幸福、自来水公司工程师林荣森和宏宁医院医生林遵行等。[1] 另外,鼓浪屿的金融业、公用事业和近代企业的管理或技术人员不少。如中南银行、英国汇丰银行、荷兰安达银行等均曾在此设立分支行或办事处,鼓浪屿中华电灯电力股份有限公司、厦门电话公司、厦门商办电话有限公司、厦门自来水公司等设立在岛上,他们雇佣的人数不少。另外,鼓浪屿的近代企业虽然不多,但也雇佣了不少管理人员。如 1948 年,福建硝皮厂有职员(非工人)6 人、厦门淘化大同罐头公司制造厂有职员 10 人、东方江东冰水厂有职员 4 人,[2]这些企业职员均属管理或技术人员,即属自由职业阶层。

类别 5,人事服务从业者。居民鼓浪屿属消费城市,又因外国人、侨眷和公司中、高级职员较多,因而家政服务和零售商业更发达,大批从业人员以此为生。由于岛上富人和外国人颇多,鼓浪屿还有一个庞大的保姆、佣人与仆役阶层,专门从事家政服务,而且这个阶层历来人数就不少,绝大多数为女性。仅 1946 年统计,鼓浪屿的人事服务就有 5769 人,占鼓浪屿从业人口总数的 55%。[3] 大量家政从业人员的存在,表明鼓浪屿存在着一个规模较大的富裕群体。

三、社会阶层的划分与演化

中国传统社会是以"士、农、工、商"四民为基本的阶层,人们的职业价值观念是"士者恒士,农者恒农",闽南地区亦不例外。鸦片战争后,鼓浪屿华人的职业和社会阶层悄然发生了变化。随着西方社会因素的渗入,近代新的经济关系的产生与发展,鼓浪屿传统社会阶层开始分化,企业主、产业工人、知识分子、职员等新兴的社会职业和阶层应运而生,改变了传统的社会

---

① 张镇世、叶更新、杨纪波、洪卜仁:《"公共租界"鼓浪屿(1903—1941 年)》,厦门市政协文史资料研究委员会编:《厦门文史资料》第 16 辑,厦门:鹭江出版社,1990 年,第 6、7、8、20、21、22 页。

② 厦门市档案局、厦门市档案馆编:《近代厦门经济档案资料》,厦门:厦门大学出版社,1997 年,第 46、50、55 页。

③ 厦门市档案局、厦门市档案馆编:《近代厦门经济档案资料》,厦门:厦门大学出版社,1997 年,第 657 页。

结构模式和"世业恒为"的传统职业观念,为人们的社会流动提供了新的途径。

美国传教士毕腓力曾根据中国传统社会阶层划分法(士、农、工、商),将闽南社会划分为贵族、商人、农民和劳工四个阶层。他认为,贵族主要是指达官贵人和文人学士,处于社会上层,住家优雅宽敞,生活优裕;商人(银行家、工厂主、货主和店伙)、农民、手工业者、老师傅和承包商合归中产阶级,这个庞大的中产阶级是国家的脊梁;劳工阶层包括车夫、苦力、雇农、独轮手推车夫(厦门周围没有)、轿夫、船工、店铺的跑街伙计以及剃头师傅,他们居住条件"简直惨不忍睹","美国养家畜的地方也比它好得多"。① 这样的划分显然过于拘泥于传统的四分法。且在将中产阶级这样的概念引入时,将农民,手工业者一股脑划入中产阶级,显然欠妥。

老鼓浪屿人牛何之先生按照职业归纳的原则,将公共租界时期岛上居民大体分为上层、主体和边缘三大类:②

第一类:"上层是外国领事官、外国教会的传教士、办学、医务人员,中国洋务机构的高级洋员、洋行大班、工部局的高级华洋员警、中国现代企业如银行、公用事业的经理阶层,医生、牧师和被安置在这里的南洋华侨商人眷属。"

第二类:"主体是各自营生的市民:白领阶层的洋行雇员、海关、银行、邮电、公用事业的职员,中小商人,相当数量的学校教师与学生,守着一份祖业讨日子的几个早期在鼓浪屿创业的家族的后人,海员、工匠以至相信自己的下一代可以接受一定教育挣得出人头地的,为外国人执役的 Boy。"

第三类:"边缘是耕种着内厝澳几块剩余的田地,或以打渔为生的农民和内海渔民,包括原来定居和从内地逃荒过来的,还有从他们中间分化出来的双桨工人、苦力、小贩、清洁工、佣人等。"

牛先生的上述社会人口类别划分别具一格,颇有创意,但不乏值得商榷之处。

第一,这一归类式划分,并非严格意义上的社会阶层划分。因为这一归类并未遵循统一的标准,上层、主体、边缘并不能显示社会层级的差异。主

---

① 〔英〕乔治·休士:《厦门及周边地区》,载何丙仲辑译:《近代西人眼中的鼓浪屿》,厦门:厦门大学出版社,2010 年,第 59～62 页。

② 牛何之:《鼓浪屿,死去还是活着》,《闽南文化研究》2008 年第 14 辑。

体一词,概念相当模糊。牛先生似乎意在强调其社会意义,即其重要性。但如若依此推论,难道返乡的海外侨商和外国侨民在鼓浪屿近代社会变迁中没有产生重大作用和影响吗?如果主体一词意在强调人数的众多,则同样也与近代鼓浪屿的社会现实不符。近代鼓浪屿处于从传统向近代的转型之中,新型职业阶层(部分市民)正在初步发展,总体人数也不多。虽然近代鼓浪屿由于环境特殊,社会中层在人口中所占比重较大,但也没有形成绝对多数。因而社会阶层依然是金字塔结构,以下层人口居多。

第二,由于缺乏统一的、合理的标准,上述社会类别划分的覆盖对象,也存在不甚合理之处,有些人群的归类值得商榷。如医务人员、经理阶层归入上层显得勉强,划分到中层更合适些。另外,出自华侨、台胞和各地精英的有文化、有影响的家族或家庭的成员应该都是属于"上层"类的鼓浪屿人。

第三,从前面我们对鼓浪屿华人居民职业的探析中可以看出,牛先生的上述分类漏掉了一些重要的社会人群,比如产业工人、家政从业人员等。

社会阶层是西方学者为便利对社会作深入剖析生成的一个社会学概念。所谓社会阶层,一般是指社会成员按照一定等级标准划分为彼此经济实力、社会身份与地位、价值观念相互区别的社会集团。同一社会集团成员之间的社会观念、人生态度以及相应的行为模式和价值观等各个方面,具有一定的相似性。不同集团成员之间则存在明显的差异性。有学者据此将决定社会阶层的因素分为三大类:经济变量、社会互动变量和政治变量。经济变量包括职业,收入和财富;社会互动变量包括个人声望、社会联系和社会化;政治变量则包括权力、阶层意识和流动性。学术界关于社会阶层划分的方法甚多。我们借鉴前人的成果,并充分考虑近代鼓浪屿社会变迁的实际状况,将近代鼓浪屿社会群体划分为上、中、下三个基本阶层。

近代鼓浪屿社会的上层大致由三类社会群体组成:一是外国侨民,二是富有华商,三是军政要员。近代鼓浪屿外国侨民群体虽然人数不多,但在特定的地理空间和历史条件下,他们在鼓浪屿拥有雄厚的社会实力,极大影响着鼓浪屿的近代历史进程。至于社会上层的富有华商,主要由携带雄厚资本,从海外返乡的闽南籍移民商人构成,对于他们在近代鼓浪屿开展的种种社会活动及其影响,本书将在后面给以专章分析。

近代鼓浪屿社会上层中的军政要员构成这一阶层的一个特殊社会群体。他们人数甚少,曾在鼓浪屿购置地产居住,鼓浪屿对于他们而言,似乎更多的仅仅是休闲、养生之地。如同安著名土匪叶定国、叶金泰父子在泉州路建了一幢三层大楼；南安军阀陈国辉在中华路（现 14 号）和福建路各建三层楼屋，并在福建路住宅边营建墓园（息园）；港仔后中山图书馆即为北洋军阀张毅的别墅，国民党师长张贞在升旗山下和坡海角建别墅和住宅；惠安匪首汪连在泉州路彩屏巷购置一幢三层洋楼；曾任北洋军阀的南安土匪洪英在鹿耳礁林府内附近建一幢三层洋楼；陈国辉的旅长陈亮在笔架山购置一幢洋楼；先任北洋军阀旅长、后任国民党福建军事特派员的杜起云在鹿耳礁复兴路购置一幢二层楼房。另外，北洋军阀师长高义和他的团长李玉树、陈昆、陈佩玉、陈维金，营长赖乾、陈祺、角尾土匪王仔婴、漳州石码土皇帝兰汝溪的长子兰步青（曾任漳浦县长）、德化土匪张雄南等，都曾住过鼓浪屿或在鼓浪屿购置房产。

　　近代鼓浪屿社会的中层则以上述自由职业者和普通中小商人为主体。参考前文所引 1946 年的统计数据，我们可以推测，这一阶层在鼓浪屿人口中所占的比重在 25％左右。自由职业者的兴起是近代鼓浪屿一个具有特殊历史意义的社会现象。这一社会群体的基本状况已见于前面的描述。总体而言，鼓浪屿自由职业阶层人数总量不是太大，但在岛上所占比例不小。这些知识分子接受过新式的现代教育，其文化修养、思维方式和知识结构迥然不同于传统的知识分子，他们投身于城市商业社会中，成为各种各样新型职业的从业者，如教师、医师、工程师、记者、翻译和职员等，从而摆脱了官、绅、士的传统身份。不过，知识分子从传统的"士"阶层继承来的社会责任感和使命感，使他们总是处于不满足的探索之中，具有较强的社会批判意识。另外，由于知识分子视野比较广，有的还在外留学过，较易接受新思想，对民族兴亡，国势强弱比其他社会阶层感受更为深刻。他们有较强的民主意识和参政议政能力，在社会变革中往往就成为带头人。他们在近代鼓浪屿的华人顾问委员会、工部局华人董事、工部局下属各委员会以及华人议事会中，都曾担任职务，崭露头角。如鼓浪屿华人顾问委员会中，1923—1924 年委员薛永泰为厦门大学教授，1926 年委员李汉青为教员。李汉青还曾在 1927—1930、1936—1938 年担任鼓浪屿工部局委员华人董事，是华董中任期最长的，而且曾连任副董事长。另一名 1937 年的华董叶谷虚为福民小学校长和闽南职业中学校长。在工部局下属各委员会的部分委员也有教师，除了李汉青、叶谷虚外，还有吴着盉为怀仁女学校长，邵庆元为毓德女中校长。此外，历年华人议事会中不少议员的职业为自由职业类，孙家璧、方懋修、孙信凫和洪文忠为小学教师，林曼馥、刘遵光、何其光和贺仙舫为中学教师，另有李家祺和黄思藻两名中医师,以及一名民钟报记者李铁民。① 知识分子阶层的兴起与壮大,是鼓浪屿社会变革的重要力量,也是鼓浪屿近代化的主要推动力量之一。

近代鼓浪屿社会的下层,主要包括农业、工业、商业、服务业等行业的雇佣劳动者,即普通从业者。下层社会还包括少量游民,如流浪、娼妓、赌棍、乞丐、算命、把戏、拐子、道士、巫婆等。他们实际上是处于社会下层的最底层。据厦门《江声报》所载,20 世纪 30 年代,鼓浪屿中国居民"十之七八为劳动者"。② 另据前引 1946 年厦门市政府的人口统计,其中的农业、工业、交通和人事服务的从业人员,大多即属于普通雇佣劳动者。他们约占人口总数的 51%。

在近代鼓浪屿,社会下层民众一般也有自己的群体辨析和相应的各种社会组织。大革命期间,在中国共产党领导的厦门市总工会指导下,鼓浪屿工会成立,主要分布在四类行业:首先,码头工会,分龙头、黄家渡、和记码头、西仔码头和大同淘化等五个支部,会员 139 人。其次,双桨工会,有龙头、黄家渡、三丘田和鹿耳礁等分会,会员计 100 人。另外,还有建筑工会鼓浪屿分会和洋务工会,会员分别是泥水工人、洋行中或洋人家里的华籍雇工,包括厨师和勤杂人员等,③两工会人数不详。

不过,在民间,鼓浪屿下层民众从事的职业群体并非以工会来划分,而是以浓厚的地域、血缘关系来划分。据载,近代在鼓浪屿比较大的地缘职业群体如下④:

首先,"同安竹篙"。同安县来的民众多以划双桨(小舟)为生,有"同安竹篙"之称。据 20 世纪 30 年代《江声报》所载,"查鼓浪屿泊舟码头凡七,计龙头渡,舟子十八为同安人,系什族。黄家渡亦然。西仔渡头与新路头,全黄姓,同安籍。和记渡及三丘田为同安李姓占多,次同安陈姓。河仔下渡头,同安黄姓"。因此,鼓浪屿船夫几乎全部是同安籍,并为少数姓氏所控

---

① 张镇世、叶更新、杨纪波、洪卜仁:《"公共租界"鼓浪屿(1903—1941 年)》,厦门市政协文史资料研究委员会编:《厦门文史资料》第 16 辑,厦门:鹭江出版社,1990 年,第 28 页。

② 《鼓浪屿史料(一)》,《鼓浪屿文史资料》中册,第 196 页。

③ 张镇世、叶更新、杨纪波、洪卜仁:《"公共租界"鼓浪屿(1903—1941 年)》,厦门市政协文史资料研究委员会编:《厦门文史资料》第 16 辑,厦门:鹭江出版社,1990 年,第 29 页。

④ 以下资料参见《鼓浪屿史料(一)》,《鼓浪屿文史资料》中册,第 196~198 页。

制。他们工资不高,"舟子每人每日可得工资,最高五六元,最低二元以上"。生活态度属得过且过型,"灯火初上,龙头河仔堍一菜馆,每见舟子成群,对酒当歌。盖彼等均以日中所得,除有家室者留三分之一作家费外,余尽挥霍于'吃'。所谓'船赚船食,船破即乞食',即舟子之人生观也"。

其次"惠安扁担"。惠安来的民众大部分为肩挑苦力,苦力大致可分为两类,一类是轿夫,鼓浪屿轿店为陈、程、何三姓,平分秋色,均为惠安人。鼓浪屿经济景气之时,婚嫁用轿,医士出诊,富人应酬,均要用轿,轿夫每日平均可得工资二三元,轿班头可日获包雇净利十余元。另一类是码头工人,也多为惠安男子,散工(如抬石块等)几乎全部是惠安妇女,她们每日所得不逊于男工,平均两元左右。由于这些苦力均以扁担绳索为工具,而且都是惠安籍,故有"惠安扁担"的称呼。

最后,"晋南菜刀"。菜馆厨师等业,十之七八为晋江、南安两县人。每日每人可获两三元,因其持菜刀为生,因而有"晋南菜刀"之称。

另外,裁缝工人和理发师也分别有"上海剪刀"和"福州剪刀"的不同称呼,两籍各半。经营柴米业和小贩者,以福建龙溪居多。

根据《江声报》1933年的报道,鼓浪屿多数下层民众生活以"民十二年(1923年)臧致平驻厦时为最丰裕",主要原因是当时"闽南地方多故,内地殷户,及归侨纷集于此,大兴土木",各阶层民众因而均得利。如"同安竹篙","厦鼓一水,舟楫往返频频,工人皆有工可做也"。[①] 此后数年,好景不长,每况愈下。到1933年时船夫、苦力等每日所得最多不过一二元,平均只一元左右,菜馆厨役,时闻裁退,民众生活非常艰难![②]

以上对于鼓浪屿社会三个基本阶层的划分、描述和分析,只是对近代鼓浪屿社会的一个粗线条的辨识。实际上,鼓浪屿的近代社会远比上述复杂,且呈现某种程度的交错。上中下三个阶层中还可以细化出不同社会群体,构成不同的二阶阶层。

此外,值得一提的是,一方面,通过消费水平、居住条件、信仰和俱乐部与诗社等各种娱乐活动,鼓浪屿各阶层的自我意识和阶层归属感已经相当明显,对本阶层和其他阶层间的处境差距较为敏感,尤其是上、中阶层。另一方面,阶层并非固化,尤其是鼓浪屿,原来居民很少,传统农业社会就不发

---

① 《鼓浪屿史料(一)》,《鼓浪屿文史资料》中册,第196页。
② 《鼓浪屿史料(一)》,《鼓浪屿文史资料》中册,第197页。

达,近代以后自然就形成了一个以移民为主体的近代城市社区型社会,且随着社会政治经济的变革而演化,日趋复杂。与传统社会相比,近代社会成员对职业有了更多的选择权,社会阶层的流动性明显加强。在传统社会里,个人的家庭背景以及与生俱来的社会关系(如家族关系、亲缘关系)等因素是决定其阶层地位的主要因素。近代以降,由于工作机会增加与人员流动性增强,社会阶层流动和职业更替比起传统社会容易和频繁得多。个人通过自身的努力与奋斗,在一定程度上可以克服先天因素,逐步改变社会地位,从而实现阶层的提升。社会流动性的增强,是近代鼓浪屿社会变迁的一个重要组成和标识。

第六节 近代鼓浪屿人口变迁的特征及其社会效应

一个特定区域的人口变迁,既包括数量变化,也包括质量变化。前者一般包括这一特定区域人口数量的两种变化:一是由于生育和死亡产生的人口自然增减;二是人口流动产生的人口增减。后者则意指这个特定区域人口结构的变化,包括人口来源地的空间结构、人口性别与年龄构成的自然结构和人口职业构成与社会分层的社会结构。本章的上述研究表明,近代鼓浪屿的人口变迁,无论在数量方面,还是在质量方面,都呈现若干特点,由此影响和制约了近代鼓浪屿的社会变迁,形塑了鼓浪屿近代社会变迁的特性。

一、鼓浪屿人口数量变动的特点及其对社区发展的影响

从以上的研究中我们可以看出,鼓浪屿人口变化存在以下显著特点,并由此产生多方面的影响。

首先,阶段性变化特征突出。直至 20 世纪初,鼓浪屿人口增长均较缓慢,从鸦片战争前大约 3000 人到 1903 年大约一万多人,大约六十年时间增加了约七千人。1903 年,鼓浪屿成为公共租界后,中国人大量迁入,鼓浪屿人口开始进入较快增长期,1903 年到 1941 年,鼓浪屿人口从大约一万多人增加到 43000 人,增长了 3 倍多。实际上,鼓浪屿人口逐步增加是从 19 世纪70 年代外国商业机构大量进驻开始的,如果从 1878 年至 1941 年近七十年粗略统计来看,中国人从 2835 人增长到大约 4.3 万人,人口数量增长了 14倍。尤其是鼓浪屿 1903 年成为公共租界后,鼓浪屿人口增长极为迅速,仅

1903 年至 1911 年,鼓浪屿人口即翻一番,达 12000 人左右;1911 年至 1937
年 26 年间平均增长率是 3.31％。岛上外籍人口总数不多,人口增长主要是
因为迁居鼓浪屿的中国人数量多,从以下中国人口变化趋势图可以看出。

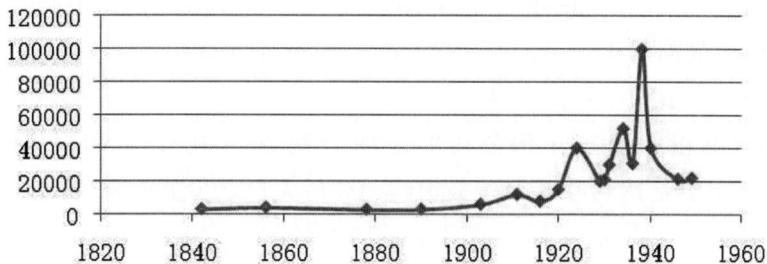

图 2-7　鼓浪屿华人人口数量变化趋势图

　　其次,鼓浪屿人口变化受革命、战争与政局变动影响大。近代以来,中
国政局动荡不定,战争频繁,地方不靖,福建自不例外。随着政局动荡与和
缓,鼓浪屿人口如波涛一样,大起大落,短期内急剧增加,而后又迅速下落,
鼓浪屿成为了闽南地区民众的避难所。1911 年辛亥革命爆发,"大量富裕的
中国人把他们的家和有价值的财产搬到鼓浪屿";[①]1924 年,臧致平占据厦
门期间,闽南地区局势紧张,鼓浪屿人口短期内曾增加至近四万人。[②] 1932
年,由于红军进入漳州,逃至鼓浪屿的难民估计有 25000 人,在此之前已有
几千人逃入鼓浪屿,[③]鼓浪屿的人口急剧增加,已达 52000 人。[④] 1938 年日
军占领厦门后更是如此,大批难民逃亡鼓浪屿,鼓浪屿人口最多达到 10
万人。

　　最后,鼓浪屿外国人数量并不多。鼓浪屿是全国两个公共租界之一,工
部局早期完全由外国人控制,这会让人产生错觉,鼓浪屿外国人数量多。实

---

①　戴一峰等译编:《近代厦门社会经济概况》,厦门:鹭江出版社,1990 年,第 383、381
页。

②　《江声报》,1936 年 3 月 23 日—26 日,《鼓浪屿史料》,《鼓浪屿文史资料》中册,第 195
页。

③　张镇世、叶更新、杨纪波、洪卜仁:《"公共租界"鼓浪屿(1903—1941 年)》,厦门市政
协文史资料研究委员会编:《厦门文史资料》第 16 辑,厦门:鹭江出版社,1990 年,第 146 页。

④　茅乐楠编:《新兴的厦门》,厦门:厦门萃经堂印务公司,1934 年,第 28 页。

际上,岛上外籍人口总数不多,1845 年时仅 5 人,其后有所增加,最多时仅 567 人(1930 年),平时一般维持在 100～200 人。抗战前,大批外国人回国,岛上外国人只有数十人。1946 年 2 月,岛上只有外侨 16 人,其后虽有增加,男女老幼全部计算在内不会超过 100 人。因此,外国人占鼓浪屿总人口比重非常低,最高的年份可能是 1878 年,当时居住在鼓浪屿的外国人 193 人,岛上足龄中国居民才 2835 人,[①]外国人占鼓浪屿总人口的 6.8%(或稍低)。与上海公共租界相比,上海公共租界 19 世纪 20 年代外侨人口已达近 2 万人,1936 年更是达到 6 万人,[②]鼓浪屿的外侨人口之少显而易见。

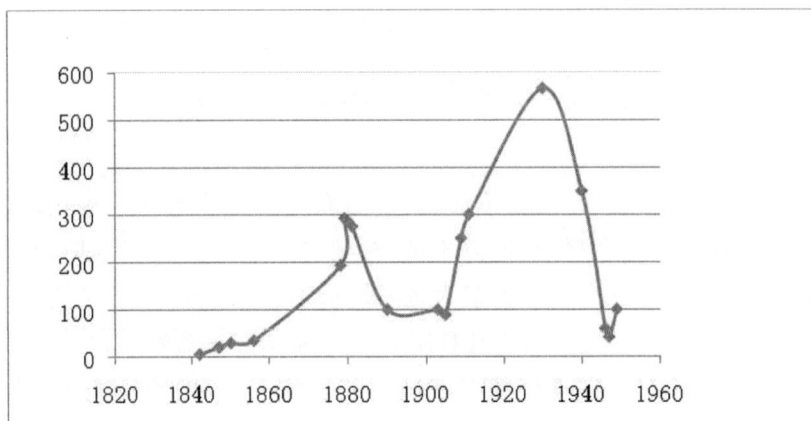

图 2-8　鼓浪屿外国侨民人口数量变化趋势图

由于鼓浪屿外国人少,中国人多,因而中外居民形成了某种"小聚居,大杂居"的局面。外国人主要集中在"燕尾山、笔架山、鸡母山、旗仔尾山"一线以东靠近厦门的区域,便于坐船来往于厦、鼓之间。他们的住宅多建在山顶、山坡或临海视野朝向和景观较好的位置,位于面向厦门的鼓浪屿西部中段与东南部,包括鹿耳礁、田尾区域,和记码头到三丘田码头之间的海滨地带,形成了两个较大的外国人聚居区。但由于 20 世纪 20 年代返乡海外移民大举发展房地产业,前后兴建了上千座楼房,与外国侨民住宅形成交错和穿插,即形成了大杂居的格局。这是近代鼓浪屿社区社会空间格局的一个

---

① [英]翟理斯:《鼓浪屿简史》,载何丙仲辑译:《近代西人眼中的鼓浪屿》,厦门:厦门大学出版社,2010 年,第 175 页。

② 费成康:《中国租界史》,上海:上海社会科学院出版社,1991 年,第 274 页。

突出特点。

此外,作为近代中国仅有的两个公共租界之一,由于鼓浪屿岛上外国人少,中国人多,因此,虽然外国人在鼓浪屿经济发展、社会与文化变迁方面发挥了先导作用,但贡献最大的还是中国人,尤其是归侨,即返乡的海外移民。这是近代鼓浪屿社区发展的另一个突出特点。

二、近代鼓浪屿人口结构变化及其社会影响

近代鼓浪屿可以说本质上是一个移民社会。事实上,当 19 世纪 40 年代鼓浪屿开始近代历史进程时,岛上的原居民仅有 3000 人左右。且不说这些原居民实际上也是此前的移民或移民后裔。进入近代后,鼓浪屿人口的增长主要来自不同时期的移民,包括来自国外的外国移民,来自国内的以鼓浪屿地处的闽南地区居民为主的新移民和由海外返乡的闽南籍海外移民。因此,近代鼓浪屿人口结构变化的最突出特点就是由移民的涌入产生的。它具象为外国侨民、自由职业者和返乡海外移民三个社会群体的形成,以及由此产生的多方面的社会响应。

由外国商人、传教士和公职人员构成的近代鼓浪屿外国侨民虽然人数不多,但在鼓浪屿近代化进程中却产生了不可或缺的影响。在鼓浪屿近代化的前期,即从 19 世纪中叶到 19 世纪末,鼓浪屿的外国侨民促成了鼓浪屿近代社区的形成,并组织道路委员会,铺设道路、栽种树木、架设路灯和整治公共环境,将近代城市公共空间管理理念带入鼓浪屿。与此同时,以传教士为主体,外国侨民先后创办了 20 余所近代学校,包括幼儿园教育、初等教育、中等教育,以及职业教育,在近代鼓浪屿形成一个较为完整的教育系列,对鼓浪屿华人社会起了强烈的刺激与示范作用。外国侨民还创办了鼓浪屿最早的近代医疗机构,推动了出版、报刊和杂志等近代文化事业的萌生与发展。而在鼓浪屿近代化进程的后期,即 20 世纪上半期,由于鼓浪屿被辟为公共租界,外国侨民掌握了鼓浪屿社区治理的行政权。近代租界在中国的产生,无疑意味着在华外国势力对中国主权的侵夺,是近代中国耻辱的一页。作为公共租界内最高行政机构的工部局自然首先是为了维护鼓浪屿外国侨民的利益,但其所推行的社区建设与管理,客观上为鼓浪屿社区带来了安全和秩序。而且,工部局在鼓浪屿社区公共设施建设和社区公共环境管理上引进西方先进的治理理念和制度安排,推进法制建设,客观上推动了鼓浪屿的近代化进程。事实上,正是由于外国侨民前期为改善自身居住环境所做的努力,以及后期在鼓浪屿社区公共设施建设和公共秩序管理上产生的可观效果,使鼓浪屿呈现一幅与闽南地区其他地方不同的社会面貌,这成了吸引返乡海外移民纷纷入住鼓浪屿的重要因素。而返乡海外移民联手鼓浪屿另一个新生的社会群体自由职业者——这个群体的生成,在很大程度上也是鼓浪屿教育事业发达的结果——在鼓浪屿近代化进程后期对鼓浪屿社区建设与管理的强力介入,才使鼓浪屿的近代化进程呈现出不一样的面貌。

返乡海外移民群体的形成,是近代鼓浪屿人口结构变化中最值得关注的。从前面的研究中我们知道,这个群体,包括其眷属,人数颇多,在 20 世纪 30 年代,保守的估计也应当占鼓浪屿人口的一半。这个群体中的富商阶层,由于拥有从海外携带返乡的巨额财富,以及传统的家国情怀,不仅在鼓浪屿近代化进程中发挥了不可替代的关键作用,而且在厦门城市和福建地区近代化进程中都发挥过重要作用。以致他们中的代表人物,不仅在鼓浪屿、厦门和闽南地区,而且在中国近代史上,都曾经是赫赫有名的,如从台湾返乡的林尔嘉、以及印尼华侨黄奕住、菲律宾华侨李清泉与黄秀烺、越南华侨黄仲训、缅甸华侨王紫如、王其华等。

这个返乡的海外移民群体在鼓浪屿近代化进程中发挥的作用是多方面的。在社区经济建设方面,他们将携带回国的大量资金投资实业,包括新式工业如淘化酱油厂,房地产事业如黄奕住组建黄聚德堂房地产股份公司,金融业如黄奕住创办中南银行,公用事业如黄奕住先后创办或接管厦门市自来水公司和厦门电话公司等。在教育与文化事业方面,他们大量投资捐建学校与文化设施,鼓浪屿的多数学校都曾得到过返乡海外移民的捐助与资助。如林尔嘉在鼓浪屿乌埭角创办华侨女子学校,自任总理兼校长,他还捐资普育小学。叶若虚担任福民小学校长期间,因在 1920 年得到菲律宾华侨杨忠信的资助,才得以到江浙考察职业教育,回鼓浪屿后兴办了闽南职业学院。鼓浪屿海外移民群体中,对教育贡献最大者首推黄奕住。他捐建厦门同文学院一座教学楼、捐赠厦门大学数十万元,在鼓浪屿创办"慈勤女子中学",每年给该中学捐赠经费 15800 元,占厦门市全市中学经费的 7.8%,占华侨补助厦门中学经费总数的 92.9%。据统计,1927—1937 年,黄奕住捐助慈勤中学的费用总额在 30 万元以上。另外,他还捐赠价值数万元图书给鼓浪屿中山图书馆。他们还创办报纸,推动厦门和鼓浪屿新闻和社会事业的发展。如《民钟报》的创办者许卓然、经理李硕果都是东南亚归侨。尤其是许卓然,他先后是同盟会会员、国民党党员,主要从事反清和反对军阀大业,为了宣传其主张,先后创办了《民钟报》和《江声报》,以促进社会进步。兴办报纸,既促进了新闻事业的发展,也有助于开启民智,推动社会事业的发展。在参与鼓浪屿社区管理方面,他们积极为岛上华人代言。1903 年 12 月,鼓浪屿部分人士在乌埭角倡议组设了"鼓浪屿会议公所",讨论岛上居民赋税负担过重问题,首任议长即由菲律宾归侨陈日翔担任。[①] 由于"会议公所"被解散,随后成立的"华人纳税者会"中间不少会员也都是返乡海外移民,如黄奕住、黄仲训等。他们也成为随后成立的"华人议事会"的成员。黄奕住是工部局首任华人顾问委员会成员,黄奕住、黄奕守和陈荣芳等先后连任工部局华董,[②]在鼓浪屿管理上为华人居民发声。

　　总之,这个社会群体既受过近代社会先进文化与制度的洗礼,又具有较广阔、开明视野和近代经营理念,并具有相当强大的经济能力,因此在推进鼓浪屿近代化进程中能够发挥关键作用。正是在他们的努力下,鼓浪屿华人社会对西方文明从被动接受,开始转向主动的移植和融合。

　　近代自由职业阶层的崛起是近代鼓浪屿人口结构变化中另一个值得特别关注的现象。诚如我们在前面的研究中指出的,这个群体包含职业类别颇多,主要包括教师、医生、公务人员、新闻记者和商店主等,还包括受聘于外国领事馆、外资企业和中资银行或公司企业等新式机构,充任职员、技术人员以及管理人员。他们的共同特点是接受过一定程度的教育,掌握一定的科学文化知识,并主要依靠脑力劳动为生,大部分属于知识分子。这个社会群体在 20 世纪 20 年代后,在鼓浪屿形成一个新生的社会力量。

　　他们大多接受过近代的新式教育,文化修养、思维方式和知识结构迥然不同于传统的知识分子,既有从传统的"士"阶层继承来的社会责任感和使命感,对民族兴亡、国势强弱比其他社会阶层感受更为敏感,更为深刻,他们有较强的民主意识和参政议政能力,在社会变革中往往就成为带头人。同时,他们较社会底层拥有更多的资源,如经理阶层和店主拥有部分经济资源,政府公务人员拥有部分权力资源,教育、新闻等自由职业者拥有文化资

---

　　① 张镇世、叶更新、杨纪波、洪卜仁:《"公共租界"鼓浪屿(1903—1941 年)》,厦门市政协文史资料研究委员会编:《厦门文史资料》第 16 辑,厦门:鹭江出版社,1990 年,第 26 页。

　　② 张镇世、叶更新、杨纪波、洪卜仁:《"公共租界"鼓浪屿(1903—1941 年)》,厦门市政协文史资料研究委员会编:《厦门文史资料》第 16 辑,厦门:鹭江出版社,1990 年,第 27 页。

源。尤其是其中的知识分子,希望体现自身价值,因而积极参与社会事务,推动社会改良和发展。总体而言,自由职业阶层既是近代化进程的受益者,又是鼓浪屿社会变革的重要力量,是鼓浪屿近代化的主要推动力量之一。

综上所述,近代鼓浪屿人口结构变化中最突出的现象就是由外国侨民群体、返乡海外移民群体,以及自由职业者组成的新生的社会精英群体的形成。这些不同的社会群体根据自身地位与利益权衡,在鼓浪屿近代化进程中扮演了不同的角色,发挥了不同的作用,共同推动了鼓浪屿的近代化。

第三章
近代鼓浪屿的社会经济变迁

在 20 世纪 30 年代人的眼中,厦门曾被视为"并非生产之地"①。实际上,与厦门岛相比,这一时论更适合于描述近代鼓浪屿的社会经济特征。由于厦门开埠之后,来此从事商业、传教和政治活动的外国侨民以鼓浪屿为居留地的最佳选择,这里成了外国侨民的生活区;其次,作为方圆不足 2 平方公里,且山地纵横的一座小岛,鼓浪屿的地理空间也限制了其发展工业生产,尤其是大型工业生产的可能性。因此,就近代工业的发展而言,鼓浪屿实在不足挂齿。但是,这并不意味着鼓浪屿的社会经济发展是停滞的,或苍白的。近代鼓浪屿的社会经济变迁呈现出其特有的样貌。首先是它的经济发展,以满足民生需求为主导,从而以商业、金融业、房地产业、公用事业为主;其次,返乡的闽南籍海外移民资本,在近代鼓浪屿的社会经济发展中发挥了举足轻重的作用;再次,一群返乡的闽南籍富商,在鼓浪屿构筑了他们实业救乡的时代梦,给近代鼓浪屿的社会经济铭刻上一道别具风采的印记。

第一节　近代鼓浪屿社会经济概貌

一、社会经济变迁的阶段性

鼓浪屿在步入近代之前,是一个散布着带有浓厚闽南文化色彩村落的

---

① 厦门市地方志办公室、厦门市档案馆合编:《厦门抗日战争时期资料选编》下册,厦门市地方志办公室,1986 年,第 503 页。

小岛。来自临近闽南乡村的移民以捕鱼和耕种为生,呈现一幅色彩鲜明的传统社会经济生活画面。不过,当明朝中后期,以漳州月港为中心的海上私人贸易兴盛起来,鼓浪屿或许也曾参与其中。据载,明崇祯三年(1630年)5月,就有一艘名为"鼓浪屿号"的帆船航行于厦门海域和大员(今台南)之间。① 由于史料的阙如,我们无从确知船主为何人,因而也就无从判定这是否表明鼓浪屿在明末清初海上私人贸易体系中已占有一席之地。

除此之外,文献记载也显示,明清时期,鼓浪屿还曾沦为一个巨大的采石场。明末厦门名士池显方即有"造砌及修碑,尽在此中伐。至今数百年,剥尽无肌骨"②的诗句,言及鼓浪屿的采石业。他显然对这一行业极度反感,因此留下了"残石伐将尽,惟余一古邱"③的感慨。而这一预测在清乾隆二十八年(1763年)的《泉州府志》得到证实:"鼓浪屿在嘉禾屿,右上有大石,刻'鼓浪洞天'四大字,旁有岩名日光岩……漳、泉用石多采于此,今浮石渐尽。"④采石业似乎还延续到近代。1903年,鼓浪屿工部局制定的《鼓浪屿工部局律例》,曾专门设条文严禁对鼓浪屿岛内名胜岩石的开采,规定"凡本界内名胜石,不准开凿"⑤。

近代以降,鼓浪屿社会经济经历了一系列变迁,其变迁动力源自不同移民群体迁居鼓浪屿带来的社会经济新要素及其连锁效应。

首先,受良好的自然环境吸引,厦门开埠之后,来到厦门口岸的许多外商、传教士和官员及其家属,一般都选择在鼓浪屿居住。各国商人陆续来厦门开设洋行、公司及工厂后,也多把其经营决策部门或主要经营者的住宅设在鼓浪屿。这刺激了鼓浪屿与厦门岛之间航运业发展,带动了鼓浪屿商业及服务业的发展,吸引了更多资本与人力的加入。

其次,由于侨居鼓浪屿的外国侨民在19世纪后半期对鼓浪屿居住环境的着力改善,初步建构起一个新生的带着西方先进理念的近代社区,尤其是在20世纪初鼓浪屿成为各国公共租界后,工部局的管理使鼓浪屿事实上成为一个迥异于中国传统社会的国际社区,进一步吸引了追求相对安全生活

---

① 江树生译注:《热兰遮城日志》第一册,台南市政府,2002年,第20页。
② (清)周凯:《厦门志》卷九,艺文略,厦门:鹭江出版社,1996年,第278页。
③ (清)周凯:《厦门志》卷九,艺文略,厦门:鹭江出版社,1996年,第278页。
④ (清)乾隆《泉州府志》,卷之八,山川三,清光绪八年补刻本。
⑤ 《鼓浪屿工部局律例》,《厦门文史资料》第16辑,第82页。

环境的闽南本地富商与返乡的海外富有侨商,并成为这一群体的庇身和发展之地。这个特殊的社会群体以鼓浪屿为居留地,为鼓浪屿带来了难以估量的发展资金,也进一步奠定了其社会经济发展的物质基础。

再者,返乡的闽南籍海外侨商凭借其在海外闯荡所积累的丰厚资金和丰富经验,在鼓浪屿大力投资兴建码头、道路和楼房,尤其是投资房地产业,不仅有力地带动了近代鼓浪屿商业、金融业和公用事业的发展,而且也极大改变了鼓浪屿新生社区的景观,从而为鼓浪屿新型社会经济形态的萌生与发展提供了相对开阔的空间。

是故,如果说鼓浪屿早期的开发和以农耕经济为主的社会经济形态的建构是鼓浪屿地处的闽南地区家族式、连锁式移民的筚路蓝缕所为,那么近代鼓浪屿社会经济的变迁便是来自西方的外国侨民和返回故里的闽南籍海外移民的先后发力及其合力产生的结果。而这一变迁的历史进程,可以大致划分为三个阶段:第一阶段为19世纪中叶至20世纪初,第二阶段为20世纪初至抗战爆发、厦门沦陷,第三阶段为20世纪40年代至20世纪中叶。

第一阶段为近代鼓浪屿社会经济转型发展的萌发期。受岛上独特自然环境及居住环境的吸引,众多商行、领事馆、海关机构及税务司官署在岛上设立,带来了逐渐增多的外国侨民群体,这一群体的活动产生了诸多社会需求,从而推动了近代鼓浪屿社会经济的演进。就社会经济方面的变化而言,随着越来越多外国人开始选择在鼓浪屿定居,鼓浪屿岛上的服务业开始产生并发展,如家政服务、生活必需品服务、金融服务、邮政服务和交通服务等。但由于这一外国侨民群体总体规模不大,对社会经济近代转型的影响,主要还是体现在示范性的作用上。与此同时,鼓浪屿已经先前形成的三个闽南移民聚落里,人口增长缓慢,刺激社会经济发展的人口效应微弱。他们一方面依然守着原先的社会经济生活样式,另一方面也在逐渐接受由于外国侨民入住带来的社会经济生活的变化。

第二阶段为近代鼓浪屿社会经济发展的黄金期。一方面,该时期人口增长迅速,仅1903年至1911年间,鼓浪屿人口即翻了一番,达12000人左右,二十年代更一度猛增到4万余人。这给鼓浪屿社会经济发展带来很大的人口效应。另一方面,由于这一时期大量的闽南籍海外移民从台湾、南洋等地陆续返乡,移居鼓浪屿,带来大量的资金,鼓浪屿独特的多元文化及社会环境为他们提供了独特的发展机遇。他们首先致力于私人住所的建造,随之大力经营并推动了鼓浪屿房地产业的大发展,进而带动了包括工商业在内的特色产业发展,其中尤以公用事业和金融业最为显著。这些返乡的海外侨商迅速成为这一时期鼓浪屿社会经济发展,社会经济生活变迁的主要推手。如 1907 年,台湾富绅林尔嘉独资创办了一家电话公司,1921 年,归侨黄奕住承盘该公司,资本增至 30 万元,并大大改进了技术设备,次年黄氏又收购了日商创办的鼓浪屿电话公司,到 1933 年则正式成立"商办厦门电话股份有限公司",装机多达 400 门,1934 年 1 月实现了厦鼓通话。又如由于大量侨汇集中,众多钱庄和新式银行多在鼓浪屿设立营业点或办事处,并成功地联结起厦门与上海等地的资金融通,一些银行和银行家甚至还由鼓浪屿走向全国,成功地在中国近代金融业的变迁中扮演了重要角色。

第三阶段是鼓浪屿社会经济发展的停滞期。受中日战争及国际政治局势的影响,鼓浪屿在 1938 年厦门沦陷后经历了人口数量上的大起大落。在 1941 年遭日本占领后,鼓浪屿公共租界性质消散,成为日本侵略者独霸一方的处所,早期对外来群体构成吸引的相关要素均逐渐消亡,从而导致整体社会经济发展持续的停滞甚至倒退。

二、社会经济及其变迁的基本特征

从以上对近代鼓浪屿社会经济变迁的粗线条描述中,我们不难看出,近代鼓浪屿的社会经济及其变迁具有如下一些特征。

首先,近代鼓浪屿的社会经济变迁前提和主要内容均与城市化密切相关。一方面,鼓浪屿居住环境和公共设施的完善,管理制度的规范化均使得它越来越吸引外来移民进入;另一方面,越来越多的富裕移民将鼓浪屿的开发与他们的创业相结合,推动了近代鼓浪屿社会经济的发展。

其次,伴随着侨汇而兴起的金融业及其发展,是鼓浪屿社会经济变迁的一大特色。近代鼓浪屿金融业是与闽南传统侨批业的发展相伴相生的,厦门开埠后,西方的邮政系统与银行系统随着外国领事馆进入鼓浪屿,传统从事华侨银信传递的水客开始利用这一新系统进行汇兑和邮寄信件。如 1878 年英国汇丰银行即在鼓浪屿设立机构,办理业务。鼓浪屿的荷兰领事馆领事甚至兼任荷兰安达银行经理职务。受此影响,大批闽南地区的"水客"和"客头"大多选择在鼓浪屿居住,一方面便于开展国内外业务,另一方面也使得他们也获得较为安全的经营空间。以诸多侨批寄封的寄送地址来看,鼓浪屿侨批营业地点多集中于今石码路。许多私家花园别墅实际上采取的是"前店后居"的模式来从事侨批经营。

20 世纪 20 年代,鼓浪屿侨批业开始同侨资银行建立合作关系,许多银行、钱庄也因为侨汇的缘故而靠拢到鼓浪屿,甚至有部分银行家的履历经过了"水客时代"、"侨批局时代"、"银行时代",鼓浪屿甚至成为部分银行家的"摇篮"。如新加坡华侨银行,其前身即是闽南侨批局,该银行于 1932 年由三家公司联合而成:即和丰银行、华商银行、华侨银行。其中和丰银行的前身即和丰信局,而华侨银行的创办人有部分来自印尼泗水的万成客栈(即栈间),后者也是侨批局的一种。鼓浪屿中南银行也是以汇兑及储蓄为主要经营项目;1920 年,菲律宾华侨创办了中兴银行,该行在厦门的分行也主营侨批,1936 年经手的厦门侨汇占到其总额的 12.1%。1938 年厦门沦陷之后,市内批信局有 67 家避往鼓浪屿公共租界内营业,一时间鼓浪屿成为原厦门侨批局的集中地,它们照常收发批件,为稳定岛上居民乃至闽南地区民众生活起到了至关重要的作用。

再次,由于大量返乡的海外富有移民群体的涌入,近代鼓浪屿工商业、金融业的产生与大发展均与环南中国海华商网络的关系密不可分,实际上前者也成为了后者的构成部分。华商网络本身即是一个多重的复合网络,包括移民、商品、资金、信息的流动,在近代鼓浪屿社会经济的变迁中,移民首当其冲,带动了资金、信息、技术、商品的流动。从广义上来说,环南中国海众多华人移民聚居区为近代鼓浪屿社会经济的发展提供了人力、资金、信息、技术和商品市场。

又次,近代鼓浪屿社会经济变迁的黄金时期涌现出众多杰出企业家,这其中又多以富有归侨为代表,形成了一个具有独特文化特征的"移民企业家群体",很好地实现了投资与改善家乡愿望之间的平衡。如 1899 年,菲律宾巨富黄秀烺携款回家,买房置业,定居鼓浪屿,1908 年他在厦门开设"炳记行",从事进出口生意和侨批业,兴建近代鼓浪屿唯一按照中轴线对称布局的建筑群:鼓浪屿"海天堂构"豪华别墅群;1913 年,越南富侨黄仲训携带百万银元巨资回厦门参与城市建设,1916 年他创立"黄荣远堂",从事房地产业,在鼓浪屿龙头山日光岩一带,其先后建起 60 余座西式别墅;1919 年印尼富商黄奕住处理了其海外的绝大部分产业,携眷定居鼓浪屿,他独资开辟"日兴街",着手从事厦门公用事业的投资建设,1920 年他发起筹办厦门自来水公司,在厦门和鼓浪屿建设上下水码头,为鼓浪屿居民供水,同时投资电话公司及房地产业,凭借其雄厚的财力的先进理念,推进了近代鼓浪屿乃至厦门的城市近代化;1919 年缅甸富商曾上苑携带巨资回家乡厦门投资,建设现代化、多功能的豪华酒店"大千旅社";1928年缅甸华侨王紫如、王其华昆仲携资回国,在鼓浪屿置产兴业,从事房地产开发,投资最贴近民生的菜市场和电影院建设。

更值得一提的是,返乡的闽南籍南洋移民商人群体在鼓浪屿推动社会经济发展的同时,以浓烈的家国情怀,在鼓浪屿成立南洋闽侨救乡会,发布《南洋闽侨救乡会宣言》,以实业救乡为诉求,积极回应了当时国内不断高涨的地方自治呼声,使鼓浪屿的经济社会大放异彩。

最后,近代鼓浪屿社会经济与国际格局息息相关。这主要反映在作为公共租界的鼓浪屿,一方面借助外国在华势力得以形成一个有别于闽南其他地区的独特环境,另一方面,国际格局的变动深刻影响了它的发展。抗日战争的爆发、厦门沦陷、太平洋战争爆发,这些国际格局中的大事件,深深左右着小岛鼓浪屿的发展方向及程度。

第二节　近代新式商业的发展

从一定意义上来说,从一座孤悬海中、地理空间局促的小岛演化成在国内外享有盛誉的"海上花园",近代鼓浪屿社会经济变迁的历史也是其城镇化的历程。近百年间,鼓浪屿由以农业(第一产业)为主的传统乡村型社会向以工业(第二产业)和商贸服务业(第三产业)等非农产业为主的现代城市型社会逐渐转变,这其中,新式商业的萌生与发展,新旧商业的交替,商业经营方式的改变,均是近代鼓浪屿社会经济变迁的主要构成内容。同时,适应于近代鼓浪屿社区作为生活社区的基本特征,其商贸服务业的发展也首先是满足社区居民的生活所需。

一、新旧商业的交替

一般而言,近代新式商业与传统商业的首要区别是两者与资本主义生产方式的联系程度不同。在中国近代,受外国资本主义的影响,中国民族资本商业在不同程度上成为产业资本再生产过程中的职能资本组成部分,为国际产业资本和本国产业资本服务。与此同时商业资本的活动对象和范围扩大,而且越来越多地采用了资本主义的经营方式和管理制度。中国近代新式商业产生和发展具有明显的阶段性:第一次鸦片战争之后,随着中国市场的逐步打开,在与进出口贸易相联系的领域里首先诞生了一些新兴商业行业,如经销进出口商品的棉布业、五金业、百货业、西药业等,同时在丝业、茶业等一些原有的行业中,由于出口规模的扩大和交易方式的变化也出现了一批新式的商业企业;进入民国以后尤其是一战前后,中国近代新式商业得到进一步充分发展,商业种类不断增加。一方面,各种新类型商品的大宗交易促成了专门经营者的出现,如橡胶制品商,化工原料商,汽车材料商,植物油商等,另一方面,伴随着商品种类和数量的增加,从原有行业中又分享出来许多新业种,如杂货业中的独立出来的钟表、眼镜、无线电、毛线等,五金业分享出来的脚踏车、缝纫机、汽灯、度量衡器等行业,在新业种产生的同时,旧有行业的一部分相应衰落或转化。另外,随着民族资本主义工业的发展,一些工业企业设立的发行所、分销处、外庄等销售机构,也构成了新式商业的一部分。商业经营方式也在发生变化,新式大型百货商店出现,以进口及国产工业品为主,城市中商业企业的户数和从业人数明显增长。[1] 但以近代鼓浪屿而言,商业领域发生的变化首先体现在新行业的出现上,比如旅馆业和牛奶业。前者为外国侨民所经营,后者则为本国居民所经营。

早在 1900 年,德国卢卡森(F. H. Lucassen)就在鼓浪屿开设了新厦门大饭店。客房宽敞舒适,旅客可以玩玩台球,甚至随心所欲地想怎么玩就怎么玩。[2] 工部局曾规定,凡"公界内所有旅馆",须领取执照,执照分为三等:一等 20 元,二等 10 元,三等 6 元。[3] 鼓浪屿早期有两家外国人经营的旅社,一家是"维多利亚旅馆",老板是 C. H. Mutton;另一家是"海滨旅馆",老板是 J. A. Merlin。也有中国人开设旅馆,如卓绵成在西仔路开设了"海滨旅社"。另外,日籍浪人林火生(日本领事馆警察署的特务头子)在日兴街开设了"中华旅社",另外日本人还经营"盐田旅社"(在水牛,现泉州路 68 号)和"万里轩旅馆"(现泉州路 35 号)。[4]

牛奶业的兴起,则是由于近代在鼓浪屿居留的外国侨民人数不断增长

---

① 王玉茹主编:《中国经济史》,北京:高等教育出版社,2008 年,第 162 页。

② [英]塞舌尔·包罗:《厦门》,载何丙仲辑译:《近代西人眼中的鼓浪屿》,厦门:厦门大学出版社,2010 年,第 161 页。

③ 《鼓浪屿工部局律例》,载《厦门文史资料》第 16 辑,第 82 页。

④ 张镇世、叶更新、杨纪波、洪卜仁:《"公共租界"鼓浪屿(1903—1941 年)》,厦门市政协文史资料研究委员会编:《厦门文史资料》第 16 辑,厦门:鹭江出版社,1990 年,第 35 页。

所致。这些侨民构成了一个明显区别于中国人的社会群体。他们收入丰厚，生活方式迥异，对鼓浪屿的商业发展提出了新的要求。1933年《江声报》曾有一篇题为《鼓浪屿日销牛乳千斤》的关于鼓浪屿牛乳销量的报道，颇具代表性。[1]

> 鼓浪屿牛乳商统计25家，蓄牛凡235头，其中水牛224头，洋牛11头，工部局征税每年每头2元，可得470元。据乳商云，水牛每头逐日可摄取牛乳4斤左右，洋牛约18斤……合计逐日出牛乳千斤以上。查其逐日摄取牛乳，均供鼓岛居民需用。乳商养牛最多的是吴益和的滋化号养牛32头，次为何元良的利民号养牛25头，美华学院安特生养牛14头居第三，朱发的益号养牛12头第四，周土生的新兴号养牛11头第五。其余各乳商分别养牛3头至9头。

近代鼓浪屿上不仅外人聚集，而且还出现许多由外人创办的医院、学校及其他社会机构，在欧美新的生活方式的传播和普及上，要远远超过其他地区，这使得养牛取乳成为一个新的行业，并且颇具规模。与此类似的还有面包店，据文史资料记载，鼓浪屿工部局时代开办有一家面包店，地址在龙头路中段，老板名叫林和祥，他聘请名师特制面包糕点，其面包质量执岛中同行的牛耳，甚至可与诸多宾馆酒店的面包相媲美，名噪一时。[2]

除上述新行业的涌现外，随着鼓浪屿接受西式生活方式的新移民和总人口的迅速增长，供应居民日常生活之需的商品贸易日益活跃，且多以摊贩及商店的方式开展贸易。据统计，1903年鼓浪屿共有外国侨民100余人，1909年增至250余人，到了1930年，鼓浪屿共有外国侨民567人，中国居民达20465人。[3] 与此同时，向岛上居民供应日常生活用品的零售商业发展迅速，涌现一大批流动摊贩与固定零售商店。摊贩主要活动在居民生活区，多以手提、肩挑，走街串巷，自凌晨开始，"有卖油条的，卖豌豆的，卖豆花、豆奶的和卖碗糕粿、满煎糕、炸枣、豆包仔粿以及卖面包的、鸡蛋糕。白天，有卖杂货、卖瓷卖碗、卖笊竹刷烘炉扇的，还有补鼎、补銼锅、补面桶的。深夜，有卖烧肉粽、卖芋包、鱼丸汤、扁食汤的。从清晨到深夜，小商小贩像走马灯

---

① 《江声报》，1933年5月22日，《鼓浪屿文史资料》下册，第136页。

② 杨纪波：《鼓浪屿的老字号》，《鼓浪屿文史资料》上册，第306页。

③ 何其颖：《公共租界鼓浪屿与近代厦门的发展》，福州：福建人民出版社，2007年，第104页。

一样轮番上街,闹个不停。"①工部局成立之后曾对流动摊贩进行严格管理,规定摊贩要在工部局备案登记,且不许在外人居所前大声贩卖,也不准于道路中私设摊位等,对于传统商贩而言,这种规定显然过于严苛。

与流动摊贩相对应的即是固定商铺营业,据统计,到 1930 年,当地共有各种中国商铺 200 余户,外国商铺 10 余户。②此类商铺大多集中于某一项或几项生活用品的供应,长时间积累下来的优势产品较容易形成固定的用户群体,遂成为鼓浪屿的"老字号"。据载,这些"老字号"有的是生活用品,如黄金香肉松、叶氏麻糍、庆兰馅饼、肖瑞姜糕饼、建成布店、淘化大同的调味品及酱菜等,有的则是特项服务,如风行照相馆、西药店等。在这些商业老字号的发展过程中,显然都有诚实经营、以质获胜、用户群体稳定等特征。以庆兰饼家为例,它的创始人邓央仔来自诏安,先在厦门"桥巷"制售馅饼、水晶饼,虽无挂牌,但桥巷水晶饼名扬大街小巷。后来在"磁街"开店,挂上"庆兰斋"招牌。邓氏临终之前,把店务交给其第三子邓克宽,并迁往大同路。抗战后,庆兰斋移址至鼓浪屿龙头路、泉州路交界处,俗叫"庆兰饼家",其馅饼选料精,加工细,操作要求严格,质量好,最为畅销,称为"庆兰馅饼"。③

上述摊贩及固定零售店可以说是传统商业的延续,由于鼓浪屿基本是一个消费社会,故岛上居民日常生活用品皆依靠市场获取,零售摊贩和商店仍是其商业的重要构成部分,在行业中集中于粮食、布匹、杂货、土产等,资本相对分散,经营方式仍相对传统。

随着进出口贸易的扩大,进口型消费资料越来越多地出现在中国近代通商口岸地区,如国际贸易百货、西药、呢绒、五金、化学原料等,这些商业行业资本较为集中,以批发交易及经营百货为主,在这些行业中,作为西方文化输入近代中国的一个代表,西药公司及西药店也成为近代中国的特殊行业。在近代鼓浪屿,早在 1906 年,福建药房(Fukien Drug & Co.)即已成立。据《光绪三十二年农工商部奏准办理各类农场、公司事统计表》之"附件一·商类"记载称:"福建药房股份有限公司,创办人高敬廷等,股本五万元,

---

① 范寿春:《鼓岛早年的广告业》,《鼓浪屿文史资料》上册,第 392 页。

② 何其颖:《公共租界鼓浪屿与近代厦门的发展》,福州:福建人民出版社,2007 年,第 104 页。

③ 杨纪波:《鼓浪屿的老字号》,《鼓浪屿文史资料》上册,第 306 页。

八月十四日注册,总公司设在厦门鼓浪屿。"①西药作为一个新兴行业,在近代鼓浪屿得到较快发展,1935年的《江声报》称:"(鼓浪屿)中西药铺计50余家,其多竟超过米店。最近仍有增无减,营业亦皆不恶。……私人所设医院,每日多有数十元收入。某医院开业仅一二年,现在自建洋楼一座,值二万余元,可知利之厚矣。"②同时据同一时期工部局的统计,当时鼓浪屿有西医约23名,牙医6名,③可知近代鼓浪屿西医药业的兴盛。

随着厦门被辟为商埠后对外贸易的发展,一些与进出口贸易有关的行业也发展起来。如1868年,厦门海关副税务司满三德(J. Alex. Man)在年度贸易报告中称,厦门船坞公司在鼓浪屿开辟了它的第三个船坞,同时厦门也"开设了一家专售鸟粪的代理行。为了鼓励鸟粪的引进,海关同意该项货物免税进口,并将这一问题呈报北京的更高当局以待最后裁决,在免税待遇下,大约有20000担鸟粪进口,并在鼓浪屿盖了一座大型的铁制仓库以存放鸟粪。"④鸟粪的输入是为了代替肥田料,这显然是进口贸易下产生的一桩新事物。

二、经营方式的变革

在经营方式上,随着20世纪30年代大型集合市场的出现,近代鼓浪屿的商业经历了一次大的发展。20世纪20年代末,缅甸仰光华侨王紫如、王其华兄弟两人回鼓浪屿投资置业。根据在南洋的生活经验和相关见闻,他们决定投资一座集购物、娱乐于一体的大型市场。1928—1931年,以兄弟二人名字命名的"如华公司"开始在鼓浪屿收购地皮及旧屋,规划建造大型市场。根据设计,这座新的市场包括市场店铺及摊位,同时还包括戏院等文化场所。1932年,如华公司以向工部局提供2位巡捕薪金作为条件,成功地获批立项,开工建设,整个工程于1934年竣工,命名为"鼓浪屿市场"。市场建成后,工部局即通告相关片区的水产品店、鸡鸭店、猪肉店及蔬菜店全部迁入市场内营业。整座市场店铺及摊位的经营项目排列有序,家禽、肉类、蔬菜、干果杂货、水产品等摊位分门别类,销售品种齐全,大大迎合了当地居民

---

① 中国第一历史档案馆:《清末商务史料》,《历史档案》1992年第1期,第56页。

② 《鼓浪屿药店多于米店》,《鼓浪屿文史资料》下册,第270页。

③ 《鼓浪屿医师登记发证》,《江声报》1937年4月23日,《鼓浪屿文史资料》下册,第125页。

④ 戴一峰等译编:《近代厦门社会经济概况》,厦门:鹭江出版社,1990年,第18页。

方便购物的需求。如华公司为健全管理市场物业,还聘用专业财务人员和卫生清洁员,确保市场有序运转。与市场配套的文化娱乐设施是建于市场北门对面的"屿光戏院"与建于市场上二楼的"延平戏院",后者是当年岛上最大的戏院。戏院分两层(含夹层看台),计有五百多个座位。每日下午与晚上演出前,观众如潮般涌至市场北门外登上戏院观看演出,热闹异常。此外,市场东门外还设有讲古场,每日下午及晚上均有说书艺人到场讲故事,成为一般民众休闲娱乐的好去处。

新成立的"鼓浪屿市场"采用了新的管理方式,由专门的市场委员会进行管理。委员会一般由三方组成:一方为工部局代表,一般为工部局的一名华董;一方为业主代表,即如华公司的代表;一方为租户代表,由租户选举产生。委员会不定期召开会议,一般间隔三或四个月,对市场管理中出现的问题一一商讨,并予以议决。从市场委员会的议事纪录来看,它一般履行以下职责:

(1)调解租户争端。市场委员会第一次会议召开时就提出,"本市场内人等遇有发生误会等事,不得擅自用武力解决,致害公众秩序与公共治安,应据理先行投诉本市场委员会秉公办理之,如不易解决得诉诸法律,若故意擅自用武力,该当事人须受市场内之公共处罚并取消其在本市场内营业之固有权利。"①同时呈请工部局派员巡逻,以防不测。

(2)管理市场摊位。出租和管理市场摊位,包括收取租金,确定摊位的位置、经营内容、经营方式等。未经市场委员会同意,所有摊位不能更换位置、经营内容及经营方式。

(3)排除流动摊贩竞争,确保市场优势。如华公司在投资设立鼓浪屿市场时,与工部局曾订立合同,确定禁止流动摊贩在"由西仔渡头起沿教堂路、洋墓口中路、和记路至和记渡头止之范围内贩卖市场内所售货物,如鸡鸭鱼肉菜蔬等"②,但因流动摊贩屡禁不止,市场委员会屡次向工部局要求此项权益,以确保市场经营的局部垄断地位。

(4)降低市场交易成本。鼓浪屿市场设立后,原来散处的流动摊贩集中在一个空间下进行市场交易,极大地满足的居民的生活需求,但同时也集中暴露了原来流动交易下的弊端,这其中最引人注目即是度量衡问题。市场

---

① 《鼓浪屿市场委员会第一次会议会议纪录》,1934 年 12 月 8 日。
② 《鼓浪屿市场委员会第四次会议会议纪录》,1935 年 7 月 26 日。

委员会的会议记录显示,市场交易过程中经常发生因度量衡不一致而引发的买卖双方的纠纷,在此过程中,市场委员会一面呈请工部局予以解决,一面尽力维持秩序,直至最后采用南京国民政府度量衡局规定的统一标准。

大型集合型市场的出现是对传统商业经营方式的一大革新,在不改变单个个体摊贩经营的基础上,"鼓浪屿市场"的出现实际上将传统商业经营模式实现了规模化和科学化管理,推动了近代鼓浪屿社会经济的变革,1935年工部局的年度报告中即盛赞了市场带来的变化:

> 因有公共市场之设备,故一切鱼肉蔬菜杂肆尽移入其中,而龙头中街大多数店屋得乘机改建或翻新,而呈新款之气象焉。……本岛公共市场之卫生状态,确有保持其满意之程度,故无论顾客方面或公众健康之大体整洁上,均认其一大恩物焉。①

虽然新兴的鼓浪屿市场与上海等地出现的大型百货商店并不相同,但也构成了近代中国新式商业的重要内容。

第三节　新式产业的兴起与发展

20 世纪以降,鼓浪屿成为闽南海外移民返乡置业定居的第一选择地。这些经历了南洋风雨、对欧美殖民地下新式事物适应性大为提高的群体成为鼓浪屿社会经济变迁的主要推动者,引导了许多新式产业在鼓浪屿的出现及深植。毋庸讳言,移民群体所带来的经济变化中,许多内容是对南洋欧美殖民地社会经济变化的某种效仿,但对近代中国而言,这种效仿在某种意义上已然成为社会经济领域变革的必经阶段。

一、新式工业的兴起

近代鼓浪屿新式产业的兴起,首先表现在新式工业的引进与发展方面。这些新式工业大多数从属于消费工业,主要向当地居民提供新式生活用品,同时也依鼓浪屿经济发展而变化。

近代工业在鼓浪屿的出现可追溯至厦门船坞公司（Amoy Dock

---

① 《鼓浪屿工部局年度报告书》,1935 年,转引自何书彬:《奔腾年代:鼓浪屿的商业浪潮》,福州:福建人民出版社,2015 年,第 123 页。

Company Ltd.）设立的船坞。该公司于 1859 年由美国人包义德（Thos D. Boyd）创办，主要业务是修理船只，除轮船外，还大量修理帆船。

随着人口的增长及公共租界的形成，近代鼓浪屿兴起一些直接为居民生活提供服务和必需品的工厂，它们一般规模都不大，包括碾米厂、印刷厂、汽水厂、食品罐头厂、皮革厂、砖瓦厂等，除皮革厂和砖瓦厂是应鼓浪屿房地产业大发展而出现的之外，其余工厂皆可划为食品工业的行列。从资本构成上来看，几乎所有的工厂都以侨资为主，即 20 世纪之后大量返乡闽南海外移民构成了投资设厂的主体。

由于规模不大且多以本地居民为主要市场，鼓浪屿的近代工业发展程度不高，多数工厂存在和持续的时间也不长。据 1936 年的调查，当时鼓浪屿有名的工厂仅有 6 家[①]，兹罗列如下。

（1）兆和罐头厂，设于 1925 年，置 25 匹马力发动机一座，雇用男女 45 人，资本 40 万元，厂址设于鼓浪屿康泰垵。

（2）福建皮硝厂，设于 1922 年，置 4 匹及 12 匹马发动机各一架，雇工 25 人，资本十二万元，址设鼓屿康泰垵。

（3）大同淘化罐头厂，设于 1913 年，置 40 匹马力发动机一座，雇用工 45 人，资本 2 万元，厂设鼓浪屿内厝澳。

（4）东方制冰厂，设于 1921 年，置有 80 匹马力发动机一架，雇工 20 人，厂设鼓屿龙头街。

（5）新南花砖厂，设于 1935 年，置有 35 匹马力制砖机一架，雇工 7 人，址在鼓屿康泰垵。

（6）鼓浪屿灯厂，设于 1934 年，资本 50 万元，逐年营业额为 11 万元。

不过，上述调查所反映的工厂信息过于简略，且存在不少的谬误，如大同淘化罐头厂实为淘化大同公司，它成立于 1908 年，受清末新政影响，由归侨杨格非联络当地商人、医生联合开办，虽然初设资本仅为 1.5 万元（非上文提及的 2 万元），但之后发展顺利，成为鼓浪屿近代工业的代表，同时期的调查报告就称其为“厦埠最著名最发达之工厂”，“生意极为发达，行销各埠每年获利颇厚”[②]。

---

① 《厦门市工厂调查》，《国际劳工通讯》第 3 卷第 11 期，1936 年，第 43～44 页。

② 王世昌：《福州厦门三都澳三大商埠之工业及工人生活概况》，《福建学院月刊》1934 年第 7 期，第 23～25 页。

淘化大同公司在近代鼓浪屿的众多近代工厂中一枝独大,它的发展异常顺利,在抗日战争爆发以前,该公司以较快速度实行资本积累。"1907年资金为1.5万元,1917年增至15万元,十年间资金积累至10倍之多,1917年至1927年,增至56万元,这十年间资金积累为3.73倍,当时系因两个公司互相竞争,故利润下降。1927年两个公司合并时,资本为100万元,到1937年又扩大为200万元,资本积累为未合并前的3.75倍。"①淘化大同快速发展的原因一度为被认为依靠低工资和延长工作时间等手段获取高利润,同时又通过公司合并垄断市场,从而得以维持高价,因此"这一公司之成功,是以剥削工人、联合侨资的同业以及增加消费者的负担等方法达到的。"②

从企业经营的角度来看,上述说法的完备性颇值得商榷。鼓浪屿为一四面环海小岛,工厂在岛上设立,若市场为全岛居民为主,则可以不考虑交通、物流上的成本支出,但原料供应会成为企业发展的瓶颈;如若市场不局限于鼓浪屿小岛,则上述原料、交通、物流的成本支出是企业必须面对的,那么淘化大同为何要选择在鼓浪屿成立呢?上述成本约束为何未对其发展产生制约?只有解答这些问题才能解释淘化大同在民国期间获得大发展的原因。

首先是产品和市场定位上。淘化大同公司的创办人杨格非,曾随其父经营制饼生意,后到南洋槟榔屿谋职,曾先后在槟榔屿、吉隆坡当饼店师傅。归国后结合在南洋的见闻,认为酱油为民生常食,但南洋较缺,如果经营些南洋缺乏的酱油,荔枝、水果罐头会大有销路,于是他开始集资倡办罐头酱油公司。可以看出,南洋经历给杨格非带来了意想不到的收获,他着眼于南洋市场,认为以西式的方式将闽南的荔枝、水果等特产制成罐头,结合酱油会顺利地打进南洋市场,淘化对于公司产品和销售市场的定位即是国际性的,非局限于一屿、一岛乃至闽南市场。

应该说杨知非对于南洋市场的认识是颇为中肯的。自19世纪下半叶起始,经厦门前往南洋的移民数量与日俱增,他们习惯需求的祖居地商品成

---

① 林金枝、庄为玑:《近代华侨投资国内企业史资料选辑》(福建卷),福州:福建人民出版社,1985年,第96页。

② 林金枝、庄为玑:《近代华侨投资国内企业史资料选辑》(福建卷),福州:福建人民出版社,1985年,第96页。

为厦门对外贸易的主要内容。1864年,厦门海关税务司休士(Hughes G)在贸易报告中就曾写道:"厦门是中国市场与南方市场的沟通点。南方市场包括曼谷、新加坡、马六甲、槟榔屿、爪哇、苏门答腊、婆罗洲、马加撒等地。在爪哇、海峡殖民地(即新加坡、马来亚、槟榔屿等)的中国人大部分来自福建。这些人自然希望能够用上本国生产、制作的产品。所以厦门与海峡殖民地之间存在着不小的贸易。"①淘化公司创办初期即以南洋群岛为主要销地,水果类罐头日最高产量即已达到3000罐。

淘化大同公司中的"大同"公司创办于1911年冬,实为淘化创办人杨格非另行集资筹股所设的公司,经营内容与营销方式与淘化不无一致,两家公司的业务虽然都受到对方的影响,利润有所削弱,但总的来说均还是处于赢利状态。1928年厦门又新设立了兆和酱油罐头厂,与淘化、大同经营内容重复,为对付新的竞争者,淘化、大同公司的负责人和股东促成了两家公司的合并,遂合为"淘化大同股份有限公司",生产分鼓浪屿、厦门二地进行。此外该公司还因温州肉类食物价廉,遂于温州设立分公司,主营猪肉、鸡肉罐头,但生产经营大权仍掌握于厦门公司之手。公司合并后,鉴于香港优越的地理位置(距南洋较厦门为近)以及良好的市场条件(可以较低价格获得制造罐头的进口白铁和其他原料),1928年冬又在香港设立分公司,但鼓浪屿和厦门一直是总公司所在地。

其次是公司选址及资金筹集。淘化大同公司一直以鼓浪屿及厦门为其标志,公司初创时选择定址鼓浪屿,一方面固然是因为需要收购英国人在鼓浪屿所办的慈化酱油厂,同时公共租界成立后的鼓浪屿,其相对稳定的社会环境也是投资者所看重的。抗战爆发后,位于厦门公司的机器设备就被迫迁往香港,但鼓浪屿工厂当时就因属公共租界就没有迁厂。此后虽然公司的管理中心也随之迁往香港,但鼓浪屿及厦门一直是淘化大同公司所坚持的标志,Amoy Food也就成为了淘化大同的英文名称。从稳定和拓展海外市场的角度而言,坚持以鼓浪屿及厦门为标记意味着淘化大同公司商品的"家乡"烙印,对于闽南海外移民来说更是如此。

在公司资本筹集上,淘化大同的公司股本来源多属侨资,这是因为"厦

---

① China Maritime Customs，*Trade Reports*，Amoy，1865.

门筹画资本,较福州为易,因商民多数富裕,且南洋汇兑之银,源源而来"①,尤其是1911年成立的大同公司中,陈嘉庚所占股份最多,1908年成立的淘化公司资本则只有一小部分来自侨资,多数资本来自本地钱庄商人。1928年香港公司成立时新招的股份多数是来自与华侨有关系香港人,受利润的驱使,这些股权逐渐转移到了华侨手中。淘化大同公司几乎持续不断地扩大募集股份,增添新的机器设备,扩大销售市场,公司赢利之后又吸引更多的人投资其升值后的股权,从而使得公司的经营形成一个良性的循环。

再次是面临困境时的灵活应对策略。20世纪30年代初,淘化大同公司在国内外均遭受了挑战和困难,在面对不同的困境时,该公司采用了不同的应对策略,成功地把自己塑造成为"正宗国货"及"华侨资本"的代表,从而实现了对公司自身利益的保护。

1934年,印尼泗水华南公司以淘化大同商标在巴城商标当局注册,批指淘化大同商标为假冒,向泗水警察厅请求调查。为此淘化大同公司向当地中华总商会提出交涉,请求"主持公道,以维国货来源"。兹摘原函如下:

> 厦门淘化大同有限公司全权代表怡安居,为国货横被摧残,有关国计民生,请祈主持公道,以维国货来源事。窃因淘化大同有限公司成立至今垂30年,特聘名师,制造罐头盐料豆油等,行销爪哇各地,将近20年间来无阻。讵近在泗水竟有华南公司仿造淘化大同标头,换鹤标为肖像,向荷印商标局注册,以图仿昌淘化大同之豆油,贱价行销。无如购买之家,咸认有白鹤标为淘化大同之真货,于是真者则真,假者则假,终不敢乱。乃近来泗水之华南公司竟妙想天开,将已经注册之肖像截去,仍仿淘化大同白鹤标,而标头椭圆之上边,注有泗水华南有限公司,而下边之巫文只注泗水华南有限公司。查淘化大同有限公司白鹤商标之豆油,经过北京、南京、柏林、巴拿马各地之赛会,得有奖章,为全荷属华侨所深悉。乃华南公司制伪白鹤标,尤为不足,而竟喧宾夺主,请驻警察局派警将各唐郊之淘化大同豆油抄没。似此以中国人而摧残中国货,甘冒大不韪,更属未曾有。敝怡安居除依法律起诉外,素闻大会提倡国货,爱护商民,早已有口皆碑,为此具呈理由书,祈请主持公道,则

① 王世昌:《福州厦门三都澳三大商埠之工业及工人生活概况》,《福建学院月刊》1934年第7期,第24页。

不独淘化大同之受赐，亦国计民生之有益矣。①

这一信函是由淘化大同公司全权代表怡安居商号提交于印尼泗水中华总商会的。在此一纠纷的解决过程中，淘化大同公司将自身利益与国货安全结合在一起，并巧妙地借助了南洋当时诸多中华总商会独特的政治认同。在接到信函后，泗水中华总商会当即召开紧急董事会，并遍邀淘化大同代表及诸多充当证人的商号与会，同时也将事件过程公诸报端，从而在事实上成为淘化申诉的坚定支持者。

而在此前一年，淘化大同联合兆和酱油罐头厂向国民党中央党部发出吁求，提请核减工厂经营中所担负的盐税，并请令禁止地方政府对两公司的盘剥和束缚，以利于公司产品在国市场上同日商及港澳厂商的竞争。在此诉求过程，淘化大同将自身形象的塑造从"国货代表"扩展到"侨资代表"，从不同角度向当局陈述利害，同样抄录如下：

> 世界各国所有货物，从无在国内禁销，而可使在国外销行无阻者。敝公司等新造酱油在国外市场，既处于港澳厂家及日商左右夹攻之下，艰难奋斗。在政治方面如稍关心实业，应予奖励补助，俾得争存，今反禁止其国内销售，迫令专销外洋。倘外国政府亦藉词禁止入口，彼时要求政府交涉经济，不知政府将用何词以与外人抗争。如是，则敝公司等除被迫迁移港澳经营外，势必闭厂歇业，不幸敝公司因无法经营停业，或移厂，数百万资本之损失即不足惜，而厂内数百名工友，以及恃工厂为活之数千职工家属，势必尽告失业，其影响实业民生及地方前途为何如耶？

> 国民政府于统一告成之后，选颁明令招徕华侨归国兴办实业，以期增加生产，挽回利权。而环顾闽南，纵横十数万方里之区域，拥有2000余万之人口，而稍具规模之制造厂，仅有敝公司等，若以成之实业犹不免摧残蹂躏以至消歇，则一切未成及待成之建设，于何实现。政府以提倡建设号召华侨，在侨胞尚未归国投资之时，招之惟恐不来。乃侨资并办设之事业稍具规模，乃从而压迫之限制之，又苦驱之惟恐不速。拥有资财者，纵皆愚骏，亦无敢冒危险投资，则建设计划，徒成画饼。此敝公

---

① 《华侨日报》，1934年4月10日，转引自林金枝、庄为玑：《近代华侨投资国内企业史资料选辑》（福建卷），福州：福建人民出版社，1985年，第107页。

司等于感受之余,而又不禁为国家经济及民生前途抱无限悲观者也!①

可以看出,从国货的角度而言,淘化大同及兆和公司均强调其"民族实业"的特征,立足于近代各国家、地区经济竞争的事实,要求政府予以保护,并明言如无此种保护,势必会影响地方实业、民生甚至社会稳定;从侨资的角度而言,淘化大同与兆和公司均将自身视为华侨资本回归祖国投资,兴办实业,改良地方的代表,由于自孙中山革命过程中对海外华侨的依靠,故"华侨"一词成为当时南京国民政府话语体系中的正面形象,"回国侨资"更是迎合了当时政府发展实业的计划,故均具有政治立场上的正当性,此为一。第二,由于淘化大同自身规模及影响的扩大,其面对政府提出诉求时,无形中均将广大海外华侨资本及潜在的回国投资视为自身的凭借和筹码,意即一旦当局政府在此出现"苛政",势必会影响它吸引侨资的计划和大局。

1933—1934 年淘化大同公司面对困境的对策表明,它成功地游移于"国货代表"与"侨资代表"两个形象之间,甚至将两个形象合而为一,这实际上是近代跨国华商群体经营策略的一个缩影。这一群体的经营活动在客观上构成了近代环南中国海华商的跨国网络,对于网络体系中任意一节点资源的调动成为网络得以延续的重要原因。②

二、建筑业与房地产业的兴盛

与新式工业相比,鼓浪屿近代新式产业中更具特色的当属建筑业和房地产业。依林金枝先生对福建华侨投资房地产情况的调查和研究,华侨投资近代厦门房地产的热潮出现在 1927—1937 年,个中主要原因在于世界经济危机的影响及近代厦门市政建设运动的吸引。③ 于近代鼓浪屿而言,这一判断似有进一步细化的必要。

1903 年成为公共租界的鼓浪屿,在中国近代的大环境中以外人的维持而成为一"世外桃源",相较广大闽南内地农村而言,这是一个以安全、文明、卫生著称的良好居留地,在海外创业成功的闽南移民返乡后多选择在此停

---

① 《江声报》,1933 年 10 月 7 日,转引自林金枝、庄为玑:《近代华侨投资国内企业史资料选辑》(福建卷),福州:福建人民出版社,1985 年,第 112~113 页。

② 戴一峰:《近代环中国海华商跨国网络研究论纲》,《中国社会经济史研究》2002 年第 1 期。

③ 林金枝、庄为玑:《近代华侨投资国内企业史资料选辑》(福建卷),福州:福建人民出版社,1985 年,第 471 页。

留甚至定居,建筑自居房屋成为他们的第一选择。与此同时,20世纪初的鼓浪屿也是一个尚未完整开发的"落后"地区,具有较大的商业潜力和可预期的发展空间,在这个"弹丸之地",土地当然是首要的稀缺资源,那些在海外打拼的创业者显然不会错过这一升值空间巨大的领域。

从自居房屋看来,近代鼓浪形成了一大批风格独特、融合中西建筑文化的新式民居,它们大多占地面积宽大,居住空间宽敞,与传统闽南民居迥然不同,代表性建筑有林尔嘉的菽庄花园,黄仲训的瞰青别墅,黄奕住的黄家花园,郭春秧别墅以及李清泉的榕谷等。

1918年,鼓浪屿出现了第一家房地产公司,即"厦门黄荣远堂",由此拉开了小岛第一次大规模的地产开发热潮。这家公司的创始人为越南闽侨黄仲训,祖籍南安。其投资地产的经验应来自其父亲,后者曾在越南河内投资一片名为"厚兰芳"的土地,后因法国在越南修路而获利丰厚。据不完全统计,黄仲训的地产开发公司在近代鼓浪屿开发了日光岩下的大片山地,兴建了60多栋西式别墅;开发滨海田尾地段,填海造地,兴建黄家渡码头。在黄仲训之后,印尼华侨黄奕住成为鼓浪屿地产开发高峰期的代表性人物之一,他先后在三丘田、田尾、升旗山、龙头街、鹿礁路、龙头尾、水牛埕、新路头等多地兴修地产,建起了多达160余栋建筑,成为鼓浪屿上最大的地产投资者。除此之外,黄奕住还投资商业街建设,他独力开辟了一条两侧骑楼耸立的日兴街,成为近代厦门道路建设的样本。与黄奕住经历类似的还有印尼华侨郭春秧,他独立建造了黄家渡码头附近的锦祥街,沿街道兴建大片楼房。据不完全统计,20世纪20年代至30年代,华侨在鼓浪屿兴建的各式楼房多达1041幢,使鼓浪屿成为名扬天下的"万国建筑博物馆"。

大量的地产投资和建设毫无疑问会带动建筑业的兴盛,由于文献的缺乏,我们无从得知当时鼓浪屿建筑公司的成立和运作情况,但地产经济的上下游产业连带效应确实可以将建筑业首先作为直接的联动对象。上文提及的"鼓浪屿市场",在其建设过程中,我们发现了这样一份承建合同,特抄录如下,以资佐证。

承建人纪信合公司

立约字人

　　业主王其华先生

兹纪信合建筑公司向王其华先生承包增建鼓浪屿公共市场边商店,特立约字六条如左,双方共同遵守不敢违误,用照信约。

一　约定增建商店,其建筑方法悉依照图式建筑之。

一　约定包筑工料等责,计共大洋捌千零肆拾玖元正。第一期先交定银大洋贰仟伍佰元正,第二期洋灰地基樋及柱做妥大洋贰仟伍佰元正,第三期洋灰楼板落妥大洋贰仟伍佰元正,第四期全部做妥验收后如数押清。

一　约定自兴工至完工共贰个月,不得逾限,如有逾限,承包人甘愿赔偿损失,惟风雨及休假或特别事故按日扣除。

一　承包人如不依照图式建筑或有舞弊等情,一经查出,除拆去再行改筑外并愿认罚,不敢藉口中。

一　工程完竣后,承包人应保险贰个月,除天灾不测外,如有倒坏等事件发生,承包人应负责修筑。

一　本约字计抄两份,一存业主手,其余一份另附图式存承包人手付执为照。

中华民国廿三年八月八日

承包人纪信合公司

业主王其华先生①

鼓浪屿市场的建设是一个整体大工程,这份合约涉及的只是市场边的商店建设。但从中我们可以看出:第一,建筑公司的施工是依据施工图纸而定,在风格上具有统一性,对建筑公司的要求也在提高;第二,由于商店建设是投资行为,所以合同约定的工期较短,两个月内完成四个工期,建筑过程压缩,但同时要求建筑质量过关。第三,此项工程是包工包料,原合约后面还附有对建筑材料的具体要求,说明近代鼓浪屿的建筑市场已相对完善,大多数新式建筑材料已经得到推广。

繁盛的地产开发和建设一方面大大改善和近代鼓浪屿的面貌,吸引更多的富有人群迁居,另一方面也以此拉动了近代鼓浪屿的社会经济。工部局也从中获利匪浅,大量房地产开发和建设增加了该局的产业税收,进而也使得鼓浪屿社会变革的程度日渐加深。据工部局的统计,1934年华人在鼓浪屿的物业价值达6138330元,在所有征税物业中占到96.44%。至于20世纪前期鼓浪屿工部局以产业税为主的税收收入变化情况,可以由下列图表观之。

---

① 《建筑鼓浪屿第一市场商店合约簿》,1934年手抄本。

表 3-1　鼓浪屿工部局岁入进展比较表(1903—1937)

年份	岁收(A)	业产税款收入(B)	A/B(%)	年历	岁收(A)	业产税款收入(B)	A/B(%)
1903	15416.50	9595.36	62.24	1921	51197.39	33435.11	65.31
1904	21917.19	15036.37	68.61	1922	57557.83	34614.79	60.14
1905	23229.79	15343.08	66.05	1923	78117.31	49695.51	63.62
1906	23028.83	15599.98	67.74	1924	94279.64	54857.11	58.19
1907	23858.80	16704.06	70.01	1925	100609.59	62201.54	61.82
1908	26036.20	17197.25	66.05	1926	102565.41	69036.73	67.31
1909	26044.63	17166.60	65.91	1927	97857.13	71069.32	72.63
1910	26539.68	18016.92	67.89	1928	102006.89	72016.18	70.60
1911	27264.89	18584.86	68.16	1929	105512.55	73771.38	69.92
1912	—	—	—	1930	113112.80	75058.25	66.36
1913	30592.93	22227.58	72.66	1931	111594.78	76207.69	68.29
1914	34697.70	25581.78	73.73	1932	123672.98	92173.60	74.53
1915	32257.25	20856.63	64.66	1933	123672.98	92173.60	74.53
1916	38939.00	24843.39	63.80	1934	145706.99	100731.86	69.13
1917	39246.86	27519.47	70.12	1935	167519.26	102829.62	61.38
1918	41988.32	29478.96	70.21	1936	151624.16	101612.02	67.02
1919	43107.17	30402.43	70.53	1937	145912.72	110463.54	75.71
1920	46299.09	31872.56	68.84				

资料来源:《鼓浪屿工部局报告书》,1937 年,第 13 页。

　　从图 3-1 可以看出,自 1913 年开始,鼓浪屿工部局的产业税收就急速上升,其中又以 1913—1920 年为第一阶段,1921—1928 年为第二阶段,1929—1937 年为第三阶段。这说明自中华民国成立后,大量闽南移民自海外返回,除大量自建房之外,他们将鼓浪屿的房地产视为最佳的投资渠道,这一过程一直持续至全面抗战爆发前,其中又以南京国民政府成立后的近十年为最快增长阶段。它得益于此一阶段中国国内相对良好的政治及社会环境,同时也深受世界经济波动的影响。此外,正是由于工部局税收来源与体量的上述变化,华人在鼓浪屿的社会经济地位也大为提升了。

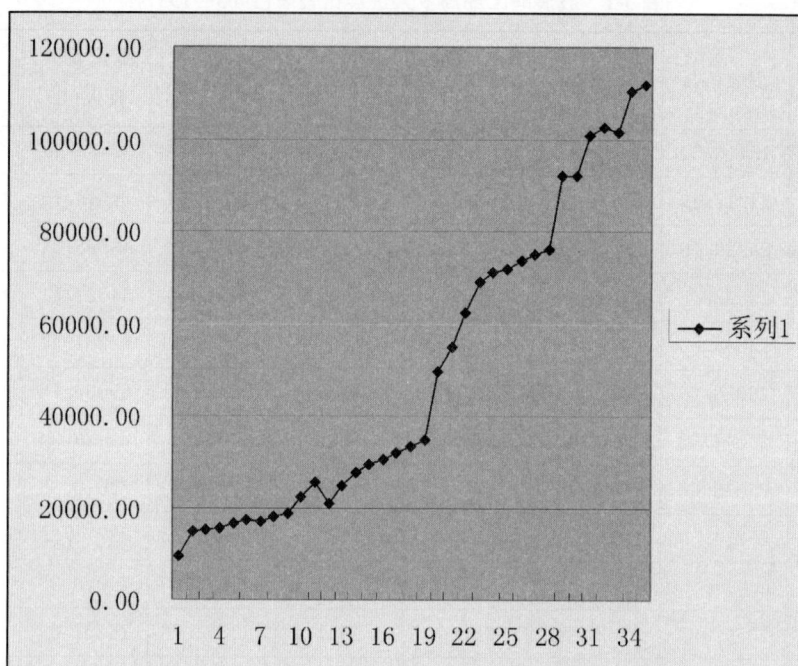

图 3-1　1903—1937 年鼓浪屿工部局产业税收增长趋势图

第四节　近代金融业的兴起

在一个社会中,金融业的存在目的是调整社会活动资金的需要和供给关系。近代鼓浪屿金融业是伴随厦门开埠、进出口贸易逐渐兴盛而发展起来的。从类型上来看,其金融组织可分为钱庄、银行和批信局,因侨批业有另节专述,故此处只涉及钱庄与银行业的演变,同时因为近代厦门进出口贸易的重心和金融重心均在厦门岛,故对鼓浪屿金融业的考察往往融合对近代厦门金融业的考察之中。

一、旧式金融组织的近代命运

钱庄在近代厦门的出现时间现已不可考,但 1935 年的《江声报》曾称:

"厦门金融机构,自有钱庄以来,已有50年。"①吴承禧于1937年的调查中也称:"厦门之有钱庄,远在五六十年以前。"②因此可以得知钱庄在近代厦门的出现当在19世纪七八十年代。当时钱庄规模较小,资本也不雄厚,常借助票号来进行资金周转,其主要业务为存放款,收兑货币,同时经营对上海、香港、汕头的汇兑。其中钱庄存放款的业务是针对进出口贸易而言,故经营对象为各业商人,尤其以南北洋郊的商号为重点。

收兑货币也是钱庄赚取利润的一大渠道。据20世纪初的调查,厦门当时通用的货币大概可分为三种,即龙元、银票、补助货。所谓"龙元即一元之银货,其至要者有三:即日本银、英银、墨银是也。英银皆系新嘉坡所造,墨银一为光洋,一为英洋,一新一旧","银票有二种,即台湾银行票及汇丰银行票是也",而"补助货即小银元、铜货和铜钱三种。小银元大半系广东、福建官局所铸,间有香港新嘉坡铸者"。③由于市面通货种类繁多,流通凌乱,漫无标准,故早期钱庄多从事银钱调换以及代客鉴别银钱好坏,同时也兼营收兑各种各样的货币,从中谋取利润。除此之外,厦门钱庄也有兼营一种所谓"做票码"兑换业务。所谓"做票码"即从事银元和银两的兑换,钱庄根据香港每日电报汇上海银两的行情,在厦互相买卖港汇或沪汇,从转折差额中谋取利润。论者称其"实际上和商家需要汇款者不同,盖因资金短小存放款筹码有限,为调剂流动金,为求增长利润,因而产生这类营业"。④

民国成立以前,随着近代厦门进出口贸易的发展,钱庄业也日渐繁盛。据吴承禧依据海关十年报告的考察,1882—1911年厦门共有18家钱庄,但在此期间曾有14家钱庄倒闭;1892—1901年共有钱庄33家,但在1901年仅有22家,其余11家在此期间倒闭;1902—1911年平均约有40家钱庄,1908年时因汇兑投机失败,曾有13家钱庄倒闭,⑤故民国成立前夕厦门的钱

①　林金枝、庄为玑:《近代华侨投资国内企业史资料选辑》(福建卷),福州:福建人民出版社,1985年,第449页。

②　吴承禧:《厦门的华侨汇款与金融组织》,《社会科学杂志(北平)》1937年第2期,第224页。

③　《厦门货币及金融情形》,《东方杂志》第3期,1909年4月15日。

④　《厦门市金融业的盛衰概况》,厦门市档案局:《近代厦门经济档案资料》,厦门:厦门大学出版社,1997年,第269页。

⑤　吴承禧:《厦门的华侨汇款与金融组织》,《社会科学杂志(北平)》1937年第2期,第224页。

庄总数在 27 家左右。民国成立后，随着大量闽南海外移民归乡定居鼓浪屿，他们携带大批资金返厦，带动了鼓浪屿和厦门钱庄业的发展。一战爆发后，南洋华侨实业及中国国内工商业均进展甚速，侨汇增多，近代鼓浪屿及厦门的钱庄业也随之迎来了最佳发展期。如 1919 年的黄奕住自印尼返回，次年设立"日兴"银庄，至 1934 年底歇业为止，15 年间获利高达 100 万元。[1]"十余年间，厦市钱庄如雨后春笋，竟达百家以上之数，并有钱庄公会的组织，订有规章共谋福利"。[2] 据统计当时加入公会的钱庄计有黄日兴、黄新元、鼎昌、永记、洋溢、顺美成、林盛茂、德盛、周恒昌、中孚、思明、和通、茂发、永富、金宝和、华侨兴业公司、南昌、漳溪、远胜、金汇泉、华记、益南、同济、有恒、晋元、和溪等 43 家。[3]

依规模而言，近代鼓浪屿及厦门的钱庄可分为甲、乙、丙三种。甲等通常资本较雄厚，最多高达十余万，专营存放款及汇兑生意，而且其营业地点多在楼上，不设店面；乙等资本规模在数万间，除经营存放和汇兑业务外，兼作外国货币、生金银及辅助货币的兑换买卖，营业地点多在楼下，设有店面；丙等钱庄资金低微，一般只有数千，且多不在钱庄公会中，也不能出具汇票，只能从事不同货币兑换买卖，生意也多归平淡。从组织形式上来看，钱庄多由经理掌控，经理以下有分掌各项业务的执事，分为跑街、管柜、会计、伙计和学徒。跑街负责到各商家拉生意，同时注重了解各行业的业务状况，生意好的钱庄往往也设置副跑街进行业务协助。管柜即出纳，专司财务支出。会计一般有内外之分，内会计管理总账，兼司文书，配置副手计算利息等，外会计则专门负责流水账目。伙计一般有三、四人，专门负责看洋钱，收汇票及往银行交款。学徒人数不定，从事钱庄的杂务。[4]

繁盛期的近代鼓浪屿和厦门钱庄，其主营业务仍为存放款及汇兑业务，厦门的经济来源以侨汇为主，大宗侨汇多集中至香港然后转汇国内，而厦门

---

① 《江声报》，1934 年 12 月，转引自林金枝、庄为玑：《近代华侨投资国内企业史资料选辑》(福建卷)，福州：福建人民出版社，1985 年，第 451 页。

② 《厦门市金融业的盛衰概况》，厦门市档案局：《近代厦门经济档案资料》，厦门：厦门大学出版社，1997 年，第 269 页。

③ 林金枝、庄为玑：《近代华侨投资国内企业史资料选辑》(福建卷)，福州：福建人民出版社，1985 年，第 450 页。

④ 吴承禧：《厦门的华侨汇款与金融组织》，《社会科学杂志(北平)》1937 年第 2 期，第 225～226 页。

钱庄吸引存款后多以北方贸易汇款于上海,故钱庄汇兑率的变化多依香港、上海行情而定。与晚清钱庄业务中的银钱兑换不同,民国时期的鼓浪屿及厦门钱庄的汇兑多以银元与银两之间的兑换为主。民国初年中国进行币制改革,推行废两改元,以自铸银元流通市场,但同时市面上流通的其他银元也比比皆是,最早有墨西哥银元,因其一面有展翅飞鹰的花样,故称为"鹰洋",俗称"鸟仔银";后有英属的银元,其一面为一人竖手执拐杖的花样,俗称"拐仔银",又分为"新王银"、"旧王银"两种,因其面上花样有新英王像头和旧英王像头的差别,以上三种统称为"英洋"。同时还有日本的银元,因其一面为团龙花样,故俗称为"龙仔银"。其他还有清末光绪年间开铸的"大清龙银",民国之后大量铸造的本国银元等。一般的银元每个重 7 钱 2 分,成色大约有 9 成,但因种类和铸造方式的不同,近代鼓浪屿及厦门市面上流通的银元的成色也各不相同,为便于统一折合计算,故钱庄多以传统官铸银锭为本位货币,这种银锭成色通常高达 98.68%,故每种在市面上流通的银元均以银两多少来衡量,如此钱庄就得以依市面银根宽紧而定银元与银两的兑换及汇兑,从中赚取差价形成利润。

　　由于存款多用于汇兑,故近代鼓浪屿及厦门的钱庄较少将放款视为主要业务,厦门进出口贸易商也较少从钱庄获取贷款。在钱庄发展的繁盛期,由于近代鼓浪屿及厦门公共事业及新型市政的开展,房地产业获得快速发展,遂成为钱庄资本投放的主要领域,据吴承禧估计,当时钱庄对近代鼓浪屿及厦门房地产的总放贷额高达四千万元以上。由于与房地产关系过于密切,在 1932 年后,受世界经济危机的影响,近代厦门房地产市场日趋崩溃,连带许多钱庄遭受挤兑,后者遂相继倒闭,竟致一蹶不振。以前文提及的日兴钱庄为例,1934 年 12 月,钱庄以"目下景气不佳,前途未可乐观"为由,"决然就此结束,停止对外交易"。① 黄奕住长子黄钦书经营的鼎昌钱庄的命运更为典型,1934 年"地方经济紧张,存款于该钱庄者,多先后支出,曾一日之间支出存款达 30 万元"。1935 年 6 月,鼎昌钱庄再度承认遭受提兑风潮,"自去年先后支出数十万元,今岁又继续支付 80 万元",而该庄"放款百余万元,因市景不佳,无法收回,故二月来颇感周转困难。"同时又有返国侨商前往该钱庄提取巨额款项,钱庄被迫请求缓付,于是请上海某银行商(当为中

---

① 林金枝、庄为玑:《近代华侨投资国内企业史资料选辑》(福建卷),福州:福建人民出版社,1985 年,第 451 页。

南银行)请救助。在接踵而来的由提兑带来的压力面前,该钱庄经理竟"骤然离去",遂致停业。①

近代鼓浪屿及厦门钱庄衰亡的原因还有来自新式银行业的竞争。1934年出版的《新兴的厦门》一书即认为钱庄不振原因有三:

(一)钱业向视汇兑为本途营业的主要部分,近来银行界为应付形势的需求及维持其商况起见,对单水方面,莫不卸求售,和钱业界竞争。譬如钱庄开盘为 1250 元,银行只 1245 元,于是银行方面,宾至如归,而钱庄方面,则无人过问,只有徒呼负负而已。

(二)钱庄从前对银色的抉择,多采普通性质,不甚挑剔,现在抉坚择美,苛于银行,这也是自绝其主顾的一因。

(三)钱庄的信用,已不如银行,且因受倒闭的影响,客单向来和钱庄交易的,交款可以稍为通融,银色不致选择过苛,及杂色单也可以使用。今以上各种,钱庄和银行既无大分别,而杂色的字号票币,即零数三五元,银行也肯收用,且单水又较钱庄为廉,钱业不能抵抗银行,这是很明显的事,将来钱业必归于淘汰,是可以预料得到的。②

20 世纪的观察者们认为银行替代钱庄是一件无可挽回的事情,其理由是作为钱庄的竞争者,银行在各个方面均超越了钱庄的功能,那么近代鼓浪屿及厦门的新式银行业又是如何产生和演变的呢?

二、新式金融组织的产生及其演化

近代厦门的新式银行首先是由外人设立的,主要有三家,一为英商设立的汇丰银行,设于清光绪初年(一说为 1878 年③);一为荷兰的安达银行,1924 年成立;一为日资台湾银行,1900 年后成立,三行之中以汇丰及安达的业务为盛。除此之外,尚有新高、美丰(美资银行,总行在上海,1924 年 9 月 9 日来厦门设立分行)等外资银行,也有由洋行代理的小公(由德商宝记洋行

---

① 林金枝、庄为玑:《近代华侨投资国内企业史资料选辑》(福建卷),福州:福建人民出版社,1985 年,第 451～452 页。

② 《厦门钱庄业概况》,厦门市档案局:《近代厦门经济档案资料》,厦门:厦门大学出版社,1997 年,第 325 页。

③ 陈三美:《旧厦门经济的发展与闽南金融中心的形成》,载中国金融学会金融史研究会:《沿海城市旧银行史研究——中国沿海城市旧银行史专题研究会文集》,1985 年,第 189 页。

和英商德忌利士洋行先后代理)、渣打(由英商德记洋行代理)、有利(由英商和记洋行代理)等银行。[①] 由于近代外国人在厦门投资不多,厦门的进出口贸易总量又未达至较大规模,故上述三个银行一向以经营外汇为主,兼及本国商人资金的代收代付,存放款业务一向不是其经营的重心。民国三年(1914 年),一份关于厦门金融业的调查报告即称:

> 查汇丰银行之业务,注意南洋各岛汇兑,盈利甚厚,及授受本则单对就地营业者。惟定期存款收入(存款主多属籍居泉、漳、晋、同侨商)择殷实商号者亦有放款。……查台湾银行之业务,汇兑无多,其余各埠汇兑均有买卖……放款长期甚少,惟活期放款折发送者甚多,如涂(途)郊及各钱庄,捎(稍)择信用者,区别款目交易,藉此联络商家推广钞币。闻近日发行额仅有四十万左右,从前多此一倍……[②]

至于安达银行,它是荷兰于印尼开设的安达银行在厦门的分行,1924 年2 月15 日营业。该行的主要业务是买卖外汇和经营进出口的银行业务,其次才是存放款。它的存款以当年荷兰殖民地的归侨为最多。该行把这些吸收到的存款,交回至在印尼爪哇的总行。

中国近代新式银行在厦门的出现较钱庄要滞后许多,在民国成立前,只有大清银行(1906 年设立)和交通银行(1907 年设立)在厦门设有分、支行及办事处。民国成立后大清银行改为中国银行,总行设于上海,并于1915 年5 月在厦门开设分行,同时在鼓浪屿也设有一办事处,经营一切普通银行业务,另外该行可以印行钞票,信用较好。

中国银行在厦门的设立,很大程度上填充了厦门原有大清、交通银行停业形成的空缺,另一方面也旨在保障利权。1914 年,中国银行福建方面的负责人陆建章就曾向民国财政部说明,"闽省自光复后,厦门大清、交通两银行同时停业,将所发各种纸币全数收回,台湾银行之纸币遂日就扩充。现调查其发出之数约有 200 余万元,计行用于福州者尚无多,漳泉下府一带,则流通甚巨,若不从速将台票收回,改发新币以谋抵制,将来外国纸币流通内地,

---

①　中国银行厦门市分行行史资料汇编编委会编:《中国银行厦门市分行行史资料汇编》上册,厦门:厦门大学出版社,1999 年,第 4 页。

②　《民国三年十二月十九日三都所致闽行函复厦门各项情形》,载《中国银行厦门市分行行史资料汇编》上册,厦门:厦门大学出版社,1999 年,第 14 页。

民间习于使用,我国币制前途受无形之损失实非浅鲜。"①除此之外,欧战的爆发也为中国银行在厦门设立分号提供了良机,福建当地官员即曾判断"欧洲战事发生,外国银行停止汇兑,南商侨商大受影响,若乘此在厦门添设分行,不但华侨受益,兼可挽回利权,活动金融,维持市面,一举数善,机不可失"。②

1915年,中国银行厦门分号的设立加快了进程,从功能上看,当时福建分行赋予厦门分号的首要任务即是推广本国纸币以抵制外币。"厦门一埠亦仅台湾银行一家发行纸币,前清时大清、交通两行在彼发行绚,台湾纸币并不行销,光复后,大清、交通相继停业,当地风气既开,舍台湾纸币外,另无供给,遂不加审察而使用之,而台湾纸币于是乎畅行。现在防维方法,唯有将厦门分号迅予设立,尽力推行本行纸币,以暗谋抵制之一法。""除外国纸币当由本行不动声色设法抵制外,其推行本钞,代替番票,最为扼要者,实为官署实力辅助。"③

中国银行在厦门出现后,由于它是民国厦门第一家本国新式银行,因此很快就履行了国家银行的诸多职能,如发行纸币,代理国库,接收经营所有厦门洋、常关税以及盐款,收解库款,发行国币兑换券等,除此之外,它还致力于发展存放款业务,尤其强调以服务吸引存户。

初创之行,信誉未著,吸引存款不易,惟在增进服务中,求存户之上门,数目不计巨细。服务种类甚多,例如:1、鼓励报缴关税行家使用中行支票付税。2、凡以银元存款者,视同银两,照给利息。3、对于存户以银两易银元,或以银元易银两者,概不收手续费,即汇款亦减收汇费。4、巨额存款之顾客,如有觅求投资途径者,尽量予以协助供给一般经济消息。④

放款方面,厦门分号一方面对军政放款加强管理,避免其过度膨胀影响

---

① 《福建中国银行陆建章致财政部部长、印制局总裁公函》,载《中国银行厦门市分行行史资料汇编》上册,厦门:厦门大学出版社,1999年,第22页。

② 《闽行致总处总务处第57号函》(民国三年九月二日),载《中国银行厦门市分行行史资料汇编》上册,厦门:厦门大学出版社,1999年,第23页。

③ 《闽行致总处请在厦门设立分号以推行本行纸币事》(民国四年二月廿六日),载《中国银行厦门市分行行史资料汇编》上册,厦门:厦门大学出版社,1999年,第24页。

④ 姚崧龄:《中国银行二十四年发展史》,载《中国银行厦门市分行行史资料汇编》上册,厦门:厦门大学出版社,1999年,第67页。

正常业务;另一方面,择殷实商号进行抵放或透支,"其以放款招徕存款"。与此同时,由于厦门商埠实业发展程度不高,故银行方面也多将存款进行委托放款,称为"委托联行放款",此种业务的受委托方多为通商大埠分行,如香港、天津、上海等地。

作为侨汇流通的集中之地,在厦门的各家钱庄、银行均将汇兑业务视为重心之一。中国银行厦门分号设立后即将目光转向该领域,但因早期多家外资银行如汇丰银行等均在此领域经营多年,故中国银行作为一名后者来,在此领域也尝试了多种方式参与竞争。首先是与其他银行订立通汇合约,代理其他银行在厦门的国际汇兑。如1915年,厦门分号致函省行,请省行与新加坡和香港的交通银行订立契约,该两行汇向厦门的款项,数额在五万元以下者,均可由厦门分号垫付,汇市照市价核算。其次是发展汇兑代理。南洋与厦门间的汇兑业务,香港居于其间,地位十分重要。故厦门分号欲招揽此项汇兑,除委托他行代理外,还发展在港殷实商号进行代理,以节省代理费用。1915年,厦门分号即选择在港富有商号香港炳记、捷盛代理该行国际汇兑,这两家商号的东家一为黄猷炳,一为叶东禄,均为厦门在菲律宾著名华侨,资产雄厚。

在上述经营策略的推动下,中国银行厦门分号业务发展迅速,其民国九年(1920)的业务报告称全年收取存款计定期七万一千余元,往来存款十八万八千余元,特别往来存款二万余元,暂时存款一万四千余元,存款票据一百五十五万余元;汇兑方面共汇出约款项一百八十五万元;发行的兑换券畅行,规模达到二百五十余万元。分号的年实际收益共计一万三千余元。[①] 在这种形势下,原设于省会福州的中国银行福建省分行移设厦门,简称"闽行",原有闽行改为福州支行。

以中国银行为起始,自1915年至1925年,厦门又陆续增加了福建银行、厦门商业银行、中南银行、中兴银行和华侨银行等,可以视为近代厦门银行业的发展阶段。1925年至1932年,上述银行除倒闭的福建银行外,均多保持现状,是为厦门银行业的稳定阶段。1932年后,近代厦门新设银行增多,1932年新添2家,1934年为5家,1935年为2家,1936年上半年也有1家,短时期内新式银行的数量增加为13家,是为快速发展阶段。

---

① 《厦支行民国九年下期营业报告书》,载《中国银行厦门市分行行史资料汇编》上册,厦门:厦门大学出版社,1999年,第111～114页。

表 3-2　厦门本国新式银行状况一览表(至 1936 年)

银行名称	设立时间	机构性质	附　注	银行名称	设立时间	机构性质	附　　注
中国	1915	分行		中国通商	1934	分	
福建	1918	分行	1922 年倒闭	中国实业	1934	分	1936 年歇业
厦门商业	1920	总	1935 年 1 月倒闭	新华	1934	分	
中南	1922	分		交通	1934	分	
中兴	1925	分		中国农民	1934	分	
华侨	1932	分	之前已设有	农商	1935	分	
国华	1932	分		福建省	1935	分	
中央	1932	分		辛泰	1936	分	

资料来源:吴承禧:《厦门的华侨汇款与金融组织》,《社会科学杂志(北平)》1937 年第 2 期,第 234 页。

　　由上表可知,对于近代厦门的钱庄和银行而言,1932 年均是一个关键的节点:一方面钱庄业因大量放款参与近代厦门房地产建设,受到世界经济危机的波及,转而大量亏损倒闭;另一方面,银行在 1932 年后获得快速发展。这似乎更能说明钱庄与银行之间更多是一个前后继承的关系,而非绝对竞争对立关系。换言之,在近代厦门,钱庄并非是在与银行的竞争过程中失败而趋于衰落的,后者兴起的原因更多是因前者大量倒闭继而形成需要填充的金融空间。

　　上文对近代厦门银行与钱庄前后替代关系的说明当然并非是否定二者的竞争关系,事实上,由于银行的资本与信用优势,它从一开始就对钱庄形成了打击。就资本方面而言,近代厦门甲等钱庄的资本额也数十万元,而银行的资本要远远超过钱庄,这样在面对同样的经营困难时,银行要比钱庄有更强的承受力。1940 的《金融周报》即称"民国二十一年二十二年间,厦市正值建设昌盛之期,各银钱业先后投资于地产放款颇巨,不幸于二十三年受世界不景气影响之波及,地产价格狂跌,所受损失不小"。[1] 同样遭受地产价格

---

① 《鼓浪屿金融业之概况》,《金融周报》1940 年第 10 卷第 3 期,第 20 页。

下跌的拖累,厦门钱庄纷纷歇业、倒闭,银行方面所受影响却不足致使,资本实力大小高下可见。再有,前文述及,近代厦门钱庄业的利润来源有相当一部分来自汇兑及银钱兑换,它们在银元和银两之间,根据港、沪两地的市场波动来赚取差价。钱庄的这部分利润来源的前提条件毫无疑问是近代币制的混乱,这给金融汇兑的发展提供了基本前提,但银行的出现部分改变和更动了这一前提。以外资银行而言,汇丰与台湾银行在当时均可以发行兑换券,这实质即是发行货币的权力;在民国成立后发展起来的本国银行中,有相当一部分银行也具备货币发行权。以 1932 年后在厦门设立的银行而言,十家银行中有六家具备货币发行权力。[①] 新式银行的货币发行权使得它们本就强大的资本实力发挥了更大的影响。以中南银行为例,该行总行在上海,由印尼归侨黄奕住创办,资本额高达 7500000 元,该行同时在鼓浪屿设立办事处,针对其发行的兑换券作特别宣传,以示为该行的独特优势:

> 本库现发行新印之中南银行厦门分行 5 元兑换券正面红色,背面蓝色,与前发兑换券,一律通用,特此通告。

> 又:本库现发行中南银行厦门分行一元新钞票一种,与旧钞票一律通用,特此通告。[②]

近代银行在厦门的集中出现,其直接推动力仍是吸收厦门地方社会存在大量的"游资"。由于大规模侨汇的存在,一般银行为了扩大营业范围和充实自己的实力,纷纷在厦门设立分行,以吸引资金和发行钞票,故近代厦门银行业的演变以侨汇规模的变化而变化。但在资金的使用方面,由于厦门的进出口商业规模较小,地方实业不发达,遂使银行将大量资金北汇上海。同样据吴承禧的调查,除移存总行(上海)外,银行资金的另外一个使用方式为购买公债,因此近代厦门银行的经营方式其实与钱庄无明显差别:尽可能吸收以侨汇为主的闲散资金,在厦门之外放出,对于地方实业发展的支持力度仍明显不足。时人评价称:"本省自设之银行,虽名为新式金融机构,

---

① 吴承禧:《厦门的华侨汇款与金融组织》,《社会科学杂志(北平)》1937 年第 2 期,第235 页。

② 《江声报》,1931 年 7 月 20 日,转引自林金枝、庄为玑《近代华侨投资国内企业史资料选辑》(福建卷),福州:福建人民出版社,1985 年,第 441 页。

实乃钱庄之变相。本身基础薄弱,赖发钞以维持。"①一定程度上揭示了钱庄与银行之间的内在关联。

值得一提的是:近代厦门金融业与实业发展之间的关系在此似乎形成了一种悖论,一方面地方实业发展遭遇资金的瓶颈,规模较小,发展前景不为时人看好;另一方面,钱庄、银行等金融组织又因为地方商业和实业的小规模而缺乏放款的理由,二者互为因果,导致了金融组织的"外向化"。上文在论及近代鼓浪屿及厦门的产业发展时已发现,除小部分企业(如淘化大同)外,大多数以提供生活用品为生产内容的近代企业发展程度均不太高,企业小规模化经营较为普遍,这一方面固然是本地市场发育程度不高,市场容量不足造成的,另一方面,由大量侨汇所造就的消费文化也是制约本地企业发展的关键要素。

学界关于由侨汇造就的侨乡消费文化的研究一般认为:由于单身移民出洋谋生,其在祖居地所应担负的社会责任和家庭责任由他人代表,这通常表现为对社会公共事务与祖先祭祀事务的参与,作为对应负社会责任的某种代替,侨汇一定意义上成为移民选择的一种"补偿",侨汇的接收方也将其视为一种理所当然,进而甚至会将某种超常的消费也视为理所当然,这也构成了侨乡"炫耀性消费"的一个特征。

"炫耀性消费"就是为财富和权力提供证明以获得并保持尊荣的消费活动,早在1899年凡伯伦(Veblen Thorstein)就指出:"要获得尊荣并保持尊荣,仅仅保有财富或权力还是远远不够的,有了财富或权力还必须能够提供证明,因为尊荣只是通过这样的证明得来的"。②他区分了炫耀性消费的两种动机:一为歧视性对比,一种是金钱竞赛。前者指财富水平较高的阶层通过炫耀性消费来力争区别于财富水平较低的阶层;而后者则指财富水平较低的阶层力图通过炫耀性消费来效仿财富水平较高的阶层以期被认为是其中一员。由于这两种动机的存在,经济学上有所谓的"凡勃伦效应":当商品的价格下降时,消费者认为这是该商品品质的下降,或者是其"独占性"的丧失,从而停止对该商品的购买,反过来讲,该效应也表现为出于炫耀财富的

---

① 林金枝、庄为玑:《近代华侨投资国内企业史资料选辑》(福建卷),福州:福建人民出版社,1985年,第440页。

② [美]凡勃伦著,蔡受百译:《有闲阶级论:关于制度的经济研究》,北京:商务印书馆,1964年,第31页。

需要,消费者愿意为功能相同的商品支付更高的价格。若以此概念来反观近代侨乡的消费文化,则很容易发现类似特征。但同时此种"炫耀性消费"文化更多的指向是消费者倾向于选择价格更高、由外国或外地进口的同类商品,它必然使得侨乡的生产性工业陷入一个市场需求严重不足的境地,从而导致了企业规模的普遍小型化,除非这些企业能将自己的"华侨祖居地"形象灌输到自己的产品中,从而将其产品销售市场更多地定位于海外华侨聚居地,如上文论及的淘化大同公司。

就近代鼓浪屿的金融业而言,其获得大发展的时机与近代历史的变动密不可分。一方面,携带大量资金归国的海外移民多集中定居于鼓浪屿,致使这一小岛成为闽南金融业的重心;另一方面,由于近代福建及厦门时局不靖,钱庄、银行多在岛上设有办事处或营业点,必要时用以代替其在厦门岛的业务。以中国银行为例,民国十一年(1922年),因地方军阀混战,时局不靖,原设于厦门岛的中国银行福建省分行移设鼓浪屿龙头街福建路,并于次年在鼓浪屿大宫口购地建屋,作为新行行址,厦门岛上旧有行址改设为办事处。1929年行址虽然迁回厦门岛,但在鼓浪屿仍保留办事处。抗日战争的爆发也对鼓浪屿金融业的发展产生了生大影响。1938年,日本侵占厦门岛,受战争影响,战前设在厦门岛的各大银行纷纷迁至鼓浪屿,以图在"公共租界"的庇护下自保、发展,当时的《金融周报》即称:

> 厦市失陷后,各银行幸早迁移鼓浪屿,故损失较小,惟因各商业停顿之影响,营业甚形冷淡,直至去秋华侨汇入款项激增,兼之鼓浪屿与内地大陆间之交通开放后,沪港货物均由鼓转入内地漳州,而内地货物,亦由漳州来鼓转配沪地,入口货有米、面粉、杂粮、布匹,杂货,肥田粉等,以肥田粉居首位,出口货为水果、糖为大宗。鼓浪屿遂一跃而代替昔日厦市所居货物集散之地位,金融重心亦随移转于鼓浪屿矣。[①]

战争带来的影响成就了近代鼓浪屿的经济、金融业的大发展,但可以看出,这个处在外人统治之下"一隅净土"仍缺乏经济发展的先天条件,首先它的战时繁荣所依赖的外部条件随时都可以发生改变,1941的《侨声》对鼓浪屿经济金融情形的描述已发生了些许变化:

> 侨居鼓浪屿之民众,多属南洋之侨商,或归国之华侨,因是经济之

---

① 《鼓浪屿金融业之概况》,《金融周报》1940年第10卷第3期,第20~21页。

取给,悉多抑给于南洋之汇款,自厦门事变后,一般金融机关及商业麇集,致使鼓屿无形中成为闽南之经济中心,自欧战发生以来,南洋一带风云告紧,各地政府为图防止金融动摇,乃实行统制汇兑,加以法币低落,外汇高涨,鼓屿又无特产之物输出,处处仰给于外埠,金融自亦源源而出,际兹民生困难之秋,南洋汇款又受统制,如果战期继续延长,则鼓屿经济之前途,诚可虑也。①

需要指出的,该时期的《侨声》是一亲日刊物,所刊发言论多为宣传日本在厦门的殖民统治,多不堪以信,但上述引文提及的鼓浪屿的金融形势确为事实,侨汇的输入为战时鼓浪屿的金融繁荣提供了条件,同时也为其衰落埋下了伏笔,这也是日军侵华战争阴影之下中国租界经济的一个缩影。同时期中央银行对各分行所在地的金融状况调查也发现鼓浪屿各银行因"内地需用沪汇既殷,遂多汇出本屿以资转汇,本屿各银行因之增多解款,一面则以侨汇减退相抵颇形不足,调剂顿见困难。物价方面亦办外汇高腾之故而上涨,囤积炭之风复炽,由百斤四十余元飞涨至八十元,白米因运量减少,亦由二百元涨至三百元。"②

其次,战时鼓浪屿金融业发展的另一背景则是投机资金盛行,这很大程度上也扰乱了小岛的金融市场,导致其发展的根基并不牢靠。当时的《金融周报》就披露称:

关于外汇方面,因鼓浪屿地位特殊,故买卖自由,外汇价格根据沪港行市,本地现港纸美金票价格与票沽价格,往往相差甚奇,操纵于小钱庄及投机者之手,全视市场之供求平衡与否而定,近有一般银行及钱庄,专以营利为目的,毫不顾及人民之生计,及无国家观念,竟投资于港纸美金及英金之押放及放款,于不法商人之货品押款,更能获得资金,以积屯货物,垄断居奇,使物价上涨不已,良可浩叹。关于申汇情形,平时供求适相吻合,汇水无甚变动,常站于一千零一元左右,即厦汇一千零一元,申收法币千元,最近二月内因投机者竞购货物,又大量货物输入内地,而内地申汇供不应求,遂汇水步涨,商人将资金调鼓而易申汇,兼之沪地外汇套利奇厚,资金存鼓无何投资,所在各银行不愿大量抛出申汇,于是亦呈供求相悬之象,当于本月三日申汇汇水,每千加水一百

---

① 《侨声》1941年第3卷第2期,第49页。

② 《中央银行各分行处金融市况报告》,《经济汇报》1941年第9期,第81页。

三十元为最高峰,破历来之纪录。现因内地禁止大量货物入口,及限制资金汇鼓,并闻厦门方面,利用其特殊情形,运现钞至沪,以图获利,先后达四五百万之巨,兹因上列种种关系,申汇价格逐渐步跌,站于一千零四十元左右,瞻望申汇汇水前途因沪地银根奇紧,外汇套利丰厚等影响,恐难达昔日一千零一元左右之价格也。[①]

太平洋战争爆发后,日军遂将"公共租界"鼓浪屿直接占领,因战争带来的金融大发展也戛然而止,大量战前迁至鼓浪屿的银行遭受了巨大损失。据记载,日军在占领鼓浪屿后公然大肆掠夺各银行资产,导致许多银行纷纷歇业。

> 敌寇占据鼓浪屿后劫夺现金,安达、中南、中兴、华侨、国华、新华、中央、中国、交通等十家银行现款,共一千五百余万元,储户存款一万万余元,寄存保险箱金银珠宝,尚无法计算。[②]

抗战胜利后,随着华侨出国复业和战后恢复,鼓浪屿的许多银行也纷纷复业,据1946年的统计,战后厦门的银行中,有多达七家银行仍选在鼓浪屿营业,这其中有规模大的国有银行如中国银行、中央银行、交通银行等,也有地方自办的福建省银行、厦门市银行等,更有华侨兴办的中南银行、华侨银行等,鼓浪屿的金融业又呈恢复发展之势。[③]

第五节　别具一格的侨批业

侨批是华侨寄回家乡赡养胞亲或报平安的一种"银信合封"的民间寄汇形式,通常在信封上附上汇款数额,兼有家书和汇款单的功能。侨批的"批"有两层意思:一是指信,闽南语和潮州方言通常把信称"批任(Pue)";另一个是指"一批",因为旧时华侨寄回家的钱和信一般都是成批寄回。"水客"是早期经营海外移民侨批收发业务的人,随着侨批业本身的发展,专营此类业务的机构也随即出现,这些机构名称并不统一,有的称为"信局",有的称

---

①　《鼓浪屿金融业之概况》,《金融周报》1940年第10卷第3期,第20～21页。
②　《国内外金融消息:敌在鼓浪屿劫夺现金》,《业余》1942年第2～3期,第149页。
③　《厦门市银行一览表》(1946年),厦门市档案局:《近代厦门经济档案资料》,厦门:厦门大学出版社,1997年,第323～324页。

为"批馆",也有的称为"批行"、"民局"、"侨批局"、"民信局"等,在新式银行和近代国家邮政系统参与进来之后,侨批经营机构的形式更加多元化。尤其值得注意的是,上述经营侨批的机构多以联网形式经营,在中国与海外移民聚居地之间形成资金融通网络,有效地保障了资金、信息乃至人员流通的顺畅,一方面极大地保证了移民迁出地——侨乡的社会经济发展,另一方面也为近代中国的国际收支平衡做出了巨大贡献。

近代厦门开埠后,成为闽南海外移民出入国的重要门户,因而也成为闽南侨批业的重点发展地区。自清光绪年间始,侨批专营机构大量设立,侨汇源源不断而来,规模日渐壮大。一方面保证了近代鼓浪屿大量侨眷的正常生活,另一方面也为其社会经济发展提供了充实的资金保障,前述鼓浪屿新式工商业、金融业的产生与发展,无不是建立在这一基础之上的。

一、海外移民与侨批业的兴起及其发展

据陈达先生的调查,近代中国向南洋的移民大多出于"经济压迫"的原因,这一比例高达 70% 左右。这种"经济压迫"又可区分为个人与家庭两方面:个人因无业或失业,以致难以谋生,因此冒险出洋;家庭方面的经济压迫包括财产缺乏、收入微细、人口众多等。[①] 换言之,中国海外移民的主要动机在于谋生或改善家庭经济状况,因此在外的移民多刻苦耐劳、勤俭节约,把工作收入累积以寄回家乡赡养亲属,是为侨汇的产生及由来。以文化心态角度而言,大量侨汇的产生还在于海外移民对于故乡和家庭的强烈认同,早期出洋移民多为单身男性,由于传统儒家文化的影响,其在家庭中的地位和责任十分明确,这使得汇款回家赡养亲属类似于一种家庭分工;同时在外的移民因生活、工作环境的迥异,人地两生,故乡和家庭也成为他们的心理寄托,信息沟通与资金往来遂构成了侨批的主要内容。

初期侨批的传递多依赖单独回乡的熟识人群,后发展为"水客"或"客头"群体。一般而言,"水客"或"客头"可以被视为中国与外洋间人口、资金、信息流动的中介载体,他们川行于移民迁出地与迁入地之间,收寄侨批,领取酬劳;招徕新客,带动新的移民,成为移民中介;贩卖两地特产货物(一般规模较小),赚取利润。因此"水客"的早期充任人群有洋船主、联通国内外

---

① 　陈达:《南洋华侨与闽粤社会》,北京:商务印书馆,2011 年,第 58 页。

口岸的商贩等,并逐渐发展成为专业人群。

　　学界一般认为,从"水客"、"客头"发展到专业侨批机构的过程也是一个制度化和规范化的过程,但在早期"水客"的经营过程中,后继专业机构的诸多做法已基本成形。在侨批局出现后,"水客"与批局两种经营方式常常是并行不悖,一直持续至 20 世纪 40 年代前者才告逐渐消失。

　　据黄挺教授的研究,18 世纪末期在巴达维亚(今雅加达)即有华人"水客"经营侨批业。从经营方式上来看,"水客"所收发的侨批有自己到华人各聚居地收取的,也有不少是寄银信的华人亲自或委托他人交到"水客"手中。"水客"在收到多件银信后,往往会将其包装成一总封,转带回中国投发。这里的"总封"即与侨批局经由邮政局投寄侨批所用的方式类似,可知侨批局的做法是承袭了"水客"收发侨批的做法。从盈利方式上来看,"水客"向寄批人收取酬金,又称"顺风银",乔显祖先生在《闽南侨批业》中提及,海外移民寄回乡的侨批常在批面上写"到送酒力×元"的字样①,当为"水客"的酬金,比例不定,依现在研究而言,当在侨汇额度的 10%～20% 之间。除直接酬金外,"水客"一般也利用华侨定居地与中国两地货币的汇率,从中盈利,关于这一点,与钱庄经营的不同银币之间的兑换业务类似。在同等条件下,以不同银币支付,自然可以在适当的时候从中获取汇率差价。"水客"的第三种盈利方式即是从事货物贸易,即以华侨的批银为本钱,置办货物,带回中国贩卖,之后再将利洋抵代批银投放给侨眷,盈利自留。侨批局在出现后,除直接经营侨批收发外,也都兼营商贸及金融业,也是将"水客"经营习惯延续的结果。在信用保障上,早在"水客"经营时期,侨批业的信用已经有担保人、收款单据这样一些措施出现,这些保障制度在侨批局出现后更加规范和正式,也可视为两者间传承的构成部分。概而言之,"侨批局设立之后,水客在早期侨批业运营过程中建立的制度,诸如发展总分局的网络,收款后出具单据,兼营金融业或者商贸业,利用汇水差价和商贸业获得利润等,几乎都为侨批局所继承"②。

　　伴随着近代厦门开埠,经由此地出国的闽南移民日众,海外侨批业务也随之日增,传统"水客"代收代递制度渐渐不能适应,这其中的主要原因在于

---

　　① 黄清海:《闽南侨批史记述》,厦门:厦门大学出版社,1994 年,第 2 页。

　　② 黄挺:《早期侨批业运营的几个问题——以吧城华人公馆〈公案簿〉的记载为中心》,《韩山师范学院学报》2009 年第 2 期,第 32 页。

"水客"往返费时过长,在帆船时代"动辄经年",而侨批业务的持续增长则要求有固定和常设机构来满足海外移民随时随地汇寄批信的要求,在此背景下,海外移民聚居地先行形成了专门的"民信局",执行代递银信的业务。

需要指出的是,海外华侨各聚居地成立的民信局只是在海外的银信收集机构,它与中国国内的民信局并非出自一个系统。国内的"民信局"据研究起于明代,是收寄私人信件的一种机构,至清末,民信局遍布全国,业务范围不仅包含寄递信件,同时也兼收寄银钱、包裹等,但当时的民信局仅经营国内业务。在"水客"、"客头"风行的同时,他们即已与国内的民信局建立起了业务联系,委托民信局转寄他们带回的华侨银信。

据《厦门侨批业简史》,近代厦门侨批局初期有三种形式,一种是民营批馆(即国内民信局)兼营,即上述由"水客"、"客头"委托转汇华侨银信的情形,一般而言,"水客"、"客头"除了自己派送和雇用临时信差协助派送侨批外,还经常委托熟悉内地情形的民营批馆代为分发。之后随着侨批业务的增长,专营银信业务的批馆也随之出现,但仍是转收"水客"带回的信款进行分送。第二种是由有条件的"水客"在厦门开设的侨栈,专门接待新旧侨客进出口岸,同时兼办或代理水客银信业务,在侨批业务不多的情况下,侨栈一开始选择与内地批馆(民信局)合作投递,后因侨批业务持续增加,遂开始自设信差或代理机构,直接接受海外民信局或"水客"委托,进行侨批投递。第三种是由"水客"自设的侨批局机构,对接国外的"民信局",近代厦门有名的黄日兴和天一信局均是此种形式的国内侨批局,它们分别在马尼拉、厦门、泉州设立收汇局、承转局和派送局,制定汇款汇率,雇用固定信差,革除陋规,规范收发侨批流程,成为近代厦门最早的正规经营的专营侨批局。[①]

总的看来,由海外移民向家乡汇寄信款催生的侨批业,在海外与国内都经历了由个体"水客"、"客头"向兼营、专营机构演化的历程,二者之间的区别在于,海外移民聚居地是由个体发展到侨批局,国内则由原有的民信局系统发展为自设专营机构。值得注意的是,在此历程中个体与机构长期并存,且并没有形成截然的对立,相反,个体与机构间的业务对接比比皆是,由此形成了多种侨批收发系统(见图3-2所示)。

---

① 黄清海:《闽南侨批史记述》,厦门:厦门大学出版社,1994年,第38页。

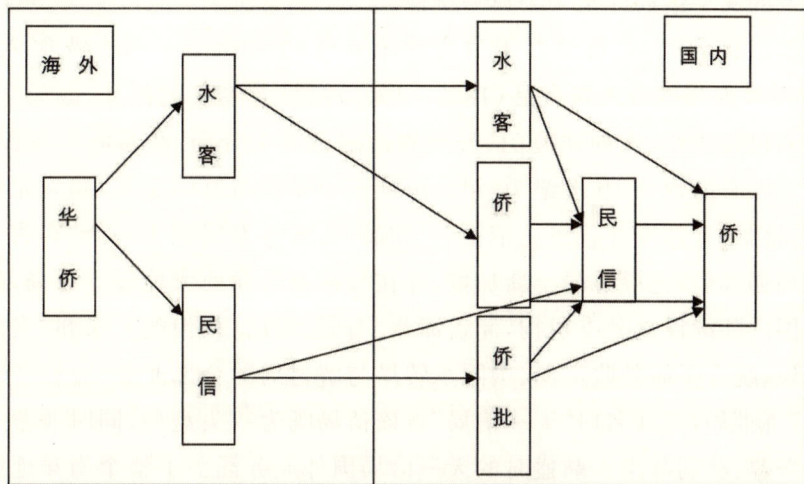

图 3-2　侨批局经营网络示意图

　　侨批局出现后,海外移民银信递送系统大致可以区分为海外收汇局、国内承转局、国内解付局三部分,由于近代厦门是闽南海外移民的主要出入口,故几乎所有的国内承转局都设在厦门,根据业务分类,又有头盘局和二盘局之分,国内解付局则为三盘局。

　　所谓头盘局即在海外及国内都设有分支机构,在海外收汇,国内机构承转,是为头盘局,故头盘局一般为海外侨批局的分支机构;同时此类国内机构也接受其他海外侨批局的委托,是为头盘兼二盘。纯二盘局是指直接接受海外信局的委托,收取 1.75％的佣金,如此类承转局在国内也接受同业委托进行派送工作,则可称为二盘兼三盘。纯三盘局是指专门接受当地同业委托,负责派送银信工作,佣金在千分之五至七之间。[①]

　　可以看出,国内侨批局存在种类不一、业务交错的基本面相,一封侨批自发出至派送至侨眷手中,可能要经过多个不同的侨批局转手,正是各侨批局的通力合作,造就了近代厦门侨批业的繁荣。不可否认,海外移民寄发银信的酬金被分解给各个环节上的各个机构,这使得单个机构的利润相对薄弱,随着侨批业的大发展,统合侨批流通各环节的侨批局也随之涌现,如上

---

　　① 厦门市档案馆:《近代厦门经济档案资料》,厦门:厦门大学出版社,1997 年,第 381～382 页。

文提及的天一信局即是一个典型例证。

据记载,天一信局创办于清光绪十八年(1892 年,一说在光绪六年即 1880 年),因其创办人郭有品(1853—1901)祖籍龙溪县流传社,故天一信局的总局也设于此,该局在厦门、安海和吕宋设 3 个分局,经营海外移民寄递业务。郭有品曾于 19 世纪 70 年代川行于菲律宾与厦门之间,起先充任"客头"的批脚,专替海外移民托带银信、物品,后来也发展成为一个"客头"。天一信局创办后,先设总局于新加坡,并在马来亚各通商大埠设立分局,嗣后,又在国内陆续设立分支机构,涵盖漳州、石码、厦门(鼓浪屿)、泉州、安海、石狮等地,统合了海外收汇局、国际承转局与解付局的全部业务,故称"天下第一家"侨批局,美其名曰"天一信局"。该信局既为一头盘局,同时兼营二、三盘业务,故获利甚丰。鼎盛时的天一信局国外业务涵盖了整个南洋地区,共有总分局 33 个,其中国内 9 个,国外 24 个;雇员共 556 人,其中国内 163 人,国外 393 人。1921—1926 年,天一信局每年收汇 1000 万~1500 万银元,堪称侨批业中的翘楚。[1]

伴随着侨批局的海外和国内的出现,传统由"水客"搭乘帆船或者轮船带送银信的做法也发生了改变。1876 年,英殖民当局在新加坡开设一华人小邮政局,专为侨批局收寄银信,初时只寄厦门与汕头两地,这是侨批局与邮政局联合之起始。1896 年中华邮政成立,侨批局经营的信件多经由邮政系统投递,同时汇款交由银行转汇,邮政与银行系统遂成为侨批业的一个有机构成部分。在此系统下,海外信款的寄送方式也发生了明显转变,出现了信汇、票汇和电汇等形式,兹介绍如下。

所谓信汇,即由海外移民寄款时附带寄一封信,并于信上写明"外付大洋若干元",这种汇款与早期经由"水客"携带的银信颇为类似,通常是供给家用,金额一般较小,收费也比较贵。票汇即由海外侨批局自行设计票据,海外移民汇款后,由海外侨批局签发一张票到国内指定地点交领,国内侨眷收到票据后到国内侨批局领取款项,一般又分为见票现付和见票限若干天付款两种。第三种为电汇,即用电报交款,国内侨批局接到国外联号或委托局来电报交款时,国内立即垫付,此种汇款较前二种快捷,但收费也较贵,一

---

① 黄清海:《闽南侨批史记述》,厦门:厦门大学出版社,1994 年,第 175～176 页。

般适用于急用款项的汇寄。[①]

以业务内容而言,现代邮政和银行均可以替代传统侨批局的功能,因此自侨批局利用邮政和银行系统办理侨批业务时起,后者对其的竞争也随之开始。但在相当长一段时间内,邮政与银行即使凭借政权强制力,也未能将民间侨批局完全替代,究其原因,主要在于后者经营方式的独特之处。

据黄渊泽先生总结,民营侨批局的优点在于:第一,机构林立,较国家银行机构而言更加普遍,凡有海外移民居住之处即有侨批局,银行则不然。第二,办理手续简便,具有较强的竞争与服务精神。如向侨批局委托汇款的海外移民,大都和该局有同乡之谊或其他熟悉关系,只要一张字条即可完成银信投递,手续简便;假使汇款者遇有难题时,侨批局还可以无条件代为垫汇,日后再另行收取;侨批局还多可义务替移民代写家书,同时还可替国内侨眷属代写回书,解决不识字者的阅读和书写困难;侨批局的经营地点和时间均灵活多便,以方便寄款者为首要条件。以上皆为侨批局独有而邮政、银行所不能比拟之处,故侨批局经营的侨批业长期发展,以民营力量长期抗衡近代国家邮政和银行系统。[②]

学界研究早就注意到,"作为侨批业运作核心组织的侨批局,从一开始就是内生于环南中国海华人跨国移民网络和商业网络,并借此嵌入环南中国海的华人跨国社会网络的"[③]。侨批局的内部组织大多简单,据吴承禧先生对近代厦门侨批局的考察,多数侨批局的组成人员及其分工如下:(1)经理 1 人,总揽局务并与银钱业接交往来;(2)管柜 1 人,专司出纳及会计;(3)跑街 1 人,专司带送信件或信款事务(由厦门至内地);(4)伙友及学徒数人,分掌登记信件数目及其他事宜。[④]人员数量平均在十数人。至于内地的分局,由于大多由商店兼营,组织更为简单,从业人员数量更少。局内人员大多由原商店人员兼任。顶多另设一名司账,雇用几名信差(俗称批脚)。也

[①]　厦门市档案馆:《近代厦门经济档案资料》,厦门:厦门大学出版社,1997 年,第 378 页。

[②]　厦门市档案馆:《近代厦门经济档案资料》,厦门:厦门大学出版社,1997 年,第 379～380 页。

[③]　戴一峰:《网络化企业与嵌入性:近代侨批局的制度建构(1850s—1940s)》,《中国社会经济史研究》2003 年第 1 期,第 72 页。

[④]　吴承禧:《厦门的华侨汇款与金融组织》,《社会科学杂志(北平)》1937 年第 2 期,第 219 页。

有些侨批局按送信路线雇用若干名差头,再由差头自己招募信差。从资本构成上来看,侨批局大多资本规模较小,尤其是内地的二盘局与三盘局,资本规模一般在几千元。如若以近代厦门侨汇规模来看,我们确实很难想象这些组织简单、从业人员精干的侨批局能撬得动动辄数千万元(见表3-4所示)的资金流通,侨批局的网络化经营实是其中关键。

上文述及,除极少数规模庞大的侨批局(如天一信局)外,大多数民营侨批局均是联号经营,且相当一部分侨批局是兼营,即从事多种经营。规模与资本小使得侨批局具备了灵活化经营、风险控制等方面的优势,同时联号经营的网络化优势也使得它们"无论在资金的筹措和运转上、在人员的雇佣和使用上、在信用关系的建立和维系上,还是在客户信息的获取和传递上,都有了更大的回旋空间"①,从而获得了生存和发展所需的坚实基础。

表3-3 1905—1938 年厦门侨汇数额表

年份	汇款数额(元)	指数(以1919年为基数)	年份	汇款数额(元)	指数(以1919年为基数)
1905	18900000	100	1922	27900000	148
1906	18300000	97	1923	25700000	136
1907	17600000	93	1924	45900000	244
1908	17800000	94	1925	45000000	237
1909	20000000	106	1926	66000000	346
1910	21600000	114	1927	51800000	274
1911	17800000	94	1928	44800000	236
1912	19100000	101	1929	54200000	290
1913	17600000	88	1930	60000000	318
1914	17200000	86	1931	80000000	422
1915	18500000	98	1932	47800000	252
1916	15000000	79	1933	47900000	253
1917	12800000	67	1934	43300000	228

① 戴一峰:《网络化企业与嵌入性:近代侨批局的制度建构(1850s—1940s)》,《中国社会经济史研究》2003 年第 1 期,第 76 页。

续表

年份	汇款数额（元）	指数（以1919年为基数）	年份	汇款数额（元）	指数（以1919年为基数）
1918	11800000	62	1935	51230760	271
1919	18900000	100	1936	58355000	309*
1920	19200000	102	1937	57115510	302
1921	44000000	233	1938	52929211	280

资料来源：1905—1936年的数字摘自《厦门要览》，第35～36页；1937—1938年的数字摘自郑林宽：《福建华侨汇款》，第32页。

*该处计算有误，原为340，今重新计算更改。

表3-4 1891—1938年厦门侨批局数目变化一览表

年份	数目	年份	数目
1891	8	1923	14
1894	1	1924	18
1898	2	1931	196
1901	30*	1932	105
1911	20	1933	174
1917	8	1934	135
1918	7	1935	140
1919	9	1936	116
1920	14	1937	112
1921	64	1938	68**
1922	29		

资料来源：周子峰：《近代厦门城市发展史研究》，厦门：厦门大学出版社，2005年，第87～88页。

*包括其他寄送文书之信局。

**此处数字应指在日军占领厦门后迁至鼓浪屿之侨批局数目。

统计数字表明，在1891—1924年，厦门侨批局数目一直徘徊在十几家，1931年突然剧增至196家。有论者称，在1927—1931年侨汇大增，因而侨批局业务盛极一时,故户数增加很多。[①] 但自表 3-3 中我们可以发现,侨汇数目大增阶段始于 1921 年而非 1927 年,因此这一结论的可靠性颇值得怀疑。1926 年前后,中华邮政总局宣布经营侨批业务的各民间批局必须向各所在地邮政局申请,经批准领有许可经营牌照后才能经营,在国家的强制性政策下,民营侨批局被迫登记营业,故我们有理由相信 20 世纪 30 年代的统计数据相对可靠,因此对表 3-4 中 1891—1926 年间的民营侨批局的数目估计而言,依据侨汇数量的变化,20 世纪 20 年代之前的厦门侨批局数量当远远低于实际数目。究其原因,当是诸多侨批局一方面是多种经营,未以专营机构面目示人;另外,作为经营者而言,在近代中国的变动环境中,为保证资金及人身安全,低调经营恐也是其第一选择。

二、鼓浪屿侨批业的独特面相

1958 年的《福建华侨企业调查报告》称:侨批业(民信局)几乎为华侨所包办,如果说其他行业除了华侨投资外,还有国内的民族资本家或其他人投资,但侨批业(民信局)除个别外,一般都系华侨所经营,这是侨批业的特点。《报告》还称这是因为在国外经营侨汇的人,为便利起见,往往要在国内的侨乡寻找其代理人,要找与华侨有关系的人在国内设立分店。[②] 事实上 19 世纪末开始大量返乡的闽南海外移民,本身就有许多人利用其原有的社会网络从事侨批业,大量返乡移民定居的近代鼓浪屿,侨批业的产生与发展也是顺理成章的事情。

与闽南其他地区相比,近代鼓浪屿的侨批业呈现出独特的面相,在现有的研究中,侯伟雄先生的《鼓浪屿与闽南侨批业遗址》[③]一文(以下简称侯文)最为清楚地指出了这一特点,但受限于篇幅和论述重心,侯先生一文对于近代鼓浪屿侨批业的研究未予以全面展开,本文在此基础上试图将其进一步细化。

---

① 林金枝、庄为玑:《近代华侨投资国内企业史资料选辑》(福建卷),福州:福建人民出版社,1985 年,第 426 页。
② 林金枝、庄为玑:《近代华侨投资国内企业史资料选辑》(福建卷),福州:福建人民出版社,1985 年,第 409～410 页。
③ 侯伟雄:《鼓浪屿与闽南侨批业遗址》,载泉州市归国华侨联合会、泉州市档案馆、泉州学研究所编:《回望闽南侨批——首届闽南侨批研讨会论文集》,北京:华艺出版社,2009 年,第 136～141 页。

首先是"水客"、"客头"聚居近代鼓浪屿的问题。侯文曾提出："随着厦门开埠,西方国家的领事馆设立,他们的邮政系统与银行系统随之进入,许多水客也就改变方式,利用它们来进行汇兑与邮寄信件。"①前文述及,在早期,"水客"、"客头"身体力行,川行于海外移民定居地与国内,携带银信,代为收发,但因中途遥远,加上海上航船存在较高风险,故在邮政和银行系统出现后,银与信均由后者代发,侨批局在海外与国内均专门发展收、发事务,银信的传递不再是其发展的重点。但由于中国近代邮政和银行系统出现较晚,在通商口岸开放后,首先进入的是外国的"客邮"与银行系统。清道光二十四年(1844年),英国政府以派驻在中国各通商口岸的英国领事为英国邮局的代理人,将香港英国邮局分设于各驻地的领事馆内。同年8月29日,香港英国邮局擅自在厦门设立分局,后来为其他列强所效尤。第一次鸦片战争后在鼓浪屿的客邮有英、法、日三国,均先附设于本国领事馆内,后于厦门岛上设立支局。"客邮"的出现为传统"水客"、"客头"的银带往来提供了客观的便利条件,福建省邮政局档案曾描述过"客邮"的这一业务,"由于大量的厦门移民前去法属印度支那和海峡殖民地等处,厦门的英法邮政机构在运送海外信总包方面生意兴隆"②。可以判断,以英、法自立邮政系统为中介,传统的"水客"、"客头"势必以设有英、法领事馆的鼓浪屿为居住首选。滨下武志先生曾在《中国近代经济史研究:清末海关财政与通商口岸市场圈》一书中称:"中国直至1917年都没有加入国际邮政协议,各国便在中国设立支局,从事国际邮政业务。但是,在外华侨却极少利用外国邮政系统。"③滨下先生此处的判断是针对在外华侨的汇款形式而言,而非针对信件传递而言。此外,关于款项流动,他则明确指出:

> 通过信局的汇款方法,有现金汇款、汇付、商品汇款等。其中,汇付以下面的方法进行:汇款者在民信局交付以当地通货表示的一定量的中国货币,信局收到后并不直接汇款,而是等积攒了相当数额后才寄

---

① 侯伟雄:《鼓浪屿与闽南侨批业遗址》,载泉州市归国华侨联合会、泉州市档案馆、泉州学研究所编:《回望闽南侨批——首届闽南侨批研讨会论文集》,北京:华艺出版社,2009年,第137页。

② 福建省档案馆藏福建省邮政局档案,56-1-21,转引自胡中升、黄国盛:《客邮对福建邮政的影响》,《重庆邮电大学学报(社会科学版)》2007年第4期,第60页。

③ [日]滨下武志:《中国近代经济史研究:清末海关财政与通商口岸市场圈》,南京:江苏人民出版社,2006年,第151页。

出，或者选择最为有利的汇率行市出现之际。还有，取代汇款，购入在中国有利可赚的商品，或购入金银，这种过程中，有的直接以中国元换算寄出，有的以中转站香港的港币为中介手段寄出。由于港币对中国、东南亚作为决算手段发挥着巨大作用，而本国汇款，尽管最终到了乡里家族手中，途中也被用作贸易资金、金融资金、投资资金，所以便出现了多种多样的形态。其中也包括经由银行的汇款。①

可以看出，银行的存在一方面为"水客"、"客头"的自携银信提供了一个可供选择的安全、有效、快捷通道，同时，透过银行系统，汇款资金有了更明确和更高效的利用，从而得以形成更大利润。如前所述，英国汇丰银行是最早在近代厦门出现的外资银行之一，早在19世纪70年代中期，汇丰银行就开始利用它遍布南洋华侨集中地的分支机构，企图包揽侨汇业务。到了80年代，汇丰已在厦门的侨汇业务中占据了相当比重。1886年终的一个月里，由汇丰银行经办的侨汇就有一百二三十万元，而且它所出具的汇票"久为绅商所信任"。以香港为中心的汇丰银行，在远东设有多个分支机构，而这些支行或代理行的地点与华侨商业中心正好是重合的。在19世纪后期，由"水客"发展而来的侨批局网络借外国银行的网络性业务联系而加以扩张。②

可以看出，早期的"水客"、"客头"对外国邮政、银行系统的利用，使得银信传递过程大为便利，同时经营群体获利渠道明显增加。对于外国领馆、洋行云集的近代鼓浪屿而言，它同样吸引了早期侨批业的经营者们。

其次为民营侨批局在近代鼓浪屿的设置问题。侯文指出，近代鼓浪屿公开的侨批营业地点为现在的石码路，有许多侨批实寄封写的都是这个地址，并认为许多侨批经营场所实际上设置在那些花园别墅的"陪楼"或主人的书房里，同时这些批局的经营者也在厦门岛上的沿海地带如"水仙宫"、"海口中"一带设立店面进行经营。侯文同时也列出了在鼓浪屿定居且有经营侨批局人士的名单，如黄秀烺（炳记商行，兼营侨批）、黄奕住（中南信局）、廖悦发（豫丰钱庄）、陈金烈（壁封批局）、许经权（谦记信局）等。如若按此线索，则的确可发现那些居住在鼓浪屿的富裕归侨中，有不少人有过创办侨批

---

① ［日］滨下武志：《中国近代经济史研究：清末海关财政与通商口岸市场圈》，南京：江苏人民出版社，2006年，第152页。

② 巫云仙：《论汇丰银行与近代中国的贸易融资和国际汇兑》，《北京联合大学学报（人文社会科学版）》2006年第2期，第75页。

局的经历。除上列人士外，还有黄钦书曾创办的鼎昌信局、林顺吉的和兴信局、许行的捷顺安信局等。以上的侨批局（信局）的创设地点均为厦门（岛），从资料信息中其实无法探知这些创办人在鼓浪屿是否也办有类似机构，从事类似业务。

为进一步探究这一问题，我们以 1937 年厦门侨批局名单、厦门沦陷后迁至鼓浪屿侨批局名单、1946 年厦门银信公会中复会侨批局名单为依据，制作出三张表格，兹以对比。

表 3-5　1937 年厦门侨批局一览表

厦门信局	专营或兼营	南洋委托局	委托局所在	厦门信局	专营或兼营	南洋委托局	委托局所在
和丰	兼营	和丰	新加坡	远胜公司	专营	远胜公司	岷尼拉
甘泉	兼营	隆信	安南	信义安	专营	义鸿	岷尼拉
三益	兼营	荣记	安南	和盛	专营	和盛	岷尼拉
振成	兼营	联成	新加坡	新永兴	兼营	源公司 新福顺 庆和兴 永和	英属各埠
万有	兼营	协丰	万雅佬	建南	专营	建南	岷尼拉
南日	兼营	荣源兴 源发	日里 万雅佬	瑞记	兼营	联成、锦裕、万福兴	南洋各属
正大	专营	正大	英荷各属	慎德	专营	复成、复发、宗记	南洋各属
泉昌	兼营	泉昌	岷尼拉	大元	专营	大元、函光、闽南	岷尼拉
鸿盛	专营	鸿昌	岷尼拉	联美	兼营	聚鲤、联和	岷尼拉
远裕	专营	李胜安	日里	锦美	专营	锦美	岷尼拉
轮山	兼营	发成、集成	日里	永福	兼营	德记	缅甸
永盛兴	兼营	源兴	岷尼拉 怡朗	活源	兼营	大安、华安	岷尼拉
苏公方	兼营	隆记	岷尼拉 南洋各属	协记	兼营	协丰	巴株巴辖
福通	专营	福退	岷尼拉	鸿美	兼营	鸿通、鸿美	岷尼拉

续表

厦门信局	专营或兼营	南洋委托局	委托局所在	厦门信局	专营或兼营	南洋委托局	委托局所在
瑞芳参行	兼营	梅峰、瑞芳、胡瑞隆	岷尼拉新加坡	源信昌	兼营	古源成	望加锡
崇成	兼营	成吉利	槟城	福源安	专营	福源安	南洋各属
同兴	专营	同兴	岷尼拉	茂泰	专营	捷茂	南洋各属
金南	兼营	长生兴	南洋各属	捷兴	专营	民益、友联	南洋各属
江南	专营	江南	岷尼拉	三春	专营	互助、信华、新兴	南洋各属
捷通	兼营	捷利	南洋各属	谦记	专营	捷春、捷安	岷尼拉
振安	兼营	新记	南洋各属	顺记	专营	顺记、南顺、顺益	岷尼拉
复安	兼营	骆萃记	槟城	文记	专营	华大	南洋各属
林和泰	兼营	峰林、顺吉、和成	南洋各属	有利	兼营	利川	缅甸

资料来源:张公量:《关于闽南侨汇》(1943年),泉州:中国银行泉州分行行史编委会,1993年,第18～20页。

表3-6　鼓浪屿民信局名录(1938年)

地点	名　录
鼓浪屿	胜发、德盛、华兴、汇安、大川、长成、源信昌、同泰、高侨、华春、万有、联胜、福成、美兴、全南、合昌、新记、永隆、鸿泰、慎德、荣记、丰成、捷通、振安、远裕、振成、金义隆、锦和、同兴、捷鸿发、谦记、攸远、瑞记、昌茂、金懋美、林和泰、三春、荣成、有利、义益、永福、茂泰、瑞安、永和祥、南鸿、建美、建南、大元、鸿盛、兴利、协记、源兴、瑞芳、骆泰源、震南、汉昌、正大、新永兴、福源安、南通和记、南日、惠修信业公司、和盛、源利、文记、泉鸿发、和丰

资料来源:厦门市地方志编纂委员会编:《厦门市志》(第五册),北京:方志出版社,2004年,第3235页。

表 3-7　厦门市战后复业侨批局一览表(1946 年 12 月)

名称	地址	变动大略情形	名称	地址	变动大略情形
建南	镇邦路 12	1938 年撤退，1946 年复业	振安	开禾路 127	1938 年撤退，1946 年复业
和丰	海后路 24	1938 年撤退，1946 年复业	公方	大同路 511	1938 年撤退，1946 年复业
崇成	海后路 38	1938 年撤退，1946 年复业	侨通	鹭江道 92	1938 年撤退，1946 年复业
万泰	海后路 38	1938 年撤退，1946 年复业	民兴	海后路 41	1938 年撤退，1946 年复业
南方	海后路 19	1938 年撤退，1946 年复业	骆协成	海后路 41	1938 年撤退，1946 年复业
远裕	鹭江道 90	1938 年撤退，1946 年复业	正大	人和路 51	1938 年撤退，1946 年复业
轮山	鹭江道 146	1938 年撤退，1946 年复业	金南	开元路 163	1938 年撤退，1946 年复业
汉昌	升平路 25	1938 年撤退，1946 年复业	华通联兴	钓仔路 32	1938 年撤退，1946 年复业
江南	升平路 6	1938 年撤退，1946 年复业	慎德	河仔墘 70	1938 年撤退，1946 年复业
友联	升平路 4	1938 年撤退，1946 年复业	源兴	海后路 48	1938 年撤退，1946 年复业
林金记	水仙路 13	1938 年撤退，1946 年复业	瑞记	大元路	1938 年撤退，1946 年复业
林和泰	横竹路 18	1938 年撤退，1946 年复业	谦记	担水巷	1938 年撤退，1946 年复业
新永兴	升平路 25	1938 年撤退，1946 年复业	信义安	升平路 2	1938 年撤退，1946 年复业
华南	镇邦路 53	1938 年撤退，1946 年复业	同兴	人和路 70	1938 年撤退，1946 年复业
金义隆	开元路 163	1938 年撤退，1946 年复业	和记	人和路 82	1938 年撤退，1946 年复业

资料来源:厦门市档案局:《近代厦门经济档案资料》,厦门:厦门大学出版社,1997 年,第 390~392 页。

将表 3-5 和表 3-6 对比来看,两表中重合的侨批局共有 26 家(如表 3-7 所示),占厦门沦陷前侨批局总数的 60.4%,占战时迁至鼓浪屿侨批局数量的约 39%。

表3-8　战时侨批局数量

厦门信局	专营或兼营	南洋委托局	委托局所在	厦门信局	专营或兼营	南洋委托局	委托局所在
和丰	兼营	和丰	新加坡	永福	兼营	德记	缅甸
和盛	专营	和盛	岷尼拉	协记	兼营	协丰	巴株巴辖
新永兴	兼营	源公司 新福顺 庆和兴 永和	英属各埠	源信昌	兼营	古源成	望加锡
振成	兼营	联成	新加坡	同兴	专营	同兴	岷尼拉
万有	兼营	协丰	万雅佬	福源安	专营	福源安	南洋各属
南日	兼营	荣源兴 源发	日里 万雅佬	茂泰	专营	捷茂	南洋各属
正大	专营	正大	英荷各属	捷通	兼营	捷利	南洋各属
建南	专营	建南	岷尼拉	振安	兼营	新记	南洋各属
鸿盛	专营	鸿昌	岷尼拉	三春	专营	互助、信华、新兴	南洋各属
远裕	专营	李胜安	日里	林和泰	兼营	峰林、顺吉、和成	南洋各属
瑞记	兼营	联成、锦裕、万福兴	南洋各属	文记	专营	华大	南洋各属
慎德	专营	复成、复发、宗记	南洋各属	有利	兼营	利川	缅甸
大元	专营	大元、函光、闽南	岷尼拉	谦记	专营	捷春、捷安	岷尼拉

　　考察上表中的26家民营侨批局,其中约有16家从字面上即可判断出,它们与南洋的委托局实从属于同一个机构,换言之,这些在厦门的侨批转递局多属于"头盘局",占到总数的62%左右。这至少可以说明,战时迁至鼓浪屿的侨批局中,它们的主持者也在南洋创立有同样的收递机构,这些人显然不是厦门及闽南本地侨眷或代理人所能比拟的,后者是绝大多数侨批局的创办和主持者,前者显然更接近于近代返乡的闽南海外移民。上述侨批局

能在厦门沦陷时迁至鼓浪屿继续经营,足以说明其创办者或主持者在近代鼓浪屿有着相应的或类似的机构甚至生意,至少可以提供其继续营业的场所。

我们进一步将上表与表 3-7 相对照即可发现,这些"头盘局"在抗战胜利复员后,在短时间内即将营业地址复员至厦门岛,几乎没有仍然在鼓浪屿继续经营的侨批局,这很容易令人想到总号与分号之间的生意转移。联想到侯文中提及的大量自海外归来的闽南移民曾在鼓浪屿创办侨批局,可以为上述现象提供一个合理的解释,即大量的海外移民归来后在鼓浪屿定居,同时创办可轻易获利的侨批机构,并将鼓浪屿的住所视为总号,出于联结"二盘局"和"三盘局"的需要,他们将主要营业机构设在厦门岛。故 1938 年厦门沦陷后,这些侨批局方可迅速迁至鼓浪屿继续营业,并也可于抗战胜利后迅速在厦门岛上复员营业。

第三个问题是近代鼓浪屿侨批业的演化问题。近代厦门有众多的侨资银行,如中南银行、华侨银行、中兴银行等,这些银行的前身多与侨批局有着密不可分的联系,如新加坡华侨银行,其前身即是闽南侨批局,该银行于1932 年由三家公司联合而成,即和丰银行、华商银行、华侨银行。其中和丰银行的前身即和丰信局,而华侨银行的创办人有来自印尼泗水的万成客栈(即栈间),后者也是侨批局的一种。鼓浪屿中南银行也是以汇兑及储蓄为主要经营项目;1920 年,菲律宾华侨创办了中兴银行,该行在厦门的分行也主营侨批,1936 年经手的厦门侨汇占到其总额的 12.1%。因此侯文指出,近代鼓浪屿的银行家群体经历了"水客时代"、"侨批局时代"、"银行时代"三个阶段,并最终演变为影响近代厦门金融发展的重要力量。这说明近代鼓浪屿的银行家群体实际上是在实际的金融运作中成长起来的,他们的金融经验并非仅仅是对外资银行的照搬,而是自近代闽南地区的民间金融实践中获取的,因此上述银行成立后,与各类型的民间金融组织融洽杂处,为近代鼓浪屿、厦门经济的发展做出巨大贡献。

1938 年厦门沦陷之后,大量侨批局迁入鼓浪屿。1938 年 11 月 15 日,福建邮政管理局将此情况上报邮政总局,称:"批信局情形仍有变动,经职再行调查,计在鼓浪屿经营者共 67 家,在厦门营业者一家,移往他处者 17 家,住址不明无从调查者 12 家,因事变停业者 5 家,事变后停业者 2 家,事变前已经停业者 8 家。"①这 67 家侨批局避往鼓浪屿公共租界营业,一时间鼓浪屿成为原厦门侨批局的集中地,它们照常收发批件,为稳定屿上居民乃至闽南地区民众生活水平起到了至关重要的作用。

需要指出的是,此一时期鼓浪屿民营侨批局兴盛的背后也潜藏着危机。战前海外侨汇经中国的银行汇回中国者已占大部分,估计比重为 70%～80%,其余经由少数的其他公家银行、私立商业银行、地方银行等以及兼营汇兑的商家。在厦门沦陷初期,迁至鼓浪屿的侨批局继续营业,批件经由银行转泉州、漳州等地解付,由于不能直接转移解付,故中转周期延长。在此期间,银行逐渐发展起解付业务,对侨批局造成了较大的冲击。

以中国银行为例,据张公量记载,该行早已注意侨汇事项,"历年信局倒闭、积压信款有无法清理者,影响华侨汇款至大,乃秉承辖行(厦门分行)意旨,一面雇用信差直接送达汇款,不拘数目大小,及收款人住址远近,皆一律送到⋯⋯"②1937 年该行开始筹备具体事务,4 月上旬成立侨汇组,派人在厦门、安海、石狮等处负责专办侨信分解事务,后受到本民各侨批局的反对和抵制。厦门沦陷后,中国银行这一业务由于其他各局"皆入停顿状态,汇款均无解交",故获得了较大发展。该行在鼓浪屿设分局办事,并拟具解款联系办法,通函海外各信局,而海外各信局出于安全考虑,多"认为切合需要",纷纷委托中国银行办理侨汇事务,据统计,短时期内南洋委托代解信局已达百余家,故在此期间,海外移民的银信,几乎完全由该行代解。

表 3-9　中国银行战时代解南洋各信局款项统计表

年份	解信封数(封)	解款额数(元)	平均每封信汇款额(元)
1937	44017	921636	21
1938	110340	6478997	59
1939	194541	9833013	51
1940	148902	13689723	92

---

① 何书彬:《奔腾年代:鼓浪屿上的商业浪潮》,福州:福建人民出版社,2015 年,第 171 页。

② 张公量:《关于闽南侨汇》(1943 年),泉州:中国银行泉州分行行史编委会,1993 年,第 23 页。

续表

年份	解信封数(封)	解款额数(元)	平均每封信汇款额(元)
1941	85246	12270584	144
1942	4173	1105161	265

资料来源:张公量:《关于闽南侨汇》(1943年),泉州:中国银行泉州分行行史编委会,1993年,第29页。

由此可知,战时鼓浪屿侨批业的兴盛一方面表现为大量侨汇集中于小岛来转解,使得资金大量汇集,社会游资也随之增加;而另一方面,民营侨批局因遭受战争影响,与内地二盘、三盘间的转移解付工作一度中断,中国银行等新式银行机构乘势而起,很大程度上取代了原来民营侨批局的地位。

太平洋战事爆发后,南洋侨汇中断,鼓浪屿侨批业的战时繁盛也宣告终结。

第六节　移民企业家群体及代表人物

近代鼓浪屿社会经济的发展离不开活跃在这个小岛上的工商群体,他们中既有洋商,也有本地富有绅商,更多的则是自海外返乡的闽南移民,后者事实上成为近代鼓浪屿社会经济舞台上的主角。我们今日徜徉鼓浪屿,眼目可见隐映于山海之间的一千余栋别具风格的建筑,几乎每一栋建筑背后都有一个工商人士奋斗乃至成功的故事。

这些自海外返乡的工商群体,大量涌现于近代鼓浪屿社会经济变迁的黄金时期。当然,上述逻辑如果反转,结论也同样成立:鼓浪屿社会经济的大发展是在这一工商群体的推动下实现的。从表面上看,这一群体以富有的爱国归侨为代表,他们具有独特的文化特征,已有的研究、回忆等诸多文献给他们许多评价,如敏于商机、热心公益、爱国爱乡、立足世界等。但如若以推动经济发展、社会变革角度而言,这一群体其实是一个移民企业家群体。

一、"移民企业家群体"概念界定

经济学上的"企业家"概念是著名美籍奥地利经济学家约瑟夫·阿洛伊斯·熊彼特(Joseph Alois Schumpeter)于 1911 年在其名著《经济发展理论：对于利润、资本、信贷、利息和经济周期的考察》中提出的，这一概念是包含在其著名的"创新"理论(Innovation Theory)中的。按照熊彼特的观点，资本主义的产生与发展源于"企业家"及其"创新"行为。所谓"创新"，就是"建立一种新的生产函数"，也就是说，把一种从来没有过的关于生产要素和生产条件"新组合"引入生产体系。在他看来，作为资本主义"灵魂"的"企业家"的职能就是实现"创新"，引进"新组合"，而所谓"经济发展"也就是指整个资本主义社会不断地实现这种"新组合"而言的。

熊彼特所说的"创新"、"新组合"或"经济发展"，包括以下五种情况：(1)引进新产品；(2)引进新技术，即新的生产方法；(3)开辟新市场；(4)控制原材料的新供应来源；(5)实现企业的新组织。因此任何"新组合"的实现均可称为企业，任何能把实现新组合作为基本职能的人均可被称为"企业家"。熊彼特认为：

> 我们所叫做的企业家，不仅包括在交换经济中通常所称的"独立的"生意人，而且也包括所有的实际上完成我们用来给这个概念下定义的那种职能的人，尽管他们是——现在逐渐变成通例——一家公司的"依附的"雇佣人员，例如经理、董事会成员等等；或者尽管他们完成企业家的职能的实际权力具有其他的基础，例如控制大部分的股权。由于是实现新组合才构成一个企业家，所以他不一定要同某个别厂商有永久的联系；许多的"金融家"、"发起人"等等就不是同某些具体厂商有永久的联系，但他们仍然可以是我们所说的企业家。另一方面，我们的概念比传统的概念要狭一些，它并不包括各个厂商的所有的头目们或经理们或工业家们，他们只是经营已经建立起来的企业，而只是包括实际履行那种职能的人们。①

依此逻辑，熊彼特认为，在没有创新的情况下，经济只能处于一种"循环流转"的均衡状态，经济增长只是数量的变化，这种数量关系无论如何积累，

---

① ［美］熊彼特著，何畏译：《经济发展理论：对于利润、资本、信贷、利息和经济周期的考察》，北京：商务印书馆，1990 年，第 83 页。

本身并不能创造出具有质的飞跃的"经济发展"，只有当"企业家"出现，实现"创新"，"创造性的破坏"经济循环和均衡的惯行轨道，推动经济结构从内部进行革命性的破坏，才能有经济发展。这样，经济变迁的过程就可以被表述为：企业家创新引起模仿，模仿打破垄断，刺激了大规模的投资，引起经济繁荣，当创新扩展到相当多的企业之后，盈利机会趋于消失，经济开始衰退，期待新的创新行为出现。整个经济体系将在繁荣—衰退—萧条—复苏四个阶段构成的周期性运动过程中前进。

而为什么社会经济变迁中的某一群体会热衷于"创新"而成为"企业家"呢？熊彼特反对单纯从"经济人"的角度来考察，他认为企业家工作的动机固然是以挖掘潜在利润为直接目的，但不一定均出自个人发财致富的欲望。他指出，企业家与只想赚钱的普通商人或投机者不同，个人致富充其量仅是其部分目的，而最突出的动机来自"个人实现"的心理，即"企业家精神"。这一定义包括：(1)获得社会名望；(2)对成功的追求；(3)创造喜悦；(4)坚强的意志。因此任何潜在的能成为企业家的人均具备相当的素质或能力，如预测能力、组织能力、说服能力等。

以近代鼓浪屿工商群体的特征而言，它明显与熊彼特的界定十分接近，如将新产品、新式技术和组织管理方式引入国内，开辟新市场，控制新的原材料供应等。上文述及这一群体对近代鼓浪屿、厦门乃至中国其他地区公用事业、新式产业及金融业的投资行为无不彰显上述特征。因此这一工商群体的实质即是一个独特的"海外移民企业家群体"。值得注意的是，熊彼特的"企业家理论"和"创新理论"显然出自对资本主义产生和发展机制的考察，从经济史的角度而言，这一理论是在对既有西方经济史实总结和提炼的基础上得出的。自大航海时代以来，近代资本主义扩张的影响使得在海外的华侨经济经历了商品经济化、货币经济化和城市经济化，促使华侨经济中资本主义的发展，后者也一定程度上构成了熊彼特所考察的经济史实。另外，从近代中国社会经济发展的历程来看，它明显比南洋等西方殖民地区接触新式资本主义经济要晚，故在受其影响方面也明显滞后，经济发展水平也更为低下，这也就给新的"移民企业家群体"提供了一个更适合其发挥的宏大舞台。

二、近代鼓浪屿移民企业家群体素描及其代表人物

以代表性人物而言，近代鼓浪屿移民企业家事实上是一个较大规模的群体,因此可列出的名单上必然是一长串名字,如黄奕住、李清泉、林尔嘉、杨格非、曾上苑、黄仲训、黄秀烺等。他们的整体特征和面貌,即使有了前文熊彼特的界定,我们仍然较难进行把握,这其中的原因有二。其一,这一群体并不局限于工商群体,由于更强调对已有资源的"新组合",故常常有跨界人群的出现;其二,由于近代鼓浪屿乃至厦门和闽南地区社会环境动荡不定,故不少返乡移民的诸多"创新"尝试往往没有获得理想效果,故若以"经济发展"这一指标来衡量,这一群体的实际作用要大打折扣。因此,我们在此对这一群体的素描必然也就存在不尽之处,姑述之如下。

首先,这一群体的来源是海外。以近代闽南地区而言,海外一般指的是南洋地区甚至是南中国海地区。这一群体的大多数人有着在南洋及海外生活、从事工商业的经历,从而获取了国内其他人士难以企及的经验、阅历及眼界,热衷于投资和引进新式行业。有着"印尼糖王"之称的黄奕住,其20岁随乡人往印尼三宝垄谋生。初以剃头为生,人称"剃头住"。稍后,改行从事收购土产、贩卖杂货等业,至1907年已拥有数十万荷盾的资本。1910年创设"日兴行",并先后在泗水、雅加达、巨港、棉兰和新加坡等地开设分号。第一次世界大战期间专营蔗糖业,战后,因糖价上涨,获利数千万盾。与黄仲涵、郭锦茂、张盛隆并称为印尼四大糖商,1920年黄奕住携资回国,定居鼓浪屿。上文所列的代表人物中,林尔嘉是自台返回大陆,杨格非曾在南洋谋生,曾上苑、黄仲训、黄秀烺曾在缅甸、越南和菲律宾经营各种实业。

菲律宾华侨李清泉的经历更是堪称典型,他生于福建省晋江县十五都(今金井镇)石圳村。其父19世纪末在菲律宾马尼拉经营"成美木业公司"。1899年李清泉入厦门同文书院就读,该校成立于1898年,课程以英文传授,提供西式教育所需的基础知识。1902年至1905年,又入香港圣约瑟学院深造,前后历时四年,"对香港的电信交通、填海造地等现代化建设和经济发展情况,留下了深刻的印象","为以后(他)的创业打下了坚实的基础"。1906年,刚满19岁的李清泉自香港回菲律宾襄助其父经商,他参照香港商业活动经验,设法以分期付款方式购买马尼拉市范伦那街一带的地皮,并以这块地皮为抵押,向银行贷款120000元,充作企业经营资金进行业务拓展,显示出了过人的商业眼光及运作才能,在菲律宾木业界中初露锋芒,并于次年接手了父辈的产业,全权负责经营。接掌成美木业公司后,李清泉迅速着手扩大祖辈的商务。1912年,他在马尼拉范伦那街开设新厂,安置了新型的锯木机器,一改过去手工作业的落后状况,同时还扩大了木材加工品种,并在此基础上成立了"福泉公司"。随后他又投资购买了黑人省森林山场,创建了"黑人省木材公司",拥有了矿山开采权。他还在南甘马仁省的淡纲迁社开办木材机器厂,组织了"菲律宾木材制造公司"和"山民里拉木材商行"等企业。在大力发展李氏家族传统木材业的基础上,李清泉还竭力扩大经营领域,先后投资制药、制铝和油漆业等其他行业。

此外还有曾上苑(1870—1942)的例证。曾氏生于今厦门杏林曾营乡,初在码头工作,从事米包卸运,1909 年为谋生计,远赴新加坡一家米行充当伙夫,后因工作勤快,被调任为粮食押运员。在担任押运员的几年间,曾上苑用心体会米业经营,除最大限度地熟悉米业业务外,对于增加利润有了更好的设想,即直接在缅甸设厂经营米业,免去大米在运输过程中的诸多中间环节,以节省经纪行和代理商的费用。幸运的是,他供职米行的老板很欣赏这一计划,并资助他去缅甸创业。而曾上苑到了缅甸后,也很快地摸清了米厂业的经营及管理方法,1913 年他在缅甸仰光开设"益和成"米厂,加工仰光大米,运至新加坡与他原先的老板进行交易,使双方均获其利。"益和成"设立后不久,一战爆发,各欧洲交战国忙于战争,大米作为战时重要物资之一,价格日涨,缅甸大米出口数量激增,米厂业大获其利。曾上苑乘机将工厂数量由一个扩至三个,员工多达千余人,从而跻身于缅甸著名侨商之列。

一战结束后,曾上苑携带巨资回到厦门,先在鼓浪屿购屋定居,继而兴建多幢西式楼房,接着开始投资银行业、电灯公司、自来水公司、房产公司、东方汽水厂、漳嵩汽车运输公司等多项实业。他看好厦门通商口岸的位置,同时又是华侨出入国的门户,觉得应设置较具规模的旅社以满足富商巨贾、达官贵人住宿的需要,于是拨巨款在鹭江畔创建具有现代规模的高四层、多功能、豪华的"大千旅社",充有床铺三百余张。"大千旅社"开张后,果然如曾上苑预期,成为归国华侨探亲会友和旅游者的首选,甚至许多达官贵人也下榻此处,一时生意兴隆,声名远播海内外。[①]

作为一个出身下层、以出卖劳力为生的人而言,曾上苑的奋斗史本身足够传奇,但我们关注的焦点仍不仅限于此:曾上苑在经营米厂致富之后,衣锦还乡,在鼓浪屿和近代厦门的发展中留下自己的足迹,他的财富观和发展观固然没有成形,更谈不上有明显的体系,但他热衷投资,看好新式行业发

---

① 陈仲明、曾营丁:《缅甸侨商曾上苑沧桑史》,载中国人民政治协商会议福建省厦门市委员会文史资料研究委员会编:《厦门文史资料》,第 13 辑,1988 年,第 59~63 页。

展,同时自己也对社会经济发展有清醒的判断和认识,这一点在他身上表现得极为显眼。换言之,上文提及的企业家能力中,部分能力如预测能力、组织能力可能与企业家本身所受的文化教育的关联度并不太大,相反,与其所在的社会文化关联度可能更高。

闽南地区的文化既是中华文化的合理延伸,又接受外来文化和海洋文化的熏陶,因此闽南人比较注重对财富的追求。应该说,这种重商主义、注重生活条件的不断改善和务实逐利的进取精神,对近代闽南人的经商理念和企业发展起到了重要作用。这些人群在移民海外后,秉承中华民族的勤奋和节俭持家的优良传统,在海外迅速崛起,取得巨大成功,树立了在商业领域和投资领域的独特财富观和创业精神,表现为下列特质,如善观时变,精于把握机会来发展自己;提倡"以诚为本",讲求经商道德;注意从小处着眼,重视理财;有着永不停滞、回馈社会的致富观念。也正是这一文化特质和精神使得类似于曾上苑的社会群体得以在合适的时机脱颖而出,成为"移民企业家"群体的一个构成。[①]

其次,这一群体的经济行为往往是跨国的,即来往于南洋与中国之间,从而也将其经济行为置身于世界经济潮流的变动之中,受后者的影响较大。如第一次世界大战的爆发刺激了木材的市场需求,为李清泉家族木业的发展提供了良机。在此机遇下,数年之间,李清泉就把父辈创下的基业大大扩展,创建了一个从造林、伐木、制材、加工、销售到出口一条龙的联合经营体系。其资本总额达 1100 万比索。他的木材制品不仅畅销菲律宾市场,而且还大量出口国际市场。他自己也因此成了菲律宾木材业界的巨擘,被誉为"菲律宾木材大王"。[②] 此外,李清泉于 1920 年创办了菲律宾第一家华侨私人商业银行——中兴银行,并出任董事长兼总经理。该行注册资本为 1000万比索,第一次招股 500 万比索,实缴资本为 200 万比索。银行下设商业部和储蓄部。由于服务周全、信誉良好,该行迅速博得广大华侨的信赖,业务不断发展,成了"菲律宾最有影响的银行"。另外,前文也有叙及,近代南洋地区的众多侨资银行和银庄在厦门及鼓浪屿均设有相应营业点,从事资金汇兑、融通,这些金融机构背后的企业家以其实际活动,形成了横跨南中国

---

① 李鸿阶:《闽南文化与海外华商的新发展》,《福建论坛(经济社会版)》2003 年第 1期,第 58～59 页。

② 李锐:《侨魂:李清泉传》,海口:海南出版社,1990 年,第 182～183 页。

海的华商金融网络。

再次，这一群体有着明显的"创新"行为，即致力于引进某种在南洋乃至世界上已有的生产方式、技术及管理方法，同时着眼于近代鼓浪屿和厦门的社会资源，以自身能力将两者进行整合，从而推动了社会经济的发展。鼓浪屿"菽庄花园"主人林尔嘉给后世留下的印象更多为一个风雅人士，而非一个工商实业家，但观其一生，却时刻与实业有莫大联系，而且在近代鼓浪屿及厦门新行业拓展方面起着不可忽视的引领作用。

中日甲午战争清廷失败后，被迫签订《马关条约》，台湾被迫割让给日本，时年21岁的林尔嘉不愿做"顺民"而随其父内迁，定居厦门鼓浪屿，并在厦门、漳州地区进行多项实业创办活动。1905年，林尔嘉任厦门保商局总办兼厦门商务总会总理，并被聘为农工商部头等顾问。在任内六年间，革除陋规苛例，方便商旅，并先后制定多项交易规则，如《土地买卖章程》《华洋交易规约》等，以利商民，推动近代厦门的对外贸易。1905年建议福建修筑铁路，筹组"商办福建全省铁路有限公司"，林尔嘉不仅是铁路公司的股东之一，更是实际参与了漳厦铁路工程的具体事务。1907年，厦门商会设立电器通用公司，主要业务是安装电灯、电话，但因当时风气未开，多数人未敢直接下决心投资，只有林尔嘉投资三十万元，独资创办电话公司，称为"厦门德律风公司"，民国初年，日人在厦门投资设立电话公司，后黄奕住收购了这两家公司，进行合办。在引领风气、开创新行业方面，林尔嘉已显示出了其过人的见识和决断。20世纪20年代，厦门兴建近代城市，林尔嘉出任市政会会长，秉公办事，以身犯难，使市政建设得以顺利进行。此外，他还兴办"广福"实业公司，参与诸多实业投资。① 林家留在厦门的文件档案中有许多实业公司的股票，包括商办龙溪电灯股份公司、厦漳轻便铁路公司、福建造纸股份有限公司、商务印书馆股份有限公司等。由此可知，林尔嘉的实业活动遍及铁路、电话、交通、商务等领域，以当时中国而言，这些均为新引进行业，其未来的发展潜力及势头还未被世人所普遍认识，这就更显示了他的眼光和对近代经济的深刻认识。

除了上述实业活动之外，林尔嘉的实业思想也值得关注。有学者指出："20世纪二三十年代，林尔嘉面对全国特别是厦门地区的实业发展现状，以

---

① 洪卜仁：《林尔嘉生平事略》，《鼓浪屿文史资料》上册，第1～2页。

他亲自创办实业积累的一些经验、教训,倡议联合官绅创设'实业讨论会',得到当时厦门官绅叶崇禄、吴锦堂、王敬祥、张鸿南、林云龙、林文庆、林秉祥、黄世金、黄猷炳、施光从等的响应,以我国第一个地方性侨务行政机关,设立在厦门的'福建暨南局'为临时办事处,费用由林尔嘉先行负担。作为发起人,林尔嘉在《创设实业讨论会意见书》中,全面阐述了他的实业思想。"①

在这份意见书中,林尔嘉的实业思想火花随处可见,试举几例如下:

吾国自科学不讲,宝藏未兴,度支窘乏,家国交困,有志者动曰,振兴实业,提倡公司,卒之徒托空言,无裨实用,坐视天府之国,付之蒿莱,司农仰屋,徒兴嗟叹。

夫财政者,一国之命脉,盈绌之机,盛衰随之关系至钜焉,今欲图补救之策,除敷衍之弊,鄙意以为莫若设一实业讨论会。②

关于这一讨论会的宗旨,他则是这样表述的:

首曰:搜人才。欧美游学,靡费时日,业成归国,用非其长,人材废弃,莫此为甚。此会成立,当罗之会中,分别科门,资之经费,入手调查从事研究某山之矿苗,某城之轨线,开掘之方法,敷设之方针,免损失之虚耗焉。

次曰:联合商团。个人财力发挥有限,众志成城,百废可举,欧美财团足为先导。然而经营者,有所创立,非沮于组织之艰难,即病于官吏之隔阂,支配或误于非人经济,或困于不裕,得此会为联络,则可代任政府禀请之劳,又可保地方阻碍之苦,缺技师为之聘雇,乏资本为之补借,万众一心,咄磋千万,何患事功不就哉。③

注重人才,积聚资金,引进新行业,放眼全国,林尔嘉的实业思想及实践活动当然与本文所论及的"移民企业家"圆满吻合。

近代鼓浪屿著名轻工业工厂——淘化公司倡办者杨格非的经历实为移民企业家创新行为另一典型代表。据现有文献记载,杨格非出生于集美后

---

① 陈娟英:《林尔嘉的实业思想》,《鼓浪屿文史资料》上册,第31页。
② 林尔嘉:《创设实业讨论会意见书》,转引自陈娟英:《林尔嘉的实业思想》,《鼓浪屿文史资料》上册,第31页。
③ 林尔嘉:《创设实业讨论会意见书》,转引自陈娟英:《林尔嘉的实业思想》,《鼓浪屿文史资料》上册,第31页。

溪,自幼受其父教,也曾短时间在书院读书,16岁时成为一名基督徒。在其成长的岁月,他更多的时间是跟随其父经营制饼的小生意,26岁时经人介绍赴台湾充任饼店伙计,后因觉薪水太低而自行返乡,又经友人介绍至南洋谋生,同样充任饼店师傅,先后在槟榔屿、吉隆坡工作。杨格非在南洋待的时间并不长,前后有三四年时间,可以说他的南洋谋生经历并不算成功。回国后,他在其弟经营的西药店工作,帮助抽鸦片的人进行戒烟。后由鼓浪屿友人介绍至鼓浪屿救世医院工作,充任管账,结交范围广泛,包括信教的商人、医生等。在与上述人群的日常交往中,杨格非在聚谈间提出集资经商之事,且以其在南洋的见闻指出,在中国经营南洋缺乏的酱油、荔枝等水果罐头是一项有利可图的新事业,他说服了这一人群对其进行投资,淘化公司由是出现。

从这家专门生产酱油、罐头食品的公司最初股东的构成来看,除杨格非本人外,其他的人或为商人,或为医生,人数大约各占一半。投资金额1000~1500银元不等,且向当地的钱庄贷款3000银元,共集资股本1.5万银元。公司采取股份制,是厦门第一家投资近代工业的股份有限公司,杨格非本身兼投资人与经理人于一身。可以看出,在这次集资过程中,杨格非的作用非常显著:首先,他以其自身的南洋经历来说明经营酱油罐头厂的可行性;其次,他的交往人群以有资产者为主;再次,他本人自幼时从其父的经商经历为其计划增加了较大的说服力。在这种情况下,本身并非主要投资人的杨格非成功地将新式产业、资金、经营能力进行了"新组合",直接导致了近代鼓浪屿乃至厦门最著名工业企业的诞生。

大同公司的出现更是从另一个角度证明了杨格非的"企业家"特征。在被迫离开淘化公司后,杨格非以其在经营淘化公司时表现出来的能力获得了新的融资,这次给他投资的则是大名鼎鼎的华侨领袖陈嘉庚先生,这次的集资规模达到了创纪录的16万银元。股本共被分为1600股,每股100银元,在数年内由股东分四期交纳,每期25银元。由于企业经营的成功,交到第三期时就因盈利而免缴第四期股金,至1927年,该厂总资金已增至30余万银元。

黄仲训在近代鼓浪屿的实业经历及成功则更多地要归功于其特有商业眼光和运作能力。黄氏家族的兴起要自其父黄文华说起。黄文华,字秀荣,原为文人,因不得志遂从事小商业维持生计,后因年景不佳遂出洋谋求生计和发展,在越南白手起家,以典当致富,成为当地有名的富商。关于黄文华的致富经历,论者多以陈延庭先生的忆述为准,黄文华初到安南时以挑水谋生,后以省吃俭用攒下的积蓄进行放贷,并要求借款者均以"出卖荒地多少面积"的卖契为质,无力还贷者的荒地便归其所有。数年后,他手中便积蓄下了一大片荒地,后来该地段因修建铁路之故,地价上涨,黄文华因此致富。①

以此而言,读书人出身的黄文华具备常人很难拥有的远见,以土地致富,这在中国人的发家史上本屡见不鲜,但少有人将近代城市化与土地产业结合起来,当年的黄文华如何看待这一关系,我们已不得而知。总之,自黄文华以下,其子黄仲训便充分地将开荒辟地以置产业作为一个实业信条来看待和执行了。

黄仲训与其父类似,他曾接受教育,并曾考中同安县秀才,并被拨入泉州府学为增生,是其同辈兄弟中唯一有功名在身的人。1901 年遵其父命赴越南协助处理地产事宜,自此之后就踏上了从事地产实业发展之路。黄仲训开发名为"厚兰芳"的地块时,已显示了其过人的商业才能。试看如下记载:

> 他划出地段,先将其中一部分土地售给商家建设仓库,以所得地价作资金在余下的土地上建筑与住屋,再高价卖出。如此逐级经营,规模不断扩大,在为家族的房地产业打下比较稳定的基础后,他又招来胞弟黄仲赞协助管理建筑工程,自己则将触角伸向更为暴利的税典业。其时法国殖民政府正谋划加强对安南地区商品流通税的征收,黄仲训即向政府建议由自己设立短期的典铺,承办商家借贷完阁,典铺取息 20%,期限 4 个月,过期,典品则归典铺所有。短短数年间,黄家税典铺的分店从堤岸开到了西贡,随着市区的扩张,更是遍布全市区。②

黄仲训的商业能力当然给其带来了巨大的回报,据记载,当年黄家仅在越南西堤便造了数百座楼房,还在市中心盖了一家大市场和一座有 300 个床位的大医院。而黄仲训经营的房地产业更是遍布越、法、英、美及港、台等

---

① 陈延庭:《我所认识的四位华侨》,载中国人民政治协商会议福建省厦门市委员会文史资料研究委员会编:《厦门文史资料》第 23 辑,2002 年,第 67、68 页。

② 颜允懋、颜如璇、颜园园著:《鼓浪屿侨客》,厦门:厦门大学出版社,2010 年,第 121~122 页。

国家和地区,身家逾千万。[①]

民国成立后,黄仲训转向国内发展,其首选目标仍是为其带来巨大成功的房地产业。1916 年,他创立"黄荣远堂",购买了鼓浪屿龙头山麓日光岩一带的大片山坡地,先后建起了 60 余幢西式别墅,总面积约 1.8 万平方米;1928 年,他投入巨资,在鼓浪屿沿海进行填海造地的巨大工程,并兴建渡口、市场等建筑,为近代鼓浪屿的开发做出了巨大的贡献。

可以看出,黄仲训在近代鼓浪屿的开发以山坡地为主,致力于在山林间开辟宜居地带,后世鼓浪屿一度有"黄山"之说,意即强调黄仲训对鼓浪屿山坡地带开发的贡献。这可能与黄家父子在越南的荒地开发有相通之处,取一般人不看好的荒地进行开发,以此获取巨利,这反映出的当然是企业家的独特眼光和运作能力。

最后,在"企业家精神"方面,近代鼓浪屿移民企业家群体的行为动机既包含了熊彼特所称的对社会名望、成功和创造喜悦的追求,也包含了改变其家乡和近代中国社会经济落后面貌的愿望。

1921 年,黄奕住在厦门开设"日兴银号"。同年投资 750 万元,在上海创设中南银行,占该行全部股份的 75%;嗣后又投资菲律宾中兴银行。20 世纪二三十年代,厦门市政建设期间,黄奕住被举为市政会副会长,投资 200 万银元开设"黄聚德堂房地产公司",先后建造房屋 160 多幢。独资开辟鼓浪屿"日兴街",同时还发起创办厦门电话公司和厦门自来水公司等。从以上人物传记中对黄奕住的简介,以及类似文献的记载可以看出,黄奕住返乡定居鼓浪屿后从事的三类事情值得我们注意:其一为投资房地产,其二为投资公用事业,其三为投资金融业。

关于房地产业,赵德馨先生在其所著的《黄奕住传》中将黄奕住所涉的房地产项目作了一个全面的总结,共有五个类型:(1)住宅:包括中德记(黄家大院)、观海别墅等。(2)所办企业的营业用房,如自来水公司(办公大楼五层,建筑费四十万元)、电话公司、日兴银庄、日兴商行的办公楼、机器房、营业间等。(3)所办慈勤女子中学的校舍。(4)捐款给有关单位的房屋,如捐给厦门大学十万九千元盖的群贤楼,捐给同文书院的奕住楼,捐给厦门中山医院、鼓浪屿图书馆等单位的房屋。(5)建筑用于出租的房屋,如鼓浪屿

---

① 一凡:《富侨黄仲训杂事》,政协泉州市鲤城区委员会文史资料委员会:《泉州文史资料》第 1～10 辑汇编,1994 年,第 654～655 页。

日兴街两侧的房子是供出租的,房租的收入归黄聚德堂所有,具有明显的投资性质。[①]

黄奕住在近代鼓浪屿的房地产投资,集中在 1923—1925 年,以他独资开辟的日兴街为代表。日兴街是鼓浪屿第一条精心设计的骑楼街,不久后成为当时厦门旧城改造的样本。它"是鼓浪屿岛上第一条用条石铺成的街,第一条在空地上按设计图纸修建的、由整齐的楼房组成的街道。它是鼓浪屿岛,也是整个厦门市街道现代化起步的标志之一"[②]。除了鼓浪屿之外,黄奕住还在厦门岛投资了遍布全市的约三十四处房产,总价值达六十四万余元。

从产业理论的角度而言,房地产业所从事的是房地产开发、投资、经营、管理和服务,其中包含房地产开发经营、房地产中介服务、物业管理等其他房地产活动。在国民经济产业分类中,属于第三产业的房地产业,旨在为生活和生产提供服务。与其他产业相比,房地产业具有以下特征:第一,房地产业的基础性。房地产业能够为城市居民提供住宅和配套服务的设施,为其他行业提供房和地的物质保障,税收收入的增加加快了国民经济的快速发展;第二,房地产业的关联性。由于房地产业的产业链条特别的长,快速发展的房地产业相关行业的快速发展。第三,房地产业的协调性。房地产的发展必须适应时代的要求,不能过分地发展而使其与国民经济发展不相适应,甚至超前发展。第四,房地产业的敏感性。从某个层次上来说,房地产业与国民经济发展息息相关,经济繁荣昌盛,房地产业兴旺发达;经济衰败颓废,房地产业也将衰败落伍。第五,房地产业的风险性。房地产业是一个极具风险性的产业,从开发商的角度来看,外部风险与内部风险都存在:内部风险主要是经营管理不善、投资决策失误;外部风险主要是政策的调整、经济趋势的改变、城市规划的变动。[③] 据统计,华侨在近代福建的投资,63%集中在厦门,而从投资领域来看,46%集中在房地产业。近代华侨在厦门投资房地产的有 2145 户,占近代厦门华侨总数的 80%,投资总额约为5700 万元,占华侨在厦门总投资的 65%。近代返乡海外移民在鼓浪屿及厦门大量投资房地产,主要是由于他们在南洋获得了经验:战前南洋地区经济

①　赵德馨:《黄奕住传》,长沙:湖南人民出版社,1998 年,第 194～195 页。
②　赵德馨著:《黄奕住传》,长沙:湖南人民出版社,1998 年,第 195 页。
③　沈春红:《城市化与房地产业发展关系研究》,徐州工程学院毕业论文,2013 年。

发展加速,投资房地产成为一项有利的事业,华人移民学会了投资和经营房地产业。因此从引进新式产业以获利的角度而言,黄奕住是近代鼓浪屿、厦门的关键性人物之一。

在投资—获利模式之外,黄奕住对房地产业的投入显然还有基于家乡建设的考虑。1920年,他出任厦门市政会副会长和实际负责人,致力于考虑交通、街道及临街房屋的改建工作。当时厦门市区的住宅多为平房,商业中心的店铺也不过是每层高不及丈的二层楼房,多为砖瓦木料建筑,形制简陋,卫生设备差,以黄奕住为首的一批有识之士致力于改变市容市貌,把房屋、街道进行重建和改造,改善市民的居住环境。1920年之后的十余年间,厦门市容面貌更新,市民住房条件大为改善,厦门也一跃而成为近代新城市的代表,时人也给予了高度的评价:

> 厦门近年的市政,真有惊人的进步! 在1919年,本地的绅商人士,因街道狭隘,疠疫时生,于是成立市政会改革市政,结果第一条近代式的街道就与厦门居民见面了。第逢礼拜六下午和星期日,不论男女老幼,都喜欢跑到开元路去游玩,有些人去看看热闹,有些人到百货商店去买点零星用物。[①]

陈达先生于20世纪30年代在厦门调查时也称:

> 近年来南洋的富侨往往投巨资于房产业,因此厦门有许多近代式的高楼,建筑比较坚固,设备比较适合卫生。厦门市内不仅是商业建筑,改换一新,即住宅区域,也有改良。厦门当局自民国十八年以后,开拓新区32处,共辟地113807方丈,专为卖与人家建造住宅或租住之用。[②]

公用事业方面,黄奕住大力参与了近代厦门自来水及电灯事业的建设与推广。

这两项事业首先均带有明显的投资性质,其次也带有显著的社会公益性。近代厦门的自来水事业上文已有提及,此不赘述。在自来水公司建成向市民供水后,饮水得到了极大改良,促进了当时公共卫生事业的进步。时人也有类似评价:

> 本公司为华侨创办,纯系营业性质,于社会利益很大,虽然这些利

---

① 陈达:《南洋华侨与闽粤社会》,北京:商务印书馆,2011年,第171~172页。
② 陈达:《南洋华侨与闽粤社会》,北京:商务印书馆,2011年,第173页。

益有时候为一般人所不注意。例如,过去十余年的厦门,疠疫常生,但近年来,却减少了,这虽然大部分是市政革新之功,但饮水的改良,也是一个主因。[①]

至于近代厦门电话公司,赵德馨先生更是称其为"不为牟利目的"的公司。关于这一点,黄奕住也曾自称:

> 窃敝公司自一九二一年承接旧公司时,用房仅有一百一十二家。经敝公司之苦心经营,各用户啧啧称快。盖敝公司系以地方交通利便为职志,故不惜巨资作此番之改良。旋又感于厦鼓只隔一水,而彼此各自为政,以致气不能通,殊为缺憾。爰于一九二三年,苦费心力,收回外国人在鼓浪屿之电话敷设权,其时用户只八十一家。收回以后,敝公司即安设海线,厦鼓间遂告通话,愈形便利,用户乃日见增多。[②]

1948 年,厦门市商会编写的《厦门市商会复员周年纪念刊》上也对黄奕住创办电话公司的做法给予了几乎相同的评价:

> 厦门市内电话之设立,早在民初。当时设备简陋,难应公众普遍需求。迄民十三年,故华侨巨子黄奕住君有鉴于电话乃交通要政,不仅便利公众,且有助于推行政令,协维治安,遂集资创设商办厦门电话股份有限公司,收购厦市原设电话及鼓浪屿日人所设之川北公司,锐意经营,将厦鼓电话先后改换为共电式设备。添资至国币一百万元,于民十八年正式呈准立案,领照营业,以服务桑梓为主旨,不以牟利为目的。并以余力创办漳州、石码、海沧三处市内电话,及敷设漳厦长途电话,各地交通,因以利畅,公众称便。厦埠今日繁荣,该公司与有功焉。[③]

金融业方面,黄奕住涉及了侨批局、钱庄、银行等多个领域,其中尤以中南银行的创办为著。1921 年 7 月,中南银行在上海汉口路正式开业,黄奕住首期认股 350 万元,占全部投资的 75%。他注重专业人才团队的建设,特邀《申报》董事长史量才一同筹办,并考察、物色、聘请到了既了解国内政局又精通银行业务的金融界人士胡笔江任总经理。关于创办理念与目标,他在中南银行创立会议上曾经自述道:

> 今日为本银行创立会,承诸公惠临,无任欣喜。所歉者奕住语言不

---

① 陈达:《南洋华侨与闽粤社会》,北京:商务印书馆,2011 年,第 176 页。
② 赵德馨:《黄奕住传》,长沙:湖南人民出版社,1998 年,第 218 页。
③ 赵德馨:《黄奕住传》,长沙:湖南人民出版社,1998 年,第 222 页。

142

通,不能与诸公直接长谈耳,然亦有不能不作一二表白者。奕住久客炎荒,历时三十余载,亦华侨中艰苦备尝人也。华侨资本家良多,于祖国国家、社会各事业抱具热诚者,亦极不少。奕住不才,宜无足齿数,然窃有志焉,以为今后南洋华侨资本家与祖国国家、社会各事业发生关系起见,不能不于吾国内商业繁盛之区首创一二比较的资本稍厚之银行为之嚆矢也。于是有与国内外诸同志共同筹画,创办中南银行之举。今幸赖诸公赞助之劳,得告成立,欣慰何可言喻。抑所为欣慰者,正不仅奕住个人之关系已耳,诸公倘幸有以赐教焉。[①]

可以看出,黄奕住创办中南银行的目的是通过投资金融业,既可吸引华侨资本回国投资,为中国产业增加资本,又试图改变外资银行称霸上海金融市场的现状,为国家收回部分利权,同时又可以为自己获得高额收益。

李清泉同样也表现出类似的行为特征。1925 年,李氏创办的中兴银行在厦门设立它在中国的第一家分行,其主要业务在于处理外汇,有时也兼营放款业务,这是李氏家族投资厦门的先声。两年后李氏家族便以李昭北的名义在厦门设立李民兴公司,开始投资厦门房地产。从 1927 年至 1929 年,以李清泉为首的李氏家族在厦门投资的房地产共有 5 项:(1)鹭江道筑堤填地工程第二段地产,投资额约为 120 万元。(2)鹭江道筑堤填地工程第四段地产,投资额约为 30 余万元。(3)在关帝庙前建筑 6 座 3 层至 4 层的钢筋水泥店铺,投资额约为 12 万元。(4)在大生里后面靠海滨一带建筑 10 余间楼房及一座市场,投资额约为 15 万元。(5)在中山路建筑 8 座 4 层至 5 层的钢筋水泥楼房,投资额约为 30 余万元。以上 5 项合计,投资总额累计约为 220 万元。

在此之前的 1920 年前后,因耳闻目睹辛亥革命以来福建,尤其是闽南一带兵匪交加,民生涂炭的景况,同时又深切感受着在菲律宾身居异国他乡的艰辛与压力,作为李氏家族代表人物的李清泉开始萌生出"实业救乡"的理念,并由此酝酿、发动了一场颇有声势的闽侨救乡运动。1926 年,南洋闽侨救乡会在鼓浪屿召开了代表大会,提出了推行实业救乡的具体计划,即以开发漳龙路矿为重点,开发闽南、建设新福建。会后在厦门成立了路矿筹备委员会。李清泉和一批南洋华侨名流被推举为委员。筹备委员会委托黄奕

---

① 赵正平:《华侨对实业教育之两大贡献》,《中国与南洋》1921 年第 2 卷,第 2~3 期,第 2 页。

住出面向政府申请经营权,并于当年 10 月间获准。①

三、移民企业家群体与南洋闽侨救乡运动

总的看来,近代鼓浪屿"移民企业家群体"的产生缘于多种机遇和社会变革的互动,除了个人才能之外,这一群体的归国定居行为更接近一次投资战略的转移,他们挑选鼓浪屿作为定居地,原因之一是这里离其家乡或祖居地很近,习俗语言皆通,又因是公共租界,既可以满足这一群体叶落归根、衣锦还乡的情感需求,亦可使他们享受到租界生活的便利。其次,厦门是当时中国少有的具有外向型经济传统的通商港口,有利于这一归侨群体已有的和即将开创的跨国业务的开展;厦门作为著名侨乡,又是闽南华侨出入国的重要门户,有着数额可观源源不断的侨汇,这也是移民企业家群体能够通过金融机构汇集华侨资本进行投资的重要前提。最后,从文化层面上来看,近代鼓浪屿富有归侨群体也有着鲜明的特征:他们多出身平民乃至贫苦家庭,受生活压力所迫而出国谋生;在海外各地有着丰富的商场历练,拥有过人的实业经验;拥有跨文化、跨国界的国际视野以及对未来周密的规划和设计;拥有现代型企业家必备的开明的用人之道,对现代企业管理有着明显的心得;最后他们都有着热忱的爱国爱乡志向,在他们的投资行为中,获利是一个层面,致力于家乡现状的改造和发展是另一个隐含层面。

戴一峰曾经指出:近代华侨归国的投资行为,既可以满足投资者增殖资本、获取利润的需求,又可以满足家乡社会发展经济、改造环境、推动进步的需要。他并进一步提出:这种投资行为"既不是纯粹为了追求利润,也不是纯粹为了家乡的需要,而是两者的有机结合",是一种新的华侨投资模式,这种模式的最突出特征在于,"投资者既追求发展自己的实业,增殖自己的资本,又希望投资能有助于家乡的社会经济发展、社会环境改造和进步。"②但以经济投资与社会环境之间的相互关系而言,一方面,投资能大为改善社会环境,"实业兴国"也曾是近代知识界和实业界的一个共识;另一方面,不良的社会环境又的确能制约经济投资行为,在鼓浪屿移民企业家群体风起云

---

① 戴一峰:《东南亚华侨在厦门的投资:菲律宾李氏家族个案研究(本世纪二十至三十年代)》,《中国社会经济史研究》1999 年第 4 期,第 62~71 页。

② 戴一峰:《东南亚华侨在厦门的投资:菲律宾李氏家族个案研究(本世纪二十至三十年代)》,《中国社会经济史研究》1999 年第 4 期,第 68~69 页。

涌的 20 世纪二三十年代,他们一方面致力于引进新产业,投身新领域,另一方面也迫切要求变革和改良政治与社会环境,以为经济行为提供可靠保障。这一愿望和要求在事实上也与近代中国的变革方向相一致,从而呈现出了移民企业家群体—地方政治—社会变革三者间互为因果的复杂面相,也构成了近代闽粤侨乡的一个社会特征。

学界关于"南洋闽侨救乡运动"已有初步讨论,代表性文献有施雪琴的《20 世纪 20、30 年代菲律宾闽侨救乡运动的历史背景》《南洋闽侨救乡运动与漳龙路矿计划》,戴一峰《移民群体、地方政府与地方性的建构:以南洋闽侨救乡运动为中心》等①。施文认为:由于在菲律宾的福建华侨经历了排华风潮,再加上自辛亥革命以来,广大华侨与祖国关系日益密切,故而这一群体将回归祖国作为出路,但由于福建故乡的动荡时局,他们提出建设"新福建"的口号,以图改良,该文在南洋闽侨救乡运动研究方面曾有领先之功,但以本书的视角而言,有三个方面需要重新予以审视。

第一,南洋闽侨救乡运动是否是华侨在南洋受到排挤之后的结果?答案显然是否定的。以领导救乡运动的菲律宾华侨侨领而言,其在中国的投资行为要远早于救乡运动,同时,南洋闽侨救乡会的领导人物和会员来源地也不以菲律宾为限,而是广布于南洋地区。如 1920 年 10 月 17 日,在鼓浪屿叶寿堂别墅召开的商讨救乡事宜的"华侨座谈会",其主要参加者有林尔嘉、马厥猷、王镜如、黄秀烺、李清泉、黄奕住、黄仲训等 44 人,这一群体并非都是菲律宾华侨,而是自南洋回归鼓浪屿定居的侨商群体。

第二,南洋闽侨救乡会的组织会员构成情况也并非都是菲律宾华侨,而是来自广大南洋地区,众多同乡会、宗亲会馆甚至中华商会成为其组织会员,更确切地说,救乡会的会员是以华侨聚居地为单位的,很大意义上是广大海外闽侨的代表机构。以印尼泗水为例,该埠救乡会的成立即颇具代表性。

> 本泗闽侨各社团对于救乡工作,日来积极筹备,经于前月十八日八时假座中华总商会开会,计到个人及各社团代表十余人,郭领事列席参

---

① 参见施雪琴:《20 世纪 20、30 年代菲律宾闽侨救乡运动的历史背景》,《南洋问题研究》1995 年第 2 期,《南洋闽侨救乡运动与漳龙路矿计划》,《南洋问题研究》1995 年第 4 期;戴一峰:《移民群体、地方政府与地方性的建构:以南洋闽侨救乡运动为中心》,载《"国家、地方、民众的互动与社会变迁"国际学术研讨会暨第九届中国社会史年会论文集》,2002 年。

加,开会时众推举李双辉为临时主席,林少琴为临时纪录,行礼如仪后,主席宣布开会。①

第三,南洋闽侨救乡会的活动宗旨究竟为何?我们似乎可从该会的宣言书中一窥其貌。《南洋闽侨救乡会宣言》称:

> 同人等不忍坐视桑梓同胞,沦于万劫不复之境,是用邀集同志,组织斯会,为救乡运动之先驱。惟兹事体大,非数十人或数百人之力量,所能成功。必须联络南洋各埠闽侨,为大规模之团结,群策群力,一致进行,庶几实力雄厚,声势浩大。以闽侨解决闽事。合闽民自治闽省,为三十六县谋治安,即为三千万人造幸福。……今日之事,自治尚谈不到,而自救不容或缓。②

而在该会的临时简章中称其宗旨则为"本会以联络南洋闽侨、救济闽省时局、解除痛苦、恢复地方秩序、建设自治事业为宗旨"③,显然,追求闽省自治,建设新福建才是该会的终极目标,只是在当时的情况下,"自治"这一目标尚属遥远,短期之内以恢复时局为主要任务。

可以看出的是,南洋闽侨救乡会的"自治"运动与 20 世纪二三十年代中国的地方自治思潮密切相关,这其中的逻辑关系限于资料我们暂且不表。但救乡会的活动既以恢复时局、建设新福建为己任,显然就不局限在政治领域内,经济和社会领域反而成为其活跃的领域。上引施文即已注意到福建漳龙路矿计划在救乡会诸活动中的重要地位。

我们仍想探究的是救乡会成立及活动的文化逻辑,即为何海外闽侨在这一时期能成为一支活动的社会力量,他们团结一致,以改善桑梓为己任,甚至还取得了地方和中央政府的认同,后者是如何实现的呢?这与海外华侨长期以来对于侨乡社会形成的影响力分不开。

首先,海外华侨和华侨团体对于中国尤其是侨乡近代化的推进和经济的发展做出了重要的贡献。海外华侨团体向来有关怀桑梓的传统,而从各海外侨团创办的宗旨来看,其都未曾与祖国的事业分离。从 19 世纪六七十年代开始,就有华侨开始了向中国的投资,其中又以福建地区最为突出,下表则反映了海外华侨对福建地区企业的投资概况。

---

① 《华侨周报》1932 年第 1 卷第 3 期,第 35 页。
② 《南洋闽侨救乡会特刊》,菲律宾,1924 年,第 1 页。
③ 《南洋闽侨救乡会特刊》,菲律宾,1924 年,第 1 页。

表 3-10　近代海外华侨对福建地区投资情况一览表

时段	1919 年以前	1919—1927	1927—1937	1937—1945	1945—1949	合计
投资金额	16967232	23533294	69399850	12062644	17226787	139189807
年平均投资额	354494	2941661	6039985	804176	4306697	1784484
该段占全部投资的百分比	12.12%	17%	49.86%	8.66%	12.36%	100%

资料来源:林金枝、庄为玑:《近代华侨投资国内企业资料选辑》(福建卷),福州:福建人民出版社,1985 年,第 51 页。

可以看出,华侨投资从五四运动后兴起,于抗战前达到高潮,虽经历了一些反复,但是从其数额的庞大来看,其对福建地区的影响可想而知。李明欢将华侨带来的这种对经济的影响总结为"侨乡社会资本",她认为跨国民间网络是侨乡社会资本的基本载体,而跨国互惠期望是侨乡社会资本的运作机制。[①] 很明显正是这种"跨国网络"给侨乡带来的"社会资本"所产生的巨额效益,使得当地和中央政府对华侨群体空前重视。

其次,自孙中山领导革命以来,华侨在国内一系列政治变革的斗争中,发挥了重要的作用,其在政治生活中的地位更是大大提升。晚清时期,国内的一切经济命脉全部掌握在清政府的手中,革命党人的经费来源和物资供应毫无保障,由于南洋华侨从人力上和财力上,都有较大的实力,因此孙中山十分重视在南洋华侨中率先发动革命。"据统计,至民国成立前孙中山曾8 至新加坡,9 到马来亚,5 至越南,2 至暹罗。"[②]可以说孙中山发动和领导的资产阶级民主革命,首先就是把海外华侨社会作为革命的基地,他称华侨为"革命之母",把华侨作为革命的主要动力之一,国民党的前身兴中会、同盟会、中华革命党,都是在华侨的支持和资助下在海外侨居地建立、发展起来的。此后,华侨更是为捍卫辛亥革命成果、拥护国共合作、支持和配合北伐

---

① 李明欢:《"侨乡社会资本"解读:以当代福建跨国移民潮为例》,《华侨华人历史研究》2005 年第 2 期。

② 任贵祥、赵红英著:《华侨华人与国共关系》,武汉:武汉出版社,1999 年,第 14 页。

战争做出了积极的努力,抗战中亦争先恐后地为祖国提供物力人力的支援。也正因如此,不少南洋、日本等地的华侨代表纷纷回国,参与祖国的政治事务中,在孙中山领导的各届政府中,更有大批归侨直接参政,而通过吸收华侨参加国家政治生活和各种具体的侨务工作,政府也获利不少。如国民参政会一届一次会议,华侨参政员不仅将自己参政员薪俸献出,还另外捐献巨款。

再次,海外华侨对于国内卫生医疗及慈善等公益事业的捐助大大缓解了社会矛盾。就医疗卫生水平而言,从陈达做过的侨乡地与非侨乡地医疗卫生状况的调查①中可以清晰地看到华侨对于侨乡社会的重要影响。他抽调了三个侨乡,这三个侨乡无论人口多少,均有医院,且分别有从事西医、中医的人。与此相比,非华侨社区的住户中,普遍喜欢用中医诊治各种病症,经济条件不好的人甚至会选择去庙内求仙方,或上中药铺买点现成药。"他们不常请西医,实因本地缺乏西医的缘故。譬如说(丑)村全村只有三个地道中医,一家地道中医铺,人们除请本地医生外,普通人就别无办法,所以只能请中医了。"②可见侨乡地和非侨乡地相比医疗卫生与民众意识水平存在一定的差距,而这种差距无疑是华侨所带来的影响所致。

通过上述三个原因的分析,可以看出正是华侨带给社会的这种巨大的正外部效应,使得政府极力地笼络华侨,重视华侨的意见与需求。显而易见,相对于中国社会,尤其是对侨乡社会而言,华侨与祖国之间的这种联系,形成的是对侨乡地近代化的推动力,政治上的支持力,以及地方社会矛盾的调节力。也就是说虽然政府在各个时期确实不同程度地实行了一些保侨护侨的工作,但是与华侨带给其在经济上、政治上、社会上的收益相比,获得这种收益才是其实行保侨护侨工作的根本原因。早在民国初期,1913年的国会选举结束后,刘揆一在六国饭客宴请全体华侨代表时就曾明确致辞表示"希望资本家回国振兴实业"。③ 由此看来,其重视华侨代表或团体意见并非如表面上所体现的是为了维护海外侨胞的利益,而是以其在国内的利益为根本出发点。

总的看来,南洋闽侨救乡会的成立及其活动表明,在20世纪二三十年

---

① 陈达:《南洋华侨与闽粤社会》,北京:商务印书馆,2011年,第241～247页。
② 陈达:《南洋华侨与闽粤社会》,北京:商务印书馆,2011年,第247页。
③ 张赛群:《中国侨务政策研究》,北京:知识产权出版社,2010年,第135页。

代,南洋闽侨群体以经济力量为依托,借助时代变革潮流,致力于谋求扩大该群体的政治和社会影响力,而这一群体的代表人物又以闽南自海外返乡的富有移民为著,在经济投资、政治变革、社会改良之间,他们轻易地实现了跨界活动,在鼓浪屿、闽南地方社会甚至近代中国的历史上留下了不可磨灭的影响。

第七节　对近代鼓浪屿社会经济的再认识

从一个不知名的小岛到闻名于世的近代国际社区,近代鼓浪屿的社会、经济变迁与时代变局密不可分。随着大航海时代的到来,在中国沿海诸多岛屿中,鼓浪屿是最先感受到这一变化中的一员;19世纪中叶的鸦片战争更是将它置于国际视野的之中,在厦门开埠后,鼓浪屿事实上成为了一个承载中外、新旧文化冲撞与融合的小世界。无可讳言,近代鼓浪屿的变革与迁居其中的西人息息相关,也正是后者将小岛打造成一个与中国许多地区迥异的一个国际社会,但近代鼓浪屿社会经济变迁的后继动力也是最大动力则来自本土,准确地说是来自海洋亚洲内部。来自南洋的返乡富有移民,将鼓浪屿置入历史上形成的环中国海华商复合网络之中,并使之成为重要的一环,由此形成了鼓浪屿社会经济变迁的黄金期。

以近代中国经济变迁的角度而言,学界往往把包含鼓浪屿在内的诸多城市经济发展称为"租界模式",即这些城市经济的发展是新式要素在特定空间下生长的产物,它是移植的,与中国传统的经济发展模式没有直接关联。甚至学界长期以来对"租界"及"租界经济"均持否定态度。20世纪80年代之前,学界一般都认为:租界是中国近代历史上列强强加给中国的不平等条约的产物,它的性质决定了其充任近代列强侵略中国据点的角色。20世纪80年代以来,随着史学研究视野的扩展,学术界对近代中国租界的认识也愈发清晰和客观,如多强调租界对中国近代历史发展所起作用的双重性:即它既有阻碍的一面,又在客观上起到了促进的作用。[①] 1988年,上海

---

① 熊月之先生较早以近代上海租界为例,指出上海租界在晚清所起作用的两重性,认为对于晚清革命发展而言,上海租界充当了历史不自觉的工具。见熊月之:《论上海租界与晚清革命》,《上海社会科学院学术季刊》1985年第3期。

召开"租界与中国社会"学术研讨会,进一步廓清租界对中国近代政治、经济、社会以及文化方面的影响。在此前后,有众多研究者均已认识到租界与近代中国城市化、经济近代化之间的密切关系。[①] 但是在以往的此类研究中,学界多将租界视为一个新的外来事物,它对近代中国社会经济发展的作用也被限定在单方面施加影响上。但若以近代鼓浪屿而言,传统中国的经济变迁模式未尝没有对租界社会经济的发展产生影响。

以近代中国的租界社会经济发展而言,鼓浪屿其实算不上其中显著的代表。但若以环南中国海华商网络的视角而言,我们强调租界设立对鼓浪屿社会经济发展的促进,其实质则是传统华商群体的人员、资金、信息流通所带来的区域社会的发展。上文述及对近代鼓浪屿社会经济发展至关重要的富有归侨群体、大量从南洋各定居地而汇至的侨汇、对本地新式产业发展至关重要的海外市场等要素,无一不是自传统的海外华商网络中而来,这些要素在鼓浪屿租界内一一展开,遂推动了这座小岛社会经济的全面发展。于此而言,学界以往强调的,租界在中国经济近代化中的性质及作用似有再探讨的必要。

相对于近代上海租界而言,近代鼓浪屿社会经济的演变能为我们提供更多的讨论空间。

首先,鼓浪屿大量的返乡富有移民大都有着多年的海外居住和经营的经历,在海外华人聚居区,这一群体显然要比国内其他地区的人群更早经历和见识欧美美雨所带来的巨变,如许多华人返乡后就直接照搬了其在南洋欧洲殖民地的生活经验,并将其复制至近代鼓浪屿和厦门岛。实际上,称这种行为为"复制",我们还是会自觉不自觉忽略掉许多关键的要素,如华人移民对新式经济的理解和再运用等,这应该成为中国近代经济史研究中的重

---

① 此类研究有黄逸平:《上海初期的租界和城市经济近代化》,《学术月刊》1987 年第 5 期;熊月之:《论上海租界的双重影响》,《史林》1987 年第 3 期;赵津:《租界与天津城市近代化》,《天津社会科学》1987 年第 5 期;陈正书:《租界与近代上海经济结构的变化》,《史林》1988 年第 4 期;赵津:《租界与中国近代房地产业的诞生》,《历史研究》1993 年第 6 期;周绍荣:《租界对中国城市近代化的影响》,《江汉论坛》1995 年第 11 期;陆兴龙:《租界在近代上海交通发展中的作用》,《上海经济研究》1996 年第 10 期;周积明:《租界与中国早期现代化》,《江汉论坛》1997 年第 6 期;马陵合:《人力车:近代城市化的一个标尺——以上海公共租界为考察点》,《学术月刊》2003 年第 11 期;何其颖:《鼓浪屿租界与近代厦门经济与市政建设的发展》,《中国社会经济史研究》2005 年第 4 期等。

要构成部分。

其次,华人返乡移民本身融合了传统中国、南洋当地及西洋文化的许多要素,但作为"移民企业家群体",可以看出,他们行为选择的背后,仍然有强大的中国传统文化的力量在起作用。基于此,他们才能在经济行为和情感选择上做出较好的平衡。

最后,作为新式产业经济,近代工商业、金融业在鼓浪屿顺利根植的原因,除了西人的示范和返乡移民的大力传播及经营外,鼓浪屿所处的闽南地区及其特有文化氛围也是重要因素。依苏基朗的研究,自宋元时期始,闽南地区既经历了一个长时期的市场经济的发展过程[①],在中国历史演进的进程中,它并没有占据重要地位,这一区域发展的特征和独特路径却为鼓浪屿在近代的发展提供了必要的条件。换言之,近代鼓浪屿社会经济的发展,一定意义上说,其实是闽南地区社会经济经过长期演进,到近代形成的一个自然结果而已。

[①] 苏基朗著,李润强译:《刺桐梦华录:近世前期闽南的市场经济》,杭州:浙江大学出版社,2012 年。

第四章
近代鼓浪屿的宗教信仰与社会风尚

宗教信仰既涉及人们极度崇拜和敬畏某种超自然的力量或对象的心理和认知状态,也涉及因信仰而形成特定的行为和实践模式。社会风尚则包含了社会的风俗、习惯、时尚和一定时期人们的价值观和道德观。二者均属于较高层面的文化形态,并受到自然、经济、社会、政治等多重因素的共同作用。近代鼓浪屿在自然、社会和文化等多种变量的交互作用中,形成了具有移民特征的国际社区。外国侨民和返乡华人海外移民对社会转型起了至关重要的作用,华人制度化的实践将社会整合与文化整合连接起来,促使转型过程所获得的进步成果体现在社会生活的多个方面:在鼓浪屿传统的民间宗教信仰得到传承的同时,来自西方的基督教信仰得以传播,传统社会对妇女儿童的桎梏得于打破,妇女儿童的权益得于伸张,居民的休闲文化生活与文体活动得到拓展,社会习俗和社会时尚的演变日趋多样化和多元化。在西风东进、西学东渐的全球化浪潮中,外国侨民、返乡华侨、本地中国人在各自文化背景下业已定位的实践又在具体情景下以特定的方式汇聚在一起,从而直接参与近代鼓浪屿宗教信仰和社会风尚的建构,形成了近代鼓浪屿所特有的中西文化交流互动、兼容并蓄的社会变迁主旋律。

第一节　早期鼓浪屿居民的宗教信仰及其延续

如前所述,鼓浪屿早期居民是来自周遭的闽南地区移民。当这些移民从邻近的闽南乡村迁移、定居鼓浪屿时,他们也就同时将作为意识形态的宗教信仰带到新的生存聚落。因此,鼓浪屿早期居民的宗教信仰实际上是与当时闽南地区民间流行的宗教信仰一脉相承的。已有的研究表明,闽南地区民间的宗教信仰,就其形成的历史渊源而言,是从中原南迁入闽的移民从中原地区带来的民间信仰与闽南古代闽越族人的民间信仰交融、融合的产物。由此形成闽南民间宗教信仰的若干特征,并在近代得于延续。

一、鼓浪屿早期居民的宗教信仰

闽南地区古为闽越之地,古代闽越人有"好巫、尚鬼"的习俗,故史籍多称闽越人"信鬼神,重淫祀"、"多淫祀,好卜筮",或"信鬼神,好淫祀"。[①] 东晋以降,中原汉人相继大举南迁,进入闽越之地。他们带来中原汉人已经成型的道教、佛教,以及其他民间宗教信仰,与闽越人的民间信仰融合,形成闽南人敬神畏鬼、多神共祀的多元化信仰体系。因此,闽南人丰富多彩的宗教信仰虽然与佛教和道教都有一定的联系,但又不能简单地归为道教或佛教。闽南民间信仰崇拜的神灵大多来自民间神话或真实的历史人物,如脍炙人口的神话八仙过海中的仙人都被闽南人奉为神祇神祇,历史上著名的人物姜子牙、关羽、岳飞等也被闽南人奉为神祇。这些具有神性的偶像大多都被赋予了更多世俗的人性,人们为他们崇拜的神祇建立宫庙、庙宇和殿堂,还时常举行祭祀和庆典活动,以表达顶礼膜拜之心。据统计,闽南地区平均不到一平方公里就有一座宫庙,其中百分之八十以上的庙宇所供奉的神灵都是民间信仰的神祇,而且大部分是闽南人自唐宋以来自创的神祇。

是故,当鼓浪屿岛上的早期聚落形成时,这里同样处在闽南宗教信仰祭祀圈内。鼓浪屿早期居民的宗教信仰与闽南地区民众的宗教信仰本质上是同源、同构的。但或许由于鼓浪屿特殊的海岛地理环境,土生土长的保生大帝和被视为海洋活动保护神的妈祖在这里具有更为突出的影响力。

保生大帝也称吴真人、大道真人,是宋代医生吴夲的神化。吴夲出生于北宋福建路泉州府同安县白礁乡(今属厦门海沧白礁村),祖籍泉州安溪。以悬壶济世、慈济救民、医术高明、医德高尚,深受人们敬仰。去世后被宋明历代朝廷追封为大道真人、保生大帝,成为闽台地区共同信奉的道教神祇。民间称其为吴真人,尊为神医。乡民建庙奉祀尊为医神。在闽南一带的民间广泛流传着许多吴真人为民治病、救人急难、起死回生的神奇故事,尤其

---

① 《汉书》卷二八,《地理志》;《隋书》卷三一,《地理志》。

是他勇揭皇榜、救治太后的故事，更是为人所津津乐道。神祇从人到神的衍变是闽南民间信仰的一个重要特征，反映和体现了闽南文化中的先贤崇拜和祖先崇拜。吴夲从一个乡村医生演变到民间信仰中的保生大帝，期间坊间口口相传的传奇故事对民众起到的教化作用，同时朝廷的肯定和封号进一步巩固了神祇在大众心目中的形象和地位。

厦门海沧白礁慈济宫为供奉保生大帝的祖宫，有"闽台慈济第一宫"之誉。相传鼓浪屿居民供奉保生大帝的宫庙种德宫便是白礁慈济宫的分灵，是由于鼓浪屿早期居民李姓和黄姓族人从邻近的白礁慈济宫请来保生大帝所建。信众称这座宫庙为"大道公庵"。宫庙建在鼓浪屿鸡母山向北延伸的支脉西麓坡地，背山面海、濒临小河，小河因此得名庵河。居民顶礼膜拜，祈求康佑。1986年，鼓浪屿出土一块明天启二年（1622年）墓碑，其上记载墓主黄振山的墓在种德宫附近，据此可推测种德宫至少在明天启年间已经建成，具体年代还有待进一步考证。但大道公庵后来被荒废了，人称之为旧庵，庵前的小河也被称为旧庵河（今西苑路）。旧庵的遗址在多年前还依稀可辨石柱和石础件，并据此推测种德宫的面积约为100多平方米①。旧庵被废弃后，保生大帝的信众又在鼓浪屿的西北部——俗称"湾仔尾山"的东麓坡地建起一座新的种德宫，目前只能确定其建造的年代是明天启二年以后。

妈祖信仰是东南沿海居民特别是渔民和海商信奉的海神。如同保生大帝一样，妈祖也是一个由人演化而来的神灵。妈祖也被称为天妃、天后、天上圣母，祀奉妈祖的宫庙也称为妈祖宫、天妃庙或天后宫。妈祖的信仰在我国沿海地区传播很广，也沿江向内陆地区传播，主要信众大多与水上航行的生活方式有关。

在鼓浪屿笔架山东北麓濒海处三丘田一带，曾有一座供奉妈祖的天妃庙。该庙始建年代不详，由于清朝实行的海禁政策，这座祀奉妈祖的天妃庙在清康熙年间一度被改为佛寺，名为"瑞晀庵"。清嘉庆八年（1803年），福建水师提督王得禄帅水师在瑞晀庵前修葺战舰，见祀奉妈祖的宫宇凋敝，他默默许愿，倘若能得到妈祖的庇佑，在海战中击败海盗、克敌制胜，他就要重修妈祖庙。王得禄后来果然在海上打了胜仗，并且得以加官晋爵，他不忘初衷，捐出自己的俸禄，加上向富商的募捐，王得禄对妈祖庙的修缮和扩建工

---

① 苏西:《鼓浪屿宗教》，厦门:厦门大学出版社，2011年，第15页。

程于嘉庆十八年(1813 年)完工,瑞晄庵从此改名为"三和宫",王得禄将这个故事铭刻在石壁上。① 重修后的三和宫颇为壮观,香火日旺。②

和众多闽南人一样,早期的鼓浪屿居民也信奉佛教。鼓浪屿因此建有佛教名寺——日光岩寺。自公元 2 世纪开始,佛教传入中国,在传播过程中不断被中国文化所改造,佛教逐渐分化成许多宗派,到南唐至北宋年间,中国佛教的南禅已经形成五宗,即临济宗、曹洞宗、云门宗、法眼宗、沩仰宗,临济门下又分出黄龙、杨歧两派,合称五宗七派。据考证,佛教在隋唐时期经同安传入厦门岛③,明代以后,厦门佛教有三个宗派:一是临济宗,以厦门南普陀寺(喝云派)、万石岩寺、虎溪岩寺等为代表,这一宗派的佛寺较多;二是曹洞宗,以厦门白鹿洞寺为代表,这一宗派的佛寺较少;三是鼓浪屿日光岩寺所代表的云门宗,与厦门妙释寺(已废)、龙海的龙池寺等属同一宗派,佛寺的数量介于临济宗和曹洞宗之间④,因此,就云门宗而言,鼓浪屿的日光岩寺在闽南地区有一定的影响力,而佛教在鼓浪屿的传统信仰中也占有重要的地位。

日光岩寺坐落在鼓浪屿日光岩东麓。现编门牌为晃岩路 64 号,是福建著名寺庙之一。明代有僧人在日光岩上依着岩石结庵住修,因此称为"莲花庵",供奉观音菩萨,该寺始建年代不详,但明万历十四年(1586 年)十二月重修活动却有石刻为证,当时只有一间供僧人居住石室。日光岩是鼓浪屿的制高点,每天最先沐浴在璀璨的阳光中,故"莲花庵"改为日光岩寺。⑤

大道公庵、种德宫、关帝庙、妈祖庙、莲花庵、日光岩寺,这些象征早期鼓浪屿居民宗教信仰的建筑,与同期鼓浪屿上象征祖先崇拜的各种祠堂,一道构成早期鼓浪屿居民赖以生存的精神支柱,引导、规范着他们的社会生活实践。

---

① 〔英〕翟理斯:《鼓浪屿简史》,载何丙仲辑译:《近代西人眼中的鼓浪屿》,厦门:厦门大学出版社,2010 年,第 182～183 页。

② 苏西:《鼓浪屿宗教》,厦门:厦门大学出版社,2011 年,第 29 页。

③ 厦门市佛教协会主编:《厦门佛教志》,厦门:厦门大学出版社,2008 年。

④ 苏西:《鼓浪屿宗教》,厦门:厦门大学出版社,2011 年,第 35 页。

⑤ 陈全忠:《日光岩寺史略》,《鼓浪屿文史资料》上册,第 201 页。该书对日光岩寺的历史沿革及其宗教活动有较完整的描述。

二、鼓浪屿居民传统宗教信仰的近代延续

宗教信仰总带着一种特殊的生命力,鼓浪屿在 19 世纪中叶步入近代之后,岛上以闽南移民为主体的居民依然大多信守传统的宗教信仰。清咸丰年间,供奉保生大帝的种德宫迁到目前所在的地方内厝澳,现编为内厝澳路373 号。这座新建的种德宫是传统的闽南式建筑,整座宫庙幽静、祥和、端庄,采用三门二进的布局,占地面积约 600 平方米,建筑面积为 78 平方米,宫庙的大门正中上方挂着刻有"种德宫"三字的木质匾额,门顶石梁上横刻着"保生大帝"四字,中门两端石柱上分别刻着"点水活生灵,庙祀桑邦弘种德"、"伊斯神脉里,纶封大帝尚真人",宫门两侧安放一对石狮,入宫门进拜殿,拜殿之后为天井,称"龙虎井",两侧墙壁上雕画龙虎图案。最有趣的是,保生大帝并非种德宫供奉的唯一神明,土地公、注生娘娘、虎爷及三十六官将的神像都在此受到膜拜,护厝中还供奉着观音菩萨和关帝爷,突出体现了闽南民间多神崇拜的传统信仰。

同样是在清咸丰年间,鼓浪屿岛上增添了另一座供奉保生大帝的宫庙——兴贤宫。着落在鼓浪屿岩仔脚的兴贤宫的前身是一座关帝庙,是鼓浪屿岩仔脚村落的社庙,始建年代不详。它被岛上居民称为大宫,以区别于内厝澳的种德宫。关于兴贤宫的兴建,鼓浪屿民间有一则颇具神秘色彩的传说。

传说清咸丰年间,同安富商黄怀肥曾居住在兴贤宫所在的岩仔脚,他在厦门经营南北货物贸易商行,兼营船队运输业,拥有 99 艘航行南北的大帆船,十分富裕。他听说浙江温州有一座庙宇供奉的保生大帝十分灵验,为了求保生大帝庇佑他的船队在海上航行安全,黄怀肥让押船的人到温州的大道公庙宇,以打卦的方式请求保生大帝到鼓浪屿受居民膜拜,经连打三卦,保生大帝"表示同意"后,黄怀肥在夜间将保生大帝的神像请到自己的船上藏好。隔天清晨,温州大道公庙发现保生大帝的神像被人请走,猜想是福建船队所为,于是派人到黄怀肥的船上搜查,但却一无所获。运载保生大帝神像的船只顺利驶回鼓浪屿,这尊远道而来的保生大帝神像被请进了兴贤宫,清咸丰八年(1858 年),黄怀肥发动鼓浪屿士商捐资,他自己也带头捐资,募集的资金将扩建兴贤宫为二进的庙宇,把关帝爷的神像移至后殿,将温州请

来的保生大帝神像祀奉在前殿①。扩建后的兴贤宫有两落，前有八卦埕、戏台、大道公圣泉药井，殿前还有两株古榕，宫前还有一个小广场，经常有些卖甘蔗、花生或茶的小商贩在此摆摊，孩子们会在这个小广场玩石头或木片②，兴贤宫前的这个小广场是当地居民日常活动的场所之一。而兴贤宫也成为鼓浪屿上一座地标建筑，其周围以大宫口、宫前、宫后、宫边为地名，甚至海外寄来的侨汇和信件也能按照这些地址准确送达收件人。

不仅保生大帝的宫庙香火旺盛，继清乾隆二十五年（1760 年）一度扩建后，佛教寺庙日光岩寺在近代也不断扩建。清同治十一年（1872 年）住持六湛法师于东厢扩建圆明殿（即弥乐殿），殿左建浴日室，民国十五年（1926 年）再次扩建，在西厢建三宝殿，民国二十三年（1934 年）清智法师与菲律宾侨商李汝晋居士重建圆通殿及延伸的拜亭。③

民国时期，日光岩寺的香火日旺，吸引了一些著名佛教人士在此修行和讲学，其中就有太虚大师和弘一大师。民国十五年（1926 年）11 月 5 日，著名佛学泰斗太虚大师从新加坡经香港回到厦门，南普陀寺的会泉、转逢、常惺诸法师到船上迎接，太虚大师在厦停留数日，在鼓浪屿日光岩寺为僧众做演讲。时值国内战乱，太虚大师以慈悲为宗旨，主张出家人当行菩萨救众生之道，救护伤病和难民，而不能空谈学理④。弘一大师是我国佛教界崇奉为重兴南山律宗的第十一代祖师，曾于 1936 年和 1938 年两次在鼓浪屿日光岩闭方便关（闭关是谢绝接见来访者，闭方便关是经闭关者同意仍可接见来访者），此间弘一大师编定了《南山年谱》《灵芝年谱》《佛协丛刊》（第一辑），撰写了晋江县《草庵记》《奇僧法空禅师传》，并手书《药师如来本愿功德经》一卷、《金刚般若波罗蜜经》一卷、《佛法无量寿经》等。日光岩寺也因弘一大师在这里著书立说、弘扬佛法而愈加出名。1937 年，诗人郁达夫与广洽法师慕名到日光岩寺拜访弘一大师，收到大师赠予的《佛学导论》，郁达夫回到福州后还为此作诗以明志。⑤

---

① 苏西：《鼓浪屿宗教》，厦门：厦门大学出版社，2011 年，第 20 页。

② ［英］米塔·莉娜：《仁利西在厦门生活纪略》，载何丙仲辑译：《近代西人眼中的鼓浪屿》，厦门：厦门大学出版社，2010 年，第 265 页。

③ 陈全忠：《日光岩寺史略》，《鼓浪屿文史资料》上册，第 203 页。

④ 陈全忠：《太虚大师和弘一大师在鼓浪屿》，《鼓浪屿文史资料》中册，第 64 页。

⑤ 陈全忠：《太虚大师和弘一大师在鼓浪屿》，《鼓浪屿文史资料》中册，第 65 页。

在近代鼓浪屿华人居民的传统宗教信仰中,信奉娄真人的了闲道社值得一提。娄真人是鼓浪屿民间信奉的另一个具有传统道教特色的神灵,其原型是明代忠臣娄德光(1592—1645),民间传说他以身殉职后飞升为真人。清光绪二十四年(1898年)翰林郭曾炘在福州城内其旧府第"玉尺山房"创立了了闲道社,以供奉娄真人。鼓浪屿的了闲道社是福州了闲道社分坛,最初是由福州迁居厦门的林端设在其现为鼓新路26号的鼓浪屿家中。《厦门志(民国)》对该道社有这样的描述:"鼓浪屿了闲分社,供奉娄德光(群呼曰娄大仙)。公于明唐王时,殉难福州。聪明正直之谓神,死而为灵,理故然也。"①鼓浪屿设立了了闲道社后,由林端与侯灵岗(道号性荫)任筶司。另有福州的一名修道者郭则寿,道号性彬,也从福州调至厦门,奉派为司宣,襄理坛务的有王君秀、郑汝霖、周醒南、黄省堂等当时厦鼓的名人。了闲道社因此十分热闹,信众日多,而林端家中所设道场显得狭小拥挤,需要新建道场。于是修道的厦门海关监督王君秀、厦门市政督办公署会办周醒南、厦门华人议事会议长卢季纯、中医师林寄凡和富商吴友山等五人配合向道侣与各自亲友募资购地筹建②,1928年,他们在鼓浪屿日光岩下西侧购得一块风水景致极佳的土地,建起了了闲别墅。

1929年开始,了闲道社就设在了了闲别墅,位于鼓浪屿鼓声路1号,这里的环境幽静神秘。鼓声路西端、琴园大门缓坡南侧,有一块满是爬墙虎的巨石,在茂密的绿叶掩映下"了闲"两字依然清晰,顺着石边的台阶穿过小门,进入一个大花园,可见多种果树葱郁,花木成荫之中矗立着一幢两层小别墅,一层两房夹一厅,大厅用铁拉栅门,中心置一香炉模型,钢花楣门上"了闲别墅"四字赫然醒目,二楼可遥望海天一色。别墅右前方还有一个名为"可亭"的小亭,现已荒废,亭子上原有联句"听钟声歇事便了,看花影移心更闲","了闲别墅"正是得名于此③,这里是厦门了闲道社的道场。了闲别墅占地1000平方米,由周醒南负责设计,是一座中西合璧的别墅。

与其他的民间信仰相比,对娄真人的崇拜有些奇特。首先是作为宗教场所,了闲道社设在别墅中,此外,了闲道社除了供奉娄真人,还供奉着戚真

① 厦门市修志局纂修:《民国厦门市志》,北京:方志出版社,1999年,第722页。
② 苏西:《鼓浪屿宗教》,厦门:厦门大学出版社,2011年,第32页。
③ 龚洁:《了闲别墅与〈了闲分坛鸾章全集〉》,《鼓浪屿研究》第1辑,厦门:厦门大学出版社,2015年,第122页。

人、慧真人、林真人、王真人、李真人、郑真人、许真人、杨真人等八位真人和观世音与地藏王,僧人经常被邀请来讲经和做佛事。弘一大师在日光岩寺修行时,了闲道社的林寄凡也因仰慕弘一大师,特邀弘一大师到了闲道别墅的观音道场讲经。道教和佛教在这里奇妙地融合在一起。其次是了闲道社的宗教活动名为扶乩,又称扶鸾,带有浓厚的神秘色彩,一般是先做一个丁字形木架,架上悬挂一个锥形物,状如踏碓舂杵,承以沙盘,然后由两人扶着架子两端,依术延请神灵降至,锥形物就在沙盘上画出痕迹,这被视为神的指示。最后是伴随这种神秘活动产生的画沙而成的文,叫作鸾章,了闲道社从1926年至1930年的5年间,得到鸾章达到数万言,表明了闲道社是经常扶乩的①。1931年冬由林端编辑的《了闲分坛鸾章全集》出版,受到坛友信众的欢迎。全集共分八卷,卷一为娄真人、戚真人等八位真人的传记,卷二至卷七为1926—1930年的李诗、鸾文,卷八为各类求医诊病的医案药方。

了闲道社还有比较完备的组织结构和以道德修养为基础的信条。在组织结构方面,了闲道社有坛职和道级。一份《了闲分坛坛职、鸾职、伺职姓名表》,其中记录了33人的道名、姓名、坛职和鸾职的明细情况。如林端(寄凡)的道名叫崇番,坛职是"坛总鸾章主管",鸾职是"天班大司鸾兼纠仪"。了闲坛有八个道级,依次为庄、性、崇、理、守、元、道、玄。林端为"崇番",处于第三级,施荫堂为"守穆",处于第五级。了闲坛还有类似宗教的信条称为"誓戒",总共有"五誓"、"十诫"②。"五誓"包括:孝友、恕字宣讲、惜字、恤贫济幽、随量而事、不得背道离盟;"十诫"包括:忤逆、奸淫、杀害、蛊毒、贪嗔、欺妄、争斗、盗窃、诅咒、亵渎。了闲道社自20世纪30年代后日渐萧条,原来的分坛领导者垂老辞事,加上日寇侵袭和战乱,了闲道社难以为继。③

①　龚洁:《了闲别墅与〈了闲分坛鸾章全集〉》,《鼓浪屿研究》第1辑,厦门:厦门大学出版社,2015年,第123页。

②　龚洁:《了闲别墅与〈了闲分坛鸾章全集〉》,《鼓浪屿研究》第1辑,厦门:厦门大学出版社,2015年,第124页。

③　厦门解放后,了闲道社迁往香港,坛址设在周醒南家里,一直没有停止活动。

第二节　传教士与西方宗教信仰的传播

19 世纪 40 年代初,西方传教士在鸦片战争的弥漫硝烟里首次入住鼓浪屿。厦门开埠后,越来越多的西方传教士相继侨居鼓浪屿。他们在鼓浪屿岛上建造教堂,宣讲圣经,布道传教。并为有效推进传教而创白话字、办学校、建医院、做慈善,在客观上推动了现代文明意识在鼓浪屿的传播。

一、侨居鼓浪屿与开展传教活动

鸦片战争后,厦门开埠,各国教会遂将厦门列为传教的重点区域,当时活跃在厦门及周边地区的英美教会主要有美国的荷兰归正教会(The Dutch Reformed Church in America,缩写 R. C. A. 简称美国归正教会)、英国的伦敦公会(The London Missionary Society,缩写 L. M. S)和大英长老会(The English Presbyterian Mission,缩写 E. P. M.),史称闽南三公会[1]。1842 年 2 月,美国归正教会牧师雅裨理在璞鼎查的支持下乘坐英舰从香港到鼓浪屿传教,与他一起到来的还有美国圣公会的牧师文惠廉,他们是近代最早来到鼓浪屿的外国传教士[2]。19 世纪中叶至 20 世纪中叶,鼓浪屿的英美传教士有些已经先在爪哇、新加坡、婆罗洲、马尼拉等华侨聚居的地方传教,能够熟练使用厦门方言,这为他们在鼓浪屿传教提供了便利条件。

厦门开埠初期,除了美国归正教会的传教士外,英国伦敦公会和大英长老会也先后派牧师到鼓浪屿传教。施约翰(Rev. Jhon. Stronach)牧师属于伦敦公会,他于 1846 年到鼓浪屿,山雅谷牧师属于大英长老会,1850 年来到鼓浪屿。[3] 从 1844—1874 的三十年间,在鼓浪屿传教的"三公会"牧师有 17 人,见下表:

---

① [美]杰拉德·F. 德庸著,杨丽、叶克豪译:《美国归正教在厦门(1842—1951)》,台北:龙图腾文化有限公司,2013 年,第 37 页。

② [美]毕腓力著,何丙仲译:《厦门纵横——一个中国首批开埠城市的史事》,厦门:厦门大学出版社,2009 年,第 149~150 页。

③ 张镇世、叶更新、杨纪波、洪卜仁:《"公共租界"鼓浪屿(1903—1941 年)》,厦门市政协文史资料研究委员会编:《厦门文史资料》第 16 辑,厦门:鹭江出版社,1990 年,第 3 页。

表 4-1　1844—1874 年间在鼓浪屿传教的牧师一览表

中文译名	所属教会	英文名	在鼓浪屿传教时间
雅裨理	美国归正教	Rev. David Abeel	1842—1844
甘明（医生）	不属于任何教会	Dr. Cumming	1842—1847
罗啻	美国归正教	Rev. Elihu Doty	1844—1865
波罗满	美国归正教	Rev. William. J. Pohlman	1844—1849
毕德	美国归正教	Rev. L. B. Peet	1846—1847
约翰·打马字	美国归正教	Rev. J. V. N. Tamage	1847—1892
养为霖、	伦敦公会	Rev. Wm. Young	1846—1855
约翰·施敦力	伦敦公会	Rev. Jhon Stronach	1846—1866
亚历山大·施敦力	伦敦公会	Alexander Stronach	1846—1870
海雅各	伦敦公会	Dr. Hyslop	1848—1853
山雅谷	伦敦公会	Rev. James. Sadler	1867—1914
夏密	伦敦公会	Miss Harvitt	1850—1853
吉尔菲兰	伦敦公会	Rev. T. Gilfillan	1850—1851
用雅各	大英长老会	Dr. Jas Young	1850—1865
宾为霖	大英长老会	Rev. Wm. Burns	1851—1854
仁信	大英长老会	Rev. James　Johnston	1853—1855
杜嘉德（博士）	大英长老会	Dr. Carsairs Douglas	1855—1877

资料来源：[美]毕腓力著，何丙仲译：《厦门纵横——一个中国首批开埠城市的史事》，厦门：厦门大学出版社，2009 年，第 149～150 页。[美]杰拉德·F. 德庸著，杨丽、叶克豪译：《美国归正教在厦门（1842—1951）》，台北：龙图腾文化有限公司，2013 年，第 37 页。

　　由于有利的地理位置和良好的居住环境，传教士来到厦门后大多会居住在鼓浪屿，遂使鼓浪屿在传教士的传教活动中具有重要而独特的地位。1918 年，38 位传教士中有 20 位住在鼓浪屿，教会创办的学堂、识字班、圣道院、医院以及传教的重要场所——教堂都集中分布着鼓浪屿。1918 年美国归正教会的 20 位传教士行使职责的地方都在鼓浪屿，一位在圣道书院教书，一位在学习语言，三位在医院工作，另外三位在男子学校做教育方面的工作，两位在妇学堂工作，一位负责妇女传道工作，另一位兼职做秘书和妇女福音传道师,另外还有 6 人被归为附属人员①。除了美国归正教会的传教士,作为"三公会"的成员,长老会和伦敦公会的传教士也大多住在鼓浪屿。

传教士采取了多样化的传教方式,不遗余力地传播基督教,最直接的方式是讲经布道。鼓浪屿居民对外国传教士的到来并无太多抵触,传教士来到鼓浪屿后最先通过讲经布道开始向民众传教,传教士们认为"在这里我们拥有全世界最有希望的信徒,下层劳动人们是社会的基础,正如墙基支撑着墙一样。宗教也必须从教化平民开始,发展到教化中产阶级,然后再逐步进入上流社会的达官显贵直到御座上的皇帝。"②

雅裨理牧师抵达厦门半年之后,于 1842 年 8 月提供的一份报告表明,周日布道的听众人数平均为 50 人,其中一些为固定听众③。波罗满牧师也记录了 1844 年 10 月 6 日雅裨理牧师布道时的情景:

> (1844 年)10 月 6 日,礼拜日。礼拜仪式中有 60 位中国人,雅裨理兄弟凭上帝授予的力量从马太福音中 7:21—29 开始布道。听众都很专注,并似乎完全听得懂,经常来听道的人无疑都能听懂,而那些偶尔才来听道的人可能无法完全听懂。布道的主题完全是新的,在一句话中如果发错了一个音,就可能完全改变了这句话的意思,只有通过长时间不懈的练习才能在布道时准确发音,才能让听众明白我们所说的话。对话时的情况却不同,因为我们可以不断地重复,还可以问对方是否听懂了,通过反复尝试和练习,我们就可以让别人听懂我们的意思。④

听众从讲经布道中了解到基督教的基本教义,由此所产生的传播效应也很快显现出来。鼓浪屿及其周边的人们表现出对这种异质文化的浓厚兴趣。由于人们居住相对集中,去聆听讲经布道的人越来越多,雅裨理牧师 1842 年在写给教会周刊《基督教通讯》的信中说:"这里的人们主动要求我们讲道,我们简直无法将他们避之门外。他们拥有思想,乐于辩论,他们也有

---

① [美]杰拉德·F.德庸著,杨丽、叶克豪译:《美国归正教在厦门(1842—1951)》,台北:龙图腾文化有限公司,2013 年,第 221 页。

② [美]杰拉德·F.德庸著,杨丽、叶克豪译:《美国归正教在厦门(1842—1951)》,台北:龙图腾文化有限公司,2013 年,第 46 页。

③ [美]杰拉德·F.德庸著,杨丽、叶克豪译:《美国归正教在厦门(1842—1951)》,台北:龙图腾文化有限公司,2013 年,第 25～29 页。

④ [美]杰拉德·F.德庸著,杨丽、叶克豪译:《美国归正教在厦门(1842—1951)》,台北:龙图腾文化有限公司,2013 年,第 32 页。

乐于思考的习惯。"①雅裨理牧师的工作得到了美国归正教会秘书鲁弗斯·安德森牧师的高度赞扬,认为正是由于他的工作,那里优秀的中国人具备了罕见的宽容精神②。传教过程经常需要伴随着声情并茂的演讲以吸引听众,伦敦公会牧师约翰·麦嘉湖(John Maccowan)1914 年出版了《笭筜那边》,书中有一段是这样描述的:③

> 一位福音传道者正在对听众发表演讲,这些听众从街上进来听福音的宣讲,有些人坐着,而许多人站着,他们想走随时可以走。宣讲人显然很受欢迎,因为有些听众的脸上喜笑颜开。

在传教过程中,传教士遇到的最大困难莫过于当地人受教育程度很低,人们的文盲率很高,因而无法阅读诸如像《圣经》这样的基督教经典。为了能快速地教会当地人识字并进而能自己看懂宗教读物,闽南"三公会"的牧师们创立了用罗马字母拼写闽南方言的文字,史称闽南白话字。

鼓浪屿的外国牧师对闽南白话字的创立和完善做出了突出贡献。1844 年,美国归正教会的波罗满牧

图 4-1　福音宣讲

资料来源:选自[英]约翰·麦嘉湖著,龙金顺、韩存新译:笭筜那边(*Beside The Bamboo*,),厦门:鹭江出版社,2015 年,第 150 页。

师和罗啻牧师携家人来到厦门,在鼓浪屿安顿下来后便开始学习厦门方言,一年之内波罗满牧师就记满了 245 页的口语词汇和短语。在此基础上,罗啻牧师编著了《英汉厦门方言罗马注音手册》,并于 1855 年在广东出版,这是第一部汉英厦门方言字典。打马字牧师在闽南白话字方面也做出了显著的成就,他早期翻译的著作包括 1852 年的《厦门白话字初级读本》、1853 的

---

① [美]杰拉德·F.德庸著,杨丽、叶克豪译:《美国归正教在厦门(1842—1951)》,台北:龙图腾文化有限公司,2013 年,第 31 页。

② [美]杰拉德·F.德庸著,杨丽、叶克豪译:《美国归正教在厦门(1842—1951)》,台北:龙图腾文化有限公司,2013 年,第 30 页。

③ [英]约翰·麦嘉湖著,龙金顺、韩存新译:《笭筜那边》(*Beside The Bamboo*),厦门:鹭江出版社,2015 年,第 150 页。

《旧约·路德记》和《天路历程——第一章》、1860年《礼拜仪式》以及《新约》的部分内容①。1850年至1854年,大英长老会用雅各牧师一直热心于闽南白话字的教学。杜嘉德牧师在闽南白话字的系统整理方面贡献最大,1873年,杜嘉德牧师编纂的《厦英大辞典》在伦敦出版,简称《杜嘉德词典》,该词典系统收录了闽南方言4万余言,共有612

图4-2 罗嘧牧师和第二任牧师娘
资料来源:[美]杰拉德·F.德庸著,杨丽、叶克豪译:美国归正教在厦门(1842—1951),台北:龙图腾文化有限公司,2013年,第33页。

页②,是当时收录闽南方言最多的一部白话字词典,在此基础上,打马字牧师编著了《厦门音字典》。1894年,来履坦牧师对打马字牧师编著的字典进行了补编,之后由鼓浪屿萃经堂刊印,全书近400页,包含了大约7000个字。20世纪初期出版的闽南白话字书籍及其读者的数量都增长很快,1919年闽南圣教书社协助发行闽南白话字双月刊《教会信使》,刊有新闻、述评、卫生方面的文章和短篇小说等,有超过一千名以上的读者,根据1925年归正教会的年度报告,这一年共出版878本罗马白话字书籍。③

闽南白话字在传播现代文明意识方面所起的作用不容忽视。由于闽南白话字将汉语会意的文字转变为罗马拼音文字,初学者经过几个月的学习,就能掌握并学会阅读,因此闽南白话字提高了中下层民众的识字率。据毕腓力牧师的估计,当时闽南白话字的读者大概有5000至6000人。④

由于了解到高官显贵和文人并不关心宗教信仰,但对新闻时事和西方科学、服装、西式家具却极有兴趣,为了建立和加强与社会上层人士的感情联系,传教士们时常向他们赠送一些书籍和小册子,如波罗满牧师在1847

---

① [美]杰拉德·F.德庸著,杨丽、叶克豪译:《美国归正教在厦门(1842—1951)》,台北:龙图腾文化有限公司,2013年,第58页。

② [美]毕腓力著,何丙仲译:《厦门纵横——一个中国首批开埠城市的史事》,厦门:厦门大学出版社,2009年,第135页。

③ [美]杰拉德·F.德庸著,杨丽、叶克豪译:《美国归正教在厦门(1842—1951)》,台北:龙图腾文化有限公司,2013年,第261页。

④ [美]毕腓力著,何丙仲译:《厦门纵横——一个中国首批开埠城市的史事》,厦门:厦门大学出版社,2009年,第133页。

年 1 月将《美国历史》《四福音书及使徒行传》《1847 年基督教年历》等作为新年礼物赠送给了四五十位厦门有名望的富贵人家和文人①。1847 年 12 月 10 日,四位厦门市的高官前来拜访波罗满牧师和罗啻牧师,其中包括兴泉永道台、水师提督、海关委员、海防同知。像往常一样,他们来的目的并不是寻求宗教启蒙,而是想看一些西方科学的物件和有关电的实验。波罗满牧师在报告中写道:

图 4-3　打马字牧师伉俪

资料来源:[美]杰拉德·F.德庸著,杨丽、叶克豪译:美国归正教在厦门(1842—1951),台北:龙图腾文化有限公司,2013 年,第 43 页。

他们观看了银版照相法、显微镜和望远镜之后,罗啻牧师用最近寄来的电机做了一系列实验,余老师(福音传道人余安定)用官话(北方话)向他们解释了发电的现象和原理。最后,我们用莱顿瓶充电,使这四位官员亲眼见证了这种神奇液体的威力。②

由此可见,传教士在传播福音的过程中还起到宣导现代科学的作用,使厦门的上层社会人士有机会接触到西方的新式发明,感受到现代科学发明的震撼,某种程度上也是对当时社会高层的现代科学启蒙,是难得的科学教育和普及。

为了加强基督教对中国民众的吸引力,更有效推进传教活动,传教士往往借助医疗和教育。1890 年,毕腓力牧师谈到传播福音的手段时,将教会和传教士兴办教育和医疗比作传播福音的"左右手",认为对于任何工作来讲,两只手做事总比一只手要好,同样,在传教事业中,"医疗工作是右手……教育工作是左手。"因此,各个教会的传教士都在讲经布道的同时,也把行医、办学当作传播福音的重要手段。为此,鼓浪屿的教会和传教士先后兴办了

---

① [美]杰拉德·F.德庸著,杨丽、叶克豪译:《美国归正教在厦门(1842—1951)》,台北:龙图腾文化有限公司,2013 年,第 46 页。

② [美]杰拉德·F.德庸著,杨丽、叶克豪译:《美国归正教在厦门(1842—1951)》,台北:龙图腾文化有限公司,2013 年,第 45 页。

从幼稚园到中等教育的近 20 所教育机构，包括专门为女性学员开设的女子学堂，还开设了数所医疗机构。①

教会还在鼓浪屿设立了专门用于传教的文化机构——闽南圣教书局，这在闽南是鼓浪屿特有的传教机构。1844 年伦敦公会的施约翰夫妇来到鼓浪屿，他们委托厦门的萃经堂印刷《圣经》，半卖半送给教徒，三公会对圣书工作进行统一的经营和管理。1864—1865 年间，厦门引进的第一架活字印刷机被美国归正教会的万约翰牧师运来②，这标志着厦门开始有了现代印刷技术。1908 年，为印刷白话字宗教读物，三公会共同组织成立"圣教书局董事会"，在鼓浪屿大埤路（现编龙头路 446 号）开办闽南圣教书局，经费由英国宗教圣书公会和美国宗教圣书公会提供，出售从上海购来的《圣经》和由萃经堂印刷的白话字《圣诗》③，同时每年发行 26 期刊物，包括堂会、学校和国家新闻，还有罗马白话字小说、述评、卫生方面的文章、短篇小说以及偶尔发表的连载小说。1922 年马来亚、菲律宾华侨在龙头路（现编 7、9 号）创办鼓浪屿启新印刷所，1923 年叶谷虚又在福民职业学校创设印刷科④，这使得闽南圣教书局的发行和出版有了可靠的保证。根据归正教会 1925 年的年度工作报告，闽南圣教书局当时共出版 878 本罗马白话字书籍和 1101 本汉字书籍，教堂的赞美诗书也在编辑中，有些书籍甚至脱销，最新修订并重新印刷的白话字读本《天路历程》第二部分已经脱销数年。闽南圣教书局还协助发行罗马白话字双月刊《教会信使》，这份期刊由女传教士联合编辑，1920 年有一千多名读者⑤。1932 年，教会人士捐款在福建路（现编 43 号）建成一幢三层楼，作圣教书局新址。书局扩大业务，除出售《圣经》《圣诗》外，还托厦门倍文印刷所和启新印刷所大量印刷《圣经教义》《基督教故事书》《基督教三字经》，甚至学校课本等，仅用白话字印刷的书籍就有 100 多种，索引书籍除了在鼓浪屿出售外，还销至闽南各地和南洋一带。抗战前，圣教书局曾

---

① 关于教会和传教士兴办教育和医疗机构的详细情况，可参见本书第五章第四节。

② ［美］毕腓力著，何丙仲译：《厦门纵横——一个中国首批开埠城市的史事》，厦门：厦门大学出版社，2009 年，第 132 页。

③ ［美］毕腓力著，何丙仲译：《厦门纵横——一个中国首批开埠城市的史事》，厦门：厦门大学出版社，2009 年，第 162 页。

④ 何丙仲：《抗战前的福民小学和闽南职业学校》，《鼓浪屿文史资料》上册，第 378 页。

⑤ ［美］杰拉德·F. 德庸著，杨丽、叶克豪译：《美国归正教在厦门（1842—1951）》，台北：龙图腾文化有限公司，2013 年，第 261 页。

一度租用大中路杨抱道医生的店面,开设分局。1937 年至 1945 年的抗战时期,圣教书局继续营业,日本人大川牧师和台湾人庄牧师被派来鼓浪屿福音堂讲道,仍以《圣经》和《圣诗》为主①。

二、以鼓浪屿为中心的闽南传教网络

闽南三公会在传教方面有很好的合作,相互之间达成了"教会团结"协议,根据这份协议,面积约为一万八千平方英里的闽南地区被分为三个面积相当的地区。归正教会负责闽南西部的大部分地区和北部的小部分地区,长老会负责南部地区和东部的一部分地区,伦敦公会负责北部地区和东部其余地区,而漳州附近的一些地区由归正教会和伦敦公会共同负责②。三公会闽南传教区域分布如下图:

三公会的总部最初都设在厦门,后来都移至鼓浪屿,以鼓浪屿为中心,三公会建立起了传教网络。传教士从鼓浪屿出发,先是进入厦门岛,然后沿着海湾和内河水陆进入闽南内陆和山区传教。如波罗满牧师在抵达后三个月就开始下乡布道,他和雅裨理牧师一起走遍了厦门岛,他们发现在厦门岛内 30 英里的范围就有 136 个村庄③,如此密集的人口分布使他们在巡回布道时单靠步行就能到达布道点。但对于广袤的闽南大地而言,下乡布道一定要借助必要的交通工具,像轿子、矮种马、各类船只等。依据不同情况选择不同的工具。通常而言,传教士使用较多的交通工具是各类船只,包括舢板、溪船、福音船、汽船等。最常用的是福音船。这是一种单桅大帆船,约有十吨重,船舱可容纳 4 人④。特别是厦门开埠的初期,传教士大多都使用这种福音船完成必要的水上航行,波罗满牧师和雅裨理牧师在走遍厦门岛后,就乘着这样的福音船赶往其他岛屿布道。福音船沿着海峡和河道航行到兑

① 杨继波:《鼓浪屿掌故数则》,《鼓浪屿文史资料》上册,第 394 页。

② [美]杰拉德·F.德庸著,杨丽、叶克豪译:《美国归正教在厦门(1842—1951)》,台北:龙图腾文化有限公司,2013 年,第 84 页。

③ [美]杰拉德·F.德庸著,杨丽、叶克豪译:《美国归正教在厦门(1842—1951)》,台北:龙图腾文化有限公司,2013 年,第 66 页。

④ [美]杰拉德·F.德庸著,杨丽、叶克豪译:《美国归正教在厦门(1842—1951)》,台北:龙图腾文化有限公司,2013 年,第 140～141 页。

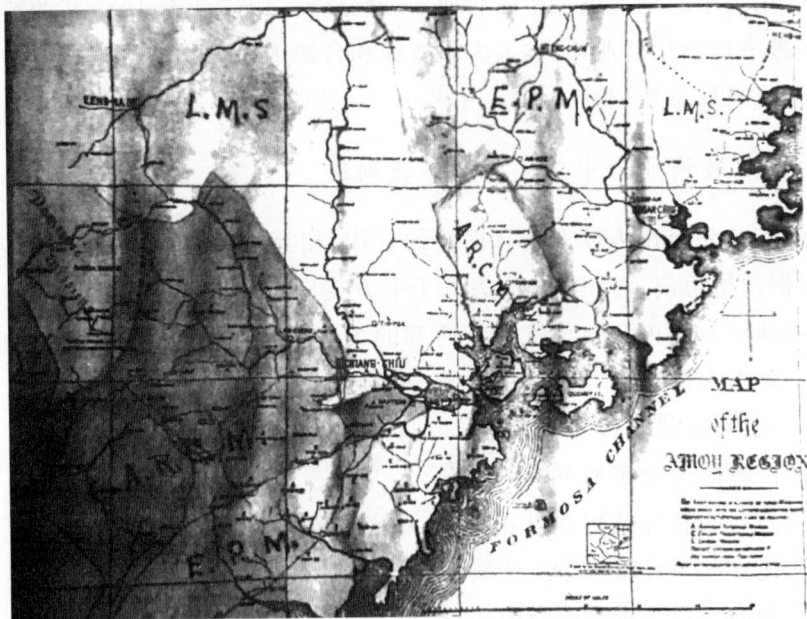

图 4-4 厦门三公会闽南传教区域分布示意图

说明：ARCM 属美国归正教会，EPM 属于英国长老公会，LME 属于英国伦敦公会。

资料来源：[美]杰拉德·F. 德庸著，杨丽、叶克豪译：《美国归正教在厦门（1842—1951）》，台北：龙图腾文化有限公司，2013 年，第 84 页。

山、兑亭、洪溏头，再往北可航行到同安①。

在划分了传教区域之后，各个教会开始在自身负责的传教区域建立了二级教会，也称为堂会，在堂会之下又设传教站所，一系列的传教站所构成了教会的传教网络的三级组织。如归正教会负责的区域东西横跨八十英里，南北跨五十英里，人口共计 300 万。1863 年，归正教会在这一地区共有三个教会，其中两个位于厦门，即 1856 年创立的厦门第一教会或新街仔堂会和 1860 年创立的厦门第二教会或竹树脚堂会，另外一个是创立于 1859 年的石码堂会。石码是位于厦门以西二十英里处的一个大城镇，人口 6 万，此外，归正教会还有 5 个传教站所，其中位于厦门岛内的江头和湖边两个传教站由厦门第一教

---

① [美]杰拉德·F. 德庸著，杨丽、叶克豪译：《美国归正教在厦门（1842—1951）》，台北：龙图腾文化有限公司，2013 年，第 140 页。

会负责监督,位于内陆的兑山和洪溏头两个传教站由厦门第二教会负责监督,另一个位于内陆的漳州传教站所由石码教会负责监督。由此可见归正教会的传教网络实际上是由三级教会组织构成,图示如下:

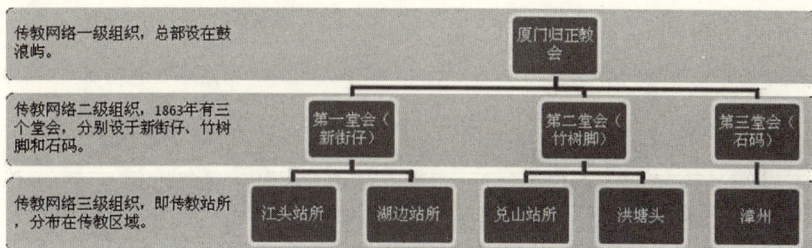

图 4-5　归正教会传教网络组织结构示意图(1863 年)

资料来源:[美]杰拉德·F.德庸著,杨丽、叶克豪译:《美国归正教在厦门(1842—1951)》,台北:龙图腾文化有限公司,2013 年,第 114～116 页。

从 1863 年到 1900 年,归正教会的二级堂会由原来的 3 个增加到 11 个,会友的人数也有所增加(见下表)。

表 4-2　1863—1900 年归正教会的二级教会(堂会)和教友人数一览表

二级教会(堂会)名称	创建时间	教友人数(1900 年)
新街仔教会	1856	98
竹树脚教会	1860	165
石码教会	1859	88
湖江教会	1868	109
洪山教会	1870	88
同安教会	1871	199
漳州教会	1871	114
小溪教会	1881	176
天山教会	1891	117
南胜教会	1892	72
坂仔教会	1894	107
各教会教友人数总计		1216

资料来源:[美]杰拉德·F.德庸著,杨丽、叶克豪译:《美国归正教在厦门(1842—1951)》,台北:龙图腾文化有限公司,2013 年,第 114～116 页。

从 1863 年到 1900 年传教站所的数量由 5 个增加到 41 个,众多的三级传教组织分布在广袤区域①,如下图:

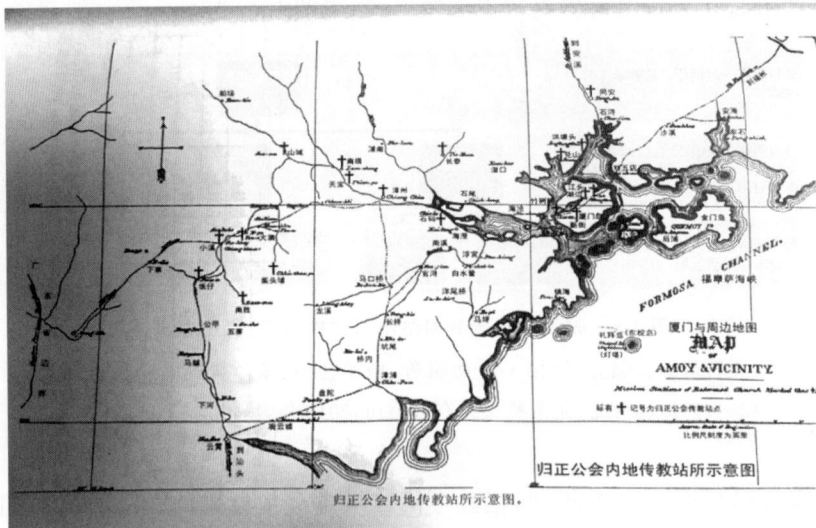

图 4-6 归正教会传教站所分布示意图

资料来源:[美]杰拉德·F.德庸著,杨丽、叶克豪译,《美国归正教在厦门
(1842—1951)》,台北:龙图腾文化有限公司,2013 年,第 115 页。

当要进入沿海或内陆地区传教时,传教士们使用的交通工具就更多了,如溪船、港口船、轿子、矮种马,当然有时还难免需要徒步或涉水,总之传教的路并不轻松。"溪船"(见图 5-2-22)吃水较浅,从鼓浪屿到漳州、石码,航行于西溪,最多可容纳 3 人,溪船中还有一种"小溪房船",也是在沿漳州到天宝、山城和小溪之间的西溪航行②。"港口船"吃水较深,行驶在厦门近海,用于鼓浪屿到厦门市区和石码、海澄等地之间的航行。

此处还要特别说明的是,新增的二级教会(堂会)和三级站所的牧师有些是由外国传教士培养的中国人,并且这些人在当地有较高的威望,深受本地民众喜爱,如厦门第二教会的牧师叶汉章先生,他德高望重,在该教会服

①　[美]杰拉德·F.德庸著,杨丽、叶克豪译:《美国归正教在厦门(1842—1951)》,台北:龙图腾文化有限公司,2013 年,第 119 页。
②　[美]杰拉德·F.德庸著,杨丽、叶克豪译:《美国归正教在厦门(1842—1951)》,台北:龙图腾文化有限公司,2013 年,第 140 页。

务了 20 年,因此吸引了很多人参加,这也是第二教会人数最多的原因之一。分散在各处的三级传教站所的牧师也有些为当地人,但在礼拜时,来自总部的外国牧师往往更有吸引力,因为内陆或沿海小岛对外国侨民有更多的好奇心,下图是本地的牧师绘制的传教站点地图。

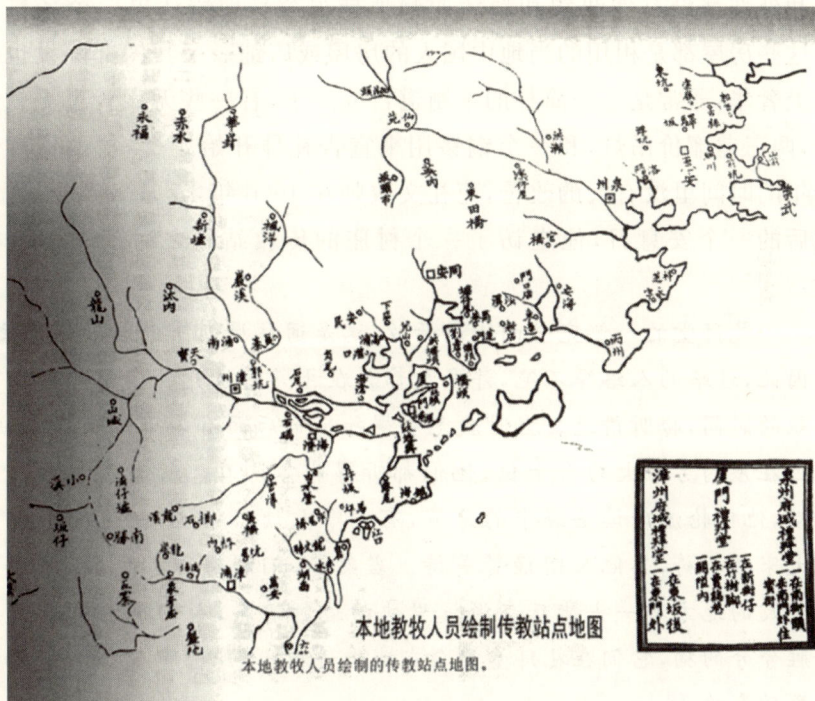

图 4-7　本地教牧人员绘制的传教站点地图

资料来源:［美］杰拉德·F.德庸著,杨丽、叶克豪译:《美国归正教在厦门(1842—1951)》,台北:龙图腾文化有限公司,2013 年,第 117 页。

在传教士的例行工作中,除了固定的礼拜和讲经,还有一项重要的职责就是"巡回布道",即下乡布道,即使是女传教士也要完成这样的工作。住在鼓浪屿的仁历西姑娘记录了她陪同打马字·玛利亚小姐的一次乡下布道的经历:

> 到乡下布道的旅行令人高兴,这是一个适合旅行的季节。我就到过好几个地方。每次礼拜天早上玛利亚小姐要到下一个传教站去,就把我留下来,和妇女们在一起,因此我能听到他们诵读和讨论经文的声

音,并出自真心地指导她们。①

乡下布道的时间都是礼拜日,但布道的地点有时是在租来的不太像礼拜堂的地方。华约翰牧师在 1890 年花了三个星期走了四个"乡下小镇",之后他解释说,举行礼拜仪式的多数房屋最初都"未有任何礼拜堂的标示,其内部和外部都没有像纽约和新泽西州那样很容易地辨认出一个乡村礼拜堂。这些房屋都是租用的当地中国人的房屋或店铺……其内部陈设也根本谈不上奢华,通常是一个简朴的木制道台或桌子,有一些无靠背也无软垫的凳子,两三盏廉价吊灯,和一个铜锣用来宣告礼拜开始。"②乡村的这种情况在十年的时间里没有大的改善,苑礼文牧师在 1900 年 10 月来到中国,几个星期后的一个安息日,他走访了一个村庄的传教站所之后写下了这样的评述:

> 礼拜堂的一侧完全向街道开放,这是通往厦门市的主要道路之一,因此,过路的人络绎不绝,许多人都会在礼拜堂敞开的门前停留或长或短的时间,聆听讲道。当时我无法得知幕帘后面有多少妇女在听讲道,但在座的男子大约有十位,他们都听得非常认真。所有人都参与了活动,他们轮流朗读圣经中的章节,有一个人读了十诫,还有几个人带领大家做祈祷,其他人朗诵赞美诗。当然,人们没有留意到,在离门口十英尺的地方有一头猪正在泥坑里快活地打着滚,人们也没有留意那些脏兮兮的狗,它们在礼拜堂里自在地进进出出,丝毫不受街上好奇的人群的影响。③

经过多年不懈的巡回传教,到 1939 年,归正教会在闽南所负责区域的信教人数比 1900 年增加了将近 3 倍(见表 4-3)。

---

① [英]米塔·莉娜:《仁利西在厦门生活纪略》,载何丙仲辑译:《近代西人眼中的鼓浪屿》,厦门:厦门大学出版社,2010 年,第 262 页。
② [美]杰拉德·F.德庸著,杨丽、叶克豪译:《美国归正教在厦门(1842—1951)》,台北:龙图腾文化有限公司,2013 年,第 120 页。
③ [美]杰拉德·F.德庸著,杨丽、叶克豪译:《美国归正教在厦门(1842—1951)》,台北:龙图腾文化有限公司,2013 年,第 120 页。

表 4-3　归正教会信教人数一览表（1900—1939 年）

时间	会友人数	已做信仰声明的人数
1900	1374	99
1905	1509	159
1910	1756	121
1915	2069	124
1920	2945	148
1925	3617	210
1930	3432	157
1931	3489	138
1932	3370	96
1933	3289	89
1934	3348	158
1935	3551	392
1936	3850	318
1937	3850	230
1938	3916	145
1939	3707	184

资料来源：[美]杰拉德·F.德庸著，杨丽、叶克豪译：《美国归正教在厦门（1842—1951）》，台北：龙图腾文化有限公司，2013 年，第 280 页。

　　以上这些是美国归正教会在闽南的传教活动，由于三公会达成的团结协议，大英长老会和伦敦公会也是以同样的方式展开传教工作的，在抗战爆发前的 1937 年，三公会共同努力下，基督教的传教网络已经覆盖了闽南的全部区域，并且扩展到了闽西、闽北以及闽东的部分区域，1842 年厦门仅有 2 名老年受洗者，而到 1942 年厦门有 15000 名领圣餐者和大约 25000 名慕道友。[1] 可见闽南三公会传教已经取得一定的成效。

---

① [美]纽约美国归正教会海外传教委员会：《厦门传教百年史》，载何丙仲辑译：《近代西人眼中的鼓浪屿》，厦门：厦门大学出版社，2010 年，第 289 页。

第三节　妇女儿童权益的保护

众所周知,在传统中国,妇女和儿童始终是社会中的弱势群体,社会地位低下,自身权益时常受到侵害,在闽南也是如此。在外国传教士眼里,闽南各地流行的某些风俗对妇女和儿童权益的侵害简直到了骇人听闻的程度,如缠足、溺婴、蓄养婢女等,严重地危害妇女儿童的基本人权,这些恶俗是传统社会中妇女儿童生命权和发展权的桎梏。

一、保护生命权:从溺婴到怜儿堂

厦门开埠以后,随着现代文明意识的传播,鼓浪屿在妇女儿童权益保护方面逐渐取得了令人欣慰的进步,这种进步来自三个方面的共同作用:一是教会和传教士的努力,如创办"怜儿堂"、"天足会"和女学、女医馆;二是归国华侨的努力,如黄奕住兴办女学;三是本地富裕商人和进步人士的努力,如许春草筹办"婢女救拔团";可见外国侨民和归侨及本土商人在保护妇女儿童权益方面采取了相似的行动。

重男轻女原本是中国传统文化的糟粕之一,闽南也继承了这种传统,因而有溺婴的习俗。溺婴是指婴儿在刚出生时就被父母溺死的现象,被溺死婴儿的大多是女婴。由于民间杀害或抛弃婴儿的方法并不仅限于溺死,所以这种现象也称为弃婴或杀婴,是男尊女卑的传统在现实生活中的真实写照。1842 年,当雅裨理牧师最初来到鼓浪屿时,他对闽南地区盛行的杀害婴现象感到十分震惊和痛恨,他通过调查了解到,不同的地方杀婴的数量彼此各异,平均比例的幅度从 10%～80% 不等,总计约为 40%,或精确一点为 39%。他调查了 40 个乡镇,其中有 17 个乡镇杀婴的比例达到或超过 50%,而对漳州府的 7 个县的调查显示,杀婴的数量绝不会少于出生数量的 25%,也就是大概 25% 的女婴刚生下来就被窒息而死[①]。

在外国传教士看来,杀婴现象如此普遍简直到了令人发指的地步,许多刚出生的女婴可能会被溺死、闷死甚至被踩死,还有许多别的残酷手段,一

---

① ［英］乔治·休士:《厦门及周边地区》,载何丙仲辑译:《近代西人眼中的鼓浪屿》,厦门:厦门大学出版社,2010 年,第 44 页。

些人家对刚出生的女婴故意疏忽照料,让她很快就夭折死掉。实施杀婴的往往是孩子的父母,而且杀婴的方法如此残忍,更为骇人的是杀婴者本人对自己的行为毫无负罪感,其他人也对这种现象麻木不仁或习以为常。因此,在这个英国人看来,这种杀害女婴的罪行十分可怕,这是闽南人的道德品行中最恶劣同时又是家庭中最严重的罪行,为了收养这些被遗弃的婴儿,传教士创办了怜儿堂。

时任厦门海关税务司的乔治·休斯在他所著的《厦门及其周围地区》(*Amoy and surrounding districts*)一书中有这样一段描述:

> 我问过一些在当地和周边地区受雇为传教士做事的先生们,他们一致说这种事很普遍,一般都是妇女干出来的蠢事。一位先生告诉我,他做过统计,估计至少有25%的女婴出生时便被杀害。针对这种习俗,官府曾贴出布告,然而她们置之不理,他们做这种惨无人道的事,丝毫没有感到羞耻和对惩罚的畏惧。我听说,在种种情况下,一些阿嬷或外国侨民雇用的保育员收留了一两个甚至三个被人扔掉已经快死的小孩。这些阿嬷中有一个名叫"拾",即"捡来的"之意,她自己出生当晚就被仍在石头堆上,隔天早上有人发现她还活着,而且没受伤,她的双亲出自迷信,或者某种缘分就救了她,还把她抚养长大。另一个最近在当地结婚的妇女,也是大约十八年前,被一个牧师先生幸运地从鬼门关搭救出来。这位牧师到这里不久,他在船上看到一只陶缸在水上飘着,仿佛听到有啼哭之声,他问船夫这是怎么回事,船夫漫不经心地告诉他:"里面有一个女婴"。那个夜晚,女婴就在牧师的船上,牧师心中升起一股因做善事而产生的无法形容的喜乐之情。不久前,我本人碰到一个胖子,此人看起来是苦力阶层的小康人士,他肩上挑着一根扁担,扁担两端各吊着一只干净伶俐的圆圆的篮子,听到了婴儿的啼哭,他停了下来,我看到篮子里各有一个幼婴,他说他正要把这两个幼婴挑去卖。一个女婴在育婴堂只卖100文的铜钱,或10个先令,而一个出生两三天的健康男婴可以卖到15美元,或3英镑以上,而且很容易脱手。①

地方官府虽然再三发布命令要禁止这种行为,并让反对杀婴的文人写劝诫杀婴的文章,再把这些文章公布在人群最多的地方,但除此之外他们并

---

① [英]乔治·休士:《厦门及周边地区》,载何丙仲辑译:《近代西人眼中的鼓浪屿》,厦门:厦门大学出版社,2010年,第42～43页。

没有采取任何步骤来认真执行以阻止和减少杀害女婴的现象。地方官府将杀婴泛滥成灾的原因归结为贫穷,但实际上,这种杀婴行为决不限于贫困家庭,小康之家假如顺利生下两三个女孩子,往往也只有一个能活下来,而地方官员却听之任之。[①]

面对溺婴的恶行,传教士们一方面大力宣传圣经,认为只要福音传入人们的心中以及各个家庭之中,就能使女婴的父母把她们视作真爱的礼物而接受下来,而不再是令人讨厌的累赘[②]。另一方面也采取了行动。1887年,英国长老会的三个牧师娘和美国归正教会的打马字牧师娘联合发起和组建了儿童养育院。养育院最初设在厦门市区一幢租来的房子里,不久后搬迁到鼓浪屿升旗山麓一座两层砖造楼房里(现编为复兴路28号)。门口上方的牌匾英文直译为"仁慈孤儿院",但人们通常简称其为怜儿堂。墙上有一块铭牌,上面刻有圣经中的章句:"让小孩到我这里来。"[③]

怜儿堂雇用本地妇女做保姆,其经费来自厦门教友和传教士家乡的朋友们的私人捐助。在头两年中收了15名儿童。到1900年,怜儿堂收留的儿童人数达到43名[④]。与此同时,鼓浪屿人口的迅速扩张,导致怜儿堂收容的弃婴越来越多。1891年收容24个,1893年收容30多个。1894年怜儿堂进行了扩建,在原楼房的侧面已经建起了一幢大面积的建筑。1897年收养的弃婴达57个。到1917年怜儿堂一分为二,各在不同的地点,由归

图4-8 鼓浪屿的怜儿堂

资料来源:[美]杰拉德·F.德庸著:《杨丽、叶克豪译:美国归正教在厦门(1842—1951)》,台北:龙图腾文化有限公司,2013年,第168页。

---

① [英]乔治·休士:《厦门及周边地区》,载何丙仲辑译:《近代西人眼中的鼓浪屿》,厦门:厦门大学出版社,2010年,第44页。

② [美]毕腓力著:何丙仲译:《厦门纵横——一个中国首批开埠城市的史事》,厦门:厦门大学出版社,2009年,第59页。

③ [美]杰拉德·F.德庸著,杨丽、叶克豪译:《美国归正教在厦门(1842—1951)》,台北:龙图腾文化有限公司,2013年,第161页。

④ [美]杰拉德·F.德庸著,杨丽、叶克豪译:《美国归正教在厦门(1842—1951)》,台北:龙图腾文化有限公司,2013年,第169页。

正公会和长老公会分别负责。到抗战前停办为止,怜儿堂前后共收容 300 多个弃婴①。

图 4-9　怜儿堂的孤儿

资料来源:[美]杰拉德·F.德庸著,杨丽、叶克豪译:《美国归正教在厦门 (1842—1951)》,台北,龙图腾文化有限公司,2013 年,第 169 页。

　　怜儿堂保护了女婴的生命权,从而也使女婴日后的生存和发展成为可能。因为当那些弃婴被送进怜儿堂时,他们大多处于生命垂危的边缘,怜儿堂的救助和养育是女婴存活的唯一希望,当女婴长大后,一些儿童被基督教家庭收养,另一些儿童则会被送入女子寄宿学校继续接受教育。其中有些人后来当了女传道和护士。

　　传教士组建怜儿堂的行动在一定程度上阻止了杀害女婴这一罪恶行为的进一步泛滥,同时也是对这种行为的道德谴责,更是用行动宣告了对生命的敬畏。"知书识礼"的中国人在现实生活中却没有把杀害女婴视为道德败坏的事情,甚至对自己或家里人的这种恶行睁一只眼闭一只眼,这种罪恶的现象当然应该停止并受到谴责,这对当时的普通民众无疑具有警示和启蒙的意义。

---

　　① [美]杰拉德·F.德庸著,杨丽、叶克豪译:《美国归正教在厦门(1842—1951)》,台北:龙图腾文化有限公司,2013 年,第 171 页。

二、保护健康权：从缠足到"天足会"

闽南传统社会对女性的摧残还不仅限于溺婴，如果一个女婴侥幸活下来了，那她还要经受缠足的痛苦和折磨。美国归正教会传教士毕腓力于1885年来厦门传教时，发现厦门和中国其他18个省份一样，普遍流行着女童从三岁左右就开始缠足的陋习，妇女自幼年起双脚严重畸形，成年后行动不便。对她们来说，即使走很短的路也是极为艰辛的事。人为摧残所导致的残疾将伴随妇女终身，这种不人道的习俗对妇女的身心健康造成极大的威胁。随着西方文明输入和教会的努力，民众社会心理及生活观念开始发生变化，以缠足为耻，以天足为荣，女性开始普遍放足。鼓浪屿的放足运动开始得最早。

缠足，学界多认为起于南唐，成于南宋，早期主要是汉族上层女子的风俗，[①]"清时汉族士族女子必缠足，以别于蛮民、疍户且别于满人也"，[②]农妇、佣妇和挑夫等下层妇女因要出门干活，仍以天足为主，满族妇女也不缠足，"满族女子并不像当地汉族上层女子那样缠足，她们比汉族女子体格更健壮，外表更高贵，行动更自由。"[③]清代，满族统治者起初极力反对汉人缠足，一再下令禁止女子缠足，但缠足之风已难以停止，满人妇女也开始缠足。康熙七年（1668年）只好罢禁。咸丰年间，社会各阶层的女子，不论贫富贵贱，都纷纷缠足。甚至远在西北、西南的一些少数民族也染上了缠足习俗。林语堂先生曾描述过女子缠足后的步态：中国女子的缠足，完全地改变了女子的风采和步态，"其作用等于摩登姑娘穿高跟皮鞋，且产生了一种极拘谨纤婉的步态，使整个身躯形成弱不禁风，摇摇欲倒，以产生楚楚可怜的感觉。"正是这种"可怜的感觉"，膨胀了封建士大夫的自身优越感，从而滋生出其"在性的理想上最高度的诡密"[④]。在外国传教士眼中，缠足妇女"和强壮的田间妇女形成鲜明对比"，"她们（缠足妇女）身体虚弱，无法做体力劳动，无法担负起自己生活的职责，依赖别人生活；她们在昏暗阴冷，散发着难闻味

---

① 潘洪钢：《汉族妇女缠足起因新解》，《江汉论坛》2003年第10期。

② 林传甲总纂：《大中华福建省地理志》，出版者不详，1919年，第107页。

③ Rew. Justus Doolittle, *Social Life of The Chinese：Religious，Governmental，Educational，and Business Customs and Opinions*，Grahm Brash，1986，p. 23.

④ 林语堂：《吾国吾民》，《林语堂文集》第8卷，北京：作家出版社，1995年，第157页。

道的房间里迈着碎步;除了很小一部分的妇女属于有钱和有地位的家庭,其他缠脚妇女的一生是在贫穷和恐惧中度过。"[①]缠足陋习给妇女的身心造成极大伤害,广大妇女深受其苦。

针对妇女缠足的恶俗,伦敦公会在厦传教士马约翰牧师夫妇率先在厦门创建了反缠足协会,1874 年,马约翰夫妇在厦门召开妇女大会讨论禁止妇女缠足的问题,到会者有六七十人,妇女集会在清朝时期简直是无法想象的一件大事,马约翰牧师就四个问题做了精辟的演说,组织了一个自愿加入的组织——天足会,与会者共同订立了一个反对女性缠足的誓约,40 多人在誓约上画押签名。它的宗旨是"反缠足"、"戒缠足"和"放足"。从 1874 年创建到 1879 年,自愿加入天足会已有 80 多人[②]。

1879 年 3 月 22 日的《万国公报》上有署名"抱拙子"的一篇报道,其中这样评价"天足会"的工作:"缠足之俗,贻害闺门。牧师见信徒未肯卒改,心焉虑之。于是共设一会,名曰'戒缠足会',系一位高尚的英国妇女阿契巴尔特·里托夫人在南方的厦门开始这项事业。该会每年聚集两次,凡有不愿为儿女缠足者,则当于会中立一约纸,书其姓名于上,令其亲押号为凭,然后将约纸各为一半。后若背约,则会众共责之。然非以勉强制人,实由自己甘愿也。自设此会,于今三年,入会立约者计八十余家。"[③]1894 年该会已经发展到 800 余人。美国归正教会牧师毕腓力对戒缠足会的工作所取得的进展给以积极的肯定,并说可以有把握地预计,不用几十年,这种自然的天足所受到的摧残与畸形,将完全匿迹[④]。教会甚至规定凡申请进入女校读书的女孩,其入学的前提条件是未缠足,其家长必须承诺将继续遵守不为孩子缠足的规定。

厦门天足会所产生的影响不可小觑,福州、北京、山东、河北等地也都积极响应,因此马约翰牧师认为在中国需要成立一个统一的组织,他的想法得

---

① Wiley, Martha, Women and Industrial Problems in Fukien (Foochow, China), *Life and Light for Woman*, Vol48, No. 11(1918). pp. 450-456.

② [美]杰拉德·F. 德庸著,杨丽、叶克豪译:《美国归正教在厦门(1842—1951)》,台北:龙图腾文化有限公司,2013 年,第 172 页。

③ [美]毕腓力著,何丙仲译:《厦门纵横——一个中国首批开埠城市的史事》,厦门:厦门大学出版社,2009 年,第 64 页。

④ [美]毕腓力著,何丙仲译:《厦门纵横——一个中国首批开埠城市的史事》,厦门:厦门大学出版社,2009 年,第 59 页。

到在上海的英国商人立德夫人(Mrs. Archibald Little)的赞同和支持。在立德夫人的努力下,全国性的"天足会"于 1895 年 4 月在上海英国皇家亚洲委员会的会所举行成立大会,作为会长的立德夫人经年不断地努力推动和呼吁,在蓬勃发展的妇女解放运动的形势下,光绪三十一年(1905 年),清政府终于颁令禁止妇女缠足。由此我们可以说,厦门天足会的成立促进了和维护了女性的健康权,促使建立全国统一的天足会组织,这也是改变中国妇女命运的重要事件。

三、保障人身自由权:从婢女到"婢女救拔团"

蓄养婢女是旧中国压迫和歧视妇女的一种不平等的社会制度,直到抗战爆发之前,厦门和鼓浪屿的养婢之风依然盛行,奴役和虐待婢女的极端事件时有发生。蓄婢之风,虽然全国都有,厦门"亦为特盛",富绅家大都蓄养婢女,就连一般小康之家也蓄养奴婢。据调查,20 世纪 30 年代,全厦婢女计2580 人,养婢者计 1696 家。婢女成年者 854 人,未成年者 1726 人。有一家婢女多至 26 人,其余五六人至三四人亦极为多数。若与鼓浪屿等周边地区合计,"则为数当在五千以上",时人惊呼婢女数目简直"多于牛马矣"。[①] 由于鼓浪屿缺乏相关资料,尚不清楚鼓浪屿的婢女人数。由于岛上富人比较多,婢女人数应该不少。1933 年 7 月厦门市公安局奉令禁止蓄奴养婢,但政策并未施行于鼓浪屿。许多穷人家女儿被迫沦为奴婢,地位低下,常受不平等待遇,甚至被虐待或作为泄欲工具,命运悲惨,"至于婢女被虐待、投环服毒赴水者,报纸时有登载,其违背人道,更有甚于螟蛉子。"[②]另外,还有一种陋俗,"中人之家蓄婢而通之生子,或遣嫁,其不嫁者终身服贱役。亲生子女直呼其名,不以母视之",甚至把所生子女留下,而把母亲打发走,俗谓去母留子,"不独非人道,亦伤天理也。"[③]在鼓浪屿,主人辱待婢女之事,时有耳闻。如清宣统元年(1909)九月"普佑殿前某户打死女婢";宣统二年十一月(1910 年 12 月)"黄大久女婢投入相公宫四空井毙命",即使是到了 1925 年,还发生了鼓浪屿"乌埭角"某家女主人将婢女活活打死之案;1929 年,鼓浪屿

---

① 《厦门市内婢女调查统计表》,《中国婢女救拔团三周年特刊》,1934 年,第 34 页。
② 茅乐楠编:《新兴的厦门》,厦门:厦门萃经堂印务公司,1934 年,第 83 页。
③ 厦门市地方志编纂委员会编:《民国厦门市志》,北京:方志出版社,1999 年,第 728~729 页。

大宫口某洋行老板强奸了婢女，又迫使婢女用电线自缢于厕所[①]。翻开旧报纸，此类让人触目惊心的悲剧性消息时有刊载，可见婢女遭受虐待的残酷程度。

清末民初，闽南地区兵匪肆虐、民不聊生，但上层社会的士绅官商、军政要人等却过着骄奢淫逸的生活，他们的家中大多都蓄养婢女，婢女的来源或是廉价从人贩子手中收买的，或是靠高利贷盘剥、强迫穷苦人家的女孩子入门婢女，蓄奴甚至成为一种风尚，中等阶层的家庭蓄养婢女的也大有人在。这些女孩子大多七八岁或十一二岁时被卖到主人家后，便得当牛做马，受尽百般虐待，任凭主人打骂买卖。她们中有的熬不到成年就被折磨致死，即使能活到一定年龄，不是被收留为妾，便是被贩卖为娼。

受到基督教熏陶的鼓浪屿进步人士决心拯救婢女，还她们人身自由。1929年，许春草和张圣才等人，在鼓浪屿笔架山观彩石召开群众大会，提议成立"中国婢女救拔团"以解放婢女。虽然首次开会响应号召主动前来参加者不上百人，但许春草严肃郑重而又慷慨激昂的演讲还是打动了与会者，许春草最后呼吁："愿有良心的兄弟姐妹们，跟我来！"1930年10月4日，"中国婢女救拔团"暨收容院终于在鼓浪屿挂牌成立，许春草任理事长，张圣才、庄雪轩、吴李林、李德佛等6人任副理事长。中国婢女救拔团的团址和收容院设在鼓浪屿旗尾山原德国领事公馆内，德国自第一次世界大战撤出这个地方，许春草通过上海中华民国抗毒总会干事黄嘉慧向德国驻上海总领事馆交涉，以每月50元的租金租用此地作为收容婢女的地方。

中国婢女救拔团有了团址之后，许春草等人随即着手拟定"中国婢女救拔团"的宣言，强调"中国婢女救拔团"的宗旨是挽救遭受虐待迫害的婢女，伸张正义，反对封建的奴婢制度。该团宣言规定："（1）让婢女进学校读书，课余回家，仍可帮理家务；（2）婢女不堪虐待的可进入救拔团，由救拔团收容教育，给衣服膳食，并保证其生命安全，健康成长；（3）受到残酷虐待的婢女，'中国婢女救拔团'要加以强行抢救，不怕牺牲；（4）'中国婢女救拔团'设立收容院，婢女进院称院生，按年龄程度接受教育，够上中学程度的保送入中学。达到结婚年龄的任其自由选择配偶，由救拔团主持婚礼"[②]。宣言印发5000张，分发鼓浪屿和厦门各界人士，在社会上震动很大。

---

① 何丙仲：《中国婢女救拔团》，《鼓浪屿文史资料》下册，第85页。
② 何丙仲：《中国婢女救拔团》，《鼓浪屿文史资料》下册，第86页。

据记载,被救出来的婢女集中在旗尾山的收容院里,称为"院生"。她们在院里读书,学习织布,做女红保证吃饱穿暖,待她们成年后让她们结婚。凡有适婚而无经济能力或因其他原因尚未娶妻的妥实青年,可向救拔团申请。团方人员先把男方相片给"院生"看,相中的就让他们接触。团方不向男方收聘金(据张圣才老先生回忆,是收 12 个大洋),[①]但要求男方要用红轿子来迎娶,要在礼拜堂举行婚礼,还动员许多民众参加婚礼,搞得热热闹闹,让婢女扬眉吐气。

实际上,该团一成立,即受到来自厦门军政、军警、司法当局和家庭蓄养婢女者的压力,许春草是一名虔诚的基督徒,在强大的宗教信仰力量支持下,顶住压力,坚持解救与救济婢女,并积极筹款,维系该团和收容院的运作。一旦打听到哪家婢女正受打骂虐待,救拔团就带上几十人或几百人赶到该处,把婢女抢救出来。除此以外,许春草还在厦门、鼓浪屿的九个分会的会址设立收容点,受虐待的婢女跑到收容点,即由建筑工人送到鼓浪屿收容点。该团成效卓著,1933 年收容婢女 52 人,1936 年已收容婢女 105 人。[②]

然而,中国婢女救拔团在开办之初就遇到了经费的困难。许春草(1847—1960)是一位建筑师,任厦门建筑公会会长,也是一位民主爱国人士,极富正义感,早年是一个土木建筑工人,后来积极组织"厦门建筑工会",任理事长,1907 年加入中国同盟会,投身孙中山先生领导的民主革命,1922年曾受孙中山委托在厦门设立国民党联络站,任福建讨贼军总指挥,组织武装讨伐陈炯明。1929 年许春草筹创厦门婢女救拔团时,正是福建讨贼军收场之后,他已经典当卖空了自己历年储蓄下来的微薄家产,用来遣散奉孙中山之命组织的内地民军,正值其经济最穷困的时期。但许春草深知养婢之家都是有钱有势的富豪和官僚家庭,向他们募捐毫无可能,只好用借债来维持这项事业。

许春草等人的正义行为得到社会各界、特别是拥有 400 多名会员的"厦门建筑总工会"的支持。因此"中国婢女救拔团"的经费主要靠厦门建筑总工会提供,还有每年组织婢女演戏三四次卖票所得的一点收入。"中国婢女救拔团"的正义行动也感动了部分正派的工商企业家,同英布店的店东卓全

---

① 何丙仲:《中国婢女救拔团》,《鼓浪屿文史资料》下册,第 87 页。

② 张镇世、叶更新、杨纪波、洪卜仁:《"公共租界"鼓浪屿(1903—1941 年)》,厦门市政协文史资料研究委员会编:《厦门文史资料》第 16 辑,厦门:鹭江出版社,1990 年,第 67 页。

成先生（鼓浪屿人）对婢女救拔团极为关心，主动引进几架织布机捐给婢女救拔团，并教导院生学会织布，代为包销，将收入悉数交给救拔团作为收容院的维持费，并且每月送来一袋大米。从 1935 年开始，鼓浪屿工部局每年补助该团经费数百元，并请英国女传教士欧施美参与救拔团的工作，救世医院也对婢女救拔团给予帮助和支持，有些医生和护士还进入婢女救拔团为团员，院方还为婢女检查身体治疗伤病，并酌情优惠医药费①。此外，厦门国际扶轮社、毓德女学均有大量捐助，除了捐款、捐物，还有捐劳务，收容院的女院长完全不取薪俸。

"中国婢女救拔团"对婢女的解救分为几种情况：对自行到院里寻求保护者，主要是有两种措施，一是通过宣传集会促使婢女主动到收容院，该团每年都举行纪念会，五一节则上街游行。许春草等人在游行队伍中用喊话筒沿途呼号："不堪虐待的婢女，来参加游行队伍，争取自由！"结果常有婢女跑到游行队伍中，随着队伍到旗尾山收容院。二是利用建筑工会遍布厦门、鼓浪屿的九个分会的会址也设立收容点，受虐待的妇女跑到收容点，再由建筑工人把他们送到旗尾山收容院。许多建筑工人利用工作之便，打听到某家婢女正受打骂虐待，救拔团就带上几十人甚至上百人赶到该豪绅住宅，把婢女抢救出来。救拔团还经常到一些养有婢女和童养媳的家庭去了解、督查他们是否将她们视作家庭成员，是否让她们受教育。

"中国婢女救拔团"自成立于 1942 年，在鼓浪屿被日本接管前自行解散，前后历时将近十年，已收容婢女 200 多人，除了一个重伤婢女不治身亡以外，都没有发生其他病情事故。女传教士欧施美曾记录了这样一个事件："约三个月前，本局（工部局）巡捕见由厦渡鼓之一残废婢女，其腿烫伤甚剧，且脚之腿股及胫腓被紧系极久，致各该部肌肉与腱且生相贴，然后被弃道左。本局自将其交该收容院养育诊治焉。该院则将其转送医院治疗，经医生施以手术，解放其脚之肉及腱，而今能行走自如矣。"②无论婢女是被救或自行到院里寻求保护的，入院后均称院生，院生在院里受到保护，读书、学习和做女红，婢女在救拔团的收容院里过着正常人的生活。因此，欧施美不无感慨地说："婢女亦人也，施以相当训练、良好教育，而见其彬彬有礼，笑容可

---

① 何丙仲：《中国婢女救拔团》，《鼓浪屿文史资料》下册，第 88 页。
② 1936 年鼓浪屿工部局《局务报告》，《鼓浪屿文史资料》下册，2010 年，第 89 页。

图 4-10 许春草与院生合影

资料来源:Chris White 著,郭婧华译:《"救援可怜之人":民国时期厦门的婢女救济》,《鼓浪屿研究》第一辑,第 65 页。

掬,亦幸事也。本屿有此婢女收容院,堪称为全华之先锋。"[1]

　　设在鼓浪屿的"中国婢女救拔团"在厦门妇女解放运动史上留下了不可磨灭的印迹,也是鼓浪屿社会文明进程中具有重要意义的一个里程碑。1930 年,日内瓦国际联盟"反对奴隶制度组织"派考察团到东亚调查奴隶制度的残余问题,来到中国上海。当时复旦大学校长李登辉是厦门人,与许春草有交情,许春草便托李登辉向考察团介绍厦门的情况和"中国婢女救拔团"的宗旨及开办后的困境,考察团随后到厦门了解实际情况,对救拔团的工作十分赞赏,肯定了"中国婢女救拔团"的活动是保护人权运动,是消除奴隶制度残余的组织,并建议工部局予以支持,不久之后,国际联盟组织的考察团还把鼓浪屿的婢女救拔团的情况写成文章,披露于《东方妇女解放运动专刊》上[2]。

　　与此同时,"中国婢女救拔团"对厦鼓社会文明的进步也有积极的影响,促进了本地妇女的解放运动和妇女人身自由权的保护。1933 年 3 月 4 日救拔团在厦门小走马路基督教青年会举行会议,厦门商会代表陈瑞清、鼓浪屿养元小学校长林居仁、双十中学校长黄其华等人都参加。从此每年举行纪

---

① 1936 年鼓浪屿工部局《局务报告》,《鼓浪屿文史资料》下册,2010 年,第 90 页。

② 何丙仲:《中国婢女救拔团》,《鼓浪屿文史资料》下册,第 88 页。

念会和五一节上街游行成为救拔团的惯例,因此扩大了救援团的影响,厦鼓不少同情婢女的社会人士捐款资助,甚至参加救拔团的工作,厦、鼓社会蓄养婢女的现象开始逐渐减少。

救拔婢女,这项史无前例的创举,对根除旧社会蓄婢陋俗产生了积极的推动作用,使虐待婢女、童养媳的罪恶现象有所收敛。而且,救拔团对逃奔至此的婢女专门设立收容院进行收容,不仅单纯保障婢女的人身安全、解决她们的衣食问题,还对婢女进行一些文化技术教育,保证她们拥有生存的技能,甚至对婢女的婚姻选婿也认真负责,极力确保这些婢女成家后仍然生活幸福,让她们真正成为一个地位平等、生活正常的社会公民。与其他救济院等相比,"中国婢女救拔团"这种不但"救"而且"拔"的行为,独具特色,具有重要意义。

第四节　社会生活习俗的变迁

社会习俗的变迁是城市近代化的一个重要内容。社会习俗包括两部分内容:一是风俗习惯,一是社会风气。风俗习惯,主要指一个民族(或一定地域的人们)在物质生活和文化生活方面长期形成的共同习惯,包括衣着、饮食、居住、生产、婚姻、丧葬、节庆、礼仪等方面的好尚、信仰和禁忌。社会风气,则一般是指一定时期社会上人们在日常生活中形成的思想言行方面带普遍性的倾向。某一社会风气如果传承下来,就会变成风俗习惯。[①] 鸦片战争后,随着西方人大量入驻鼓浪屿,西方物质输入,西方生活习惯和观念大量涌入,促使传统的生活方式和社会习俗迅速向近代化变革。此外,20 世纪后半期,大量海外华侨到鼓浪屿定居,也带来的大量非本土的社会风俗,既有西式的,也有东南亚风格的。中外文化发生碰撞,鼓浪屿的社会观念和价值取向发生了极大变化,传统的习惯与陋俗开始改变,形成了具有现代意味的风俗,也影响了居民的心态和生活观念,鼓浪屿由此形成了多元的社会风俗。

---

① 　严昌洪:《关于社会风俗史的研究》,《江汉论坛》1984 年第 2 期。

一、调和洋味儿的饮食习惯

鸦片战争后,随着外国侨民数量的增多,鼓浪屿居民的饮食习惯率先受到西式饮食文化的影响。诚如有学者所指出的:器物技能层次的全球化最容易,"所受阻力最小,因为它并不侵害到中国人生活方式的内部价值,所以它对中国文化社会的'穿透力'远较西方的宗教、民主等为大,是冲破传统文化价值防线为西方文化开路的先锋"。[①] 因此,本土对于非传统的异质文化吸收,往往始于那些最直观、最简单的饮食习惯。中国自古就有"民以食为天"的说法,在鼓浪屿长大的林语堂先生曾说:"人世间倘有任何事情值得吾人的慎重将事者,那不是宗教,也不是学问,而是'吃'……法国人的吃是热烈地吃,而英国人的吃是歉疚地吃,中国人就算其自谋口福而论,是天禀的倾向于法国人的。"[②]

中国人经常自诩饮食文化博大精深,其实对这句话,不同的人往往会有不同的感受,对于普通大众而言,他们日常的饮食并无太多"精深"与"博大"可言。近代以来,由于鼓浪屿逐渐成为多国侨民共处的社区,来自不同地方的居民在饮食习惯上往往是千差万别,当然这并不是说他们在饮食上毫无联系,事实上,由于大多数的食物来自当地的市场,来自世界各地的人们在鼓浪屿这个小小的岛上,在饮食习惯上,一方面保持着各自原有的饮食习惯,另一方面也相互影响、相互兼容,改变或调和着自身原有的饮食习惯。

19世纪70年代,任英国驻厦门领事馆代理领事翟理思详细列举了当时鼓浪屿市场的各种副食品供应,并将众多的食材归为六大类,即家畜肉类、家禽、鱼、水果、蔬菜、时令果品。其中有些也常见于我们现在的日常消费,如家畜肉类:羊肉、猪肉、小羊头和蹄、乳猪、小牛肉;家禽:阉鸡、童子鸡、鸭、鹅、野鸭、野鹅;鱼:鲽、鲳、鲑、石鳕、海虾等许多品种;水果:杨梅、香蕉、柠檬、鲜荔枝、荔枝干、中国芒果、橘子、桃子、梨子、柿子、李子、椰子果、波罗、柚子;蔬菜:地瓜、笋、豆、萝卜、甘蓝、花椰菜、莴苣、胡萝卜、胡瓜、菠菜、西红

---

① 金耀基:《从传统到现代》,北京:中国人民大学出版社,1999年,第132页。
② 潘维廉著,潘文公、钟太福译:《老外看鼓浪屿》,厦门:厦门大学出版社,2010年,第85页。

柿、芜菁、山药；其他：大米、柴火、中国油、稻谷。① 有些则明显与西方的饮食密切相关，如：牛肉、小公牛（阉牛）舌、小公牛心、小公牛蹄、小公牛肝、小公牛腰子、小牛头和牛蹄、火鸡、雌火鸡、沙鹬鸡、孟买洋葱、牛奶、西谷米、通心粉、面包、香港糖、新咖啡和木炭等。翟理思评价道："像中国所有的港口一样，鼓浪屿的生活必需品并不很便宜。各种欧洲商品都很容易从外国侨民和本地人开设的零售店里以公平合理的价钱买到"。②

　　随着中西交往增多，西方人的食品和饮食习惯对中国的饮食结构与文化产生了一定影响，并首先吸引上层社会人士效仿。雪茄烟、洋酒之类的奢侈品，成为富贵人家社交活动不可缺少的物品，也为追求时髦的民众所喜爱，继而扩散到中下层民众，进而促进市民生活习俗的改变。趋新和趋洋成为时尚，城市居民的饮食结构和消费逐步丰富和走向社会化。

　　尤其是主食方面，市民改变以往单一食用大米的习惯，开始对面条、馒头、面包和蛋糕之类的面食发生兴趣。面粉逐渐成为进口的大宗物品，1881年至1891年10年间，厦门海关美国面粉的进口量增长了7倍。③ 面粉的进口数量从1892年的24177担上升到1901年的201913担。"这些面粉大部分被用于制造面条、面线和本地饼干。所有这些食品大量地供本地各阶层人民所食用。"④

　　副食品方面，品种非常丰富，市民对饮食的要求大为提高，比以前更为注意营养口味。进口物品中，就有糖、海带、海菜、海蜇、咸鱼干、干贝、胡椒、糖块及罐头果品。由于罐头技术的引进，城市居民开始食用罐头等食品。食品工业是厦门最早产生的民营工业之一。厦门有两家罐头厂，"瑞记栈建于1893年，每年生产水果罐头约4000担，在本地及海峡殖民地很畅销。淘化公司建于1908年，每年产量为1000担水果罐头、2500担酱油和2500担豆腐，在厦门地区、台湾和海峡殖民地很畅销。"⑤

　　毕腓力牧师在谈到当时厦门的饮食时也写道："厦门人的主食有肉类、

---

① ［英］翟理斯：《鼓浪屿简史》，载何丙仲辑译：《近代西人眼中的鼓浪屿》，厦门：厦门大学出版社，2010年，第184～185页。

② ［英］翟理斯：《鼓浪屿简史》，载何丙仲辑译：《近代西人眼中的鼓浪屿》，厦门：厦门大学出版社，2010年，第184页。

③ 戴一峰等译编：《近代厦门社会经济概况》，厦门：鹭江出版社，1990年，第257页。

④ 戴一峰等译编：《近代厦门社会经济概况》，厦门：鹭江出版社，1990年，第305页。

⑤ 戴一峰等译编：《近代厦门社会经济概况》，厦门：鹭江出版社，1990年，第351页。

鱼、家禽、猪肉、大米、地瓜、腌菜、各种新鲜蔬菜、面条和水果。桌面上的食物的丰富还是寒酸,全然取决于这一家是富裕、小康、还是贫困。"①在鼓浪屿,贫富阶层的饮食相差很大。一般劳苦大众的生活大都粗陋简单,吃的饮食多是粗糙的,因为米粮太贵,多以番薯煮粥②。对于贫困阶层或郊区农户,饮食极为节俭,食材更多的是自供,而非来自市场交换。鸡、鸭均为自养,蔬菜是自己田园里种植的,酒和酱油也是自家酿造。另外,西方人经常食用的马铃薯,一般被看作穷人的食品,但在福建开始引种主要是用于外销,本地的下层民众并未将自己的主食从习惯的大米换成土豆。

鼓浪屿的外国侨民、归国华侨和其眷属的生活水平比较高,像白兰地等洋酒和三五牌高级洋烟等成为上层社会的生活消费品,据《厦门海关十年报告(1912—1921年)》载:"在社交方面,外国酒也大量取代了中国酒。"③因为居住在鼓浪屿的外国侨民都会尽量延续本国的生活方式,或食用来自故土的食物,但并不拒绝使用一些当地的调味料,或食用来自本国的调味料,也不拒绝食用本地出产的农牧产品。如"当地日本人吃当地的物产甘米,副食品也是土产的鱼、牛、鸡肉,用本国方法和从日本输入的酱汁、酱油等调理。日常生活物资充足,常用绍兴酒、日本酒。在华欧美人多吃土产牛肉、面包、鱼类,用本国方法调味,其他需要的酒类、果子等多从上海、香港输入"④。

上流社会很快就学会接受西方的一些饮食,1881年一位名叫肖尔(Shore)的外国侨民有这样一段记载:

> 接待我们的官员是巡抚的秘书(布政使),至少是这级官员,他一边紧握双拳,不停作揖,阵势吓人,一边热情地跟我们说,请!请!一长者——他以同样的热情接待,并邀请我们在室内的小桌旁就座。桌上摆满了好多东西,有松糕、果酱馅饼和水。我们脱下帽子,小心地放在旁边的凳子上,稍作寒暄之后,布政使开始分松糕,道台大人切馅饼。他们一边为我们装盘子,一边为食物的简单道歉——一点客气。⑤

---

① [美]毕腓力著,何丙仲译:《厦门纵横——一个中国首批开埠城市的史事》,厦门:厦门大学出版社,2009年,第58页。
② 茅乐楠编:《新兴的厦门》,厦门:厦门萃经堂印务公司,1934年,第81页。
③ 戴一峰等译编:《近代厦门社会经济概况》,厦门:鹭江出版社,1990年,第376页。
④ 严昌洪:《中国近代社会风俗史》,杭州:浙江人民出版社,1992年,第80页。
⑤ 潘维廉著,潘文公、钟太福译:《老外看鼓浪屿》,厦门:厦门大学出版社,2010年,第85页。

从饮食结构看，据日本人调查，民国初年，厦门上流社会主食是白米。早上吃粥；上午9—10点和下午2—3点吃点心，称中食；晚上七八点晚食；10点吃茶果。菜有猪肉、新鲜鱼或咸鱼、葱、韭菜、猪舌、鸡、家鸭、野菜、猪汁、鲍鱼和虾等。一般商家的主食、副食品和上流社会差不多。可见商品经济的发展使人们追求生活方式的变化和翻新，荤菜成为城市中等人家餐桌上的常见食品①。

随着社会与经济的发展，鼓浪屿饮食生产和消费逐步丰富并日趋市场化。鼓浪屿在20世纪后工商业较为繁荣，人口不断聚集，职业商贩、店员与工人数量日益增多，许多人是孤身一人在城市就业。而且普通民众与富人等均需迎来送往，为了适应他们的需要，鼓浪屿出现了一些不同档次的饭店、菜馆、酒楼和摊档，如福恒发酒楼（当时龙头街最大的酒楼）、②苑香居菜馆、美德堂酒店、牛肉羹饮食店、食杂店等。③ 龙头路鼓浪屿市场北门和东门有不少鼓浪屿特色的风味小吃店，如开设于北门的恒和小食店，经营品种繁多，尤其是"鼎边锅"，一碗仅售5枚铜钱，价廉实惠，每日食客盈门。鼓浪屿东门外有著名的小吃店，如"蠔仔粥源"、"卤肉漂"、"圆仔汤海"等卤面，利成沙茶牛肉饮食店等。④ 龙头河仔墘一家菜馆，"灯火初上"，"每见舟子成群，对酒当歌。盖彼等均以日中所得，除有家室者留三分之一作家费外，余尽挥霍于'吃'"⑤。

总体而言，20世纪30年代的鼓浪屿，随着全球化和内外贸易的日益扩大，来自各国、各地的居民在饮食习惯上已经逐渐融合，饮食功能的市场化和商品化也日趋成熟，烹调和消费的场所正由家庭转向社会，这是近代饮食风俗变化的新特征。市场中的部分酒楼继续充任传统时代上流社会宴客交际场所，但更多的是为中下层社会人员以及一般贩夫走卒提供迅速方便的就餐条件。而在饮品方面，鼓浪屿市场周边也有新式咖啡店，如复兴咖啡店、明山咖啡店；也有传统的茶店，供应茶水之类，鼓浪屿东门外的讲古场附

① 日本外务省通商局监理：《福建省事情》，东京商业会议所发行，1921年，第11页。
② 余丰、张镇世、曾世钦：《帝国主义对鼓浪屿的殖民统治》，《厦门文史资料》第16辑，第139页。
③ 陈全忠：《在鼓浪屿创业的惠安人》，《鼓浪屿文史资料》下册，第263页。
④ 陈全和：《龙头市场的变迁》，《鼓浪屿文史资料》中册，第172、173页。
⑤ 《鼓浪屿史料（一）》，《鼓浪屿文史资料》中册，第196页。

近有供人泡茶休闲漫谈的茶店①。

二、尽显流行时尚的服饰与发式

服饰和发式是观察和把握社会生活脉络的一面镜子,服饰和发式的变化往往能够标识社会制度和结构的深层次变革,反映一个社会的价值观和行为规范的变迁。在中国历代封建王朝的更替中,无论是服饰还是发式,都受制于某种自古以来的礼制。着装制度始终带有官方色彩,统治者往往以律令或法规的形式对官服的形制、文饰和颜色等作出严格的规定,以区别和显示不同的等级。发式也是一样,男女老少的发式各有固定的模式,这是中国封建时代最重要的礼制规范之一。不仅各级官员都必须遵守礼制,不能逾越,如有僭越,将会受到严惩,就算是普通百姓也要符合这些礼制和规章,不得超越自己所在的等级,这在厦门及闽南地区亦不例外。

鸦片战争后,作为通商口岸的厦门,随着中外贸易和交流的日益增多,颇能显示等级制的服饰和发式悄然发生变化。正如饮食习惯的变化与经济状况密切相关一样,服饰也能够反映人们的经济状况。在厦门的传统服饰中,从服饰完全可以推断一个人的社会地位。上层社会的男性,穿长衫,外加马褂,头戴"鲁笠"或瓜皮帽,俗称"碗帽"、毡仔帽。长衫有两种款式:一种是纽扣排正中的"对襟仔衫";一种是纽扣排右侧的"大襟衫",闽南俗称"大刀衫",因其开襟扣纽有如"七星大刀"故名。厦门中等阶层没有缠足的妇女,大多穿高跟鞋,缠足者则穿着小巧的尖头的缎鞋子,鞋跟还要填很厚的红漆木头②。上层社会的女性服饰则更加精致,旗袍是主要的服装,但其裁剪大多是用整块布料制成,款式看似简单、流畅,虽无腰带、衣袋之类的附件,但配饰和镶边的做工却十分考究,尽显雍容大气。

在平民百姓中,男人多以粗布汉装衣服及镶边大襟衣、纳底布鞋、草鞋、木屐为主。一般妇女的衣着,上穿大襟衫(大刀衫),下穿长裤或裙子,上下同色,以青、黑布为主,劳动妇女一般不穿裙。大襟衫是圆低领,衣长常达膝,衣裙均较人体宽大,穿起来舒适自然,而且衣裙都有宽布条贴边,增加美感。如遇喜庆节日,则穿上鲜艳衣服,以红为主,并戴上首饰。旧志载:"岛中妇女编花为龙、凤、雀、蝶诸形,插戴满头。"

---

① 陈全和:《龙头市场的变迁》,《鼓浪屿文史资料》中册,第 172、173 页。
② 茅乐楠编:《新兴的厦门》,厦门:厦门萃经堂印务公司,1934 年,第 88 页。

鼓浪屿的服饰流行趋势深受当地居住的外国侨民与华侨的服饰的影响，因为鼓浪屿是闽南最早接触西方人的地方之一，其服饰风尚转变程度主要表现在个几个方面：第一，衣服样式面料变革颇多，男女衣服以前"皆尚长"，现在"尚短"，以前以棉布为主，现在"衣丝绸、呢绒、哔叽者多"；第二，帽子变革。以往士人及商家"多戴瓜皮贡缎帽"，普通民众草草以"布节缠首"，现在不仅帽子面料与样式改变，而且有明显季节变化，"夏凉笠"，"秋呢帽"；第三，鞋子变革。以往民众"多双梁布鞋"，士绅"镶云缎鞋"，现在"以革履为雅观"，即以皮鞋为美。另外，男士还"戴金边镜"，"手执镶金杖"，即所谓"文明棍"。女性的服饰潮流变化更快，以前妇女出门一向"以帕幂首，阔袖，执红漆杖"，后则"秃襟窄袖，短裙，携洋伞"，而后"并此而陋之"，以"短袖齐腰"、"丝袜革履"为"雅观"。此外，到五四运动前后，白衣黑裙成为女学生的典型装束，这与清末在厦门教会读书的女孩着装也有着天壤之别。

19 世纪二三十年代，经过改造的颇具民族特色的旗袍盛行起来，再之后，颇具西洋风情的连衣裙又开始流行，不同风格的服饰受到各阶层女性的欢迎。而一些服装的装饰品，如围巾、手套、胸花、别针、手镯、戒指等，也都受到女性的普遍青睐。妇女服饰名目越来越多，作为女装主流的，既有传统的旗袍，也有来自西洋的连衣裙、大衣和各色西式服装。一时间，流行的女装款式几乎涵盖了中西女装方面的传统要素。我们可以从 20 世纪 30 年代初林尔嘉的儿媳及其友人和佣人着装上看出女性服饰流行时尚的端倪。

图 4-11　清末在厦门教会学校念书的女学生

资料来源:洪卜仁主编:《厦门旧影新光》，厦门:厦门大学出版社，2008 年，第 114 页。

鼓浪屿的女性服饰还有流行一个显著的特点，那就是将珠光宝气尽情展现。这是因为鼓浪屿侨眷较多，生活富裕，她们的装饰更丰富。"南洋富婆"的外来服饰和装扮已被当地民众接受，并逐渐成为当地女性流行服饰的一部分。先前女性首饰用"铜角"，后来变为"竞尚银玉"，再后则"盛行金珠钻石"。据说番婆楼住户许经权之母常穿

金戴银，出门一身珠光宝气，俨然一
个南洋富婆，街坊邻居称其为"番
婆"，久之而成其住处的名称——番
婆楼。这至少说明，在鼓浪屿，该女
性佩戴的金银饰品非常丰富，否则
不会"珠光宝气"；其次，如此的装扮
可能在厦门及闽南地区并不常见，
唯独在鼓浪屿比较常见。

鼓浪屿在服饰方面的流行时尚
迅速向厦门和闽南地区扩展，最初
流行于工商界、知识界的服饰变革
迅速向社会中下层普通民众扩散，
成为一种较规范的社会行为。如厦
门《同安县志》曾记载了当时的社会
习俗的变迁，抄录如下：

图4-12 20世纪30年代初，林尔嘉的儿
媳带着女佣人在在鼓浪屿龙头
路码头送别友人

资料来源：该图选自洪卜仁主编：《厦门旧
影新光》，厦门：厦门大学出版社，2008年，
第15页。

衣男女常服皆尚长，而今
尚短。普遍多以棉布为之，今则衣丝绸、呢绒、哔叽者多，一套衣服可抵
中人一家之产。帽，士人及商家多戴瓜皮贡缎帽，庶民则以布节缠首，
今则夏凉笠，而秋呢帽。履，昔多双梁布鞋，镶云缎鞋惟士绅服之；今则
以革履为雅观，而且眼戴金边镜，手执镶金杖。……妇女首饰向用铜
角，后则竞尚银玉，今则盛行金珠钻石。又妇人出门向以帕幂首，阔袖，
执红漆杖，左宗棠曾称为邹鲁遗风。近日潮流崇拜文明，秃襟窄袖，短
裙，携洋伞。今则并此而陋之，遂以短袖齐腰，丝袜革履，竞称雅观。
吁，风俗之变，岂独服饰已哉。[①]

实际上，自辛亥革命后，政治变更，清代官员烦琐复杂的官服等都被废
止，等级服饰制度走向衰亡。随着经济发展，社会观念的变化更快，民众服
饰习惯变化更快，西装作为文明与先进的象征，在工商界、知识分子非常流
行。同时，"中山装"、"学生装"在知识分子和公务员中也颇受欢迎。男装有
长衫马褂、中山装、学生装、西装、大衣、夹克、毛衣等。男性裤有内外之分，

---

① 丁世良、赵放主编：《中国地方志民俗资料汇编·华东卷》下册，北京：书目文献出版
社，1995年，第1233～1234页。

长短之别,还有西装裤、吊带裤等不同款式。民众开始突破旧有的规范,原有的正统观念和等级服制已经发生彻底的转变。民国以后,人们不再重视服饰所代表的身份等级,从政府要员到商店伙计,都可着一袭长衫。尤其是与外国侨民联系密切的买办、商人和洋行职员,他们最先受到西方思想文化和生活方式的影响,开始仿效洋人,穿起西服。同时,西式服饰越来越多地受到市民青睐。厦门、福州等地每年都大量进口用来制作西服的各种布料和帽子、洋袜、皮鞋等物品。西式分类极细,洋布有棉织品,包括灰洋纱布、漂白洋纱布、十字步、斜纹布;有毛织品,包括英制毛羽纱、粗呢、中呢、细呢、西班牙条纹呢以及粗毛呢等。① 虽然土布结实耐用,但不及洋布花样繁多、样式新颖,因而洋布深受城市居民欢迎。

　　与此形成鲜明对比的是,即使到 20 世纪 30 年代,厦门底层社会的劳动妇女仍然保留原来的传统装扮,头上插着三条簪,脚上踏着木屐或赤脚②,"头上蓬松的发也不过打了个髻便算了。她们的衣服,四季都是黑色的,上身的黑衫可以没膝,裤是不长不短。她们前额罩着一块漆黑的油光布,遮没了半截脸容。这大概是工作的时候用来抵抗太阳的炎热。尤其使人惊奇的是脑后插着三把镀银的刀,两只耳朵挂了一双我们通常挂帐的帐钩那么大的耳环。"③

　　其实,底层妇女的这种老式装扮也难以抵挡时尚潮流的力量,正如民国时期男人的辫子无法阻挡改革的潮流。众所周知,辫子是 17 世纪中叶清朝建立后强加于汉族所形成的习俗,此前汉人一般不剃发蓄辫。为了彻底从精神上征服汉人,清朝统治者把剃发作为一种表示归顺的标志,并不惜以死要挟:"留头不留发,留发不留头"。因此,辫子作为清朝权威的象征,与清王朝共始终,"区别中国人与其他种族最主要的一件东西就是辫子","直到 1910 年,任何时候去掉辫子都会被认为是大逆不道,该受杀头的处罚"④。一位亲身参加过太平天国革命的英国人吟唎曾经说过:"许多年来,全欧洲

---

　　① 吴亚敏、邹尔光等译编:《近代福州及闽东地区社会经济概况》,北京:华艺出版社,1992 年,第 121 页。

　　② 茅乐楠编:《新兴的厦门》,厦门:厦门萃经堂印务公司,1934 年,第 88 页。

　　③ 茅乐楠编:《新兴的厦门》,厦门:厦门萃经堂印务公司,1934 年,第 87 页。

　　④ [美]毕腓力著,何丙仲译:《厦门纵横——一个中国首批开埠城市的史事》,厦门:厦门大学出版社,2009 年,第 56 页。

都认为中国人是世界上最荒谬最奇特的民族:他们的剃发、蓄辫、斜眼睛、奇装异服以及女人的毁形的脚,长期供给了那些制造滑稽的漫画家以题材。"①晚清时期,随着西人来华增多和西方文化的渗透与影响,"时间也改变了很多风俗,去掉辫子不再被看作是造反的行为。其实,时至今日对这个问题也没有正式颁布过法令,但普遍认为剪辫子是得到皇帝默许的",②去辫留西式短发的人越来越多。除了归国华侨和留学生外,国内还有买办、通事(翻译)、洋行公司职员或信奉基督教者,均剪掉辫子。

图 4-13　厦门妇女传统服饰
　资料来源:何丙仲辑译:《近代西人眼中的鼓浪屿》,厦门:厦门大学出版社,2010年,第43页。

　　辛亥革命后,剪辫成为打倒帝制、移风易俗的重要内容,"辫子不复存在了"。③福建都督府曾发布公告,强制要求所有政府职员剪辫:"通饬商会,农业会办事人员悉宜剪辫,并令移文各分会一律剪除,并谕令各商照剪;凡在官人员家属及使用之人均令剪辫,有不剪者,即行撤差。……合行通告合署书记壮勇人等一体遵照,悉宜剪辫供公,有未剪辫者不许进入本署。"④蓄辫者很快绝迹,根据30年代福建省会公安局调查,全省蓄辫者已寥寥无几,1932年67人,1934年30人,⑤留西式短发已成为时尚,此时的城市女子发式已经有很多,有短发、发髻、长辫、剪发,20世纪30年代还出现波浪型或翻卷形的火烫发,鼓浪屿

---

　　①　[英]呤唎著,王维周译:《太平天国革命亲历记》,上海:上海古籍出版社,1985年,第51页。

　　②　[美]毕腓力著,何丙仲译:《厦门纵横——一个中国首批开埠城市的史事》,厦门:厦门大学出版社,2009年,第56页。

　　③　戴一峰等译编:《近代厦门社会经济概况》,厦门:鹭江出版社,1990年,第376页。

　　④　《福建公报》1912年2月3日,第19号。

　　⑤　福建省会公安局:《福建省省会户口统计(民国二十一年十二月)》,1932年12月,《福建省会户口统计(民国二十三年)》,1934年12月。

自不例外。

总体而言，与传统时代相比，人们不再重视传统的身份等级，也不受任何法律制度制约，而是从各自生活方式、审美情趣、社会流行趋势和经济能力出发，选择自己喜欢的服饰和发式。当然，以衣帽取人的观念仍然存在，不同社会阶层的服饰仍有一定区别，但是人们主要是根据服装类型、质料、做工、款式来判断职业、文化和经济状况等，而不再是从服装看身份等级。从政府要员到商店伙计，都可着一袭长衫。从民国时期留下的大量鼓浪屿的老照片上，都可以看到中山装、长袍马褂和西装革履出现在同一场合的情形。

三、变化多元的新旧居住风尚与婚丧礼仪

由于厦门地区缺乏木材，富产花岗岩，传统民居均以砖石或石结构为主。[1]　厦门清代房屋特色是"房屋低小而多门，上用平屋，惧风也，人可行走。墙角则置碎瓷碗、碎瓦片，堆积高尺许，防穿窬也。富贵家率用兽头筒瓦。"[2]但闽南传统民居也有值得称道的特点。一是与中国各地的民居建筑多用青砖青瓦不同，闽南民居普遍使用红砖红瓦（分板瓦和筒瓦），称为"红料"。二是闽南民居屋顶正脊或为马鞍脊，或为燕尾脊，呈现出中间凹陷两端微翘的优美曲线。尤以燕尾脊更正式，两端探出高昂翘起，尖细，有轻灵飞动之势。三是细部装饰极其讲究，其镜面墙、牌楼面、屋脊、归尾和水车堵等处，都是装饰重点，精雕细刻，精美绚烂，鲜艳炫目，并因此发展出交趾陶、剪粘等独特工艺。鼓浪屿的传统民居也是如此，从留存至今的"大夫第"、"四落大厝"可以看出。

步入近代，外国侨民刚到鼓浪屿时，认为早期居民的房子"破烂不堪"，"地势又潮湿又低洼"，"根本不能住人"。[3]　于是他们开始自己建造西式楼房。随着入住鼓浪屿外国侨民数量的增多，鼓浪屿岛上西式楼房也越来越多，鼓浪屿传统建筑格局与风格发生显著变化，各种风格的建筑鳞次栉比，

①　福建省地方志编纂委员会编：《福建省志·民俗志》，北京：方志出版社，1997年，第96～97页。

②　（清）周凯：《厦门志》卷十五，《风土记》，厦门：鹭江出版社，1996年，第515页。

③　[美]毕腓力：《在厦门五十年：厦门传教史》，载何丙仲辑译《近代西人眼中的鼓浪屿》，厦门：厦门大学出版社，2010年，第280页。

散落在鼓浪屿岛上。

鼓浪屿外国侨民修建的西式风格住宅,居住条件良好,"宽敞豪华","精致地散落在茜红色大圆石和岩体之间。一丛丛茂密的竹林,以及亚热带气候条件下精美花园里的花草为他们的住宅遮阴"。他们还根据生活习惯在楼房周围大造园林草地,每一栋别墅都修建了大片草地,因而占地甚广。如厦门海关税务司公馆占地 22.305 亩,厦门海关验货员住宅及海关俱乐部占地 16.502 亩,英国领事馆占地 3.695 亩,美国领事馆占地 9.523 亩,法国领事馆占地 7.366 亩,"到处都是翠绿的山坡"。[①]

接受来自欧美的居住理念和建筑风格,许多闽南海外移民在侨居地获得成功后,带着他们的钱财回国定居鼓浪屿,也在岛上盖起了各种西式楼房。根据厦门海关报告,"富有的中国人从马尼拉和台湾返回,随之建起了许多外国风格的楼房以作他们的住宅";[②]"这些幸运儿盖起了新式的,条件改善了的楼房。在鼓浪屿,最好的大厦是属于那些有幸在西贡、海峡殖民地、马尼拉和台湾等地发迹的商人后裔所有。在厦门和远离市中心的地方的一些西式洋楼,也同样是那些在海外发了财的人所盖的。"[③]从 19 世纪下半叶到 20 世纪 30 年代,各国侨民和返乡的海外移民、本地富商在岛上盖起了一座座豪华别墅与私家花园,留存至今的还有数十幢(处),如著名的瞰青别墅、黄家别墅、菽庄花园、怡园、八卦楼和观海别墅等,成为鼓浪屿岛上特殊的风景线。另外,从东南亚返乡的海外移民还兴办房地产公司,吸收了东南亚建筑风格,将临街住房建造为"骑楼式"楼房。这种楼房能遮阳避雨,独具一格。骑楼前店后居,上宅下市,适应了当时岛上经济发展的需要。

最引人注目的是独院式花园洋房,它与中国传统民居的庭院式平面布局形成鲜明对比,室内比较宽敞,平面布置灵活,分别有起居室、卧室、书房、饭厅、厨房、卫生间、储藏室,主要房间通风、采光良好。同时,洋房的材料、结构和造型等也与中国传统民居几乎完全不同。房屋构造多为砖石承重,建造的是多面组合、凹凸变化的楼房,有迎面门窗、台阶与阳台,房屋周围种植大片草坪与花木。

---

① 中华人民共和国文物局:《鼓浪屿申报世界文化遗产世界遗产公约》,2016 年,第 60 页。

② 戴一峰等译编:《近代厦门社会经济概况》,厦门:鹭江出版社,1990 年,第 336 页。

③ 戴一峰等译编:《近代厦门社会经济概况》,厦门:鹭江出版社,1990 年,第 359 页。

　　因此，不管是室内布局与条件，还是室外环境，独院式花园洋房居住舒适，就连保守的厦门道台也喜欢住在鼓浪屿的欧式楼房里。据《厦门海关十年报告（1892—1901 年）》所载：

　　　　中国官员一般都非常保守，不愿甩掉旧习惯，但现在也开始表现出对外国建筑和外国生活方式的欣赏。现任道台按往常的习惯住在城内他的衙门里。但是去年，他在鼓浪屿中心区弄到了一幢欧洲式楼房，现在每天乘坐六桨的外国轻便小艇，来往于他的衙门和住宅间。今年皇帝生日时，该道台于他的私人住宅内和海军管带一道宴请各国领事、海关人员和所有主要的外国居民。①

　　随着居住环境的变化，与起居生活有关的日用品也盛行于鼓浪屿。如玻璃器皿、火柴、煤油、洋钉、洋伞、洋肥皂、西药、钟表、玩具、灯泡、牙刷、牙膏、化妆品以及照相机、电灯、电铃、电话、电扇、钟表、测量器等西方各种日常用品，在鼓浪屿富裕家庭里较常见。这些居住条件的改善促使鼓浪屿上秉持传统的中国居民对西洋事物的态度逐渐改变，从抵触和排斥转而崇尚西方的物质文明，从而使传统的生活习俗带上近代文明的气息。

　　近代以降，鼓浪屿的婚姻礼俗发生了显著变化。传统婚姻制度以家族为本位，民间旧式婚制下的许多陋习恶俗在鼓浪屿仍然比较普遍，如童养媳、纳妾、守节等。婚姻首先要考虑的是如何延续家族的生存和发展，而不是作为婚姻基础的男女双方的感情。婚姻多由父母包办，整个婚礼也过于冗长、礼仪繁芜，浪费资财。根据 1931 年《厦门指南》记载：由于"婚姻多旧俗，礼节繁重，费时伤财而已"，因此，"近人事日多，莫不避繁趋简。改花轿为汽车，其礼堂或就家中，或借用会所、学校，或租用旅馆戏院。一经行礼，即告了事。……独聘金之厚，礼物之多，一时犹未尽改"。②

　　自民国以来，传统婚姻礼俗日益受到新式知识分子的抨击，城市女性初步实现婚姻自主权，自由恋爱、自由婚姻逐渐流行，西式新式婚礼开始流行。新式婚礼淘汰了许多陋习，淡化了婚姻传宗接代的目的，婚姻价值观转向以夫妇双方幸福及小家庭为主的标志，形式简单，所费简朴。特别是由于鼓浪屿基督徒多，他们的婚礼多在教堂举办，形式简单，花费甚少，如林语堂的婚

---

① 戴一峰等译编：《近代厦门社会经济概况》，厦门：鹭江出版社，1990 年，第 336 页。

② 苏警予、陈佩真、谢云声编：《厦门指南》第四篇，厦门：厦门新民书社，1931 年，第 3 页。

礼即在福音堂举办。婚礼上,证婚人宣读订婚书、新人用印、主婚人训词、互致颂词和谢词等仪式,具有了近代婚姻的法制性和契约性。

与此同时,鼓浪屿也出现了西式的丧葬仪式。传统丧葬礼仪比较烦琐,一般由耆老主持,前以旗幡开路,一路锣鼓之声不停,"细吹"以南音的指谱套曲,"大板吹"则用福建水师提督衙门的军乐队吹过的号筒吹奏《施将军得胜乐》等传统乐曲,丧家披麻戴孝,恪守古代《礼记》的缞麻制度,亲疏辈分一丝不苟。① 鸦片战争后,鼓浪屿开始出现西式葬礼,尤其是基督徒普遍采用西式出殡仪式。牧师追思祷告以后,众人列队出发。前头由用铁树叶子或鲜花装饰的丧钟开道,丧家穿黑色丧服,一派肃穆。西乐队的乐师们穿着或黑或白的仪仗队制服,一路军鼓奏乐,间以萨克斯管、英国小号和巴松管吹奏贝多芬的《悲怆奏鸣曲》、海顿《可爱的家》等西洋名曲,部分有钱的丧家干脆中西乐队全包,一路上中外名曲交相演奏,体现了中外音乐独特的"融合"②。

四、难于消除的社会恶习

传统习俗存在很多陋俗,在西方文化的影响下,部分得以废除或变革,但仍有部分继续延续。不过,西方社会的一些不良风俗也传入,形成新的陋俗,中西社会风俗的糟粕成为鼓浪屿近代化的沉重包袱。

早期鼓浪屿,烟馆林立。厦门开埠后最早开设的那些洋行,基本上都有走私鸦片的记录。如大鸦片商渣颠(William Jardine)等人合伙创办的英商怡和洋行、近代出名的鸦片贩子颠地(Dent)创办的英商宝顺洋行,和美商旗昌洋行等,这些当时都是在华最大的鸦片走私商行,在厦门都设有分行。在厦的英印商裕记洋行、安记洋行等,也都以经营毒品走私为主业。19世纪70年代,曾任英国驻厦门领事馆代理领事翟理思认为:"鼓浪屿实际上是鸦片的一个货栈和走私活动的基地"。③ 从鸦片走私到鸦片贸易合法化短短数年间,吸食鸦片的人迅速增加。据1878年英国统计,鼓浪屿上居民不到

---

① 何丙仲:《鼓浪屿公共租界》,厦门:厦门大学出版社,2010年,第126页。

② 何丙仲:《鼓浪屿公共租界》,厦门:厦门大学出版社,2010年,第125~126页。

③ [英]翟理斯:《鼓浪屿简史》,载何丙仲辑译:《近代西人眼中的鼓浪屿》,厦门:厦门大学出版社,2010年,第173页。

3000 人,却有 4 家鸦片烟馆。① 鼓浪屿原来的"宝顺巷"就因那家贩毒的洋行而得名。

吸食鸦片的陋习,严重腐蚀吸食者身体,毒化社会肌体。最早对此做出反应的是教会,1883 年,闽南基督教漳泉长老大会把禁烟定为教会大事之一,严查教会内部人员买卖鸦片及种植罂粟之事。在教会严禁政策之下,无一信徒吸毒、贩毒或种毒。厦门基督教青年会也积极参加戒烟禁毒活动。1906 年,清政府颁布禁烟令,要求 10 年内彻底根绝吸食鸦片。② 1908 年 6 月 16 日,工部局通过决议:"本布告公布并生效之日(7 月份公布)起 60 天内,关闭鼓浪屿所有的鸦片烟馆;特许有限的店铺出售鸦片,但须知这些店铺有一半应于 1909 年 3 月 31 日前停业,另一半也应于 1910 年 3 月 31 日前停业。"③随后,决议全部付诸实施,鼓浪屿的鸦片交易大为缩小。1910 年,鼓浪屿岛上约 12 家鸦片馆关闭,并被禁止再出售鸦片。④ 此后工部局并制定相关章程:"不准于本公界内私运鸦片以及设烟馆,如有不遵守者,定则拘捕究办。"⑤

虽然鼓浪屿不准私运鸦片或开设烟馆,但并不表明岛上没有私设鸦片馆或吸食鸦片之人,如 30 年代初期有的鼓浪屿码头工人就吸食鸦片成瘾。⑥ 1936 年,为遏制日益盛行的偷窃之风,工部局特侦队在岛上大搜查,在海坛路住户家搜获鸦片烟具 2 副,⑦可见岛上还是有吸食鸦片之人。由于岛上有禁食鸦片的规定,鼓浪屿鸦片吸食者可到厦门去吸鸦片。厦门岛上抽鸦片的人非常多,抽吸鸦片是当地华人的一个明显特征。⑧ 直至 1936 年,厦门还

① [英]翟理斯:《鼓浪屿简史》,载何丙仲辑译:《近代西人眼中的鼓浪屿》,厦门:厦门大学出版社,2010 年,第 175 页。
② [美]毕腓力著,何丙仲译:《厦门纵横——一个中国首批开埠城市的史事》,厦门:厦门大学出版社,2009 年,第 93 页。
③ [美]毕腓力著,何丙仲译:《厦门纵横——一个中国首批开埠城市的史事》,厦门:厦门大学出版社,2009 年,第 96 页。
④ 戴一峰等译编:《近代厦门社会经济概况》,厦门:鹭江出版社,1990 年,第 343 页。
⑤ 《鼓浪屿工部局律例》,《厦门文史资料》第 16 辑,1990 年,第 85 页。
⑥ 洪卜仁:《鼓浪屿见闻录(一)》,《鼓浪屿文史资料》中册,第 35 页。
⑦ 洪卜仁:《鼓浪屿见闻录(二)》,《鼓浪屿文史资料》中册,第 169 页。
⑧ [英]塞舌尔·包罗:《厦门》,载何丙仲辑译:《近代西人眼中的鼓浪屿》,厦门:厦门大学出版社,2010 年,第 129 页。

有领照烟民 4367 人。①

日本占领鼓浪屿后，日伪开设不少鸦片烟馆，美其名曰"谈话室"或"戒烟所"，实际上都是鸦片馆。除上述"同声俱乐部"和"华侨联欢社"附设鸦片馆外，还有一些领取"烟照"、公开开设卧铺的三盘烟商（日籍台人占大多数），当时鹿耳礁、福建路、河仔墘、大宫口等处各有一家。这些执有"烟照"的鸦片馆，可以凭照向日伪专卖局购买支装的鸦片烟膏，转售牟利。② 通过设立烟馆，推行毒化政策，以毒害中国人。

实际上，鸦片的危害并不局限于鼓浪屿，自鸦片战争以来，厦门乃至整个闽南地区都深受鸦片的毒害。与鸦片战争之前有所不同的是，教会创办的西式医院对吸食鸦片的瘾君子采取了一些必要的治疗和干预措施。1891年，郁约翰医生积极筹款，获得捐款 200 美元，用这笔捐款在原有的救世医院内加盖一间新病房，名为"鸦片戒毒所"。戒毒所可以同时收容 5 名病人戒毒，而戒毒者只需要缴纳两美元的押金，并且要至少在戒毒所住三个星期，并受到医护人员的严格监督。1891 年至 1892 年，有 66 名鸦片成瘾者接受了戒毒治疗，此时的中国鸦片泛滥，寻求摆脱鸦片成瘾的人也越来越多，郁约翰医生想尽办法帮助他们戒除毒瘾，戒毒者在医馆的治疗需要三到五个星期，医馆设立了隔离室，以便让戒毒者在强制隔离中度过治疗过程中最艰难的几天，医馆还专门为他们提供特殊的饮食。1894 年，郁约翰医生一年之内为 74 位鸦片成瘾者治疗，对于治疗的效果，郁约翰医生在一份记录中是这样描述的："在这些人当中，大多数将终生遭受过去的恶习所带来的不适和折磨，如消化不良、神经衰弱、肠道无力，最糟糕的情况是性无能，在大部分时间里，他们会感到痛苦难忍，以至有些人重新开始吸食鸦片以暂缓痛苦。尽管如此，许多人（无法确定有多少人）永不再重拾旧习，这令我们非常欣慰，不久之后，他们还会带着成瘾的朋友来医馆，帮助他们的朋友摆脱这个生命的诅咒。"郁约翰医生非常清楚导致中国鸦片泛滥的主要责任该由谁承担："上至李鸿章下至每一个明智的中国人都知道是英国强制向中国输入鸦片的。这是英国犯下的滔天大罪，就算倾尽各教派钱柜里所有的钱币，也

---

① 福建省政府秘书处统计室编：《福建省统计年鉴（第一回）》，1937 年，第 618 页。

② 陈冰玲：《日本独占时期的鼓浪屿（1941 年 12 月—1945 年 9 月）》，《厦门文史资料》第 16 辑，第 205 页。

无法代为补过。"①戒毒者中约四分之一能够获得治愈效果,小溪救世医院得到了社会各界的支持,医院也为附近闽南各地民众提供了与戒毒相关的医疗救助服务。

赌博,作为一种病态行为,也是城市闲暇生活方式之一。在近代,打麻将、赌博仍流行于部分市民中。类似花会的赌博,在厦门十分盛行,"所谓十二支盛行于厦门,一般愚妇,趋之若鹜,平日节衣缩食,将有用之金钱,耗尽于赌场"。②鼓浪屿参与的民众亦不少。鼓浪屿成为公共租界后,工部局规定岛内不准赌博或开设赌馆,违者定则拿办。③不过,由于执行不严格,有时此规定形同虚设,鼓浪屿还是有一些地下赌场,如赌场王水、王如每天付给侦探队 4 元;④1936 年 3 月,由于窃风日盛,工部局大搜查,在海坛路缴获天九、麻将等赌局。⑤这些都说明鼓浪屿还是存在地下赌场。由于禁令的存在,鼓浪屿参与赌博的人,大多到厦门参赌。20 世纪 30 年代,根据一般熟悉赌场内情者说,鼓浪屿平均每天托"封仔"(替赌场跑腿代收赌徒押注的人)带到厦门押十二仔的赌款,约近万元。1933 年鼓浪屿一场大火,许多赌迷倾家荡产,债台高筑,男盗女娼,日以增多。⑥赌博不仅影响社会资金的流向,也造成很多社会问题。

日本占领鼓浪屿期间,鼓浪屿开设的赌场不少。混入日伪组织的国民党军统特务林顶立在鼓浪屿泉州路设立了"同声俱乐部",实为赌场。素有鼓浪屿土皇帝之称的洪文忠在鼓山路组织了"鼓浪屿华侨联欢社"赌场,因其电话号码为 400 号,人们简称它为"四百号",赌场规模比同声俱乐部要大。至于设在家中的赌场,数量也不少。⑦

卖淫嫖娼窝点主要在厦门岛。1933 年,厦门全市以妓女为业者 1412

---

① [美]杰拉德·F.德庸著,杨丽、叶克豪译:《美国归正教在厦门(1842—1951)》,台北:龙图腾文化有限公司,2013 年,第 206 页。

② 冯定章:《民国二十二年至二十三年内的厦门商情》,《新兴的厦门》附录一。

③ 《鼓浪屿工部局律例》,《厦门文史资料》第 16 辑,第 82 页。

④ 余丰、张镇世、曾世钦:《帝国主义对鼓浪屿的殖民统治》,《厦门文史资料》第 16 辑,第 150 页。

⑤ 洪卜仁:《鼓浪屿见闻录(二)》,《鼓浪屿文史资料》中册,第 169 页。

⑥ 洪卜仁:《鼓浪屿见闻录(一)》,《鼓浪屿文史资料》中册,第 35 页。

⑦ 陈冰玲:《日本独占时期的鼓浪屿(1941 年 12 月—1945 年 9 月)》,《厦门文史资料》第 16 辑,1990 年,第 204 页。

人,以走唱为业者 517 人。[①] 1934 年厦门妓女约 2150 人。[②] 1936 年,全市以妓女为业者 1638 人。[③] 这只是向政府注册,有册籍可查的妓女,没有登记的私娼尚未包括在内。鼓浪屿不同时期也存在卖淫嫖娼现象。在辟为公共租界之前,鼓浪屿的卖淫嫖娼是公开的。成为公共租界后,根据《鼓浪屿工部局律例》规定,鼓浪屿不准开设妓馆。[④] 不过,这并不能阻止岛上卖淫和嫖娼之事发生,如妓馆小顶、猫齐娘每月付给侦探王宗福六七元,[⑤] 1936 年特侦队搜查大埭巷李金玉开设的妓寮,[⑥] 这都说明鼓浪屿还是存在妓院和娼妓。另外,岛上暗娼不少,有的舞厅或茶馆内的舞女、歌女与女招待暗中卖淫。[⑦]

1938 年,厦门沦陷后,日军将娼妓业合法化,厦门岛上出现大量的妓院,大大小小近三十家,妓女数百人。[⑧] 日本占领鼓浪屿期间,岛上的妓院数量较多,日本娼妓更多。日本人经营的"盐田旅社"和"万里轩旅馆",是众所周知的日本妓女院。[⑨] 安海角、顶鹿耳礁等处也有妓院,还有一些妓女在洞天酒楼(龙头路)、大东旅社(坞内)、厦门酒店(坞内)等处临时租房间拉拢嫖客。至于因生活所迫沦为暗娼的,为数也不少。[⑩]

帮派多,斗风盛。鼓浪屿有一些宗族社团,如吴氏族人组织"新聚合社"、陈氏随后组织"新联益社",两姓同属同安籍,多数是码头工人和双桨工人。在封建把头的操纵和挑动下,互相争夺,形成对抗。后来,惠安人成立

① 厦门市档案局、厦门市档案馆编:《近代厦门经济档案资料》,厦门:厦门大学出版社,1997 年,第 647 页。

② 苏警予、陈佩真、谢云声等编:《厦门指南》第十篇,厦门:厦门新民书社,1931 年,第 24 页。

③ 福建省政府秘书处统计室编:《福建省统计年鉴》(第一回),福建省政府秘书处公报室,1938 年,第 116 页。

④ 《鼓浪屿工部局律例》,《厦门文史资料》第 16 辑,第 79 页。

⑤ 余丰、张镇世、曾世钦:《帝国主义对鼓浪屿的殖民统治》,《厦门文史资料》第 16 辑,第 150 页。

⑥ 洪卜仁:《鼓浪屿见闻录(二)》,《鼓浪屿文史资料》中册,第 169 页。

⑦ 厦门市档案局、厦门市档案馆编:《近代厦门涉外档案史料》,厦门:厦门大学出版社,1997 年,第 116~118 页。

⑧ 姚自强:厦门沦陷时期的日伪警察机关(1938.5—1945.9),《厦门文史资料》第 11 辑,第 65~66 页。

⑨ 张镇世、叶更新、杨纪波、洪卜仁:《"公共租界"鼓浪屿(1903—1941 年)》,厦门市政协文史资料研究委员会编:《厦门文史资料》第 16 辑,厦门:鹭江出版社,1990 年,第 35 页。

⑩ 陈冰玲:《日本独占时期的鼓浪屿(1941 年 12 月—1945 年 9 月)》,《厦门文史资料》第 16 辑,第 205 页。

"惠鸣社"，其他联合成立"鼓鸣社"等，各树一帜，常因小事，借端启衅，扭打混斗。"每当灯火辉煌，龙头市上，常见有纠纠猛人，三五成群，偶因细故，摩拳擦掌，大演全武行，即两社之互斗时也"。以上帮派分子"多三十以上之中年人"，其后，"刚柔社、侠义友社，相继而起，皆二十左右之少年，横冲直撞。而建筑工友亦另树一帜，互相角逐"。工部局早期主要以罚款进行惩罚，并未压制下去，反而"斗风愈盛"。1933年，在华人议事会的努力下，工部局"搜捕各派社要角，标封公馆，严究斗犯，慎重交保，既释再犯，惟保是问，保外之犯，仍须得每十日至工部局查问一番"，①此后帮派斗风才被打压下去。同时，工部局采取利益分割方式，划分各派利益范围，避免争斗。如小舢板争相争客，鼓浪屿各码头间屡次发生码头工人械斗事件，严重影响社会治安。为了避免争夺客人发生纠纷，工部局还在1933年重新登记各码头舢板艘数，换以不同的颜色并划分营业范围，规定不同颜色的舢板不得混杂。②

　　然而，此后不久，鼓浪屿又先后兴起廿二猛、新廿二猛、廿四猛、新廿四猛、三十六猛、四十八猛、五十六猛、一百猛等流氓集团。其中"廿二、廿四为尤猛"，新廿四猛多为杂姓及船夫，廿二猛为前鼓鸣社分子及鼓浪屿工友混合而成，三十六猛为惠鸣社蜕化而成。"诸猛份子，皆为二十以下之少年，当局不能善以处之，隐患正未艾也"。③另外，廿四猛是日本情报员、日籍台湾浪人洪文忠所组织，有日本暗中支持，臭名远扬。④

第五节　娱乐休闲方式的变化

　　厦门开埠后，随着外国侨民移居鼓浪屿，他们带来的西方音乐、绘画、体育等社会文化纷纷在鼓浪屿落地生根，并且不断地与本土社会文化相互碰撞、交流互动，在近百年的历史中成为鼓浪屿特有的文化气质，形成近代鼓浪屿丰富多彩的文化生活。作为国际性社区，外国侨民、本地人、富商和劳

---

①　《鼓浪屿史料（一）》，《鼓浪屿文史资料》中册，第198页。

②　洪卜仁：《鼓浪屿见闻录（一）》，《鼓浪屿文史资料》中册，第37页。

③　《鼓浪屿史料（一）》，《鼓浪屿文史资料》中册，第198页。

④　张镇世、叶更新、杨纪波、洪卜仁：《"公共租界"鼓浪屿（1903—1941年）》，厦门市政协文史资料研究委员会编：《厦门文史资料》第16辑，厦门：鹭江出版社，1990年，第30页。

动大众,不同的群体有不同的文化和娱乐活动,西洋音乐、美术和体育等通过教堂和学校的传播也受到当地孩子们的喜爱,华侨也通过各种资助方式建设各类文化设施,鼓浪屿近百年的文化积淀使其成为名副其实的多彩文化和艺术之乡。

一、普通民众娱乐方式的渐变

早期鼓浪屿居民来自周边闽南地区,他们传承了闽南的地方文化,有着闽南人传统的日常生活。从现有史料看,鸦片战争前,鼓浪屿的本地居民大多以务农为主,一年到头辛勤劳作,西方人习以为常的礼拜日在这里是不存在的,成年人每年只有农历新年的几天可以尽情地放松休闲、走访亲友并享受美食,妇女们也在这几天穿上自己最亮丽的衣装,这就是中国人最传统的节日——春节。说到过年,最开心的是孩子们,他们从头到脚都是新的——新鞋、新衣、新帽。除了春节,清明、端午、中秋等也都是传统的节日,每逢这些节日,也都会有相对应的文化活动,如清明祭祖、端午划龙舟、中秋赏月等等。在鼓浪屿,保生大帝的信众最多,因此普通民众的娱乐方式大多与祀奉保生大帝的庆典仪式有关。

在供奉着保生大帝的兴贤宫和种德宫前,每年不同日子有各种不同的庆典活动。通常是十二月二十四日拉开当年隆重庆典活动的序幕。这一天的送神仪式开始于清晨,信众要将各式牲礼早早准备齐全,包括鲜花、素果、糕点、鸡、鸭、鱼、猪等,还有将纸做的神马、旗幡等放在火盆里烧,意为给神送神马以便神能上天觐见玉帝。当然信众在奉献这些贡品时不会忘记祈愿。正月初四是接神仪式,一般在下午时分开始,接神仪式中也要奉献贡品,以犒劳辛苦上天的神明[①]。无论是接神还是送神,最高兴的是孩子们,孩子们穿梭在善男信女中,尽情嬉闹玩耍。

正月初九,种德宫和兴贤宫前再次迎来隆重的活动,叫作“天公诞”,以纪念天公生日。这一天信众要为天公奉上五牲——猪、鸡、鸭、鱼、蛋,还要蒸年糕、发果,年糕和发果上都要撒上红枣、红米花。重要的贡品还有“天公金”,也是用纸折的,一个大铁桶专门用于烧“天公金”,以祈盼日日进财、生意兴隆、阖家平安。正月十二至十八日的“乞龟”活动也是种德宫和兴贤宫

---

① 彭维斌:《种德宫的宗教信仰活动》,《鼓浪屿文史资料》下册,第288～289页;陈全忠:《法海院、兴贤宫、种德宫》,《鼓浪屿文史资料》上册,第289页。

特有的。闽南人有乌龟崇拜,也许是"龟"与"贵"谐音。糯米寿龟是这个活动仪式的主要象征物,龟背上刻着"合家平安、生意兴隆、早生贵子"之类的吉祥词语。整个乞龟活动分为三个阶段,一是放龟,即将自制或购买的米龟放于宫前,并在保生大帝面前许愿;二是乞龟,即在放龟的地方选一个自己中意的米龟带回家;三是还龟,即在来年将去年所乞的龟奉还,也叫作还愿。信众对乞龟活动都很重视。[①]

每年最热闹的活动是三月十五日的进香活动,也是保生大帝信仰中最隆重的活动之一。活动从凌晨三四点开始,进香的队伍每年都有千余人。队伍离鼓浪屿的宫庙之前,锣鼓和乐队开始表演。进香队伍清早从黄家渡出发,进香的顺序是先去白礁、再去青礁,下午回到黄家渡码头。在返回宫庙前,供着神像的三乘官轿要在宫门前绕广场跑三圈,这时又一场表演开始了。及至神像回到宫里,第三场大戏再次上演。所有这些演出都是奉献给神灵的。当然,戏台的周围有很多信众,有些甚至是来自外地的,演出直到夜晚十点钟才会结束。[②]

鼓浪屿兴贤宫和种德宫外也都要举办隆重的谒祖进香活动。踩街的队伍排列有序,前导为彩旗、梁伞、大鼓吹、马阵吹,其后有踏水车、纺纱女、牧童骑水牛、公背婆、童子拜观音、西天取经、三英战吕布、水浒108将等。踩街队伍所到之处,人头人攒动,群情欢乐。蜈蚣阁是其中的重要一环,表达了人们辟邪除灾、迎祥纳福的美好愿望。相传吴真人一生行医救济百姓,大多以蜈蚣为药引,后人为表达对他济世为民高尚品德的敬仰,自发形成了蜈蚣阁这种祭拜习俗,形成保生大帝民间信仰的一种特色传统民俗活动。种德宫和兴贤宫前的所有的活动都伴有一些表演,如正月十五乞龟猜谜、八仙祝寿,五月五日纪念屈原,七月初七扮演牛郎织女、八月十五状元拜塔等。这些演出的主题各不相同,节目繁多,争奇斗艳,构成了本地居民传统的休闲和娱乐生活。

鼓浪屿成为公共租界后,随着社会专业分工增强,来自各行各业的底层民众在闲暇时经常光顾的娱乐的场所是戏院和讲古场。1934年竣工的鼓浪屿龙头市场的东门外有一个讲古场。每日下午及晚上均有说书艺人到场讲故事。说书内容为:《三国演义》《说唐全传》《水浒传》《杨家将》《少林寺》《七

---

① 彭维斌:《种德宫的宗教信仰活动》,《鼓浪屿文史资料》下册,第290页。
② 彭维斌:《种德宫的宗教信仰活动》,《鼓浪屿文史资料》上册,第291页。

侠五义》等观众喜闻乐见的故事。由于说书者讲解技艺熟练,表情喜怒于色,声音抑扬顿挫、口若悬河、滔滔不绝、比手画脚、妙趣横生,吸引了不少听众,每场座无虚席。听众大部分为建筑工人、码头工人、双桨工人。[①]

电影的传入极大丰富了鼓浪屿居民的闲暇生活。鼓浪屿的电影业早于厦门岛,早在 20 年代已有"金星影片营业公司",专营出租影片给各戏院放映。1924 年夏天,鼓浪屿引进商务印书馆出品的《大义灭亲》《郑元和》,在普育小学礼堂,分两次放映完。1925 年夏,有人在中华路旷地搭盖帐篷,作为临时戏院,"多是国产片和舶来品",放映电影达半年之久,观众不少,这是鼓浪屿与厦门电影业的肇始。1926 年,第一家电影院——鹭江戏院在鼓浪屿建立,大多放映国产片,也有舶来品。次年,因北伐军入闽,厦门岛内才允许开戏院。[②] 1929 年,鼓浪屿又新开屿光和延平两戏院,这一年鼓浪屿映过的外片就有 140 多片,其中不乏佳作,如《浮士德》《空中楼阁》《七重天》等。[③] 另外,厦门基督教青年会内常常播放电影,青年会曾在《厦门指南》等书刊上刊登广告,介绍青年会的活动,其中也有电影广告:"电影部:专映欧美最新名片,每星期五六放映有声电影一次,券资便宜,座位清洁。"[④]青年会放映外国电影较多,几乎和思明戏院旗鼓相当。

鸦片战争后,外国传教士来到鼓浪屿,居民的信仰和文化生活发生很大的变化,基督教的一些元素逐渐渗入到居民的日常生活中了,因为传教士总是在固定的时间和地点讲经布道,久而久之礼拜活动就成为很多鼓浪屿人生活中的惯例。如波罗满牧师总是在上午 9 点和下午 3 点准时开始礼拜,并且按照固定的仪式进行,先是信众走近礼拜堂,然后坐在自己习惯的座位上,牧师依照顺序主持:唱赞美诗、朗读圣经,祈祷、讲道,唱赞美诗、祈祷,最后是祝福[⑤]。类似的传教活动产生了持续而深远的影响,鼓浪屿逐渐出现了当地的传教组织,宗教性的集会往往会吸引很多人,特别是年轻人。1905 年

---

① 陈全忠:《龙头市场的变迁》,《鼓浪屿文史资料》中册,第 172 页。

② 苏警予、陈佩真、谢云声等编:《厦门指南》第十篇,厦门:厦门新民书社,1931 年,第 31 页。

③ 苏警予、陈佩真、谢云声等编:《厦门指南》第十篇,厦门:厦门新民书社,1931 年,第 30~34 页。

④ 苏警予、陈佩真、谢云声等编:《厦门指南》广告部分,厦门:厦门新民书社,1931 年。

⑤ [美]杰拉德·F. 德庸著,杨丽、叶克豪译:《美国归正教在厦门(1842—1951)》,台北:龙图腾文化有限公司,2013 年,第 49 页。

2月中旬长老公会的文高能牧师(Rev. Colin Campbel Brown)在鼓浪屿举行了五天的集会(每天召集两次),听众人数超过 800 人。户外的演讲和布道都是经常的事,而且总是不乏热心的听众。1914 年 11 月基督教青年会亚州部干事益德博士(Dr. George Sherwood Eddy)在厦门举行了为期四天的系列讲座,聆听他讲座的人有 15000 人。此外,鼓浪屿人读书的学校、看病的医院有相当多都和教会有关,因此,某些与基督教有关的信仰、仪式、价值观等成为鼓浪屿居民的日常生活元素之一。①

二、萌发于教堂的鼓浪屿音乐文化

鼓浪屿素有音乐之岛的美称,这是因为近代西洋音乐伴随着鼓浪屿共同繁衍生息。传教士在礼拜时带领听众唱赞美诗、组织唱诗班,每月都有定期的音乐会,一到圣诞节,更有大型演唱和表演。西洋的乐器如钢琴、风琴、小提琴、大提琴等也传入鼓浪屿,西方音乐与岛上原有的南音等本土音乐交融互动。多年之后,鼓浪屿出现了众多音乐家,形成了鼓浪屿独具特色的音乐文化。

近百年来鼓浪屿音乐文化的形成可以分为三个阶段:从鸦片战争后至20 世纪初年为鼓浪屿音乐文化形成的第一阶段,在这段时期西洋音乐成为鼓浪屿的重要文化传统,这一音乐传统源自当年传教士进入鼓浪屿之后的传教活动。众所周知,传教士每星期必做礼拜,而礼拜仪式有固定的程序——唱赞美诗、朗读圣经、祈祷、讲道、唱赞美诗、祈祷、祝福。仪式总是在唱赞美诗中开始和结束,中间穿插朗读圣经、祈祷和讲道和祝福。在每一次的礼拜中,唱赞美诗会重复两遍。信徒们在唱起赞美诗时精神十足,每个人都尽力唱得最好、最响亮。在传教士所有的宗教活动中,最独特的是"中国每月音乐会"。第一届音乐会是 1846 年 1 月 5 日举行的,从那以后,每月的第一个星期一举行一次。音乐会是由各基督教会联合举办的活动。不久,每月音乐会的人数就增加了四倍,地点也从传教士住宅迁到更大的礼拜堂②。杜嘉德牧师(Rev. Carstairs Douglas)是早期传教士传播西方音乐的

---

①　[美]杰拉德·F.德庸著,杨丽、叶克豪译:《美国归正教在厦门(1842—1951)》,台北:龙图腾文化有限公司,2013 年,第 264 页。

②　[美]杰拉德·F.德庸著,杨丽、叶克豪译:《美国归正教在厦门(1842—1951)》,台北:龙图腾文化有限公司,2013 年,第 50 页。

极好例子。杜嘉德牧师小时候学过音乐,在爱丁堡读书时和一些同学参加了唱诗班,这个唱诗班比以前受到更多的关注,在哈特利先生的指导下,杜嘉德不但懂得了正确的演唱,还理解了合唱的原理。1855 年 3 月,他来到鼓浪屿,带来了一架六角风琴。他不断收到有人赠送的圣乐和圣诗书籍,他还得到一架美国管风琴。为了改善本地人不易发出半音的声调,他学习了视唱法,并亲身施教。他还到幼稚园和职业学校上课,教孩子们正确的唱法,这不仅让他高兴,也让接受音乐教育的人高兴,因为这些好听的音乐和赞美诗令人愉悦①。到 20 世纪初,礼拜日唱赞美诗和每月一次的音乐会具有的启蒙意非同寻常。普通百姓通过参加这些活动了解了西洋音乐。西方音乐的流行是鼓浪屿文化的一个重要特色。19 世纪中叶后,外国传教士在礼拜堂和中小学提倡唱圣诗,组织唱诗班,一到圣诞节,大唱圣诗。于是西洋的乐器如风琴、小提琴、钢琴等西方乐器传入鼓浪屿。鼓浪屿的教堂和学校很多,学习音乐人的自然很多。

20 世纪初年至 20 年代为鼓浪屿音乐文化发展的第二个阶段,1902 年,鼓浪屿被辟为公共租界,岛上外国侨民逐年增多。这一时期的教会学校都开设乐歌课程,教会学校的学生都能接受基本的音乐教育,音乐也是校园里最受欢迎的一项课外活动。到 20 世纪 20 年代,鼓浪屿的中小学,甚至幼儿园都设立了音乐课程(或称"唱歌"、"唱游"),课外还设有歌咏队活动。1898年,创办于鼓浪屿的英华书院即设有音乐课。1906 年,创办于鼓浪屿的女子师范学校也设有音乐课程,著名的音乐家周淑安(1894—1974)即毕业于该校。② 1908 年清政府在厦门接待美国东方舰队来华访时,14 岁的鼓浪屿少女周淑安就能用英文领唱美国国歌《星条旗永不落》,使得异邦人士侧目相看,赞叹不已③。1916 年,32 名学生在一支小型管弦乐队伴奏下演出了大合唱"光明之星",举行演出的教堂被挤得水泄不通,过道、窗户和门口都挤满了人。④ 这一时期音乐教育已经开始走向社会,在致力于此的人中不能不提

---

① [英]约翰·道格拉斯:《纪念杜嘉德牧师》,载何丙仲辑译:《近代西人眼中的鼓浪屿》,厦门:厦门大学出版社,2010 年,第 219~220 页。

② 杨钧:怀瑾握瑜:《雪魄冰魂——中国现代音乐事业先驱者周淑安》,《鼓浪屿文史资料》中册,第 208 页。

③ 何丙仲:《鼓浪屿公共租界》,厦门:厦门大学出版社,2010 年,第 112 页。

④ [美]杰拉德·F. 德庸著,杨丽、叶克豪译:《美国归正教在厦门(1842—1951)》,台北:龙图腾文化有限公司,2013 年,第 308 页。

到斯特拉·闵加力夫人(Mrs Stella E. Girard Veenschoten)和乔治·考兹牧师(Rev. George T. Kots)两个人。闵加力夫人是位钢琴家,她从1917年以后一直在鼓浪屿从事音乐教育和推广工作,她还协助毓德女子中学成立了一支由中国民族乐器组成的国乐队。考兹先生是寻源书院音乐教师。20世纪20年代初,鼓浪屿的中学都有校园合唱队和小乐队。1921年,由毓德女中20名女学和寻源中学的15名男生共同演出了一场圣诞音乐剧,这种别开生面的表演大获成功。1925年考兹先生组织了一支有20件乐器的中国学生乐队[①],他的乐队非常受欢迎,经常受邀到教堂和鼓浪屿的公园演出,在社会上取得很好的反响。寻源中学的乐队还走进鼓浪屿的民间,进行公演。20世纪初,音乐已成为校园里最受欢迎的一项课外活并且是传播福音的一种独特手段。应该说,在公租界时期,西洋音乐在鼓浪屿已经不再是洋人的专利,也不仅仅是局限于教堂的圣乐,而是成为当地人喜爱的一门艺术。20世纪20年代,鼓浪屿的中学都有校园合唱队和小乐队。1925年,寻源书院教师科兹牧师(George Kots)组建了一支有20人的中国学生乐队,而且,学校也注意音乐师资的培养,"20世纪30年代中期,(鼓浪屿)女子中学在课程设置上一直非常注重于为小学培养音乐教师和为教会培养唱诗班指挥"。[②]

　　20世纪30年代为鼓浪屿音乐文化形成的第三个阶段,这一时期,西洋音乐和本土音乐进一步交流和融合,是鼓浪屿音乐文化的鼎盛时期。当懂得西洋艺术并且有条件从事西洋音乐实践的鼓浪屿人痴迷于肖邦、贝多芬乐曲的优雅与激情时,更多的民众却对本土的南音、歌仔戏等传统音乐一往情深。因此,在鼓浪屿可以聆听到白领阶层的医生、牧师或南洋华侨商人的眷属在弹奏钢琴和其他西洋乐器,但更热闹的是街头巷尾、楼前厝角,时时都可以听到南音、歌仔戏悠扬的旋律,甚至昆曲、越调也时有所闻。当年在海坛路"颍川陈氏自治会"、黄家渡"庐江何氏仙祖宫"等地方,每天晚上都聚集着鼓浪屿的菜农和以打鱼为生的内海渔民和农民,还有双桨工人、苦力、小贩、徒工、清洁工、佣人等,他们陶醉在《出汉关》和《孤栖闷》等古老的旋律

　　① [美]杰拉德·F.德庸著,杨丽、叶克豪译:《美国归正教在厦门(1842—1951)》,台北:龙图腾文化有限公司,2013年,第308页。

　　② [美]杰拉德·F.德庸著,杨丽、叶克豪译:《美国归正教在厦门(1842—1951)》,台北:龙图腾文化有限公司,2013年,第308页。

之中。至今被海内外誉为南音艺术的经典——《泉南指谱重编》就是当时鼓浪屿人林鸿（霁秋）先生所编写的。在这样浓郁的音乐文化氛围中，周淑安用闽南童谣《呵呵眠，一暝大一寸》，创作出优美的摇篮曲。与此同时，斯特拉·闵加力夫人已经把中国乐器巧妙地接合到西洋管弦乐队进行演奏[1]。在这一段时期，西洋音乐已经从教堂、学校进入了鼓浪屿的家庭，很多华侨或富人的子女都接受了良好的音乐教育。另外，许多从国外返回鼓浪屿定居的华侨或华人，如厦门大学校长林文庆、留学英国、法国与瑞士学习艺术的林克恭等，也将音乐视为高雅的休闲娱乐方式的良好风气带回鼓浪屿。

家庭成员接受良好音乐教育的必然结果，就是西洋音乐从教堂和学校走向家庭，加上当时大量返乡的海外移民定居鼓浪屿，富家子弟出国留学，更是领略了高水平的西洋音乐艺术，将音乐视为高雅的休闲娱乐。因此二十世纪三十年代的鼓浪屿，音乐人才济济，如音乐教育家周淑安、指挥家蔡继琨、钢琴教育家李嘉禄、声乐家林俊卿（也是医生）等等[2]。同时出现许多音乐家庭，此处仅举几例[3]：林俊卿家，林俊卿是我国著名音乐家和理论家，他研究声带发音，他的妹妹林俊绵、妹夫温绍杰和他们的女儿温丽达都擅长音乐；洪永明家，洪永明1937年毕业于日本东京帝国音乐学院钢琴系，他的三个儿子都跟他学琴；龚鼎铭家，龚鼎铭的父亲龚植是著名书画家，他自幼受到父亲的影响，家学渊博、能歌擅画，年轻时受到表兄林克恭的熏陶，擅长吉他和中提琴，曾在三一堂指挥歌颂团；廖永廉和陈锦彩家，廖永廉擅长大提琴，夫人陈锦彩擅长女中音，儿媳陈静璇系广州乐团钢琴指挥；谢旭和胡朗一家三代共19人均与音乐结缘，有8人从事音乐教育工作。鼓浪屿人耳濡目染，对西洋音乐很熟悉，钢琴之密度曾居全国第一。由此涌现了殷承宗、许斐平等一批著名音乐家。时至今日，鼓浪屿人常常举办家庭音乐晚会，鼓浪屿有"钢琴之乡"和"音乐之岛"之美誉，这与其受西方影响形成的良好音乐氛围分不开。

厦门沦陷前夕，以鼓浪屿英华中学、毓德女中、慈勤女中等中小学师生为主的爱国青年组成"鼓浪屿青年抗敌服务团"，组织学生剧团、学生歌咏队

①　何丙仲：《鼓浪屿公共租界》，厦门：厦门大学出版社，2010年，第114页。

②　何丙仲：《鼓浪屿音乐文化概述》，《鼓浪屿文史资料》中册，第204页。

③　鼓浪屿区文化局、文化馆：《鼓浪屿部分音乐家庭简介》，政协厦门市鼓浪屿区委员会编：《鼓浪屿文史资料音乐专辑》第7辑，2001年，第180～182页。

公演,并到黄家渡码头工人俱乐部和龙头海员俱乐部向工人群众教唱抗日歌曲,在街头演出话剧《放下你的鞭子》《浯江洪流》,带领市民歌唱《松花江上》《大刀进行曲》《团结就是力量》等歌曲,还用方言演唱自己谱写的歌曲《厦门,你是我的老母》《滚!滚!滚!中国打日本》。之后的战乱使鼓浪屿音乐文化风光不再。唯一值得一提的是 1948 年林克恭发起在鼓浪屿成立了厦门艺术协会,参加者有张圣才、洪永明、龚鼎铭、朱思明、颜宝玲、林桥、郑约惠等,成立那天,鼓浪屿连办两场音乐会①。

三、中上层人士的休闲和风雅

鼓浪屿的外国侨民虽然不多,但其西式的休闲娱乐方式不仅能在鼓浪屿引领潮流,甚至在闽南和福建也会产生一些示范效应。何丙仲先生曾提供一则史料称:清代厦门诗人王步蝉有《醉仙岩观肩戏歌》,记光绪辛卯(1891 年)"仲冬二十有六日",所观来自榕垣福州的"踏肩戏"演出,实则杂技表演也。王步蝉称其"便捷轻利、变幻离奇,几与'车利尼'马戏相埒"。盖此前诗人曾在鼓浪屿观赏过来自西洋的'车利尼'马戏团表演,诗中有云:"曩岁人来'车利尼',鼓浪屿沿天角纸,黄杉舞袖继开元,碧眼胡儿恣瑰诡,吞刀吐火复跳丸,伏虎驯狮如执豕。寻橦端不羡都卢,走索会应迈绳妓。一时倾动争往观,万口流传犹赞美。"可见 1891 年之前已经有洋人杂技、马戏团到鼓浪屿表演"吞道吐火""伏虎驯狮""跳丸""走索"等精彩节目,轰动一时。②

事实上,很多闲暇生活方式往往是由外国侨民肇始,国人接踵于后,如赛马、网球、业余剧社、音乐会等成为上流社会的时尚。在鼓浪屿,外国侨民的文化生活对中国人来说是十分独特的。鼓浪屿的海滨有一座最好的娱乐场所。在那里外国侨民打网球、板球和曲棍球,纵情娱乐和锻炼保健,这些被视作与吃饭一样重要③。

鼓浪屿的俱乐部是专供外国侨民休闲娱乐的地方。1876 年,外国侨民在岛上建了一座宽敞的俱乐部,里面有图书馆、阅览室、台球室、保龄球场、酒吧、会议室,大厅里公布着各种沿海口岸轮船来往的最新电报消息,还挂

---

① 何丙仲:《鼓浪屿音乐文化发展概述》,《鼓浪屿文史资料》中册,第 205 页。

② 《"车利尼"马戏》,《鼓浪屿文史资料》下册,第 65 页。

③ [美]毕腓力著,何丙仲译:《厦门纵横——一个中国首批开埠城市的史事》,厦门:厦门大学出版社,2009 年,第 168 页。

了一架精确的晴雨表,为留心天气变化的人提供信息。在外国侨民眼中,鼓浪屿因有俱乐部而自豪,"它是一个令人艳羡的机构,主要由居民出资建造。还有赛马会、板球和草地网球俱乐部,均由社团领导者和共济会的两个头目组建"。

紧挨着俱乐部有一座小剧院,冬季里许多精彩的表演在这里举行,许多女士欣然给予赞助。与剧院并排的是一个有围墙的硬地网球场(壁球场),对所有能坚持严格练习的人来说是用不完的保健资源。不远处有一个活动场,冬天可以在场上观看到一些好看的板球比赛。在厦门的海边每年举办一次为期两天的赛马会。还可以到附近狩猎,兴许能捕获到大量的鹅、鸭子、水鸭和鹬。草地网球赛会在活动场公开举行,也会在那些拥有适用草地的有钱人的公馆里私下举。厦门港很适合驾驶帆船,夏天的月份里,黄昏在美丽的沙滩上散步或聊天,接着在暮色四垂的时候到海中游泳①。

1876 年兴建的这座俱乐部即万国俱乐部,最初设于鹿耳礁福建路,后迁移至田尾东路自建的一幢"乐群楼",内设舞厅、酒吧间、桌球、露天板球场和网球场等,专供各国领事馆官员、外国洋行老板和高级职员娱乐,通用英语会话。此外,近代鼓浪屿比较著名的还有海关洋员俱乐部和大和俱乐部。海关洋员俱乐部在中华路,设有桌球床、舞厅、酒吧间,最初仅供海关洋员休闲,后扩大至洋行职员(包括中国人在内)。② 1924 年 6 月,厦门海关税务司在给总税务司的信件中说:"海关俱乐部经营有方,顾客盈门,在公共生活中作用颇大,深受欢迎"。③ 大和俱乐部由日本人经营,也叫日本球间,内有舞场、酒吧、桌球、网球场等,专供日本领事馆官员和日本洋行职员娱乐。除上述非营业性的俱乐部设有舞厅外,属于营业性、雇有舞女的舞场主要有:黑猫舞场,地址在草埔仔乌埭路,开设于 1930 年间;大都会舞场,地址在龙头

---

① 参考[英]乔治·休士:《厦门及周边地区》第 122 页,载何丙仲辑译:《近代西人眼中的鼓浪屿》;[英]翟理斯:《鼓浪屿简史》,载何丙仲辑译:《近代西人眼中的鼓浪屿》,厦门:厦门大学出版社,2010 年,第 188、189 页。

② 张镇世、叶更新、杨纪波、洪卜仁:《"公共租界"鼓浪屿(1903—1941 年)》,厦门市政协文史资料研究委员会编:《厦门文史资料》第 16 辑,厦门:鹭江出版社,1990 年,第 34 页。

③ 戴一峰主编:《厦门海关历史档案选编:1911—1949 年》第 1 辑,厦门:厦门大学出版社,1997 年,第 196 页。

路;大华舞场,原址已废。[①]

外国侨民闲暇娱乐的方式为国人所效仿,鼓浪屿的买办、社会名流和地方士绅也设立"了闲别墅"、"思明俱乐部"、"策进俱乐部"等俱乐部,赌博、宴会、舞会、跑马、喝茶、打球、跳舞、看电影、弹奏音乐等,这是上流社会的闲暇消遣的主要方式。其中部分休闲方式向普通市民扩散,为他们所效仿。

鼓浪屿的知识阶层,经济状况较好,休闲时间较多,文化水平也较高。因此,他们的休闲生活更加多样化,并且更加倾向于文化休闲。读书、看报和尚古是鼓浪屿知识阶层文化休闲的特点之一。鼓浪屿图书馆、博物馆和报业等文化事业的发展,为他们提供了良好的文化环境。不过,读书看报还只不过是一般休闲之道,鼓浪屿还是民国以来不断涌现名人雅士的地方。绘画艺术是知识阶层偏爱的一种高级的休闲生活。

鼓浪屿是国内较早接受西洋绘画艺术熏陶的地方。早期的传教士在发送基督教小册子的同时,往往会附赠一些"耶和华是牧羊人"、"西斯廷的圣母像"和"耶稣与十二门徒"之类的西洋名画的小画片,虽然当时的印刷还欠精美,但鼓浪屿人通过这些画片了解到与中国传统画法截然不同的西洋画。因此,20世纪20年代,西方新潮画派(印象主义、后印象主义和表现主义)开始流行的时候,其理念与技法很快就被出洋学画的鼓浪屿人吸收到自己的创作之中。西洋画家林克恭是林尔嘉之子,自幼醉心于艺术,曾于英国剑桥大学学习经济、法律,后又在伦敦大学斯雷德美术学院、法国裘里安美术学院和瑞士日内瓦美术学院专攻美术。其油画具有印象派的特色。他创作了许多鼓浪屿题材的油画写生作品,是中国早期赴欧美留学艺术成就甚高的前辈画家之一,三十年代曾任厦门美专校长。晚年偕其瑞士籍夫人海蒂移居美国,仍作画不辍,蜚声国际,人称林克恭是"一手拿画笔、一手拿提琴弓"的人物[②]。周廷旭也是鼓浪屿名门子弟,20世纪20年代先后在波士顿美术博物馆美术学院、伦敦皇家美术学院和巴黎美术学院学习绘画,是第一位被聘为英国皇家艺术家协会会员的外国艺术家。这两位堪称是中国油画艺术的先驱者。鼓浪屿还培养了郭应麟、龚鼎铭、叶永年等一大批有成就的西洋

---

① 张镇世、叶更新、杨纪波、洪卜仁:《"公共租界"鼓浪屿(1903—1941年)》,厦门市政协文史资料研究委员会编:《厦门文史资料》第16辑,厦门:鹭江出版社,1990年,第35页。

② 《艺术之乡》,《鼓浪屿文史资料》上册,第349页。

画家。[①]

　　不过中国传统的书画艺术在鼓浪屿仍有深厚的社会基础,清末民初,著名书画家郑煦(霁林)、林嘉(瑞亭)、龚植(樵生)、苏甦(警予)等先后寓居岛内。郑、林擅画工笔花鸟和人物,其水平如与当今海内画坛相比较,都可列为上乘之作。龚植还擅长书法、篆刻,其工笔菊花闻名于闽台和东南亚地区,影响至今不歇。

　　富裕的本地商人和返乡华侨的休闲文化生活更多地体现出中国传统文化的底蕴和风情,这从鼓浪屿的著名景观中就可获知一二。1918 年前后,越南归侨黄仲训甚至把 70 多幅书法佳作镌刻在日光岩的巨石上,成为公共租界时期本土文化的一大景观。1926 年华侨黄念亿建造中西合璧风格的“海天堂构”时,其门楼不但采用中国古典的重檐庑殿顶式样,还特意把吴昌硕、曾熙(农髯)和陶濬宣等国内名家最优秀的书法作品精刻入石,嵌在门廊,展示了主人对中华传统艺术的情有独钟[②]。1913 年菽庄花园建成后,这里成为闽台文人雅士的聚会之所。

　　菽庄花园举办的文人聚会活动通常有如下几类:一是主人寿诞或结婚纪念,二是传统佳节,如修禊、七夕、重阳、上元等,三是观潮、泛月赏菊等游览活动,四是菽庄景点唱和。这些活动频繁而又热闹,有的活动规模很大,还向全国广泛征文,评出等级,发放奖金,然后汇集成册、自费印行。菽庄花园的活动吸引了众多文人墨客,其中不乏名家,如晋江曾遒(振仲)、苏大山(荪浦)、陈启伦(剑门)、黄鹤(俐琴)、龚植(樵生)、安溪林鹤年,南安吴增、黄培松,闽侯陈培锟(韵珊)、陈遵统(易园),惠安贺仲禹,龙溪卢心启,莆田洪景皓,厦门周殿熏(墨史)、李禧(绣伊)、连城璧(珍如)、黄鸿基(绳其),同安洪鸿儒(晓春)、谢云生、蔡谷仁、吴增祺、汪受田、江煦、虞愚等人。此外还有来自台湾的著名诗人施士洁、许南英、汪春源(杏泉)等,甚至还有湖南人沈琇莹等。“菽庄吟社”是菽庄花园最有影响的文人聚会,堪称是当时鼓浪屿华侨和本地文人交流、会友的社交重地,两岸诗人在这里吟诗作赋,“座上客常满,杯中酒不空”,堪称一时之盛。[③]

---

① 何丙仲:《鼓浪屿公共租界》,厦门:厦门大学出版社,2010 年,第 115 页。
② 何丙仲:《鼓浪屿公共租界》,厦门:厦门大学出版社,2010 年,第 115 页。
③ 江林煊、洪雅文:《林尔嘉的藏书、刊书及诗作》,《鼓浪屿文史资料》上册,第 38 页。

四、独具风采的体育运动

鼓浪屿是我国近代体育的发祥地之一。由于特殊的地理位置和特定的历史条件,在外国传教士和各国领事登上鼓浪屿之后,西方体育也在这个面积仅 1.78 平方公里的小岛上异地开花,铸就了具有鼓浪屿特色的体育文化。如同音乐文化一样,鼓浪屿的体育文化也是起源于西方传教士。

众所周知,英国是足球王国,其足球运动的历史悠久,早在公元 1217 年,英国奥克尼郡的柯克沃尔,人们在圣诞节期间举行一种叫作"上上下下"的球类运动,这种运动一直持续了几个世纪,这就是早期的足球运动。后来足球运动逐渐在下层社会盛行,士兵、煤矿工人、零售商、手工艺人等时常在街道、港口、田野举行激烈的比赛,并逐渐形成业余足球运动员群体。由于这种运动异常野蛮,伊丽莎白一世曾郑重宣布"伦敦城内禁止踢足球"[1]。但官方的禁令并未能阻挡人们对足球运动的喜好,足球运动不仅在下层社会盛行,而且逐渐蔓延至上层社会。

19 世纪初,足球成为英国公学男生最喜爱的运动。英国的许多公学都以培养贵族子弟成才而久负盛名,如伊顿公学、哈罗公学、卡尔特豪斯公学、威斯敏斯特公学等。这些公学的学生在课余时间都会踢足球,这标志着足球已经被英国上层社会接受。19 世纪中期,部分公学校长立志革新,鼓励学生参加各种运动,足球运动被认为有助于培养和灌输秩序与纪律而得到推广。各公学组建的球队经常举行激烈的比赛,由此形成俱乐部制。公学男生还逐渐摒弃了早期足球运动的野蛮和粗暴,完善了比赛规则。1862 年,伊顿公学学生查尔斯·思林出版了第一本有关足球规则的著作《最简单的游戏》,[2]虽然只有 10 条规则、250 个字,但足球的规则体系开始形成,促进了足球场上的秩序和文明。英国足球运动也因此越来越普及,即使是头戴便帽、满手老茧的工人也组建起足球队进行比赛。1881 年,爱丁堡甚至举行了女子足球赛。19 世纪中后期,随着英国铁路交通的扩展,比赛和观看比赛更为便捷,足球热席卷全国。足球已经成为英国人的一种生活方式。

---

① [英]亨特·戴维斯著,李军花等译:《足球史》,太原:希望出版社,上海:东方出版中心,2005 年 5 月,第 22 页。

② [英]亨特·戴维斯著,李军花等译:《足球史》,太原:希望出版社,上海:东方出版中心,2005 年 5 月,第 24 页。

19世纪,在大英帝国称霸全球的背景下,足球文化也随不列颠人的足迹来的鼓浪屿。英国侨民居住鼓浪屿后,把足球运动传进来。鼓浪屿的番仔球埔就是他们踢足球的地方。由于传教士和领事官员大都受到正规而良好的教育,因此鼓浪屿的教会学校也自然贯彻了英国重视体育的教育思想。美国归正教会创办的寻源书院和大英长老公会创办的英华书院都是男子学堂。19世纪90年代末,这两所男子学堂都在课程设置上将体育列为必修课。当地的英国领事和一些绅士向寻源堂和鼓浪屿的男子小学堂赠送了一些足球和板球用具,以鼓励学校在体育运动方面的发展。[①] 从一名学校教师所写的报告中我们可以看出,体育教师的工作显然是学校特别安排的:"虽然这些男孩们不算最高明的板球手或足球运动员,但我肯定他们从这项运动中获得了极大的乐趣——特别是足球,他们也让观众们感到非常有趣,当踢球者飞起一脚(用整个鞋底)用力踢向球时,飞上天去的更有可能是他的鞋而不是球,因为你知道中国人的鞋和我们的不一样,是没有鞋带的"。[②]

20世纪初,英华中学的足球运动在当时颇有影响,英华书院首任主理金禧甫(Hugh Fraster Rankin)、继任主理洪显礼(H. J. P. Anderson)以及一位英国主理志愿者都重视和爱好足球运动,并创建了英华书院足球队,制定开展足球运动的具体措施,亲自培养和训练足球运动员。每学期将运动员分为"虎"、"豹"、"狮"、"象"四队,每周三、周六下午进行防御、传递、掩护、冲刺等足球基本技术训练。那时经常有英美舰队到访厦门。1908年10月30日,一支到访的美国舰队抵达厦门,这支庞大的舰队大约有7000名官兵,清政府花费了大约100万美元在厦门靠近南普陀的演武场为这支舰队举行了盛大的欢迎仪式,"精心策划的款待活动进展顺利,其项目包括官方访问、招待会、午宴和晚宴,还有棒球、足球和其他户外运动,以及赠送奖品等内容,这些奖品中有两个各值2500墨西哥银元的金杯。"[③]英华足球队经常与到访厦门的英美舰艇水兵进行比赛,队员的技术进步飞快。每逢赛期,英华足球

---

① [美]杰拉德·F.德庸著,杨丽、叶克豪译:《美国归正教在厦门(1842—1951)》,台北:龙图腾文化有限公司,2013年,第187页。

② [美]杰拉德·F.德庸著,杨丽、叶克豪译:《美国归正教在厦门(1842—1951)》,台北:龙图腾文化有限公司,2013年,第188页。

③ [美]毕腓力著,何丙仲译:《厦门纵横——一个中国首批开埠城市的史事》,厦门:厦门大学出版社,2009年,第38页。

对成绩骄人,屡屡得冠,观众人山人海,盛极一时。[①] 旅菲英华校友胡国藩先生曾这样回忆当年母校的足球活动:

当时英国乃欧洲先进王国,其球技广泛普及,经常有巡回舰队前来鼓浪屿,每一舰队中均有足球队,时常登陆与吾校学生作友谊比赛;说诚实言,英华足球之进展,成长快速,皆因大量吸取英人宝贵经验,加以运用,学生从水手学习甚多踢球之基本功夫,诸如攻守战略之运用,整体严密之配合,及人盯人,控球步法、头球突击、盘球劲射、长抽短拐,随机应变,举足轻重等个人技术,胜似聘请外国教练,临场示训,无怪英华足球雄狮,一向驰骋福建全省,战无不胜,攻无不克,所向无敌。[②]

1910 年洪显理带领的英华足球队,身着蓝白相间队服,先后赴泉州、汕头、福州等地进行友谊赛,均载誉而归,英华足球队因此名声显赫[③]。美国归正教会创办的寻源书院也非常重视体育运动,早在 1890 年就将体操、图画和乐歌定为必修课程。

鼓浪屿足球运动对厦门及周边地区也产生了重要的影响。寻源书院于1925 年迁到漳州芝山,在山坡上建了校舍,在山坡下建了球类和田径设施,足球场、篮球场、排球场、网球场、跑道、跳高跳远沙坑等,还聘请上海体专毕业的体育教师执教。1928 年秋,龙溪县举办运动会,主办者因不愿寻源得冠,故意将比赛时间安排在星期日做礼拜之时,意在使学生球员缺席,但学生球员宁愿放弃礼拜也要参加足球比赛。[④] 1932 年厦门基督教青年会举办厦门市首届足球赛,报名参加的足球队有厦大、集美、英华、建群、鹭光、老练等,其中建群、鹭光、老练是足球爱好者组成的球队,他们的个人技术绝佳。1943 年,漳州举办"日兴杯"足球赛,参赛的球队有泉州培元中学、漳州龙溪中学、寻源中学,而球员大多是来自英华中学的学生。抗战胜利后,由英华校友创办的厦门白马足球队和上海厦声足球队进行表演赛,由于队员大多为英华校友,两队实力相当,比赛异常激烈,最终以 4 比 1 收局[⑤]。经过一百

---

① 邢尊明、詹朝霞:《体育历史地段研究:鼓浪屿体育文化历史遗产发掘与整理》,《鼓浪屿研究》第 1 辑,厦门:厦门大学出版社,2015 年,第 5 页。

② (菲)胡国藩:《英华中学编年大事记》,《鼓浪屿文史资料》上册,第 225 页。

③ 邱玉崑:《英华足球史话》,《鼓浪屿文史资料》上册,第 345 页。

④ 常家祜:《寻源书院迁出鼓浪屿之后》,《鼓浪屿文史资料》下册,第 137 页。

⑤ 邱玉崑:《英华足球史话》,《鼓浪屿文史资料》上册,第 347 页。

多年的积淀，足球传统已近成为鼓浪屿文化遗产的重要组成部分。[①]

与足球同时传入鼓浪屿的还有许多运动项目，如板球、网球、曲棍球、台球、保龄球、高尔夫、赛马、竞走、击剑等。这类运动项目最初都是专属外国侨民的娱乐项目。另外一些项目并非外国侨民专属，如狩猎、帆船、游泳等，但只有外国侨民更倾向于把这些项目当作是运动。翟里斯在第二次任驻厦领事的 1878 年至 1881 年间，这样描述当时的各项运动：

> 俱乐部一个有两张桌子的台球室，一个保龄球场……紧挨着俱乐部有一座小剧院……与剧院并排的是一个有围墙的硬地网球场，对所有能坚持严格练习的人乃是用不完的保健资源。在不远处有一个活动场（Recreation Ground），冬天的几个月可以在场上观看到一些好看的板球比赛。在厦门的海边每年举办一次为期两天的赛马会。极称心的是到附近狩猎，兴许可以捕获到大量的鹅、鸭子、水鸭和鹬。草地网球赛可在活动场公开举行，也可在那些拥有适用草地的有钱人的公馆里私下举。厦门港很适合驾驶帆船，环绕着鼓浪屿即使有些单调，但还是舒心的。夏天的月份里，黄昏在美丽的沙滩上散步或聊天，接着在暮色四垂的时候到海中游泳。[②]

在这短短的一段文字中，我们可以看到九种运动项目，即台球、保龄球、板球、草地网球、硬地网球、赛马、狩猎、帆船、游泳。从翟里斯的叙述中可知，这些运动项目有些是室内项目，如保龄球和台球，大多是室外项目。室外项目大多数都有专用的活动场地，如板球，而且经常进行比赛，草地网球赛有时在公共活动场所举行，有时则在有条件的私人公馆举行，赛马也是定期举行的。1908 年 10 月美国舰队来访厦门时举办了一系列比赛，包括足球、棒球、棒球投掷、网球双打、100 码赛跑、障碍赛跑、负重赛跑、搬土豆赛跑、跳远、跳高、拔河、赛艇、拳击等等，虽然比赛的所有项目全部由美国舰队的官兵包揽，但鼓浪屿人却也大开眼界[③]。

教会从幼稚园开始就重视体育教育。1898 年 2 月英国牧师夫人韦爱莉在鼓新路创办了鼓浪屿怀德幼稚园，采用德国儿童教育学家福禄培尔和意

---

① 邢尊明、詹朝霞：《体育历史地段研究：鼓浪屿体育文化历史遗产发掘与整理》，《鼓浪屿研究》第 1 辑，厦门：厦门大学出版社，2015 年，第 9 页。

② ［英］翟理斯：《鼓浪屿简史》，载何丙仲辑译：《近代西人眼中的鼓浪屿》，厦门：厦门大学出版社，2010 年，第 188～189 页。

③ 何丙仲：《鼓浪屿公共租界》，厦门：厦门大学出版社，2010 年，第 116 页。

大利教育学家蒙台梭利的教育学说①，重视幼儿的身体健康，强调适当的体育活动，为促使幼儿在大自然的优美环境中健康成长，该园设计了课间操，园内大部分教具都是从西欧运来，园里的儿童运动设施有助于发展儿童的身体协调能力。②

体育运动在女子学校也迅速开展起来，鼓浪屿毓德女子中学是美国归正教会1870年创办的一所女学堂。20世纪初，体育也成为该校必修课程。1925年鼓浪屿举行了一次大型运动会，有四分之一的参赛者来自女校，而在七年前，还没有女生参加③。1932年，毓德女中在厦门篮球锦标赛中获得亚军。鼓浪屿少女从缠足到篮球参加比赛，这是鼓浪屿妇女解放的一个极好例证。④

图4-14　鼓浪屿怀德幼稚园课间操

资料来源：邢尊明、詹朝霞：《体育历史地段研究：鼓浪屿体育文化历史遗产发掘与整理》，《鼓浪屿研究》第1辑，厦门：厦门大学出版社，2015年，第12页。

随着鼓浪屿教会学校体育教育的持续，逐渐形成了运动会的制度，从现有史料看，20世纪二三十年代，鼓浪屿的运动会分为三个类型：一是男子运动会，即鼓浪屿的各男子学校定期召开的校运会；二是女子运动会，即鼓浪屿各女子学校举办的运动会；三是包含男子和女子项目的大型运动会。到20世纪二三十年代，即使是鼓浪屿的校际运动会也已经形成相当的规模。⑤

---

①　余丽卿等：《古老而又年轻的日光幼儿园》，《鼓浪屿文史资料》上册，第279页。

②　邢尊明、詹朝霞：《体育历史地段研究：鼓浪屿体育文化历史遗产发掘与整理》，《鼓浪屿研究》第1辑，厦门：厦门大学出版社，2015年，第12页。

③　[美]毕腓力著，何丙仲译：《厦门纵横——一个中国首批开埠城市的史事》，厦门：厦门大学出版社，2009年，第308页。

④　邢尊明、詹朝霞：《体育历史地段研究：鼓浪屿体育文化历史遗产发掘与整理》，《鼓浪屿研究》第1辑，厦门：厦门大学出版社，2015年，第15页。

⑤　邢尊明、詹朝霞：《体育历史地段研究：鼓浪屿体育文化历史遗产发掘与整理》，《鼓浪屿研究》第1辑，厦门：厦门大学出版社，2015年，第17页。

体育逐渐成为鼓浪屿人的日常生活元素。在西方体育传入的同时,鼓浪屿的中国民间武术和其他传统健身活动也十分流行。鼓浪屿素来流行闽南的五祖拳,其后还有传自河北沧州的通臂拳。公共租界时期,通臂拳高手孙振环在洞天酒家将来挑衅的英国拳击手打倒在地,当年老拳师林桃师曾赤手空拳教训贩卖苦力出洋的外国侨民贩子,一时传为武林佳话。拳师黄维姜、何志华等人在家中设馆收徒①。

鼓浪屿还培养出优秀的体育人才马约翰。马约翰 1882 年出生于鼓浪屿,童年凄苦,5 岁丧母、7 岁丧父,与哥哥相依为命,13 岁时在亲友的帮助下就读于鼓浪屿福音小学②,他从小身手敏捷、身体强壮、奔跑如飞。18 岁时他去了上海,22 岁时进入圣约翰大学预科,一下子就成为学校的体育选手,一人担当足球队员、游泳队员、田径队员、网球队员和棒球队员,在学校运动会上囊括田径中长跑冠军,1910 年参加全国第一届运动会获得 880 码金牌。1914 年,马约翰进入清华任教体育,一干就是 52 年,体育成为他终身奋斗的事业。马约翰 1919 年和 1926 年先后两次到美国斯普林菲多德体育大学深造,获得硕士学位,后来成为清华大学体育部主任和教授。他在体育教学和运动训练中十分讲究科学性,编制了一百多套徒手体操和器械体操,制定体能和体力测量法,写了许多体育教材,还有一部学术著作《体育的迁移价值》。他多次被委任为运动会、奥运会选拔委员会主任,还率领中国代表队参加远东运动会。1936 年,他担任中国田径总教练赴德国参加第 11 届奥林匹克运动会,随后到欧洲和苏联考察讲学。1937 年抗日战争爆发,清华迁往昆明,他仍积极筹措资助,举办比赛和运动会。抗战胜利后,清华迁回北平,他又全身心投入到体育事业中,直到 80 岁时,他还保持着旺盛的精力,他的一句名言——"为祖国健康工作 50 年"对新中国的体育事业产生了非常积极的影响。③

---

① 何丙仲:《鼓浪屿公共租界》,厦门:厦门大学出版社,2010 年,第 117 页。

② 此处在《鼓浪屿文史资料》上册,第 246 页记载,马约翰 13 岁时(1898 年)就读福民小学。但福民小学实际是 1909 年由福音小学和民立小学合并而成,此前的福音小学是 1844 年由伦敦差会的施敦力夫妇在鼓浪屿创办,民立小学是伦敦会教友陈希尧在乌埭角租民房而建,创办不久就因资金困难提出与福音小学合并。据此推断马约翰就读的小学应该是福音小学。

③ 郑国兴:《我国杰出的体育教育家——马约翰》,《鼓浪屿文史资料》上册,第 246～248 页。

第六节　近代鼓浪屿宗教信仰与社会风尚变迁的特征

鼓浪屿原本只是闽南沿海的一个小岛,虽在宋代就已经有人居住,但直到鸦片战争前,这个小岛仍然名不见经传,鸦片战争的炮火如同深海的火山喷发,致使平静的海面涌现惊涛骇浪。自此,始于西方的近代化浪潮席卷了全中国,厦门作为全国首批开放口岸,处在传统中国向近代化转型的风口浪尖上,由于鼓浪屿扼守厦门湾和九龙江出海口,这个昔日荒凉的小岛逐渐演变为厦门城市开放的国际社区。近代化浪潮掀起的巨大波澜不仅冲击了厦门,也荡涤了小小的鼓浪屿,它所泛起的涟漪以鼓浪屿为中心向闽南大地扩散,当闽南人以鼓浪屿为落脚点,乘风破浪航行于南中国海时,他们所沿袭的闽南文化与来自大洋彼岸的外国文化交流碰撞,居住在鼓浪屿的外国侨民、返乡华侨和本土中国人秉承各自的传统,共处于鼓浪屿的文化生态,共享社区生活空间,多元文化兼容并蓄,共同塑造了近代鼓浪屿的现代风貌。从而使近代鼓浪屿的宗教信仰与社会风尚变迁,呈现出如下的特征。

一、闽南民间信仰文化与基督教的传播

如前所述,鼓浪屿华人居民的民间信仰,是与闽南民间信仰同源、同构的。这一民间信仰文化具有如下基本特点。

一是多神崇拜。闽南的民间信仰实际上是一个多元而又开放的系统,多元是指这一系统本身容纳了数量极为可观的各式各样的神灵,这些神灵的产生既与人们所处的生态环境和谋生方式有关,也与人们的迁徙和历史传承有关,如妈祖信仰源于闽南的海洋生态环境和人们“讨海”的生存方式,对土地公、灶王爷、关公和观世音等神灵的崇拜则源于中原居民不断地向闽南迁徙的历史,因而保留和传承了中原地区的民间信仰。开放则是指闽南的民间信仰在保持原有神明崇拜的基础上,从不拒绝有新的神明加入这一信仰体系,如保生大帝是在闽南原生态的基础上产生的闽南特有的神,而且随着闽南人向台湾和海外的迁徙,保生大帝的神像也被带到了台湾和南洋各地。当一个被奉为神明的神像从一个地方迁移到另一个地方时,必须要举行隆重的分灵仪式,这也是闽南民间信仰体系具有开放性的一个表现。

二是鬼神崇拜。闽南民间信仰具有道教传统,道教又与上古时代的巫

术有关,敬神畏鬼,道教相信人是有灵魂的,但灵魂不死,所以死人的灵魂或者变为恶鬼,或者变为善神,人们供奉和崇拜的无疑都是善神,但对于恶鬼人们也是要防范的,无论是善神还是恶鬼都有一种神秘的力量,这种神秘的力量是人无法主宰的,人们只有通过向神灵奉献贡品来祈求神灵的保护。既然人死后灵魂不死,那么这就为人成为神打开了一个通道。也就是说,在闽南民间信仰中,有很多神灵实际上是由真实的人演化而来,人在生前的事迹在口口相传中不断被神化,再加上一些官方认可的形式,这些人就成为庙堂中的神,保生大帝就是这样产生的。

三是祖先崇拜。闽南人的祖先崇拜也来自中原大地早期的原始崇拜,当中原人背井离乡向南方迁徙时,祖先崇拜更能激起他们对祖先和故土的复杂情感,因此,闽南很多宗族都有自己的家庙或祠堂,祖先的牌位被按照辈分的顺序摆放,然后接受后代子孙的祭拜,在这些家庙或祠堂里,那些祖先就成了后代祀奉的神灵。而人成为神的通道仍然是前面谈到的人们相信灵魂不死,从这个意义上说,对于家族里的男人而言,几乎都有可能成为后代祭拜的神灵,当然他们仅仅是与他们有血缘关系的后代子孙的神灵。

四是神灵承载的期待。闽南的民间信仰体系中,神灵的数量多得惊人,每个神灵都承载这人们对他们的特殊期许,如妈祖主要保佑水手和商船在海上航行的平安,保生大帝主要保佑人们的身体健康和药到病除,观音菩萨主要负责赐给人们想要的子嗣,以传承家里的香火,土地公、灶王爷、财神爷等等,各有各的职责。假如一个神灵满足了信徒对他的期待,那么就会强化信徒对他的信仰,信徒会以更多的供奉来回报给神灵,甚至为这个神灵修庙。假如一人信奉的神灵并没有满足他的期望,那么人们可能会忘记这个神灵转而崇拜其他神了。

五是崇拜的仪式。闽南民间信仰的仪式都包含这样的要素,在空间上,民间信仰的仪式是在宫庙或庙堂里完成的,即使是家神,通常也是在家族的祠堂里祭拜,而每家每户日常供奉的如观音、妈祖、土地公等,也是摆在厅堂里。在时间上,仪式的举行往往有特定的日期,如神灵的生日、忌日等。在祀奉的形式上,无论哪个神灵,都要向他呈献贡品,贡品的目的是为了让神灵高兴,人们相信如果惹恼了神灵就会遭到报应,因此都对神灵心存敬畏。

上述闽南民间信仰文化的特点,极大地影响了西方基督教在近代鼓浪屿的传播。首先,由于闽南民间信仰的泛神化和实用主义,使得鼓浪屿华人居民对基督教传播持有一种开放的心态。从本质上说,基督教不是多神宗教，而是信奉单一的神——上帝，这种一神教是排斥多神信仰和其他一神教的。但事实正如我们所看到的，基督教传播的百年来，并没有对闽南民间社会信仰的多神结构产生威胁，民间信仰的多元性依然存在，并且从社会信仰体系看，基督教传入闽南后，进一步增加了当地社会信仰体系的多元性，而不是减少了它的多元性。对于当地多元而又开放的信仰体系来说，来自西方的基督教，也不过就是多一个可以信奉的神而已，所以基督教在闽南各地传播，是一个可以接受的事情，只要这个新的神灵能够给人们带来他们所期待的福祉，正如人们接受观音菩萨一样。从这个有意义上说，基督教进入当地社会后，是被当地的民间信仰所建构的，而不是它重新建构了当地的民间信仰。也就是说，作为一神教的基督教，并没有将多神的当地信仰建构为一神教，而是被当地多元信仰建构为众多神灵之一。

从结构主义社会学视角看，自鸦片战争以后，基督教进入闽南地区后，被当地社会信仰所建构，但这并不意味着基督教与当地的社会信仰没有冲突。相反，被建构的过程存在着抗拒和对立。尤其是闽南人的祖先崇拜和偶像崇拜与基督教义的根本冲突，加上生活习俗、社会风尚的差异，使得冲突和抗拒总是潜在的。外国传教士很清楚民间对他们的轻蔑态度，无论是谁，无论他们走到哪里，都有一个称呼——"番仔"，尽管他们对此极为不满却毫无办法。人们对基督教的冷漠态度也常常令传教士心灰意冷，此外，来自社会上层的对抗也增加了传教的阻力。从 1842 年第一位传教士美国归正教会的雅裨理牧师踏上鼓浪屿到 1900 年，在这五十多年的时间里，信教人数仅有 1216 人，而归正教会负责传教的区域却有 300 万以上的人口。[1]雅裨理牧师在鼓浪屿的两年内，没有机会为任何一个教徒受洗。归正教会的第一次洗礼并不是在鼓浪屿，而是在石码，当时有 27 个教徒受洗[2]，时间则是在归正教会进入闽南后 13 年[3]，即 1885 年。英国伦敦公会的约翰·麦

①　[美]杰拉德·F. 德庸著，杨丽、叶克豪译：《美国归正教在厦门(1842—1951)》，台北：龙图腾文化有限公司，2013 年，第 116 页。

②　[美]杰拉德·F. 德庸著，杨丽、叶克豪译：《美国归正教在厦门(1842—1951)》，台北：龙图腾文化有限公司，2013 年，第 30 页。

③　[美]杰拉德·F. 德庸著，杨丽、叶克豪译：《美国归正教在厦门(1842—1951)》，台北：龙图腾文化有限公司，2013 年，第 81 页。

嘉湖牧师在厦门传教的头 10 年都没有一个信徒①。可见,在近代鼓浪屿,不同宗教信仰文化的对抗与冲突并未消失,而是以更隐蔽的方式运行着。它构成近代鼓浪屿宗教信仰文化建构的另一个面相。

其实,当我们指出基督教在闽南是被民间信仰所建构时,这并不意味着基督教没有建构信仰的能力。准确地说,是因为中国社会的民间信仰结构是如此稳定,以至于强大的基督教也无力改变这一社会信仰的结构。显而易见,在建构信仰方面,基督教并不是无所作为,虽然基督教不能建构闽南社会的信仰体系,但是完全可以建构个人和家庭的信仰体系。在满足人们的心理需求方面,基督教对个体和家庭吸引力令人无法抗拒,对神的爱、神的宽恕,无论你做什么,神都会爱你,不论你有什么罪,神都会宽恕你,这样的观念是传统的民间信仰从不具备的。对基督教的信徒而言,人们不必贿赂和讨好神,不必千方百计地让神满意。而传统信仰对神灵的敬畏,对妖魔鬼怪的恐惧,无论你做什么,都不要惹恼神,如果你尽力让神高兴,神也许会恩赐你想要的福祉,但也许不会,这就是所谓的"灵验",当遇到"不灵验",人们就会抛弃原来崇拜的神灵,这正是基督教能够建构中国个人信仰的结构性因素之一。

从 1842 年到 1942 年的一百年中,厦门的信徒从 2 名发展的 15000 名②,闽南三公会的传教效果由此可见一斑。而且,闽南三公会所建立的传教网络,不仅组织严密,而且分布范围覆盖闽南,三级传教组织既能够深入到社会的最底层,也能与社会上层建立密切的关系,这样一种宗教组织是任何一种民间信仰都不可企及的。因此,基督教实际上具有强大的建构能力,它所建构的严密又广泛的组织网络足以和当时闽南的任何一种民间信仰抗衡。基督教的传教网络是以鼓浪屿为中心向闽南辐射的。鼓浪屿是三公会的总部所在地,三公会的合作关系从鼓浪屿延伸到闽南各地。鼓浪屿作为闽南的传教中心,对闽南的辐射作用不可小视。

事实上,基督教通过建构传教网络,一方面建构了信徒自己和其家庭的信仰体系,另一方面也间接地建构了一种新的社会关系——教友。在民间

---

① [英]约翰·麦嘉湖著,龙金顺、韩存新译:《笕笃那边》,厦门:鹭江出版社,2015 年,第 215 页。

② [美]纽约美国归正教会海外传教委员会:《厦门传教百年史》,载何丙仲辑译:《近代西人眼中的鼓浪屿》,厦门:厦门大学出版社,2010 年,第 289 页。

信仰中,即使有相同的崇拜,如保生大帝的信众,相互之间并不会形成更亲密的关系,但基督教的教友关系则多了一份亲密和信赖。此外,传教士通过行医和办学,既赢得了社会各阶层的同情心,也让社会底层的文盲减少,提高了整个社会的识字率,而识字率是衡量一个地区近代化水平的重要标志。教化妇女和儿童也是传教士极力奉行的,这无疑对于家庭信仰的构建具有非同寻常的意义,虽然闽南有轻视妇女的习俗,但妇女在家庭中的地位仍然是无可替代的,孝敬老人、抚养子女,妇女承担着照顾一家老小的社会功能,当一个妇女成为教徒时,往往意味着一个家庭的成员都会成为教徒。儿童显然是未来家庭的缔造者,因此教会创办的女学堂、妇学堂、小学堂、高级女学堂等都会对人们的社会信仰产生深远的影响,这是对社会信仰的间接地建构。

二、新旧社会风尚的交替、交融与并置

如前所述,社会风尚涵盖了一定时期的风俗、时尚和价值观。人们的饮食习惯、流行服饰、婚丧礼仪、建筑风格、道德判断和价值偏好等均属于社会风尚的范畴。社会风尚的变迁受到自然、社会和经济、政治等多方面因素的共同影响。19 世纪中叶到 20 世纪中叶,由于全球化促使商品、人口、资本和信息跨国、跨界流动日趋频繁,近代鼓浪屿正处在东西方各国、各地区不同文化相互接触、碰撞的时空交汇点,社会风尚在变迁的过程中留下了全球化背景下世界各地的多元文化和自身传统的深深烙印,呈现出缤纷多彩、变幻多样、繁荣多元的复杂局面。简言之,近代鼓浪屿社会风尚变迁的特征表现为交替、交融与并置这三种状态。

为了能更好说明鼓浪屿社会风尚变迁的这一特征,我们以舞台剧做类比。如果将近代鼓浪屿看作是一个历史大舞台,舞台上充斥着各种各样的新老角色,他们时而从台上走到台下,时而在舞台上交相互动,演绎共同的故事,时而各置于舞台一角,演绎不同的故事。新老角色之间因而存在三种关系:新角色代替老角色,称为交替,新角色与老角色合作出演,称为交融,新角色与老角色各自出演,互不相干,称为并置。社会风尚的变迁就像一场由多个角色扮演的舞台剧,新与旧、传统与现代、本土与外来的各种文化元素不断地上演着交替、交融和并置的场景。

首先是交替。在近代鼓浪屿,社会风尚的新旧交替屡见不鲜,最有代表性的当属妇女权益方面的变迁。如前所述,溺婴、缠足和虐待婢女都曾经是

闽南的陋俗,严重损害妇女的身心健康,这些陋俗一方面受到外国传教士的谴责和抵制,另一方面,受到现代文明洗礼的海外归侨和当地士商也都逐渐摒弃了这种旧风。更有像许春草和黄奕住这样的仁人志士不遗余力地投身到解放妇女的事业中。许春草为创建和维持"婢女救拔团"而倾尽所有,黄奕住为妇女经济独立而花巨资创办职业女校。到 20 世纪 30—40 年代,溺婴、缠足和虐待婢女之旧风已经基本在鼓浪屿销声匿迹,取而代之的是,大众不再以缠足为美,而是以天足为美,女婴不仅在出生时不再被抛弃或溺死,而是能够像男婴一样得到父母的关爱和照料,并在成长中可以像男孩一样接受学校教育,并成长为职业妇女。

社会风尚的新旧交替还可见于社会大众的日常生活,如发式和服饰。在发式方面,众所周知,清末男子标志性的发式——辫子,在民国时期已经绝迹,鼓浪屿女子的传统发式也经历了类似的变迁,烫卷发、梳短发及各种流行发式代替了传统的发髻和盘头。在服饰方面,大众的审美也发生了改变,以往最正式的男装是官服,普通大众的服装也以宽、大、长为主要特征,所谓长袍马褂。但从 20 世纪初开始,鼓浪屿的男士越来越多地着西服出现在正式场合。此外,中山装、学生装、吊带裤等裁剪合体的服装成为潮流。与此同时,女装也呈现出缤纷多样的变化,西式裙装代替了中式旗袍,尤其是女校学生着西式女裤和校服,更是之前几个世纪都不曾有的。西洋伞、金边镜、文明棍等都是新时尚的代表性符号。在新旧服饰风尚的交替中,最具现代意义的是服饰与个人社会地位的分离。因为在传统的礼仪制度中,处于社会不同等级的人有不同的服饰,这种礼仪不可僭越。20 世纪 20—30 年代,在鼓浪屿,着装已经是极具个性的个人选择,传统的着装礼仪被打破,服饰不再与人的社会地位直接挂钩,人们也不再单纯根据一个人的服饰来断定他的官职或社会地位。

其次是交融。社会风尚的变迁还有更多的是表现为新旧之间的交融存在。如服饰作为一种时尚,不仅有新时尚代替旧时尚,还有新旧时尚之间相互借鉴、相互影响、交融并存的情形。像民国时期妇女穿的旗袍就是在原来中式旗袍的基础上,借鉴了西式裙装的合体裁剪,使新式旗袍更加突出女性的曲线美,这种中式传统与西式工艺相结合的服饰风格极具代表性,也是新旧社会风尚交替存在的鲜活例证。除服饰之外,人们的饮食风尚也呈现出中外混杂、土洋结合的特点,如前所述,一官员(布政使)端出了松糕和水果馅饼之类的西式糕点来款待侨居鼓浪屿的外国人,而寒暄中全然使用了中式礼仪,即不断为简单的食物道歉,而对于当时的人们来说,制作和食用这类西式糕点简直就是难以想象的奢侈享受,所以官员的道歉实际上只是表达一种客气,当然,侨居鼓浪屿的外国人也对这样的中式社交礼仪心领神会。中西结合的饮食风尚并非为上层社会人士所独有,而且也为中下层社会普通大众所追求,牛奶的销量颇能说明问题。1933年,鼓浪屿这个小岛的牛奶日销量达到千斤以上,由于岛上的外国人数量有限,上千斤的牛奶大多是由岛上的中国人消费的。显然,牛奶被鼓浪屿的中产家庭列入食谱,如同大米一样,成为日常饮食必需品。虽然牛奶并非属于闽南地区的传统食物,但鼓浪屿人却能在保持传统饮食习惯的同时接受和纳入非传统的食物,这也是新旧社会风尚交融存在的典型表现。

最后是并置。如果只看到新旧社会风尚交替和交融的变迁状态,还是远远不够的,事实上新旧社会风尚往往还会以独立的方式各自存在、互不相干,这种状态称为新旧社会风尚的并置。最为明显的是日常社会生活中的婚丧嫁娶仪式及各类节事活动。当基督教传入鼓浪屿后,在教堂举办西式婚礼日渐成为一种时尚,如林语堂的婚礼就是在鼓浪屿晃岩路40号的福音堂举办的[①],但这并不意味着中式婚礼就荡然无存。相反,依据当事人的自身情况,人们拥有更多选项,基督教信徒更倾向于在教堂举办西式婚礼,而保生大帝的信徒则会举行传统的中式婚礼。对于丧葬仪式,显然也存在与婚礼相似的自由选择。可见,传统的和西式的婚丧礼仪是同时并存且各自独立的。除此之外,近代鼓浪屿的节事活动也有类似的特点。像春节和圣诞节、中元节和复活节等,这类处于中西不同文化系统中的节日在鼓浪屿是各自独立并存的。如圣诞节和春节在各自的文化系统中都是一年中最隆重的节日,圣诞节期间教堂的庆典和音乐会对当地居民有极大的吸引力,而春节期间华人的喜庆和热闹也让侨居在鼓浪屿的外国人感受到浓重的节日氛围。总之,社会风俗不会轻易脱离其原生态的文化系统,而不同的文化系统本身就是相对独立的,对于像节事活动和婚丧礼仪这样风俗的而言,无论是西式的还是中式的,人们都会按照各自文化系统中仪式和节日所代表的意义,遵循约定俗成的行为模式,各自独立践行。

然而,这里还必须强调的是,在近代鼓浪屿这一特定的时空场景中,社

---

① 鼓浪屿申遗办、鼓浪屿管委会、谷声图书编:《理想年代:鼓浪屿建筑的融合之美》,福州:福建人民出版社,2016年,第56页。

会风尚的新旧交替、交融和并置的三种状态有时并不是泾渭分明的,而是模糊、混沌或交织在一起的。也就是说,对于某些社会风尚的变迁,即有新旧之间的交替、也有新旧之间的交融,更有新旧之间的并置,这在属于较高层次的精神文化领域显得尤为突出,如音乐、绘画、建筑风格等方面就是如此。以音乐为例,西洋音乐随着传教士的脚步传入鼓浪屿后,南音并未在鼓浪屿消失,南音不但被保留下来,而且还借鉴了部分西洋音乐的曲调,但由于南音缺少青年观众和传承人,也确有一些传统的南音曲目已经失传。绘画也是如此,一方面,中国传统的水墨山水画受到西洋油画的影响,题材和表现手法更加丰富多样,另一方面,在绘画艺术上仍是自成一体,保持着中国山水画的独特意境,但自北宋以来的恢弘气势已悄然逝去。因此,中国传统的音乐和绘画艺术都在一定程度上受到外来的西式文化艺术的影响,有些失传了、有些得到丰富和发展、有些则被原汁原味地保留了下来,这其实就是交替、交融和并置三种状态的模糊并存。

这方面更具显性表象的是建筑风格。鼓浪屿素来被称为"万国建筑博物馆",这是因为在这个面积不大的小岛上,存在着众多具有中西式经典风格的建筑。由于建筑风格代表了较高层次的审美意境和价值取向,因此建筑风格实际上是社会风尚的持久而具有生命力的物化载体。鼓浪屿近百年来的建筑大体上可以按照不同的建造者分为三类,即由外国侨民建造的纯西式建筑,由返乡海外移民建造的混合中外建筑文化元素的大量别墅群,以及由当地原住民建造的传统闽南古厝。外国侨民建造的建筑有些是宗教性建筑,有些是办公场所,有些则是居所,这些建筑大多保留着纯粹的西式风格,如天主堂是经典哥特式的,美国领事馆是折中主义风格的,即融合了西方古典与现代建筑美学。返乡海外移民营建的别墅大多是为了自住,因此在建筑设计中更加注重个性化的外观设计和内部居住的使用功能。返乡海外移民别墅的建筑风格堪称琳琅满目,有的呈现出欧洲风格,有的呈现出南洋风格。如林屋的设计者林全诚自己就毕业于麻省理工学院土木工程系,他设计的林屋将北欧式的坡折屋面和嘉庚红瓦有机地结合在一起,在北欧建筑风格中巧妙地融入了闽南大厝红瓦屋顶的建筑元素。外观体现出南洋特色的别墅也为数不少,如著名的番婆楼是菲律宾归国华侨许经权为其母亲所建,其高大的门楼上精美的金丝鸟雕饰是极富有个性化的装饰,还有雕花铁门、假山高墙、回廊方柱,整个建筑混杂了南洋、西洋和本土的多种文化元素。经过百年变迁,本土的闽南建筑已经为数不多,在建筑风格上,这些朴实厚重的红砖大厝与那些中西合璧的奢华别墅形成鲜明的对比。现存的大夫第、黄氏小宗以及传统的宫庙（如种德宫和兴贤宫）仍然保持着原汁原味的闽南建筑风格。

　　综上所示，近代鼓浪屿社会风尚的变迁呈现出新旧交替、交融和并置的三种状态，我们可以看到在历史的大舞台上，这三种状态时而是独立出现的，时而又是混合、交织在一起并行出现的。

第五章
近代鼓浪屿的文化教育与医疗卫生

鸦片战争后,中国被迫开放通商口岸。大量西方人来到厦门和鼓浪屿,尤其是西方传教士。他们带来了西式教育、医疗卫生,以及近代报刊、出版等文化事业。这些迥异于中国传统的西方文化事业,其优势是中国传统的文化事业所无法比拟的,更先进,更有竞争性,因而对中国传统的文化事业形成了强大的压力与刺激。鼓浪屿岛上的华人居民从被迫接受到主动吸纳,逐步实现岛上教育、医疗卫生及文化事业的转型与发展。这种转型与发展既是鼓浪屿近代化的一部分,使鼓浪屿近代化的内容更丰富与深厚,也促进了鼓浪屿其他环节的近代化,促进近代鼓浪屿整体的社会变迁。19世纪末20世纪初,大量闽南籍海外移民从东南亚回国,定居到鼓浪屿。他们骨子里烙上的是中国传统文化的印记,而长期生活在东南亚,受西方文化与东南亚本土文化的双重冲击与影响,因而带来了大量非中国的异质文化,进一步促进了鼓浪屿的教育、医疗和文化事业的发展,加快了鼓浪屿近代化进程,形成了具有鼓浪屿特色的多元文化景观与近代化进程。

第一节　鼓浪屿近代教育的兴起与发展

鼓浪屿近代教育的兴起始于19世纪西方传教士之手。随着外国教会进入鼓浪屿,为了传播宗教思想、培养信徒和传教士,西方传教士先后开办了近20所不同类型与不同层次的学校,从幼儿园到职业学校直至学院,既传教,又办学校,教校合一。除《圣经》外,这些学校开设了大量近代自然与社会科学课程,传播不同于中国传统的近代自然社会科学知识,开启了鼓浪屿的民智,促进了鼓浪屿近代教育的发展。日本人曾评论说,福建近代教育是"从外国人经营开始,都带有宗教的色彩"。[①] 虽然我们不能忽视其中的宗教色彩,但更要重视它的先进性。由于近代中国面临着国家与民族危机,部分先进的华人被迫开始思考中国落后的原因,在教会学校的影响和示范下,部分鼓浪屿华人也开始兴办自己的近代学校,发展新式教育,践行教育救国之道,鼓浪屿近代教育获得全面推进与发展。20世纪20年代,"非基督教"运动兴起,教会学校也被迫调整,日益本土化与世俗化。教会学校与国人自办学校的发展,共同构成了鼓浪屿教育近代化的一环。以20世纪20年代"非基督教"运动和1938年厦门沦陷等为界,我们将鼓浪屿近代教育的发展分为兴起、发展与衰落等阶段,分别予以论述。

一、鼓浪屿近代教育的兴起(19世纪40年代至20世纪20年代)

鸦片战争前,鼓浪屿只有一些宗族的私塾,所教授的基本是中国传统的《三字经》或四书五经之类,民众受教育少,文盲率高。随着英国伦敦公会、英国长老会、美国归正教会、美国安息日会和西班牙天主教等教会的传教士先后入住鼓浪屿,他们为了传教事业,很快就将教育作为传教的辅助手段之一,在鼓浪屿兴办多所学校,建立起幼儿园、小学、中学和职业教育等较为完整的教育体系,并根据传教与现实需要设立学制与相关课程,并采用西式教学方法。教会学校促进了鼓浪屿近代教育的兴起。

(一)传教士大力兴办不同层次与不同类型的学校

对传教士而言,最重要的事就是传播福音,让更多人的信仰上帝,得到上帝的救赎。为了扩大福音宣传,加深人们对圣经的理解,慕道友和教徒必须阅读圣经。如果是文盲,他们是不可能阅读圣经,不可能直接和上帝对话。因此,教会一般都会对教徒进行扫盲,便于他们自己学习圣经。再者,西方教会到中国传教人手不足,而且闽南地区的基督教最初就非常重视传教本地化,高层次的教育既可培养一批本地教师和布道师,以弥补教会在这方面人员的短缺,同时也可以为各行业及政府机构输送有基督教教育背景的人才。而且,华人非常重视教育,兴办教育业可以成为教会接触上层社会

---

① ［日］日本外务省通商局监理:《福建省事情》,东京商业会议所发行,1921年,第47页。

的一种最重要的途径。① 因此,兴办教会学校必不可少,西方传教士也充分
意识到教育在福音传道方面的重要性。毕腓力牧师在 1889 年的一份报告
中说:"学校教育是福音传道工作的必然结果。如果在传播福音的过程中任
由人们继续无知,那么我们的工作只能算是完成了一半。"美国国内归正教
会的领袖也认为:"我们不得不承认,要成功地传播福音,并使之产生潜移默
化的影响,学校的建立和发展史至关重要的。"②退休后的打马字二姑娘玛利
亚 1927 年还写了一篇文章,以亲身经历强调学校教育的重要性:"我坚信传
教应该开展教育工作,否则我不会化将近五十年的时间致力于此项工作。
但是,在我看来,只有在教会学校中使用《圣经》作为主要教材,我们在当地
的教育才是值得为之出力的。"③因此,鼓浪屿的西方传教士大量兴办不同类
型、层次多样的宗教学校。20 世纪 20 年代以前,鼓浪屿已经初步形成了较
为完整的近代教育体系。以下是 19 世纪 40 年代至 1920 年鼓浪屿教会或传
教士兴办学校的大体统计:

表 5-1　19 世纪 40 年代至 20 世纪 20 年代鼓浪屿西方传教士兴办学校统计表

所属	学校名称	兴办时间	地点	兴办方	学校类别	规模	备　注
伦敦公会	观澜圣道学校	1844	和记崎	伦敦公会	职业学校		
	英华男私塾	1844		施约翰夫妇	私塾		
	福音小学	1873	乌埭中	伦敦公会	初级小学	初设时有二三十名学生	
	澄碧中学	1870s	和记崎	施约翰夫妇			后并入寻源中学
	福民小学	1909	乌埭中	伦敦公会	初为初等小学,后为完全小学		福音、民立小学合并而成

① 　[美]杰拉德·F.德庸著,杨丽、叶克豪译:《美国归正教在厦门(1842—1951)》,台北:龙图腾文化有限公司,2013 年,第 157 页。

② 　[美]杰拉德·F.德庸著,杨丽、叶克豪译:《美国归正教在厦门(1842—1951)》,台北:龙图腾文化有限公司,2013 年,第 156 页。

③ 　[美]杰拉德·F.德庸著,杨丽、叶克豪译:《美国归正教在厦门(1842—1951)》,台北:龙图腾文化有限公司,2013 年,第 157~158 页。

续表

所属	学校名称	兴办时间	地点	兴办方	学校类别	规模	备注
英国长老会	怀仁女学	1877年6月	乌埭角	倪为霖牧师娘等	初等小学	开学时有18名，1879年底有33名	初名乌埭女学堂，1910年改名
	英华书院	1898年2月	鸡山路	山雅各	初时英制八年制高等学堂，后为"二四"两级中学制、三三制	前十年年均150～200人	后迁安海路，1924年改为英华中学，只收男生
	怀德幼稚园	1898	内厝澳	韦爱莉	幼儿园	1908年88名孩子；20世纪初260多人；1916年360多人	1912年正式定名
	怀德师范		内厝澳	韦爱莉	二年制幼师		
	明道女学		岩仔脚	长老会			
美国归正会	回澜圣道学校	1850s	安海路	归正教会	职业学校	初创9名学生；1901年37名；1906年16名	寻源斋与回澜斋合并
	寻源斋	1850s	田尾	归正教会	职业学校		
	毓德女学	1879	田尾	打马字夫人等	约5年制小学	1899年秋季学生76人	1870年由厦迁鼓
	寻源中学	1881	东山仔顶	归正会和英国长老会	4年制中学	1900—1920年，累计473名学生	澄碧中学并入
	田尾妇学堂	1884	田尾路	打马字牧师娘	成人教育	初时5名学生，1889年24名	

续表

所属	学校名称	兴办时间	地点	兴办方	学校类别	规模	备　注
养元小学		1889	田尾	打马字大姑娘	私塾,1905年后为初级小学	1906—1910年,学生200多人	1900年由厦迁鼓,校址数次变动,最后迁复兴路
	救世医学专科学校	1900	燕仔尾	救世医院	5年制职业教育	计6届毕业生,46人	
美国安息日会	美华小学	1905	泉州路	韩瑾思	男校		初名"育粹小学",后迁五个牌
西班牙	维正小学	1919	博爱路	马守仁	女校		曾扩办维正师范,不久即停
日本	博爱"医专学校"	1919	福建路	博爱医院	职业专科学校	计6届毕业生,约五六十人	

注:有的教会学校为英美教会合办,划分所属时以主要管理的教会为主,并不代表完全属该教会。日本博爱医院"医专学校"并不由传教士兴办,为了完整阐述鼓浪屿近代教育兴起,因而列入西方传教士类。

资料来源:张镇世等:《"公共租界"鼓浪屿(1903—1941年)》,厦门市政协文史资料研究委员会编:《厦门文史资料》第16辑,厦门:鹭江出版社,1990年;厦门市档案局、厦门市档案馆编:《近代厦门教育档案资料》,厦门:厦门大学出版社,1997年。

从上表可以看出,这些学校,都是私立性质。从隶属国籍看,学校既有属于英、美、西、日本等外国,也有属于中国本土的。由于多为教会兴办,因而学校又有派别,英国有伦敦公会和长老会,美国有归正教会与安息日会。从形式上看,既有男校、女校,又有男女混校。从学校类型看,既有幼儿园、小学和中学等基础教育,又有圣道学校和师范学校等职业中高等教育,还有兼收已婚家庭妇女的"成人学校"。小学既有单纯的初级小学,也有初小、高小兼办的完全小学。中学既有初级中学,也有初高中并办的完全中学。除日本办的学校外,其余所有学校均为西方传教士所兴办。

1. 设立怀德幼稚园,发展学前教育

1872 年,打马字牧师在年度报告中写道:"教会未来是否能取得成就并发展良好的秩序,这在很大程度上在于我们是否能够照顾好儿童,并为他们提供适当的教育。"[①]幼儿园无疑就是照顾好儿童,并提供教育的机构之一。中国第一家幼儿园出现于鼓浪屿,即怀德幼稚园。1898 年,英国长老会牧师韦玉振(Goorge M. Wales)夫人韦爱莉在鼓新路创办家庭式幼稚班,随后即改为幼稚园,这就是怀德幼稚园前身。幼稚园最初办于韦牧师的家里,条件简陋,所有事情均由韦夫人自己负责。1900 年,幼稚园开游艺会,邀请各界参观,颇受社会好评,因而得各界捐助,随后于福民学校内创设临时园舍,略具雏形。[②] 到 1908 年,幼稚园已有 6 位老师和 88 名孩子。次年,因韦爱莉身体衰弱,幼稚园由英国长老会办理,由吴天赐小姐(Miss Dora Noltenius)接任,并于 1911 年正式就任幼稚园主任,后来在此工作 22 年。由于幼儿多,于是暂借新落成的怀仁女学校舍充任幼稚园及师范班教室。[③] 1912 年,怀德幼儿园在鼓浪屿内厝沃西路(今永春路 83 号)建立园舍,正式定名"怀德幼稚园"。当时模仿西欧幼稚园,采用德国儿童教育家福禄培尔华和意大利教育家蒙台梭利教育学说,设置的课程和活动都是参照西欧的模式,园里教具也大部分从西欧运来。幼稚园发展非常快,到 20 世纪初期,幼儿园学生增至 260 多人。1916 年,增至 360 多人。[④] 1933 年,怀德幼稚园在南京政府厦门教育局正式立案。1941 年 12 月鼓浪屿沦陷后,怀德被日伪接办,改为鼓浪屿幼稚园,园长和教师皆由日伪市政府重新聘用。抗战胜利后,英公会复办,恢复原园名称。[⑤]

2. 兴办多所小学,初步建立了较完善的初等教育体系

西方传教士最关注的是初级阶段教育,毕腓力曾指出,该阶段是"人生的可塑性时期",是接受福音的理想时期:

> 人脑的发育规律是……在其成型的早期,就像蜡一样柔软而易于

① [美]杰拉德·F. 德庸著,杨丽、叶克豪译:《美国归正教在厦门(1842—1951)》,台北:龙图腾文化有限公司,2013 年,第 156 页。

② 吴炳耀:《百年来的闽南基督教会》,《厦门文史资料》第 13 辑,第 94 页。

③ 吴炳耀:《百年来的闽南基督教会》,《厦门文史资料》第 13 辑,第 94 页。

④ 吴炳耀:《百年来的闽南基督教会》,《厦门文史资料》第 13 辑,第 94 页。

⑤ 黄雅川、余丽卿:《我国最早的一所幼儿园》,《厦门文史资料》第 19 辑,第 119～120 页。

塑造,乐于接受新观点;但当其长成之后,就变得像顽石一般固执,固守他已接受的观点,这就好像我们在博物馆所见到的化石板一样,还保留着远古时代鸟兽在沙滩上行走时留下的足迹。①

因此,教会兴办的学校中多是初等小学,以传授圣经和识字为主。从上表可以看出,在鼓浪屿开设最早的一家小学是英国伦敦公会施约翰夫妇1844年在鼓浪屿开设了英华男私塾,具有教会主日学性质,这是福建基督教史上的第一所学校。② 不过,这所学校具有私塾性质,兴办的时间较短,详情不清楚。其后,传教士在鼓浪屿先后兴办了福民、怀仁、养元、育粹、毓德女小和维正等6所小学,其中以福民和养元小学最为突出,我们从中可以了解在鼓浪屿近代教育兴起期初级教育的发展概况。

福民小学由福音小学和民立小学合并而成。19世纪40年代,英国伦敦公会在和记崎建筑了三幢二层相连的楼屋,分作观澜圣道学校、澄碧中学和教堂之用。1873年,由于教友多居住于鼓浪屿,英国伦敦公会在乌埭中建立小学,并在埏海角建筑小学校舍,此乃福音小学。初办时只有十多名学生,随着学生日益增多,原福音堂迁走,原址在1904年改为校舍,并将观澜圣道学校和澄碧中学校舍合并充作福音小学之用,出版时学生只有二三十人。③学校虽不附设于教堂,但仍沿用原名,主要接受教徒的小孩,也接受一般非教徒的小孩。学校没有课本,多以福音书为教材,学费没有标准,由家长按照自身能力酌情上缴,贫困家庭可以免除学费。民立小学是基督徒陈希尧(又名灵展)于1898年戊戌变法后在鼓浪屿乌埭角(现福州路一带)租赁民房兴办的小学。由于两校甚近,生源存在竞争,而两校学生路上相逢,常爱打架,福音小学教师又较多,两校因而于1909年合并,民立小学迁到福音小学,两校各取一字,校名为"福民小学"。不久,陈希尧授牧师职,派往新加坡宣教,福音堂长执会另派庄英才于1910年接任校长,虽然权力有限,但该小学已逐渐转由华人管理。尤其是1915年叶谷虚接任福民小学校长后更明

---

① [美]杰拉德·F.德庸著,杨丽、叶克豪译:《美国归正教在厦门(1842—1951)》,台北:龙图腾文化有限公司,2013年,第158页。

② 林金水、谢必震主编:《福建对外文化交流史》,福州:福建教育出版社,1997年,第420页。

③ 厦门市档案局、厦门市档案馆编:《近代厦门教育档案资料》,厦门:厦门大学出版社,1997年,第153页。

显。但是,该小学还是与伦敦公会存在密切关系,每年向伦敦公会领取一定的补助金。

养元小学的前身是 1889 年美国归正教会女传教士打马字大姑娘在厦门竹树脚创办的一所小学,专收男生。1900 年,养元小学迁到鼓浪屿球埔边的一座石厝,后又迁到田尾女学堂(毓德女学)的旧校舍,称为田尾小学。入学学生并不多,采用单级教授制上课,课程以读经为主,进行简单的读说听写的训练,具有中国传统私塾的形式,因而被称为"洋私塾"。不过,它与私塾区别还是非常明显:除了《三字经》等传统教育外,学生更多教授《圣经》的教育,要学习罗马白话字等。怜儿堂停办后,田尾小学迁至怜儿堂原址建新校舍。1905 年,清廷废科举,该私塾改为学校,更名为养元小学。另外,小学在田尾建起自己的校舍后,开始招收漳、泉一带及厦门郊区的寄宿生。1906—1910 年间,学生先后有 200 多人,其中来自漳州、同安和厦门郊区的寄宿生约 50 人,为鼓浪屿小学之冠。著名文学家、翻译家林语堂(1905 年入养元接受启蒙教育),前中央研究院天文研究所所长余青松,二十世纪二十年代末厦门自来水公司总工程师、美国哈佛大学毕业生林全成(又名荣森),都是养元小学的毕业生。

从两所小学的发展可以看出,兴办经费基本都来自于教会,教学条件也非常简陋,初期租用民房,其后才有校舍,可见当时办学之艰难。不过,这些教会小学与中国传统私塾教学一样,都会进行识字教育,但区别也很明显,学生学习的主要内容是《圣经》,而不是传统的《三字经》等,而且教会小学更注重灵性的教育。虽然教会小学存在人数少、教学条件简陋等明显问题,但鼓浪屿近代新式初等教育毕竟启动了。

3. 兴办数所中学,逐步建立初级、高级中学教育体系

传教士在鼓浪屿先后兴办了数所中学,如澄碧中学(后合并到寻源中学)、寻源书院(中学)和英华书院等,其中比较突出的是寻源书院与英华书院。两校均是鼓浪屿名校,但各自特点突出。

寻源中学前身是"寻源斋"("寻真理之奥,启智慧之源"之意),由美国归正会和英国长老会于 1881 年联合在鼓浪屿租一间民房合办。学校只招收男生。该校起初由栗山牧师(Alexander Van Dyck)负责管理,1887 年由毕腓力接管。1900 年,美国归正教会在东山仔顶兴建一座校舍、创办新校,并于 1914 年改称"寻源书院"(西文称"打马字学院",以纪念约翰·打马字先生在厦门教会 45 年的工作)。1907 年,伦敦公会的澄碧中学合并到寻源书

院,最初由三公会共同管理,主理毕腓力,校长黄植庭。1917 年,寻源中学完全由美国归正教会负责。

英华书院英国伦敦公会牧师山雅各(Rev. James Sadler)于 1898 年 2 月在鼓浪屿创办,创建之初英国长老会传教士佟显理和韦振玉夫人就协助办学。1899 年,伦敦公会将学院转交给长老会,但仍与长老会协作,直至"一战"爆发。由于经济原因,英华书院后由长老会独立负责,长老会接手后便将原在新加坡一所教会学校当校长的金禧甫(H. F. Rankin)调来做英华书院校长,[①]1917 年,金禧甫辞职,英国人洪显理(Henry J. P. Anderson)继任。从开办到 1913 年采用八年制,1914 年至 1924 年改为七年制。

图 5-1 寻源斋

资料来源:[美]杰拉德·F. 德庸著,杨丽、叶克豪译:《美国归正教在厦门(1842—1951)》,台北:龙图腾文化有限公司,2013 年,第 179 页。

作为当时鼓浪屿最好的两所中学,寻源书院和英华书院存在差别,又各有千秋。首先,学校运转经费有明显区别,英华明显好于寻源。寻源书院入学基本免费,运转费用由归正会和长老会联合筹集。两公会最初计划开办后要全面收费,但始终无法实现。到 1889 年时,仍然只有部分家长会缴纳部分学费。1889 年时,每名学生每学年的开支约为 24 元,一些学生只支付了 8 元,一些学生支付了 3 元,而许多学生分文未付。[②] 因此,学校经费基本由教会筹集,来自于学生的学费所占比例很低。英华书院与寻源书院完全不同,历来对学生的收费是厦鼓各学校中最高的,有"贵族学校"之称。据英人包罗报告,一个英华寄宿生费用,每人每学期约 50 元,单缴学费就要 12

---

① Band Edward, *Working His Purpose Out*: *The History of Presbyterian Mission*, 1847—1947,台北:成文出版社,1972 年,第 279 页。

② [美]杰拉德·F. 德庸著,杨丽、叶克豪译:《美国归正教在厦门(1842—1951)》,台北:龙图腾文化有限公司,2013 年,第 182 页。

图 5-2　英华书院旧影

资料来源：洪卜仁主编：《厦门旧影》，北京：人民美术出版社，1999 年，第 61 页。

元。1913 年后，学生人数越来越多，仅凭学费收入，学校就足以维持。[①]

其次，办学规模有明显差距。由于住宿条件及经费限制，寻源中学第一年招生限制在 14 名学生，其后学生不断增多，1889 年为 25 人，1895 年为 43 人。1900—1920 年，在寻源中学受教育学生累计 473 人，其中 112 名学生修完所有课程，部分学生进入大学继续深造，部分充任教师和牧师等。由于鼓浪屿地方小，地价高，该院 1925 年迁往漳州，校址转属毓德女中。[②] 英华刚开办时，只开设两个班，招收新生 50 名，学生都来自于厦鼓地区。由于学校教学质量高，毕业后工作前景好，学生越来越多，以后内地和南洋的学生，甚至随父母来厦鼓的外国学生，也都到英华就读，前十年一般保持在 150～200 人。1908 年学生数达到 216 名。[③] 20 世纪 20 年代之前大致维持这个水平。

最后，教学各有千秋，教学质量均较高，英华中学要胜一筹。寻源中学初办时，学制为三年，设置的课程处于小学与圣道学校之间，其后不断增加，课程包括地理、天文、生理学、算术、阅读写作、中国经典、海德尔堡问答式教学法（Heidelberg catechism），以及圣经。为了提高教学质量，寻源中学在 19

---

① 许声骏：《鼓浪屿英华中学见闻》，《厦门文史资料》第 13 辑，第 22～23 页。

② 张镇世、叶更新、杨纪波、洪卜仁：《"公共租界"鼓浪屿（1903—1941 年）》，厦门市政协文史资料研究委员会编：《厦门文史资料》第 16 辑，厦门：鹭江出版社，1990 年，第 32 页。

③ 许声骏：《鼓浪屿英华中学见闻》，《厦门文史资料》第 13 辑，第 24 页。

世纪80年代开始要求学生需要参加入学考试，入学要求也有所提高。1888年教会报告中规定：

> 可以入学的条件是：任何来自基督教家庭的男孩，15岁，能够读写罗马白话字，并读完了六本福州汉字教程、两本经典名著、汉字四福全书、初级地理（包括中国本土），并理解算数最基本的四个规则。①

为了更接近于美国中学模式，从1890年开始，寻源中学学制改为4年。第四年学习课程包括圣经、中国古文经典、高级代数、物理、历史（美国、俄国和西班牙）、罗马白话字、写作、绘画以及音乐。自1897年始，学校三、四年级开设"官话"。寻源中学由于担心开设英语课程可能会使教育过于世俗化，而忽视学校福音传道的基本目标，因而一直未开设英语课。然而，要求开设英语课程的人越来越多，很快成为毕腓力教师称之的"棘手的问题"。在学生及社会的强烈要求下，寻源在1904年开设英文课。不过，对学生来说，最难的课程仍然是算术。② 1890年的一份报告称：

> 中国的小伙子最要命的弱点在于算术。他在受教育的进程中遇到的唯一的绊脚石就是这种外国的计算方法。然而，并非一切努力都是枉费工夫。一些学生的确掌握了这门科学，并标明他们理解自己正在做什么，而许多学生在熟悉这门科学的同时也正在掌握它，并正在学习如何解决这些神秘符号的难题。③

19世纪90年代，寻源中学开始设置体育课，要求学生每天早晨做半小时的早操。20世纪后，学校先后开设地理、生理、天文、英国史等课程。后来，英国领事馆和当地士绅向寻源中学赠送板球和足球。④ 虽然寻源中学的课程很多，但学习还是以"灵修"为主要目的，《圣经》仍然是学校最主要的教科书。学生每天两次唱圣歌、读经、布道练习和祈祷。星期五晚上还有特别

---

① ［美］杰拉德·F. 德庸著，杨丽、叶克豪译：《美国归正教在厦门（1842—1951）》，台北：龙图腾文化有限公司，2013年，第183页。

② ［美］杰拉德·F. 德庸著，杨丽、叶克豪译：《美国归正教在厦门（1842—1951）》，台北：龙图腾文化有限公司，2013年，第183～184页。

③ ［美］杰拉德·F. 德庸著，杨丽、叶克豪译：《美国归正教在厦门（1842—1951）》，台北：龙图腾文化有限公司，2013年，第183页。

④ ［美］杰拉德·F. 德庸著，杨丽、叶克豪译：《美国归正教在厦门（1842—1951）》，台北：龙图腾文化有限公司，2013年，第187页。

的宗教活动。星期天全天，所有学生都要去杜嘉德纪念堂做礼拜和事奉。[①]总体而言，随着不断发展，寻源中学的课程体系不断完善。不过，由于在华美国归正教与英国长老会传教士人手不够，既要忙于传教，又要承担教学任务，"老师们在几个月之后就感到身心疲惫，精疲力竭"，两个教会每年都向各自总会发出申请，"要求加派一位在教育方面受到完整训练的年轻人来担任"学院校长，但始终未果，而且男性牧师不及女性细心，因而寻源中学的教学质量受到影响，至少低于归正教会所办女校。

英华中学在金禧甫任校长期间获得快速发展，其初创时为英国学制的高等学堂，并附设大学预科两年。教学分为初级部和高级部，根据学生志愿分为商业和科学二科。商业科主要学习商业尺牍、英文簿记、速记、打字等课程；科学包括动物、化学、物理、地质、天文和算术等课程，这些课程用英国课本，英文教学。学校还教授中文，中文课本一般都是选读四书五经、《古文观止》、《左传》、《东莱博议》、唐诗、尺牍等等。上午专上英文课，下午才上中文课。中文与英文之间，不管学校或学生，都是偏重英文，尤其是侧重于商业科。1908年后，分科制度改为与英国相同的一般学制。此后，学生所读书的英文除数理化、史地、动植物等无大的变化外，其他英文读本都是采用英国的古典文学修辞学、现代散文等，课本都是由英国或新加坡买来，英文教师是聘请英国人或留学英国的华人，部分是英语流利、学问较好的中国教员。[②]

与寻源中学一样，英华书院的宗教活动也很多。学校早晚都有宗教集会，即早上有朝会，晚上有晚会，天天如此，课外还有学生青年会的活动。朝会时，校长金禧甫或洪显理及其他英文教师轮流主持礼拜，用英语讲道，全体学生都得参加。晚会只限于寄宿生，全体寄宿生都需点名，做礼拜，而后再听监院讲道说教，回去还需要做晚自修。每逢星期天上午，全体寄宿生还要整队到教堂去做礼拜；不愿意去的可以请假。星期天下午，所有附小部学生和寄宿生都要参加"主日学"，听高中部同学讲《旧约圣经》的故事，"主日学"主持就是本校学生青年会会成员。[③]

①　[美]杰拉德·F.德庸著，杨丽、叶克豪译：《美国归正教在厦门（1842—1951）》，台北：龙图腾文化有限公司，2013年，第186页。
②　许声骏：《鼓浪屿英华中学见闻》，《厦门文史资料》第13辑，第22～23页。
③　许声骏：《鼓浪屿英华中学见闻》，《厦门文史资料》第13辑，第24～25页。

在金禧甫努力下,英华书院始终保持了较高的教学标准,教学质量高寻源中学一筹,而且毕业生英文优异,质量很高,既可深造,可以进入海关、洋行、银行、公司和邮政局等高薪机关工作,获得较高的社会地位,因而吸引了很多学生,有的学生等不到毕业就弃学参加工作了。[①]

20世纪20年代以前,岛上最重要的中学就是寻源与英华书院,形成了岛上中学教育体系。寻源学院是初级中学,英华学院是完全中学,并有高等教育,英华学院的学生,若八年制毕业,可以直接进入国内大学三年级,若七年制毕业,只能插入大学二年级。虽然寻源与英华均为中学,但从上述分析可以看出,二者形成一定的梯级差别,形成各自的特色,寻源书院主要面向出身于社会中下层的学生,英华主要面对出身社会中上层的学生,共同接受岛内小学毕业生,同时接受漳州、泉州学生与海外华侨子弟,形成了岛内较完整的小、中学教育体系。

4. 积极发展包括圣道学校在内的中、高等职业教育

除普通初、中级学校外,传教士根据岛内需要开设了专门培养牧师、幼儿教师和医生的几所职业学校,为鼓浪屿培养相关的职业人才,一定程度上又促进了鼓浪屿基础教育的发展,从而使岛内的基础教育与职业教育形成了良性循环。

(1)设立圣道学校,培养本地牧师

西方传教士初来,传教人手严重不足,因而首先设立了圣道学校,培养本地牧师,上表中的观澜圣道学校、回澜圣道学院和寻源斋即是,也是鼓浪屿设立最早的职业学校。由于"最初中国本地牧师和传道工作的培训都是在传教士家中进行",[②]有关早期圣道学校建立时间的记载因而模糊不清,或相互矛盾。据说鼓浪屿最早的圣道学校,即"观澜圣道学校",是1844年英国教士施约翰创立伦敦公会后不久就在和记崎设立的,当时一幢楼下作教室,楼上是该校师生宿舍。"到19世纪50年代,鼓浪屿有两间为培养华人担任牧师、传道而设的圣道学校,一间是伦敦公会办的观澜圣道学校,校舍在澄碧中学和福音小学的前面,另一间是英国长老会(原文为美国归正会,

---

① 许声骏:《鼓浪屿英华中学见闻》,《厦门文史资料》第13辑,第24页。
② [美]杰拉德·F.德庸著,杨丽、叶克豪译:《美国归正教在厦门(1842—1951)》,台北:龙图腾文化有限公司,2013年,第179页。

有误)办的回澜圣道学校,校址在龙坑井安海路。"①另据毕腓力记载,早在50年代初期,有两所圣道学校或学院大约同时开办,一所设于打马字的办公室,一所在伦敦公会牧师李为霖(Rev. William Lea)的办公室。②不过,据美国人德庸(Goerald F. De Jeon)记载,美国归正会在1869年在鼓浪屿田尾盖起一座为圣道学校专用之楼房,即建立寻源斋(Sim Goan Chai)。"同时","长老公会和伦敦公会也建立了同样的教堂",③据此判断,应该在19世纪50年代,圣道学校就已经建立,60年代建立了专门的教学楼。

图 5-3　回澜、观澜圣道学校校舍旧影

资料来源:洪卜仁主编:《厦门旧影》,北京:人民美术出版社,1999年,第66页。

由于为培养传教士而设,因而圣道学校的主要课程均为"圣经"或与圣经相关的课程,也会开设其他课程。如寻源斋的学制为三年,除了圣经及相关课程外,学生还要学习中国语言与文学,以及数学,以加强学生"头脑的训练"。寻源中学建立后,中文和数学科目就从圣道学校的科目中删掉了。④除授课外,归正会与长老会经常组织学生参加长老宗的厦门"大会"举行的讲座,两派教会还指定了严格的等级考试制度,三个学年中每学年要举行一

---

①　张镇世、叶更新、杨纪波、洪卜仁:《"公共租界"鼓浪屿(1903—1941年)》,厦门市政协文史资料研究委员会编:《厦门文史资料》第16辑,厦门:鹭江出版社,1990年,第51、52页。

②　[美]毕腓力著,何丙仲译:《厦门纵横——一个中国首批开埠城市的史事》,厦门:厦门大学出版社,2009年,第156页。

③　[美]杰拉德·F.德庸著,杨丽、叶克豪译:《美国归正教在厦门(1842—1951)》,台北:龙图腾文化有限公司,2013年,第180～181页。

④　[美]杰拉德·F.德庸著,杨丽、叶克豪译:《美国归正教在厦门(1842—1951)》,台北:龙图腾文化有限公司,2013年,第179～180页。

次考试。1878 年,伦敦公会也加入进来。① 19 世纪 80 年代,三公会所创办的中学都从圣道学校中独立出来。英国长老会和美国归正会的中学合并为"寻源中学",寻源斋与回澜斋则合并为"回澜圣道书院"。

不过,圣道学校生源有限。据回澜圣道书院校长倪为霖报告,该校初创时只有 9 名学生。至 1901 年时,该院才有在读生 37 个。其后,青年人纷纷就读其他高等学校,以便找到更好的工作,该校学生再度减少。1906 年,仅有 16 名学生。1907 年,伦敦公会的观澜与回澜两圣道书院合并为"厦门圣道书院","为提高程度起见,订中学毕业为入学资格,改称'圣道大学'"。② 后来因生源不足而停办。之后迁到漳州复办。

从鼓浪屿近代教育角度而言,圣道学校就是专门为教会培养牧师或传教士的职业学校,回澜圣道书院及厦门圣道书院则培养了许多华人牧师,闽南教会 20 世纪前期出现的数位著名的华人牧师均出自上述学校,圣道学校培养的人才为闽南教会的自立与自治发挥了重要作用,圣道学校在福建基督教历史上地位非常重要。

(2)设立怀德幼稚师范学校,培养幼教师资

19 世纪末、20 世纪初,由于开办怀德幼稚园,幼稚园所有事情均出韦爱莉操办,专业师资严重不足,韦爱莉因而创办了一个培养幼儿老师的暑期师范学校,招几位女生进行培训,教授儿童教育法,还授予修业证书,这就是鼓浪屿著名的怀德幼稚师范学校的前身。英国长老教会接手后,正式创办怀德幼稚师范学校。师范班规定,入学者应有高小毕业程度,渐趋规范。③ 1934 年,幼师学生有 72 人。④ 幼师学生大部分来自怀仁女中毕业生,幼稚园供该校学生实习,毕业后被派往其他地区幼稚园工作。怀德师范开厦门幼儿师范教育之先河,也是闽南地区唯一一所培养幼稚园师资的学校,在培养幼儿园女教师方面取得很大成功,"闽粤南洋幼稚园教师,出其门者不胜枚

---

① [美]杰拉德·F.德庸著,杨丽、叶克豪译:《美国归正教在厦门(1842—1951)》,台北:龙图腾文化有限公司,2013 年,第 181 页。

② 《闽南神学院概况》,《教育季刊》第 15 卷第 3 期,1939 年,第 103 页。

③ 吴炳耀:《百年来的闽南基督教会》,《厦门文史资料》第 13 辑,第 94 页。

④ 厦门市档案馆、厦门市档案馆:《近代厦门教育档案资料》,厦门:厦门大学出版社,1997 年,第 23 页。

举"。①

（3）设立医学专科学校，培养医生

随着鼓浪屿医疗卫生事业的发展，岛上医生数量不足，需要有培养医生的学校。不过，岛上并未直接设立医学专科学校，而是在医院内部附设学校。19世纪末期，归正教会在漳州平和县小溪创设救世医院，1898年迁至鼓浪屿燕仔尾山麓。1900年，救世医院按照西方规范开设医学专科学校，学制5年，校长由历任院长兼任（均为美国教会医生），教学由医院各科医生担任，郁约翰校长亲自承担每周9小时教育，考核通过者颁给一份表明工作量的证书。② 学习科目有物理、化学、胚胎学、组织学、生理学、解剖学、内科、外科、眼科、妇产科、小儿科、皮肤科、检验科等等，培养医学人才，宣传医疗卫生知识。早在1898年，郁约翰手下就有9名男学生和4名女学生。③ 从1900年到1932年，学校共计培养了6届毕业生，共46人，为闽南培养了不少医疗人才，如黄大辟、陈天恩、陈伍爵、林安邦等均成为闽南名医。

表5-2　1900—1932年救世医院医学专科学校毕业生一览表

届数	姓名	届数	姓名
第一届	高大方、陈天恩、陈常德、黄大辟、叶得意、黄天从、黄宜甫、李矜悯、林耀德	第四届	黄家福、白天寿、张兴顺
第二届	周长盛、王兆培、陈温玉、黄天启	第五届	陈少川、郭树藩、陈玉屈
第三届	钟克明、欧阳应效、黄翠庭、黄信德、陈善述、陈主敏、叶天景、黄贞元、黄友声	第六届	杨振亨、杨振泰、蔡志文、连凌霜、韩得成、蔡崇善、陈崇洁、杜宗成

注：计36人，其余10人姓名不详。陈伍爵与陈常德、林安邦与林耀德应是名与字之别。

资料来源：杨维灿：《鼓浪屿救世医院院史（1898—1951）》，鼓浪屿申报世界文化遗产系列丛书编委会：《鼓浪屿文史资料》上册，2010年，第99页。

---

① 《厦门私立怀德幼师近讯》，《教育季刊》第14卷第2期，中华基督教教育协会出版，1938年，第44页。

② ［美］A·C·马修斯：《郁约翰医生的生平业绩述略》，载何丙仲辑译：《近代西人眼中的鼓浪屿》，厦门：厦门大学出版社，2010年，第251页。

③ ［美］杰拉德·F.德庸著，杨丽、叶克豪译：《美国归正教在厦门（1842—1951）》，台北：龙图腾文化有限公司，2013年，第216页。

1919年，日本人在博爱医院附设"医专学校"，该校虽非西方教会所办，但也是鼓浪屿著名的职业学校。校长由历届院长兼任，各科教员由该院各科日本医生兼任。学员大部分是旭瀛书院毕业生(华人)，课堂在医院内，日语教学。每年招收一届学员，4年毕业，前后计6届毕业生，约五六十人，毕业后在本市或前往漳泉及南洋各地行医。①

20世纪20年代以前，鼓浪屿的外国人已经设立3所圣道学校，1所幼儿师范和2家医学专科学校，这些学校主要是因为鼓浪屿急需人才而设立，为鼓浪屿、厦门及闽南地区培养了一批华人牧师、幼儿教师和医生，既有利于缓解鼓浪屿及闽南地区对幼儿师资和医生的急需局面，也为鼓浪屿学校培养了一批师资力量，促进了鼓浪屿近代教育的进一步发展。

5. 大量设立女校，发展女子教育

设立女校、发展女子教育是鼓浪屿近代教育兴起最突出的成就之一。19世纪中叶，国内仍然流行"男尊女卑"的观念，所谓"女子无才便是德"，多数家庭不让女子上学读书识字，只要少数富有家族的女子才会接受一定的教育。一般而言，传统中国女性普遍没有受教育的权利。据厦门海关19世纪末的报告："除教会之外，本省未见有任何女子教育的迹象。如果存在任何这类教育，那也只是在家庭中，由那些身为父亲、丈夫或兄长的文人，有选择地训练一些聪颖的女儿、妻、妾或姐妹，使她们学会作文或赋诗……从福建男性教育的一般平均水平判断，能成为中国的女才子必定是极罕见的。"②由于缺乏教育，妇女的地位非常低下，传教士对此多有不满，毕腓力牧师曾对此进行猛烈抨击：

> 在两种性别中，女性的思想最受忽视，她们根本没有机会接受教育。男人可以读书，而女人却不能。中国自诩为文明古国，然而，华人对待妇女的态度几乎与野蛮人无异……中国妇女无权了解任何事，她们几乎一无所知。她们只是丈夫和婆婆的奴隶，在西方国家，婆婆可能会受到儿媳的虐待。但是，在中国，婆婆就像十足的暴君一样完全支配着儿媳。年轻媳妇一生的命运可以用以下几个词来概括：起床，忙碌，

---

① 张镇世、叶更新、杨纪波、洪卜仁：《"公共租界"鼓浪屿(1903—1941年)》，厦门市政协文史资料研究委员会编：《厦门文史资料》第16辑，厦门：鹭江出版社，1990年，第49页。

② 戴一峰等译编：《近代厦门社会经济概况》，厦门：鹭江出版社，1990年，第283页。

操劳，少吃，少花钱，沉默，顺从，忍受。①

从上可以看出妇女的地位之低。教会通过女性教育，可以改善女性地位，帮助她们承受生活的重压，认识生命的意义。② 教会重视女性教育的另一个重要原因是传教的需要。西方女传教士早期传教并不成功，一是到偏远地区不方便，另一是她们无法适应中国恶劣的居住条件，"由于这里的人民居住环境非常窘促，房屋接到缺乏必要的清洁。因此，任何外国女士要融入这样的环境是非常困难的，这会很快要了她们的命，即使在街道上走一圈，或到人家房屋里坐一会，她们都会感到很不舒服，要过一段时间才能恢复。"③但是，西方女传教士聘用的专职"圣经妇女"(Bible Women，"女劝士")效果很好，这些女基督徒既跟女传教士学过罗马白话字，又有能力去教别人："她们与当地的姐妹们保持着密切联系，经常去她们的家中拜访，教她们识字，并不领她们来教堂做礼拜或来教会学校学习，她们劝诫那些犯过失的人，到医馆或家中去看望并照顾病人——总而言之，她们所做的事是无穷尽的……这些'女劝士'协助了传道和牧师的传教工作，她们所做的一切意义重大。"④因此，鼓浪屿基督教会非常重视女子教育，很早就兴办女学。鼓浪屿最早的女校是1877年的乌埭女学，其后鼓浪屿女校逐渐增多。外国传教士在20世纪20年代以前先后兴办的女学有：毓德女学、怀仁女学、田尾妇女福音学院(或田尾妇学堂)、明道女学和怀德师范学校等。

(1)建立田尾妇学堂，发展女性成人教育

田尾妇学堂专为婚后妇女信徒而设，是一种女性成人教育。如前所述，"女劝士"在传播福音中作用非常大，因而需要培养足够的成人妇女从事传道工作。由于大多数中国女性是文盲，根本无法阅读圣经，教会开始兴办妇学堂。1884年，在女宣道会资助下，打马字牧师娘玛丽在田尾创办一座有教室、厨房和宿舍的"圣经读者之家"。1886年更名为"夏洛特·杜里埃妇女圣

① [美]杰拉德·F.德庸著，杨丽、叶克豪译：《美国归正教在厦门(1842—1951)》，台北：龙图腾文化有限公司，2013年，第171页。

② [美]杰拉德·F.德庸著，杨丽、叶克豪译：《美国归正教在厦门(1842—1951)》，台北：龙图腾文化有限公司，2013年，第157页。

③ [美]杰拉德·F.德庸著，杨丽、叶克豪译：《美国归正教在厦门(1842—1951)》，台北：龙图腾文化有限公司，2013年，第177页。

④ [美]杰拉德·F.德庸著，杨丽、叶克豪译：《美国归正教在厦门(1842—1951)》，台北：龙图腾文化有限公司，2013年，第177页。

经学校"（Charlotte W. Duryee Bible School for Women），以纪念已故归正教会海外传教会妇女部通信秘书，中文则称为田尾妇学堂。玛丽一直负责学校工作，直至1909年退休。其后，由其大女儿清洁担任主理。[①] 英国长老会和伦敦会女传教士和牧师娘也常来协助。田尾妇学堂初创时只有5名学员。1886年在学人数18人，1889年，已有24名女学生。1893年50多人，1894年将近有200人，其中相当一部分

图5-3 鼓浪屿女孩读书图

资料来源：何丙仲辑译：《近代西人眼中的鼓浪屿》，厦门：厦门大学出版社，2010年，第225页。

是从漳州、同安和厦门郊区来的，都在学校住宿。[②] 到1909年，先后有700名妇女曾在此学习过。学员年龄相差悬殊，从15～70岁不等，大多集中在25～50岁。学员学习时间不一，有的数月，有的只有数周。[③] 田尾妇学堂培养了许多"圣经妇女"，她们常协助传教士到医院或向自己的姐妹布道，取得了良好效果。田尾妇学堂一直开办到20世纪30年代。虽然田尾妇学堂主要为培养成年女性基督徒而设，但在一定程度上也是一种针对女性的成人教育，为错过正常受教育时间的成年妇女提供了第二次受教育机会，使她们告别文盲，并通过她们去帮助更多的成年女文盲，有助于成年妇女文化水平的提高。

（2）设立毓德与怀仁女学，初步建立女子初级教育体系

20世纪20年代以前，传教士在鼓浪屿上设立了毓德与怀仁女学，主要招录适龄女孩。尽管教会一直鼓励女孩们参加教会的常规日校，但几乎没有人来。部分原因在于华人对女子教育所持的传统偏见，"做父母的人都不

---

① ［美］杰拉德·F.德庸著，杨丽、叶克豪译：《美国归正教在厦门（1842—1951）》，台北：龙图腾文化有限公司，2013年，第174页。

② 张镇世、叶更新、杨纪波、洪卜仁：《"公共租界"鼓浪屿（1903—1941年）》，厦门市政协文史资料研究委员会编：《厦门文史资料》第16辑，厦门：鹭江出版社，1990年，第55页。

③ ［美］杰拉德·F.德庸著，杨丽、叶克豪译：《美国归正教在厦门（1842—1951）》，台北：龙图腾文化有限公司，2013年，第174、175页。

明白,有许多人以为女儿念书是逗她玩耍而已,也有许多人怕她变得骄傲和懒惰,不理家中的事务,又有因为校规禁缠足,也有许多人不敢令他的女孩子来就学,女孩子也有很多啼哭不愿来的";另一个原因是父母往往不愿意让自己的女儿过于密切地与男孩们接触,一些家长不愿让女儿在无人陪伴的情况下走在上学的路上。[①] 为了让更多的女孩就学,教会为学生提供免费就学与食宿,有的还给学生发放衣服和日用品,吸引贫穷人家的女儿入学。经过教会的努力,女子教育逐渐发展起来,其中发展较好的女校就是毓德与怀仁。若寻源

图 5-4　鼓浪屿田尾妇学堂的学员

资料来源:[美]杰拉德·F.德庸著,杨丽、叶克豪译:《美国归正教在厦门(1842—1951)》,台北:龙图腾文化有限公司,2013 年,第 174 页。

与英华中学是鼓浪屿男校中的两颗明珠,毓德与怀仁则是鼓浪屿女校中的最灿烂的两颗明珠。

毓德与怀仁女校两校设立时间相差不远,怀仁稍晚。毓德是厦门第一所女子学堂,其前身可追溯至美国归正教会打马字夫人、戴维斯夫人和汲澧澜夫人等人于 1870 年在厦门竹树脚堂会附近设立的女校培德学堂,第一任校长是万多伦姑娘(Miss Helen M. Van Doren),1876 年由打马字二姑娘[②]接替她的工作。培德学堂地位非常重要:"这所女学不仅仅是拥有 20 万人口的厦门市区唯一的女校,同时也是拥有上百万人口的整个地区唯一的女

---

① [美]杰拉德·F.德庸著,杨丽、叶克豪译:《美国归正教在厦门(1842—1951)》,台北:龙图腾文化有限公司,2013 年,第 158 页。

② 打马字的大姑娘清洁 1853 年 11 月、二姑娘玛利亚于 1855 年 4 月先后在厦门竹树脚出生。1862 年,打马字夫人玛丽病逝于竹树脚寓所,葬于鼓浪屿埭仔尾的传教士公墓,该公墓而今已荡然无存。打马字牧师带着 4 个孩子回美国接受教育。1874 年,学业有成的两位姑娘回到厦门。1932 年,二姑娘逝于鼓浪屿寓所,享年 77 岁,葬于鼓浪屿埭仔尾的传教士公墓,一生五十余年从事妇女教育。1927 年,大姑娘退休后居于鼓浪屿田尾"三落"姑娘楼,继续为妇女教育发挥余热。因 1937 年日寇逼近厦门,奉归正教会总会呼吁,大姑娘返回美国,次年 11 月病逝于美国纽约,她在鼓浪屿从事妇女教育长达六十余年。

校。这所学校的毕业生是全中国仅有的受过教育的妇女。"①1879年，为获得更好的学习环境和条件，学校迁至鼓浪屿田尾，初时称"花旗女学"、"田尾女学"，1910年被命名为"毓德女子学校"。②

与毓德女校相比，怀仁女学则是鼓浪屿第一所女校，创设于1877年6月，由倪为霖（William Macgregor）牧师娘和吴罗宾牧师娘募捐，购地建房，在鼓浪屿乌埭角创办一个半私塾式的女子学校，当时被称为"乌埭女学"或"红毛女学所"。学校雇佣一名毕业于毓德女学的本地女教师，免学费，以吸引学生。1881年9月，倪为霖牧师娘去

图 5-5　毓德女校旧影

资料来源：洪卜仁主编：《厦门旧影》，北京：人民美术出版社，1999年，第64页。

世。次年，其女倪马义小姐（Miss M. B. Macgregor）来校任教，并协助学校管理事务。③ 英国长老会女传教士仁力西（Miss Jessie M. Johnston，俗称"仁姑娘"）主理期间，女学获得较大发展，于永春路建新校舍，学校规模扩大，并实行分班教学，内设师范班。为纪念仁姑娘（1907年病逝）近二十年的无私奉献，学校1910年改名为"怀仁女学"。

毓德小学课程相对简单，中学课程比小学部丰富，设有中文、数学、物理、化学、动物、植物及英文等课程，并多数采用商务印书馆的正式教材。此外，女中还开设体育课和音乐课。毓德女校既招走读生，也招寄宿生。迁到鼓浪屿第一年只招到12名学生，其中8名走读生、4名寄宿生。其后，学校人数逐年缓慢增加。1880年，学生人数就增加到23名。1892年为30人，走读和寄宿生的比例大约各占一半，寄宿生增加是因来自农村堂会和布道站的女孩增多所致。1899年为76人，学生年龄从8岁到21岁不等，平均年

---

① ［美］杰拉德·F. 德庸著，杨丽、叶克豪译：《美国归正教在厦门（1842—1951）》，台北：龙图腾文化有限公司，2013年，第160页。

② ［美］杰拉德·F. 德庸著，杨丽、叶克豪译：《美国归正教在厦门（1842—1951）》，台北：龙图腾文化有限公司，2013年，第159、160页。

③ 怀仁女校建校经过参见倪玛义：《怀仁女学校50禧年史》，《鼓浪屿怀仁女学校50禧年纪念刊》，1927年；厦门市档案局、厦门市档案馆编：《近代厦门教育档案资料》，厦门：厦门大学出版社，1997年，第82～85页。

龄为 14 岁。至 1920 年,累计近 1500 名女孩在此学习过。从 1918 年毕业生报告可以看出当时毕业生去向分布甚广,既有去美国、菲律宾、新加坡、槟城、爪哇和其他南洋群岛等地继续学习或任教,也有留在国内,分布在北京、南京、广东和福州等地,还有近 50 名学生或者留在本校任教,或到厦门教区(包括闽南、闽西地区)的其他学校任教。[①]

怀仁女学课程最初主要是圣经,兼有其他课程,如地理、算术和家务经济等,课本均用罗马白话字

图 5-6　怀仁女学旧影

资料来源:洪卜仁主编:《厦门旧影》,人民美术出版社,1999 年,第 64 页。

书写。后来,学生也学习汉语,主要学习《三字经》等传统经典,只识意义,不重文法。仁力西主理时期,怀仁女学规模不断扩大,教学日益规范,进行分班教学,内设师范班,学生开始接受连续 11 年的中国教育,其中 9 年或 10 年包含英文教育。这项计划坚持了 6 年,最后 2 年中,仁力西让高年级女学生们接受艺术教育,并参与到协助新生班级教学的工作中。[②] 这种训练,对女生们帮助极大。事实证明,无论这些女生后来是结婚或是当老师,她们都受益无穷。与毓德女校一样,怀仁女学也收走读生与寄宿生,开办之初仅有 24 名学生,是由安海、漳州、厦门港和鼓浪屿等地教会送来。截至 1927 年,怀仁有 230 人担任教员,50 人做先生娘和牧师娘,有 15 人做女医生。[③]

鼓浪屿兴办女学之风气,远远走在全国前列,而且建立了从幼儿园、小学、中学到中专比较完整的教育体系,因而成为全国女学最兴旺的地方之一。20 世纪 20 年代,厦门海关曾评论道:"10 年来教育进步中最显著的特

---

① [美]杰拉德・F. 德庸著,杨丽、叶克豪译:《美国归正教在厦门(1842—1951)》,台北:龙图腾文化有限公司,2013 年,第 295 页。

② Jin Ko-Niu, *A Brief Sketch of the Life of Jessie M. Johnston for Eighteen Years W. M. A. Missionary in Amoy*, China, London, 1907.

③ 倪玛义:《怀仁女学校 50 禧年史》,《鼓浪屿怀仁女学校 50 禧年纪念刊》,1927 年。

点是女性教育的发展,女子学校及其注册学生的数量都增长了几倍。这表明,华人已经意识到让他们的女儿接受教育的必要性。"①30年代,厦门海关又指出:"由于家长对女儿观念的改变和给女儿以同等教育机会的意识迅速地提高,这方面的教育获得了很大进步。学校工作面向女孩这种观念的改变是福建南部教育事业中最突出的一个特点。"②据1930年的调查,厦门岛和鼓浪屿的女子学校有25所。此外,各小学均兼收女生,不少中学也兼收女生,学生数约5000人,③其中属鼓浪屿的女生不少。

从全国范围而言,直至1913年中华民国政府颁布学制改革法令,女性受教育权才从法律上予以确定,但鼓浪屿远远走在前列。妇女受教育的权利与机会是衡量其社会地位的重要标准之一,也是影响妇女发展乃至整个社会进步的基本因素。她们接受了近代教育,具备一定的科学文化知识,为改变不平等地位奠定了基础。其中部分人接受职业或高等教育,从而掌握一定的谋生手段,朝着职业女性的方向发展,女校的学生后来多数成为牧师、传道师、教会学校的老师或男教徒的夫人,逐步走向自立自强,大大提高了她们的社会地位。鼓浪屿不少妇女摆脱了传统枷锁的束缚,接受近代教育,成为新的职业女性,如1933年时,博爱医院有中国女医生2人,女护士28人;④林巧稚、殷碧霞、周淑安等,巾帼不让须眉,活跃于社会各界。

(二)鼓浪屿华人开始自办新式学校

19世纪60年代初,经历了太平天国运动的沉重打击和第二次鸦片战争失败的强烈刺激,部分先进的华人开始意识到发展教育、培养人才的重要性。1862年,京师同文馆创办,这是中国近代第一所新式学堂,是近代新教育的起点。此后,教育的重要性日益得到认同,19世纪末新式学堂不断设立。百日维新期间,光绪皇帝旨准颁布的新政中不少是关于教育改革的,如废八股改试策论、改革科举制、设立京师大学堂、改各地书院为新式学堂、设立译书局、派遣留学生、允许开办报馆等,这充分反映了教育救国的思潮的日益流行。20世纪初,中国的教育改革取得更大进展:1901年9月,清政府

---

① 戴一峰等译编:《近代厦门社会经济概况》,厦门:鹭江出版社,1990年,第379页。

② 戴一峰等译编:《近代厦门社会经济概况》,厦门:鹭江出版社,1990年,第398页。

③ 苏警予、陈佩真、谢云声等编:《厦门指南》第十篇,厦门:厦门新民书社,1931年,第38页。

④ 杨维灿:《鼓浪屿救世医院(1898—1951)》,《鼓浪屿文史资料》上册,第99页。

下兴开设京师大学堂,江苏、山东等各省也相继设立大学堂。1902 年,清政府制定《钦定学堂章程》,即"壬寅学制"。1903 年,又制定并正式颁布了《奏定学堂章程》,即"癸卯学制"。这是中国近代第一次制定系统的国家教育制度,产生了积极的社会影响。1905 年 9 月,清政府终于下令废除科举制度。12 月,清政府中央设立学部,作为最高教育行政机构。随后各省设提学使司,各府厅州县设劝学所,以加强对教育事业的管理。政府频频进行教育改革,充分显示了中国近代教育改革的必要与迫切。

鸦片战争前,鼓浪屿只有几间私塾,进行传统儒学教育。国人最初对新式教育反应淡漠,富庶仕宦之家多不屑将子弟送往不能参加科举考试与光宗耀祖的"西塾"学习。但是,随着国家与民族危机日益加深,晚清政府被迫推动教育改革,鼓浪屿的华人也开始转变观念,开始注意学习与引进西方先进的教育制度。毕腓力牧师在 19 世纪末已敏感地意识到中国内部的变化以及这种变化给中国传统教育带来的冲击:

> 我确信无疑地认为,中国对西方教育的渴望与当前的日本同样强烈。我们必须跟上这种进步的步伐并以各种方式来鼓励它。中国庞大的迷信之墙正在倒塌,电线把北京和广州连接起来了,不久之后,铁路将把中国的四面八方相连。中国知识阶层的自负越来越清楚地表明仅是一种无知而已,接受教育并不仅仅意味着识字或像鹦鹉学舌一样死记硬背孔子的智慧之言,或一口气背诵两千个字却不明白其中十个字的意思。[①]

鼓浪屿华人对西学兴趣颇浓,开始向西方学习,如林尔嘉"极为推崇欧洲先进的教育,目前几个儿子都由欧洲女家庭教师授课"。[②] 在西式学校刺激与示范下,国人对新式教育的认识才开始改变,新式教育状况才有所改观,教会学校的办学方式成为效仿榜样,鼓浪屿的华人开始自办新式学堂。1898 年,华人先后兴办了两所小学,这是鼓浪屿华人自办近代教育的开端。以下是 20 世纪 20 年代前鼓浪屿华人自办学校统计:

---

① [美]杰拉德·F. 德庸著,杨丽、叶克豪译:《美国归正教在厦门(1842—1951)》,台北:龙图腾文化有限公司,2013 年,第 193 页。

② [英]塞舌尔·包罗:《厦门》,载何丙仲辑译:《近代西人眼中的鼓浪屿》,厦门:厦门大学出版社,2010 年,第 151 页。

表 5-3   19 世纪 40 年代至 20 世纪 20 年代鼓浪屿华人自办学校统计表

学校名称	兴办时间	地点	兴办方	学校类别	规模	备注
普育小学	1898		黄姓家族	完全小学		初为私塾，1912 年改为公立小学
民立小学	1898	乌埭角	陈希尧			1909 年并入福民小学
厦门女子师范学校	1906.4	内厝澳	周之桢等	初级中学		1929 年黄奕住接办改名
新华中学	1919		叶永豪等	初级中学	初办时数百人，均为寻源中学在学学生	

注：有的教会学校为英美教会合办，划分所属时以主要管理的教会为主，并不代表完全属该教会。

资料来源：张镇世等：《"公共租界"鼓浪屿（1903—1941 年）》，厦门市政协文史资料研究委员会编：《厦门文史资料》第 16 辑，厦门：鹭江出版社，1990 年版；厦门市档案局、厦门市档案馆编：《近代厦门教育档案资料》，厦门：厦门大学出版社，1997 年。

从表中可以看出，20 世纪 20 年代以前，鼓浪屿国人自办学校数量非常少，总计 4 所，2 所小学，1 所中学和 1 所女子师范学校，涵盖小学、中学和师范学校。民立小学前面也已介绍，由基督徒陈希尧设立，后因与福音小学位置相近，办学条件不好，而与福音小学合并，成为福民小学的一部分。新华中学设立于 1919 年间，校址在前德国领事公馆，是寻源中学校友叶永豪和几个同学创办。初办时学生数百来人，部分是寻源中学在学学生，但后来被新办的武荣中学拉去一部分学生，学生数更少，经费无法维持即告停办。①下面重点分析普育小学和厦门女子师范学校。

普育小学创设于 1898 年，即戊戌变法期间，这是鼓浪屿华人创设的第一所不带宗教色彩的近代学校。普育小学前身是黄姓家族的私塾，清末秀才黄伯铨担任教师。黄过世后，适逢戊戌变法鼓励创设学校，为适应时代潮流，该私塾后改为普育小学堂，首任校长黄登第。黄姓子弟皆可免费入学，

---

①   张镇世、叶更新、杨纪波、洪卜仁：《"公共租界"鼓浪屿（1903—1941 年）》，，厦门市政协文史资料研究委员会编：《厦门文史资料》第 16 辑，厦门：鹭江出版社，1990 年，第 60 页。

外姓酌收学费。厦门"劝学所"成立后,普育小学堂被接收为公立小学,劝学所所长孙印川兼任校长。公立学校虽无固定基金,但经费由地方政府税项下按月下拨,学校可以获得稳定发展。由于学生渐多,校舍不够,普育小学1920年迁入东山仔顶新址。同年,孙印川以"劝学所"名义前往南洋各地募捐,由其内侄黄渥波代理校长。孙从南洋汇来捐款,黄氏族人献出部分公业,建造了一栋三层校舍,并于1921年迁入。[①] 普育小学为鼓浪屿第一所国人自办学校,办学经费紧张,后因得到政府拨款才得以稳定发展。不过,政府经费仅仅保证学校的日常运转,要更新校舍、扩大发展之类显然不够,普育最后依靠向华侨捐款和黄氏捐献才得以建设新校舍。从一定程度上来说,依靠华侨捐款是鼓浪屿近代教育发展的一种常态,普育小学的发展便是例子。

厦门女子师范学校是鼓浪屿华人自办的第一所师范学校。1906年4月,正在督办漳厦铁路的陈宝琛邀集厦鼓名流士绅林庆纶、林存,陈之麟、黄乃裳、蔡凤、黄廷元和周之桢(即牧师周寿卿)等在内厝沃宫保第创办女子师范学校(初期命名高等女学),后来迁到港仔后周之桢的住宅,紧邻中山图书馆。师范学校依靠私人捐款、学费和捐赠基金的利息来维持开支。[②] 名为师范,实则仅修英语、中文两科,取名为"师范"应与陈宝琛有一定关系。陈宝琛是晚清时期著名的洋务派馆员,戊戌维新和新政时期倾向维新,支持新政。他被免官在家期间,创办并领导了福建省第一批新式学堂,为福建近代教育体制的确立,做出了突出的贡献。陈宝琛提出"兴学育才"是兴"新式之学",育"有用之才"。不过,新学与旧式书院、儒学不同,近代课程教授的是传统儒师们从未见过的知识,因而培养新式师资,陈宝琛认为"师资根基在于师范",因而主张优先发展培养师资的师范学堂。[③] "师范"之名是创设者的宗旨,希望培养师资力量发展近代教育事业。不过,真正的新式师范学校的建立不是一件容易的事情,如前所述,既然是新式学校,自然需要新式课程的师资力量。然而,即使在鼓浪屿教会学校,近代自然、社会科学方面的

① 张镇世、叶更新、杨纪波、洪卜仁:《"公共租界"鼓浪屿(1903—1941年)》,厦门市政协文史资料研究委员会编:《厦门文史资料》第16辑,厦门:鹭江出版社,1990年,第59页。

② 戴一峰等译编:《近代厦门社会经济概况》,厦门:鹭江出版社,1990年,第353页。

③ 庄明水:《福建近代教育的奠基人——陈宝琛教育思想探微》,《福建师范大学学报(哲社版)》1996年第2期。

师资也严重不足,何谈华人自办的学校?学校仅教中、英文可能是无奈之举。厦门女子师范学校首任校长是林庆纶校董的母亲陈静仪女士,教务负责人是英国传教士玛丽·卡琳小姐(Miss Mary Carling),兼教英文。中文则由贺仲禹(仙舫)教授,另有庄克昌和鄢铁香等人,鄢铁香是前清举人,最工诗古文辞,投身于新式学校可能与1905年废除科举制度有关。该校采用英国贵族式教学,重英文,还开设不少训练动手能力的课程,如生物课、手工课,也很重视体育。[①]学费比一般正规学校高出一倍以上,校服又特别讲究,非有钱人家小姐无法入学。该校女生与毓德、怀仁两女校女生相比,不但穿戴有别,而且连行动举止也有差异,富家小姐的派头十足,因此有"上女学"之名。[②]学校经费除依赖捐款、学费和捐赠基金的利息等外,因为是"师范类"学校,还有省教育司经费补助。1918年,厦门道尹以该校有革命嫌疑,呈报省教育司停止补助,校董也随之停止资助,所有经费由校董周一桢一人筹措,艰难维持,后终因无力承担,1929年转由黄奕住接办。

鼓浪屿华人自办教育的兴起,既与中国近代整体环境的转变有密切关系,也与鼓浪屿的特殊环境有关。鼓浪屿1898年创设了普育和民立小学,该年正是百日维新之年,清政府大力倡导设新学。1905年,中国延续了一千多年的科举制度废除,次年在陈宝琛等人倡议下厦门女子师范学校设立。鼓浪屿教会学校多,基督徒教众较多,他们心理上不仅不排斥西方教育制度,反而服膺,因而才有意愿设立新式学校。除普育小学外,其余3所学校的办学者均与基督徒有关系,陈希尧与周一桢两人均为牧师,新华中学由寻源中学校友设立,叶永豪等为基督徒的可能性很大,由此可见西方教会及传教士在鼓浪屿近代教育中的影响与地位。然而,在20世纪前十年,鼓浪屿近代"教育方面几无进展可言","旧式学堂仍然很兴盛,新式学堂数量少,且教师缺乏,教学质量差",[③]国人自办新式教育发展缓慢。

二、鼓浪屿近代教育的发展(20世纪20年代至1938年)

进入20世纪20年代,鼓浪屿的近代教育获得很大发展。一方面,鼓浪

---

① 许十方、陈峰:《鼓浪屿教育》,厦门:厦门大学出版社,2012年,第77页。
② 张镇世、叶更新、杨纪波、洪卜仁:《"公共租界"鼓浪屿(1903—1941年)》,厦门市政协文史资料研究委员会编:《厦门文史资料》第16辑,厦门:鹭江出版社,1990年,第61页。
③ 戴一峰等译编:《近代厦门社会经济概况》,厦门:鹭江出版社,1990年,第378页。

屿教会学校规模进一步扩展,设施进一步完善,并随着"非基督教化"运动的兴起与发展,逐渐融入当地,本土化色彩日益浓厚,世俗化趋势明显;另一方面,华人大量兴办自己的近代学校,在鼓浪屿逐渐形成了小学、中学和职业学校等较完整的教育体系。由此,鼓浪屿教育结构日益多元化,教学日益近代化。

(一)鼓浪屿国人自办学校日益增多,新式教育日益本土化

20 年代开始,鼓浪屿华人开始大量兴办新式学校,如雨后春笋,不断涌现。粗略统计,鼓浪屿国人自办学校主要有:小学类,光华小学,三民小学、平民小学、英华校友初级小学(后改名"英华小学")、思明小学、慈勤女子小学;中学类,思明中学、思明女校、民生中学、中山中学、武荣中学、慈勤女子中学;职业学校类,闽南职业中学,已经建立起比较完整的教育体系。不过,由于经费问题,这些学校大多更替频繁,历时长短不一。[①]

表 5-4　20 世纪 20 年代至 1938 年鼓浪屿华人自办学校统计表

学校名称	兴办时间	地点	兴办方	学校类别	备　注
闽南职业中学	1925	和记崎	叶谷虚	职业中学	
教孺园	1920s	中华路	寻源校友会		先后迁到鹿耳礁、泉州路
英华小学	1927	安海路	陈祖麟	初级小学	原名"英华校友初级小学"
中山中学	1928 年前后	东山顶	杨绍承		
光华小学	1928 年后	内厝澳	李汉青		
三民小学	1928 年后	鼓山路	黄瀛		
慈勤女子中学	1929	四枞松	黄奕住	初级中学,兼设小学、高中	后迁大德记升旗山麓
平民小学		龙头街	鼓浪屿商人		
思明小学		和记崎	孙信凫		
武荣中学			南安公会	初级中学	后因生源少停办

---

① 主要参考张镇世、叶更新、杨纪波、洪卜仁:《"公共租界"鼓浪屿(1903—1941 年)》,厦门市政协文史资料研究委员会编:《厦门文史资料》第 16 辑,厦门:鹭江出版社,1990 年,第 58～62 页。

续表

学校名称	兴办时间	地点	兴办方	学校类别	备 注
思明中学		晃岩路	孙印川	初级中学	校舍迁往泉州路
民生职业中学		中华路		职业中学	两年后停办
思明女校			孙镜塘		

注:上表中很多学校创设时间不明,从资料判断,应该在 20 世纪 20 年代或其后。

资料来源:张镇世等:《"公共租界"鼓浪屿(1903—1941 年)》,厦门市政协文史资料研究委员会编:《厦门文史资料》第 16 辑,厦门:鹭江出版社,1990 年版;厦门市档案局、厦门市档案馆编:《近代厦门教育档案资料》,厦门:厦门大学出版社,1997 年。

首先,兴办多所小学,初级教育体系不断完善。鼓浪屿华人自办的小学主要有光华小学,三民小学、平民小学、英华校友初级小学(后改名"英华小学")、思明小学和慈勤女子小学,初级小学以英华小学最突出,完全小学以慈勤女子小学最突出。

其次,兴办多所中学,思明中学、思明女校、民生职业中学、中山中学、武荣中学、慈勤女子中学,其中以慈勤女子中学最突出。1929 年,因经费问题,黄奕住接办厦门女子师范学校,每年提供其经费三分之二,并改名为慈勤女子中学,以纪念其母(名慈勤),[①]兼办小学。该女学曾迁往四丛松宫保第,黄奕住接办后将其迁回原址,继而在大德记升旗山麓建起一幢三层校舍,校舍在厦门所有中学中属上层,厦门地区中学教师的活动,甚至厦门大学的一些活动,都在此地进行。另外,黄奕住还聘林崇智(林尔嘉第四子)为校长。[②]由于一系列得力举措,慈勤女中走上正轨,发展良好,并于 1934 年兼办高中,1937 年续办(可招 1 个班 50 人,是政府允许兴办高中的五所学校之一),[③]政府允许兼办及续办高中说明慈勤女中的师资与办学质量有保证。1934 年,该校中学部只招女生,人数 87 人,教职员工男 15 人,女 4 人,计 19人;小学部男女兼收,男生 30 人,女生 119 人,教职员工男 8 人,女 7 人,计

---

① 赵德馨:《黄奕住传》,长沙:湖南人民出版社,1998 年,第 252 页。

② 赵德馨:《黄奕住传》,长沙:湖南人民出版社,1998 年,第 253 页。

③ 吴玉液、谭南周:《厦门大事记(中)》,《厦门文史资料》第 13 辑,第 157 页。

15人。[①] 1935年,慈勤中学女生98人,小学女生192人,女教职员工8人。[②] 1938年厦门沦陷时,该中学被迫停办。

最后,兴办了闽南职业中学,促进鼓浪屿职业教育的不断完善。闽南职业中学属于中等职业学校,由福民小学附设的职业教育发展而来。当时闽南各属职业教育很少,中小学毕业生不易寻得出路,富民小学校长叶谷虚因而创设闽南职业学校,"以树闽省职教之风声"。[③] 1920年,福民小学开始附设职业教育,首先开设藤竹科。1925年,校董事会商议后,决定在福民小学背后空地建校舍,招收商科和工科新生,该校正式成立。1926年,闽南职校再添设皮革科。具体而言,商科设有簿记、会计和统计等专业;工科设藤工、印刷(附设铅字印刷车间,兼营业收费)。鉴于妇女均缺乏职业技能,闽南职校于1928年兴办裁缝科,在厦门女中公学分设女子职业部。该校聘请地方士绅、侨商组成董事会,以苏谷南为董事会主席。叶谷虚是基督徒,又是福音堂长老,虽然闽南职业中学和教会办的福民小学隶属有所区别,但仍带有一些宗教色彩。[④] 尽管"囿于风气","学者未广",但到1936年时,该校毕业生"亦不下数百人"。[⑤] 1938年,由于日军侵略,闽南职业中学停办。

总体而言,由于没有固定基金,鼓浪屿国人自办学校多数运转仅靠学生缴交的学杂费和临时捐募来维持,其中有些因租用校舍狭窄,设备简陋,生数不多,往往因经费短绌,无法维持。多数不足十年,有的只办几年便宣告停办,短的甚至只有一两年。但是,国人自办学校促进了鼓浪屿近代教育的发展,提高了民众的受教育水平,这也是新式教育本土化的一个重要表现。在鼓浪屿教育近代化进程中,闽南籍海外移民扮演了重要角色,他们不仅提供了相应的资金支持,而且也提供了人才支持,为鼓浪屿教育的近代化做出了独特的贡献。

---

① 张镇世、叶更新、杨纪波、洪卜仁:《"公共租界"鼓浪屿(1903—1941年)》,厦门市政协文史资料研究委员会编:《厦门文史资料》第16辑,厦门:鹭江出版社,1990年,第62页。

② 厦门市档案局、厦门市档案馆编:《近代厦门教育档案资料》,厦门:厦门大学出版社,1997年,第23页。

③ 厦门市档案局、厦门市档案馆编:《近代厦门教育档案资料》,厦门:厦门大学出版社,1997年,第415页。

④ 张镇世、叶更新、杨纪波、洪卜仁:《"公共租界"鼓浪屿(1903—1941年)》,厦门市政协文史资料研究委员会编:《厦门文史资料》第16辑,厦门:鹭江出版社,1990年,第60页。

⑤ 厦门市档案局、厦门市档案馆编:《近代厦门教育档案资料》,厦门:厦门大学出版社,1997年,第415页。

首先,闽南籍海外移民提供了资金支持。19 世纪末 20 世纪初,鼓浪屿华人开始兴办新学之时,海外移民便开始资助。根据 1909 年厦门海关年度报告,随着近代教育的发展,"富人阶层给各种各样的学校大量捐款,对这项伟大的事业继续慷慨地合作","居住在海峡(指新加坡)、马尼拉或是其他地方的厦门人对教育事业表现出十分强烈的关注"。1910年,"一位刚从马尼拉回国的华人牧师带来了一笔可观的捐款,现金和支票就有 1万墨西哥银元"。① 鼓浪屿的一些学校的有识之士也积极到东南亚各地向华侨募捐,从而得以发展。1920 年,普育小学校

图 5-7　闽南职业中学旧影

资料来源:洪卜仁主编:《厦门旧影》,北京:人民美术出版社,1999年,第 66 页。

长孙印川以厦门劝学所名义在南洋各地募捐教育经费。② 叶谷虚 1915 年接手福民小学时仅有伦敦公会每年 48 元津贴和福音堂每年资助 50 元,剩余资金由学杂费来维持,资金十分紧张,学校面临萎缩。经叶谷虚多次向海内外募捐,福民小学经费才日渐充裕,逐渐发展为鼓浪屿的著名学校。③ 1920年,福民小学校长叶谷虚、庄英才正是得到菲律宾华侨的资助,才能赴江浙考察,并到上海拜会黄炎培,回厦后创办了闽南职业学校。④ 为了建设新校舍(福民小学也需扩建)以及福民校友堂等,叶谷虚多次赴海外募捐,分别建成一座三层教学楼,作为闽南职业中学新校舍,耗资 8100 多元;1934 年建成的福民校友堂耗资 1.78 万余元,建设资金主要靠华侨的捐助。⑤ 不管是福民小学,还是闽南职业学校的发展,都离不开华侨的捐助。最突出的是黄奕

① [美]毕腓力著,何丙仲译:《厦门纵横——一个中国首批开埠城市的史事》,厦门:厦门大学出版社,2009 年,第 158 页。

② 张镇世、叶更新、杨纪波、洪卜仁:《"公共租界"鼓浪屿(1903—1941 年)》,厦门市政协文史资料研究委员会编:《厦门文史资料》第 16 辑,厦门:鹭江出版社,1990 年,第 59 页。

③ 叶更新:《福民小学校史》,《厦门文史资料》第 19 辑,第 125~127 页。

④ 何丙仲:《抗战前的福民小学和闽南职业学校》,《鼓浪屿文史资料》上册,第 378 页。

⑤ 叶青:《叶谷虚与福民》,《鼓浪屿文史资料》下册,第 170 页;叶更新:《福民小学校史》,《厦门文史资料》第 19 辑,第 128~136 页。

住,他负担慈勤女子中学常年经费 15800 元,占厦门市全市中学经费的 7.8％,占华侨补助厦门中学经费总数的 92.9％。据统计,1927—1937 年,黄奕住捐助慈勤中学的费用总额在 30 万元以上。① 从上可以看出,华侨对鼓浪屿教育的支持。

其次,返乡的闽南籍海外移民提供了人才支持,如陈存瑶、林崇智、林文庆和郑柏年等。新加坡归侨陈存瑶是武荣中学校长;②林崇智是台湾士绅林尔嘉第四子,是慈勤女中首任校长,他大学毕业后留学美国,学成回国,知识渊博,为慈勤女中的长期发展做出了重要贡献。③ 比较著名的侨民教育家是林文庆和郑柏年。林文庆长期担任厦门大学校长,居住在鼓浪屿,其影响自不必说,鼓浪屿毓德女中校长邵庆元曾担任其秘书。郑柏年(1869—1958)是晋江安海人,1900 年在新加坡被聘为牧师,后返鼓浪屿,在英华书院服务长达 30 年。1928 年,英华书院改为中学后,郑柏年任校长,这是英华中学首任华人校长,为英华中学的发展做出了巨大贡献。④

(二)部分教会学校获得较快发展,办学规模不断扩大,学校学制、课程设置与教学方法日益完善,推动了鼓浪屿教育的近代化

进入 20 世纪 20 年代后,随着鼓浪屿国人自办学校的发展,国人对新式教育认可度不断提高,教会学校也随之受益。更重要的是,教会学校在"非基督教"运动后,世俗化教育日益突出,宗教色彩有所淡化,而且教学质量较国人自办学校高,因而获得了较大发展。

1. 增设新的学校,教会学校的教育体系更完整

首先,鼓浪屿新增两所女中,即毓德女中和美华女中,鼓浪屿的中学教育体系更完整。由于鼓浪屿小学比较多,而女子中学相对较少。随着学校的发展,各小学或教会也建立起自己的女子中学。鉴于毓德女小的发展,毓德校友建议设立女中,毓德顺势而为。美华中学因已有男校,设女校以完善。

---

① 赵德馨:《黄奕住传》,长沙:湖南人民出版社,1998 年,第 254 页。

② 张镇世、叶更新、杨纪波、洪卜仁:《"公共租界"时期的鼓浪屿》,《厦门文史资料》第 3 辑,第 71 页。

③ 赵德馨:《黄奕住传》,长沙:湖南人民出版社,1998 年,第 253 页。

④ 刘永峰、新历史合作社:《西学东渐:鼓浪屿教育的昨日风华》,福州:福建人民出版社,2015 年,第 100 页。

（1）毓德女校。为响应校友们 50 周年纪念会上的倡议，毓德女校 1920 年 9 月增设中学部，两个师范班改习中学课程。1921 年，毓德女子中学正式成立，在两个师范班的基础上进一步拓展为四年制中学，校址设在鼓浪屿东山仔顶，首任主理是理莲小姐（Lily Duryees），校长林安国。1928 年理莲回美国，由福懿慕姑娘（Tena Holkeboer）接任主理，校长都聘用华人。毓德女中课程明显比小学部丰富，设有中文、数学、物理、化学、动物、植物及英文等课程，并多数采用商务印书馆的正式教材。此外，女中还开设体育课和音乐课，还派运动员参加了 1925 年厦门市的一次运动会的女子篮球比赛。1926 年在朱鸿谟先生的倡导下，学校开始每年举行音乐会。[①] 1927 年，中国政府教育部规定私立学校均应注册，美国归正教会认为他们在中国办学不受中国政府干预，拒绝注册。1930 年毓德女中按照中国政府教育部法令成立董事会，并聘请华人邵庆元任校长。毓德女中 1932 年 1 月获福建省教育厅指令，准予立案，毓德女中学制从此改为"三三制"。此后，毓德女学获得进一步发展。据 1934 年统计，毓德高中部有学生 90 名，初中部 164 名，共计 254 名。小学部高小学生 188 名，初小 174 名，共计 362 名。[②] 另外，毓德女中申办高中在 1937 年 7 月被政府正式批准，准每年招 1 个班，50 名学生，[③]这说明了毓德女中的师资和办学质量得到政府认可。

（2）美华女中。1934 年，美国安息日会增办美华女校，1935 年顺利开学，女生 70 余人，教员 20 人。由于拒绝到政府立案，不能使用学校之名，因而于 1937 年更名为"美华三育研究社女社"，是"以基督教育会内青年男女，立定人生正确之基础，惮灵智体三方面获得均匀发展，以至己立立人能尽服务人群之天职"为宗旨，因而称"三教"。其后，安礼逊将其新建成的三层楼房奉献给教会（为纪念安的功绩，该楼命为"安献楼"），作为女子学校之用。1938 年，男女两校合并，迁入"安献堂"内，改名为"美华三育研究社"，只设英、汉、算三科，类似补习班性质。研究社曾有学生几百人，主要教授神哲学知识及一些公共课程。毕业生或升学或就业均受教会限制。有的送香港、

---

① 朱鸿谟：《厦门毓德女中和养元小学概况》，福建省政协文史资料委员会编：《文史资料选编·基督教天主教编》，福州：福建人民出版社，2003 年，第 572 页。

② 葛德基：《基督教中学最近统计》，《教育季刊》第 10 卷第 4 期，中华基督教教育协会出版，1934 年，第 143 页。

③ 吴玉液、谭南周：《厦门大事记（中）》，《厦门文史资料》第 13 辑，，第 157 页。

上海深造,毕业后回区会工作。[①]

至此,教会所设中学共计 5 所中学,其中 3 所男子中学,2 所女中,基本能够满足岛内教会学生继续求学之需要。

其次,增设护士学校,鼓浪屿的医学教育体系基本完善。1924 年,在赖仁德小姐(Jean Nienhuis)指导下,救世医院开办了一所三年制的护士学校,这是闽南地区第一所护士学校:"吾闽南只有正式护士学校者,实创始于救世医院。"[②]学校初设时只有 14 名学生。到 1937 年,共有 44 位年轻的女护士和 4 位男护士从此毕业。[③] 根据中华护理学会的要求,所有未来的护士必须拥有三年的学习和实践经验,并通过国家考试。护士学校的开办,对于缓解闽南地区医护人员的紧张局面发挥了重要作用,与原有培养医生的医学专科学校一起构成较为鼓浪屿较为完整的医学教育体系。

另外,日本人先后开设厦门城内旭瀛书院第三分院(1925 年)和日本小学(1931 年)。前者学生既有日本人,也有台湾和闽南人,教员多是台湾人。以日语为主科,也有汉文、算术等一般学科,与我国学校课程略同。后者专收旅厦日侨子弟,教员全是日本人,教材、教学纯用日文、日语,1934 年在田尾西路建成三层新校舍,1937 年秋停办,1938 年秋复课。[④] 由于两所学校主要面向日本人,在鼓浪屿影响较小。

---

① 张镇世、叶更新、杨纪波、洪卜仁:《"公共租界"鼓浪屿(1903—1941 年)》,厦门市政协文史资料研究委员会编:《厦门文史资料》第 16 辑,厦门:鹭江出版社,1990 年,第 56 页。

② 苏讚恩:《闽南教会医务概况》,《闽南圣会报》第 11、12 合刊,闽南圣教书局,1935 年,第 12 页。

③ [美]杰拉德·F. 德庸著,杨丽、叶克豪译:《美国归正教在厦门(1842—1951)》,台北:龙图腾文化有限公司,2013 年,第 348 页。

④ 张镇世、叶更新、杨纪波、洪卜仁:《"公共租界"鼓浪屿(1903—1941 年)》,厦门市政协文史资料研究委员会编:《厦门文史资料》第 16 辑,厦门:鹭江出版社,1990 年,第 56～57 页。

表 5-5　20 世纪 20 年代至 1938 年新增外国学校统计表

所属	学校名称	兴办时间	地点	兴办方	学校类别	规模	备注
美国归正会	毓德女中	1921	漳州路	毓德女小	四年制中学		
	救世护士学校	1924	燕仔尾	救世医院	3 年制职业教育	至 1937 年,计 44 位女、4 位男护士毕业	
美国安息日会	美华女校	1934	鸡山路	安礼逊	女校		1938 年男女两校合并,改名"美华三育研究社"
日本	旭瀛书院第三分院	1925	八卦楼	日本	小学		后改名为"国民学校"
	日本小学	1931	田尾西路	日本	小学		旅厦日侨子弟

　　资料来源:张镇世等:《"公共租界"鼓浪屿(1903—1941 年)》,厦门市政协文史资料研究委员会编:《厦门文史资料》第 16 辑,厦门:鹭江出版社,1990 年版。

　　2. 原有教会学校办学规模不断扩大,学生数不断增多

　　小学方面,福民小学在 1915 年叶谷虚接任校长后取得较大发展,尤其是 20 年代以后,福民小学改办为两等小学堂(即兼有初、高级完全小学)。1934 年,福民小学共有学生 516 人,其中男生 489 人,女生仅 27 人;男性教职工 17 人,女性教职工 6 人。鉴于生源日益增加,叶谷虚亲自到香港和东南亚等地募捐,厦鼓校友闻风也踊跃捐输,1937 年建成"福民闽南校友堂"。

　　中学方面,寻源中学因地价等原因于 1925 年迁往漳州,鼓浪屿原有的中学,不管女校,还是男校,都获得较大发展。(1)怀仁女中 1926 年时已有

学生 250 名,师范部(相当于初中部)有 25 名学生。[①] 1933 年,怀仁女中曾报教育局立案,当时只有初中,师范部改为家政学,中专性质,但学生不多,兴办时间很短。(2)鼓浪屿中学中发展最快的是英华中学。从 1924 年起,英华学院改为英华中学,专收男生,不收女生,教职员工也全是男性。1934 年,英华兼办高中,并在 1937 年允许续办(允许招 2 个班,计 80 人),是当时政府允许兴办高中的五所学校之一。[②] 由于教学质量高,学生毕业出路好,要求就读的学生多,英华中学在 20 年代后期开始提高标准,限制入学人数。[③] 一个寄宿生的费用,高中生每人每学期要缴纳 84 元,初中生 75 元。单是学费,高中 30 元,初中 24 元。每个新生入学时,还要缴纳学籍费 10 元。此时生源不再是来自贫苦家庭,入学也不再免费,而是以富家子弟为主,学费昂贵,当时被称为"贵族学校"。[④] 此后,学生人数越多,收入越大,除发给教师薪水外,学校经费每年都有盈余,可供学校购置图书仪器,甚至作建筑费用。20 年代时,英华中学学生已经增到约 300 名。1934 年,该校学生数 302 人,教职工 26 人。[⑤] 1936 年,英华中学教师有 40 名,比 5 年前增长一倍,其中 11 名教师拥有大学学位。中学部有学生 350 名,小学部 272 名,共计 622 名。[⑥]除来自厦鼓外,学生多来自闽南其他地区和潮汕地区,甚至有来自日本、朝鲜、台湾的学生。[⑦]

职业教育方面,救世医院医学专科学校的学生相继毕业,从 1900 年到 1932 年,学校共培养了 6 届毕业生,共 46 人,为闽南培养了不少医疗人才。1924 年,博爱医院医专学校的首届学员毕业,前后计 6 届毕业生,约五六十人,毕业后在本市或前往漳泉及南洋各地行医。[⑧] 在英美三公会倡导下,厦

①　Band Edward,*Working His Purpose Out:The History of Presbyterian Mission*,1847—1947,台北:成文出版有限公司,1972 年,p.398,p.423.

②　吴玉液、谭南周:《厦门大事记(中)》,《厦门文史资料》第 13 辑,第 157 页。

③　戴一峰等译编:《近代厦门社会经济概况》,厦门:鹭江出版社,1990 年,第 399 页。

④　许声骏:《鼓浪屿英华中学见闻》,《厦门文史资料》第 13 辑,第 24 页。

⑤　张镇世、叶更新、杨纪波、洪卜仁:《"公共租界"鼓浪屿(1903—1941 年)》,厦门市政协文史资料研究委员会编:《厦门文史资料》第 16 辑,厦门:鹭江出版社,1990 年,第 53 页。

⑥　Band Edward,*Working His Purpose Out:The History of Presbyterian Mission*,1847—1947,台北:成文出版有限公司,1972 年,第 470~471 页。

⑦　许声骏:《鼓浪屿英华中学见闻》,《厦门文史资料》第 13 辑,第 24 页。

⑧　张镇世、叶更新、杨纪波、洪卜仁:《"公共租界"鼓浪屿(1903—1941 年)》,厦门市政协文史资料研究委员会编:《厦门文史资料》第 16 辑,厦门:鹭江出版社,1990 年,第 49 页。

门圣道学院 1926 年和福音学院合并为圣道专门学校,分为甲乙两级,校舍先在厦门邦坪尾,后迁鼓浪屿内厝沃,又迁往岩仔山脚,校长柯希仁。1927年圣道专门学校改为闽南神学院,院长为高萃芳。1936 年,该院迁往漳州马公庙。①

3. 教会学校的学制、课程设置和教学方法基本完善,推进了鼓浪屿教育的近代化

经过长达数十年的发展,教会学校的学制、课程设置和教学方法等已经基本完善,既有利于教会学校自身的发展,也是华人自办学校学习的样本,直接推进了鼓浪屿教育的近代化。

(1)学制的创新与基本统一

在科举考试时代,中国传统教育从启蒙教到参加全部科举考试,似乎是连贯制,不分等级。不过,学生还是可分等级:一是启蒙教育,即识字教育,约一至二年;二是读书教育,约三至五年;三是开讲、开笔作文教育,约五至八年;四是八股文完篇、练习揣摩、参加科举考试阶段,约八至十年;五是不断温书,不断练习作八股文,争取考中秀才、举人、进士。若一切顺利,花十年时间可中秀才,二十岁左右便可中进士,时间因人而异。随着西式教育引入,鼓浪屿学校的学制开始改革,按幼儿、初级、中级、职业和高等教育划分,学制比较多元化。

小学分初小四年(叫国民学校),高小三年(叫高等小学),如果高小初小兼办,则称为两等小学堂(即完全小学)。养元小学和怀仁女学均如此,分为初小、高小两级,学制为七年。美国归正教会所属有所有初级学堂为均六年制,"学堂将学生分为不同的年级,所有的课程在六年之内完成,一个学年分为两个学期;9 月中旬到次年 1 月中旬为第一学期,2 月中旬到 6 月中旬为第二学期。每个学期结束时学生必须参加一系列严格的考试以检测他们掌握知识的程度。"②

中学既有二年制、三年制,也有四年制,如怀仁女学师范部二年制,寻源中学早期为三年制,1890 年改为四年制。英华书院曾完全仿效英国高等学

---

① 厦门市地方志编纂委员会编:《厦门市志》(第五册),北京:方志出版社,2004 年,第3605 页。

② [美]杰拉德·F. 德庸著,杨丽、叶克豪译:《美国归正教在厦门(1842—1951)》,台北:龙图腾文化有限公司,2013 年,第 163 页。

制,保留过一段八年制的"书院"形式(附设大学预科两年),后来改为"二四"两级中学制。

1904年,清政府颁布《奏定学堂章程》,初步建立起中国近代的学制,但教会学校并未遵行。1922年,全国学制改革,小学分初级小学和高级小学(简称初小、高小),初小为四年,高小缩为二年(叫"四二制");完全小学又分低年级(一至二年级)、中年级(三至四年级)、高年级(五至六年级),各修业两学年。中学分初级和高级中学(简称初中、高中),各三年("三三制"),高中毕业后,可直接投考大学本科。鼓浪屿学校的学制逐渐向全国标准过渡,如怀仁女学1927年改行新学制,毓德女中1932年实行"三三制"学制。

(2)课程设置与教学内容的完善

近代以前,中国私塾教育课程与教学内容非常简单,初级班启蒙多是教授《三字经》《千字文》等;中级班开始读《幼学琼林》与《古文观止》之类,高级班学生就读四书五经之类。随着教会学校的创设,设置的课程日益丰富。早期教会学校课程相对简单,一般都会设置圣经课程,如福音小学以"马太、马可、路加、约翰"四福音为教材,同时教授养为霖编的"养心神诗"。有的学校神学与国学并重,设置四书五经类的课程,如养元小学。后来,教会学校逐步参照西方学校标准设置相关课程。

小学课程非常丰富。如养元小学,学校设置修身、历史、天文、地理、算术、生物等课程,教材均为白话文,算术没有课本,主要靠教师口授。福民小学三年级以上加设英文课,将宗教、英语与语文、算术同列主要学科。最规范者当属美国归正教会系统的初级学堂,1865—1900年期间,所有初级学堂的课程已经标准化。除学习圣经外,学校对世俗科学非常重视,地理、算术、中国文学、语言、艺术、音乐、科学等都被逐渐纳入课程体系。女子寄宿学校还教授家政学,大多数女孩在入学前对家政学一无所知。①

中学课程非常多,各校不一。毓德女中设有中文、数学、物理、化学、动物、植物、及英文等课程,并多数采用商务印书馆的正式教材。此外,女中还开设体育课和音乐课,1926年后每年举行音乐会。② 寻源中学课程体系最

---

① [美]杰拉德·F.德庸著,杨丽、叶克豪译:《美国归正教在厦门(1842—1951)》,台北:龙图腾文化有限公司,2013年,第163页。

② 朱鸿谟:《厦门毓德女中和养元小学概况》,福建省政协文史资料委员会编:《文史资料选编·基督教天主教编》,福州:福建人民出版社,2003年,第572页。

丰富。初办之时,课程包括地理、天文、生理学、算术、阅读写作、中国经典、海德尔堡问答式教学法(Heidelberg catechism),以及圣经。[①] 第四年学习课程包括圣经、中国古文经典、高级代数、物理、历史(美国、俄国和西班牙)、罗马白话字、写作、绘画和音乐。1897 年,学校三、四年级开设"官话"(即今普通话)。1904 年,学校开设英文课程。[②] 19 世纪 90 年代,寻源中学开始设置体育课,要求学生每天早晨做半小时的早操。20 世纪后,学校先后开设地理、生理、天文、英国史等课程。[③]

职业、高等院校课程较为完善,中西兼容并蓄。英华书院初创时为英国学制的高等学堂,并附设大学预科两年。英华书院分为初级部和高级部,根据学生志愿分为商业和科学二科。商业科主要学习商业尺牍、英文簿记、速记、打字等课程;科学包括动物、化学、物理、地质、天文和算术等课程。这些课程用英国课本,英文教学,中文教授中国传统文化经典之类,采用四书、《古文观止》、唐诗、尺牍等为课本,聘旧塾师授课,闽南名儒叶青眼、闽南名报人陈允洛和晚清秀才付维彬等都曾充任教员。[④] 英华书院始终保持较高的学术标准,毕业生英文优异,质量很高。救世医院附设的医学专科学校,设置的科目主要有物理、化学、胚胎学、组织学、生理学、解剖学、内科、外科、眼科、妇产科、小儿科、皮肤科、检验科等等,完全以现代医学院标准课程设置。

(3)教学方法革新

中国传统私塾教学方法完全采用注入式。讲课时,先生正襟危坐,学生依次把书放在先生的桌上,然后侍立一旁,恭听先生圈点口哼,讲解完毕,命学生复述。其后,学生回到自己座位上朗读背诵。这种教育方法以死记硬背为主,凡先生规定朗读之书,学生须一律背诵。另外,私塾中体罚盛行,遇上粗心或调皮的学生,先生经常揪学生脸皮和耳朵,打手心等。

---

① [美]杰拉德·F. 德庸著,杨丽、叶克豪译:《美国归正教在厦门(1842—1951)》,台北:龙图腾文化有限公司,2013 年,第 183 页。

② [美]杰拉德·F. 德庸著,杨丽、叶克豪译:《美国归正教在厦门(1842—1951)》,台北:龙图腾文化有限公司,2013 年,第 183~184 页。

③ [美]杰拉德·F. 德庸著,杨丽、叶克豪译:《美国归正教在厦门(1842—1951)》,台北:龙图腾文化有限公司,2013 年,第 187 页。

④ 刘永峰、新历史合作社:《西学东渐:鼓浪屿教育的昨日风华》,福州:福建人民出版社,2015 年,第 96 页。

外国传教士们一般采取西方学校方式,将学生按照不同的学习程度分成不同的班级进行教学时,如怀仁女学、寻源中学、英华中学等莫不如此,不同年级与班级学习内容存在差别,这种方式明显提高了教学效果与质量。但是,最初分班教学制度遇到了中国教师们的阻挠,毕腓力1900年在一份报告中提到了这个问题:

> 我们在所有的学校实行分班教学,但是要想让这些中国教师……遵守学校的教学安排,真比赶一匹铁马上路还难。他们宁愿为每个学生安排不同的教学进度,每个学生也很高兴拥有属于自己的一位老师并自成一个班级。中国教师似乎对学校秩序和班级划分一无所知。然而,万事开头难,虽然他们的开头很糟糕,但我们希望他们能将工作完成得很成功。①

但是,早期教会学校由于师资力量短缺,必须依赖中国传统体制培养的本地教师,因而导致课程教授偏重中文经典文学,他们不太愿意分班级教学。毕腓力1888年曾对此进行评论:"如果我们找不到木柴作燃料,我们就只能像华人那样找些甘草来烧,让自己干着急是毫无用处的,因为我们目前没有更好的人选,因此我们只能将就一下,聘用我们所能找到的人。"②不过,随着越来越多的中国基督徒从初级学堂毕业,分班级教学日益普遍。

教学学校教学方法多沿用西式学校,比较注重启发式教学。毓德校长邵庆元为学校制订的教育总纲中提出理想的学生的具体要求:具有(1)明敏的观察力、(2)缜密的思考力、(3)健全的判断力、(4)刚毅的致果力……不能忽视书本知识,前人的经验之授予,但更要注重创作之启发。③强调启发式教学,注重学生的创新能力的培养。另外,英华中学英语教学采用直接法教学,教师胜先生(Peter Anderson)教初中英语(Ⅱ)时选用当时成都华西大学教授、著名语言学家文幼章博士编著的,配有巨幅挂图的直接法教学英语教

---

① 〔美〕杰拉德·F.德庸著,杨丽、叶克豪译:《美国归正教在厦门(1842—1951)》,台北:龙图腾文化有限公司,2013年,第166页。

② 〔美〕杰拉德·F.德庸著,杨丽、叶克豪译:《美国归正教在厦门(1842—1951)》,台北:龙图腾文化有限公司,2013年,第166页。

③ 中共厦门市委宣传部、厦门市社会科学联合会编:《口述历史:我的鼓浪屿往事》(之一),厦门音像出版有限公司,2011年,第91页。

材,取得了良好的成效。①

怀德幼儿园的教学方式尤其值得一提。怀德幼稚园的教学方法采用德国儿童教育家福禄培尔、意大利教育家蒙台梭利的教育学说,"发展儿童的感觉器官"。"学习算术、自然常识、语言文字、绘画、手工、唱歌及宗教教育。游戏作为儿童的基本活动,作业和游戏作为教育教学的根本内容……在教学中,也施行蒙台梭利的主张:采用重视儿童自由成长,重视环境对儿童的影响,强调对儿童进行感官训练,并使儿童按自己的兴趣和技能,挑选各种适合自己的游戏和活动。园里的教具大部分是从英国运载而来的。"②这种教育理念与教学方法,即使在今天看来,都相当先进,符合幼儿的天性,全面促进幼儿的身心发育,也促进了鼓浪屿及厦门幼儿教育的发展。

(三)"非基督教"运动与教会学校的本土化

1921年4月,北洋政府教育部就正式颁布《教会所设中等学校请求立案办法》,对教会中学提出6项明确要求,这是国家教育法令中首次将"宗教教育"与立案问题联系起来,主要针对教会中学,最核心的内容是"学科内容及教授方法,不得含有传教性质",否则不准立案。③ 但是,教会学校置之不理。1922年,在共产国际推动下,中国共产党和青年团开始有计划、有组织地推动"非基督教运动",④非基督教运动短期内迅速发展,但很快沉寂。1924年,经过一段时间沉寂后,"非基督教运动"再次爆发,并把矛头对准教会教育,明确提出"收回教育权"⑤的口号,社会各界广泛讨论收回教育权的原因、必要与重要性。

1925年,"五卅运动"爆发,"非基"运动更加猛烈,收回教育权运动由"言论而进而实行"的阶段。⑥ 受此影响,北洋政府教育部1925年11月颁布《外

---

① 中共厦门市委宣传部、厦门市社会科学联合会编:《口述历史:我的鼓浪屿往事》(之一),第160页。

② 黄雅川、余丽卿:《我国最早的一所幼儿园》,《厦门文史资料》第19辑,第119~120页。

③ 朱有瓛、高时良主编:《中国近代学制史料》第4辑,上海:华东师范大学出版社,1993年,第782页。

④ 陶飞亚:《边缘的历史——基督教与近代中国》,上海:上海古籍出版社,2005年,第74页。

⑤ 收回教育权是非基督教运动的一部分或一阶段,既包括教会学校,还包括日本在中国开办的殖民学校。

⑥ 舒新城:《收回教育权运动》,北京:中华书局,1927年,第57~72页。

人捐资设立学校请求认可办法》,规定教会学校的组织管理机构、宗旨和课程:"(二)学校名称应冠以私立字样;(三)学校之校长,须为华人,如校长原系外国人者,必须以华人充任副校长,即为请求认可时之代表人;(四)学校设有董事会者,华人应占董事名额之过半数;(五)学校不得以传布宗教为宗旨;(六)学校课程,须遵照部定标准,不得以宗教科目列入必修科。校内不应有强迫学生信仰任何宗教或参加宗教仪式之举。"[①]立案原则主要涉及教会学校的中国化、世俗化两大根本问题,第一,把教会学校移交华人管理,使一切学校置于政府管理之中,较以前法令更加明确;第二,宗教与教育分离为目的,要求把宗教课从必修制改为选修制。

1927年12月,南京国民政府颁布《私立中等学校及小学立案条例》,次年8月又颁布《私立学校规程》,这些条例明确规定,不得以宗教科目作为必修科目,与宗教有关的科目可作为课外选修学科;私立学校必须以华人充任校长或院长;私立学校设立董事会,外国人充任董事的名额之多不超过1/3,不得担任董事长;私立学校应于开办后一年内呈请立案,并受主管教育行政机关的监督和指导;未立案和因条件不合格未批准立案的,其学生学籍不予承认,信教自由,教会学校不得强迫师生参加宗教活动。这些条例对董事会构成和信教问题进行了明确的规定,对教会学校形成了强大的政治压力。

受全国非基督教运动的影响,厦门1926年12月爆发了历史上规模最大、影响最深远的一次"非基运动",教会学校是重点批判目标。当时对教学学校的批判主要有7条理由,具体如下:1. 专制:不允许学生自由行动、思想自由;2. 恐吓:骗小学生说不信上帝,有魔鬼来袭;3. 强迫:不信教的也要做礼拜,也要查经;4. 虐待:不做礼拜,不准请假,还要挨饿;5. 守旧:课本、教法、行政都陈旧不堪;6. 禁止爱国:平时辱骂中国,不许参加爱国运动;7. 妨碍个性发展:用耶稣教经典,用严厉办法,使学生先入为主,习非成是,完全不合教育原理。[②] "非基"运动对鼓浪屿教会学校产生了前所未有的冲击和影响,加快了教会学校的本土化与世俗化进程。

1. 教会学校管理本土化

教会管理本土化主要体现在两个方面,一方面是华人校长的广泛出现,

① 朱有瓛、高时良主编:《中国近代学制史料》第4辑,上海:华东师范大学出版社,1993年,第784页。

② 洪卜仁:《厦门地方史讲稿》,厦门市总工会,1983年,第105~106页。

另一方面是学校董(理)事会中中国董(理)事的任命。

实际上,在非基督教运动之前,鼓浪屿的不少教会学校已开始聘用华人担任校长,多为基督徒,不过还是由主理掌管实权。如养元小学 20 世纪初开始设校长,先后有李春仰、卢铸英、洪元英、张芝仁、林居仁、邵仁敏、杨振声等任校长。打马字大姑娘为聘任华人校长后的首任主理,其后担任主理有练钦万(Herman Renskers)、苑礼文(Abbe Livingston Warnshuis)和保夏礼(Harry P. Boot)。福民小学亦如此,华人校长先后有陈希尧、庄英才、叶谷虚、陈锡恩、李魁梧。校长之上设"主理"一职,由伦敦会传教士担任,先后担任主理的有:力戈登、施耐劳(Noel B. Slater)、魏沃壤(Anhur F. Griffith)、倪任石(James M. Neave)。不过,在立案之前,除少数校长掌握部分管理权外,如福民小学校长叶谷虚自己就是虔诚的基督徒,因而掌握了福民小学的实权,多数学校还是由外籍主理负责。其他学校也是如此,如 1925 年英华中学到教育局立案后,学校便任命广受尊敬的郑柏年为校长,这是英华书院第一位华人校长。怀仁女学 1927 年后开始聘任华人校长,首任校长是林红柑。不过,华人校长时常更选,先后有陈碰结、陈郑、罗留、陈云、陈嘉云、陈淑美、何白云、吴贞玲、吴着盔、邵文友和刘宝华。1938 年厦门沦陷后,为了保护学校,该校又恢复主理制,以英国人欧施斯(D. M. Arrowsmith)姑娘为主理。[①]

除任命华人校长外,教会学校董事会或理事会也大量改组,任命华人董事或理事。由于辛亥革命后中国人民对教育权的觉醒,寻源中学早在 1917 年就成立了新理事会,理事会有 12 名理事,中国代表和外国代表各 6 名。1927 年开始,鼓浪屿的教会学校相继增选华人董事或理事。1927 年春天,英华中学成立校董会,一改先前英国主理掌控一切的制度,建立了一套严密的学校管理体制。据规定,校董会由英国长老公会、闽南基督教大会和英华校友会等三个单位各派代表若干名共同组成,具体名额为:英国公会 3 人、闽南大会 4 人、校友会 8 人,合计 15 人。第一届董事长为陈秋卿,副董事长为林振明。另外,推选英国董事 1 人兼司库,校友董事 1 人兼司账,以监督学校的财务。在学校内部,校长之下,组织"校务委员主会",下设教导部、事务部和 6 个委员会,全面负责学校的管理事宜。同年秋,怀仁女学被迫交给

---

① 张镇世、叶更新、杨纪波、洪卜仁:《"公共租界"鼓浪屿(1903—1941 年)》,厦门市政协文史资料研究委员会编:《厦门文史资料》第 16 辑,厦门:鹭江出版社,1990 年,第 53 页。

多数由华人组成的董事会管理。有些学校一再拒绝改组董事会,但经不住压力,还是改组,时间比较晚。1930 年,养元校友会从美国归正会手中接收回学校,养元小学组织校董会,董事会由厦门中华基督教会、校友会以及美国归正会各派 3 名代表组成。同年,毓德女学也被迫按照中国教育部法令成立董事会,新组建的董事会和美国归正教会签订合同,由董事会主持学校全部行政事务,并接办毓德女子小学为附属小学,从而废除了美国主理一人办学的制度,并聘请华人邵庆元任校长。不过,美国归正教会是被迫接受上述条件,作为让步条件之一,董事会同意学生宿舍仍由教会办理,行政独立。①

2. 教学内容世俗化

由于目的主要是宣传基督教,宗教课程在所有教会学校中都是必修课,教学内容也基本根据圣经而来。如毓德女中,"宗教教育一直是学校的主要教学内容","学校规定宗教科为必修科,教学内容是选读圣经中的耶稣言论行为,以及历代'先知''使徒'的言论、传记和诗歌等,以其中的教义作为日常思想言行的准则,这项课程由主理亲自任教,讲授、考试、记分都很严格"。② 学校规定每日上午上课前必须举行朝会,例行唱诗、祈祷、讲经等宗教仪式,为时半个钟头,下午下课后又要举行夕会,照样举行宗教仪式,但较朝会简单些。寄宿学生每日夜晚在做过礼拜后才进行自修。每个星期只上课五天,星期六学生自由安排,星期日是安息"圣日",上、下午都要整队点名做礼拜,严格禁止其他一切活动,连准备功课或上街买东西都在严禁之列。③但是,北洋、国民政府时期,教育部均立案要求,宗教课程必须由必修改为选修。国民政府还要求所有学校每周举行一次孙中山纪念仪式,包括朗读孙中山号召人民继续进行国民革命的遗嘱,静默三分钟,在这位已故英雄像前三鞠躬。因此,鼓浪屿教会学校先后被迫调整课程设置和教学内容,另外还增设纪念孙中山仪式,尽管部分人对纪念仪式存在反对意见。如毓德女中主理福懿慕认为,纪念孙中山仪式"对很多人只是一个纪念仪式,并无其他重要意义",但"这个仪式却带有几分礼拜的意味","明智的做法是不举行这

---

① 　朱鸿谟:《毓德女中二三事》,《厦门文史资料》第 14 辑,第 154 页。
② 　朱鸿谟:《毓德女中二三事》,《厦门文史资料》第 14 辑,第 150 页。
③ 　朱鸿谟:《毓德女中二三事》,《厦门文史资料》第 14 辑,第 150 页。

个仪式",以"避免误导"。①

毓德女中注册立案成功后,调整了宗教课程,"允许美国归正教会继续在学校进行宗教教育,宗教课改为选修课,由原来的美国主理担任宗教课主任"。② 福民小学按照教育部法令规定的课程教学,每周一早晨举行孙中山纪念仪式,增设英语课程,将宗教、英语与语文、算术同列主要学科,而非以前宗教为最最重要课程。其他学校也将宗教列为选修课,开设众多世俗化课程。

但是,部分教会学校还是极力设法保持宗教课程的地位。福民小学规定每天早操后要遵照宗教制度举行朝会:唱诗、读圣经、祈祷,或讲圣经故事。每逢星期日上午,全校师生整队前往福音堂礼拜,下午在学校举行主日学。寻源中心学生每天两次唱圣歌、读经、布道练习和祈祷。星期五晚上还有特别的宗教活动。星期天全天,所有学生都要去杜嘉德纪念堂做礼拜和事奉,《圣经》仍然是学校最主要的教科书。③ 毓德女中宗教课程虽然改为选修,但福懿慕利用在校基督教教师、信教学生和校外信教家长三方压力,迫使学生"志愿选修"宗教课,选修与必修实际上没有任何差别;女中还特别注明宿舍与学校不相统属,宿舍由美国归正教会管理,教务部无权过问。学校宿舍明文规定,凡寄宿学生必须遵守宿舍的规则,每天早晚做礼拜,三餐要"谢饭",星期日上午要列队到礼拜堂参加礼拜,把学校不公开的宗教活动搬到宿舍外进行。④

另外,安息日会系统所属学校拒绝立案。安息日会信徒认为,教育部的规定,如周日休息,周六照章上课,向孙中山像行礼等有悖于教义,经安息日中华总会研究后决定所有该系统学校拒绝立案,而教育部门不许他们使用"学校"名称,他们只得将学校更名为"三育研究社",鼓浪屿美华中学 1937年被迫更名为"美华三育研究社"。⑤

由于政府、社会和学生家庭压力(不立案学校的学生学籍不予承认),鼓

---

① 刘永峰、新历史合作社:《西学东渐:鼓浪屿教育的昨日风华》,福州:福建人民出版社,2015 年,第 137 页。

② 朱鸿谟:《毓德女中二三事》,《厦门文史资料》第 14 辑,第 154 页。

③ [美]杰拉德·F. 德庸著,杨丽、叶克豪译:《美国归正教在厦门(1842—1951)》,台北:龙图腾文化有限公司,2013 年,第 186 页。

④ 朱鸿谟:《毓德女中二三事》,《厦门文史资料》第 14 辑,第 153 页。

⑤ 洪声文:《美华学校始末》,《鼓浪屿文史资料》上册,第 284 页。

浪屿教会学校先后聘请华人校长或担任董事会成员,学校管理日益本土化,控制权逐渐转入华人手中。厦门海关1931年的记载可予以证实:"教会学校目前的趋势是,愈来愈多地从华人方面获得资助,而仅保留外国教师工资一项由教会支付。同样一个强有力的趋势是,通过中国的理事会成员逐渐取代他们的外国同事的地位——这样一个吸收的过程,教会学校的控制权正逐渐转入华人手中。"[①]同时,教会学校根据要求改革课程设置与教学内容,逐步符合教育部立案标准,鼓浪屿教会学校1927年后逐渐向教育行政机关注册立案,即使一直拒绝注册立案的毓德女校1932年也被迫向福建省教育厅注册立案,和当时中学制度接轨。

三、鼓浪屿近代教育的动荡与衰落(1938年—1945年)

这一时期大致可以分为两个阶段,第一阶段是从1938年5月至1941年12月7日太平洋战争爆发,第二阶段是1941年12月8日日军攻占鼓浪屿至1945年8月战争结束。

1938年厦门沦陷后,鼓浪屿难民迅速增加,各教会学校尽力帮助难民,如毓德女中在校长邵庆元带领下,为难民提供食宿,向海外华侨募捐等,积极帮助难民。期间,有些学校受到影响,或被接管,如日伪当局1938年秋以普育小学属于南京国民政府公立学校为由直接派人接办,到1940年时,普育小学有教职员18人,学生555人;[②]或作为难民收容所,如英华中学暂被作为难民收容所而停课半年,复校后学生寥寥无几。

由于鼓浪屿是公共租界,西方列强与日本维持正常的外交关系,因而相对安全。鼓浪屿各教会学校纷纷挂起英、美等国国旗,名义上由英、美教会接办,校长改由英、美人担任,或恢复主理制,保证学校的正常运转。怀仁女学在1938年5月后恢复主理制,以英国人欧施斯(D. M. Arrowsmith)姑娘为主理;[③]毓德女校1939年改由归正会女宣道会福懿慕女士担任校长。由于难民太多,不少学校的规模扩大很多。毓德女子小学"扩展了那些原以为

---

①　戴一峰等译编:《近代厦门社会经济概况》,厦门:鹭江出版社,1990年,第399页。

②　厦门市档案局、厦门市档案馆编:《近代厦门教育档案资料》,厦门:厦门大学出版社,1997年,第714页。

③　张镇世、叶更新、杨纪波、洪卜仁:《"公共租界"鼓浪屿(1903—1941年)》,厦门市政协文史资料研究委员会编:《厦门文史资料》第16辑,厦门:鹭江出版社,1990年,第53页。

不可能扩展的东西","床板和化妆桌当作书桌用,架子当作桌子用,餐厅和厨房改成了教室。上学期我们打算最多收 535 名女生,尽管我们不得不适当提高学费,但 1941 年 2 月,我们还是有 600 多名的学生"。① 怀德幼师也未受到战争影响,1939 年 9 月招收二年制第一学年新生 13 名,闽南及潮汕一带旧生 11 名,只有 1 名因交通受阻未来就学。② 由于厦门沦陷,鼓浪屿出现了一些新的学校。

首先,同文书院迁到鼓浪屿。厦门同文书院 1938 年由市区迁往鼓浪屿,先租赁柏原旅社(现旗山路 1 号)充当临时校舍,后迁到慈勤女中校舍上课,先聘厦门大学文学院院长徐声金任校长,徐接任后不久就出洋了。1939 年 10 月,学校复称同文书院,由美国人欧德福任院长,旋改由美国牧师卜显理任校长。同文书院保留高、初中和附小,学生骤增,最高达 1000 人,并开始有女生。③

其次,设立"难童学校"。由于大量难民逃到鼓浪屿,鼓浪屿所有的学校和幼儿园都拥挤不堪,已经无法容纳更多学生,逃到鼓浪屿的厦门女教师钟慧会在福民小学的树下组织了补习班。随着难民营的学龄儿童日益增多,国际救济会在鼓浪屿龙头的空地上临时搭盖竹席棚作为校舍,开办简易的"难童学校"。该校不设校长,国际救济会先后指派美国人卜显理、福懿慕姑娘、李禄白等负责处理教务,聘用的学员均系厦门逃难的中小学教员或中学生。④ 难童学校有近 500 名学生,分为高、初级 10 个班和幼稚园 4 个班。课程和原来的小学相同,每周加授一节英语课,课本由学校发,国际救济会也和岛上各学校商量,将部分难民儿童分到这些学校,同时组织美华、怀仁和毓德等学校教员或高年级师生担任义务教员,给难童上课或管理班级,普育小学则由该校教师放学后到校管理难童班级。

另外,1937 年停办的日本"厦门旭瀛书院第三分院"于 1939 年秋复校,改名为"厦门旭瀛书院鼓浪屿分院",并在 1941 年与厦门日本小学一样奉日

① [美]纽约美国归正教会海外传教委员会:《厦门传教百年史》,载何丙仲辑译:《近代西人眼中的鼓浪屿》,厦门:厦门大学出版社,2010 年,第 293～294 页。
② 《厦门私立怀德幼师概况》,《教育季刊》第 14 卷第 4 期,中华基督教教育协会出版,1938 年,第 88 页。
③ 同文中学校史编写组:《同文书院》,《厦门方志通讯》1986 年第 1 期。
④ 陈郑煊:《鼓浪屿"难童学校"述略》,《鼓浪屿文史资料》下册,第 153 页。

本外务省命令改为"国民学校",为日本侨民服务。[①] 1939 年 10 月,日本人还在接管的普育小学附设日语讲习所。[②]

1941 年 12 月,太平洋战争爆发,西方大多数国家对日宣战,日本随即接管鼓浪屿,并立即整顿改造,鼓浪屿教育遭受重创。日伪厦门市政府将鼓浪屿几乎所有学校作为"敌产"接管,解散或整顿,设立各种补习所或学校,建立日本控制下的教育体系。

一是接管幼儿园。1941 年 12 月,由于吴天赐、欧斯文姑娘撤离鼓浪屿,怀德幼稚园被日伪接管,改名为鼓浪屿幼稚园,调原毓德女小校长洪瑞雪任园长,教师也皆由敌伪市政府重新聘用,一切由伪市政府安排。

二是解散或接管小学。日伪当局直接解散毓德女小,并把普育、怀仁、福民、同文等中、小学和英华校友初级小学等学校改为鼓浪屿第一、二、三、四、五小学校。调原英华校友初级小学校长陈兆麟为二小校长,原养元小学校长邵仁敏为三小校长,原养元小学教导主任杨振声调升四小校长,原普育小学教员洪天庆调升五小校长,一小校长则仍由洪源担任。[③] 由于西班牙不是"宣战国",日伪当局允许西班牙天主教办的维正小学保留,让它继续照常上课,校长也不变动。[④]

三是解散或接管中学。日伪当局解散了怀仁女中和怀德幼师,接管了英华中学、毓德女中,改为市立第二中学、第二女子中学。第二中学校长仍委原英华小学沈省愚,1944 年春,沈调入伪市教育局任第一科长,提升该校教员王寿堂继任校长。第二女中校长,则始终由原毓德女中教务主任陈竞明担任。[⑤] 另外,美华学校停办。日本人解散与接管鼓浪屿学校,造成了这些学校巨大的损失,以下是 3 所学校的粗略统计:

　　① 张镇世、叶更新、杨纪波、洪卜仁:《"公共租界"鼓浪屿(1903—1941 年)》,厦门市政协文史资料研究委员会编:《厦门文史资料》第 16 辑,厦门:鹭江出版社,1990 年,第 56～57 页。

　　② 厦门市档案局、厦门市档案馆编:《近代厦门教育档案资料》,厦门:厦门大学出版社,1997 年,第 717 页。

　　③ 陈冰玲:《日本独占时期的鼓浪屿》,《厦门文史资料》第 16 辑,第 200 页。

　　④ 张镇世、叶更新、杨纪波、洪卜仁:《"公共租界"鼓浪屿(1903—1941 年)》,厦门市政协文史资料研究委员会编:《厦门文史资料》第 16 辑,厦门:鹭江出版社,1990 年,第 56 页。

　　⑤ 陈冰玲:《日本独占时期的鼓浪屿》,《厦门文史资料》第 16 辑,第 200 页。

表 5-6　日本占领期间鼓浪屿学校损失表

名称	种类	数量	估价（元）	备注
毓德小学	校舍	1 所	3000000	被敌封闭失修
养元小学	器材		3856000	
英华小学	器材		429000	
合计			7385000	

资料来源：厦门市档案局、厦门市档案馆编：《近代厦门教育档案资料》，厦门：厦门大学出版社，1997 年，第 194 页。

　　三所学校损失总计近 740 万元，这仅是粗略统计。实际上，各种无形的损失更大，如毓德小学战后恢复至少需要 1000 万元。[①]

　　四是设立新的学校或补习所，加大日文教育与日本文化的宣传。1942 年秋季，厦门兴亚院在鼓浪屿复兴路原养元小学设分院，设小学教员日语讲习班，由鼓浪屿的五小视学官田中良春任放职，每晚上课一小时，从 1942 年秋季开始，修业 1 年结束。翌年 10 月，又开办本科一、二年，招收小学教员日语讲习班学员和其它日语讲习所毕业生，以及有一定日语基础的人为学员。设语文、历史、音乐等科课程。教材、讲授均是日文。每晚上两节课，满 1 年肄业的发给修业证书，满 2 年的发给毕业证书。升学、闭学、修业、毕业等仪式，均在总院举行。[②] 另外，日本人设立日语讲习所、补习学校。早在 1939 年 3 月，由日伪"鹭江青年会"主办的日语讲习所，借博爱医院鼓浪屿分院的一间教室开办。日军占领期间，厦门大乘佛教协会先后在鼓浪屿开设第一、第二日语讲习所，积极为日帝推广奴化教育。[③] 通过解散与接管原有学校以及建立新学校，日本人初步建立了其控制下的鼓浪屿教育体系。

　　日本在鼓浪屿当局还取消原有的西式或中式教学，强化"皇民"教育，奴化华人。整顿的学校虽仍以华人任校长，但各校又都设一名由日本人担任的"视学官"，视学官实际掌握学校大权，重大问题皆由其决定。[④] 对于不顺从的教职

---

　　① 厦门市档案局、厦门市档案馆编：《近代厦门教育档案资料》，厦门：厦门大学出版社，1997 年，第 196 页。

　　② 陈冰玲：《日本独占时期的鼓浪屿》，《厦门文史资料》第 16 辑，第 201 页。

　　③ 陈冰玲：《日本独占时期的鼓浪屿》，《厦门文史资料》第 16 辑，第 201 页。

　　④ 陈冰玲：《日本独占时期的鼓浪屿》，《厦门文史资料》第 16 辑，第 200 页。

员,日伪严厉打击。据报道,日本 1942 年将鼓浪屿各中小学教职员全部予以拘捕,总计 60 余人,其中十余人经被毒刑而成废疾准予保释外,其余仍被拘留在磐石炮台集中营。① 如英华中学主理洪显理入狱三天后即虐待致死。控制中小学后,日本人便在中小学推行"大东亚共荣"的奴化教育。中小学一律增设日语课为主科,废除英语和基督教课程,并设置所谓的"修身"课程,中学生每月约须服役 5 天。所用教科书将有关反日及富有爱国思想的内容全部删去,国文课多以四书五经为内容,以示尊孔。另外,日伪还在社会上设立日语讲习所、补习学校,强迫市民入学,"学院系敌饬伪警按户强迫入学,其自动学习者实十无一焉",②推行奴化教育。日本人一方面强化对鼓浪屿教育的控制,一方面培养亲日分子,便于日本人的控制与统治。

总体而言,在第一阶段,鼓浪屿的学校虽然受到一定影响,但大体保持稳定,学校还有所增加。然而,太平洋战争爆发后,日军攻占鼓浪屿,几乎接管了鼓浪屿所有学校,解散的解散,整顿的整顿,从而控制了鼓浪屿的绝大多数学校,进而推行"皇民化"与"日中亲善"教育,便于日本的统治,鼓浪屿的教育事业大大倒退。

四、鼓浪屿近代教育的短暂恢复(1945 年—1949 年)

1945 年,历经八年的抗战胜利了,日本宣布投降。9 月 28 日,鼓浪屿结束了租界与被占领历史,南京国民政府直接派员接收鼓浪屿。此后,各私立中小学纷纷向市教育局递交复校立案呈,如毓德小、中学分别在 1945 年 10 月、11 月申请复校,养元小学在 1945 年 12 月、英华中学在 1946 年 1 月申请复校。有的甚至晚至 1947 年年底才申请复校,如怀仁小学 1947 年 11 月申请复校,次年 7 月批准;③怀德幼稚园在战后即由英国长老会白励志姑娘接收,恢复原名,但迟至 12 月申请复校,次年 2 月批准。④ 经批复后,这些学校都恢复了正常的教学活动。另外,被敌伪停办的公办普育小学复办,改名为

---

① 《鼓浪屿教职人员被敌拘禁病饿刑死》,《同安民报》,1942 年 4 月 14 日
② 厦门市档案局、厦门市档案馆编:《近代厦门教育档案资料》,厦门:厦门大学出版社,1997 年,第 722 页。
③ 厦门市档案局、厦门市档案馆编:《近代厦门教育档案资料》,厦门:厦门大学出版社,1997 年,第 346～348 页。
④ 厦门市档案局、厦门市档案馆编:《近代厦门教育档案资料》,厦门:厦门大学出版社,1997 年,第 408～410 页。

市立鼓浪屿区第一中心国民学校。市政府还创办了新的公办学校——康泰国民学校。借吴、黄祠堂为校舍。1948 年改名为"市立示范国民小学"。[①]以下是战后初期鼓浪屿中小学复学情况表：

表 5-7　1945—1946 年鼓浪屿小学复学情况统计表

类别	名称	1945				1946			
		职员		学生		职员		学生	
		男	女	男	女	男	女	男	女
小学	普育	9	6	255（儿童）；50（成人）	50（儿童）；40（成人）				
	怀仁	2	8	352					
	毓德	18		496					
	养元	6	4	315	74				
	福民	6	4	336	74				
	英华	10	6	691	19				
	维正	4	7	118	84				
	康泰	2	1	34（童）；31（成人）	36（童）；19（成人）				
中学	毓德					5	22		170（高），271（初）
	怀仁					2	4		36
	英华					36	4	302（高），473（初）	

资料来源：厦门市档案局、厦门市档案馆编：《近代厦门教育档案资料》，厦门：厦门大学出版社，1997 年，第 8～11 页。

从上表可以看出，战后两年内，不管是中学还是小学的数量，远不及1938 年前。慈勤等名校已经不复存在。学校招生人数则各有千秋，小学人数普遍超过战前，中学也获得一定的发展，如英华中学获得更大发展，1946年共有 15 个班级，男教师 36 人，女教师 4 人，高中部男生 302 人，初中部

---

① 许十方、陈峰：《鼓浪屿教育》，厦门：厦门大学出版社，2012 年，第 16 页。

473人,是厦门市规模最大的高中部,初中部仅次于大同初级中学。①

　　然而,由于抗战胜利后全国社会经济形势动荡,以及随之而来的国共内战,鼓浪屿的学校也不能置身政治运动之外。国民党与三青团进入学校,国民政府对教师和高年级学生实行"甄别",加强对学校师生的控制,造成师生不满与反弹。同时,中共地下党组织也在鼓浪屿建立据点,进行政治宣传,推进学校的民主运动。鼓浪屿的学校日益卷入政治漩涡之中,学校教育也受到很大影响。直到1949年10月,厦门解放,混乱局面结束,鼓浪屿的教育翻开了新的一页。

五、鼓浪屿教育的社会效应

　　在鼓浪屿教育的近代化进程中,教会学校的影响极其深远,地位极其重要。鸦片战争后,随着西方传教士入驻鼓浪屿,他们先后创办了近20所新式学校,包括幼儿园、小学、中学和职业中高等教育,形成了一个独立的教育体系。办学主体多样,主要是英、美和西班牙的教会,以及日本人。学校类型多样,既有基础国民教育,有高初中兼办的完全中学和单纯的初级中学,有小学、幼儿园,也有"圣道学校"、医学和护士学校等职业教育,还有师范教育与妇女成人教育。这些教会所办学校学制与教材大多直接援用国外教材,如英华书院按照英国学制,采用英文版课本,直接由英国运来,用英语授课,采用英国的视察、测验制度等,引进西方科学知识,并教授英文和国文,直接促进了鼓浪屿的近代教育的兴起。

　　1925年以前,所有的鼓浪屿教会学校,均有自己的组织系统和领导机关,不受中国教育机关管理。学校的教育和行政大权都掌握在外国人和教会上层人物手中。1925年"五卅运动"后,在强烈的"非基督教"运动冲击下,鼓浪屿教会学校普遍经历了管理体制、课程设置与教学内容改革及"立案风波"。鼓浪屿教会学校中西方传教士垄断校务状况开始发生转变,开始聘任华人校长,并成立由华人和西方教会代表共同组成的校董事会,教会管理日益本土化。教会学校课程设置与教学内容开始改革,宗教类课程由必修变为选修(即使继续推行,也必须改换名目),并实行纪念孙中山仪式,教学内容日益世俗化。政府要求教会学校一律向政府立案注册,并采取未注册私

---

　　① 厦门市档案局、厦门市档案馆编:《近代厦门教育档案资料》,厦门:厦门大学出版社,1997年,第247页。

立学校的毕业生不得升学、不承认学籍等限制办法,教会学校被迫先后向中国政府申请注册,鼓浪屿的教会学校1931年后大多已向福建省教育厅申请注册立案。

不可否认,教会办学意图显而易见,是为"传道作导线",增进"学生家长与教会感情融洽",为传教服务;圣经是必读之书,教育方针以"读经为宗旨",明确规定"每日授课,当以圣经为重","冀可引导儿童、青年,明道信主"。最终目的在于让学生了解基督的启示。实践也证明,教会学校确实成了基督教在华传播的有力工具,成为一种得到多数传教士认可的"直接地或间接地使每个华人接受基督教信仰的工具"。教会学校培养出来的中国牧师、传教士和一批知识分子,的确为教会做出了巨大贡献。虽然教会学校与传教士因竭力阻挠学生参加爱国反帝的学生运动,与当时中国政治现实格格不入,因而往往遭到华人敌视,[①]但教会学校的进步性显而易见。这些新式学堂参照西方教育体系,采用英美学制,引进西方教育模式、教学内容和教学方法,变革传统的教学内容、大幅度削减中国传统经典文学教育,注重英语教育,传播世俗化知识,引进西方近代社会科学和自然科学知识,注重地理、数学、自然科学以及技能教育等课程教学,对音乐、体育也很重视,还首先开创幼儿与女子教育。这改变了以官方意识形态和纯粹古典人文知识为教学内容的封建课程体系,和中国传统的专门学习语言文字、四书五经的私塾和书院,大异其趣,其先进性不容否认。由于教学质量较高,到20世纪20年代,厦鼓地区要求就读教会学校的人数非常多,只有少部分人被选上,如英华中学就执行限制入学人数的稳健政策。[②] 特别应指出的是,女学和幼稚园更使华人眼界大开。19世纪中叶,国内仍然流行"男尊女卑"的观念,所谓"女子无才便是德",不让女子上学识字读书,只能在家做家务,最多读一点《诗经》《列女经》和《女诫经》之类的书。鼓浪屿得风气之先,先后创办怀仁女学和毓德女学等数所女校,这在全国并不多见。因此,教会学校的设立直接推动了鼓浪屿教育的发展,也为厦门及闽南地区教育近代化做出了贡献。1905年,中国废除科举后开始创办新式学校,教会学校便是模板,循此先例而行可事半功倍,教会学校设立的科目如英语、物理、化学、数学、体育、

---

① 张镇世、叶更新、杨纪波、洪卜仁:《"公共租界"鼓浪屿(1903—1941年)》,厦门市政协文史资料研究委员会编:《厦门文史资料》第16辑,厦门:鹭江出版社,1990年,第50页。

② 戴一峰等译编:《近代厦门社会经济概况》,厦门:鹭江出版社,1990年,第399页。

音乐等，一直被继承采用。

因此，教会学校客观上是西方先进教育体制和文化的引进者，具有引领和示范作用。西方传教士最初主观上并不是要为中国培养人才，但客观上造就了一批与旧式士大夫决然不同的新式知识分子，鼓浪屿出现了诸多专家学者，如我国著名的妇科专家、被誉为"万婴之母"的林巧稚女士（毕业于鼓浪屿毓德女学）、营养学家廖素琴（怀仁女学）、医学史专家蔡景峰（英华书院），①还有著名生化学家陈慰中，微生物学博士、联合国粮农组织顾问、中国第一个禽病保健研究中心的创立者朱晓屏等，都曾就读于鼓浪屿教会学校。鼓浪屿教会学校促进了西方科学文化在鼓厦及闽南地区的传播，加快了闽南地区中西文化思想的交流，促进了闽南乃至中国教育近代化及社会近代化事业的发展。

在教会学校的刺激与示范下，华人19世纪末20世纪初期开始自办新式学校，发展新式教育，与教会学校一起促进了鼓浪屿近代教育在20世纪20—30年代的快速发展。由于经费问题，这些学校大多更替频繁，但这些努力表明：新式学校与教育已经成为华人自己内在的诉求与努力方向。华人自办学校的创设与发展，进一步完善鼓浪屿已有的教育体系与格局，也将西方教育制度引进并逐渐本土化，促进了鼓浪屿教育的近代化。同时，鼓浪屿教学水平与质量也不断提高，1937年时，厦门全市只有5所中学能够兴办高中，鼓浪屿就占有3所——慈勤、毓德和英华，它们招生名额占全市总名额（340名）的53%。②

鼓浪屿的学校不仅为岛上与厦门地区的学生服务，而且为整个闽南地区的学生提供受教育的机会。鼓浪屿的不少学校是寄宿学校，便于吸引漳州、泉州，甚至潮汕地区的学生，而且部分教会学校经常免除学费，甚至免费提供食宿用具。根据厦门海关20世纪初期记载，学生的学费根本不足以支付教师报酬，可以说教会学校是免费的。③免费教育为教徒子女和贫困人家子女创造了受教育机会，他们才有机会改善自身境遇，提升自己的社会地位与阶层。著名的文学大师林语堂即如此，因其父为漳州地区的一名基督教牧师，他才有机会在10岁时便到鼓浪屿上教会小学，后又在鼓浪屿寻源书

① 杨维灿：《厦门医学家史略》，《厦门文史资料》第21辑，第103～117页。
② 吴玉液、谭南周：《厦门大事记（中）》，《厦门文史资料》第13辑，第157页。
③ 戴一峰等译编：《近代厦门社会经济概况》，厦门：鹭江出版社，1990年，第327页。

院接受免费的中学教育。① 寻源学院免收学费,也免收膳食费,对一个穷牧师的儿子而言,这是一个难得的上进求知的机会,因此林语堂说他欠教会学校一笔债。

因此,在二战之前的鼓浪屿,教会学校首先兴办,随后刺激了华人自办新式教育的兴起,共同构成鼓浪屿近代教育兴起的两面。"非基督教"运动又迫使教会学校日益本土化与世俗化,教会学校与华人自办学校同时并存,并行不悖,鼓浪屿教育的近代化取得明显进展。岛上新式学校教学质量良好,数量之多,民众受教育比例之高,是当时中国其他任何地方均无法比拟的。鼓浪屿学校不仅为岛上和厦门地区的学生提供了受教育机会,而且为整个闽南地区学生提供了受教育机会,既培养了大量新式知识分子,也造就了多元教育系统与多元文化并存之状态,形成了鼓浪屿教育近代化的独特景观。但是,二战中日军占领鼓浪屿,破坏了岛上的学校与师资,鼓浪屿教育的近代化被迫中断。

第二节　闽南白话字的创立

"白话字"俗称"闽南白话字",或称"话音字"、教会罗马字,它首先出现于东南亚马六甲地区,在厦门与鼓浪屿非常集中,是典型的东西方文化交流与融合的产物,它是在罗马字母的基础上,稍加变更,制定出 23 个字母,再联缀切音,按照闽南方言拼成白话字。"闽南白话字"是近代中西文化交流融合的特殊产物,是特定时代和特定社会背景下产生的一种极有特色的国际文化交融现象。

一、闽南白话字的起源

闽南白话字是当时罗马字运动的成果。鸦片战争后,五口通商。为了普及基督福音,基督教会已经注意到圣经的普及问题。1843 年,一些教会在香港集会,议决:"将圣经译成中国文字,比之先前所出版的,更注意普及,以

---

① 林语堂:《林语堂自传》,石家庄:河北人民出版社,1992 年,第 7 页。

求广布。"①当时官话并未为每一华人所掌握,各地流行方言,为了"广布",圣经必须被翻译为各地方言,有的用汉字,有的用罗马拼音。之所以采用罗马拼音,贾立言(A. J. Garnier)认为:"第一,有些方言有音无字,不能写出,翻译极其困难,甚至绝不可能;第二,即使有字可以写出,也不比用罗马字,几个星期里面可以学会。"②除此以外,当时罗马字本身就流行,成为民众教育的理想工具。在罗马字运动的全盛时期,至少有17种方言用罗马字拼音,各有一个罗马字圣经。③闽南白话字是其中一种,也是最早流行的一种。

闽南白话字的源头可能可以追溯到1815年马礼逊(Robert Morrison)在马六甲开办英华学院所时拟定的汉语罗马字方案,并与当地华侨华人合作编写了最早的《罗马化会话手册》,帮助到闽南传教的外国传教士学习闽南语。1831年,牧师麦都恩(Walter H. Medhurst)抵达马六甲后,开始研究闽南语的罗马字母标记方式,并于1832年完成了第一本闽南语罗马字字典《汉语福建方言字典》,5年之后出版。麦都恩是罗马字拼音表记录闽南方言的创始者。不过,白话字的完善、推广与广泛运用主要归功于在厦门与鼓浪屿的传教士美国归正教会打马字(John Van Nest Talmage,1819—1892),美国归正教会牧师罗啻(Rev. Eliph Doty,1809—1864)、大英长老会牧师养雅各(Rev. James Young)和伦敦公会的传教士们均发挥了积极作用。④

19世纪中叶,传教士不断进入闽南地区传教,进入中国之前,传教士一般在马来亚槟城和马六甲已经学习了汉语(闽南语)。如约翰·施敦力(John Strnoach)和养为霖(Wm. Young)来厦门之前,先后在新加坡学了7年的厦门本地话,据说养为霖的厦门话已和本地人一模一样。⑤西方传教士初到厦门和鼓浪屿,看到闽南不少人是文盲,学习汉字比较难,学习教会经典更困难。为了便于传教,传教士们完善了这一套拼音文字,即闽南白话

---

① 倪海曙:《基督教会的罗马字运动》,许长安,李乐毅编:《闽南白话字》,北京:语文出版社,1992年,第1页。

② 倪海曙:《基督教会的罗马字运动》,许长安、李乐毅编:《闽南白话字》,北京:语文出版社,1992年,第1页。

③ 倪海曙:《基督教会的罗马字运动》,许长安、李乐毅编:《闽南白话字》,北京:语文出版社,1992年,第1页。

④ [美]毕腓力著,何丙仲译:《厦门纵横——一个中国首批开埠城市的史事》,厦门:厦门大学出版社,2009年,第132页。

⑤ [美]毕腓力著,何丙仲译:《厦门纵横——一个中国首批开埠城市的史事》,厦门:厦门大学出版社,2009年,第151页。

字。他们如此用心发明这种拼写汉语新方法目的"主要是为了给本地基督教徒开辟一条较好的道路,好让他们认识上帝说的话,并引领他们接触宗教和有益的读物。这个信念将永远牢记在传教士们的心中"。约翰·打马字牧师曾在1850年12月17日的信中说:

> 问题是到底有没有什么方法能使这些人变成识字的人,特别是通过这种方法使上帝的话可以被基督教徒们所接受,而且自己能够很流畅地阅读。此地的传教士们老在思考这些问题……现在我们有些人想试试看,罗马字母的《圣经》以及其他宗教书籍的意思到底可不可以被基督教徒所接受,他们现在还不能够阅读,但对基督教很有兴趣,希望自己能阅读《圣经》。[①]

经过尝试,打马字牧师等使用罗马字代替汉字,在必要的地方使用变音符标明汉语所特有的语言语调的细微渐变,证明罗马字计划的可行性。1851年,打马字写到:

> 这个计划只是一种尝试,但现在看来似乎完全可行,我们相信,通过这种方式我们可以有效地提高这里广大民众的识字水平。如果使用他们目前的这种繁杂的文字的话,多数民众恐怕永远都不会成为识字的人;但是我们使用的这种方式,只要提供必不可少的几本书,就可以使每个人学会阅读。[②]

完善后的闽南白话字为传教带来极大方便,为宣传福音打开了一条全新的路。1850年,打马字、罗啻和养雅各牧师在厦门教会学校上课时已使用闽南白话字。打马字教一个班,每星期教4个晚上。由于当时还没有识字课本或出版物,养雅各首先用闽南语罗马字翻译《圣经》部分内容作为教材,即《创世纪》中关于约瑟的记载,这些教材是在广州印刷的。[③] 1864—1865

---

① [美]毕腓力著,何丙仲译:《厦门纵横——一个中国首批开埠城市的史事》,厦门:厦门大学出版社,2009年,第132页。

② [美]杰拉德·F.德庸著,杨丽、叶克豪译:《美国归正教在厦门(1842—1951)》,台北:龙图腾文化有限公司,2013年,第56页。

③ [美]毕腓力著,何丙仲译:《厦门纵横——一个中国首批开埠城市的史事》,厦门:厦门大学出版社,2009年,第132页。

年间,美国传教士万约翰带来第一台活动油印机,印刷课本,大量传递。① 白话字易于学习,即使是文盲,不论男女老幼、城里乡下人,只需经一二月的培训,掌握几个字母,懂得拼音的规律,便可读写,聪明者几天就能学会。教会文献是这样评价闽南白话字的功效的:

> 传教士向他们的学生和信徒讲解当地方言的每一个字是如何用罗马字母拼音的,如何用组合和标记的方法来形成他们所熟知的方言的语音盒语调。当地人很快就学会了阅读,他们非常开心,有时又十分惊讶于竟然这么容易机会明白了他们多读的东西。②

由于简单易学,闽南白话字在文盲普遍的闽南区大受欢迎,继而随宗教的传播而广泛传播,以鼓浪屿为基地,向福建腹地,以及台湾、东南亚等闽南籍居民移民区传播。

巴克礼牧师19世纪20—30年代曾报告他在台湾推广厦门话罗马字旧约的情况说:

> 实际上,我们从经验可以看出没有什么困难会发生。在我们台湾传教区罗马字母已经自自由由地整整用了60年……我们的群众也不曾因为使用它而遇到过什么困难。③

新约圣经在出版后的15年间,在台湾、福建以及南洋地区共售出6万本,④说明闽南语白话字对闽台乃至东南亚华侨的巨大影响力。

白话字不仅对不识字的民众日常生活带来极大便利,而且让新来的传教士也受益匪浅,他们能更快地学会汉语。1863年一份报告中指出,学习汉语的"新方式"使新来的传教士"在刻苦努力的条件下"能够在一年之内"非常流利地"进行布道。如胡理敏和来坦履两位牧师1858年到厦门,10个月之后便可以再当地助手的协助下进行布道。⑤ 罗马白话字首创于新加坡、马

---

① 张镇世、叶更新、杨纪波、洪卜仁:《"公共租界"鼓浪屿(1903—1941年)》,厦门市政协文史资料研究委员会编:《厦门文史资料》第16辑,厦门,鹭江出版社,1990年,第42页。

② [美]杰拉德·F.德庸著,杨丽、叶克豪译:《美国归正教在厦门(1842—1951)》,台北:龙图腾文化有限公司,2013年,第57页。

③ 台湾基督长老教会总会历史委员会编:《台湾基督长老教会百年史》,台北:台湾基督长老教会总会发行,1965年,第74页。

④ 台湾基督长老教会总会历史委员会编:《台湾基督长老教会百年史》,台北:台湾基督长老教会总会发行,1965年,第74~236页。

⑤ [美]杰拉德·F.德庸著,杨丽、叶克豪译:《美国归正教在厦门(1842—1951)》,台北:龙图腾文化有限公司,2013年,第59页。

来亚地区,完善于厦门,风行于福建和台湾、东南亚等地闽南籍居民移民区,既为基督教的传播创造了条件,也为普通民众告别文盲创造了条件。

二、闽南白话字的使用与传播

大量宗教书籍中都用闽南语白话字翻译出版,如《天路历程》《路得记》(1853 年)、《路加福音》(1866 年)、《约翰书信》(1870 年)、《加拉太书》、《腓力比书》、《歌罗西书》(1871 年)、《马太福音》(1872 年)等,打马字还编写《养心神诗》25 首(1859 年)、《犹太地区地图》(1861 年)。根据毕腓力 1910 年记载,闽南白话字出版物主要有:

宗教文学:《全本圣经》《圣礼附随仪式》《米怜的十三乡诫》《直路》《天路历程》《赞美诗篇》《约西卡的第一个祈祷》《罗伯特·亚南》《论主耶稣的来历》《保罗传》《海德堡教义问答手册》《简明教义问答手册》《诗篇》《金征》《撒旦的诱惑》《真道问答》《使徒信条》《十诫》《两信徒》《日日神粮》《圣会史记》《圣灵的礼物》《唯有救主耶稣》《殉道者》《感恩的安娜》等等。

普通文学:《儿童故事书》《锻炼婴仔好的习惯》《论偶像》《格物探源》、《大学》《中庸》《圣神三法》《博物新编》以及大量拓展有趣学科领域的其他各种书籍。

课本:《身体理》《地理头绪》《中国纲鉴撮要——太古至清代》《古埃及史》《天文道理》《笔算》《代数备旨》《地势略解》。[①]

另外,1873 年,罗啻将《旧约全书》和《新约全书》翻译为闽南白话字,在英国出版。据凌远征考证,19 世纪在伦敦出版的闽南白话字读物有:《出埃及记》(1880 年)、《厦门方言圣经选集》《但以理》(1883 年)等 13 种。[②] 到1926 年时,闽南白话字圣经已经销售 4 万册。[③]

除了大量白话字出版物外,传教士还编撰了白话字字典及其他辞书,这些书对外国人学习闽南白话字有很大帮助。首先,最重要的是 1873 年杜嘉

---

① [美]毕腓力著,何丙仲译:《厦门纵横——一个中国首批开埠城市的史事》,厦门:厦门大学出版社,2009 年,第 134 页。

② 凌远征:《闽南白话字的分词连写》,许长安、李乐毅编:《闽南白话字》,北京:语文出版社,1992 年,第 42 页。

③ 倪海曙:《基督教会的罗马字运动》,许长安、李乐毅编:《闽南白话字》,北京:语文出版社,1992 年,第 1 页。

德(Rev. Carstairs Douglas,1830—1877)编撰的《厦英大辞典》(*Chinese*－*English Dictionary of Vernacular or Language of Amoy*，*With the Principal Variations Of the Chang*－*chew and Chin*－*chew Dialects*)，共612页，收录闽南方言四万余言。另外还有麦高温牧师(Rev. John Macgowan,1863—1903)的《英华口才集》(1871，*A Manual of Amoy Colloquial*)和《英厦辞典》(1883，*English and Chinese Dictionary of the Amoy dialects*)。1894年，打马字参考杜嘉德和麦高温的字典编纂了《厦门音字典》(*E*－*mng Im Ji*－*tian*)，该书近400页，包括了大约7000字，有传统字和会话字的注音，适于学习会话和识字的需要。① 这些字典与辞书大大促进了闽南白话字的传播与使用。

表5-8　闽南白话字部分书目一览表(19世纪中期至20世纪初期)

书名	出版时间	出版地	类型	书名	类型
马可福音	1872	厦门	宗教	全本圣经	宗教
新约全书	1872	厦门	宗教	圣礼附随仪式	宗教
出埃及记	1880	伦敦	宗教	米怜的十三乡戒	宗教
但以理	1883	伦敦	宗教	直路	宗教
洗礼的条款	1856	厦门	宗教	天路历程	宗教
利未记	1881	厦门	宗教	赞美诗篇	宗教
论主耶稣的来历	1908	厦门	宗教	约西卡的第一个祈祷	宗教
士师记·路德	1881	厦门	宗教	罗伯特·亚南	宗教
撒母耳记上、下	1881	厦门	宗教	保罗传	宗教
列王记录上、下	1881	厦门	宗教	海德堡教义问答手册	宗教
历代记录上、下	1881	厦门	宗教	诗篇	宗教
以士拉尼米奇以士帖传道雅歌	1881	厦门	宗教	金钲	宗教

① ［美］毕腓力著,何丙仲译:《厦门纵横——一个中国首批开埠城市的史事》,厦门:厦门大学出版社,2009年,第132页。

续表

书名	出版时间	出版地	类型	书名	类型
约伯	1882	厦门	宗教	撒旦的诱惑	宗教
以赛亚	1882	厦门	宗教	真道问答	宗教
以西结书	1882	厦门	宗教	使徒信条	宗教
圣诗（附调）	1882	厦门	宗教	十诫	宗教
申命记	1883	厦门	宗教	两信徒	宗教
耶利米耶利米哀歌	1884	厦门	宗教	日日神粮	宗教
论圣神的功夫	1892	厦门	宗教	圣灵的礼物	宗教
圣会史记	1893	厦门	宗教	唯有救主耶稣	宗教
约书亚记	1895	厦门	宗教	殉道者	宗教
亚伯拉罕的来历	1898	厦门	宗教	感恩的安娜	宗教
新约	1910	—	宗教	儿童故事书	文学
以利亚的来历	1912	—	宗教	论偶像	文学
锻炼婴仔好的习惯	—	厦门	文学	格物探源	文学
民数记录	1881	厦门	文学	大学	文学
地理头绪	1888	厦门	课本	中庸	文学
中国纲鉴撮要——太古至秦代	1892	厦门	课本	圣神三法	文学
中国纲鉴撮要——太古至清代	1896	厦门	课本	博物新编	文学
天文道理	1903	厦门	课本	身体理	课本
天文地理略解	1892	厦门	课本	古埃及史	课本
笔算	1900	厦门	课本	代数备旨	课本
地势略解	1897	厦门	课本		
地理教科书	—	厦门	课本		

资料来源：[美]毕腓力著，何丙仲译：《厦门纵横——一个中国首批开埠城市的史事》，厦门：厦门大学出版社，2009年，第134～136页。

　　1910 年时,学习闽南白话字的人数大约 5000 至 6000 人。[①] 由于学习简便和使用方便,白话字使用范围已不限于教会与闽南地区,在粤东、台湾、东南亚等华侨社会广泛流传。根据 1955 年黄典诚先生统计,福建、广东、台湾、越南、缅甸、泰国、菲律宾、马来亚和印尼等地使用闽南白话字人数约 11.6 万人,具体如下:

福建(闽南等地)	34000 人
广东(潮汕等地)	1000 人
台湾	32000 人
其他省市	8000 人
越南	2000 人
缅甸	1500 人
泰国	7000 人
菲律宾	7000 人
马来亚	10000 人
印尼	10000 人
其他国家和地区	3000 人
合计	115500 人

　　随着普通话的推广和汉语拼音方案的推行,闽南白话字传播范围逐渐缩小,使用人数日益减少。不过,部分地区或民众仍在使用。据许长安等人 1987 年在厦门、泉州、惠安、崇武等地调查,闽南民间还在使用。

　　在厦门的一个礼拜堂,我们看到了一些教徒捧着白话字《圣经》在做礼拜。在惠安,一位 80 岁的妇女信徒用流利的白话字写了她学习的经过,并拿出她妹妹当年用白话字写的信让我们看,她说她俩几十年来都是用这种白话字通信的。在崇武礼拜堂,平时有 500 多人做礼拜,其中有 30 多人使用白话字印的《圣经》。调查中一位 70 多岁的老大娘很流畅地为我们朗读了一篇白话字《圣经》。现在闽南各地都有礼拜堂,每个礼拜堂都有一些教徒使用白话字《圣经》,其中惠安县使用者最多,这个县共有 12 个礼拜堂,几乎全都使用白话字。农村 40 多岁的人普

----

　　① [美]毕腓力著,何丙仲译:《厦门纵横——一个中国首批开埠城市的史事》,厦门:厦门大学出版社,2009 年,第 133 页。

遍会,因为有一些义务教员教授白话字。^①

至今,闽南、粤东、港台等地懂得阅读、书写"闽南白话字"的人已为数不多,但在厦门岛内和鼓浪屿的教堂等场合,牧师仍然用闽南话布道、祈祷和做弥撒。

三、闽南白话字的历史地位与影响

闽南白话字是"把会意文字转为罗马字母所构成的文字,并不亚于形成一种新的文字"。若以 1850 年为最早使用的年份,闽南白话字比宁波白话字要早 1 年或更久。因此,在所有汉字罗马化中,闽南白话字是最早的,所有人都不容置疑。^②1851 年,近代中国著名的牧师丁韪良(W. A. P. Martin)在宁波期间试用汉字罗马拼音化,创宁波白话字,教学生学习拼写,还用拼音文字编印福音书,但未能成功。^③ 目前尚不清楚丁韪良是否到过厦门^④、是否受到闽南白话字的影响,但闽南白话字无疑是中国最早、最成功的拼音罗马字。

作为方言文字,闽南白话字不是唯一的创举,世界上采用拉丁化罗马拼音文字的民族语言很多,但闽南白话字是体系最简单、学习最便捷和效果最好的一套。^⑤ 毕腓力特别指出,对闽南白话字的赞扬,"目的不是要宣扬它是唯一最好的方法,也不是说它就一定像某些其他更加科学的方法那样,到处都能使用",而是强调它"在厦门适应性、灵活性和成绩而已"。^⑥ 闽南白话字的出现具有重大的历史意义,"标志着中国用汉语方言传播思想的模式的一场变革,(当时)已给成千上万,将来还可能给上百万的人提供寻求信息的途

---

① 许长安、李青梅:《还在民间使用的闽南白话字》,许长安、李乐毅编:《闽南白话字》,北京:语文出版社,1992 年,第 32 页。

② [美]毕腓力著,何丙仲译:《厦门纵横——一个中国首批开埠城市的史事》,厦门:厦门大学出版社,2009 年,第 129 页。

③ W. A. P. Martin, *A Cycle of Cathy*, p. 56,转引自顾长声:《从马礼逊到司徒雷登——来华新教传教士评传》,上海:上海书店出版社,2005 年,第 186 页。

④ 倪海曙认为,丁韪良曾路经厦门到宁波。倪海曙:《基督教会的罗马字运动》,许长安、李乐毅编:《闽南白话字》,北京:语文出版社,1992 年,第 2 页。

⑤ 林世岩编著:《厦门话白话字简明教程》,厦门:厦门大学出版社,2014 年,序言第 3 页。

⑥ [美]毕腓力著,何丙仲译:《厦门纵横——一个中国首批开埠城市的史事》,厦门:厦门大学出版社,2009 年,第 129 页。

径,这些华人本来没有获得知识的机会"。^① 从一定程度上说,闽南白话字提高了闽南民众的识字率,提高了民众的文化水平。

闽南白话字是罗马字运动的一部分,它的成功刺激与推动了其他地区方言的罗马字运动。如宁波、汕头、兴化、福州、上海、北平、客家和台州等地先后出现了罗马字圣经和罗马字方案。从 1891 年到 1904 年这 14 年中,各种罗马字圣经共计销售了 137870 册。^② 同时,中国拼音文字方案都受过罗马字运动的影响,闽南白话字更直接促成了中国拼音文字的出现。"中国文字改革的先驱"、同安人卢戆章长期定居鼓浪屿(墓葬在鼓浪屿),对流行于鼓浪屿与厦门的教会罗马字多有接触,从而启发了他创制拼音文字的思想,并于 1892 年出版《一目了然初阶(中国切音新字厦腔)》,这是第一个由华人自己发明创造的字母式汉语拼音方案。

第三节 近代医疗卫生事业的兴办与发展

近代以前,由于恶劣的居住环境,淡薄的卫生意识,以及简陋的医疗条件,鼓浪屿普通民众一旦生病,或是将疫病归咎于恶魔鬼怪,采用看风水和祭拜神灵方式消除疫病,或是寻求服用中草药治疗。19 世纪 50 年代以降,随着越来越多的外国人入住鼓浪屿,外国侨民开始建立西式医疗制度,鼓浪屿的近代医疗卫生事业由此兴起。在鼓浪屿成为公共租界之前,近代鼓浪屿的医疗卫生事业均由教会或私人推动。此后,工部局采取措施改善岛上的公共卫生环境,加强对医疗卫生事业的管理,原有的医疗卫生事业继续发展,鼓浪屿的医疗卫生事业进入一个新的阶段。此外,传统的中医在这一时期也获得一定的发展。鼓浪屿岛上形成中西医机构并存的多元发展格局。

一、近代西式医疗卫生事业的兴起(1842 年—1902 年)

(一)教会兴办西式医疗事业的原因

医疗被认为是福音传播有价值的辅助手段之一,圣经中耶稣传教也大

---

① [美]毕腓力著,何丙仲译:《厦门纵横——一个中国首批开埠城市的史事》,厦门:厦门大学出版社,2009 年,第 128 页。

② 倪海曙:《基督教会的罗马字运动》,许长安、李乐毅编:《闽南白话字》,北京:语文出版社,1992 年,第 7 页。

量采用。福建是一个民间信仰众多的地区,对福建人来说,理解"万能的上帝"当然不难,不过是又多了一个神明而已。但是,华人传统的宗教信仰一直就带着极强的功利性。"华人不能理解抽象的真理,却经常表现得对世俗的或身体上的利益的关注,比对任何旨在提升他们的道德和智慧状况的努力都更有兴趣……那些仅凭信仰和宣道的热情直接传教的传教士之所以经常失败,就是因为他们的活动与华人的特性相冲突,没有表现出这些真理对他们是有用的。"①如果"真理"对民众有用,民众很容易接近与接受。因此,医疗可以作为接近民众、传播福音的一种手段。

传教士们总结出了"医务传道"这种一千多年前耶稣基督便采用过的传教方式,用手术刀来撼动"磐石","使医学成为神学的婢女"。毕腓力则说:"无论做什么工作,两只手总比一只手好。"他将医疗工作比作传教事业的右手,教育只是传教事业的左手而已,因为"没有哪项工作可以像医疗工作这样使外国传教士受到来自各个阶层的敬仰,官员、商人、商店的掌柜、农民"。②医疗为民众缓解的不仅仅是身体上的痛苦,而且带来的是肉体上的接近,情感的示好,心灵的亲近,这将为宣教的顺利展开奠定基础。最初在鼓浪屿及厦门从事免费医疗事业的雅裨理牧师对此体会深刻:

> 诊疗所令人快乐的影响力是另一件有利的事……免费医疗给当地各阶层的人都留下了好的印象。在过去一年中有大约五千个病人得到诊治;所到之处我们了解到,人们身体上接受善行的同时,也打开了他们的心扉。他们明白了外国人除了为盈利之外,还可以怀着无私的动机来到这里。这样,我们赢得了人们的信任和感激,人们把我们当作朋友一样尊重,并准备接受治愈灵魂的真理。③

因此,传教士设立诊所或医院时比较注重宗教设施,一般看护妇和职员大都受过宗教训练,便于随时随地传播福音。大多数医生来华之前,也受过神学训练。医院有专聘的传道人员或牧师,担任向病人讲道及分发布道传

---

① 杨念群:《再造"病人"——中西医冲突下的空间政治(1832 — 1985)》,北京:中国人民大学出版社,2006 年,第 5 页。

② PhiliP W. Pitcher,*Fifty year in Amoy or a History of an Amoy Mission in China*,New York:Board Publication of the Reformed Church in America,1893,p. 254.

③ [美]杰拉德·F. 德庸著,杨丽、叶克豪译:《美国归正教在厦门(1842—1951)》,台北:龙图腾文化有限公司,2013 年,第 29 页。

单等工作。① 在西医被接受之前,社会中上层人士不太信任西医西药,他们可以找到较好的医生,因而不会求助于教会医院。下层百姓由于家庭贫困,无钱请中医,或因为中医庸医比较普遍,只有就诊于教会医院或西医。教会医院提供了廉价或免费治疗,而且有效,极大地扩大了教会的影响。通过治病,教会扩大了与普通民众接触的机会,并利用治病的机会悄然进行传教活动,劝导病人及其家属参加教会,学习圣经。同时,教会医院免费提供治疗,解决贫困民众的医疗难题,从而吸引教徒。若发现民众存在其他困难,传教士也及时跟进并予以帮助,获得民众的好感,让民众真正体会到"上帝的爱",从而成为信徒。后来,鼓浪屿救世医院的卡内基医生(Dr. Carnegie)曾说:"早期的信徒大多从医院得道。"② 可见医务传道对厦门基督教的传播作用之大。如打马字·清洁姑娘在救世医院一次"向200余名病人布道,其中有90余人立志传道"。③ 因此,早期的信徒多是下层民众,这与教会医院的作用显然是分不开的。

(二)西式医疗事业的初步建立

随着西方传教士来到鼓浪屿,他们不少人就是医生,如最早来厦门的雅裨理牧师就是医生,他在1842年2月抵达鼓浪屿后,一边传教,一边在寓所给病人治病。有的还是医学博士,如美国的内科医生甘明。他们在鼓浪屿开设诊所。1842年6月,鼓浪屿第一家西式诊所成立,诊所设在雅裨理租住的一个小屋(今中华路23号),④ 西医传入鼓浪屿。这个小屋也成为鼓浪屿第一个西式诊所。甘明医生不属于任何教会,他完全靠自己和朋友的资助维持诊所的业务。1843年,美国长老会的赫本医生(Dr. James C Hepburn)也加入了这个诊所。⑤ 外国教会办的医疗事业最初提供免费医疗,后来也大体延续,具有慈善和公益的性质。由于看病的人日益增多,这间诊所显得狭小拥挤,为了方便更多人就诊,1844年该诊所由鼓浪屿搬到了厦门寮仔后。

---

① 王治心:《中国基督教史纲》,上海:上海古籍出版社,2004年,第288页。

② *Medical Missions,In the Chinese Record*,1875,Vol. 6,Jan—Feb.

③ 张镇世、叶更新、杨纪波、洪卜仁:《"公共租界"鼓浪屿(1903—1941年)》,厦门市政协文史资料研究委员会编:《厦门文史资料》第16辑,厦门:鹭江出版社,1990年,第48页。

④ [美]纽约美国归正教会海外传教委员会:《厦门传教百年史》,载何丙仲辑译:《近代西人眼中的鼓浪屿》,厦门:厦门大学出版社,2010年,第288页。

⑤ [美]杰拉德·F. 德庸著,杨丽、叶克豪译:《美国归正教在厦门(1842—1951)》,台北:龙图腾文化有限公司,2013年,第196页。

1845年、1847年，赫本医生和甘明医生先后离开厦门，教会的医疗工作仅限于去病人家中或到各教会诊所看望病人。

1860年以后，厦门的外国人纷纷迁居鼓浪屿，岛上的医疗设施逐渐增加。19世纪70年代，鼓浪屿开始建立正规医院。1871年，美国领事李让礼（General Lee Cendre）和中国当局签订了契约，购买了三丘田码头一块地产，在此建立了一所海上医院，这所医院没有接受教会的资助。海上医院专门为早期经常来厦门的海军舰船上的外国水手而开设。早些时候，随时有一些国家的船只在这个港口抛锚，后来这些船只只是偶尔过访而已。这所海上医院业务逐渐变差，濒临歇业。1891年，它只留下部分用作医院，其他部分出租给德建兄弟洋行（Dakin Brothers）作药品仓库。美国政府1893年收回地产，原址上建起美国领事馆。①

1898年4月，厦门第一所正规西式医院——救世医院（Hope Hospital）在鼓浪屿正式建立，美国牧师和医学博士郁约翰为首任院长。1867年，郁约翰医生6岁时随父母从荷兰移民美国，大学毕业时，为了做一名医疗传教士他又进入密歇根大学学习医学，之后又去荷兰在乌得勒支大学和阿姆斯特丹大学攻读一年研究生课程，接受了比美国密歇根大学更好的医学训练，②具备了扎实的医学知识和医疗技能。1888年，郁约翰首次到中国，被派往漳州小溪医院工作，创建了琯溪救世医院。1897年，郁约翰医生利用回国休假期间募集到的捐款，在鼓浪屿河仔下筹建一座新医馆。郁约翰医生不仅精通医术，而且在建筑、机械、水电等方面也有非凡才干。他亲自为鼓浪屿救世医院画建筑设计图，屋顶施工时还亲自动手将沥青和其他材料混合，以至于他小女儿看到他从头到脚沾满沥青时竟然认不出自己的爸爸。③ 他还为医院扩建而完善用水系统、安装洗涤机器和发电机等设备。④ 虽然岛上外国人反对建医院，担心把传染病带到岛内，但他们被告知新医院为外国病人和

---

① ［美］毕腓力著，何丙仲译：《厦门纵横——一个中国首批开埠城市的史事》，厦门：厦门大学出版社，2009年，第161页。

② ［美］杰拉德·F.德庸著，杨丽、叶克豪译：《美国归正教在厦门（1842—1951）》，台北：龙图腾文化有限公司，2013年，第198页。

③ ［美］杰拉德·F.德庸著，杨丽、叶克豪译：《美国归正教在厦门（1842—1951）》，台北：龙图腾文化有限公司，2013年，第214页。

④ ［美］A·C·马修斯：《郁约翰医生的生平业绩述略》，载何丙仲辑译：《近代西人眼中的鼓浪屿》，厦门：厦门大学出版社，2010年，第248页。

中国富豪提供专门的病房，"不够干净"的男病人将被安排到竹树脚（保赤）医院，反对的意见消失了。

1897 年 10 月，新医院建设完工，并接纳病人，取名"希望医院"，也被称为"男医馆"，琯溪救世医院总院也迁移至此。新医院典礼次年 4 月才举行，典礼同一天，另一座专为妇女儿童设计的女医馆也落成，正式名称是"威廉明娜女医馆"（Wilhelmina Women's Hospital），荷兰慈善机构和私人捐助者又捐助 2518 美元用于医馆建设，另外 800 美元用于医馆的维护。1905 年，两医馆扩建后统称为"鼓浪屿救世医院"。①

救世医院男医馆"内设礼拜堂、食堂、厨房、两间仆人房、办公室、门诊室、眼科、暗室、两间储藏室、浴室、手术室、教师、四间学生房、七间病房，共有 45 张病床"。女医馆的总体风格与男医馆完全相同，只是手术室和礼拜堂与男医馆共用。不过，女医馆只有 25 张病床。② 医馆只收 3 分钱的挂号费、药瓶费，以及病人每天 10 分钱（约合 5 美分）的伙食费，其他都是免费，包括为病人提供的免费的医药、衣物和病床。③ 医院完全靠自愿捐献维持，医院经常有华人捐赠物品和劳务，对于经济拮据的人来说，奉献体力也许是最为简单可行的捐赠形式，医院四周的高墙就是志愿者建起来的。救世医院还经常收到一些特殊馈赠。由于其子接受了郁约翰医生的治疗，漳州一位内科医生向医馆赠送了一架很好的显微镜。教会神职人员也会捐赠物品，如汲澧澜牧师（Rev. Leonard William Kip）向医院捐献了一幅价值 300 美元的石膏人体模型，成为教学辅助工具。

救世医院"番仔医生"妙手回春，声名远扬，病人从远近不同的地方赶来。根据在医馆帮忙的牧师娘汲海伦（Mrs Helen Culberton Kip）的描述，医馆的接纳程序如下：

在多数医馆里，每个星期都有几天，或者两到三次的门诊时间，病

---

①　实际上，救世男医院与女医院为两家彼此独立的医院，为了适应华人的习惯，男女分隔。随着"男女交往更加自由"，两院在 1925 年合并，病房分配不再男女分明，有效解决了医院空间与病床不足的问题。[美]杰拉德·F. 德庸著，杨丽、叶克豪译：《美国归正教在厦门（1842—1951）》，台北：龙图腾文化有限公司，2013 年，第 211～212、332 页。

②　[美]杰拉德·F. 德庸著，杨丽、叶克豪译：《美国归正教在厦门（1842—1951）》，台北：龙图腾文化有限公司，2013 年，第 211～212 页。

③　[美]A·C·马修斯：《郁约翰医生的生平业绩述略》，载何丙仲辑译：《近代西人眼中的鼓浪屿》，厦门：厦门大学出版社，2010 年，第 249 页。

图 5-8　鼓浪屿救世医院旧影

资料来源：[美]杰拉德·F.德庸著，杨丽、叶克豪译：《美国归正教会在厦门（1842—1951）》，台北：龙图腾文化有限公司，2013 年，第 211 页。

人从远近不同的地方赶来，救世医院这些妙手回春的"番仔医生"给他们治疗。每个病人进门时都会领到一只写着号码的竹签，他们要按次序等候就诊，因为"先到者先看病"，所以病人都急着在医馆开门之前赶到，这样他们就能早早地把病看完。此外，由于医馆对一天当中的接诊人数进行限制，所以，有时门口等候着一大群人，而竹签已经发完了，那么总有一些来得晚而不走运的人要等到第二天再来。由于这些原因，我得知有些病人在大街上过夜，以确保及时挂上号。①

医院会利用患者候诊的机会进行布道。医馆通常在九点左右开门，病人们领到竹签之后，就被带到礼拜堂候诊，期间有简短的布道和宗教仪式。仪式结束，如果继续候诊，病人就会组成小组讨论基督教的一些启蒙知识，医院发传单给识字的患者，让他们了解基督教的知识。患者治病也有一个基本程序：

> 医生接诊时，学生们围在他身边，每个学生都有指定的任务。桌上放着一个翻开的大本子，里面记着每位病人的姓名、年龄、职业、住址、疾病以及其他信息。
>
> 一个坐在门口的男人按照顺序大声喊号，拿着相应号码竹签的病

---

① [美]杰拉德·F.德庸著，杨丽、叶克豪译：《美国归正教在厦门（1842—1951）》，台北：龙图腾文化有限公司，2013 年，第 214～215 页。

人就一个接一个地走近诊室让医生为其诊治。有些病人几分钟就看完了,手里拿着一张单子和处方,去药房的窗口去排队等候拿药。而有些病人,医生会建议他们住馆接受手术,或住在病房里接受一系列的治疗。还有一些病人,医生不得不告诉他们,由于病情被延误,医生对他们已无回天之术;或对他们说,他们已身患绝症,任何医术都救不了他们。①

郁约翰医生的工作极其繁忙,除亲自为病人治病外,主要时间都花在医务所、看望住院病人、每周 9 小时的教育和对病人进行家访上,为医院的建设、运转和医学人才的培养而奔波忙碌。仅 1900 年,郁约翰为自己安排了繁忙的日程:鼓浪屿和小溪镇两所医馆共接待病人 1200 多人次(其中有许多病人多次来就诊);治疗 1206 名住馆病人;实施 631 例手术;拔牙 155 颗,住馆病人的平均住馆时间是 16 天,就诊病人来自远近不同的地方,一些病人从一百多英里以外地方赶来。② 据英国传教士塞舌尔·包罗记述:1898 年到 1906 年底,救世医院已治疗病人 85758 人次,完成手术 4865 例,在医院培训了 21 名医疗学生。

除了主持医院工作外,郁约翰在 1900 年设立了医院附属医学专科学校,学制 5 年,并兼任校长,亲自承担每周 9 小时教育。实际上,早在 1898 年,郁约翰手下就有 9 名男学生和 4 名女学生。③ 学校完全按照西医培养方式,学习科目有物理、化学、胚胎学、组织学、生理学、解剖学、内科、外科、眼科、妇产科、小儿科、皮肤科和检验科等,教学由医院各科医生担任,考核通过者颁给一份表明工作量的证书。④ 为中国培养了不少医疗人才,郁约翰共培养了 22 名学生,其中黄大辟、陈天恩、陈伍爵、林安邦、高大方等第一届学生均成为闽南名医。

1903 年以前,鼓浪屿近代医疗卫生事业开始兴起,西医由最初的一家诊

---

① [美]杰拉德·F.德庸著,杨丽、叶克豪译:《美国归正教在厦门(1842—1951)》,台北:龙图腾文化有限公司,2013 年,第 215 页。

② [美]杰拉德·F.德庸著,杨丽、叶克豪译:《美国归正教在厦门(1842—1951)》,台北:龙图腾文化有限公司,2013 年,第 216 页。

③ [美]杰拉德·F.德庸著,杨丽、叶克豪译:《美国归正教在厦门(1842—1951)》,台北:龙图腾文化有限公司,2013 年,第 216 页。

④ [美]A.C.马修斯:《郁约翰医生的生平业绩述略》,载何丙仲辑译:《近代西人眼中的鼓浪屿》,厦门:厦门大学出版社,2010 年,第 251 页。

所,发展到一家具有一定规模的正规医院——救世医院。救世医院将现代医疗制度引入到鼓浪屿,它的运行和管理让周边各阶层了解到现代医院救死扶伤的职责,认识到现代医疗手段与传统中医治疗手段的巨大差别。救世医院的接纳与诊疗过程,包括挂号、门诊、住院、手术等程序,和现今医院的诊疗程序十分接近,已经初露医疗近代化的雏形。而且,救世医院还设立附属医学专科学校,严格按照西医规范培养医生,形成了西医人才梯队培养与传承体系,为鼓浪屿西医治疗体系的进一步发展奠定了基础。

二、近代医疗卫生事业的发展(1903 年—1938 年 5 月)

1902 年,清政府与驻鼓各国领事签署的《厦门鼓浪屿公共地界章程》(*Land Regulations For the Settlement of Kualangsu,Amoy*)和《厦门鼓浪屿公共地界规例》(*Bye Laws for the Foreign Settlement Of Kualangsu,Amoy*),鼓浪屿成为公共租界。1903 年 1 月,鼓浪屿工部局正式成立,配置卫生管理员,颁布法规,管理岛上公共卫生。同时,随着鼓浪屿经济的发展,鼓浪屿的医疗卫生事业也获得了较大的发展,不管是西式医院,还是中医诊所与医生数量,均较前一阶段有明显增加,鼓浪屿居民的医疗卫生服务明显提高。

(一)工部局采取有力措施,改善岛上公共卫生环境与医疗条件

1. 设立卫生官,雇用清洁队,负责岛上卫生事宜

工部局内设卫生股,专人担任,历任卫生官均是英国人,分别为爱恩斯利埃(Dr. D. H. Ainslie,1913 年)、夏礼(Dr. J. W. Hartly,1914—1919)、林务赐(Dr. F. Lindsay,1920—1924,1926—1928)和林森(Dr. J. M. A. Lowson,1925),1925 年和 1926 年还另聘白俄人伊万诺夫(年薪 1900 元)为卫生监督。1928 年后下设卫生委员会,负责管理岛上的公共卫生事宜。厦门市直至 1924 年才在警察厅下设卫生科,主要负责垃圾、粪便、饮用水、食品和药物的管理,这是厦门最早的卫生管理机构,[①]而工部局早在 1913 年就有卫生官负责管理卫生事宜。工部局在支出预算中单列卫生健康改进费,大部分用于卫生处所辖的挑粪所和清道所以及雇用的一个兼职医官(英人)的薪金支出,兼职医官监督主要负责供应外国人食品的牛乳间、屠宰场、面包间的清洁卫生。

---

① 厦门市地方志编纂委员会编:《厦门市志》(第五册),北京:方志出版社,2004 年,第 3306 页。

表 5-9　1924—1935 年卫生费及其占总支出比重表

年份	岁出	办公室薪俸	警探薪金	卫生健康改进	公路公沟	对抵外	卫生费总占支出比
1924	89718.37	16300.56	18446.72	8376.93	13085.85	28909.55	9.3
1925	98350.86	19917.78	24411.86	10082.86	10596.11	29411.07	10.3
1926	111173.45	16318.53	28675.03	12978.31	11610.12	22345.27	11.7
1927	91824.80	13461.92	31976.18	12630.41	11470.72	24402.30	13.8
1928	100911.89	15395.40	25035.09	11835.68	10422.73	25172.60	11.7
1929	105131.38	15102.66	34496.55	10687.99	10612.96	30087.80	10.2
1930	114322.42	17510.00	38261.56	12134.30	11052.71	16518.32	10.6
1931	107832.14	19277.00	38440.57	11217.65	9675.31	20319.59	10.4
1932	123375.73	18961.00	45474.46	15638.22	11266.92	20560.84	12.7
1933	156108.89	19039.00	53157.56	16769.86	110926.39	10078.94	10.7
1934	166801.96	19309.00	51629.32	19629.82	3216.10	8416.24	11.8
1935	161400.49	19275.00	57319.52	24171.12	12767.82	1960.00	15.0

资料来源:《鼓浪屿工部局报告书(1935 年)》,张镇世等:《"公共租界"鼓浪屿(1903—1941 年)》,厦门市政协文史资料研究委员会编:《厦门文史资料》第 16 辑,厦门:鹭江出版社,1990 年,第 92 页。

从上表可以看出,1924—1935 年卫生费占总支出比重最高的是 1935 年(15.0%),最低的是 1924 年(9.3%),12 年平均值为 11.5%,在工部局各项预算支出中处于中下水平。

工部局自设立时便在秘书处下辖清洁队,负责岛上街道等的日常清理与打扫工作,还要定期清洗明沟暗渠。他们"常用卤化石灰混合物以消毒,及屡次以水龙头之喷洗阴阳沟","大队之清道夫不倦清涤公道公沟",以免蚊蝇滋生。同时,工部局还号召普通民众"一致忠诚合作",至少设法"使其寓所灭绝蚊蝇焉"。[①] 这种制度一直延续,并成为鼓浪屿普通民众的生活习惯,后来人对此也印象深刻:"我记得那时(指 1948 年)就发现鼓浪屿有个做

---

① 《鼓浪屿工部局报告书(1937 年)》,第 21 页。

法很好,好像每隔十天半月,全岛居民用海水冲刷下水道,苍蝇、蟑螂、老鼠就少了。"①

2. 颁布律例,严格依法管理

为了岛上管理公共卫生,外国领事团与清政府签署了《厦门鼓浪屿公共地界规例》,工部局成立后又颁布了《鼓浪屿工部局律例》,这是近代鼓浪屿首次正式运用政府力量去管理公共卫生事宜。《厦门鼓浪屿公共地界规例》共 20 个条款,②其中关于岛上公共卫生的规定:

第一条　管理沟渠

凡公共地界之内,一切公用之沟或系阴沟或阳沟均专归公局一体管理,唯该沟应洗涤清净及修葺,工料之费归公局发给。

第二条　监督私沟

凡各私地界沟渠所有阴沟、阳沟均归公局绅口监督,由监督者酌定一准之时进入该处勘验,如勘验该私沟确有淤塞不通或有污秽积毒,恐有害人身命,由公局令地主将该沟若何改换修筑知会该地主,或该地主不在彼处,即租户或贷主于一礼拜内开工,倘遇限不开,听公局自行修葺,将洋人修葺需费若干到领事署,华人修葺需费若干到公堂,如数控追赔偿,并另罚银以 7 元为限。

……

第五条　打扫街道房地

凡住地租房之人,应将房屋前面行人走路之处,遵照公局指示随时打扫干净,其四面沟之泄水处所,亦须沟治通畅,并将垃圾灰尘等项污秽扫除干净,如不遵办以罚 5 元为限,如贫户无资,可罚禁押,以 3 日为限。

第六条　挑除垃圾等物公局定时以外

公局酌定一与人家方便合宜时刻,专为挑倒厕所便桶秽水污物而设,决不能稍有逾越,公局将所定时刻出示通知,以后倘公界内有挑倒污秽之人出于限定时刻之外者,又无论何时有人将所用运物各式车辆

①　陈锦彩口述,颜如璇整理:《我与鼓浪屿》,中共厦门市委宣传部、厦门市社科联合编:《口述历史:我的鼓浪屿往事》(之二),厦门:厦门音像出版有限公司,2013 年,第 75 页。

②　*Bye-laws for the Foreign Settlement Of Kualangsu*, *Amoy*, printed at Man-shing *Pringting Office*, *Amoy*, 1902,厦门市档案局、厦门市档案馆编:《近代厦门涉外档案史料》,厦门:厦门大学出版社,1997 年,第 305~309 页。

桶具等项并不设盖或有盖而不足适用致臭气四散污秽倾溢,应照罚银以 5 元为限,如无资,可罚押禁以 3 天为限。

第七条 坑秽

凡房地业主租户均不准在房内或在地界内死水之坑令人厌恶之物堆积,经公局给文以后逾 48 点钟尚不能挑倒干净或将阴井厕内污水任其满滋浸泛致附近居民憎恶,以及牧养猪豚等事,每事以罚 5 元为限,即由公局将此等物污秽坑厕阴井等项自行挑治洁净,以免大众憎嫌,因做此等工费用,仍向犯例人索取,不付照控追赔款之例而行,此项银两由公局查明,先向租户索偿,倘无从寻觅,可向业主迫讨。

第八条 挑除污秽等物

公界内堆积污水粪秽等物,经公局查明实在情形与人精神身体有碍,公局经理人即通知该物业主或住该处之人,限令 48 点钟内全行搬开,如不遵办,即由公局伤承雇工役搬开,工资仍向物主等追回,不付即照控追赔款例行。

第九条 查视房屋污秽

公局查知界内房屋全间或一角有污秽不洁情事,致与邻近之人身体精神大有险碍或云将此屋修整粉饰,方免臭气四达,瘟疫丛生,又云有阴井、沟、厕及装污秽水坑失修,与附近之人身体精神有妨,公局即知照该物主,令将此房屋等项在酌定时刻内,照所指做法迅办,有抗延者每次以罚 7 元为限,并由公局自行雇役将房屋粉饰、淘井、通沟、挑倒坑厕等事办竣,所需工费,照控追赔款例行。

第十条 照顾水井

鼓浪屿地方之人所用之水皆时(为)井水,最为关重,应即设法不使该水井有污秽,不准厕所及屎坑暨污秽水坑粪秽等物临近水井,其所临道路田园水井远近,尊公局所定而行,如有将污秽临近水井,经公局传知该人将该各秽除去,如两天内不照行,即应罚银以 5 元为限,嗣公局便可派人将该各秽搬去,其搬开工费,仍向各该人索追,不付即照控赔款例行。

第十一条 报犯瘟等毙

凡有痒子瘟、霍乱、出花或别传染之病致毙者,应于 12 点钟内报明公局,公局勘察该地情形,除去瘟气。如该地主租户无力口开,除去瘟气之费,由公局全行发给或不全行发给。如房主家长不报,首案罚银不过 20 元,次案罚银不过 30 元,以后每案罚银不过 50 元为限。

第十二条　阻止公局打扫工役之罚

凡所租房地在公界以内,经公局雇定工役专司打扫须有一准之时,由公局先期知照,派体面人查看应须打扫,如有人不肯遵照向其任意拦阻者,每次所罚不得过 25 元。

从上文可以看出,"规例"涉及卫生与疾病的条款包括管理沟渠、监督私沟、打扫街道房地、公局定时之外挑除垃圾、坑秽、挑除污秽等物、查视房屋污秽、照顾水井、报犯瘟等(病)毙、阻止公局工役打扫之罚等,共达 10 条,即"规例"一半条款。这些规定不仅涉及公共卫生,如公共沟渠、打扫街道、用水等,也涉及个人家庭卫生(私沟、房屋污秽等),还有疾病瘟疫等管理,以及相应的处罚措施,可见当时外国领事团对鼓浪屿公共医疗与卫生之重视。也许,工部局认为"规例"不够详尽,又参照《上海外国租界工部局律例》制定了更具体的《鼓浪屿工部局律例》(1903 年),共 37 个事项,其中对岛内畜养家畜、养狗、商户与屠场的卫生标准等做出更详细规定,部分条款是"规例"的具体化,部分是补充原有规定之不足,通过强制措施改善岛内的公共卫生条件。

首先,严禁岛上放养家畜。"凡有畜养鸡、猪、牛及一切家畜等类,理宜约束,不宜放在路上肆行,因有违碍本局章程,除出示禁后,倘有不遵示禁,仍将此等家畜放出肆行糟蹋公路,一经本局巡捕触见,即将此等畜类充公,并饬传畜养主人到会审公堂理罚不贷。"另外,养狗、养羊等必须向政府申请牌照。[1] 限制放养家畜,既有助于维护岛内的卫生环境,也有利于减少疾病的传播。

其次,严禁民众随地丢弃脏污,规定"不准于街道弃垢秽物,违者则拘捕究办"。[2]

最后,工部局详细规定市场、奶厂与屠场的卫生设施与标准。

市场方面,详细规定商户售卖食品的卫生设施。"本鼓浪屿各铺户及肩挑贩卖一切事物者,如鱼肉水果等物,时时用网盖遮,以免蝇蚋集传染疾病。

---

[1]　张镇世、叶更新、杨纪波、洪卜仁:《"公共租界"鼓浪屿(1903—1941 年)》,厦门市政协文史资料研究委员会编:《厦门文史资料》第 16 辑,厦门:鹭江出版社,1990 年,第 81 页。

[2]　张镇世、叶更新、杨纪波、洪卜仁:《"公共租界"鼓浪屿(1903—1941 年)》,厦门市政协文史资料研究委员会编:《厦门文史资料》第 16 辑,厦门:鹭江出版社,1990 年,第 82 页。

若夫挑贩之布盖,亦须先带到本局查验适当,方能准用。所有冰水冷水及剖开之生果,不论铺户或挑贩,由本日起,一律禁止售卖,以防暑天传染疾病。倘敢故违,立即捕办不贷!"而且,工部局还对遮阳帐帷规格作出详细规定:"(1)本局惟准设帐帷以临时遮蔽食物,当其摆用于太阳照耀之间。(2)帐帷须用可涤净之布制之,宜守清洁,并须离公路九尺。(3)倘有碍于卫生者或不合用之处,本局一概不准。"

奶厂方面,严格规定牛奶瓶的洗涤之法与管理:"牛奶瓶之涤法如下:(1)先以清水洗净之;(2)洗刷之后,其器皿须原置其位;(3)未分给之时,须经监察员封盖;(4)本厂限于夜间二时开至八时,又于下午二时开至四时。""凡贩卖牛乳者,各宜涤洗其应用之瓶,以便本局监察者检查。"

屠场方面,规定屠场必须符合工部局的卫生标准。"所有屠场皆受工部局管辖。监查屠场者须察其有合卫生与否,然后盖印。倘有不合卫生者,不准贩卖。本局供给温水及种种需用之器。"①

除规定卫生设施与标准外,工部局对"本屿之奶厂、市场与屠场均系随时监视,三者之卫生整洁颇佳,屠场尤见处理适宜。"保证其符合卫生标准,成就斐然。如1937年工部局报告记载,对均系随时监视,三者之卫生整洁颇佳,屠场尤见处理适宜"。至于鲜牛奶可能存在卫生问题,但因"用奶之家无不先过沸后然后服之",因而其卫生标准"最低限度尚属可以",而且"牛奶附带之病症既绝对未尝发生"。因此,如果因卫生问题取缔鲜牛奶,可能激起多方反对,因而工部局允许其继续存在,公共市场也是如此。"大体论之,本屿之粮食卫生待改善之处尚不鲜然,亦过得去也。"②

以上措施涉及城市公共卫生的方方面面,以及居民家庭卫生,有助于改善岛上公共卫生环境。本地居民以前习以为常,现在居然规定不许乱倒污水、任凭自家的房屋污秽不堪等,他们开始自然不理解,也不适应,最初常有违反。若被工部局告上法庭,就可能会被处罚。清政府设在鼓浪屿的司法机构会审公堂曾审理过外国人状告华人违反卫生规则、污秽马路的案件,会审公堂也会处罚相关责任人。根据会审公堂1911年旧历9月24日至11月

<hr>

① 张镇世、叶更新、杨纪波、洪卜仁:《"公共租界"鼓浪屿(1903—1941年)》,厦门市政协文史资料研究委员会编:《厦门文史资料》第16辑,厦门:鹭江出版社,1990年,第83、84、86、87页。

② 《鼓浪屿工部局报告书(1937年)》,第21页。

12 日民事案件的卷宗,有数例是关于违反卫生法规的控告,详列如下:

准工部局控蔡启祥违背卫生规则。等情。9 月 26 日提讯,判蔡启祥不合违章,申斥。结案。

准工部局控薛雀擅移粪箕。等情。9 月 28 日提讯,判被告不到,照章将保银充公。结案。

准工部局控魏佳兴、刘灭顺、刘□发、力嫂、林凤姑等违背卫生规则。等情。10 月初 2 日提讯,判魏佳兴等不合违章,均申斥。结案。

准工部局控陈有宗擅取花木。等情。10 月 14 日提讯,判陈有宗不合擅取花木,从宽申斥。结案。

准工部局控陈贵生嫂污秽马路等情。10 月 21 日提讯属实,判陈贵生嫂罚洋 0.4 元示儆。结案。[①]

从上数例可以看出,会审公堂多采取申斥之判,明确属实的也会判罚金。另外,根据工部局收入来源中的罚金收入也可看出工部局对法规的执行情况:

表 5-10　1921—1933 年各类违规处罚件数统计表

年份	妨碍公众	阻塞	掷果皮碎于路面或沟中	违反双桨条例	其他	总件数	罚金总额(元)
1921	115	64	128	35	429	771	1529.02
1922	104	109	85	94	290	682	2856.89
1923	34	64	70	11	449	628	4327.45
1931	113	580	349	127	706	1885	5883.00
1932	257	541	319	161	1022	2490	6775.50
1933	188	239	169	234	1055	1825	9088.59

资料来源:张镇世等:《"公共租界"鼓浪屿(1903—1941 年)》,厦门市政协文史资料研究委员会编:《厦门文史资料》第 16 辑,厦门:鹭江出版社,1990 年,第 158 页。

上表中"掷果皮碎于路面或沟中"即是"违反卫生条例"的处罚。若分为两个阶段,1921—1923 年,处罚金额逐年减少;20 世纪 30 年代,岛上人口迅

---

① 厦门市档案局、厦门市档案馆编:《近代厦门涉外档案史料》,厦门:厦门大学出版社,1997 年,第 472 页。

速增多,处罚也增多;1931—1933 年处罚件数逐年下降。这两阶段处罚件数的下降从侧面反映民众在逐渐适应与遵守卫生条例。正是工部局制定法规,并严格执行,才使得鼓浪屿华人居民逐渐改掉不注重公共卫生的恶习。在工部局的大力治理下,岛上公共卫生环境逐渐改善,鼓浪屿逐渐成为一个卫生、整洁的宜居之区。

由于公共卫生条件的改善,"各方面观之,本屿之卫生状况堪称满意",[①]岛上的传染病与瘟疫发生的几率大幅减少,死人也减少。1911 年,鼓浪屿因各种原因死亡的人数为 216 人,其中 49 人死于流行病,其中天花 1 人,霍乱 3 人,伤寒症 10 人,肺结核 23 人,黑死病(即鼠疫)12 人,[②]其中霍乱与黑死病等多例病症均与公共卫生条件相关。不过,次年即有所好转,"人们也注意到瘟疫的出现,但并没有广泛流行。"[③]到 1937 年时,鼓浪屿已与周围地区形成鲜明对比,受瘟疫或流行性疾病的影响已经很小。1937 年,"在厦鼓以及周围之内地各属均有其剧烈之恶性瘟肆疟云","无论屿中或屿外周围却有几起之传染性瘟疫发生,例如春间临近内地且有甚厉害之肺炎性鼠疫流行,而死于厦门海港检疫所之传染病院者有 2 人焉。本屿即时实行预防,终幸免之"。[④] 关键原因在于鼓浪屿良好的公共卫生环境,"按此症非不可抗制者,乃可避免或预防者,尤以本屿居民卫生程度之高,切劝其努力防范,扑灭此蚊虫小丑,致使屿中安全,不再有瘟疾之患,岂不善哉!"为了进一步改善公共卫生,卫生官还要求,"一切育蚊之源,欲期其尽与沟渠、放弃池塘、旧罐、破釜、缺盆、残砵,以至枯朽树头,以其能资蓄死水,而利孑孓之孳生也,他如鸡坶、鸭厨、牛厩、豕栏与矮林丛薮均成蚊好栖之处,尤须随时注意清洁消毒,务使全屿一切可供孑孓繁衍之薮,概除净尽,而完全扑灭瘟携带之蚊虫焉。"[⑤]

3. 加强岛上医疗管理与防疫免疫工作

工部局主要加强两方面工作,一是对岛上医生登记发证,另一方面及时处理流行病与瘟疫等突发医疗事件。

---

① 《鼓浪屿工部局报告书(1937 年)》,第 21 页。
② 戴一峰等译编:《近代厦门社会经济概况》,厦门:鹭江出版社,1990 年,第 356 页。
③ 戴一峰等译编:《近代厦门社会经济概况》,厦门:鹭江出版社,1990 年,第 383 页。
④ 《鼓浪屿工部局报告书(1937 年)》,第 18 页。
⑤ 《鼓浪屿工部局报告书(1937 年)》,第 19 页。

首先,工部局要求岛上所有医生登记并发证。为了取缔不合格医生,提高医疗服务质量,工部局1937年完成了岛上医生的登记,"遵古泡制之中医亦多经登记"。[①] 登记标准是有无医学校毕业证书可查,"国医有所谓祖传和秘方,如跌伤、接骨、瘟疗等症,亦有专门凭经验执业而无就学以至毕业证书,是皆不合登记而须取缔"。[②] 中医准许登记,不过要"在某种限制之下签署死亡证"。[③] 岛上中西医计52名,其中符合登记条例的有国(中)医为李家麒、谢宝三、黄思藻、陈仲香、释春泽、廖金山等11名;西医为林遵行、陈晋惠、刘寿棋、方杨荣、郑德和、奥勿来因[英]、夏礼文[美]、原康藏[日]等23名;牙医有杨蔚文、黄国清、张文雅等6名,不合登记条例之医师有十余名。登记期间,工部局已委托局医欧拜恩(英国人)、局委林遵行及博爱医院院长原康藏[日]、救世医院院长夏礼文等组成医师审查委员会,对登记者进行审查,由于审查委员均为西医,"中医间多特殊情形","审查国医不无问题",因而工部局"审查会当俟另行遴选名医,从事审查"。[④] 除对西医、中医与牙医登记发证外,工部局下一步计划是登记护士与助产士。[⑤]

其次,工部局及时采取措施处置或预防流行病或瘟疫等医疗事件。当时闽南地区天花流行,种牛痘是英国医生爱德华·琴纳发明的一种预防天花的办法,教会当时在厦门推广接种牛痘以预防。

20世纪以来,种牛痘的方法一直在鼓浪屿推广运用,很多民众开始自愿接种牛痘,加强预防,防止天花的广泛蔓延。"1912年,厦门和鼓浪屿流行天花。由于人们自愿接种了疫苗,天花的流传很快就被抑制了"。[⑥] 1924年,厦鼓地区天花肆虐,工部局出资400多元,联合救市医院立即开设免费诊所,有4000名以上的华人接受了免疫注射。[⑦] 1932年1月,鼓浪屿发生恶性天花,工部局紧急处置,设置临时种痘局,岛上接种者有1万人以上,[⑧]有效

---

① 《鼓浪屿工部局报告书(1937年)》,第20页。

② 《鼓浪屿医师登记发证》,《江声报》,1937年4月23日。

③ 《鼓浪屿工部局报告书(1937年)》,第20页。

④ 《鼓浪屿医师登记发证》,《江声报》,1937年4月23日。

⑤ 《鼓浪屿工部局报告书(1937年)》,第20页。

⑥ 戴一峰等译编:《近代厦门社会经济概况》,厦门:鹭江出版社,1990年,第383页。

⑦ [美]杰拉德·F.德庸著,杨丽、叶克豪译:《美国归正教在厦门(1842—1951)》,台北:龙图腾文化有限公司,2013年,第350页。

⑧ 《鼓浪屿工部局报告书(1932年)》,第7页。

防止了天花的蔓延。同年 7 月间，
"突现虎疫（cholera 译音，即霍乱），使
本屿处于不安时期"，工部局发现情
况后立即启动"紧急及有效之防疫方
法"，由于组织得力，以及台湾总督府
与陈荣芳赠送防疫注射药，患者仅 20
起，由于及时救治，死者只有 7 起。[①]
总体而言，由于工部局处理及时，鼓
浪屿在流行病或瘟疫盛行期间没有
出现过人口大量患病或死亡现象。

4. 强制使用自来水，改善岛上居
民用水质量。

1930 年，厦门自来水有限公司购
置运水船，将自来水运到鼓浪屿，在
梨仔园、日光岩建造低位与高位蓄水

图 5-9　西医种牛痘（铜板画，1897 年）

资料来源：洪明章：《百年鼓浪屿》，福
州：福建美术出版社，2010 年，第 11 页。

池，通过管道向岛内住户供水。其后，由于成本昂贵，水价较高，用户不多，
自来水公司亏本。1932 年，自来水公司经过核算，计划终止鼓浪屿的供水业
务，将水管拆除，用于厦门禾山。当时任工部局董事的洪显理得知这一情况
后，经其提议，工部局 1932 年年会通过决议，"普劝屿民采用自来水"，并通
告全岛商民住户，"本局为顾全公共卫生计，订自本年 12 月 15 日起，凡欲请
领建筑住宅或店屋执照者，应并声明，确要安设自来水，本局方准发给执照，
其自来水总管尚未敷到区域不在此列，但日后水管敷达该区时仍须照约安
设"，其后便"令各饼店、点心店及其他食品、饮料店应各安设自来水，庶免污
水参入食品或饮料"。[②]　显然，岛上普遍使用自来水，"卫生上既得改善，死亡
率自可日趋低减"，但对一般商户来说是一项负担，怨声一片，洪显理因之也
受到各方抨击。其后，岛内自来水用户增至 600 户，自来水成本和水价获得
初步平衡，商户与居民的用水卫生逐渐得到保障。随着用户继续增加，水价
最终降到绝大多数住户可以接受的水平。

总体而言，工部局充分发挥了市政管理部门职能，设立卫生官及清洁队

①　《鼓浪屿工部局报告书（1932 年）》，第 7 页。

②　《鼓浪屿工部局报告书（1932 年）》，第 8 页。

负责岛上的公共卫生,颁发公共卫生详细律例,严格执行,并管理医疗事务,对流行病或瘟疫及时预防,强制使用自来水,推进了鼓浪屿的公共卫生与医疗事业的发展与进步,提高岛上居民的医疗服务水平和生活质量。

(二)西式医疗规模迅速扩展,医院与医生不断增加,医疗技术逐渐提高

这一时期,鼓浪屿新式医疗迅速发展,不仅原有的救世医院医疗服务规模扩大,而且新设医院与西医诊所不断增多,华人西医人数明显增加,医疗技术与水平显著提高。

1、原有救世医院获得很大发展,条件改善,可接受患者人次不断增加

在这一时期,救世医院有了更大发展。1914 年,救世医院男女医馆进行改建和扩建,其综合区拥有数幢建筑,包括男病区楼、女病区楼,位于中心的是礼拜堂和被命名为"郁约翰楼"的行政楼,另一幢楼内有厨房、发电机房和维修车间等,男、女病区和行政楼均为三层楼。[①] 救世医院改建工程几乎都是动用美国归正会的资金,这些资金主要来源于医疗费收入和中国朋友以及美国各堂会及协会的捐赠(捐款与捐物),华人的捐款数额通常比较大,如4 位华人联名捐款 5000 元修建救世医院及为男肺病病人建疗养院。[②] 另外,海外华侨也为救世医院的改建作出了贡献。许多已移居菲律宾的华人经常向归正会捐款,其中有一组华人寄来价值 12350 元的银币(合 6000 金币)用于改建救世医院,1919 年鼓浪屿医院的锅炉需要维修时,从厦门移居马尼拉的一位著名华人木材商人花了 500 元购置了新的锅炉管道。[③]

1910 年,救世医院的创设者,郁约翰医生因治疗病人时感染病毒而逝世,其学生感怀其创办医院之功绩,特在该院大门前立碑纪念,曾受其治疗的华人也纷纷捐款,感谢其大恩。此后救世医院历任院长均是美国人,分别为锡鸿思(Dr. Edward J. Strick)、木英雄(Dr. George W. Dunlap)、厚士瑞(Dr. Richard Hofstra)和夏礼文(Dr. Clarence H. Holleman)等。[④]

到 1930 年时,救世医院有 4 名医生(3 人为中国籍)、5 名护士(护士长为

①　[美]杰拉德·F. 德庸著,杨丽、叶克豪译:《美国归正教在厦门(1842—1951)》,台北:龙图腾文化有限公司,2013 年,第 326 页。
②　[美]杰拉德·F. 德庸著,杨丽、叶克豪译:《美国归正教在厦门(1842—1951)》,台北:龙图腾文化有限公司,2013 年,第 330 页。
③　[美]杰拉德·F. 德庸著,杨丽、叶克豪译:《美国归正教在厦门(1842—1951)》,台北:龙图腾文化有限公司,2013 年,第 331 页。
④　杨维灿:《鼓浪屿救世医院院史(1898—1951)》,《鼓浪屿文史资料》上册,第 99 页。

美国人,其他 4 人为华人)、15 名学生护士。[①] 鼓浪屿华人已经在新式医疗方面取得快速进步,不管是医生,还是护士,都迅速成长起来,已经完全能够承担鼓浪屿的医疗服务。设施方面,救世医院拥有手术室 2 间、门诊室 6 间,门诊每天平均有患者 30 人,实验室、X 光室与药房各 1 间;拥有 150 张病床,[②]特别病房 30 间,可容纳住院患者 30 人,普通病房 9 间,可容纳住院患者 95 人。此后,可接受住院患者人次不断增加,当年可接受 1275 人次;1931 年为 1483 人次;1932 年为 1760 人次。[③] 1935 年,住院患者 1405 人次,其中产妇 98 人,年门诊达到 8793 人次。[④] 据美国传教士马休斯记述:"救世医院和威廉明娜医院(救世医院分院)开办以来的 12 年间,住院病人超过 17000 人,门诊病人也超过了 135000 人,该院做过 7500 多例各种各样的外科手术。"[⑤]

2.新式医院与诊所不断建立,华人西医人数不断增加,医疗服务规模迅速扩大

除救世医院外,鼓浪屿先后建立了博爱医院、宏宁医院、寿祺医院、私立鼓浪屿医院和晋惠医院等西式医院,其中博爱与宏宁医院为外国人所办,寿祺医院为日籍台湾人刘寿祺所办(鼓浪屿乌埭角,抗战爆发时停业,具体情况不详),私立鼓浪屿与晋惠医院为华人所创办,岛上另有大量西医诊所。

(1)外国人所建医院

岛上外国人创办的医院可能以日本博爱医院规模最大。1918 年,日本人以台湾总督府卫生课善邻会的名义设立博爱会厦门医院,简称博爱医院,以加强同英美势力竞争,扩展日本的影响。设立之初,条件较简陋,租用福建路叶清池大楼,楼下为门诊,二楼为病房,三楼为宿舍(后拆掉),规模较小。其后,医院聘请地方士绅和厦鼓日本洋行经理等为董事,"中日合办",

①　[美]杰拉德·F.德庸著,杨丽、叶克豪译:《美国归正教在厦门(1842—1951)》,台北:龙图腾文化有限公司,2013 年,第 335 页。

②　[美]杰拉德·F.德庸著,杨丽、叶克豪译:《美国归正教在厦门(1842—1951)》,台北:龙图腾文化有限公司,2013 年,第 335 页。

③　张镇世、叶更新、杨纪波、洪卜仁:《"公共租界"鼓浪屿(1903—1941 年)》,厦门市政协文史资料研究委员会编:《厦门文史资料》第 16 辑,厦门:鹭江出版社,1990 年,第 48 页。

④　杨维灿:《鼓浪屿救世医院院史(1898—1951)》,《鼓浪屿文史资料》上册,第 100 页。

⑤　[美]A·C·马修斯:《郁约翰医生的生平业绩述略》,载何丙仲辑译:《近代西人眼中的鼓浪屿》,厦门:厦门大学出版社,2010 年,第 249 页。

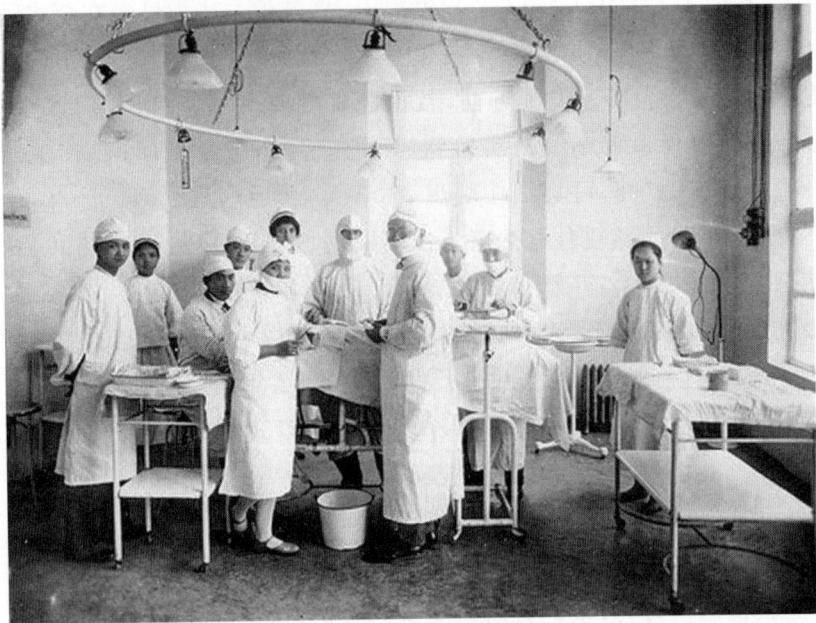

图 5-10　救世医院手术室（1927 年）

资料来源：鼓浪屿申报世界文化遗产系列丛书编委会：《鼓浪屿之路》，福州：海峡书局，2013 年，第 68 页。

先借用、后购买西仔路头林尔嘉的楼屋，翻建为该院新址。1935 年初，医院收购林尔亮在西仔路头沿海滩一带的地皮，由台湾运来大批建筑材料，聘日本工程师绘图设计，中国泥水工人建筑一年多才完工。据说建筑费及内部设备购置费达日金 30 多万元，折合当时白银约 80 万元，比救世医院规模更大，设备更完善。该院自 1918 年创办起到 1937 年"七七事变"停业，开业近20 年，先后四任院长是：右田吉人、川口庄松、石井信太郎、原庸藏。①

由于设备完善，鼓、厦地区居民就诊极多，以下是 1921—1932 年该院门诊患者人次统计：

---

① 张镇世、叶更新、杨纪波、洪卜仁：《"公共租界"鼓浪屿（1903—1941 年）》，厦门市政协文史资料研究委员会编：《厦门文史资料》第 16 辑，厦门：鹭江出版社，1990 年，第 48～49页。

表 5-11　博爱医院门诊患者人次统计(1921—1932)

年份	门诊人次	年份	门诊人数	年份	门诊人数
1921	64768	1925	130502	1929	189013
1922	85122	1926	119461	1930	233189
1923	107338	1927	113471	1931	213430
1924	121465	1928	131837	1932	207329

资料来源:张镇世等:《"公共租界"鼓浪屿(1903—1941 年)》,厦门市政协文史资料研究委员会编:《厦门文史资料》第 16 辑,厦门:鹭江出版社,1990 年,第 49 页。

另一所外国人所办医院为宏宁医院,是美国归正教会医生锡鸿恩于 1925 年创办。锡鸿恩曾在鼓浪屿救世医院供职,1924 年成为美国领事馆的主治医官,1925 年在三丘田自己的住所开设"锡鸿恩诊所"(今鼓新路 44 号),随后得到"美国公共卫生署"的资金捐助,并增加黄大辟、黄宜甫、林遵行等中国籍医生参与共事,共同经营,诊所更名为"宏宁医院",获得一定发展。1927 年,锡鸿恩离开鼓浪屿后,宏宁医院业绩下滑。1933 年,宏宁并入救世医院。

(2)华人自办医院

抗战前,鼓浪屿华人先后自办私立鼓浪屿医院和晋惠医院,促进了鼓浪屿医疗事业的发展。

私立鼓浪屿医院是在宏宁医院的基础上发展而来。宏宁医院医生林遵行认为:"屿中人口繁殖,而医院仅有外国人所创办之救世及博爱两所,以富庶之区,竟无华人所主办者,相形益觉汗颜。"[1]适逢宏宁医院经营不佳,而宏宁医院已经集中了一批中国籍医生,林遵行"间尝窃以此意告诸有心人士",很快就得到戴正中、卢季纯的支持。[2] 1931 年 10 月他们联合商人黄钦书、杨忠懿、许经权、陈荣芳等出资方代表,共同筹组一所由鼓浪屿华人所开办的医院,取名为"私立鼓浪屿医院",位于三丘田(今鼓新路 63 号)。鼓浪屿医院宗旨是利益平民、减轻收费、救济贫病,因而特设施诊部门,凡属贫民来院就诊者,无需任何手续,一律免费,其户必须住院者经保甲长证明确属贫穷

---

[1]　林遵行:《鼓浪屿医院之沿革》,鼓浪屿"申遗办"档案室藏。

[2]　林遵行:《鼓浪屿医院之沿革》,鼓浪屿"申遗办"档案室藏。

者,并免医药福利等费。鼓浪屿医院曾在《江声报》登载广告:"鼓浪屿医院启示:本院以利益平民为宗旨,设备及待遇力求完善,公利诊治,收费从廉。无力者,挂号余及药费概免。留院无力者,接生费免。本院特备普通病床 30 位,平民留医医药费概免。"①

　　1931 年,该院初建时分为内科、眼科与鼻科,另设手术室、实验室、电疗室、药室和门诊室等,简易病床 5 张,医院工作人员计 20 人,医生和看护各 10 人。其中,中国男医生 3 人,女医生 2 人,外国男、女医生人数分别与中国男女医生相同;看护均为华人,其中男性 4 人,女性 6 人。每日就诊人数约 20 人,住院每年约 500 人。② 1933 年,适逢三丘田宏宁医院并入救世医院,林遵行医生即租用其屋,迁入宏宁院址。1934 年,医院稳步发展,院长开始由林文庆担任,医院病床增加到 30 张,其中产科 10 张(普通房与特别房各 5 张),③增设了外科、儿科和妇产科,分别由张秋涛(外、眼科)、林遵行(内、儿科)和林碧凤(妇产科)担任主任。1935 年,林遵行改任医务主任,负责医院所有业务。④ 随着医院发展,院舍规模不足,当时董事会商议自行另建院舍,由于经费不足,董事会推举林遵行和陈清波于 1935 年 5 月南下缅甸仰光,向华侨募捐。返国后,林遵行于 1936 年夏拟着手购地建筑,不过因种种原因无法顺利进行,林遵行不得不与医院告别。1936 年冬,医院虽然暂时停顿,但这为厦门沦陷后的救济难民及抗战胜利后的恢复发展奠定了基础。

　　应特别指出,鼓浪屿医院不管筹办、创办,还是后期发展,闽南籍海外移民都扮演了极其重要的角色。鼓浪屿医院筹办之时,戴正中、卢季纯两位华侨即给予大力支持,林遵行后来曾说:"本院得有今日者,戴、卢两先生之功岂容或泯。"⑤戴、卢两人大力支持主要出于爱国热情,林遵行的想法深深打动了他们,即鼓浪屿为"富庶之区","竟无华人所主办"的医院,⑥华人应该创办自己的医院。也许出于同样的原因,其他华侨也大力支持。1932 年,为赞助医院创办,黄奕住、黄钦书、苏谷南、杨忠懿、许经权、陈荣芳、李汉清、黄大

---

① 《江声报》,1934 年 5 月 21 日
② 张晓良:《私立鼓浪屿医院的曲折历程》,《鼓浪屿文史资料》中册,第 89、90 页。
③ 张晓良:《私立鼓浪屿医院的曲折历程》,《鼓浪屿文史资料》中册,第 91 页。
④ 张晓良:《私立鼓浪屿医院的曲折历程》,《鼓浪屿文史资料》中册,第 91 页。
⑤ 林遵行:《鼓浪屿医院之沿革》,鼓浪屿"申遗办"档案室藏。
⑥ 林遵行:《鼓浪屿医院之沿革》,鼓浪屿"申遗办"档案室藏。

辟等共同组织董事会,由董事会捐 2 万元作为开办费。当年 12 月 27 日,董事会召开第一次会议,区寿年、许经权、卢季纯、苏谷南、林文庆、黄大辟、周醒南、杨孔鸢、黄钦书、叶谷虚、陈荣芳和李汉青等出席会议,推该院院长林遵行为临时主席,李汉青为临时记录。董事会决议推举黄钦书为第一任董事长,蔡贤初为名誉董事长;推举苏谷南、许经权为财务董事;请林遵行报告筹备及开办以来情况。由于该院设备费尚差约 1 万元,董事会决议由董事长、财务董事及林遵行医生会同各董事负责筹充。从董事会的构成中,我们可以看到华侨在医院创办中的作用:

表 5-12 私立鼓浪屿医院董事名单(1932—1935)

时间	董事长	财务董事	董事
1932	黄钦书	苏谷南 许经权	黄奕住、黄钦书、苏谷南、杨忠懿、许经权、陈荣芳、李汉青、黄大辟
1935	黄钦书	苏谷南 许经权	卢季纯、林文庆、李汉青、陈荣芳、苏谷南、许经权、吕良兴、黄大辟、丁玉树、黄省堂、林遵行

资料来源:张晓良:《私立鼓浪屿医院的曲折历程》,鼓浪屿申报世界文化遗产系列丛书编委会:《鼓浪屿文史资料》中册,2010 年,第 89 页。

第一届董事会中,黄奕住与黄钦书父子是印尼归侨,苏谷南、杨忠懿与许经权均是菲律宾华侨,他们占董事会人员的 62.5%,而且董事长和财务董事均由华侨或归侨出任。第二届董事会也是如此,卢季纯、林文庆、苏谷南、许经权与黄省堂均为华侨或归侨,董事长与财务董事不变。可见鼓浪屿医院对华侨财力与人力之仰赖。

1935 年 5 月,林遵行和陈清波南下缅甸仰光向华侨募捐,以扩建院舍,缅甸华侨曾启元、张永福(送船票等)、吴家枫、陈伯诚、李良远、陈吉昌、陈友情、林文举、李朝达和林汝刘等给予大力支持,计募得一万余卢比。其中,曾启元(华侨曾成壤之子)认捐 6000 元为医院建筑费,仰光华侨还设立董事会为该院后盾。① 因此,从一定程度来说,鼓浪屿医院的发展是华侨资金与本土医生合作的结晶。

晋惠医院是华人自办的另一所医院,创办者是惠安人陈晋惠(1902—

---

① 张晓良:《私立鼓浪屿医院的曲折历程》,《鼓浪屿文史资料》中册,第 89 页。

1976),规模较鼓浪屿医院小很多。陈晋惠是日本博爱医院附属医专学校的
首届学生,约1923年毕业后留院担任医师,并在自己寓所业余行医。其夫
人许庆英系1924年"博爱"医专毕业生,毕业后在鼓浪屿开业,擅长妇产科
与内、儿科业务。1935年,陈晋惠购买地皮后动工兴建一座四层楼房(现泉
州路52号),作为医院所在地,命名为"晋惠医院"。医院建成后,陈晋惠辞
去博爱医院职务,自任晋惠医院院长,其妻许庆英为妇产科主任,聘用林敏
等为药剂师,林琴英为助产士。晋惠医院开业后,对鼓岛的医疗事业发挥了
积极的作用。

表5-13　1903—1941年12月年鼓浪屿主要医院情况表

名称	创办者	开办时间	床位数	职工人数	地址	附注
救世医院	郁约翰	1898	105	82	鼓浪屿河仔下	1951年停办
博爱医院	台湾总督府	1918		31	鼓浪屿西仔路	1945年停办
宏宁医院	锡鸿恩	1925			鼓浪屿三丘田	1933年并入救世医院
鼓浪屿医院	林遵行	1931	50	15	鼓浪屿福建路	华侨资助
晋惠医院	陈晋惠	1935	25	9	鼓浪屿泉州路	1947年迁厦
寿祺医院	刘寿祺				鼓浪屿乌埭角	1937年7月后停业

　　注:床位数与职工数是1947年时的数据,在此仅作参考。厦门市地方志编纂委员会编:
《厦门市志》(第五册),北京:方志出版社,2004年,第3234页。

　　鼓浪屿医院中,多数为私人创办,外国人所办医院家数超过华人所办。
在华人所办医院中,规模最大、影响最大的是私立鼓浪屿医院,它设备较好,
人数较多,其取得成功主要原因是华侨出于爱国热情,大力资助,而且鼓浪
屿已经出现了一批中国籍医生。晋惠医院则逐渐发展为专科医院,《厦门市
志》直接将其列为"产科医院",说明该医院主要优势在妇产科。

　　(3)西医诊所众多,华人西医人数明显增加

　　早期西医绝大多数是西方人,华人很少。清末到民国时期,近代中国先
后开设设立多所医学学校,培养了不少医生。再者,鼓浪屿的美国救世医院
与日本博爱医院也先后附设医学专科学校,他们的毕业生有的留在这两所
医院里当医生,有的在鼓浪屿自行开业,因而鼓浪屿的华人西医人数日益

增加。

根据陈全忠的初步统计,1903 年 5 月至 1941 年 12 月,鼓浪屿从业的华人西医共有 29 位,就业于 19 家诊所、药局或药房,1 人不明。① 另有一家由台湾籍医生于 1932—1934 年间在鼓浪屿泉州路设立的私人诊所"神州医院",②统计中并没有出现。29 位医生中,有 5 位女医生,这也是近代女性解放的成就,她们开始走出家庭,走向社会,成为职业女性。1903 年至 1941 年 12 月,鼓浪屿共有 10 名牙医,分别在 10 家牙科专科诊所工作,其中两家是 1938 年由厦门迁入鼓浪屿。③ 除寿龄与仁寿药房各有两名医生外,其他诊所都只有一名医生,可见诊所规模非常小。诊所医生多为正规医校毕业,有的是鼓浪屿救世与博爱医院的毕业生,如叶友益与周席丰分别毕业于救世与博爱医校。有的是省外医学院毕业后来此工作,如杜尊恩毕业于南京医学院,蔡志文与苏赞恩分别毕业于上海医学院与齐鲁医学院。1937 年后,开业西医登记发证的标准就是有无医校毕业证书可查,"凭经验执业而无就学以至毕业证书,是皆不合登记而须取缔"。④

开业西医多为内科,除 2 家眼科、2 家妇科与儿科、1 家内科与儿科兼治(当时没有独立儿科,而是内科附设儿科)外,其他所有诊所的医生都是内科(14 家)。西医诊所多集中在中华路(6 家)、泉州路(4 家)、漳州巷(4 家)和内厝澳路(3 家),另外在福建路、福州路和复兴路等处,可见西医诊所在岛上分布非常零散。

3. 医疗技术与水平的提高

从 20 世纪初到 20 世纪 40 年代,鼓浪屿的医疗技术和水平提高很快,购进一批先进设备,能够从事比较复杂的手术与治疗。

---

① 陈全忠的《鼓浪屿开业医生调查资料(1884—1949)》一文,载《鼓浪屿文史资料》上册,第 401～402 页,对近代鼓浪屿中西医医疗机构和医生做了许多统计,实属难得。不过,其中有些表的时间跨度可能有误。比如底 1～402 页的西医表,注明时间跨度为 1903 年 5 月至 1945 年 8 月,截止时间可能有误,应为 1941 年 12 月"珍珠港事件"前。因为比较该表与 1941 年 12 月至 1945 年 8 月的统计(见第 404 页),后者有一些新的开业医生,前者并未包括,说明前者截止时间有误。

② 叶君伟:《鼓浪屿"神州医院"的一段革命活动》,《鼓浪屿文史资料》中册,第 25 页。

③ 陈全忠:《鼓浪屿开业医生调查资料(1884—1949)》,《鼓浪屿文史资料》上册,第 403 页。

④ 《鼓浪屿医师登记发证》,《江声报》,1937 年 4 月 23 日。

首先,西医治疗类别不断增多。最初,救世医院主要设内科,附带有眼科和儿科等类别。到 20 世纪二三十年代,鼓浪屿医院与诊所类别已经非常多,除内科和眼科外,鼓浪屿医院设立了独立的眼科与外科(救世医院,30 年代),还有耳鼻咽喉科、口腔科、妇产科、检验科和放射科等,[1]西医科室的独立设立,反应了岛上人员配备与西医治疗体系逐渐完整。

其次,医疗技术显著提高。如前所述,鼓浪屿医生多为正规医学学校毕业,尤其是 1937 年以后从业医生,没有学校毕业证不能登记与开业,他们受系统而严格的西医训练,诊断与治疗水平日渐提高。20 世纪 20 年代,西医内科只能治疗一些常见病和多发病。30 年代,鼓浪屿救世医院引进了一些先进技术设备,首先开展常规血液检查和胸部透视,[2]可以进行复杂病症的诊断与治疗。鼓浪屿的救世与博爱医院均设置了检验科,主要进行血、尿、粪三大常规检查。30 年代,一组华人捐款近 3000 元,为救世医院购置一台 X 光机。[3] 救世医院于 1932 年从美国购进一台,[4]并设立 X 光科及肺痨科,专门进行胸部透视等与肺病治疗。另外,博爱医院也配备 X 光机设备。外科方面,20 世纪 30 年代,鼓浪屿救世医院、私立鼓浪屿医院和博爱医院均设有外科,救世医院的外科主任陈荣殿博士当时已能开展胃部分切除术。[5] 妇产科方面,鼓浪屿的医院在医专里已开始培训助产士,推行西法接生技术,[6]如晋惠医院许庆英即为博爱医院培养的妇产科医生,林琴英为专门的助产士。鼓浪屿已有 6 名妇科医生登记,可见岛上的妇科医疗技术已发展到一

① 厦门市地方志编纂委员会编:《厦门市志》(第五册),北京:方志出版社,2004 年,第 3292～3299 页。

② 厦门市地方志编纂委员会编:《厦门市志》(第五册),北京:方志出版社,2004 年,第 3292 页。

③ [美]杰拉德·F. 德庸著,杨丽、叶克豪译:《美国归正教在厦门(1842—1951)》,台北:龙图腾文化有限公司,2013 年,第 330 页。

④ 厦门市地方志编纂委员会编:《厦门市志》(第五册),北京:方志出版社,2004 年,第 3292 页。

⑤ 厦门市地方志编纂委员会编:《厦门市志》(第五册),北京:方志出版社,2004 年,第 3293 页。

⑥ 厦门市地方志编纂委员会编:《厦门市志》(第五册),北京:方志出版社,2004 年,第 3295 页。

定水平。另外,鼓浪屿也有专科诊所:2 家眼科诊所与 10 家牙科诊所。[①] 因此,这一个时期,鼓浪屿的医疗技术与水平得到很大提高。

　　4. 设立新的医学专科学校与护士学校

　　除原有的救世医院附属医学专科学校外,鼓浪屿新设了一所医学专科学校,即博爱医院“医专学校”。1918 年,日本博爱医院创设,次年即附设“医专学校”,1937 年抗战爆发后停办。医校校长由历届医院院长兼任,各科教员由该院各科日本医生兼任。学员大部分是旭瀛书院毕业生(华人),课堂在医院内,日语教学。每年招收一届学员,4 年毕业,前后计 6 届毕业生,约五六十人。[②] 鼓浪屿不少医生毕业于此,如叶友益、周席丰等,他们毕业后在鼓浪屿、厦门开业行医,或前往漳泉及南洋各地行医。

　　除医学专科学校外,鼓浪屿也创立了护士学校,培养专业护理人员。早期护士基本是外籍,护理人员严重不足。1924 年,在赖仁德小姐指导下,救世医院开办了一所三年制的护士学校,初设时只有 14 名学生,这是闽南地区第一所护士学校。过去,“护理被当成下贱的工作遭到歧视,然而教会学校的女孩子们却把它视为一条服务途径”。[③] 除了女护士外,也有男护士,到1937 年时,已有 4 位男护士从此毕业。[④] 根据中华护理学会的要求,所有未来的护士必须拥有三年的学习和实践经验,并通过国家考试。到 40 年代初时,护士学校已有 80 名受训学员毕业,并通过中华护理协会的考试。[⑤] 从1924 年开设到 1952 年关闭,学校共计招收 22 届学生,毕业生 160 余人。1949 年,厦门全市区(包括厦门和鼓浪屿)所有护士才 119 名,[⑥]可见鼓浪屿护士学校之贡献。

------

　　① 陈全忠:《鼓浪屿开业医生调查资料(1884—1949)》,《鼓浪屿文史资料》上册,第 402～403 页。

　　② 张镇世、叶更新、杨纪波、洪卜仁:《“公共租界”鼓浪屿(1903—1941 年)》,厦门市政协文史资料研究委员会编:《厦门文史资料》第 16 辑,厦门:鹭江出版社,1990 年,第 49 页。

　　③ [美]纽约美国归正教会海外传教委员会:《厦门传教百年史》,载何丙仲辑译:《近代西人眼中的鼓浪屿》,厦门:厦门大学出版社,2010 年,第 288 页。

　　④ [美]杰拉德·F. 德庸著,杨丽、叶克豪译:《美国归正教在厦门(1842—1951)》,台北:龙图腾文化有限公司,2013 年,第 348 页。

　　⑤ [美]纽约美国归正教会海外传教委员会:《厦门传教百年史》,载何丙仲辑译:《近代西人眼中的鼓浪屿》,厦门:厦门大学出版社,2010 年,第 288 页。

　　⑥ 厦门市地方志编纂委员会编:《厦门市志》(第五册),北京:方志出版社,2004 年,第3303 页。

鼓浪屿医学专科学校与护士学校的开办，形成了完整的医疗人才培养体系，培养了一批医术精湛的西医医生和护理技术娴熟的专业人员，大大缓解了厦鼓及闽南地区医疗人员的不足，不仅为鼓浪屿，也为闽南地区的医疗事业的发展、医疗服务水平的提高作出了巨大贡献。

三、鼓浪屿西式医疗事业的曲折变化（1938 年 5 月—1949 年 10 月）

1937 年 7 月，日本开始发动全面侵华战争时，鼓浪屿的日本医院与学校就已关闭，如博爱医院、博爱医院"医专学校"在战争爆发后就停办。1938 年 5 月，厦门沦陷，大量难民逃亡鼓浪屿，鼓浪屿人口激增，伤兵及抱病难民逃到鼓浪屿，对岛上的医疗体系造成巨大的压力。岛上现有的医院及医疗设施均动员起来，为难民提供医疗服务。

在难民救治中，鼓浪屿医院和救世医院承担了主要工作。鼓浪屿医院本于 1936 年已停业，鉴于伤兵及生病难民极为悲惨的境遇，黄省堂、丁锡荣、卢季纯、叶启元和英国移民检疫所甘医官等重新启用鼓浪屿医院，在医院内组织收容所，救治伤兵及难民，并得到万国救济会支持，救济会向医院赠送了大量药品仪器。由于时局艰难，鼓浪屿医院艰难支撑，在医治难民方面颇有成绩。然后，1941 年夏，国际时局日益紧张，日军时来骚扰，该院二度停顿。救世医院动员全体人员，尽可能多地接治病人。根据 1938 年救世医院的一份报告，可看出当时的混乱局面：

> 在最初几天内有约四百名受伤士兵得到治疗。虽然医院设施仅能接纳 120 名病人住院，但几个月以来医院接纳治疗的住院者一直超过了 200 人，去年的年平均住院人数为 1500 人，而今年的住院总人数已达 3588 人，门诊人数从平均每天 60 人增加到 250 人。今年的门诊总人数为 42,511 人，是去年的四倍。[①]

另外，也有一些医生免费施诊赠药，如中医陈焕章，得到商人郭大川资助，从 1938 年至 1941 年间，每逢旧历初一与十五，以及星期日，在鼓浪屿日光岩寺施诊赠药，先后耗资 1600 多元，受惠者极多，名噪一时。[②]

时局持续恶化，岛上居民的医疗服务更加堪忧。1941 年 12 月 8 日凌

---

① ［美］杰拉德·F. 德庸著，杨丽、叶克豪译：《美国归正教在厦门（1842—1951）》，台北：龙图腾文化有限公司，2013 年，第 375 页。

② 陈全忠：《鼓浪屿中医人物传略（二）》，《鼓浪屿文史资料》中册，第 179 页。

晨,日本政府宣布对英、法、美、荷等国宣战后,厦门的日本军队立即跨海占领了鼓浪屿,同时封闭了各交战国的领事馆及其所办的学校、医院、企业,并押解其外交官员和有关单位的外籍人员,加以集中管理。救世医院被迫停办,成为战俘营,关押着约 40 名英国和挪威战俘,以及其他盟军海军水手。随后,日本人盗用了医院所有可以搬动的东西,严重毁坏了医院的房子。① 救世医院在沦陷期间损失惨重,经济损失约 30 万美元。② 另外,日本博爱医院院长在厦门沦陷后原庸藏卷土重来,准备重开鼓浪屿博爱医院,结果该院已被日本海军部征用驻扎军队,只好把总院搬到厦门,直到日本驻军迁走,博爱医院旧址改为分院,分院长神川虔。鼓浪屿仅有较大的三家医院均已不存在,居民若生病就诊,只能到一些中西医诊所治疗。根据 1941 年 12 月到 1945 年 8 月的调查,鼓浪屿有 18 位中医开业,开设 18 家诊所;34 位西医,在 25 家诊所就诊(2 人不明);13 位牙医,12 家诊所。③ 岛上华人西医与牙医比日军占领前数量多,主要是因为厦门沦陷后部分医生逃到鼓浪屿开始诊所,如陈天恩、陈五爵等原在厦门设诊所,该时期则在鼓浪屿设诊所。不过,这些诊所业务与治疗水平令人怀疑,这并非医生水平低下,而是岛上医药和医疗用品的严重短缺。随着战争拖延,医药与医疗用品越来越短缺,而且通货膨胀推高了药品价格。鼓浪屿的生活与药品等,一向靠内地与外埠供给,太平洋战争后,物资来源告绝。日军占领初期,实行粮食配额制,规定鼓浪屿居民,不论男女老幼,每人每月一律限购大米 30 市斤,各联保指定一家粮食小卖店,供住在各该区域的居民购买。不久,定量改为 24 市斤,又逐步缩减为 18、12、8 市斤,1944 年底开始缩减为 2 市斤,直到日本投降。岛上物资奇贵,当时 100 市斤杂柴卖到 1600 元,连买卖木器家具,也以柴价称重计算,大橱的玻璃还要挖掉,不能计算在重量内。④ 医药及医疗用品属管制物资,市面上奇缺,不知价格如何,我们以临近的漳州小溪医院的药品价格予以说明。1941 年春,买一瓶 10 盎司的奎宁只需 2000 元国币。到 1942

---

① [美]杰拉德·F. 德庸著,杨丽、叶克豪译:《美国归正教在厦门(1842—1951)》,台北:龙图腾文化有限公司,2013 年,第 376 页。

② 杨维灿:《鼓浪屿救世医院院史(1898—1951)》,《鼓浪屿文史资料》上册,第 100 页。

③ 陈全忠:《鼓浪屿开业医生调查资料(1884—1949)》,《鼓浪屿文史资料》上册,第 404～406 页。

④ 陈冰玲:《日本独占时期的鼓浪屿》,《厦门文史资料》第 16 辑,第 203～204 页。

年5月时,已需要7000元国币,不久后又涨到35000元。一磅阿司匹林粉1941年春仅售20元,12月涨到80元,1942年5月时需800元。[①]由于鼓浪屿药品依赖外地输入,价格也不会低。由于医药和医疗用品短缺,医生救治病人时很难运用适当的处理方法,效果自然可想而知。

抗战胜利后,国民政府于1945年9月派员接收厦门及鼓浪屿,鼓浪屿由厦门市政府管辖。岛上的医疗服务开始恢复,日本博爱医院分院停办,原在鼓浪屿的晋惠医院于1947年在厦门思明西路周厝巷新设一家晋惠产科医院,[②]专事产科。鼓浪屿另两所医院,即鼓浪屿医院和救世医院相继复业,岛上的中西医诊所业务短期内也渐走上正轨。然而,随后因内战爆发,国统区经济混乱,出现恶性通货膨胀,医疗事业复苏进程被中断。1949年10月,厦门和鼓浪屿相继解放,鼓浪屿的医疗事业进入一个新的阶段。

鼓浪屿医院复办有点波折,国民政府以该院系敌伪分子所有为由,欲将其没收。经当时董事长林顶立,据理力争,得以保存。以下是1947年鼓浪屿医院董事会构成情况,他们在医院的复业和发展中发挥了重要作用。

表5-14 1947年鼓浪屿医院董事会构成及分工表

时间	董事长	副董事长	总务	财务董事	监察董事	董事
1947	林顶立	卓锦成黄省堂	丁锡荣	顾权屏马锡暇	洪朝焕蔡汝津	黄钦书、陈伯诚、丁玉树、卓全成、李汉青、陈荣芳、张立本、李良元、陈松根、黄其华、张圣才、黄大辟、王兆畿、陈厥祥、丁赞兴、许显西、王清辉、苏谷南、叶启元、章茂林、陈庇苍、林汉南、林文火、林世进、林遵行

资料来源:林遵行:《厦门鼓浪屿医院业务报告》,鼓浪屿"申遗办"档案室藏。

日军占领期间,该院三丘田院舍被破坏不堪,华侨许经权热心赞助,借

---

① [美]杰拉德·F.德庸著,杨丽、叶克豪译:《美国归正教在厦门(1842—1951)》,台北:龙图腾文化有限公司,2013年,第379~380页。

② 厦门市地方志编纂委员会编:《厦门市志》(第五册),北京:方志出版社,2004年,第3295页。

给楼屋三座(现安海路 36 号),医院 1945 年 10 月顺利复办。[①] 1947 年冬,经呈奉当时的福建省卫生处,鼓浪屿医院被核准立案。复办之后,医院委派副董事长黄省堂、总务董事丁锡荣和董事陈松根先后分赴港、沪和菲诸地募捐基金。1945 年 11 月至 1947 年 7 月,医院收到厦门捐款约 2164.3 万元国币,上海 180 万元国币,香港 2.5 万元港币,[②]这些捐款主要用于医院补贴和三丘田院舍修理费,余下款项以备后用。另外,1946 年 4 月至 1947 年 9 月,该院慈善部收到董事会、国际救济会、福音堂、三一堂、陈龙田等团体及个人捐资约 124.3 万元国币,[③]缓解了医院资金紧张局面。由于资金较为充裕,医院人员逐渐增多,设施逐渐改善。1947 年,院长为林遵行,兼内科主任,外科主任、妇产科主任及住院医师共 4 名,药剂生 1 名,护士 10 名,事务员 2 名,工友 7 名。病床已有 50 张,其中普通病房 20 张,头等病房 10 张,产科病房 10 张,小儿病房 10 张。病人被、枕、毯、褥及衣服等齐备。手术台、器械台、高压大小消毒器、太阳灯、电疗器、检验室显微镜、离心器、孵卵器、验血器等外科仪器齐全。由于医院被行政院善后救济署指定为鼓浪屿唯一一家善后医疗救济医院,药品比较充足,英国红十字会、救济总署、万国红十字会、美国摄华联合会、菲侨妇女慰问会及荷属侨胞赠送药品颇多,包括医院旧存及函购,足够使用。由于药品和医疗器械较为充足,人员配备较完整,医院业务日益发展,以下是鼓浪屿医院 1945 年复业至 1947 年 9 月的门诊与住院人次的统计:

表 5-15　1945 年 10 月—1947 年 9 月鼓浪屿医院各科门诊、住院人次统计表

项　目	1945 年 10 月—1946 年 9 月		1946 年 10 月—1947 年 9 月	
	门诊人次	住院人次	门诊人次	住院人次
内科	7315	250	8354	291
外科	4314	115	4386	132
眼耳鼻喉	474	17	554	27
皮肤花柳	965	22	1823	29

① 除特别标明外,以下有关鼓浪屿医院的资料均引自林遵行:《厦门鼓浪屿医院业务报告》,鼓浪屿"申遗办"档案室藏。

② 张晓良:《私立鼓浪屿医院的曲折历程》,《鼓浪屿文史资料》中册,第 89 页。

③ 张晓良:《私立鼓浪屿医院的曲折历程》,《鼓浪屿文史资料》中册,第 92 页。

续表

项　目	1945 年 10 月—1946 年 9 月		1946 年 10 月—1947 年 9 月	
	门诊人次	住院人次	门诊人次	住院人次
妇产科	494	73（产）、14（妇）	861	178（产）、23（妇）
儿科	318	38	359	52
传染病	31		45	
合计	13911	529	16828	732

资料来源：林遵行：《厦门鼓浪屿医院业务报告》，鼓浪屿"申遗办"档案室藏。

　　1945 年 10 月至 1946 年 9 月门诊和住院人数约 14440 人，1946 年 10 月至 1947 年 9 月门诊和住院人数约 17014 人。前后两年度相比较，后一年度增加 2574 人，充分显示了鼓浪屿医院复办后的发展态势。另外，医院秉承服务贫民的传统，为贫困者免费治疗。1945 年 10 月至 1947 年 9 月，门诊人次为 30193 人，免费者 16824 人，占 50％以上。住院者 1261 人，免药费者 432 人，占 30％以上。这四百多人中，免费供餐者 117 人。1945 年 4 月与 9 月，鼓浪屿先后发现鼠疫与霍乱患者，医院办理免费防疫注射，惠及二千余人，医生护士协助间隔病房工作。1947 年，办理脑炎、鼠疫和霍乱预防注射及免费接种一千余人。总体而言，医院发展已经走上正轨。不过，随后因国内战乱，恶性通货膨胀，医院境况逐渐恶化，幸亏医护人员协力支撑，医院得以维持下去。

　　救世医院重建进程缓慢，夏礼文医生在当地华人和海外华人中募集了 10 万美元，包括联合国善后救济署和红十字会在内的救援组织援助了价值 7.5 万美元的医疗器械和用品，[①]在被日军关闭 5 年之后，即 1947 年 6 月，救世医院重新开业，并于 1948 年举行了建院 50 周年的庆祝大会。医院复业后，迅速发挥了巨大作用。1948 年，救世医院"为近两千名学生和个人进行 X 光检查；对门诊患者进行了 40500 次防诊，其中 25％以上免费；免费进行天花、伤寒和白喉的疫苗接种"。[②] 除了正常的医疗事务外，救世医院还有很

---

　　①　[美]杰拉德·F.德庸著，杨丽、叶克豪译：《美国归正教在厦门（1842—1951）》，台北：龙图腾文化有限公司，2013 年，第 434 页。
　　②　[美]杰拉德·F.德庸著，杨丽、叶克豪译：《美国归正教在厦门（1842—1951）》，台北：龙图腾文化有限公司，2013 年，第 434 页。

多其他活动,如"在教堂和学校举办了几次关于卫生知识的讲座"等。^① 救世医院逐渐恢复过去的医疗服务水平。

除了医院复业外,鼓浪屿个人开业的医生也有所变化,原因战乱而避到鼓浪屿的厦门医生迁回厦门行医,自 1945 年 9 月至 1949 年 10 月,鼓浪屿个体开业的西医计 38 位。其中牙医 11 位,内科 15 位,妇产科 6 位,妇科 3 位,内有 2 位兼儿科,眼科 2 位。

四、鼓浪屿中医的发展变化

中医是中国传统医疗技术,在西医传入鼓浪屿后,中医医疗事业也一直存在。1903 年以前,鼓浪屿华人数量不多,因而中医也不多。1884—1903年,鼓浪屿开业中医一共有 10 名,详情如下:

表 5-16　晚清时期鼓浪屿开业中医统计表(1884—1903)

姓名	性别	科别	开业地址	诊所名称	备　注
林芝光	男	儿	鹿耳礁 87 号	住宅设医寓	1884 年开始行医
叶斗姑	女	儿	晃岩路洋墓口	住宅设医寓	1885 年开始行医,为早期著名先生妈
黄贯舍	男	内、妇	龙头路	协源堂	世居本岛,开设药店坐堂行医
黄潭舍	男	内、妇	海坛路 57 号	未详	同上
黄晓初	男	内、妇	市场路 56 号	黄晓初医寓	自学成医,在住处行医
李家麒	男	内、妇、儿	龙头路 109 号	福林春	1894 年来鼓浪屿行医
黄伟舍	男	内、妇	海坛路 33 号	瑞安堂	世居本岛,在家开设药店行医
许劝	女	儿	龙头路 414 号	住宅看病	二十年代著名先生妈
黄思藻	男	内、妇、儿	龙头路	益寿春	自小来鼓当药店学徒,后自设药店行医
卓婶婆	女	儿	福州路	住宅看病	著名先生妈

资料来源:陈全忠:《鼓浪屿开业医生调查资料(1884—1949)》,鼓浪屿申报世界文化遗产系列丛书编委会:《鼓浪屿文史资料》上册,2010 年,第 399 页。

---

① ［美］杰拉德·F. 德庸著,杨丽、叶克豪译:《美国归正教在厦门(1842—1951)》,台北:龙图腾文化有限公司,2013 年,第 434 页。

从上表可以看出,中医主要涉及儿科、内科和妇科等类别。中医与西医不一样,治疗类别不会细分,上面所列应该只是该中医所擅长之领域。10 名医生中,擅长儿科者稍多,大约占 60%,有 4 名医生专攻儿科。

鼓浪屿成为公共租界后,工部局制订了行医的相关章程,规范了中医医疗行业,中医医疗事业得到一定发展。1903 年 5 月—1941 年 12 月,除前期 9 家(林芝光未列入统计)外,鼓浪屿新开业的中药诊所先后有 67 家,如下表所示。

表 5-17　1903 年 5 月—1941 年 12 月鼓浪屿开业中医详情表

姓名	性别	科别	开业地址	诊所名称	备　　注
叶斗姑	女	儿	晃岩路洋墓口	住宅设医寓	著名先生妈
黄贯舍	男	内	龙头路	协德堂	工商局未成立前就已行医
黄潭舍	男	内	海坛路 57 号	未详	同上
黄晓初	男	内	市场路 56 号	黄晓初医寓	1938 年逝世于寓所
李家麒	男	内	龙头路 109 号	福林春	1894 年来鼓浪屿行医
黄伟舍	男	内	海坛路 33 号	瑞安堂	世居鼓浪屿行医,1930 年逝世
许劝	女	儿	龙头路 414 号	住宅看病	著名先生妈
黄思藻	男	内、妇、儿	龙头路	益寿春	设药店坐堂行医
卓婶婆	女	儿	福州路	住宅看病	著名先生妈
翁朝言	男	骨伤科	内厝澳	住宅看病	1937 年来鼓行医
杨捷玉	男	骨伤科	乌埭路	国术馆看病	20 年代末来鼓行医
谢宝三	男	内科	龙头路	谢宝三医寓	著名中医师
郑意澄	男	内科	泉州路	六安斋	著名中医师
高春泽	男	内外风伤	晃岩路	住宅看病	和尚还俗行医
陈焕章	男	内外科	日光岩寺	施诊赠药	1938—1941 年
黄奕田	男	内科儿科	龙头路	平民药店(坐堂行医)	自小在鼓当药店学徒后自开设药店
郑辅友	男	内科	泉州路	六安斋	坐堂行医

续表

姓名	性别	科别	开业地址	诊所名称	备　注
刘俊平	男	内科	龙头路	原安居	坐堂行医
黄章甫	男	内科	龙头路	益世	坐堂行医
廖金山	男	外科	海澄路	金山堂	坐堂行医
柯金木	男	骨伤科	日兴路	鹤源堂	坐堂行医
方织云	男	内科	龙头路	寿安堂	坐堂行医
吴瑞甫	男	内科	中华路	吴瑞甫医寓	1938年来鼓浪屿行医，旋即往香港抵星洲，中医教育家
徐亮饮	男	内科	内厝澳路	济元堂	1938年来鼓坐堂行医
黄奕章	男	内科	龙头路	益寿春	坐堂行医
方邦再	男	骨伤科	泉州路	诊所	1938年来鼓行医
黄翼佳	男	内、妇、儿	内厝澳路	德源堂	坐堂行医
黄汉升	男	骨伤科	内厝澳路	德源堂	坐堂行医
邱汉卿	男	内外科	龙头路	万山堂	1927年来鼓行医
陈聘祥	男	内、妇科	内厝澳后厝路	医寓	1912年来鼓行医
陈仲香	男	内科	福建路	福华春	坐堂行医
陈启宗	男	内科	内厝澳路	济生堂	坐堂行医

资料来源：陈全忠：《鼓浪屿开业医生调查资料（1884—1949）》，《鼓浪屿文史资料》上册，2010年，第400～401页。

这些医生多为个体开业，有行医执照。行医处所则多在所开设的诊所，也有不少在住宅看病。这些诊所或私人医生分布在龙头路、泉州路和内厝澳等各处，涉及中医内科、儿科、骨伤科、妇科和内外风伤等各科，较前一时期更为完善。其中以内科居多，涉及内科的共计20家，其中14家只看内科。其次，骨伤科4家，另外儿科3家，外科1家，其他兼治，如内、儿科、内外科等。这符合中医的传统优势，中医内科一直是主要类别。

　　总体而言,中医的发展态势,不管是其规模,还是培养体系、医疗水平等,均不如西医。中医势弱是中国近代化以来普遍的现象,中医甚至受到政府歧视。1929 年 3 月,福州、泉州、厦门等地中医药界响应全国中医药界 130 多个团体号召,抗议南京国民政府对中医的歧视,并在福州开办福建中医讲习所和福建医学专门讲习所,试图扭转势弱之态势。但大势如此,很难扭转。

　　不过,中医技术多为世代家传或师徒相传,当时也没有专门的中医学校之类,中医多在住处或药店行医。虽然培养体系和专业类别不及西医精细,但鼓浪屿中医医疗水平也较高,尤其是在治疗疑难杂症方面有独到之处。鼓浪屿不少中医均有拿手本领,如叶豆仔(1845—1942),虽为文盲,但博闻强记,掌握了家传的"放筋"疗法和其他治疗方法,并配置各种装瓶药散备用,擅长处理小儿疑难杂症。曾有一幼儿被救世医院院长郁约翰诊为死症,但经叶豆仔治疗后逐渐复苏,让郁约翰惭愧不已,一时传为佳话,名声大噪,工部局还派员授匾。[①] 黄思藻、李家麟、谢宝三与郑意澄等人因为医术高超,被誉为鼓浪屿四大名医。[②] 因此,作为中国传统医术,中医符合华人的医疗习惯,在鼓浪屿华人居民群体中仍然拥有一定的市场。

第四节　鼓浪屿近代文化事业的发展

　　鼓浪屿近代文化事业的兴起,与西方教会有很密切的关系。为了宣传基督教,更大范围传播福音,传教士先后创设书局、创办报刊,通过潜移默化的方式来传播福音,从而促进了鼓浪屿近代文化事业(主要包括新闻报刊、出版与图书馆等公共文化设施)的兴起与发展。同时,在华侨等爱国人士的影响下,鼓浪屿近代文化事业得到进一步发展。1902 年,《鹭江报》创刊发行,该报在厦鼓地区极为重要。1903 年,鼓浪屿成为公共租界,新闻事业发展相对自由,受晚清政府干预相对较少。另外,1901 年,清末新政开始,有限度地开放报禁。因此,我们以 1902 年界,将鼓浪屿的近代文化事业划分为兴起期与发展期,分别予以阐述。1938 年厦门沦陷后,大量难民逃到鼓浪

---

①　陈全忠:《鼓浪屿中医人物传略(一)》,《鼓浪屿文史资料》上册,第 70 页。
②　陈全忠:《鼓浪屿中医人物传略(一)》,《鼓浪屿文史资料》上册,第 73 页。

屿,鼓浪屿局面极为混乱。抗战后,国内很快转入内战,社会动荡不定。因此,我们会兼及 1938 年后文化事业的变化情况,但不专门论述。

一、鼓浪屿近代文化事业的兴起(1842 年—1902 年)

相对于教育与卫生医疗事业,鼓浪屿的近代文化事业兴起时间稍晚。鼓浪屿近代文化事业的兴起,也多与传教士与西方人有直接关系,他们在鼓浪屿传播福音,要了解外面的社会动态,就需要一定的媒介,从而促进了近代文化事业的兴起。

(一)出版印刷业的兴起

为了传播福音,教会频繁出版书籍、报刊和各种传教资料,创办了大量印行,从而促进了鼓浪屿和厦门出版印刷业的发展。1844 年,伦敦公会传教士施约翰夫妇从英国来鼓浪屿传教,随后即组织成立了"英国圣书公会",这是闽南圣教书局的前身。公会专门销售与传播宗教书籍,他们一方面从上海中华圣经公会购来《圣经》,一方面托厦门萃经堂印刷《圣诗》,半卖半送给教徒。书局会刺激印刷市场的产生与扩大,从而有助于出版业的发展,厦门萃经堂即为印刷厂。另外,教会自己也印刷书籍,1933 年甘为霖的《厦门音新字典》就是在英国牧师的住宅里铅印出版。

除了自己印刷书籍外,教会也会把一些出版业务委托给其他印刷厂。19 世纪末,鼓浪屿经营印刷业务的有"萃经堂"和启新印书局(1922 年由马来亚、菲律宾华侨在龙头路创办),其中以萃经堂影响最大。萃经堂原为厦门瑞记书坊,安溪人白瑞安开设,后迁至鼓浪屿鹿耳礁(今复兴路 15 号)改名。迁至鼓浪屿后,除继续印售小儿识字课本外,萃经堂主要业务是承接教会的印刷品,印刷基督教会印刷闽南语罗马拼音字的圣经、圣诗以及《厦语注音字典》等。1893 年,麦嘉湖改订的《英华口才集》是由萃经堂印行,次年打马字所著《厦门音字典》也由萃经堂印行。

随着出版印刷业的发展,厦鼓地区的印刷技术也取得进步。闽南地区早期一般采用木刻雕版印刷,印刷数量与质量均不能满足教会的需求,因而教会的一些印刷品都是在广州印刷后运到厦门与鼓浪屿。1864—1865 年间,厦门引进了活字和一架印刷机,由美国传教士万约翰从广州运一台活动油印机到厦门。①

从上可知，出版印刷业、书局的兴起均与教会有密切关系。为了传播福音与扩大教会的影响，教会设立书局，销售与赠送宗教书籍，进而促进了出版印刷业的兴起或发展。随着福音传播与教徒增多，以及出版印刷业提供的服务日趋便利，书局业务量更大，进一步带动了出版印刷业的发展。

(二)新型报刊的兴起

中国报刊业的发展起步较晚。从唐朝开始就有邸报之类的读物，但其发行基本上限于官僚集团内部，读者以分封各地的皇族和各级政府官吏为主，一般民众接触不到邸报。近代以降，随着西方传教士东来，真正意义上面向大众的报刊开始产生，中国最早的报刊也是由西方传教士创办的，这些早期的报刊主要以宣传介绍为主，很少刊登具有学术研究性的文章。从1815年到19世纪末期，外国人在中国创办了近200种报刊，占当时我国报刊总数的80%以上，其中传教士创办的中文报刊就有76家。② 由于国家与民族危机日益严重，中国人自办报刊也有了较大的发展。据不完全统计，从1895年到1898年，全国出版的中文报刊有120种左右，其中约80%是中国人自办的。③ 鼓浪屿也不例外，最早的报刊是由外国人所创办。不过，1902年以前，鼓浪屿华人尚未自办报刊。

1878年，鼓浪屿出版了两份英文报刊，一份是 *The Amoy Gazette*（汉语译为《厦门公报与航运报》），每日出版，另一份名为"*Waffle's Bi-monthly*"（汉语译为《闲话双月刊》），这两份报刊的内容全是外文。大约在1884年，英国牧师傅氏创办《厦门报》，双日出版，因读者甚少，不久后停办。可见，鼓浪屿早期报纸发行的主要对象是岛上的外国人，便于他们了解厦门及其他地区各种消息与及时动态。1886年（一说为1878年），英国传教士布德创办的《厦门新报》，主要刊载时事新闻和教会新闻，用福建方言写作，这是厦鼓地区的第一份中文报刊，主要读者应是部分传教士与华人，毕竟懂福建方言

---

① [美]毕腓力著，何丙仲译：《厦门纵横——一个中国首批开埠城市的史事》，厦门：厦门大学出版社，2009年，第132页；张镇世、叶更新、杨纪波、洪卜仁：《"公共租界"鼓浪屿(1903—1941年)》，厦门市政协文史资料研究委员会编：《厦门文史资料》第16辑，厦门：鹭江出版社，1990年，第42页。

② 方汉奇：《中国近代报刊史》，太原：山西教育出版社，1981年，第10、19页。

③ 方汉奇主编：《中国新闻事业通史》(卷一)，北京：中国人民大学出版社，1996年，第539页。

的外国人不多。不过,《厦门新报》只出版了 3 期就停刊。稍晚,一份发行时间长、影响稍大的报纸便诞生了:

1888 年,美国归正教会打马字牧师夫妇在鼓浪屿创办了《漳泉公会报》,报社设在鼓浪屿,后改名《闽南圣会报》,为闽南教会报刊之始。[①] 每月出版,也用厦门方言写作,主要刊载教会消息,历任经理和主笔均由外国神职人员担任。《闽南圣会报》曾风行闽南、南洋和台湾各地教会,1938 年改用闽南白话、普通话对照,厦门沦陷后停刊。

由于资料原因或经营时间过短,我们今日已无法知晓一些早期报刊详情,但从早期报刊的兴办可以看出,这些报刊的受众基本都是外国人或教徒,多会刊载教会新闻,受众面比较窄。而且,部分报刊经办时间短,几期之后便停刊。但是,这些报刊为后来者提供了借鉴和参考,促使新闻报刊使用汉语,毕竟英语受众少,不足以支撑一份报刊的发展,这有助于报刊的本土化,为鼓浪屿新闻报刊业的发展奠定了基础。

(三)公共图书馆的萌发

19 世纪 70 年代,鼓浪屿的俱乐部里就有图书馆和阅览室。据毕腓力牧师记载,20 世纪初期,鼓浪屿已经有两座洋人的俱乐部,每个俱乐部都设有阅览室和图书室。[②] 在戊戌变法影响下,1899 年,河仔墘(今泉州路)设立了供民众浏览报刊的“鼓浪屿阅报所”,厦门地区书报开始对民众开放。次年,与革命党人有关的人士在大河墘(今龙头路)创办了“闽南阅报社”,作为宣传反清、民主革命思潮和秘密联系革命志士的场所。[③]

实际上,这些俱乐部的阅览室或图书室具有近代公共图书馆的雏形。不过,服务对象非常有限。这些阅览室的兴起,说明民众对图书报刊已经有一定的需求。随着鼓浪屿教育的发展,民众受教育水平提高,受教育规模扩大,必然要求社会提供相应的公共品,阅览室的兴起为公共图书馆的兴办创造了发展空间。

---

① 张镇世、叶更新、杨纪波、洪卜仁:《“公共租界”鼓浪屿(1903—1941 年)》,厦门市政协文史资料研究委员会编:《厦门文史资料》第 16 辑,厦门:鹭江出版社,1990 年,第 58 页。

② [美]毕腓力著,何丙仲译:《厦门纵横——一个中国首批开埠城市的史事》,厦门:厦门大学出版社,2009 年,第 168 页。

③ 张镇世、叶更新、杨纪波、洪卜仁:《“公共租界”鼓浪屿(1903—1941 年)》,厦门市政协文史资料研究委员会编:《厦门文史资料》第 16 辑,厦门:鹭江出版社,1990 年,第 64 页。

二、鼓浪屿近代文化事业的发展（1902 年—1938 年）

清朝末年戊戌变法失败之后，学习西方先进科学以图自强的维新思想，仍然影响着知识分子和各阶层人士，兴办报刊、印刷出版等新型文化事业层出不穷，全国文化事业获得很大发展，自然也带动了鼓浪屿文化事业的发展。再者，20 世纪初以来，越来越多的海外华侨回国定居鼓浪屿，他们大量投资实业，促进了鼓浪屿和厦门社会经济的发展，为鼓浪屿近代文化事业的发展奠定了物质基础。1902 年以后，尤其是 1903 年鼓浪屿成为公共租界，外国人直接管理鼓浪屿，客观上为国人提供了一块免受晚清、北洋和南京国民政府直接干预的"安全地"，具有较大的新闻言论与出版自由。凡此种种，促进了鼓浪屿近代文化事业的繁荣发展。

（一）鼓浪屿新闻报刊的不断创设

清末新政期间，有限度地开放报禁，各地纷纷办报纸、办新式学堂，提倡科学和革新。尤其是辛亥革命胜利后，民主自由思想传播，言论自由载于约法，出现了一个报纸创办的高潮，"一时报纸风起云涌，蔚为壮观"。据时人统计，1912 年，全国报纸由革命前的 200 家增至 500 家，也就是说仅 1912 年一年就有近三百家报纸创刊。每家报纸发行销售额，多则万余，少则千百，全国报纸总销数达 4200 万份，均突破了历史的最高纪录。[①] 鼓浪屿的报纸大约可以分为两类，一类是外国传教士创办的报纸，一类是非宗教类人士创办的报纸。下面按类别具体论述。

1. 教会人士创办的报纸

戊戌变法之后，外国传教士利用中国新闻报刊业快速发展的机会，大量创办报纸：1902 年英国驻厦领事馆通过基督教牧师山雅各（Rev. James Sadler）创办了《鹭江报》，1905 年停刊；天主教厦门教区的《公教周刊》，1928 年创刊，1937 年停刊；闽南美国维正教的《教育通讯》《教育世界》《指南针》等；《道南报》，1921 年出版，1933 年前后停办；《鼓浪周刊》于 1927 年 2 月创刊，由中华基督教闽南大会发行，曾一度改为日刊，不久停办；《石生杂志》1929 年创刊，1930 年停刊。另有厦门基督教青年会印行的《厦门青年》，报道教会举办的各种青年活动，如滑冰、划艇、钢琴演奏、篮球比赛等。这些报

---

① 戈公振：《中国报学史》，北京：三联书店，1955 年。

纸中影响最大的是《鹭江报》。

《鹭江报》1902年3月21日创刊，次月28日发刊。报社原设于鼓浪屿鹿耳礁，后来迁到厦门卖鸡巷、太史巷。牧师山雅各任总经理兼总主笔，其余13名编辑人员均为华人，基本上是厦鼓的知名人士或者基督教徒，如马约翰、卢赣章等。《台湾通史》的作者连横在1902年至1903年曾在该报主持笔政。《鹭江报》铅字直排印刷，每10天出1期，每期25页，3万多字，内容丰富。后来增加篇幅，每期达到4万多字，每册分"论说"、"上谕恭录"、"紧要奉折"、"中国纪事"、"外国纪事"、"专件"、"文苑"、"诗界蒐罗集"、"路透新电"、"闽峤消闻"和"附录"等栏，间或再加转载上海等地外人报刊论著的《汇论》以及"外史"、"译谈随笔"之类。①

《鹭江报》非常有经营策略，颇具今日报刊的发行思想。首先，制定优惠价格，创刊号免费赠送，订阅全年者优惠10%。其次，积极扩大发行网，在省内及粤、沪、津等地设立32个发行所或代办处，甚至还扩大到香港、台湾和东南亚、日本等地；再次，采取递减收费办法鼓励刊登广告；最后，开展多种经营，兼办书馆，与各地报业同行开展协作发行。② 这些都令《鹭江报》的经营状况强出当时厦门的其他报刊。《鹭江报》出版80多期，1905年，创办四年之久的《鹭江报》宣布停刊。

2. 非教会人士创办的报纸

鼓浪屿还有许多非教会人士创办的刊物：《民钟报》，1916年创刊，期间多次停刊与复刊，1930年停刊后再未复刊；《先驱半月刊》，1926年创刊，不久就停刊，地址在笔架山；《新中国周刊》，1926年10月创刊，由鼓浪屿"光华社"发行，不久停刊。其中影响最大的是《民钟报》。③

1916年10月，《民钟报》创刊于厦门局口街。"民钟为声应改组"，"民党

① 张镇世、叶更新、杨纪波、洪卜仁：《"公共租界"鼓浪屿（1903—1941年）》，厦门市政协文史资料研究委员会编：《厦门文史资料》第16辑，厦门：鹭江出版社，1990年，第57页。

② 苏西：《鼓浪屿宗教》，厦门：厦门大学出版社，2011年，第102页。

③ 主要参考张镇世、叶更新、杨纪波、洪卜仁：《"公共租界"鼓浪屿（1903—1941年）》，厦门市政协文史资料研究委员会编：《厦门文史资料》第16辑，厦门：鹭江出版社，1990年，第62～63页；邱承忠：《〈民钟报〉始末》，《鼓浪屿文史资料》下册，第139～142页；李纯仁：《历经沧桑话报史》，《厦门文史资料》，第7辑，第53～65页。

许君卓然等,所组织也"。①《声应报》创自 1912 年,1913 年被查封。菲律宾华侨林翰仙联络同盟会元老许卓然,以及侨界人士陈允洛、戴愧生等共同创办该报,他们购买前《声应报》的机械设备,包括铅字等创办《民钟报》。该报旨在反映民众心声,反袁称帝。在该报即将出版时,袁世凯已被打倒。该报为了"国民警钟常鸣,以防袁世凯之流再次复辟",因而决定将报名定为《民钟报》,以报纸宣传革命道理,唤起民众参加革命。许卓然任名誉社长,负责经济,林翰仙任经理兼编辑主任,编辑有黄莪生、李爱黄等,杨持平则撰写社论,批评时政,访员为郭喜助。

《民钟报》出版后,财务始终紧张。数月后,适逢陈允洛将再往南洋,遂委托其顺便募捐。部分华侨认为《民钟报》正直敢言,应予支持,因而积极予以支持。报馆招股简章曾公布鼓励认股办法,即每股五元,认一股者,送报一个月,认五股十股二十股的,送三个月、六个月和一年不等,视为公益募捐性质。南安绅士潘举诩筹集二千多元,与《民钟报》合作。其后,潘举诩担任经理,而林翰仙则专料理编辑事务。然而,该报经费始终紧缺,难以维持。

1917 年 11 月 1 日,《民钟报》便由陈允洛接办,出任经理,李硕果任总务,聘傅无闷为总编辑,黄羲生、林翰仙为编辑。社址由厦门迁至鼓浪屿和记崎林桂园所建的洋楼。接办时,前任办报计 13 个月,结算亏本九千八百余元,欠厦门纸店的款项最多。初时纸店老板出于同情半赊半现,以后则积欠可以缓还,但新购纸则必须付现款。为节省经费,该报后迁移到大宫白一座小三层楼。因言论触怒福建省督军李厚基,李于 1918 年令厦门警察厅派警探到鼓浪屿查封该报,②所有物件被运往厦门,陈允洛等均外逃。次年,判决胜诉,《民钟报》社起封,原物产归还,检点器物损失不少,后由李硕果将机器物品等放到鼓浪屿三丘田一租用的平屋暂存。

1921 年 7 月,《民钟报》复刊,社址在鼓浪屿龙头街。王雨亭任经理,后由李硕果接任,梁冰弦为总编辑,李汉青编厦埠新闻、陈敷友编各县新闻、梁一余编中外新闻、傅维阁编副刊。③该报复刊后,将三号字改用五号字,厦门

---

① 苏警予、陈佩真、谢云声等编:《厦门指南》第十篇附录,厦门:厦门新民书社,1931年,第 1 页。

② 苏警予、陈佩真、谢云声等编:《厦门指南》第十篇附录,厦门:厦门新民书社,1931年,第 1 页。

③ 邱承忠:《〈民钟报〉始末》,《鼓浪屿文史资料》下册,第 141 页。

各报先后仿行,并增加新闻数量。① 该报改用五号字后,特刊载长篇提倡新文化的文章,报道全国性重要消息,引起读者广泛兴趣。另外,复刊后的《民钟报》还是继续猛烈抨击当局时弊,引起厦门当局关注。适逢许崇智即将入闽驱逐李厚基,该报号召民众凡有福建银行钱票应尽速兑现,以免亏损,引发挤兑风潮。因此,警厅该年农历八月再次查封该报馆。

李厚基被逐出福建后,臧致平在厦门掌权。经当局通知,以及王雨亭、李硕果等人积极筹备,《民钟报》在1923年农历正月初五日再次复刊,陈言(绍虞,又号三郎)主持笔政,刘石心、刘抱真、潘柔仲等任编辑,并邀约陈沙仑等为社外评论记者,每天写专题新闻。该报复刊后曾以《破碎山河不忍看》为题,刊登袁世凯签字的卖国条约,在闽南和海外产生过较大的影响。新闻版刊登的新闻重视时效、内容真实、问题尖锐,受到大多读者欢迎。如采访主任李铁民在报上公开揭露海关官员对华侨敲诈勒索的行为,事后该报不怕恐吓,顶住种种压力,受到社会人士的赞扬。1925年,该报联合江声、厦声、思明四家报社联合发表题为《闽南人民声讨张毅》的文章,连续好几天抨击驻漳军阀张毅的罪行,引起轰动,报社订户不断上升。

另外,民钟报副刊版办得非常活跃,曾聘请林憾(即林语堂之兄,散文作家)、王鲁彦、邵庆元(曾任毓德女子中学校长)等任副刊编辑,巴金、许钦文、谢冰心等著名作家为副刊撰写文章。鲁迅在厦门大学任教时,帮助学生出版的《鼓浪》周刊也曾在该报附版。《鼓浪》周刊内容以文艺作品为主,兼登载科学性论文,一共出了6期,存在时间不长。第6期是"送鲁迅专号",出版于1927年1月。

1927年,《民钟报》再次被封,次年2月复刊。1930年时,国民党思明县党部以该报时有过激言论,呈报中央党部批准禁止出版。9月,经福建省政府函漳厦警备司令部,由会审公堂同工部局查封,从此停刊。

《民钟报》自创刊、1916年10月1日出版第一张报纸,至1930年9月8日被查封停办,历时14年。由于其间办报人员多是华侨,因此实际上是一家侨办报社。由于大部分办报人员是拥护孙中山民主革命的人士,曾经是读者公认的厦门第一流报纸,对当时的社会产生过较大的影响,尤其是在福建省内和东南亚华侨社会中有较大影响,对当时新闻事业的发展和社会进

---

① 苏警予、陈佩真、谢云声等编:《厦门指南》第十篇附录,厦门:厦门新民书社,1931年,第3页。

步均作出过很大贡献。

不管教会人士，还是非教会人士创办的刊物，均为社会公开发行的刊物。除了公开发行的报刊，鼓浪屿还有一些学校自己印行、供学生阅读的刊物。如教会学校类，毓德女中出版的《毓德校刊》、鼓浪屿福民学校的《福闽声》。《毓德校刊》1927 年 11 月创刊，在厦门《江声报》副刊出版，不久停刊。这些刊物主要内容包括教会教育、学校教务和学术动态等。武荣中学校刊《春雷》，1928 年 9 月创刊，在厦门《民国日报》副刊附版，不久停刊。[①] 另外，英华、毓德和慈勤等中学的毕业班经常出版纪念刊。

除上述定期刊物外，鼓浪屿还有一些诗社或诗人出版、自印的不定期刊物，如"菽庄吟社"的诗刊和江仲春编的单行本《菽庄丛书》，以及贺仲禹的《绣铁庵词话》等诗文集。此外，还有鹭江戏院介绍每周影片说明和影评的《鹭江周刊》。

从鼓浪屿报刊总体情况可以看出，教会在鼓浪屿报刊创办中发挥了先导作用，而且创办的刊物多，促进了鼓浪屿及厦门地区的文化事业的发展。不过，鼓浪屿的报刊发行数量非常有限（主要市场在厦门岛内），厦门岛内亦不例外。时人曾指出，厦门"任何一报"，"无有能超一千五百份者。民十一二之间最佳。自此之后，各报皆日跌"。《民钟报》编辑陈三郎曾说："我任民钟本埠编辑。极力注重新闻。同时营业部。亦就所辖。整顿不遗余力。然半载以内。报份只增加两三百份。"[②]由于销量有限，因而报刊存活时间大都不长，变更频繁。造成这种状况原因主要在于鼓浪屿及厦门人口有限，经济发展状况不佳，民众"惜钱"，而非厦门人"不乐阅报"，也"非无判别报纸良窳之能力"，"但情面所关，无力辞去窳者，重购良者。"[③]因而，鼓、厦人口与经济状况制约了鼓浪屿及厦门报刊业的发展。

（二）出版印刷业的发展

随着基督教信徒的日益增多、鼓浪屿近代新闻报刊业的发展和学校教

---

① 主要参考张镇世、叶更新、杨纪波、洪卜仁：《"公共租界"鼓浪屿（1903—1941 年）》，厦门市政协文史资料研究委员会编：《厦门文史资料》第 16 辑，厦门：鹭江出版社，1990 年，第 64 页。

② 苏警予、陈佩真、谢云声等编：《厦门指南》第十篇附录，厦门：厦门新民书社，1931 年，第 2 页。

③ 苏警予、陈佩真、谢云声等编：《厦门指南》第十篇附录，厦门：厦门新民书社，1931 年，第 2 页。

育规模的不断扩大,鼓浪屿出版印刷业获得了较快发展。

为了推广圣经等基督教的书籍,中外教徒 1908 年共同组织"圣教书局董事会",在大埔路开办闽南圣教书局,主要业务是代售上海购来的《圣经》和萃经堂代印的白话字《圣诗》。① 同时每年发行 26 期刊物,其中包括堂会新闻、学校新闻和国家新闻,还有罗马白话字小说、述评、卫生方面的文章、短篇小说以及偶尔发表的连载小说。1922 年由马来亚、菲律宾华侨在龙头路创办鼓浪屿启新印刷所,1923 年叶谷虚在福民职业学校创设印刷科,这使圣教书局的出版和发行有了可靠保证。根据归正教会 1925 年的年度工作报告,闽南圣教书局当时共出版 878 本罗马白话字书籍和 1101 本汉字书籍,教堂的赞美诗书也在编辑中,有些书籍甚至脱销,最新修订并重新印刷的白话字读本《天路历程》第二部分已经脱销数年。闽南圣教书局还协助发行罗马白话字双月刊《教会信使》,这份期刊由女传教士联合编辑,1920 年,这份期刊有一千多名读者。②

1932 年,教会人士捐款在福建路修建一幢三层楼屋,作为圣教书局新址。书局扩大业务,除出售圣经圣诗外,还托厦门倍文印刷所和鼓浪屿启新印刷所大量印刷《圣经教义》《基督教故事书》《基督教三字经》和学校课本等。仅用白话字印刷的书籍就有一百多种。除在厦鼓出售外,书局所印书籍还推销到闽南各地和南洋一带,成为闽南地区唯一的非纯营业性质的宗教书局。抗战前,圣教书局曾一度到厦门开设分局。圣教书局后来归中华基督教会闽南大会所属,经理是鼓浪屿福音堂的长执庄逸清。1938 年至1945 年的抗战时期,圣教书局继续营业,厦门解放后停业。

出版印刷技术取得明显进步,铅字活版印刷开始广泛使用,雕版印刷逐渐被铅印所代替。1907 年,瑞记书坊购进一台手摇活版印刷机,首开福建铅字活版印刷之先河。其后,书坊聘请外国技师,将手摇操作改为半机械化,业务发展颇为迅速。③ 铅字活版印刷不仅字形美观、清晰,持久耐用,而且省却了传统雕版印刷的诸多不便,可以随时根据需要增删字词,并可多次和大

① ［美］毕腓力著,何丙仲译:《厦门纵横——一个中国首批开埠城市的史事》,厦门:厦门大学出版社,2009 年,第 162 页。

② ［美］杰拉德·F. 德庸著,杨丽、叶克豪译:《美国归正教在厦门(1842—1951)》,台北:龙图腾文化有限公司,2013 年,第 261 页。

③ 龚洁:《鼓浪屿白家别墅》,《鼓浪屿文史资料》下册,第 271 页。

量地进行印刷,因而迅速取代了雕版印刷。另外,石印技术被介绍到中国后,瑞记书坊也采用了石印技术。印刷技术的发展,进一步促进了出版印刷业的发展。

(三)中山图书馆的创办

1924年初,归国华侨叶清泉、同盟会元老许卓然、李汉青等革命党人倡议和组织下,在鼓浪屿筹组福建临时省党部,推举李汉青为秘书。"秘书处"(省党部)在福建路盐田旅馆内设"阅报室",时称"私立鼓浪屿图书馆",李汉青任馆长,这是中山图书馆的前身。

1925年,在许卓然等资助下,图书馆募集到一批图书和经费,迁至一座两层楼房,设立鼓浪屿图书馆筹备处。当时,订阅全国及福建全省的各种报刊四五十种,并得到华侨和地方人士捐赠的图书近5000册。1926年,北伐军入闽胜利后,北洋军师长张毅在鼓浪屿港仔后的别墅拟被拍卖充作救灾用,李汉青闻讯后即向当局建议,请将该房产改作鼓浪屿图书馆馆舍,并将馆名改为"中山图书馆",以纪念国父孙中山先生。这一建议很快得到批准,任命海军总司令杨树庄、漳厦海军警备司令林国赓为名誉董事长,外交部厦门交涉员刘光谦为董事长,黄奕住为副董事长,李汉青为常务董事兼馆长,董事会另有华侨邱明昶等。1928年,思明县政府布告将张毅别墅归中山图书馆所有。5月5日,鼓浪屿图书馆改组更名为"中山图书馆",正式开馆,这是厦鼓地区第一家公共图书馆。

此后,李汉青向黄奕住募得巨款,到上海买回二三十箱图书充实馆藏。鼓浪屿工部局每年拨款购买新书,全国各省出版物大多有惠赠。至1930年底,藏书达三万余册,现期报刊达三百余种。然而,由于经费短绌,图书馆1933年后一度无人管理。当时政府曾派叶独醒等人前往接收,并委任李岳为馆长。不久,董事会重新改组,黄奕住任董事长,著名学者周辨明为副董事长,图书馆恢复私立,由董事会向海内外广泛征集图书报刊。董事长黄奕住捐赠商务印书馆图书近万册,海外华侨及各国驻厦领事也捐献图书数百种,其中大部巨帙有:《四部丛刊》《四部备要》《丛书集成》《大英百科全书》和《廿四史》等。至太平洋战争爆发前,馆藏图书已近5万册,在当时颇负盛名。

1938年5月,厦门沦陷,董事会退往内地或海外,李汉青将馆舍委托工部局保管,继续开放。1941年12月,日伪占领鼓浪屿后强行接管该馆,派杨东璧为馆长,改称"厦门市立鼓浪屿图书馆",对公众开放。日军封存全部支持英、美联军和反日的资料，补充大量宣传"大东亚共荣圈"的中、日文书刊，又将部分名贵图书或变卖或运往台湾。

抗战胜利后，国民党厦门市政府教育局接收鼓浪屿图书馆，改名"厦门市立第二图书馆"，任命戴光华为馆长，经清点，藏书仅剩 2.2 万多册，损失过半。1947 年 8 月，李汉青返回厦门，原董事会出面收回该馆，恢复中山图书馆馆名并重组董事会，由陈荣芳任董事长，周辨明任副董事长，李汉青任馆长。馆舍修葺一新，一楼设书库和借书处，二楼设阅览室，三楼辟为洞天阁藏书楼。由于时局动荡，货币贬值，读者不多，馆务艰难。1949 年，李汉青将馆长职务交托其子李芳远。

鼓浪屿中山图书馆可谓命运多舛，最初在革命党人的努力下得以建立雏形，不过发展艰难。不过，在华侨和热心人士的支持下，中山图书馆终于顺利建立并获得一定程度的发展。其后，由于经费短绌，图书馆濒临关门。又是华侨的支持，中山图书馆从困境中摆脱，获得快速发展，终于成为厦鼓地区著名的图书馆。因此，华侨在中山图书馆的发展中发挥了至关重要的作用。[1]

三、近代鼓浪屿文化事业演化的特征

近代以来，鼓浪屿基督教会首先创办了书局和教会刊物，继而促进了鼓浪屿近代文化事业的兴起。1902 年后，由于政治、经济与社会文化等各方面因素的影响，鼓浪屿文化事业获得很大发展，大量宗教与非宗教的报刊先后出版，出版印刷业也获得一定发展。另外，在革命党人和返乡华侨的支持下，鼓浪屿还兴办了厦鼓地区第一家公共图书馆——中山图书馆，改善了岛内的文化服务设施，方便民众的借阅与阅读，有助于提高民众的文化生活水平。凡此种种，皆开阔了鼓浪屿与厦门民众的眼界，促进了鼓浪屿成为闽南地区文化最发达的地方。

---

[1]　主要参考张镇世、叶更新、杨纪波、洪卜仁：《"公共租界"鼓浪屿（1903—1941 年）》，厦门市政协文史资料研究委员会编：《厦门文史资料》第 16 辑，厦门：鹭江出版社，1990 年，第 64 页；林联勇：《李汉青与鼓浪屿中山图书馆》，《炎黄纵横》2007 年第 7 期；彭一万：《伟人长留天地间——记厦门中山公园、中山路和中山图书馆》，《炎黄纵横》2011 年增刊。

（一）外国传教士在鼓浪屿文化事业发展中发挥了引领与示范的作用，促进了近代中西文化交流

鼓浪屿传教士所创报刊数目不多，发行量也相当有限，寿命也大多不长。虽然他们的目的在于传播福音与扩大基督教的影响，辅助传教，这种做法确实有收效，缓解了人们对基督教的陌生感和排斥感，为基督教在厦鼓及闽南地区广泛传播准备了条件、奠定了基础，但它对鼓浪屿近代文化事业的积极作用也显而易见。

首先，传教士创办报刊开创了厦鼓及闽南地区近代报刊的先河，促进了厦鼓及闽南地区近代报刊业的发展。在鼓浪屿兴办的报刊中，《鹭江报》影响最大，《鹭江报》的编辑人员均为厦鼓地区知名的华人，如马约翰、卢赣章、连横等均曾编辑与撰稿，《鹭汇报》的创办他们逐渐熟悉了近代报刊经营管理的流程与方式，培养了一批近代报人，"厦门之有日报，始于鹭江报"。① 此外，它的印刷与发行经验也为后来厦鼓地区报刊所模仿与借鉴，如《民钟报》模仿它的发行方式和优惠价格等。

其次，教会报刊促进了近代中西文化交流。传教士所创办的报刊在传播基督教义时，为宣扬西方基督教文明优于中国传统文化，大量介绍西方新的知识，使封闭的中国人有了接触西方文化的机会，逐渐了解了外面的世界，认清了国家的落后。同时，教会报刊大量介绍或研究中国的社会、思想、宗教、文化、农业、地理、历史、军事和艺术等，其他外国人由此深入了解中国。《鹭江报》每期 4 万多字，栏目分为"论说"、"上谕恭录"、"紧要奉折"、"中国纪事"、"外国纪事"、"专件"、"文苑"、"诗界蒐罗集"、"路透新电"、"闽峤消闻"和"附录"等，既包含国外知识与信息，如"外国纪事"、"路透新电"，也包含国内各种知识与信息，"上谕恭录"与"紧要奉折"是国内时政信息，"闽峤消闻"是省内信息，等等，可见其内容之丰富，信息量之大，非传统出版物所能比，教会办刊在很大程度上推动了近代中西文化交流。因此，这些传教士所创报刊开厦鼓地区近代报业之先河，鼓浪屿近代报刊的创办、出版机构的建立，以及近代印刷技术的传入都与西方传教士有密不可分的关系，"教会创刊带动中国报业的发展，可以说是铁一般的事实，此亦即基督教对

---

① 苏警予、陈佩真、谢云声等编：《厦门指南》第十篇附录，厦门：厦门新民书社，1931年，第 1 页。

中国社会文化作出实质贡献的一面。"①

（二）鼓浪屿近代文化事业与公共领域的形成

"公共领域"（public sphere）是德国学者哈贝马斯在《公众领域的结构转换》一书中提出一个概念，所谓公共领域："最好被描述为一个关于内容、观点也就是意见的交往网络；在那里，交往之流被以一种特定方式加以过滤和综合，从而成为根据特定议题集束而成的公共意见或舆论。"②在哈贝马斯看来，公共领域是一个人们相互交流而形成的"社会空间"，作为一种介于官方与私人之间的社会公共空间，公共领域是伴随着近现代国家和社会的分离而兴起的。哈贝马斯认为，公共领域的出现必须具备三个条件：一是公共领域必须具有公共性，即超党派，是在政治权力之外建构的平等的讨论空间；二是参与者必须能运用自己的理性独立表达自己意愿，并广泛参与公共事务；三是公众所讨论的是公共政治问题。

报刊作为早期的具有公共性的大众传媒，对公共领域的建构发挥着重要作用，哈贝马斯也充分肯定了新闻报刊的建构作用。首先，报刊形成公众舆论。报刊方便快捷，因能快速、准确的报道实事，反映民情民意，并将加以提炼、整合，将一般舆论发展成为公众舆论，因而备受人们青睐。随着发行量的增大，发行范围的扩大，报刊确已成为真正意义上的社会公共读物，报刊阅读的对象由以前的特殊人群转向以社会各阶层的公众为主。因此，报刊是"知识人社会"中最大的公共网络之一，这个公共网络也就是一定意义上的文化空间。报刊不仅传播了知识也产生了舆论，而且是"生产与再生产现代社会的公共舆论"。③其次，报刊构建社会公众。政治社会学者曼海姆指出，社会公众不是一个客观的、固定的存在，而是被现代传媒和公共舆论构建起来的。④这点可以从近代中国得到印证，参与公共舆论的知识精英大多时候并不与大众直接接触，并不直接面对底层民众，他们的启蒙是通过报刊连接起来的。仅此两点，就可见报刊在公共领域构建中的重要作用。

公共领域也不是从来就有的，而是随着近代化的推进，国家与社会的分

① 李志刚：《基督教与近代中国文化论集》，台北：宇宙光出版社，1989 年，第 5 页。

② ［德］尤根·哈贝马斯著，童世骏译：《在事实与规范之间：关于法律和民主法治国的商谈理论》，北京：三联书店，2003 年，第 446 页。

③ 许纪霖：《公共空间的知识分子》，南京：江苏人民出版社，2007 年，第 17 页。

④ ［德］卡尔·曼海姆著，张旅平译：《重建时代的人与社会：现代社会结构的研究》，北京：三联书店，2002 年。

离后被创造出来的一个相互交流的社会空间,是由文化事业的发展,尤其是新式报刊促成的。在鼓浪屿近代化进程中,鼓浪屿文化事业获得发展,新式报刊大量出现,作为公共空间(有的学者将公共空间与公共领域混用,这里空间是本义,以与公共领域相区别)的图书馆出现,岛内学校教育不断发展,民众知识水平普遍提高,具备了阅读与参与公共事务讨论的能力,尤其是厦鼓地区出现了一个新的知识分子阶层,主要是教师、医师、工程师、记者、翻译、职员等自由职业者(参见第二章内容)和中等及以上学生,包括部分留学生,他们与闽南海外移民联合直接参与并推动公共领域的形成,最突出的表现就是《民钟报》。

《民钟报》集中了一批优秀新闻报人,如王雨亭、李硕果、陈绍虞、刘石心、刘抱真、潘柔仲、陈沙仑等任编辑,也有部分国民党人,如许卓然、李汉青等。之所以选择报刊,除了前述报刊可以形成公众舆论与构建社会公众外,另一个重要原因是报刊相对自由,他们可以既不失去独立自由的人格和追求,又有自主参与政治与社会的话语权,不受政治的羁绊而完成自己的政治实践,报刊无疑是他们实现自己理想最好的平台。这些知识分子一道以该报为阵地,宣传革命道理,唤起民众,开启民智,同时对当时的军阀政治与政府决策进行种种时评,猛烈抨击当局时弊,获得了社会公众的认可。另外,该报还办理副刊,邀请巴金、许钦文、谢冰心等著名作家撰写文章,允许附版刊载学生周刊,这既可提高报刊质量、扩大刊物订户,又可团结和动员最广大的社会阶层,构建社会公众,扩大了社会公众对社会事务的参与度。华侨的屡次捐助,南安绅士的合作,普通纸店老板的同情与支持,以及不断增加的报纸订户,都说明该报得到社会公众的极大认同。

清末以来,新知识分子一般通过三种方式参与政治。参与政治,亦即政治参与(Political Participation),是指普通公民通过一定的方式和渠道试图影响政治权力体系的活动及重大公共政治生活的政治行为。它是公民沟通政治意愿、制约政府行为,从而实现公民政治权利的重要手段。第一种是以个人身份加入政府,成为官僚、政客;第二种是继续以知识精英的身份留在民间社会,与政府保持一定的距离,通过大众传媒工具批评时政,这是知识分子参与政治的主要形式;第三种是以政党团体的形式,依据某种政治理念,从事各种改良、革命的活动对抗军阀社会。对《民钟报》报人而言,绝大多数是第二种形式,少数是第三种形式,如许卓然与李汉青,许卓然也因为从事革命活动最后被暗杀。在政治情感与政治态度上,《民钟报》报人对军阀政治体系的厌恶与离异,以及追求国家与民族富强的理想,使他们不可能参与到军阀政府。军阀政治体系也不能吸收这种参与型政治文化,执政的军阀与政客和他们常常不能沟通和合作,对他们的建议与要求一概斥为“悖谬”、“过激”,对他们的行动斥为“纠众滋事”、“借端构煽”或“淆惑人心”等,进而“名正言顺”地强迫其停刊,甚至拘捕或暗杀部分报人(刘抱真),这又使军阀政治体系完全丧失了对新知识分子的吸收整合能力,作茧自缚,在一定程度上保证了公共领域的长期存在,《民钟报》的反复停刊与复刊即是明证。

　　因此,从一定程度而言,鼓浪屿公共领域的出现本质上是一种民族救亡与寻求国家富强的政治参与,与西方以市民社会为基础、以资产阶级为基本成员的公共领域的形成明显不同,这是近代中国公共领域出现的共同特征,是近代中国民族危亡与社会危机等特殊历史条件造成的。从全国范围内而言,“近代中国公共领域的出现,大致在甲午海战失败到戊戌变法这段时间”。① 公共领域的出现与民族救亡运动联系在一起,是士大夫与新知识分子参与政治的一种形式,当时受到《马关条约》刺激,士大夫与新式知识分子一起开始大规模的议论时政,参与变革,报纸、学会、学堂一时间层出不穷,形成了公共交往和公众舆论的基本空间,即公共领域。学校、传媒和结社是新知识分子得以形成的制度性媒介,这三者也是公共网络的基础性建构。② 然而,从功能上看,这三者与现代国家的建构、社会变革等政治主题相关,因此注定了公共领域的全部内容都是政治参与,对政治权力具有高度批判性,而不是政治合法性的基础,鼓浪屿亦如是。唯一显示差异的是,我们在近代鼓浪屿公共领域的建构中可以清楚看到返乡海外移民的身影。

---

　　① 许纪霖:《近代中国的公共领域:形态、功能与自我理解——以上海为例》,《史林》2003 年第 2 期。

　　② 张灏:《时代的探索》,台北:联经出版公司,2004 年,第 37～42 页。

第六章
近代鼓浪屿社区的建设与管理

- -

　　19 世纪 40 年代以降,由于多国侨民相继移居鼓浪屿,鼓浪屿逐渐发展成一个国际社区,近代鼓浪屿社区的公共设施建设和社区管理就此拉开序幕。出于改善居住环境的需求,入住鼓浪屿的外国侨民率先开展了公共交通、美化环境等社区公共建设。在此历史时期,欧美先进国家正先后经历着工业革命后的急速城市化历史进程,相继完成由传统城市居住模式向现代城市社区居住模式的转化。西方城市化进程的浪潮不可避免地蔓延到古老的东方。城市化进程中形成的各种现代城市公共设施建设以及市政管理理念和经验,由外国侨民带入,开始自觉不自觉地影响了鼓浪屿近代社区的公共设施建设和社区管理。20 世纪以后,一批携带雄厚资本和怀揣爱国爱乡情愫的海外返乡移民开始介入鼓浪屿社区的公共设施建设和社区管理,形成一个由返乡移民、地方精英以及多国侨民共同参与营造和管理的格局。

第一节　社区公共设施建设的演进

　　一般而言,城市公共设施是指为市民提供公共服务产品的各种公共性、服务性设施,其涵盖的范畴甚广,且随着城市化水平的提高而不断扩展,主要包括:城市公共交通和通讯设施、供水供电等公用事业设施,以及城市公共环境如园林绿地设施等。城市公共设施建设满足了居民的安全、便利、舒适和参与等各种公共需求。因此,一个城市社区公共设施建设的发展程度,体现了该社区为居民提供公共需求服务的完善程度,标识着社会文明的进步程度。本节依据鼓浪屿近代社区的具体情况,拟就鼓浪屿的供水、供电、内外交通和通讯等部分公共设施建设,详加探讨。

一、社区供水

由于鼓浪屿属于南亚热带季风性气候,温和多雨,故在鼓浪屿早期开发史上,移民群体对淡水资源的需求,可能大多依赖地面低洼地带的大气降水积蓄。有当地学者依据文献资料和世居岛上的居民经验称:"鼓浪屿多石山与丘陵,少平地,无溪河。俚称之'旧庵河'、'河仔下'、'河仔墘'等之'河',乃池沼也。并非真的是河。"①引文中之"旧庵河"即明成化年间鼓浪屿开发史上的重要地标,也是早期迁入鼓浪屿闽南移民的重要聚居点。可以推想早期鼓浪屿的地表积水已满足了开发先驱们对生产生活用水的基本需求。

但大自然似乎偏爱鼓浪屿居民。鼓浪屿有着丰富的地下水资源。就地质结构而言,鼓浪屿属燕山晚期中粒花岗岩,与厦门岛东南部属同一岩体。这表明鼓浪屿与厦门岛在远古时期是连在一起的,由于地质断层的存在,鼓浪屿被切割为断块岛,四面环海。② 所谓燕山晚期中粒花岗岩是一种酸性侵入岩,其所蕴含的地下水多属块状岩类裂隙水,此类地下水资源富贫分布不一。③ 鼓浪屿恰恰属资源丰富之地。因此,随着人口的增加,鼓浪屿早期居民转而求诸地下水资源,即大多使用井水。

外国侨民到鼓浪屿后曾记载鼓浪屿"淡水很多,许多小沟和竹槽川流不息地把水输送到海边,装入那些要运水到厦门的小船里"④。由此可见鼓浪屿早期不乏用水,还能做到向厦门供水。当然这与社区早期居民人口稀少有关系。凭借丰富的地下水资源,社区居民对饮水的基本要求能够满足。

鼓浪屿水井遍布,据统计多达几百口,许多住家庭院内有井,巷口路旁也有公用水井,19世纪40年代之后外国侨民上岛居住,也多在领事馆、洋行内打井取水。鼓浪屿水井既多,又在日常生活中扮演重要地位,甚至"井"成了公认的地名。据有关统计,鼓浪屿以"井"为标记的地名有就四空井(今中

①　何丙仲:《鼓岛井水》,《鼓浪屿文史资料》上册,第420页。

②　叶清:《鼓浪屿风景地貌成因及其开发前景》,《鼓浪屿文史资料》下册,第1~2页。

③　沈盛湘:《厦门市地下水资源调查及开发利用建议》,《地下水》2007年第2期,第62页。

④　[英]朱利恩·休斯·爱德华:《厦门地理通述》,载何丙仲辑译:《近代西人眼中的鼓浪屿》,厦门:厦门大学出版社,2010年,第119页。

华路与龙头路、安海路相交叉处,后填废)、龙坑井(今安海路 41 号附近,原为菜园,其侧有井,旧名"龙坑井",后填废)、"三不正井"(即港仔后"国姓井",相传明末郑成功驻兵时所掘)等。①

鼓浪屿地下井水不仅丰富而且优良,英人翟理斯所著《鼓浪屿简史》称"岛上可用的水是丰富的,还大量运载到厦门出售。"②有学者对此表示质疑称"鼓浪屿为厦门提供井水这件事前所未闻。"③但翟氏据见闻所载应该可靠,且 1839 年所刊行的(道光)《厦门志》卷二已有此记载称:"有泉名'拂净泉',味甘,海舶取汲焉。里人以小舟载水鬻于市。"④另据地方报刊也有类似记载,这篇题为《厦门饮用水,取给鼓井水》的报道称:

> 厦门民众食用之水,向来取给于鼓浪屿之井水。近期天气亢旱,工部局禁止鼓浪屿井水运往他处。经巡警总局函致洋务局,请磋商设法开禁……已准公界内两处井水运往厦门,一在复鼎马沙君楼下等井,一在内厝澳树下等井,两处约有六七口(井),与从前厦门水船所运之数相差不远云去。⑤

众所周知,厦门岛有地名为"担水巷",实为本地人自石码等地来泊的运水船购水所经的街巷,周围的居民也多以担水、运水为生,故而得名。来自鼓浪屿的贩水船夹杂其间,料是常态。

随着鼓浪屿私人住宅增加,很多私家别墅除了拥有水井之外,还设有专门雨水池等整套自然供水设备,因鼓浪屿地处亚热带地区,雨量充沛,平均年降雨量约 1100 毫米,因此蓄水池根据充沛的降雨量而设计,以此来解决海岛用水问题,居民可以用雨水来洗衣、消防、冲厕、种花甚至饮食。雨水池除了实用性外的还是根据虹吸原理筑造的,喷水池带有观赏性。⑥

后来居民渐多,和厦门一样,必须购买从九龙江运来的淡水喝,因此除

---

① 何丙仲:《鼓浪屿的旧地名》,《鼓浪屿文史资料》上册,第 294 页。
② [英]翟理斯:《鼓浪屿简史》,载何丙仲辑译:《近代西人眼中的鼓浪屿》,厦门:厦门大学出版社,2010 年,第 167 页。
③ 何丙仲:《鼓岛井水》,《鼓浪屿文史资料》上册,第 420 页。
④ (清)周凯:《厦门志》卷二,分域略,厦门:鹭江出版社,1996 年,第 13 页。
⑤ 《江声报》,1910 年 6 月 12 日,"洪卜仁辑鼓浪屿老新闻",《鼓浪屿文史资料》下册,第 227 页。
⑥ 陈国强:《鼓浪屿的建筑风格》,《鼓浪屿文史资料》上册,第 109 页。

了饮用井水外,鼓浪屿用船从石码运来的"船仔水",一担五六个铜板,还不卫生①。实际由此可以看出随着鼓浪屿人口增加,原有的生活用水系统已经没有办法完全满足居民需求。《厦门海关十年报告》曾记载称"本岛(指鼓浪屿)的用水完全依靠水井。在 1909 年和 1910 年间,许多水井干涸了。因此曾尽力挖掘一口深井,但没有成功。由于供水问题随时都会尖锐起来,特别是由于许多中国人正从厦门涌进鼓浪屿居住,供水一事必须在不久将来加以解决。"②如此一来,为保障公共用水,将自来水送上近代鼓浪屿就成为推动其社区发展的必然环节。

自来水作为近代城市的主要供水方式,其在厦门的出现已是 20 世纪 20 年代。在此之前,近代鼓浪屿曾出现过以风车抽井水,再以水管延伸供应生活用水的先例,可以称为自来水的雏形。20 世纪初期,教会学校美华学校在鼓浪屿设立,为解决学校生活及学生勤工俭学生产用,学校在附近打出深井,从美国引进抽水风车,把井水抽到高处的蓄水池,再以水管铺设,延至他处。这种风车是用角钢、扁钢搭架起来的,四方钢架,由下而上,逐渐缩小,有三四楼高,顶端由十来片长风叶和风向尾组成风车,风车随风转动上下抽水。美华风车架设在美华农场半山坡上,位于浪荡山和面包山之间,秋冬的东北风,夏季的西南风,通过山谷劲吹,风车不停顿地随风旋转,成为最早的自来水,也成为当时鼓浪屿的一大景观。

1921 年印尼华侨巨商黄奕住发起募股创建厦门自来水公司。而关于筹办厦门自来水公司的动议已于 1917 年出现。③ 为数众多的来自南洋各个地区闽南返乡华侨有感于厦门饮用水的落后现状,从"文明"与"卫生"的角度提倡改善,同时也把兴办近代食用水的实业计划提上了议事日程。从当年的情况来看,这一倡议和实业兴办计划经历了比较长时间的酝酿和动员,至1921 年方有成效。该年菲律宾马尼拉的《华侨商报》在"祖国消息"一栏中以通讯的方式对此加以报道:

　　厦门绅商集合资本筹办厦门自来水公司,经聘美国工程师来厦测量,造具报告书,计划颇详。据称若厦门人用水程度能如欧美渐增之

---

① 杨纪波:《鼓浪屿的公共事业》,《鼓浪屿文史资料》上册,第 106 页。

② 戴一峰等译编:《近代厦门社会经济概况》,厦门:鹭江出版社,1990 年,第 356 页。

③ 林金枝、庄为玑:《近代华侨投资国内企业资料选辑》(福建卷),福州:福建人民出版社,1985 年,第 123 页。

速,则必自北溪江东桥取水方可充足。惟查天津各处水公司成立将届十年,亦不过如是,故水源可由本岛取给云云。六月十五号发起人林叔臧等假座白鹿洞山麓之颐园开会讨论进行办法。出席者除林叔臧外,有叶心镜、施光铭、黄秀烺、吴蕴莆、黄乃川、黄世金、叶寿堂诸君,推林君为主席筹办人,提出报告四条:(一)创办人报告呈请政府存案经过手续及美国领事对于鼓浪屿自来水之函件,并报告已用之筹办费;(二)林副机师详细报告测量情形及各图式;(三)议采报告书中计划之决定;(四)商议进行一切手续。以上经众讨论后议决十一条大要如下:(一)议决采择卫工程师报告书内第一条计划办理,议决试验实测费用照前议,由发起人各再垫出五百元,仍作优先股办法;(二)议决聘用林全诚君为机师,担任实没及试验职侨,薪俸暂定月给大洋二百六十元;(三)该决设立筹办处暂假电灯公司;(四)议决筹办处设主任一人;(五)议决推举黄世金为筹办处主任;(六)议决试验测量应用人员及费用由筹办主任处酌办;(七)议决推举林叔臧、黄世金两人起草本公司章程……①

与《近代华侨投资国内企业资料选辑》(福建卷)中记载的创办人群相比,1921年的筹办人中多数不在创办后的自来水公司的董事名单中,这似乎可以说明,旷日持久的筹备过程、资金的短缺、对投资前景的不看好均可能是近代厦门自来水公司创办过程中遭遇过的难题,以至于后人在记载该公司的创办时,多把眼光聚焦在黄奕住身上,恐怕多半的原因在于1923年开始募股时,黄氏认购了公司全部资本的40%,他也顺理成章地成为公司成立后的正董事。

上述引文中还有一段文字值得引起我们的注意,即早在厦门自来水公司筹备之初,已经把美国领事关于在鼓浪屿同样使用自来水的建议考虑在内,虽然我们无从了解该封关于“鼓浪屿自来水函件”的具体内容,但这至少可以说明,近代鼓浪屿的实际管理机构,外人掌控下的工部局已从公用事业的角度考虑自来水供应的事宜了。

1927年,在鼓浪屿海口建3600吨低水池二座,在日光岩山麓建50吨高水池一座,备有水船4艘,从厦门运水入抵水池,部分抽上高水池,供应高低楼房住户用水。由于设备、运输等费用较大,供量不足,使用者不多;遇到浓

---

① 《厦门筹办自来水》,载《华侨商报》1921年第2卷第8期,第34页。

雾、台风季节,水船不能通行,时常断水,更不方便,自来水的推广工作一直没有太大推进[①]

1929年,应鼓浪屿工部局要求,厦门自来水公司开始寻求办法供水上岛。与此同时,工部局要求厦门自来水公司免费供应鼓浪屿的火警用水,还要求免费供应练习救火用水。[②] 当时的方案有二:一是直接安装一个水管连通厦门岛与鼓浪屿;其二是在鼓浪屿建造蓄水塔,以水船载水供应。前者造价高达150万元,后者仅需40万元。如若选择第一种方案,则自来水公司需要增加股本一倍以上,即从110万元涨至260万元,远远超出公司预算,权衡之下,采用第二种方案,主事者为黄奕住。这一方案的配套建设和设备为厦门岛与鼓浪屿的上下水码头、日光岩和鸡冠山的高低蓄水池及配水管道,大小水船三艘,拖船一艘,抽水电机等,形成了由厦门通过水船运水上鼓浪屿,通过电机送至高塔,然后供应用户的具体方案,从而开启了近代鼓浪屿使用自来水的历程。

依学术界的定义,公用事业一般具有准公共产品的性质,即具有非竞争性和非排他性。言下之意,即一个使用者对该物品的消费并不减少它对其他使用者的供应,其他使用者不能被排除在该物品的消费之外,这使得公用事业一般会与消防、治安、博物馆、基础教育等行业区分开来。但在中国近代史上初期的城市化进程中,我们则很难将两者区别开来。以近代鼓浪屿的自来水供应为例,之所以能将自来水从厦门岛引入鼓浪屿,很大的原因在于工部局的要求,而驱动工部局大力提倡引入自来水的动机恐多来自于消防安全和保障公共用水。近代鼓浪屿引入自来水之初,因用户过少而导致自来水公司亏本经营,为挽留自来水公司继续在鼓浪屿经营并保证其利润,工部局强制各住户、商店使用自来水,甚至连菜店也要安装自来水,用户遂增加至六百户。

1932年,工部局才开始推广安装自来水,用船从厦门运水到鼓浪屿。但因安装管道的费用较高,鼓浪屿岛上实际饮用自来水的家庭并不普遍,大部分家庭用的还是井水。[③]

---

① 杨纪波:《鼓浪屿的公共事业》,《鼓浪屿文史资料》上册,第106页。
② 赵德馨:《黄奕住传》,长沙:湖南人民出版社,1998年,第212~214页。
③ 何其颖:《公共租界鼓浪屿与近代厦门的发展》,福州:福建人民出版社,2007年,第57~58页。

工部局还是具体推行过一些措施,鼓励使用自来水。1932 年工部局报告中就记载,出于公共卫生的考虑,普遍劝告居民采用自来水。工部局要求申请建筑住宅或商业用的楼屋都需安装自来水,否则不发建筑许可证;为避免用不清洁的水,要求从事饮食行业者,也就是所有出卖饮食的店,不论该店是否需要煮热食,都要安装自来水,也鼓励居民饮用水使用自来水,以达到公共卫生标准,从而减少疾病和降低死亡率。[①] 安装自来水的用户逐渐增加,甚至推广到传统居民较为密集的内厝沃。但缺水的时候也允许限水。根据工部局 1937 年 2 月会议统计,1936 年 6 月到 9 月"久旱未雨,有乏水之患,"因而特许自来水公司限制供给。[②]

总之,近代鼓浪屿社区自来水出现时间较晚,普及度也不高。这与近代沿海大多数城市外国侨民聚居地内较早兴办供水、供电等公用事业,形成明显对比。这大概出于鼓浪屿地下水资源丰富且品质优良的缘故。实际上,在新中国建立后的很长一段时期里,鼓浪屿居民依然多有使用井水的。这形成鼓浪屿一道别具一格的景观。

二、社区供电

鼓浪屿的供电事业开始起步是 1902 年,伴随着鼓浪屿公共租界的形成。《厦门市志》称"当年,在岛上创办小型发电厂,为外国侨民供电。"[③]可以得知,当年电灯作为一项新引入的事物,在鼓浪屿的应用范围还是相当有限的,作为公用事业的电灯甚至电力使用尚未见踪迹。

查阅现有有关厦门近代电灯及电力使用的文献,大多数都将 1913 年厦门电灯电力股份有限公司的出现视为开端,论者也多从华侨投资厦门近代事业的角度来看待此事。在 1902—1913 年的这十年间,鼓浪屿在电力使用方面似乎并无进展。1902—1911 年的海关十年报告称:"(鼓浪屿工部局)现在努力引进电灯照明。"[④]这一记载对应的当时的状况是鼓浪屿的街道照明,仍采用煤油灯,海关报告称其为"原始和过时的",但同时也解释造成这一现

---

① 《鼓浪屿工部局报告书》,1932 年。

② 《鼓浪屿工部局报告书》,1937 年。

③ 厦门市地方志编纂委员会编:《厦门市志》(第一册),北京:方志出版社,2004 年,第 412 页。

④ 戴一峰等译编:《近代厦门社会经济概况》,厦门:鹭江出版社,1990 年,第 356 页。

状的原因是"缺乏资金"。换言之,在此期间鼓浪屿的电灯使用并非毫无进展,只是工部局方面对于街道照明这一公用事业的技术更新并不及时。1904年,《鹭江报》的一篇记载支持了上述说法。

　　鼓浪屿大河墘新开大光公司,由美国运到电汽灯,工巧材良,价廉费省。其式有棹灯、街灯、挂灯、壁灯,又分为单火、双火、三火、四火,各款俱备。每火可抵洋烛百枝,光耀绝伦,永无火险。其分售处在厦门木屐街复泰洋行。厦岛风气日开,洋货日伙,较之上海不多让矣。此亦开埠以来渐臻繁盛之证也。而西人之开辟华人心思,增广华人知识,诚有不遗余力者,讵可自域于旧时甕天之见哉。①

　　上述引文中新式电灯的推广至少可以表明,即使是在近代鼓浪屿电力使用肇端初期,它的发展也有了相当的程度,而且对面的厦门岛,在电力的使用上也并非一片荒漠。

　　1913年夏,上海英商韦仁洋行工程师皮利来鼓浪屿,与工部局订立安装电灯二十五年期限专利权的契约,设办事处在晃岩路一座楼上,发电厂房在黄家渡附近(先叫海后路,后叫电灯巷)。② 1912—1921年的厦门海关十年报告再次提及电力及电灯的应用。"厦门、鼓浪屿和漳州都成功地设立了电灯公司,前两个公司建于1913年,后一个公司则建于1921年。"③对照《厦门市志》我们可以得知,海关提及的鼓浪屿电灯公司,即英商韦仁洋行所设立的"韦仁电灯公司"。该洋行与工部局订立了开设电灯公司的契约,"在今晃岩路设立办事处,注册资本3.7万银元,发电厂设在海坛路中段(后因此得名电灯巷),占地4987平方米。首期安装1台120千瓦柴油直流发电机组。同年8月29日试发电,9月10日以220/110伏配电电压开始营业售电,主要用户为外国侨民。"④从1913年8月29日首次供电照明,鼓浪屿开始出现电灯,鼓浪屿安装了路灯150盏,优先供电给外国侨民,少数华人商店也开始用电⑤。

　　① 《厦门电灯利用》,载《鹭江报》,1904年,第60期。
　　② 张镇世、叶更新、杨纪波、洪卜仁:《"公共租界"鼓浪屿(1903—1941年)》,厦门市政协文史资料研究委员会编:《厦门文史资料》第16辑,厦门:鹭江出版社,1990年,第47页。
　　③ 戴一峰等译编:《近代厦门社会经济概况》,厦门:鹭江出版社,1990年,第376页。
　　④ 厦门市地方志编纂委员会编:《厦门市志》(第一册),北京:方志出版社,2004年,第412～414页。
　　⑤ 杨纪波:《鼓浪屿的公共事业》,《鼓浪屿文史资料》上册,第105页。

工部局与韦仁洋行所订契约之内容我们不得而知，但它似乎表明电灯公司并非单纯作为一个实业投资企业在近代鼓浪屿上出现，结合上文提及的街灯的升级改造，我们有理由相信这一契约的内容可能与电灯的"公用事业性"有关。

韦仁电灯公司设立 4 年后，产权不断转让。1917 年底，韦仁洋行将鼓浪屿电灯专营权转让给上海英商礼昌洋行，易名为礼昌电灯公司。1923 年，礼昌电灯公司将产权转让给香港汇丰银行所属的香港电灯公司，更名为鼓浪屿电灯公司。1926 年，鼓浪屿电灯公司增添 1 台 150 千瓦柴油发电机组，全厂 3 台发电机组装机容量 395 千瓦。1927 年，英商厦门和记洋行向汇丰银行购买鼓浪屿电灯公司。1928 年，鼓浪屿电灯公司增装 1 台 125 千瓦柴油发电机组。该年，鼓浪屿工部局以公开招标形式决定鼓浪屿电灯公司的经营权。林富阁、吴鸿熏、卓全成、丁王树等组成的华人商团中标。同年 12 月 21 日，正式成立鼓浪屿中华电气股份有限公司。鼓浪屿电气事业最终转入华商手中。[①]

1933 年 10 月 14 日鼓浪屿黄家渡大火，将中华电气股份有限公司发电厂毁去一部分。当时《新电界》也曾报道"电灯公司电厂被焚"[②]，但未提及公司信息。据地方文献所载："到近中午时，大火已烧至英商礼昌洋行在电灯巷经营的发电厂附近"，而大火扑灭后，"与电灯巷头段两侧的房屋（电厂除外）"皆为大火焚毁。[③] 1934 年，鼓浪屿中华电气股份有限公司在康泰埯四枞松（现厦门玻璃厂内）的新电厂落成。厂房占地 3800.19 平方米。除了原有 2 台发电机组（270 千瓦）外，又购置 2 台英国产的新机组，全厂发电机容量为 4 台 600 千瓦。同年 7 月 1 日，新电厂正式发电，全部机组一律改为交流发电，输电电压升至 2300 伏，配电电压为 380 伏和 220 伏，每日下午 6 时至晚上 11 时，开动 2 台机组，平均每月发电 3 万千瓦时，每千瓦时耗油在 0.37～0.55 公斤之间，最高负荷 427 千瓦，线损率 40％左右，当年发电量为

---

①　厦门市地方志编纂委员会编：《厦门市志》（第一册），北京：方志出版社，2004 年，第 412～414 页。

②　《鼓浪屿大火电灯厂被焚》，《新电界》，1933 年第 3 卷，第 14 期，第 20 页。

③　陈双忠：《鼓浪屿三十年代的大火追忆》，《鼓浪屿文史资料》上册，第 348～349 页。

36.8 万千瓦时,鼓浪屿电力供需第一次出现平衡局面。[1]

鼓浪屿经营电灯的公司更迭不断,但每次转让均包含工部局所认可的"经营权"。换言之,电灯事业的公用性是工部局所首先要保障的,这种以"市场"换取"公用性"的做法我们已在近代鼓浪屿的供水事业发展历程中得以窥见,它甚至成为公用事业民营研究的主要内容。[2]

鼓浪屿电灯公司成立后,鼓浪屿的点灯数量在逐渐增加,到了 1918 年路灯增加到 187 盏,但实际发电效果不佳。由于发电设备陈旧,时常发生机器故障,路灯暗淡不亮,供电时断时续,外国用户并不满意。至 1915 年,社区管理部门也经常就供电问题召开会议讨论社区供电问题。上海英商伟仁电灯公司虽然一度希望出售发电厂房,但纳税者会不接受。[3] 到了 20 世纪 20 年代初,韦仁洋行把安装电灯专利权让渡给上海英商礼昌洋行,该行派工程师麦肯那来鼓接管,把办事处迁到原主利大药房楼上,另派工程师兼经理、英籍犹太人韦士来接任。[4] 1921 英商礼昌公司接任办理鼓浪屿用电事宜,直到 1926 年,礼昌公司倒闭,鼓浪屿供电由英商和记洋行的大班斯美士承担。斯美士接手礼昌公司在鼓浪屿电灯公司的债务,并另外购买一台发电机在鼓浪屿发电。[5] 1928 年,鼓浪屿华人成立争回点灯权委员会,开展抵制点灯公司运动。工部局董事会顺水推舟,允许由华侨集资赎回自办供电公司,改为"鼓浪屿中华电灯电力股份有限公司",[6] 华人也参与鼓浪屿供电事务中来。1928 年华侨集股自办电灯电力公司,华侨吴义治、陈文良、王清辉等集资向斯美士购买了新发电机和电厂的权益,创立了"鼓浪屿中华电灯电力股份有限公司"。随着电力设施的逐渐完善,鼓浪屿住家用电和道路用

①　厦门市地方志编纂委员会编:《厦门市志》(第一册),北京:方志出版社,2004 年,第412～414 页。

②　参见陈明:《中国城市公用事业民营化研究》,北京:中国经济出版社,2009 年。

③　何其颖:《公共租界鼓浪屿与近代厦门的发展》,福州:福建人民出版社,2007 年,第56～57 页。

④　张镇世、叶更新、杨纪波、洪卜仁:《"公共租界"时期的鼓浪屿》,《厦门文史资料》第 3辑,第 48 页。

⑤　何其颖:《公共租界鼓浪屿与近代厦门的发展》,福州:福建人民出版社,2007 年,第56～57 页。

⑥　张镇世、叶更新、杨纪波、洪卜仁:《"公共租界"时期的鼓浪屿》,《厦门文史资料》第 3辑,第 48 页。

电也逐渐增多。① 1932 年,在工部局的督促下,电力公司还购置了 400 马力发电机一架,可发 275 瓦特电力,②到了 1940 年 12 月鼓浪屿路灯有 353 盏,工部局还负责更换路灯、提高路灯位置等工作③。

三、岛内公共交通

外国侨民初到鼓浪屿,为了方便自己的居住和生活,也为了方便所开设公司货物的进出起卸,出于界内交通及便利日常生活的需要,将修建、扩展、完善道路系统视作头等大事。鼓浪屿社区发展初期并未经过严格的规划,对鼓浪屿社区的基础建设从岛内交通建设开始。另一方面,鼓浪屿社区地处单一海岛,在 19 世纪末 20 世纪初,全世界贸易货物运输都依赖船舶和港口,多国侨民在鼓浪屿定居生活的同时也需要对外交往。因而外国侨民一直比较注重鼓浪屿的码头、轮渡建设。由此,研究鼓浪屿交通至少涉及两个核心要素,一是鼓浪屿岛内公共交通,涉及道路建设与维护;二是对外交通,涉及码头轮渡维修与建设。

近代鼓浪屿内部的公共交通以道路修建为肇端。当外国侨民相继入住鼓浪屿时,鼓浪屿还仅仅是个散布着三个闽南式村落的小岛,几无近代公共道路可言。而对岸厦门岛市内的公共交通建设,又给外国侨民留下令人厌恶的印象。有外国侨民记载称:

> 中国人不以筑路为业,结果尽可能多地把这一职业留给自然。那些必须保持良好状态的大道,总是或多或少地处于破损不堪的状况。维修仅仅是断断续续、漫不经心的,为的是道路不至于完全坍毁。结果是,就我们所知,厦门的主要街道和小巷 40 年来还是老样子。铺路的石板高低不平,丝毫不顾及行人的方便。事实上人们可能会怀疑,这些铺路的石匠是一些好恶作剧的人,他们这样铺路是为了使那些不留神走路的人绊倒。道路下的排水沟要多糟糕有多糟糕。唯一的排水办法是借助雨水的冲刷,但这一良好企图却因水沟经常堵塞而成了泡影。腐臭的脏水找不到流畅的通道排除出去,自然会从石板的间隙溢到街

---

① 何其颖:《公共租界鼓浪屿与近代厦门的发展》,福州:福建人民出版社,2007 年,第 56~57 页。
② 《鼓浪屿工部局报告书》,1932 年。
③ 《鼓浪屿工部局报告书》,1940 年。

道上,在阴雨季节成了令人厌恶的东西。这种状况造成了恶臭气味的四处扩散。这些臭气侵入一些地方,它们盘踞在那时,仿佛那时是他们自由自在的天地。所有的空地,它们仅有一码宽,如排水沟出口处、公共污水池、门前空地等,一无例外地由于守旧的中国势力的影响,臭气立即在这里扎下根,而人们对这种状况极尽忍耐克制之能事。清洁工对它们置若罔闻,因而,由于当地居民的漠视,街道成了无人过问、令人厌恶和毫无艺术情趣的地方。①

是故,随着鼓浪屿上居留的外国侨民愈来愈多,他们对鼓浪屿公共交通的要求也日渐凸显,鼓浪屿有了新的道路建设。虽然外国侨民较早就开始在鼓浪屿建设道路,但修筑马路的目的是为了开拓或改善已建好的单幢住宅楼房之间的道路,方便外国侨民之间的来往联系,或者为了更好地进行户外活动。由于起初并没有进行统一系统的规划,以致鼓浪屿的道路及社区空间结构呈现出明显的自由发展特征。鼓浪屿道路崎岖复杂,由于地域受限,因而不可能出现宽广现代马路。道路受建筑和自然条件引导,基本遵循山形地势或楼房馆舍的分布来开辟。而鼓浪屿地势高低起伏,导致道路角度变化多,不规则,经常偏移;街道长短宽窄不一,上下坡高差变化大;最终鼓浪屿道路整体呈不规则自由式分布,道路弯弯曲曲,普遍狭窄,仅能供人及马车行走。

1877 年,英国、德国两国领事联名照会兴泉永道道台,要求在鼓浪屿设工务局,照会还附有拟设的工务局的十项章程,但被清政府拒绝。当年英国领事所发照会中,关于近代鼓浪屿的道路建设构成其要求设立工务局的重要理由。史载:

　　英领迭次照会,要求开沟点灯,修理街道,并饬各色人民照章开捐经费。以为该屿华人虽多于西人,但若论其产业,则西人多于华人十倍不止。故捐税章程及捐款用途,亦应让西人商议,方为公道。该领并谓:若再"不设法议定妥章……诚恐鼓浪屿不日亦可像似厦门一样。盖厦门地方,因初造街头,不存通路,并久不修沟,不但年年生出疫症,且

---

　　①　戴一峰等译编:《近代厦门社会经济概况》,厦门:鹭江出版社,1990 年,第 316～317 页。

有十八省各城至臭之名。①

经过多次照会无果后,1886 年,鼓浪屿的外国侨民擅自组织了"鼓浪屿道路墓地基金委员会"。当时税款方面的规定涉及人力车、马匹、车辆的收税标准,可见当年的市政规划中是考虑到车马问题的。② 在"道路委员会"的设计和运作下,鼓浪屿的道路建设取得了令时人较为满意的成效,这些道路多是由"碎石(利用犯人的劳动)、石灰,经沉重的圆石在其上面滚动压实而成"③,保养良好。1893 年在纽约出版的《在厦门五十年:厦门传教史》称:"道路委员会把一条环岛的马路管理得很好,这是一条优雅的马路,环行几英里,颇得赞赏和喜欢。"④1896 年刊登在《中国评论》上的《厦门地理通述》称:"有外国社团支付费用,所以鼓浪屿的马路修筑得很不错。在道路委员会的管理下,已经可以用环岛马路来做有利健康的以小时计的锻炼。鼓浪屿可以说是中国最有利健康、极少发生传染病的口岸之一。和其他口岸相比较,鼓浪屿可谓卫生条件最好,堪称是'海上美丽之岛'。"⑤1892—1901 年的厦门海关十年报告引麦高温对这项工作的自我评价更为具体和良好:

> 过去 10 年里,本地主要的——事实上也是唯一的,道路方面的改善,发生在鼓浪屿上……外国侨民的住宅遍布岛上,外国侨民需要良好的道路。这里平展的道路已经修成,并有人专管、以其保持道路的良好状况。他们的强烈美感使他们沿着路旁栽种树木。这不仅使这里带有一种森林的风味,而且树木周围的阴影和微风有助于调节夏季的炎热。⑥

可以看出,由于早期并非全盘规划,所以鼓浪屿的道路建设多以连接外国侨民住宅以及住宅与码头间的交通为主。到 19 世纪末,主要的道路的结

---

① 楼桐孙:《鼓浪屿公共租界之创设经过及最近概况》,《新亚细亚》,1933 年,第 5 卷,第 3 期,第 91 页。

② 杨纪波:《鼓浪屿的公共事业》,[美]纽约美国归正教会海外传教委员会:《厦门传教百年史》,载何丙仲辑译《鼓浪屿文史资料》上册,第 107 页。

③ 戴一峰等译编:《近代厦门社会经济概况》,厦门:鹭江出版社,1990 年,第 355 页。

④ [美]毕腓力:《在厦门五十年:厦门传教史》,载何丙仲辑译:《近代西人眼中的鼓浪屿》,厦门:厦门大学出版社,2010 年,第 280 页。

⑤ [英]朱利恩·休斯·爱德华:《厦门地理通述》,载何丙仲辑译:《近代西人眼中的鼓浪屿》,厦门:厦门大学出版社,2010 年,第 120 页。

⑥ 戴一峰等译编:《近代厦门社会经济概况》,厦门:鹭江出版社,1990 年,第 316～317 页。

构体系已经形成,在筑路过程中吸收了西方的新技术改造道路,筑路的材料先是由泥土改为水泥、碎石,后来又逐步改用柏油,路面也有所加宽,基本形成三圈环线道路:一圈是北面的环绕笔架山的环线道路,联系着岛屿西部的内厝澳居住区与岛屿东部地区;一圈是靠南的日光岩环线与其东部的岩仔脚环线道路,联系了岩仔脚传统聚落;一圈是东南部是鹿耳礁环线道路,环绕联系了鹿耳礁居住区;由三圈环线道路建设了若干放射形道路通往海滨的码头及海滩,形成鼓浪屿的交通基本框架[①]。1903 年工部局成立后在此基础上进行通盘规划和建设,形成了多达三十多条的道路网建设(参见下表),基本上形成了如今鼓浪屿的交通路网结构。

表 6-1　鼓浪屿道路名称古今对照表

街道现名称	街道旧称俗称	街道现名称	街道旧称俗称
内厝澳路	旧庵河、集美路、岭顶、岭脚、十八脚桶、大井脚、后厝路等	晃岩路	岩仔脚、洋墓口、石船顶、大宫口
康泰路	嵩屿路	港后路	山谷路、海墘路、港仔后
鸡山路	鸡母咀口、公山路	旗尾路	
公平路	宝顺巷	田尾路	田尾东路、田尾西路、勿汝士路
安海路	荔枝宅、时钟楼、禾山路	漳州路	大德记、三落、李家庄、廖厝
笔山路	笔架山脚、后厝路(西麓)	复兴路	顶鹿耳礁、梨仔园、东山仔顶、同安路(一部)
鼓山路	龙坑井	鹿礁路	博爱路、府内、教堂路、新加坡路、下鹿耳礁
乌埭路	乌埭角、鱼池仔内、檨仔脚、竖坊	福建路	吕宋路、岷里拉路、雪务路、顶鹿耳礁路、同安路口
兴化路		市场路	石码巷、芦竹仔脚、讲古脚

① 中华人民共和国文物局:《鼓浪屿申报世界文化遗产世界遗产公约》,2016 年,第 59 页、192 页。

续表

街道现名称	街道旧称俗称	街道现名称	街道旧称俗称
鼓新路	和记路、和记崎	海坛路	二落、四落、竹林精舍
三明路	三丘田、三和路	旗山路	
福州路	香港路、广东路、汕头路、南靖巷	锦祥路	
西苑路口		虎巷	虎行路
延平路	改革开放后新辟	泉州路	马巷路、水牛埕、金瓜楼、白药楼、隐居松
龙头路	海后路、电灯巷、日兴路、栋柑巷、大埭路、彩屏巷、麻雀街	鼓声路	五个牌、王仔添石窟、美华
永春路	岩仔脚、楼仔脚	中华路	番仔球埔、褚家园、雷厝

资料来源:陈全忠:《鼓浪屿街道古今谈》。

自上表我们可以看出,鼓浪屿的大多数街道要么以地理特征命名,要么以聚居的人群特征命名,且在新中国成立前,未见统一的道路命名体系。换言之,近代鼓浪屿的历史演进基本蕴含在其道路名称的变迁之中。

鼓浪屿辟为公共租界之后,工部局重要的工作内容就包含:修建、扩展、完善道路系统。工部局长期对鼓浪屿社区道路进行保养维修;雇有专人来从事维修、洒水、清扫等工作;设置路灯、路牌等道路的附属设施,修筑了排水系统,在一些街道上还安装了冲洗大沟和马路的水管。遇到特殊灾难气候,工部局也负责灾后重建与维修。在历年工部局报告中关于修建道路的记载比比皆是,1917年,强台风的袭击,损坏了鼓浪屿包括田尾、港仔后、新码头等地在内的部分渡口及道路。1918年工部局修整路面,维修渡口道路,新修水沟,整修旧沟。1925年,暴雨冲走路面上的三合土,工部局融入西方的新技术,使用柏油作路面整修道路。工部局陆续修了几条新的柏油路,约长762码,方3819码。另外,在和记码头到龙头码头之间修新路,加宽旧路面,拆除过旧房屋,并重新整修了所有的旧沟,建造了 996 码长的新沟。^① 同时,工部局对道路保养比较重视,当时工部局董事会下设分管各项具体事务的职能部门,其中工程股设有筑路队负责修建路面、水沟以及植树,1923 年增设公共卫生股,由副局长监管,雇佣专职卫生员,设有清道、清洁两队,负责洒水,清扫等工作。

在交通方面,由于地形的限制,近代鼓浪屿可借助的交通出行方式主要是步行、坐人力车与乘轿,间或引进其他新式交通工具,但存在时间都不长。据杨纪波先生《鼓浪屿的公用事业》一文记载,早在 1886 年,外国侨民在鼓浪屿组织"道路墓地基金委员会"时,其中规定收缴税款的项目有人力车辆、马及其他车辆,因此可以推知当时的出行交通应有步行、人力车、马车等多种选择。

1883 年,有人在鼓浪屿设马车营业。由于地区范围小,路陡危险,乘者不多,营业亏损而停办^②。后来一直以轿为岛上主要的交通工具,富裕人家也会自行准备私家专用的交通工具。20 世纪 20 年代前后,鼓浪屿救世医院院长郁约翰(美国人)进口一辆摩托车自用;该医院医生黄大弼则骑马往来;菽庄花园园主林尔嘉自备人力车雇专职车夫载拉。至于轿子,当时社会上有自备或出租的轿子,为个人日常交通工具或供医生、病人、产妇之用,甚至还有专门用于婚嫁的出租花轿。^③

20 世纪 40 年代,鼓浪屿还有人倡办人力车公司,当时曾引进第一批 10 辆人力车,车身较上海的黄包车考究,座位略小,车前挽扛下有两个手煞,车厢后装木架一具。每辆车夫二人,草笠和衣服上都有号码,拉时一人在前拖,一人在后推,因为鼓浪屿的马路虽是齐整的柏油路,有时斜度很厉害,一人之力不能胜任,所以要用二人。^④ 但用人多自然车资就贵,虽然当时曾有计划加以推广,但后未见有大的成效,料不能被当时的民众消费所接受。在

---

① 何其颖:《公共租界鼓浪屿与近代厦门的发展》,福州:福建人民出版社,2007 年,第 56 页。

② 张镇世、叶更新、杨纪波、洪卜仁:《"公共租界"鼓浪屿(1903—1941 年)》,厦门市政协文史资料研究委员会编:《厦门文史资料》第 16 辑,厦门:鹭江出版社,1990 年,第 41 页。

③ 杨纪波:《鼓浪屿的公用事业》,《鼓浪屿文史资料》上册,第 105 页。

④ 林慕苏:《一九四〇年八月游鼓印象记》,《鼓浪屿文史资料》中册,第 97 页。

1940 年间,工部局又曾发给 20 辆人力车的营业执照。[①] 1941 年底,日本占领鼓浪屿后,从厦门调拨 10 辆人力车来鼓浪屿用于出租。但因道路崎岖,上下坡要一车夫拉一车夫推扶,乘客坐不舒服,心有担忧。如不上下坡,只选择平坦道路,就要绕道而行,路远行慢价昂,乘客稀少,人力车遂致昙花一现。[②] 由此奠定了鼓浪屿步行岛的基本格局,自到今天。

在鼓浪屿上述多种交通方式中,除步行外,最流行的当属乘轿,一般权贵、富有者、列强设在鼓浪屿的领事馆官员、地方富绅、医生等均雇用固定的轿夫,如汇丰银行经理雇用惠安人陈九治为轿夫,美国领事馆雇用惠安人黄炎成为轿夫。此外,还有众多私人开设的轿店(馆),购置不同款式、不同用途的轿子,并配备轿夫,对外出租使用。1903 年工部局成立后,在其颁行的《鼓浪屿工部局律例》中曾对轿子与轿行做了极其详细的规定,说明轿行这一交通方式在当时鼓浪屿的流行,引述如下。

轿馆章程

(1)本局所定轿馆章程并轿资等事,并将诸条例开于左。

(2)诸轿馆须应报名登册,并每月缴记费壹大元。

(3)每乘轿须有号牌悬挂在轿之两边,该牌导码不得短至二寸之内。牌由工部局自行发给,不取分文。并将轿资开列如下:

轿夫两名确实挑扛时间

5 分钟	定资洋 2 角
10 分钟	定资洋 3 角
15 分钟	定资洋 4 角
30 分钟	定资洋 6 角
1 点钟(小时)	定资洋 1 元
2 点钟	定资洋 1.6 元
3 点钟	定资洋 2 元
4 点钟	定资洋 2.5 元
5 点钟	定资洋 3 元

(4)轿班二名同轿,每日给资洋三元,一日是由早上六点起计算至

---

① 张镇世、叶更新、杨纪波、洪卜仁:《"公共租界"鼓浪屿(1903—1941 年)》,厦门市政协文史资料研究委员会编:《厦门文史资料》第 16 辑,厦门:鹭江出版社,1990 年,第 41 页。

② 杨纪波:《鼓浪屿的公用事业》,《鼓浪屿文史资料》上册,第 105 页。

晚间六点止。

（5）凡有人晚间十一点以后雇轿者，须应比以上所定轿资多给一半之数。

（6）凡欲雇轿探客者，须先与轿夫言明，或在该处守候，或回轿馆定时再来，若无须先设法，则该轿夫可将守候之时间取给轿资。

（7）所定之资，系届客人平常来往路程，非关别等事故，如丧葬喜吉节日，若订日期欲雇者，须当先行彼此商酌为妥。

（8）凡干犯以上定规一条者，定将该轿头人带到会审公堂讯究所犯等事。

（9）所定章程，系印以英文及汉文，统行发给诸轿馆实贴，凡有请给，可也。

（10）凡雇轿班者，须直向轿馆雇请。

（11）每二名轿夫守候时间，每点钟一角，于夜间十一点以后，每点钟二角。①

上述关于轿馆及轿行的规定表明，鼓浪屿在工部局成立后已将其纳入到公共交通的范畴内来加以管理，无论是资费规定、轿馆管理、行业规定，均与后世流行的市政交通管理方式相差不大。在此值得一提的是"轿牌"的发放与管理。"轿牌"为一白底蓝边的圆形金属牌，上以黑字书写中英两种文字。中文有三行，第一行写着"鼓浪屿工部局牌"，第二行写着"私用"，第三行为"第 X 号"，在这三行文字上面是与其对应的英文。② 除此之外，工部局也对其他交通方式给予限制，如同样的《律例》中就曾规定到："不准乘脚踏车于人烟稠密之处，以致伤害行人，违者拿办不贷。"③

当时在鼓浪屿充任轿夫的多来自惠安，有人在积攒资金后开设轿馆。当时鼓浪屿轿店分为陈、程、何三姓，平分秋色，均是惠安人。轿夫每人每日平均可得工资二三元，轿班头可日获包雇净利十余元。④ 另据记载，惠安人

---

① 厦门档案局、厦门档案馆合编：《近代厦门涉外档案史料》，厦门：厦门大学出版社，1997 年，第 311～312 页。

② 郑晓君、苏维真：《鼓浪屿公共租界及其相关文物述介》，《鼓浪屿文史资料》下册，第 277 页。

③ 厦门档案局、厦门档案馆合编：《近代厦门涉外档案史料》，厦门：厦门大学出版社，1997 年，第 310 页。

④ 《鼓浪屿史料》，《鼓浪屿文史资料》中册，第 197 页。

最早来鼓浪屿开设轿店的为陈马水,此外还有惠安许埭人程天球、惠安后坑人陈金财和陈农,后者一开始是码头工人,从事货物起卸,后以开设轿店为业,积攒财富,在鼓浪屿购地置业,成为一代传奇人物。[①]

四、对外公共交通

作为毗邻厦门本岛且四面环水的小岛,鼓浪屿对外交通的基本构成是船只及其停靠的码头,以厦鼓交通为主。而厦鼓之间原来并没有公用的渡轮和轮渡码头,商民过渡,全靠双桨、舢板甚至竹篙摆渡来往,除此之外,各洋行、银行大多自备小汽船,称为电船。据1935年的统计,厦鼓海峡里有双桨和舢板约400艘,日载客约6000人次,从事双桨摆渡的工人在千人以上。[②] 两地的对渡点,在鼓浪屿主要为和记、黄家渡,在厦门岛为厦门港仔口、岛美路头、水仙宫和妈祖宫四处。[③]

1903年工部局成立后,对厦鼓之间穿梭的双桨小船进行统一管理,并出台了诸多细则进行限制。

双桨小船规则[④]

(1)各船户须将船牌安置船中后座,以便搭上下船时,可以一望而见。其牌上又须用汉英文两样字写明该船之号并工部局之字。

(2)搭客每人只准收资4镭(注:即四个铜板),如一人另搭一船者,准取小洋一角半。若夫昏暗之际、黑夜之间,则准收费三角为例。

(3)倘遇风涛大作之时,船资准可酌加一半或倍之,唯风浪之势如何。

(4)轿客并轿夫每载收2角,如空轿并轿夫,则准收费一角半。

(5)每船只准载客六人,不准多载。倘有船户违犯此条,客人应当自保稳妥,并准指明该船户牌照号,驰报本局。

(6)工部局给领船牌费,各船户每月须缴大洋0.4元。

---

① 陈全忠:《在鼓浪屿创业的惠安人》,《鼓浪屿文史资料》下册,第269页。
② 《由厦鼓轮渡谈到双桨工友救济问题》,《南钟》1937年第1卷第5期,第15页。
③ 《厦门市政府救济厦鼓失业双桨船工委员会组织暂行简则》,《厦门市政府公报》1937年第27期,第19页。
④ 厦门档案局、厦门档案馆合编:《近代厦门涉外档案史料》,厦门:厦门大学出版社,1997年,第318~319页。

（7）各双桨小船户等，各须遵照规则，倘敢故违，定即究办不贷，并将其船牌取回注销。

（8）各搭客人等，倘有船户玩违规则者，准其指明该船牌号，并将申诉之辞，禀呈本局，以便究办。

从上述引文来看，往来厦鼓之间的小船在1903年后须向工部局注册，领取船照，照章纳船照费，并同时受工部局管控，在船费、载客限制等方面都有明确的规定，同时在"码头章程"中对船只起客、落客方位等细节均予以规定，如"双桨载客，仅准在码头左边，右边侧全为搭客上岸及电船、舢板载客之用"，船只在起客或落客后，应当立刻驶离以免阻碍交通等①，显示工部局将其视为公用事业进行管理的意图。当时全鼓浪屿此类小船约有百艘，随着鼓浪屿人口的增加以及与厦门间联系的密切，双桨的船费不断上涨，如1910年加价，专雇每舟二十四文钱，凑伴每客四文。1912年又加价，专雇每舟四十八文，凑伴每客八文。1916年废钱纯用铜元，专雇小银一角，凑伴每客铜元两枚（时每角兑铜元十二枚）。1923年专雇一角五分，凑伴铜元三枚。1926年专雇递升为小银两角，凑伴视小洋兑换铜元之时价，而六人均摊之。日间专雇亦为两角，凑伴每客九个铜元。晚间六时起至翌晨以前，专雇四角，陪伴限四人，每人一角。② 可以看出，虽然船费不断发生变化，但每船载客6人的规定一直固定下来。

由于从事双桨摆渡的人数众多，在各个码头形成了同姓汇集的情况，如龙头渡为什姓，河仔下渡为黄姓，西仔渡头及新路头是另一支黄姓，和记及三丘田为李姓和陈姓，上述各码头的摆渡工人几乎全是同安籍，每人每日工资最高五六元，最低二元以上。③ 出于拉客的需要，各摆渡码头屡次发生码头工人械斗事件，影响社会治安。1933年3月，鼓浪屿工部局重新登记各码头"双桨"艘数，换发以不同颜色识别"双桨"所属码头的新牌照。据调查统计，全屿"双桨"共308艘，其中龙头渡头260艘、和记渡头10艘、西仔路头和新路头各12艘，三丘田6艘、河仔下20艘。新牌照凡属龙头"双桨"，用蓝底白字，和记黑底白字，西仔路头和新路头绿底白字，三丘田黄底黑字，河仔下

---

① 厦门档案局、厦门档案馆合编：《近代厦门涉外档案史料》，厦门：厦门大学出版社，1997年，第315页。

② 《鼓浪屿史料》，《鼓浪屿文史资料》中册，第196页。

③ 《鼓浪屿史料》，《鼓浪屿文史资料》中册，第196页。

白底黑字。规定各渡头"双桨",只停泊各自码头,不得混杂,以免为争夺搭客发生纠纷。①

高峰期的大量"双桨"及众多在厦鼓间来往的其他类型船只,在鼓浪屿形成了众多的停靠点,其中一些发展成为正式的码头。在鼓浪屿划为公共租界时,《厦门鼓浪屿公共地界章程》就明确地把此类建设划为"公业"范围予以管理。《章程》第十条规定称:"凡界内现马路、码头、墓亭以及公局之地址房产,均由公局掌业。"并且规定"凡道路码头,非先经理巡厅(按:即港务处)允许,由公局核准者,概不得兴筑。"②在《工部局律例》中,鼓浪屿租界管理当局又对此类建设做了细化规定,如规定工程建设须于"呈请建筑书内附图详绘,并载明长阔度数",并要求在批准后应"遵守图中所载,不得逾越",工程期限一般不超过十二个月,在施工过程中应遵守一切章程,违者予以停工,同时征收建筑照费。③

码头直接影响到鼓浪屿的对外联系,因而鼓浪屿较早就有码头。清初在厦门形成五大澳,鼓浪屿澳就位列其一,"鼓浪屿澳在鼓浪屿周围海滨,与神前澳对望"而"内厝澳在鼓浪屿西,与厦门相望。湾澳甚稳,可避飓风"④。当时五大澳可以停泊商船、渔船以及渡船,船只均凭官按例给换船照,出入挂验,一般厦门商人多在同安马巷领取造船执照,在鼓浪屿建船,新建商船均要由海关检验、编号,发给"关牌"后才可出洋。⑤ 由此可见早在外国侨民还未大批进入鼓浪屿之前,鼓浪屿的码头已经在发挥相当重要的作用。依陈全忠先生的统计,近代鼓浪屿东部海滩经历了多次筑填海,形成了码头20余座,分述如下:

海关总巡码头。1813年,清军将领王得禄曾率水师舰艇在此修葺。由厦门海关于1922年所筑,专供海关总巡乘船出入鼓浪屿的码头,因而得名。

河仔下渡头。为内厝澳居民往返厦门的渡口。

中谦码头。从属于中谦栈房,它是由菲律宾华侨林玉中与其姻亲洪子

① 洪卜仁:《鼓浪屿见闻录(一)》,《鼓浪屿文史资料》中册,第37页。
② 厦门档案局、厦门档案馆合编:《近代厦门涉外档案史料》,厦门:厦门大学出版社,1997年,第301～302页。
③ 厦门档案局、厦门档案馆合编:《近代厦门涉外档案史料》,厦门:厦门大学出版社,1997年,第310页。
④ (清)周凯:《厦门志》卷四,防海略岛屿港澳,厦门:鹭江出版社,1996年,第92页。
⑤ (清)周凯:《厦门志》卷五,船政略商船,厦门:鹭江出版社,1996年,第136页。

谦合资开发的房地产业,故称中谦栈房,其濒海处筑有码头,用于货船靠泊,故而得名。

三丘田码头。为三丘田、四丛松、内厝澳、笔架山等地居民往来厦鼓的要津,建有露天栈房,同时也是岛上货物进出的要道。

和记码头。1845年英商和记洋行建造仓库,筑堤填海造地,建立了南北相连的两座大栈房,在两个栈房濒海堤岸建专用码头,用于停泊船只起卸入栈货物。另外在1号栈的门前也建立一条较长的码头,落潮时可靠泊驳船,两座码头都称为"和记码头"

通商码头。为晚清通商局的专用码头,初以杉木架构而成。

黄家渡。为1928年黄仲训所筑的钢筋水泥结构的码头,有一高7米,宽9米,深度2.5米、通道宽5米的门楼,上横书"黄家渡",用以说明码头的修造者。

民产码头。位于黄家渡一带,为运输粪便出岛的专门码头。

东方码头。为东方汽水厂的货物起卸码头。

双桨码头。岛上居民乘双桨往来厦鼓的渡头。

电船码头。专供外国领事馆和洋行及中外银行的小电船(汽艇)停靠的码头,故而得名。

轮渡码头。建于1937年,为公用轮渡事业的开始,详见下文。

义和码头。原为1884年英商义和洋行堆储煤炭栈房,故而得名,又因早年涉及海外贩卖劳工,又称为"猪仔码头"。义和洋行歇业后,该码头又曾作为渔船停泊卖鱼之处,又称为鱼仔渡头。后有华侨在此渡头制造肥皂,渡头也就改称为"雪文厂码头"(肥皂厦门音读为"雪文")。

西仔渡头。为西班牙领事的专用码头,故被称为"西仔渡头"。

新路头码头。始建于19世纪末,为鹿礁路、福建路和复兴路一带居民赴厦的码头。

抽水码头。为厦门自来水公司1933年修筑的专用上水码头,故而得名。[①]

外国侨民进入鼓浪屿后把维修建设码头作为其市政建设的重心之一。近代鼓浪屿码头的建设与其开发历程息息相关,在工部局成立之前,各外国

洋行、领事均任意修造码头，置船往来，并未受到相关限制；而 20 世纪之后，新修造的码头多是邻近海滩地带开发的衍生物。

工部局也积极支持鼓浪屿华侨富商投资填筑土地、兴建码头，1926 黄仲训作为出资修建改造原"通商码头"、"福记码头"，填筑了黄家渡码头，这一举动带动了龙头路一带商业的繁荣①。工部局一直出资对公共码头进行维修，使码头有所扩大，并重新修建了码头边的道路。1934 年，工部局计划修建新的龙头钢筋水泥码头。同年 5 月，董事会与荷兰港口工程公司签订合同，由该公司承建龙头新码头。专供电船和逆仔船来往起落客之用，由厦驶鼓舢板，也可以由此起落。1935 年 2 月完工②。这个时候的工部局实际开始逐步建设公共交通。而作为公共交通的厦鼓轮渡及码头建筑始于民国二十五年（1936 年），当时的厦门市政当局向交通银行、福建银行各借 5 万元，用于建造轮渡码头。经过筹备，于 1937 年 6 月 9 日开工。厦门岛一侧的码头建在岛美路头，鼓浪屿一侧选在"义和码头"。

1937 年 7 月，厦门市工务局向利侨公司租用"利侨"轮，向利通公司租用"利通"轮，向金再兴公司租用"金再兴"轮用于轮渡。当年 9 月，成立轮渡管理处，10 月 16 日正式通航，每小时 4 个航班，但每船载客量不足 70 人，码头规模甚小，售票亭仅容 2 人售票，非常简陋。工部局与厦门市政府签订合约，在轮渡加备了电灯，进一步完善码头设施。③抗日战争期间厦门沦陷后，大批难民涌入鼓浪屿避难。轮渡管理处被日本方面的"福大公司"强占，日军在渡口盘查行人，任意搜身，加上常有盟国飞机飞临上空，故轮渡时停时开。1942 年太平洋战争爆发后，日军独占了鼓浪屿，驱赶抓捕同盟国的领事人员、商人、传教士等，施行血腥统治。这时的轮渡公共交通，渡者甚少，几近瘫痪停业。日本投降后，南京国民政府接管了"福大公司"及所属的"厦安""厦禾""厦兴"三轮，轮渡业务仍由轮渡管理处经营，但因汽轮已甚破旧，载客量有限，在与双桨等的竞争中毫无优势，因而处境日艰，当时的厦门市政府曾多次招商投标，最后于 1949 年 9 月 19 日成立"厦门轮渡公司"，实行股份制，其中官股占 20%，商股占 30%，银行占 30%，华侨占 20%，有渡轮 4

---

① 陈全忠：《龙头市场的变迁》，《鼓浪屿文史资料》中册，第 174 页。
② 杨纪波：《鼓浪屿的公共事业》，《鼓浪屿文史资料》上册，第 106 页。
③ 杨纪波：《鼓浪屿的公共事业》，《鼓浪屿文史资料》上册，第 106 页。

艘，维持运行。新中国成立后由政府接管。①

　　水上交通方面，鼓浪屿上有小汽船和舢板。小汽船是洋行、机关或富家自备专供本单位职员或家属乘搭。舢板是客货兼载，属于鼓浪屿最日常的过渡工具，可专雇，也可零星收载，每船限载六人。1903 年舢板约有百只，1926 年增至 260 多只。到了 1937 年 7 月，厦鼓轮渡通航。该年，工部局与厦门市政府签订合约，在轮渡加备了电灯，进一步完善码头设施，并于 7 月份投入使用新式渡轮。码头的修建与码头各项配套设施的完善，对鼓浪屿水上交通与经济的发展起了一定的作用。不少运载客货的小汽船都是返乡华侨创办。鼓浪屿是小岛，对外交通依靠码头，到日本占领厦门时，鼓浪屿的黄家渡、和记两处码头是厦鼓与漳泉海上交通的重要码头。②。

　　五、通讯事业

　　近代厦门的电报及电话业务皆起源于鼓浪屿，盖其原因莫不在于两者皆首倡于外人。就电报业而言，1872 年的《教会新报》记道：

　　　　电报公司有两路铁线，中外相通信息。一路自上海走东洋黑龙江到各西国，一路自上海由香港新架波直达各西国，东西周遍联络相通，唯中国除上海外，诸通商口岸未有电报，故今大北电报公司定在厦门起制一线，与上海至香港之铁线接连，其铁线在西国制造齐备，于亚司德轮船装运而来，不多时厦门福州可有神速电报信息也。③

　　因清政府无力禁阻外国侨民在海上设线，遂做出"尚可通融准办"的决定，但以线端不牵引上岸，与通商口岸陆路不相干涉为条件，且不承担保护海线的责任。随后丹麦大北公司抢先开始在我国沿海铺设海线。外国公司在华铺设水线，往往违反定约，不是将线端设在趸船，而是偷偷引向大陆。大北电报公司水线相继在上海、厦门鼓浪屿建立。1871 年 7 月以后，大北电报公司的远东公司已辖长崎、上海、厦门、香港电报站及上海、厦门、香港电报收发处，其中大北公司上海—香港水线是由吴淞口之大戢山，经厦门之鼓浪屿至香港，长 950 里，可通新加坡槟榔屿，以达欧洲，上海香港线名为南

---

　　①　龚洁：《钢琴码头史话》，《鼓浪屿文史资料》中册，第 353～354 页。
　　②　张镇世、叶更新、杨纪波、洪卜仁：《"公共租界"鼓浪屿（1903—1941 年）》，厦门市政协文史资料研究委员会编：《厦门文史资料》第 16 辑，厦门：鹭江出版社，1990 年，第 41 页。
　　③　《厦门电线》，《教会新报》1872 年第 214 期，第 8 页。

线①。鼓浪屿是这条南线上一个重要节点,鼓浪屿电报线在中国属于架设得比较早的地区。

上文提及的大北电报公司即丹麦国际电报公司。第二次鸦片战争后外国侨民就有要求在中国陆上架设电线、开办电报的要求,遭清廷的拒绝,于是外国侨民开始谋求在沿海地区铺设海线,丹麦大北电报公司是较为积极的公司。据《厦门市志》记载,其于清同治八年(1869 年)由丹挪英电报公司、丹俄电报公司和挪英电报公司三家组成,总公司设于丹麦首都哥本哈根,股东绝大部分是英国的资本家和沙俄的皇室。清同治九年(1870 年),该公司以大北电报公司名义来华开业,敷设香港—上海、上海—长崎、长崎—海参崴海底电缆。同年 5 月,大北公司与英商中国海底电报公司(英商大东电报公司的前身)订立合同,划分双方在中国经营电报业务的势力范围,议定:大北公司的水陆电报线,不能延伸到香港以南,中国海底电报公司的水陆电报线,不得延伸到上海以北,上海、香港间定为双方共同营业的区域;大北公司可以先在沪港间独自设一水线,中途在厦门、汕头登陆,此线收入,由该两公司平分。② 当时正值晚清洋务运动时期,政府方面也有意于发展对军事技术有极大促进的电报业务,故大北公司在鼓浪屿的业务即招到了清政府的反对。上述报道出现时,该公司实际上已于1871 年初在鼓浪屿田尾路 21 号开办。该年三月,该公司在敷设沪港水线时,未经清政府许可,擅自将线端登陆鼓浪屿引入其公司洋楼内,已经开始收发电报营业。清光绪九年(1883年),大北公司与清政府签订电报合同,以二十年为期,正式获准经营。"其海线迳达沪港,工作愉快,未尝延误,商民发电,趋之若鹜。"③在此期间,近代鼓浪屿及厦门的电报业务进展甚速,1874 年,《万国公报》以《厦门电报兴工》《福建厦门仍造电报》为题连续进行报道,称:

> 又云福州欲立一电报通至厦门,正在海滨一带沿途相度如何立杆,如何悬线,不日兴工。电报一成,从此中国外洋音闻可立而待也。④

前福建省直达通商地方并海口电线造成以后,即造厦门一路之电线,忽然中止,今复言定再行制造并中国官员允准保护,禁止有人损坏

---

① 王开节、修城、钱其琛编:《铁路电信七十五周年纪念刊》,绪论,第 19 页。

② 厦门市地方志编纂委员会编:《厦门市志》(第五册),北京:方志出版社,2004 年,第620 页。

③ 李升浩:《厦门电报之现况》,《电政周刊》1927 年第 19 期,第 12 页。

④ 《厦门电报兴工》,《万国公报》,1874 年,第 302 期,第 12~13 页。

铁线等事,自后电线造成此路信音大为捷速也。①

上述引文中提及的电报线路确实是"立而待也",当时上海经厦门通香港的电报线路已实现畅通。

除清政府正式允准的电报局外,当时由于鼓浪屿外人云集,不少洋行、领事也有私设电报进行通信的现象。如1901年,当时的法国领事馆即附设电报局进行通信。

因鼓浪屿实属地小人少,近代通信事业一无必需之市场,二不属民生之急需,故1903年成立的工部局实未将其视为公用事业来管理和发展。在中国政府方面,晚清洋务运动期间早已成立电报局,但营业清淡,论者称"民非不爱国也,以其安全速捷,不及大北耳。"②1924年,集美海线中断后,竟然发展到以经费不足为由而停止维修,营业状况更是每况愈下。1927年南京国民政府成立后,厦门海军当局出面修复集美海线,同时又将美丰银行私置的无线电机收购,在厦门港修筑无线电台,实现了与上海、福州、汕头、东山等处的电报直接收发。当年8月1日,该局兼办商电,于是营业日渐发达,刚开始时每月收发共计400号,高峰时达到2000号左右。可见当时鼓浪屿及厦门对外通讯需求市场逐渐发达。

受限于近代福建地方政局动荡的影响,鼓浪屿及厦门的电报事业发展起伏不定。原本在大北电报与厦门电报局之间摇摆不定的民众,曾一度激于民族主义思潮的影响,"毅然与大北公司断绝递送电报",但往往又因省内福厦线路时常中断受损,于是"又渐有趋向洋公司之势矣"。③

鼓浪屿电话最早由华人创设,在不同时期投资兴建电话设备,最终在鼓浪屿建立了电话公司。早期设立电话的政治意义远大于实际应用。早在1904年,《鹭江报》即以《鼓浪屿拟设电话》为题称:

> 日本人获野德藏氏拟在鼓浪屿架设电话,计资本须二万元,欲通电话者,每家按月纳费捌元,以后尚思扩张。由该地通过厦门,如果有成,则隔水相谈恍如一室矣。④

与近代鼓浪屿的电报事业一样,电话业务在鼓浪屿开展并非一项能够

---

① 《福建厦门仍造电报》,《万国公报》,1875年第319期,第15~16页。
② 李升浩:《厦门电报之现况》,《电政周刊》1927年第19期,第12页。
③ 李升浩:《厦门电报之现况》,《电政周刊》1927年第19期,第13~14页。
④ 《鼓浪屿拟设电话》,《鹭江报》,1904年,第85期,第3页。

"营利"的事业,日商之所以先在鼓浪屿设立电话公司,大半原因在于这是一块公共租界,中国政府的管理权力受限,可以任意实验新生事物。如若想利用电话生利,则非连通厦门本岛不可,清政府方面当然不会随意应允。在上述新闻报道出现后的第二年,上海《大陆》报即以《闽督不允厦门建设电话》为题对此事进行后续记载,内称:

> 某日人在鼓浪屿建设电话公司,其机器早已布置如法。唯鼓浪屿地方太小,难以获利,刻拟通过厦门,闽督以厦门虽系通商码头,乃属内地,非鼓浪屿之公地可比。已照会该领事阻止建设,以符条约。而日商资本已出,势在必开,恐又有一番交涉也。①

一方以不符条约为由进行阻拦,一方以"资本已出,势在必开"为由默许,虽然我们尚不清楚清政府交涉的成效,但就结果而言,日商的电话公司业已在鼓浪屿开办且已积极向厦门本岛扩展。杨纪波先生在《鼓浪屿的公用事业》中称1907年林尔嘉创办的厦门德律风公司为厦门电话产生之始,赵德馨先生在《黄奕住传》中也持此论,②结合上述引文来看,并非必然之论,因林尔嘉与日本川北公司较早在鼓浪屿创设过电话。当时两家电话公司,设备均简陋,没有过海电线,厦鼓两地实际不能通话,电话业务无法普及。林尔嘉创办的厦门德律风公司选址厦门岛上,从经营范围来看,与日商的电话公司形成分立之势,该公司1909年5月投入使用,通话范围限于厦门本岛。除办事人员外,该公司的主要资本来自借款。1908年的资本额约有二万四千五百元(见下表),公司有接线生6人,分为3班,日夜均可通话。用户如欲安装电话机,须先交押金30元,然后每月交电话费4元;没交押金的,每月交电话费5元。依此数字计算,开办初期有用户约十几户,次年猛涨至近百户,但收支仍严重失衡。③ 1914年2月16日午夜,由于电话线与电灯线相互接触,该公司经历了一次火灾,"局中机器等件全行烧毁,局屋亦焚去半座"④,致使电话通讯中断,林尔嘉再次增资2万银元修缮场所,赴上海

---

① 《闽督不允厦门建设电话》,《大陆(上海)》,1905年,第3卷,第6期,第1页。
② 赵著将林尔嘉创办电话公司之时间误记为1908年,但同时在中历纪年时却写作光绪三十三年(1907年)。参见赵德馨:《黄奕住传》,长沙:湖南人民出版社,1998年,第216页。
③ 厦门市地方志编纂委员会编:《厦门市志》(第五册),北京:方志出版社,2004年,第412~414页。
④ 《厦门电话局失慎》,《电气》1914年第5期,第101~102页。

另行购买交换总机,并于同年 7 月恢复营业。

表 6-2　厦门商办电话局资本总表

单位:元

1907 年			1908 年 7 月—1909 年 6 月		
	股数	银数		股数	银数
商股	80	8000	商股	80	8000
借款		8000	借款		16500
总计		16000	总计		24500

表 6-3　厦门商办电话公司员役人数薪费表

单位:元

1907 年			1908 年 7 月—1909 年 6 月		
	人　数	薪　费		人　数	薪　费
局　员	4	1224	局　员	5	1456
司　机	1	480	学　生	4	624
司机手	2	288	司　机	1	520
工　头	1	300	工　头	1	325
其　余	5	1191.11	其　余	6	1771.44
总　计	13	3483.11	总　计	17	4696.44

表 6-4　厦门商办电话收支总表

单位:元

1907 年				1908 年 7 月—1909 年 6 月			
收　入		支　出		收　入		支　出	
项目	数目	项目	数目	项目	数目	项目	数目
押租	390	机器	8315.376	押租	1800	机器	10337.25
租费	871	饷税	395.002	租费	4127.89	饷税	253.61
材料变价	32	器具	622.61	材料变价	2	器具	233.22
		房租	600			房租	600
		杂费	707.85			杂费	652.135

续表

			1907 年				1908 年 7 月—1909 年 6 月
		饭食	57.904			饭食	1379.076
		股息	384			股息	768
		桿料	956			桿料	1336.5
		借款利息	189			借款利息	1858.5
总　计	1293	总计	13227.742	总　计	5929.89	总　计	17498.291

资料来源:《邮传部交通统计表》第二卷,电政下,1907—1909 年。

1922 年,印尼归侨黄奕住筹划设立"商办厦门电话股份有限公司",他先后从林尔嘉与日商手中将厦门这两家电话公司全数收购,先后改换设备,同时安置海线,总机房设在厦门大元路,鼓浪屿接线站在龙头路邮政分局楼上,全站员工 27 人[①]。厦鼓用户可以互相通话,用户逐渐增加,安装电话的用户,从 200 多户发展到 1000 多户[②]。《厦门电话公司纪略》称:

> 厦门电话公司为回国华侨黄君奕住独资办理,黄君在南洋经营糖业致富,上海中南银行为其创办。今为该行董事。按厦门为福建最大海口,商业繁盛。黄君因鉴于该处旧电话制之不适用,锐意革新,造福社会。选聘各国电话专家赴厦计划估价,后选定上海美商开洛公司包办,业于前月订立合同另建新屋,一律改成新式共同电话制,即与京津等相同。电线均埋地下,另放一英里长海线一条,接通对岸鼓浪屿,闻年内可以竣工通话云。[③]

对鼓浪屿日商电话公司的收购是在 1924 年,《黄奕住回国后大事记》记载收购一事的来龙去脉。

> 是年(1924 年)收买日本人在鼓浪屿所设立之川北电话公司。先是厦中各界人士,以厦鼓两电话公司因国际关系,未便合作,以致不能通话,殊感困难,屡次请余设法收买。余为便利交通起见,因函托本屿工部局出为居中接洽,颇费周折,而余亦煞费苦心,最后以二万三千二百

---

① 张镇世、叶更新、杨纪波、洪卜仁:《"公共租界"鼓浪屿(1903—1941 年)》,厦门市政协文史资料研究委员会编:《厦门文史资料》第 16 辑,厦门:鹭江出版社,1990 年,第 40 页。

② 杨纪波:《鼓浪屿的公共事业》,《鼓浪屿文史资料》上册,第 105 页。

③ 《厦门电话公司纪略》,《工业杂志》,1922 年,第 10 卷,第 3 期,第 15 页。

五十元购成,遂得敷设海线通话,厦门承包工程者为开洛公司。①

实际上,黄奕住早在 1922 年就已有意向鼓浪屿扩展电话业务,并于第二年以"添招资本扩充鼓浪屿电话"为由向当时民国交通部申请核准,但被该部以"鼓浪屿海线与中丹电报合同有碍,应遵前饬不准建设"为由予以驳回。② 这说明黄奕住的电话公司一开始并没有收购日商在鼓浪屿电话公司的设想,只是在其向鼓浪屿扩展通话业务过程中被当时的民国政府阻拦,后以曲折的方式实现了厦门、鼓浪屿之间的通话设想。

工部局后来也把推广普及电话作为一项公共事业列入日常议程。早期安装的电话设备简陋,机器陈旧,电话接线员不够,工作效率不能令人满意,用户怨言颇多,工部局为此多次与电话公司协商,要求整改,虽然成效不大,但鼓浪屿逐渐开始使用现代电话。1932 年工部局会议记录谈到,鼓浪屿有自动电话,但费用过大,且需要鼓浪屿与厦门两地同时改善电话设备,否则使用自动电话意义不大,因而建议把自动电话改为半自动电话,由此可见当时鼓浪屿电话业务能达到同时期先进水平,存在的最大问题是难以独立推广③。1936 年鼓浪屿龙头码头建立,又填筑海滩,开辟公园,在公园中安设了一架公用电话,普通居民也有了使用电话的可能性,有人建议安装更多的电话给巡捕和公众使用,工部局采纳了这一建议④。

第二节　社区管理组织的演化

近代鼓浪屿社区管理的组织,经历了一系列变化。这一管理组织的演化历程,既是近代鼓浪屿社会变迁的一个缩影,也是近代鼓浪屿从传统社会向现代社会转型的一个结果。在近代鼓浪屿社区管理组织演化的历史进程中,世界局势与中外关系格局变化,以及中国国内社会经济与政治发展态势的变化,构成重要的影响和制约因素。其演化历程,则可以大致划分出三个不同时期:一是 19 世纪后半叶,外国侨民引入新型管理机制的尝试;二是 20

①　叶更新等:《黄奕住回国后大事记》,《鼓浪屿文史资料》中册,第 44 页。

②　《交通公报》,1923 年,第 274 期,第 2 页。

③　《鼓浪屿工部局报告书》,1932 年

④　何其颖:《公共租界鼓浪屿与近代厦门的发展》,福州:福建人民出版社,2007 年,第 58～59 页。

世纪前期,鼓浪屿辟为公共租界,工部局的设立及其演化;三是 20 世纪中期,日本发动侵华战争,在鼓浪屿形成独占格局。

一、19 世纪后期社区管理机构变迁

古代中国经过王朝更替,已经形成一套非常完整的行政管理系统。清王朝入主中原,沿袭明制。地方最高行政机构是总督衙门和巡抚衙门,掌握地方行政权与司法大权。总督职权极广,一般辖两省或数省。如闽浙总督管辖福建、台湾、浙江三省,因而闽浙总督衙门是福建省的最高权力机构。巡抚衙门是掌握一省地方行政机关,有的省也不设巡抚衙门,福建设有巡抚衙门。光绪十一年(1885 年),台湾设巡抚,福建巡抚由闽浙总督兼任。巡抚是一省的最高行政长官,名义上受总督节制。省一级行政机构有承宣布政使司,掌管民政和财政,有按察使司掌管行政和司法。承宣布政使司和按察使司并称两司,可以派出辅佐官员"道员",也被称为"道台"。道员是介于直省与府州之间的行政长官。省级行政之下设有府、州、厅、县等各级行政机构。一般在地方上还设有河道、关税、漕运等专职性管理机构。清代地方政权最低一级是县,县的最高长官为知县,下设县丞、主簿、典吏、巡检等官员,分管全县政务、赋税、户籍等事务。县以下基层组织的行政管理也比较严密,但没有统一规定,情况十分复杂。如县下设乡、厢、图、都等,有的农村设区、里、甲等。①

清朝以前,厦门岛是同安县的一部分,属绥德乡,称嘉禾里。② 清代沿袭明制,福建省领八府和一个直隶州。泉州府为八府之一,领七县,包括同安县。同安行政层级为:县、乡、里、都、保、甲,厦门仍属同安县。清代厦门的一个关键发展时期是清王朝收复台湾,统一版图。台湾尚未归入清朝版图之前,郑成功曾驻兵厦门,1649 年改厦门为思明州,州下设知州及吏、户、礼、兵、刑、工等六官,1663 年又改思明州为思明县。康熙十九年(1680 年),清军攻占厦门后,康熙取消思明县,恢复厦门称谓。同时施琅请设海关,厦门为闽海关所在地,正式成为对外开放的口岸。厦门正口管辖范围内的三处青单口岸有厦门港、排头门和鼓浪屿。福建水师提督衙门移驻厦门,厦门的

---

① 周振鹤:《中华文化通志地方行政制度志》,上海:上海人民出版社,2010 年,第 387～388 页。

② 吴锡璜:《同安县志》,北京:方志出版社,2000 年。

战略地位凸显。康熙二十二年（1683年）清军收复台湾岛，第二年设立台（湾）厦（门）兵备道，道尹驻台湾府治，属福建省，厦门地名从此固定。康熙二十五年（1686年）将泉州海防同知衙门迁至厦门，以泉州府同知分防设厅。雍正五年（1727年）兴泉道（后为兴泉永道）自泉州移驻厦门①。台湾统一纳入大清版图后，"施琅以咨商等事，详请两院"，将"厦门环海四里之民房、官地估税，修理城池、营房。"对厦门及周边地区土地调整。当时厦门"或照地亩征粮，或就房间收税"，房屋分别按照"天、地、日、月、星五则征租"。"天字号每间屋征银三钱，地字号每间屋征银二钱四分，日字号每间屋征银一钱八分，月字号每间屋征银一钱二分，星字号每间屋征银六分"②实行就房屋收税的条例，为厦门税收制定了一个规则。此时的厦门市镇设福山、和凤、怀德、附寨四社，乡村设廿一都、廿二都、廿三都、廿四都，编立保甲，鼓浪屿为厦门四社之一"附寨社"下辖的一个保，称"鼓浪屿保"。③值得一提的是，学界一般认为中国传统王权的直接统治只到县级为止，县以下是广大的乡村社会，其权力结构、运行机制文献往往语焉不详，但却是维系和支撑国家的重要秩序和力量。

在19世纪40年代外国侨民入住鼓浪屿之前，鼓浪屿作为厦门属下的一个保，与周围闽南地区一样沿袭着中国传统的地方行政治理模式。外国侨民相继入主鼓浪屿后，清政府的管理机构依然保留着，但外国侨民带来的影响在逐步扩展。鼓浪屿就此进入其社区建设与管理的第一个重要时期。

19世纪后半叶，鼓浪屿的地方行政管理略有变化。这种转变很大程度就是为了应对外国侨民进入鼓浪屿引发的新情况。起初，清地方政府在鼓浪屿兴贤宫设有保甲局，主要负责民间及华洋所有涉讼事件。④1873年（同治十年），兴泉永海防兵备道播骏章请准设立鼓浪屿通商所，当时派一员充任委员，专驻办理，并遴派佐杂一员副之。此外，设有稿书、录供、清书、传供、夫役等职。1900年，厦门洋务分局委员杨荣忠奏准，为加强保甲局机构，

---

①　（清）周凯：《厦门志》卷四，《防海略》，厦门：鹭江出版社1996年版，第76页。

②　（清）薛起凤主纂，江林宣、李熙泰整理：《鹭江志》卷之一，《租税》，厦门：鹭江出版社1998年，第46页。

③　（清）薛起凤主纂，江林宣、李熙泰整理：《鹭江志》卷之一，《四社》，厦门：鹭江出版社1998年，第47页。

④　陈建盛：《鼓浪屿会审公堂》，厦门市政协文史资料研究委员会：《厦门文史资料（内部发行）》第14辑，第27～28页。

设立巡捕,招募巡勇,稽查事务带有洋枪火器。此项事务由原保甲局两委员帮办。1902 年 1 月 10 日,鼓浪屿保甲局改称保商局,局址迁移至鼓浪屿锦样街,职能依旧。[①]

外国侨民初进鼓浪屿时,鼓浪屿近代社区尚未形成,外国侨民以侨民的身份,遵从地方原有的行政治理。随着外国侨民人数的不断增多,随着他们在鼓浪屿设立领事馆、兴办洋行、建造公寓,形成外国侨民聚落,鼓浪屿近代社区逐渐萌生。与此同时,外国侨民为改良社会生活环境,逐渐介入社区建设和管理。

外国侨民介入鼓浪屿社区建设和管理,是一个不断博弈的过程。外国侨民的最初目标在于在鼓浪屿建立由外国侨民自己掌控的管理机构,有效建设和管理公共活动空间,如道路、码头等。当时英国在中外贸易中占有最大份额,且在鼓浪屿外国侨民中人数最众,自然试图获取最大利益;正在迅速崛起的德国则一度试图单独获取鼓浪屿,强行占有土地,既成事实形成之后再与清政府谈判。最终,英、德两国驻厦领事于 1877 年 7 月,联名照会清政府,要求设立"工务局"来管理鼓浪屿,虽未明言设立租界,当介入鼓浪屿社区管理,分享社区行政权力的企图是显而易见的,被清政府所拒绝[②]。英、德领事并未就此放弃初衷,交涉也就并未停止。1978 年,英、德领事又借口"除逆缉匪",向兴泉永道重新申请建立"工务局",仍被拒绝。此后英国领事多次照会,要求设捐筹款,修整鼓浪屿街道、水沟、路灯等,并以洋人产业多于华人 10 倍为"理由"提出,捐税章程、捐款用途,须与洋人商议才算公道。

要求建立工务局虽一直未获允准,但随着鼓浪屿外国侨民群体规模的不断扩大,新型社区在逐步发展,在鼓浪屿推行外国侨民社区自理的需求也就越来越迫切。多次照会无果后,1886 年,由英国驻厦门领事佛礼赐(R. J. Forrest)牵头,在鼓浪屿的外国侨民擅自组织了"鼓浪屿道路墓地基金委员会"(Kulangsu Road and Cemetery Fund),简称"道路委员会"(Road Committee),这是多国参与博弈的结果。该委员会的最终成员有:英国伦敦差会传教士麦高温(J. Macgowan)、厦门海关税务司柏卓安(J. Mcleavy

---

① 陈建盛:《鼓浪屿会审公堂》,厦门市政协文史资料研究委员会:《厦门文史资料(内部发行)》第 14 辑,第 27~28 页。

② 张镇世、叶更新、杨纪波、洪卜仁:《"公共租界"鼓浪屿(1903—1941 年)》,厦门市政协文史资料研究委员会编:《厦门文史资料》第 16 辑,厦门:鹭江出版社,1990 年,第 11 页。

Brown)、大北电报局经理苏思逊(A. Suenson)、厦门海关船舶检查官安迪生(L. A. Andersen)、厦门港口医生雷力泽(R. S. Ringer),名誉秘书为德记洋行大班勿汝士(R. H. Bruse)。①

道路墓地基金委员会制定了交纳税款的办法是:人头税每人每年 5 元,人力车每辆每年 5 元,马每口每年 10 元,其他车辆税每年 10 元,坟墓地每块 15 元②。从社区管理的角度来说,这个机构在鼓浪屿无疑已经行使了一定程度的政管理权。尽管收税行为带有某种侵害地方行政权的性质,但面对时局与现实,腐败、愚昧、无能的地方政府只能默许。于是,委员会在未得到清政府批准的情况下,开始在鼓浪屿进行早期的公共设施建设,主要负责修建道路、路灯、洋人墓地等公共事业。委员会成员由当时岛上外国侨民组建,选举方法规定凡洋人每人每年纳人头税 5 元,具有纳税者的资格而享有选举权和被选举权。③

1897 年英国又和驻鼓各国领事共同制订了《鼓浪屿行政事务改善计划》,策划设立租界,因公使团内部未取得一致未能实现。④ 可以说"道路委员会"在这一时期实际上是外国侨民在鼓浪屿的管理机构。就此在鼓浪屿形成了华洋共管的最初格局。鼓浪屿成为公共租界以后,"道路墓地基金委员会"取消,改组为"洋人纳税者会",其行政职能由外国群体的核心管理机构转变为一定意义上的立法机构及行政监督机构。

二、20 世纪前期的社区管理组织

1903 年,鼓浪屿辟为公共租界,鼓浪屿社区行政管理的核心机构是工部局。工部局原义是市政委员会,这是带有鲜明西方色彩的租界特有的行政管理体制,是租界中类似多国侨民自治的市政机构。但在鼓浪屿,由于多种要素的制约作用,工部局的演化历程另据特色,值得深究。

---

① 何丙仲:《鼓浪屿公共租界》,厦门:厦门大学出版社,2010 年,第 28 页。

② 余丰、张镇世、曾世钦:《鼓浪屿沦为"公共地界"的经过》,中国人民政治协商会议厦门市委员会文史资料研究委员会:《厦门文史资料》第 2 辑,1963 年,第 84 页。

③ 张镇世、叶更新、杨纪波、洪卜仁:《"公共租界"时期的鼓浪屿》,《厦门文史资料》第 3 辑,第 28 页。

④ 张镇世、叶更新、杨纪波、洪卜仁:《"公共租界"鼓浪屿(1903—1941 年)》,厦门市政协文史资料研究委员会编:《厦门文史资料》第 16 辑,厦门:鹭江出版社,1990 年,第 11～12 页。

依据 1902 年清政府与美、日、英等国签订的《厦门鼓浪屿公共地界章程》，鼓浪屿辟为公共租界。工部局于 1903 年 1 月成立，5 月 1 日起开始之行职能。依照章程规定，工部局的职能是"专理界内应办事宜"。这应办事宜范围相当广泛，包括负责岛上的治安、税收、巡捕、巡捕公堂、卫生设施、公共设施、屠宰所和市场等多项事务。

从命名到组织机构的设立，鼓浪屿工部局基本上以"上海工部局"为蓝本。工部局设有正副局长，由外国侨民担任，正局长即巡捕长。首任是麦坚志（Mack Engie），第六任英国人巴世凯（G.R.Base）任期最长。工部局的实质领导核心是董事会。有关地方行政兴革事宜每周由董事会议定。董事会拥有聘任或辞退工部局成员的用人权，还可以作为法人向有关法庭控告拖欠市捐款的居民及法人，交工部局执行。工部局董事会董事名额有七名，其中华董一名，由厦门道台指派鼓浪屿殷实妥当绅士担任，其余六名均系外国侨民。洋董由洋人纳税者会选出，每年一月常会更选。第一届董事会由义和、德记、和记、宝记、汇丰银行、台湾银行的代表和一名华人组成。历届董事长一职，有英国人金蓓甫、苏为霖，洪显理；法国人陆公德、美国人锡鸿恩、荷兰人希士各等。首届董事会的华人董事为福州府学训导黄赞周。1909 年改为士绅林尔嘉。此后该职位长期由林尔嘉担任。民国成立，兴泉永道撤废，改厦门道台指派一名华董，林尔嘉依然蝉联。林尔嘉担任鼓浪屿工部局华董一职直到 1922 年。[①]

工部局的税收的来源，主要是产业税和牌照税，据局务报告公开公布的材料统计，各式捐税就有：轿牌捐、建筑执照税、牛奶间执照税、海滩税、狗牌捐、市场税、小贩牌税、屠宰税、戏照捐、洋腰照捐、土酒照捐，双桨牌捐、港内轮渡税、旅社执照捐、特殊挂欠业产税，粪业包捐、附加捐，地产租金等二十多种。工部局成立那一年（1903 年）的税收是 15416 元，1914 年则为 34697 元，1924 年增为 94269 元，1934 年更增到 167519 元，到了 1940 年竟高达 413170 元。[②]

为保证工部局行政职能以最佳效果推行，形成了一套监督及辅助机构。

---

① 张镇世、叶更新、杨纪波、洪卜仁：《"公共租界"时期的鼓浪屿》，《厦门文史资料》第 3 辑，第 25、26、27、167 页。

② 张镇世、叶更新、杨纪波、洪卜仁：《"公共租界"时期的鼓浪屿》，《厦门文史资料》第 3 辑，第 38 页。

鼓浪屿公共租界中的日常行政事务受到驻厦领事团的监督;驻厦领事团是工部局董事会的上级机关。驻厦领事团的上级机关则是驻京领事团,这是外国侨民在中国的最高决策机构。但驻京领事团仅负责租界重大变更事件的决策,如章程、律例的修订、存废等,以及协调处理驻厦各国领事间发生的纠纷。一般事务均由驻厦领事团负责监管。因此,驻厦领事团是这一时期鼓浪屿的最高议事和权力机构。驻厦领事团设主席一人,即所谓"领袖领事"。工部局每年新历一月举行一届"常年公会"和类似临时会议的"特会",由值年领袖领事主持。"公共租界"所推行的一切政策,都由领事团核批,但不直接干预公共租界的日常行政,只体现一种行政上的监督。其具体职权是:包括审核工部局前一年度收支账目,推选该年工部局董事,讨论有关工部局的各项事务。驻厦门领事团一向由各国正规领事把持。各国驻厦门领事分正规领事和商业领事。正规领事是专职的,美、英、德、日、法五国,都驻有专职领事。商业领事则是由洋行、银行的经理或正规领事兼任的,如英商德记洋行经理曾兼任比利时商业领事,荷兰安达银行经理曾兼任荷兰商业领事,法国领事曾兼任西班牙和葡萄牙商业领事,英国领事曾兼任丹麦、瑞典、挪威商业领事。[①]

工部局是鼓浪屿社区管理制度的实际推行者,管理权限及范围极大,而制约、监督工部局权限的是其上级机构驻厦领事团和驻京外交使团,从行政层级自上而下的监督管理,这类监督管理往往集中于主体政策的引导及纠纷协调,在地方事务具体推行方面工部局依然有较大行政权。鼓浪屿社区内在制度层面对这种权利的限制及监督机构又有"洋人纳税者会"。这是当时外国群体在鼓浪屿设立的立法监督机构,由早期的"鼓浪屿道路墓地基金委员会"转化而来,是工部局地方内的监督机构。洋人纳税者会分为常年会与特别会议两种。常年会在每年的正月间召开,由当年的领袖领事负责召集并主持会务,通知书须于会期 10 日前发出。会上讨论并通过下列事项:上年度洋人纳税者常年会议案,上年度工部局报告;上年度工部局收支报告;本年度工部局收支预算;选举本年度工部局董事;本年度"公界"内应举办的各项事务。会议的决议案,须经半数以上出席人同意,方算通过。也负

---

①　张镇世、叶更新、杨纪波、洪卜仁:《"公共租界"鼓浪屿(1903—1941 年)》,厦门市政协文史资料研究委员会编:《厦门文史资料》第 16 辑,厦门:鹭江出版社,1990 年,第 12、13页。

责选举行政机构负责人,也就是选出行政机构工部局董事会董事,对鼓浪屿租界中进行行政监督还可对各种行政事务做出决定。[①]

鼓浪屿内居住的不仅仅是外国侨民群体,在社区内必然会出现华洋之间及华人之间的法律纠纷。在鼓浪屿社区内,保留有中国的司法机构——会审公堂,这是在鼓浪屿能够发挥实际作用的少数中方机构。1903 年 5 月 1 日,兴泉永道尹延年委任杨荣忠办理厦门洋务公司兼任鼓浪屿会审公堂首任委员。同年月,又委派张兆奎专职任鼓浪屿会审公堂委员。会审公堂由保商局改组而成,初设立时仍在保商局旧址,1920 年后迁移到泉州路 105 号,大约于 1930 年又移址于鼓浪屿工部局附近的黄仲涵楼宇[②]。从迁址地点看,会审公堂最后设立工部局附近,其与工部局配合开展业务的趋势已经非常明显。在《厦门鼓浪屿公共地界章程》第十二条对会审公堂职权范围做了具体规定:

> 界内由中国查照上海成案,设立会审公堂一所,派委历练专员驻理。所属有书差人等,以资办公。该员应由厦门道概总办福建全省洋务总局札委。遇界内中国人民被控干犯捕务章程之案,即由该员审判。倘所犯罪案重大,应由该员先行审问,再行录送交地方官审理。界内钱债房产等项词讼,如有中国人被控,亦归该堂审办。案经该堂断定,须内地及厦岛地方官饬令遵断之处,该地方官不得推诿。凡案涉洋人,无论小节之词讼,或有罪名之案,均由该管领事自来或派员会同公堂委员审问。倘会审之员与该堂承审之员意见不同,以致不能了案,其案可以上控,由厦门道会同该领事再行提审。凡案内人证有现受洋人雇倩及住洋人寓处以内者,传拘票签,先期送由该领事签字。[③]

鼓浪屿会审公堂是地方一级司法审判机关,是具有租界司法制度特征的中外混合法庭,当时只有上海、汉口和鼓浪屿几处设有这种机构。中外会审是中国近代法制史上一种特殊的司法现象,是领事裁判权在华的延伸和

---

① 张镇世、叶更新、杨纪波、洪卜仁:《"公共租界"鼓浪屿(1903—1941 年)》,厦门市政协文史资料研究委员会编:《厦门文史资料》第 16 辑,厦门:鹭江出版社,1990 年,第 77 页。

② 陈建盛:《鼓浪屿会审公堂》,厦门市政协文史资料研究委员会:《厦门文史资料(内部发行)》第 14 辑,第 27～28 页。

③ 厦门档案局、厦门档案馆合编:《近代厦门涉外档案史料》,厦门:厦门大学出版社,1997 年,第 302 页。

扩张的产物。在租界内涉及中国当地居民法律纠纷,因而在租界内设立的诸多中方机构中,会审公堂依然能行使权利,并未在租界内完全失效。上海会审公堂组织机构比较完善,各租界相继效仿,鼓浪屿公共租界开辟之时,就基本查照上海,设立会审公堂,使用相同的章程。主持公堂的委员及所有人员由福建省地方官府派委,工资、房租和行政经费等由中国政府拨给,因而它名义上仍然是中方机构,实际上鼓浪屿会审公堂的权利基本上掌握在工部局手里,华人违法案件大都由会审公堂受理,会审公堂所判处的罚金和刑事罚款也都全部交给工部局,但它仍是中国的司法机构。因中国在鼓浪屿内仅保留了极其有限的行政权,有学者认为中国政府因此在鼓浪屿丧失更多权利,使鼓浪屿名为公共地界,实际上成了公共租界。但不能否认租界时期,会审公堂处理中国居民法律纠纷,是对鼓浪屿管理制度的有效补充。

鼓浪屿社区不同阶段的管理机构虽有所变动,但主体部分没有实质性的变化。公共租界期间的行政机构一直是工部局董事会领导下的工部局。管理体系的调整主要体现日常行政事务方面。而工部局的上级监督机构随着中国政治局势的变动在不同历史时期也有所调整。因为工部局在鼓浪屿的治理有延续性,所以使工部局在鼓浪屿的治理能够保持某种程度的稳固。即便在日本占领时期,工部局已经基本失去了对鼓浪屿的治理,但由工部局董事会等部分原有机构依然在名义上保留下来。

以近代城市社区管理的概念来说,社区管理除了用行政手段影响和规范社区管理之外,还通过法律、经济、公共道德等手段来引导社区发展的方向。鼓浪屿社区围绕工部局逐步形成一系列辅助机构,这些辅助机构有的明显是为了监督限制工部局成员权限,有的是对工部局职权未覆盖领域的补充辅助,也有专门为社区内特定群体争取权益,这些机构通过不同的方式达到对鼓浪屿社区的影响。

治安维护的机构变动比较大。1903 年,工部局刚成立时巡捕人数不多,只有一个巡捕队,设巡捕长一人,底下有一个巡长,3 个三等巡官和 14 个巡捕。除巡捕长是英国人外,全部是印度塞克教徒。可见工部局在最初的制度设计前并未考虑中国立场。1917 年以后,原有的巡捕队开始扩大,1918年巡捕增加到 44 人,还新设侦探队。工部局长亲自兼任巡捕长。接着又从我国山东威海卫等地雇来 30 多名华捕、当时叫"北兵"。又在本岛和闽南地区召集 10 几个失业闲散人员成立"侦探队",并在工部局内兴建监狱。巡捕队也扩大为警务处。除局内巡捕房外,还在洋墓口、三丘田、内厝沃三处设

立巡捕分所，并在全岛各个角落遍布流动哨。三丘田分所有巡长一人，巡捕
10 人；其余两所各设巡长一人，巡捕 6 人。1925 年起，巡捕增添了 54 人。
1932 年，巡捕队再增加华捕 31 人。1933 年达到最高峰 192 人。经华人议事
会多次力争，略有裁减。但到 1939 年，战争局势下又增设日台巡捕队，专业
的巡捕队和侦探队又膨胀到 127 人，如果包括侦探队私养的爪牙（即"侦探
脚"），则将近 160 人。这样，以当时岛上最高人口四万人计算，大约每 250 名
居民中就有一个警探①。

从法律层面来说，租界时期鼓浪屿设立了领事公堂。领事公堂主要处
理控告部局或其经理人，或外国侨民发生纠纷互讼的案件，这是外国在中国
"领事裁判权"的具体执行机构。根据 1902 年由各国驻厦领事与清朝官员
签订的《厦门鼓浪屿公共地界章程》第八条订定："凡控告公局（鼓浪屿工部
局）及其经理人等者，应在领事公堂，此堂系每年由各国领事派定。"各国领
事指派一人组成领事公堂，人选每年更换一次。外国侨民发生纠纷互讼的
案件，也归该堂审理，中国政府无权过问。一般认为鼓浪屿的领事公堂受理
案件有限，根据有的材料记载，鼓浪屿的领事法庭至少审理了三个案件②，可
以看出领事公堂的确案件极少，它的存在主要是外国在华领事裁判权的
体现。

从工部局基层业务推行来看，工部局对鼓浪屿社区市政建设的推动，在
华界产生很大的震动。华侨群体参与社区建设意识加强，有改造城市面貌
的愿望。华侨团体对社区公共事务的参与和革新推动了华人社会地位的提
升，工部局管理行政体系有所调整，向华人倾斜，华侨群体积极组建社会团
体，相继成立了华人纳税者会、华民公会、华人议事会，以维护自身权益，推
动社会改革。在 1928 年鼓浪屿行政体系可以看到，鼓浪屿华人议事会成
立，替代了原厦门道台，与洋人纳税者会相对，此时华董名额由 1 人增至 3
人，洋董由 6 人缩减为 4 人③。另外工部局下设分管各项具体事务的职能部

---

① 张镇世、叶更新、杨纪波、洪卜仁：《"公共租界"时期的鼓浪屿》，《厦门文史资料》第 3
辑，第 20、25、32、38、89 页。

② 陈国强：《1915 年鼓浪屿租界的陪审权和领事法庭》，载《鼓浪屿文史资料》下册，第
18、19、151 页。

③ 张镇世、叶更新、杨纪波、洪卜仁：《"公共租界"鼓浪屿（1903—1941 年）》，厦门市政
协文史资料研究委员会编：《厦门文史资料》第 16 辑，厦门：鹭江出版社，1990 年，第 89 页。

门逐渐细化,华人可以竞选工部局董事会董事,可以参加的社会团体,参与到岛内行政事务和城市建设的决策之中。

20 世纪以来,随着鼓浪屿华人人数的急剧增长,尤其是大量闽南籍海外移民的返乡,入住鼓浪屿,华人参与社区管理的政治要求不断加强,由此陆续产生了部分民间团体组织,不同程度地参与社区管理,如鼓浪屿会议公所、华人纳税者会、华民公会和华人议事会等。

三、日本占领时期的管理组织

1937 年抗战发生后居民纷纷逃难,1938 年 5 月 9 日,日本开始进攻厦门。居民像潮水一般涌入鼓浪屿,大量难民因此产生,鼓浪屿设立难民所加以收容,难民所有二十多处。在这种大变动到来前,鼓浪屿社区管理制度已经预先进行了一定程度的调整,但依然准备不足。厦鼓沦陷后成为孤岛,日寇严禁居民迁入内地,却不能保障居民的粮食需求,粮食配给逐年减少,曾经一度到达过每人每月配米二斤的窘况,贫民饿死数量之多就可以预测。难民涌入鼓浪屿公共租界,造成鼓浪屿人口数量激增。在战事发生的头几天,鼓浪屿无救济难民的机构。面对涌入难民,各中学自动停课,腾出教室,转变功能为临时的难民所。两三天后,鼓浪屿国际救济会成立。随着难民如潮水般地涌进,鼓浪屿所有大建筑物甚至私人楼屋,都尽量腾出地方作为临时的难民所,据估计,鼓浪屿的难民最高峰时达十一万人。这一阶段的鼓浪屿社区面临的是一种非常态的战时管理。虽然鼓浪屿是公共租界,不列为战区,但周边地区的沦陷使鼓浪屿难以独善其身,要维持近十万人的粮食供应,当时迁入岛内的粮商美记行、有利行、协隆行等商户与工部局协商,组成"美利隆"粮行,采办外埠大米,并部分转供厦门岛的民食,但"美利隆"开业仅一年即告停业。[①] 在沦陷期工部局依然发挥作用,但在管理方面不可避免受到日本的威慑,这是鼓浪屿社区管理的一个特殊时期。

这一时期,一国政府强权主导的社区管理模式更显突出。日本占领期间在政治统治方面推行了相应的措施,如设立兴亚院鼓浪屿事务所、领事馆鼓浪屿警察分署、海军鼓浪屿派遣队、高等法院鼓浪屿会审公堂、鼓浪屿非常时期参事会等机构;并成立鼓浪屿保甲联合会,实行保甲制度。发给良民

① 中国人民政治协商会议福建省厦门市委员会文史资料研究委员会:《厦门文史资料纪念抗日战争爆发 50 周年专辑》第 12 辑,第 27、28、52、65 页。

证,勒令居民出入随带,以备检查;乘小舢板渡厦门,还要另备通行证。①

厦门沦陷后,鼓浪屿华人的影响力被削弱,原有的华人议事会解散,华人不能选华董参加董事会。华人力量在工部局中被消除后,鼓浪屿的行政体系更趋向于成为单线型的统治架构,工部局董事会直接指导工程估计股、财政股、安全股、卫生股和教育福利股,与巡捕房与办公室都由秘书负责。特征鲜明的多国博弈、华洋博弈时代结束,日本的影响力不断加强。1939 年6 月1 日,日本领事提议改革,同年6 月8 日,经工部局答复同意,于10 月17 日成立"鼓浪屿问题解决协定",改变该局组织。应日本要求,增设日台巡捕队,专业的巡捕队和侦探队又膨胀到 127 人,如果包括侦探队私养的爪牙(即"侦探脚"),则将近 160 人。② 从日本方面来说增设日台巡捕队的政治意涵远大于实际效率,更大程度上展现了日本对鼓浪屿的影响力,随着战争进程的推进,形势严峻。1940 年3 月4 日"工部局"召开年度洋人纳税者大会,大会由驻厦门日本总领事内田主持。1940 年4 月1 日,开始办理人口登记手续。此时巡捕总数达 100 人左右,其中日台巡捕 30 多名。20 日鼓浪屿当局对日妥协,董事会决定逐步实现采用日本巡捕方案。6 月1 日日本当局宣布重新规定厦鼓之间交通许可时间。7 月12 日按照《解决鼓浪屿问题协定》第三项规定的采用日本职员,经"工部局"董事会通过执行。8 月1 日"工部局"董事会决定,解散设在鼓浪屿黄家渡的国际救济会难民所③。1941 年日本在鼓浪屿对英美宣战,驻厦门的日军为此占领鼓浪屿。日军于 12 月8 日凌晨,从厦门分乘汽艇在鼓浪屿龙头、田尾、内厝沃登陆,占领"工部局"、英美荷领事馆、汇丰、安达银行、大北电报局、各教会学校、医院、和记等堆栈、外国侨民住宅以及会审公堂、电灯、电话公司、邮电局,搜查并接管这些部门。同时宣布全面封锁海上交通,限制厦门鼓浪屿间交通,断绝厦鼓与重庆政权统治的漳、泉内陆交通。甚至早已被日本占领的金门、浯屿,也被禁止交通。渔船出海,要经检查许可。宣布派伪厦门高等法院检察长、汉奸杨廷枢,接管鼓浪屿唯一属于国民政府的"会审公堂",委任杨廷枢为堂长。同一

---

① 杨纪波、刘剑学:《鼓浪屿陷日史话》,载厦门市委员会文史资料研究委员会:《厦门文史资料》第 7 辑,厦门市郊区印刷厂,第 30 页。

② 张镇世、叶更新、杨纪波、洪卜仁:《"公共租界"鼓浪屿(1903—1941 年)》,厦门市政协文史资料研究委员会编:《厦门文史资料》第 16 辑,厦门:鹭江出版社,1990 年,第 32、90 页。

③ 何婉菁整理:《鼓浪屿抗日战争时期大事记》,《鼓浪屿文史资料》上册,第 85 页。

天,日军当局宣布改组"工部局"董事会,召集"工部局"全体人员复职。原任副巡捕长的白俄人胡锡基引病告退,原有的三个外国侨民董事也都"自动"辞职。几天后,日方宣布,由日本人福田繁一接任"工部局"巡捕长兼秘书,允许三个外国侨民董事辞职,由两个日本人和两个中国人组成新的"工部局"董事长。"工部局"所有公私文件改用日文、中文,废除英文。[①] 1943 年 28 日举行鼓浪屿"公共租界"行政权移接,"工部局"被废除[②]。鼓浪屿先前经过多国侨民的长期管理,已经发展成为相对成熟的社区,原有社区管理制度已经比较完备,能够满足维系鼓浪屿居民的基本需求。日本的军事占领和独占管理权,除了对原有的管理组织和制度造成极大破坏外,对鼓浪屿社区建设与管理毫无发展意义可言。

第三节　社区管理的制度变迁

19 世纪末期西方社会开始关注社区研究,因为西方也正经历由乡村向城市的转型。1887 年德国社会学家腾尼斯在其专著《社区与社会》首先提出"社区"概念,虽然他所提的社区概念与现代完全不同,后世学者也颇有争议,但他明确指出:乡村社会关系会随着城市化的进程而消亡,这契合他所生活的时代特点。19 世纪多数西方现代国家都正经历着乡村向现代城市的转换,这是近代世界城市发展的大趋势。而期间外国侨民进入鼓浪屿,鼓浪屿实际经历了由乡村转向现代城市的过程。

一、社区管理主体权属的转变

城市社区管理系统涵盖了社区管理机构、管理手段、管理法规和管理制度等多项内容。近代鼓浪屿社区的管理无论是在清王朝管理阶段还是在租界时期,都具备这些要素。但从社区管理主体行政管理权归属的差异来分析,可以更清晰窥视到鼓浪屿社区管理制度的变迁。

传统王朝政治建有层级清晰的管理机构来保证中央政策得以下达。鼓浪屿属于整个中央行政体系中较小的一个节点,归属厦门管辖。地方治理

---

① 洪卜仁:《日军占鼓浪屿见闻》,《鼓浪屿文史资料》上册,第 75～76 页。

② 何婉菁整理:《鼓浪屿抗日战争时期大事记》,《鼓浪屿文史资料》上册,第 88 页。

辅助手段有保甲制度,这是中国传统社会维持地方秩序的补充。针对外国侨民进入鼓浪屿,民间及华洋纠纷也需要解决,清朝地方政府因而设保甲局于兴贤宫,主要负责民间及华洋所有涉讼事件。① 随着涉外业务的增加,原有机构有所调整,设立专职机构的需求增加。1873 年(同治十年)所设"通商所"明显是为了满足鼓浪屿日益增加的治理需求。1900 年,鼓浪屿人口已经大幅度增加,治安管理问题又提上议程。"通商所"又改称"保甲局"。1902 年 1 月 10 日鼓浪屿保甲局改称保商局。由名称的转变能感受到治安及处理商业纠纷是早期鼓浪屿行政工作的两项核心,根据实际需求行政重心在天平在两端摇摆,最终以保商局的形态找到平衡。

在条约制度下,鼓浪屿外国侨民得到外国驻厦领事的庇护。鼓浪屿外国侨民擅自成立"鼓浪屿道路墓地基金委员会"后,实际掌握了鼓浪屿社区内外国侨民群体的行政管理权。鼓浪屿社区最初由农村向城市化转向的过程中表现为城市化的过渡型社区,最多只能完成地理空间方面的整合,因而有了如"道路墓地基金委员会"这样的机构。虽然"道路墓地基金委员会"原有职能不仅限于处理道路墓地,但这一名称的选择体现出一个社区初建时迫切需要解决的是公共环境的治理问题。这是社区初创阶段最基本的对公共空间管理的诉求,与复杂的社区社会空间的整合还有一定距离。

鼓浪屿辟为公共租界后,按照《厦门鼓浪屿公共地界章程》成立工部局。就鼓浪屿社区的行政管理体系而言,意味着行政管理权已经从清朝地方政府手上,转到工部局手中。工部局对鼓浪屿社区具有独立的行政权。但工部局行政长官受上级机关驻厦领事团任命委派,而驻厦领事团之上则有各国在中国的联合最高权力机构——驻京外交使团。驻厦领事团由各国驻厦门领事组成,其领袖领事一向由各国正规领事把持。各国对于"值年领袖领事"的竞争异常激烈,实际反映了多国对鼓浪屿行政管理权的争夺。驻厦领事团初期规定以各国领事中驻厦任期最长者为值年领袖领事。由于德国领事与法国领事长期驻鼓,初期领袖领事一席曾先后被他们长期分占,而在厦门、鼓浪屿拥有企业最多,势力最大,侨民也最多的英国驻厦领事,反而没有机会担任领袖领事。于是英国采用将领事升格为总领事的办法,于 1936 年把马尔定提升为代理总领事,把驻任时间久暂排除在一边,成为领袖领事。

---

① 陈建盛:《鼓浪屿会审公堂》,厦门市政协文史资料研究委员会:《厦门文史资料》第 14 辑,1988 年,第 27～28 页。

日本随着侵华步伐加快,也于 1936 年 11 月 10 日由外务省宣布,把山田芳太郎升格为总领事代理。1937 年 7 月 2 日又派高桥茂为正式总领事,公开与英国角逐"领袖领事"。他莅任仅 5 天,因中日战争爆发,奉命撤退。厦门沦陷后,再派来的内田五郎等人,都以总领事头衔出场,加上占领厦门的军事优势,领袖领事的位置为日本所独占。[①] 由领袖领事在鼓浪屿的转变可以看到不同国家对鼓浪屿社区行政管理主导权的争夺。

如前所述,在鼓浪屿公共租界时期,存在两个司法机构,即领事公堂和会审公堂。领事公堂由各国领事指派一人组成,人选每年更换一次,主要处理控告工部局或其经理人的案件,或外国侨民之间发生纠纷互讼的案件。这显然带有司法机构的味道。会审公堂按照《厦门鼓浪屿公共地界章程》的规定,原本时设计成负责处理鼓浪屿一切涉法案件,包括外国侨民的涉法案件。但由于有领事公堂的存在,会审公堂实际上并无权过问外国侨民案件。至于鼓浪屿社区华人的涉法案件,这章程第十二条规定:"凡遇界内中国人民被控干犯捕务章程之案,即由该员(会审公堂大法官)审判。倘所犯罪案重大,应由该员先行审问,再行录送交地方官审理。"[②]实际运行,则是工部局在将所抓之人送会审公堂审前,先要经领袖领事的批准或与之沟通。工部局先将在会审公堂待审的刑事案件一览表致函领袖领事;领袖领事即将信与表送达领事团经其批准后,将表送给会审公堂大法官,要求一些案件派陪审员出席会审;会审公堂大法官审核后将表送还领袖领事,并要求通知工部局将案件送解讯结;领袖领事再写信给工部局通知领事团与会审公堂批准审讯并指出哪些案件派陪审员出席审判;最后,工部局函致领袖领事进行确认。因此,驻厦领事团掌握着鼓浪屿社区的司法大权。[③]

作为鼓浪屿社区行政机构,工部局的两项核心工作是鼓浪屿的治安维护与公共事业的维护。与社区有关的地方行政兴革事宜每周由董事会议定。工部局董事会是工部局的领导核心。工部局董事会一开始设定的局董

---

① 张镇世、叶更新、杨纪波、洪卜仁:《"公共租界"鼓浪屿(1903—1941 年)》,厦门市政协文史资料研究委员会编:《厦门文史资料》第 16 辑,厦门:鹭江出版社,1990 年,第 19 页。

② 厦门档案局、厦门档案馆合编:《近代厦门涉外档案史料》,厦门:厦门大学出版社,1997 年,第 302 页。

③ 陈国强:《1915 年鼓浪屿租界的陪审权和领事法庭》,《鼓浪屿文史资料》下册,第 150 页。

人数,是"洋人五六位,华人一二位"。华董需是殷实妥当的本地绅士,并由厦门道台委派。最后形成的董事会是洋董6位,华董1位。董事会除平常会议之外,在公共租界内如遇有重大或急要事件,经领袖领事本人提出,或其他1个领事,或10个有选举权者联名提出书面要求时,可以召开特别会议。通知书须于会期前10天发出,并说明开会事由、时间和地点,且须有三分之一的董事出席,方可举行。会议决议案,须经出席人数三分之二赞成,方可通过。史料表明,除了林尔嘉于1913年1月28日赴会一次外,就再没有人参加过这个会议。[①] 由此可见早期鼓浪屿华人在鼓浪屿行政体系中的影响力是很有限的。

按照制度设计,工部局董事会之上的监督机构有厦门道台与洋人纳税者会,但实际上厦门道台作用甚微。至于洋人纳税者会,是在鼓浪屿成为公共租界后,原道路墓地基金委员会撤销改组而来的。洋人纳税者会每年上半年召开年会,选举行政机构工部局董事会的外国董事。洋人纳税者会因此失去原来道路墓地基金委员会承担的行政职能,转为带有立法监督功能的机构,某种程度上代表鼓浪屿外国侨民的权威,具有一定影响力。

上述可见鼓浪屿辟为公共租界后的前期,鼓浪屿社区管理主体权属完全是落在由领事团掌控的工部局、领事公堂手里,代表的首先是外国侨民的利益。鼓浪屿华人群体在工部局成立之初就意识到这一问题,于是以居民日感工部局条律的苛刻,于1903年2月间倡议组设"鼓浪屿会议公所,于乌埭角每星期六晚聚会一次,讨论有关事项。首届议长由菲律宾归侨陈日翔担任。但是工部局借口该公所未经呈报,擅自成立,加以取缔。[②] 该公所被迫宣告解散,华人群体早期参与社区管理事务的尝试宣告失败。

此后,随着鼓浪屿华人居民人数的激增,尤其是随着返乡海外移民人数不断增加,其雄厚的经济实力在鼓浪屿社区建设中不断呈现,对鼓浪屿社区公共设施建设发挥了不可或缺的作用,再加上由自由职业群体构成的鼓浪屿新生社会力量的出现,鼓浪屿华人对社区管理的参与度不断增强。而此时中国国内民族主义思潮的高涨,更给鼓浪屿华人居民参与社区管理提供

①　何其颖:《公共租界鼓浪屿与近代厦门的发展》,福州:福建人民出版社,2007年,第39页。

②　张镇世、叶更新、杨纪波、洪卜仁:《"公共租界"时期的鼓浪屿》,《厦门文史资料》第3辑,第31页。

了极其有利的外部环境。1924年,厦门道尹公署迁入泉州,工部局董事会的华董,无人委派,该局董事长英国人洪显理就授意地方绅士林寄凡,仿照"洋人纳税者会"规章,组织"华人纳税者会",用于委派工部局董事。"华人纳税者会"仍推荐前厦门道台委派的林尔嘉担任工部局董事会华董。此时正值全国各地开展收回租界运动,鼓浪屿地方名流黄廷元发起组织"华民公会",会长黄廷元、秘书黄镜寿。会员都是鼓浪屿社会中上层代表人物。原华人纳税者会成员,返乡海外移民的代表人物黄奕住、林尔嘉、黄仲训等也都参加。自此,华民公会取代华人纳税者会掌握选充华董的权力。华人纳税者会遂自动解散。

1926年3月1日,华民公会召开董事会,提出修改《鼓浪屿公共地界章程》,改组工部局董事会,收回会审公堂等主张。华民公会会员代表厦门各界代表共同在厦门总商会举行会议,成立"修改鼓浪屿公共地界章程起草委员会",负责研究修改鼓浪屿公共地界章程问题。5月20日,"修改章程委员会"通过修改草案,交付各界代表审查。在各界人民的支持下,驻厦领事团被迫接受修改意见,工部局华董名额由原来1名增至3名,洋董由原来6名缩减为4名。经申请北京公使团同意,自1926年12月27日施行。首任的三名华董是:归侨实业家黄奕住、青年会总干事王宗仁、国民党恩明县党部常务委员李汉青。

1928年1月,华民公会会址迁到中山图书馆内,吸收新会员,扩大组织,1月24日,成立"华人议事会筹备处",发出改组通知书,分设七个登记处,进行选民登记,公开投票选举议员二十人,当日参加投票选举的选民有两千余人。2月7日开票,选出议员李汉青等二十人,候补议员二十人。2月25日,在普育小学礼堂举行大会,正式成立"华人议事会",该会规定由议员中推举三人为主席团,主持日常事务,秘书一人。并规定议员每年由全屿华人直接选举,可连选连任。议员如被选充为工部局华董,名额由候补议员递补。被该会选充华董的以李汉青任期最长,还曾连任为副董事长[①]。华民公会和华人议事会显然是鼓浪屿华人社会在受到洋人纳税者会的启示下,仿效成立的社会组织,其组织构成和运行方式均带有这一痕迹。与此同时,鼓浪屿工部局管理机构还进一步吸纳华人精英群体。除了工部局董事会华董名额增

①　张镇世、叶更新、杨纪波、洪卜仁:《"公共租界"时期的鼓浪屿》,《厦门文史资料》第3辑,第27、32、33页。

加外,在董事会下另设 5 个委员会,委员由华人议事会推荐。表明鼓浪屿华人群体参与社区管理的力度不断加强。鼓浪屿社区管理主体权属的重心向华人社会有所偏移了。

综上所述,鼓浪屿辟为公共租界之后,鼓浪屿社区管理的主体权属便从清朝地方政府手中转到驻厦领事团手中。在鼓浪屿公共租界时期,鼓浪屿社区管理制度在一定程度上体现出类似立法、行政、司法三权分立的行政理念,体现了相互牵制、互为监督的管理原则。工部局是鼓浪屿社区市政管理机构,工部局之上有董事会,工部局董事会是鼓浪屿公共租界的决策机构,具体行政工作由工部局各部门执行,层级清晰。工部局在执行权力时又受到由外国侨民组成的"洋人纳税者会"监督。"洋人纳税者会"还拥有类似立法的权力。工部局司法机构有领事公堂,虽然领事公堂没有发生什么实质案件,但在设计之初是为了制衡核心行政权力者的,工部局是岛上的行政权力核心,但可以控告。各机构的组成由选举产生,各机构行使职权主要采取会议制,以民主方式决定。鼓浪屿社区管理的主体权属实质上一直握在代表各国政府利益的驻厦领事团手中。但其呈现的制度安排与运行机制,却在一定程度上体现了法制精神。

二、社区管理内容的变迁

一般说来,城市社区管理的内容主要包括,对社区人口、社区基础设施、卫生、治安、文化教育、经济管理几个方面的管理。鼓浪屿公共租界时期,社区管理的内容发生了较大的变化。根据《鼓浪屿工部局律例》工部局的工作范围相当广泛,基本上涉及鼓浪屿社区内部的方方面面。在体系上工部局分设财政、建设、卫生 3 股。财政股主办征收地租,兼收商店、小贩、双桨、轿、狗等牌照税,以及违警罚款。建设股有筑路队,负责修建路面、水沟以及植树。卫生股由副局长兼管,雇用专职卫生员,设清道、清洁两队,打扫清运垃圾和粪便,转售给内地农民做肥料。工部局设有巡捕房,巡捕房下辖巡捕分队,成员由不同国籍人种组成[①]。从管理效果来看,外国侨民在鼓浪屿社区所推行的管理方式对鼓浪屿华人居民来说是新颖的,其带来影响也是明显的。最突出的转变体现在社区公共环境,通过市政建设鼓浪屿出现了道

---

① 张镇世、叶更新、杨纪波、洪卜仁:《"公共租界"鼓浪屿(1903—1941 年)》,厦门市政协文史资料研究委员会编:《厦门文史资料》第 16 辑,厦门:鹭江出版社,1990 年,第 20 页。

路、码头、路灯、自来水、现代通讯设施等各种近代社区设施,这使鼓浪屿社区有别于周围的传统乡村市镇。

从文明角度看,工部局律例、规定对社区居民的行为、言语的约束,条律巨细无遗,囊括了居民生活的各个层面,且相当细化;虽然有时粗暴强横,但也展现了一定程度的文明,促使的鼓浪屿社区居民由村民向城市居民转换。如在交通方面的条款,根据《鼓浪屿工部局律例》对轿馆章程,规定需明确开列轿资,轿馆须应报名登册,并每月缴记费壹大元。工部局免费发给轿子号牌,要求号牌悬挂在轿之两边,对牌号码的长短也有所规范,要求不得短至二寸之内,另外对轿子收费标准、时间、雇轿可能发生纠纷、事故等等有做细致的规定①。这颇有些现代交通统一使用规范车牌的意味。鼓浪屿道路狭窄,主要交通工具就是轿子,工部局对岛上交通工具一系列的规范实际上涉及对鼓浪屿交通的有效管理,具有现代公共交通管理意识。

《鼓浪屿工部局律例》工部局另外一部分重要工作涉及鼓浪屿的卫生问题。其实工部局相当重视鼓浪屿的卫生防疫问题。如针对贩卖食物,工部局律例就有大量规定,分列于下:

于本公界内,不准于街道弃垢秽物,违者则拘捕究办。

凡贩卖牛乳者,各宜涤洗其应用之瓶,以便本局监察者检查。

牛奶瓶之涤法如下

(1)先以清水洗净之;

(2)洗刷之后,其器皿须原置其位;

(3)未分给之时,须经监察员封盖;

(4)本厂限于夜间二时开至八时,又于下午二时开至四时。

本鼓浪屿各铺户及肩挑贩卖一切食物者,如鱼肉水果等物,时时用网盖遮,以免蝇蚋集传染疾病。若夫挑贩之布盖,亦须先带到本局查验适当,方能准用。所有冰水冷水及剖开之生果,不论铺户或挑贩,由本日起,一律禁止售卖,以防暑天传染疾病。倘敢故违,立即捕办不贷。②

当时欧洲各国也针对城市贫民、疾病等问题有一系列的应对措施。英

---

①　厦门档案局、厦门档案馆合编:《近代厦门涉外档案史料》,厦门:厦门大学出版社,1997年,第311~312页。

②　厦门档案局、厦门档案馆合编:《近代厦门涉外档案史料》,厦门:厦门大学出版社,1997年,第313~318页。

国是世界上最早进行公共卫生立法和改革的国家,这对世界城市的发展都
起到很大的推动作用。英国对鼓浪屿社区的影响较大,在卫生防疫方面是
比较重视的。1837—1838年流感和伤寒广泛流行,卫生和健康成为英国在
19世纪40年代最受关注的问题。当时的调查认为"疾病的流行与环境状况
密切相关,尤其是供水和住房条件以及排水系统、垃圾处理的缺乏。"自此,
掀起了英国的公共卫生运动,人们开始意识到解决公共健康问题不仅依赖
医学,更有赖于房屋建设。1846年颁布了《滋扰清除和疾病预防法案》,1847
年颁布了《城镇改进条款法案》。这两部法案都是关于城镇改进的立法措施
和规定,用于监督和规范环境清洁、垃圾收集和供水排水系统。19世纪80
年代,公共卫生运动取得了很大成效,卫生设备的普及时城市发展到新的水
平。公共卫生运动也推行到香港,香港1887年颁布《公共卫生条例》(*Public
Health Ordinance*)和1903年的《公共卫生及建筑物条例》(*Public Health
and Building Ordinance*)。它出于对殖民者和军队的健康和福利的考虑,
随后作为一种社会福利用于维护社会稳定①。英国这类城市建设科学观念
明显影响到鼓浪屿,使工部局在卫生和疾病防疫方面做了大量规定。

另外工部局也关注鼓浪屿公共空间的文明形象,试图把还保留一定农
村生活气息的鼓浪屿改造成一个具备西方生活气息的近代城市社区。《鼓
浪屿工部局律例》一部分规定明显是针对鼓浪屿动物家禽的。规定分列
于下:

> 鼓浪屿公界内,凡有畜养鸡、猪、牛及一切家畜等类,理宜约束,不
> 宜放路上肆行,因有违碍本局章程,除出示禁后,倘有不遵示禁,仍将此
> 等家畜放出肆行糟蹋公路,一经本局巡捕触见,即将此等畜类充公,并
> 饬传畜养主人到会审公堂理罚不贷。
>
> 凡本界内居民,如有殴打或残酷家畜等者,必须拘捕究办。
>
> 本公界内所有畜狗之家,须于每年正月间到本局领给牌照,若无领
> 牌之狗,肆行公路,一经巡捕触见,立即击毙。
>
> 羊照:(1)凡有畜羊者,须到本局给照。
>
> (2)其照不准他人顶替执用。
>
> (3)如有新买及死亡之羊者,应必报告本局,倘有不遵守者,即拿办

---

① 邹涵:《香港近代城市规划与建设的历史研究(1841—1997)》,武汉理工大学博士学
位论文,2011年12月,第61~64页。

不贷,并罚银二十五元。[①]

条例约束饲养家畜在路上肆行、给羊颁发羊照,禁止逾过私界及在公路寻拾柴火者并割伐树木等等[②]。从这些规定可以看到鼓浪屿社区早期表现为城市化的过渡型社区,在由最初农业型聚落向现代城市转换过程中,社区居民依然保持着一些农业时代的生活习惯,因而《鼓浪屿工部局律例》在社区居民生活细节方面做出了众多的规定。另外禁止殴打及残害家禽等条例也有现代都市文明生活的意味,也是对社会文明程度的一种推进。工部局管理职能范围反映了鼓浪屿社区在管理制度及社区功能构成要素的细化程度,从这一个意义上说,工部局的管理制度能保证职责明确,符合鼓浪屿社区多国多种族共同治理的特点,是管理现代化的表现。

工部局另外一项职能就是负责社区的治安及维护。1903年工部局刚成立,鼓浪屿只有一小队武装巡捕(即警察),英人巡捕长1人、三等巡官3人,印度籍巡捕14人。[③]维护治安成员全为外籍人员,人数并不多。而工部局董事会下设立的巡捕长与秘书,而且秘书实际由巡捕长兼任,也就是说负责社区人员也可兼顾社区公共事务的维护。理论上来说,巡捕、巡警的部分工作职责是活动于各街道,他们熟悉社区情况,当然可以兼顾到公共事务的维护。由这一设置也能看出社区初建阶段,鼓浪屿社区管理只能满足社区居民最基本的生活需求,且在社区初建时,社区人口有限、公共事务不算繁多,因而部门职能分工并不细化,社区事务甚至可以兼顾。经过多年发展,鼓浪屿居民人数不断增加,他们对公共事务的需求空间扩大,对鼓浪屿社区管理制度有了新的要求,工部局的社区管理结构又有所调整。有学者在研究鼓浪屿问题时认为鼓浪屿巡捕数量之多,达到每个角落都有流动哨的程度,"警探的密度之高,在世界上是罕见的","这是帝国主义对人民的高压控制"。[④]但不能否认巡捕不断增加实际有为维系工部局在鼓浪屿治理的作

①　厦门档案局、厦门档案馆合编:《近代厦门涉外档案史料》,厦门:厦门大学出版社,1997年,第312～317页。

②　厦门档案局、厦门档案馆合编:《近代厦门涉外档案史料》,厦门:厦门大学出版社,1997年,第310～313页。

③　张镇世、叶更新、杨纪波、洪卜仁:《"公共租界"鼓浪屿(1903—1941年)》,厦门市政协文史资料研究委员会编:《厦门文史资料》第16辑,厦门:鹭江出版社,1990年,第32页。

④　张镇世、叶更新、杨纪波、洪卜仁:《"公共租界"时期的鼓浪屿》,载中国人民政治协商会议厦门市委员会文史资料研究委员会:《厦门文史资料》第3辑,第38页。

用。特别是工部局颁布的大量条例得以落实与巡捕的执行力是有必然关系的。工部局成立时制定的《鼓浪屿工部局律例》规定涉及社区环境治理各个层面,部分条款分列于下:

不准于本公界内楼屋或墙壁等处粘贴广告,违者定则拿办。

本公界内禁用风枪,违者定必拘捕究办,并将其风枪充公。

凡有在海边行状令人可厌者,准巡捕立即拘拿。游濯者必须穿游濯衣袂,欲换之时,不准在海边。

本公界内,无论何人,不准任意大声嚷酒(猜拳),以碍治安,违者立即捕办不贷。

凡土棍及品行不端正者,不准住在酒楼或旅馆,本局巡捕不论何时可入内检查。

不准乘脚踏车于人烟稠密之处,以致伤害行人,违者拿办不贷。

本公界内不准居民于夜间十一点至晨七点以内燃放爆竹及种种花炮。

凡本公界内不准开设妓馆。

于本公界内不准赌博或开设赌馆,违者定则拿办。

不准于本公界内私运鸦片以及设烟馆,如有不遵守者,定则拘捕究办。[①]

这些条例涉及限定社区内行业及规范鼓浪屿居民行为。如禁止鼓浪屿内开赌馆、妓馆、烟馆,这是建设文明健康社区的必备条件。而在居民行为规范方面有的条例合理,利于社区建设。有的规定以今天的标准来看极度缺乏对人的尊重,如规定,"凡有在海边行状令人可厌者准巡捕立即拘拿"及"凡土棍及品行不端正者,不准住在酒楼或旅馆"等。这类条例一直作为西方殖民者以粗暴手段对待当地居民,激发对抗与不满情绪的重要原因来批判。但通过极端手段让一切形貌可疑人员从鼓浪屿消失,对内消除了潜在的不安定因素,对外反而能展现文明社区形象。如果要一一落实这些规定,对巡捕的需求量自然较大。

工部局不断扩大其职责范围和行政权限,政策法规有细化趋势,其作为市政管理机构的功能和职责更加明确,工部局对社区管理的重视和调整使

---

① 厦门档案局、厦门档案馆合编:《近代厦门涉外档案史料》,厦门:厦门大学出版社,1997年,第310～317页。

其完全具备了城市政府的职能特征。1928 年工部局董事会下设财政、建设、卫生、教育、公安 5 个委员会，襄助董事会议事，委员会对董事会有建议权而无表决权，5 个委员会均由华人议事会推荐的中国人担任，委员均属义务性质，不支领工部局薪水。工部局的组织逐渐扩大，分内勤、外勤两部。内勤方面又分为书记处、警务处。书记处下设会计、出纳各一人。警务处管辖巡捕以及后来成立的侦探队。两处处长一向由局长兼任。副局长协助管巡捕房。正副局长规定只有外国侨民可以担任，翻译（也称"秘书"）、会计和出纳 3 人则雇用中国人。① 虽然外国侨民的权力依然较大，这一政策的改变已经显示出华人群体对社区管理方面的影响力加强，而鼓浪屿社区由不同群体协同合共管的特征更为突出。

　　1936 年，为了加强了社区人口调控力度，工部局董事会通过了《鼓浪屿公共地界保甲条例》重新引入了中国的保甲制度。保甲制度是一种中国传统的基层社会管理制度，它适应在自然经济的状况下，以户（家庭）为基本单位，对居民的有效管理。中国的家族制度是推行保甲的社会基础；它对维持地方社会秩序有较好效果，却带有更强的限制性与专制性；它更符合中国传统文化的要求，因而中国历代统治者便极力推广。保甲制度在经历了清朝末期和民国初年的废弃之后，却在 20 世纪 30—40 年代被国民政府广泛推行。这与西方的文化与政治基础有很大差别，但在外来人口增加，社会治安需要加强，战争即将爆发的情况下，在鼓浪屿这样的公共租界中开始引入中国的保甲制度。保甲制的一大重要特性在于有效的控制人口流动，1937 年 2 月 5 日洋人纳税者常年会，工部局董事长洪显理报告，同意施行保甲制度，并在预算案拨出 1500 元作经费。按照保甲条例，鼓浪屿分为 10 个联保，各联保为独立的单位，受联保主任的管理。如有不良分子，或面生之人进入或居住于其境内，该联保主任应即报告警务处。每联保设联保主任 1 人，联保主任之下设保长、甲长。联保主任、保、甲长，名义上是选派的，但实际上均由工部局委派，任期 2 年，不受薪金，统归工部局巡捕房管辖。工部局有权用书面理由把联保主任、保长、甲长解职②。各联保内居住之人皆须登记；其

---

　　①　张镇世、叶更新、杨纪波、洪卜仁：《"公共租界"鼓浪屿（1903—1941 年）》，厦门市政协文史资料研究委员会编，《厦门文史资料》第 16 辑，厦门：鹭江出版社，1990 年，第 20 页。

　　②　厦门档案局、厦门档案馆合编：《近代厦门涉外档案史料》，厦门：厦门大学出版社，1997 年，第 323～324 页。

出生或死亡者,亦须登记。凡欲入某联保居住的人必须持有以前之居民证、良民证等,抑有厝主或公界中其他可靠的人之担保方可。① 居民登记簿应逐月缴交警务处,皆须登记:出生、死亡及迁入、迁出。房屋出租或分租,业主应随时申报,新租户人口之良莠,及其移居之是否合法,全由该业主负责②。在保甲制度实施时,大量难民流入界内,户口变动频繁,工部局为了使保甲工作做得更周到、更有成效,雇用一些干事,代替联保主任担任户口登记的具体工作和监督辖区;准许向户民每户每月征收保甲费 0.2 元,充作保干事的薪金和其他费用。

保甲制的推行成效还是比较明显的。对此,时人多有正面评论称:"(保甲制)做出很多必需改善之事,进一步控制罪犯和地下活动分子"。"如果借此保甲制度而切实提倡,则不良分子虽欲混迹,或居住于本公界中,殆几不可能矣"。"此制度之实施,亦为目下时势之需要。盖鼓浪屿人民如不持有工部局警务处或保甲制下各级办事处所发之通行证、居民证、良民证等,则欲移居邻区或他邑,已不可能矣,因保甲制度施行于邻省邻县,已有相当成绩也"。③

三、土地制度变迁

工部局成立后就成为鼓浪屿社区管理的核心,可以从两个方面来理解工部局的管理制度变迁。一方面从行政体系来看,工部局的管理体系随着时间推移也不断在调整。另一方面工部局重要的税收来源是产业税,从鼓浪屿土地制度的变化也能更好地了解鼓浪屿的行政体系的构成及执行情况。工部局经费的主要来源是靠征收各种捐税,其中主要为产业税和牌照税,产业税占总收入平均数的 62.37%,牌照税占总收入平均数的 18.87%,牌照税有 26 种之多,其中一种是建筑执照费,占牌照税的 1.95%④。工部局

---

① 厦门档案局、厦门档案馆合编:《近代厦门涉外档案史料》,厦门:厦门大学出版社,1997 年,第 323 页。

② 厦门档案局、厦门档案馆合编:《近代厦门涉外档案史料》,厦门:厦门大学出版社,1997 年,第 325 页。

③ 厦门档案局、厦门档案馆合编:《近代厦门涉外档案史料》,厦门:厦门大学出版社,1997 年,第 320 页。

④ 余丰、张镇世、曾世钦:《帝国主义对鼓浪屿的殖民统治》,《厦门文史资料》第 16 辑,第 152 页。

产业税占总收入平均数的 62.37％，由此可见鼓浪屿的土地制度是工部局行政工作的核心。因而鼓浪屿土地制度的变迁，也能在一定层面反映鼓浪屿管理制度的变化。

鼓浪屿从典型的闽南传统聚落向 19 世纪国际社区转变的过程伴随着不同外来人口对这一区域进行改造的多元融合实践。就社区地理空间意义而言，土地是社区最根本的元素，土地制度自然也成为鼓浪屿社区制度体系的核心之一。鼓浪屿正好属于近代条约涉及区域，特别在鼓浪屿成为公共租界后，一旦租界范围的划定，从其性质来看即赋予了土地交易的内涵和事实上的土地交易环节，这是鼓浪屿社区发生显著变化的重要时期，鼓浪屿土地权属变更不可避免。因此，如何在租界内获得土地，如何"租"即成为土地交易中的核心，要理清这个关系就不可能脱离近代中国的政治外交的基本框架。

近代鼓浪屿的土地问题实际上涉及外国侨民到华的居留权和所属权问题。从大航海时代开始时，外国侨民尤其是欧洲人在中国的居留权与活动范围一直是个多方博弈的难题。与近代鼓浪屿土地权属的转变相呼应的是近代中国与世界各国就居留权分歧而产生的军事、政治、外交关系格局的变动。在外国势力强势影响中国之前，清王朝对外推行闭关锁国政策，保留广州一个口岸对外通商，英国人已经在广州已经取得了一定的居留权，但受到很大的限制，如外国侨民均须居住公行之中，对土地没有行政管理权。英国商人当然对此并不满意，因而 1840 年鸦片战争爆发，英国政府与中国政府交涉的条约内容就涉及在华获取更大的居留权力。随着近代中国的剧烈变化，鼓浪屿不可避免地也被裹挟在其中，鼓浪屿土地制度的最初调整即是条约制度的产物。

关于外国侨民在华土地问题以及外国侨民居留问题的最终解决经历了多国冲突、妥协并依据具体情况调整的过程。在结束第一次鸦片战争的谈判中，英国外务大臣代表英国政府表示"英国政府要求中国将英国全权公使所指定的面积敷用、位置适宜的沿海岛屿一处或数处，永久割让予英国政府，作为英国臣民居住贸易的地方。"[①]并训令英国负责谈判的全权公使"必须采取方法使得中国答应英国臣民无论男女，应准自由和不受限制地在中

---

① 马士著，张汇文等译：《中华帝国对外关系史》第 1 卷，北京：商务印书局，1860 年，第 701 页。

国的一些主要口岸居住贸易。这些口岸应在条约中明白开列。""似乎广州，厦门，台湾北端对面的福州府，以及扬子江口的上海县和宁波，是最值得考虑的。"①

英国对在相关口岸取得居住和贸易的权利的方面态度相当明确强硬，更具倾向性地把目标锁定在几个特定的港口，其时已经涉及厦门，从实施力度上看，在对华的军事行动中英国把这一想法付诸实施。从 1841 年 8 月英军攻占厦门，军事占领鼓浪屿，到 1946 年 1 月英军退出鼓浪屿，虽然这一期间军事占领并未获得清政府认可，但这也造成了近代外国人最初进入鼓浪屿取得了实际居留权这一客观事实，且在一定程度上成为此后演化的铺垫：1844 年厦门英租界划定，1862 年厦门英租界正式开辟，1902 年鼓浪屿成为"公共租界"。因而如要分析这一时期鼓浪屿的土地问题就必须回到当时中英之间在居住及租房方面的交涉场景中，事实上英国商民如何在各通商口岸租地建屋原本也是中英交涉的焦点之一，涉及两国的立场与对待条约的态度与解读。

在土地交涉过程中，清政府的政策随着局势的变动在调整。清政府并不乐意于外人在通商口岸取得居留权且享有无限制的自由行动，在面对近代变动的局面中国政府长期缺乏系统、连贯、明确的解决方案，清政府对于外国侨民在各通商口岸租地建屋问题的态度根据中国现实情况不断调整。最终中方无奈地接受把外国侨民的活动范围限定于五个开埠城市，既条约规定的"允准英人携眷赴广州、福州、厦门、宁波、上海五港口居住，不相欺侮，不加拘制。"②

英国方同意在划定范围内居住和贸易。英国在对华土地问题方面取得了居留权。之后签订的《五口通商附粘善后条款》很大程度上可以看作对外国侨民通商居留权的一种限制。中方对能将外国侨民限定在一定的范围无奈接受，也同意通过"五口租房租地"的方式使外国侨民实现居住权，即条约规定的"现已将止准在五口租房租地，并由地方官指定地段，准其行走贸易，不许逾越尺寸，列入善后条约，以杜衅端。"③

---

① 马士著，张汇文等译：《中华帝国对外关系史》第 1 卷，北京：商务印书局，1860 年，第 712～713 页。

② 王铁崖：《中外旧约章汇编》第 1 册，第 35 页。

③ 齐思和等整理：《筹办夷务始末》（道光朝），第 2740 页。

《五口通商附粘善后条款》所确立的制度保留了下来，是英国侨民在华土地问题基本架构。这个架构便是中国开放五座城市作为通商口岸，在此五座城市中，划定一块地区供外国侨民租地，以供居住和贸易，在此地区之外则不允许外国侨民居住，而且外国侨民在界内租地需报请地方政府批准。这种解决方法最大可能将外国侨民限制在一个区域之中，将这些外国侨民的影响减到最小。在一定程度可以解释为什么鼓浪屿成了外国侨民选择的居住的区域，通过鼓浪屿外国侨民既可以与内陆大清帝国保持互不惊扰的距离，又可在一个面朝大海对外来事物不陌生的岛屿上突破传统与原母国保持联系纽带。之后法国、美国通过中法《黄埔条约》签订、中美《望厦条约》，取得了与英国人在华相同权利。几个条约实际上确立了外国侨民在华土地问题的基本解决原则，通过永租制来解决外国侨民来华获取土地的问题，中国政府拥有土地所有权，英、法等国享有土地的使用权和经营权。外国侨民在华土地问题的解决基本按此方法来进行。此后的其他国家如俄、德、日、意等国相继与清政府签订不平等条约，均在类似的框架之下取得在中国的居留权利。

获得清政府认可的居留权后，在具体的施行过程中又遇到问题。英国人最初认为对于条约中谈及的"居留权"在华实施应该简单顺利，英国商人需要在华从事贸易活动，自行去刚刚开放的各个通商口岸，买地或是租地居住即可。但从全中国通商口岸的情况来看，外侨在口岸居住并不顺利，受到不同程度的抵制。最终导致中国每一个租界建立的过程和所推行的制度都有所不同。

针对关于租界土地问题已经有大量相对成熟的讨论，学界一般将其大致分为"永租"、"购买"及"无偿占有"三种；[1]针对租赁、买卖或占有土地关系中所涉及的主体双方身份而言，又分为"民租"、"国租"、"部分国租"及"民向国租"四种方式。另外在租界内也可能发生私相购地、转租等不同形式的土地交易模式，进而形成各种复杂的土地契约关系，因而也会产生相应管理方对租界内的地权及土地交易进行监管，这是租界土地制度的核心部分。[2]

中国租界陆续开辟，外国侨民在各地以略微不同的方式领取契约。上海公共租界中，租地的外商自行与中国业主接洽租地事宜，成交时业主交出

---

①　费成康：《中国租界史》，上海：上海社会科学院出版社，1991 年，第 86 页。

②　费成康：《中国租界史》，上海：上海社会科学院出版社，1991 年，第 92 页。

田单、方单之类的土地执业凭证,外商付清地价,双方签署永租契一式两份,经当地值年地保证明并附送草图,将相关文件交本国领事馆,由领事馆照会中国官府,再由中国官府查明当地情形,进行实地测绘,颁发一式三份道契,有领事馆和道台的印记,领事馆、道台和租地人各留一份,道契才算手续完全确立。[1] 由于地产记载清楚,有地方道、领事馆的介入,几方参与监督,以此作为租地的凭证,外国侨民取得了对所租土地的权利,这使契证具有较高信用度。

1841 年鸦片战争期间,英军在一天之内便攻占了厦门,因兵力不足,兵舰快速北上浙江攻打舟山,只留下两艘军舰和 550 名士兵驻守鼓浪屿,近代中国最早的中外军事冲突就涉及鼓浪屿。这一期间英军在岛上已经开始修建了营房、炮垒、操场,英军对鼓浪屿的占领并未获得清政府认可,从法理上说英军这一时期对鼓浪屿的占领属于军事占领。而官方的交涉也一直在进行,在早期的中英交涉过程内容就一直涉及鼓浪屿,无论中国政府是否同意,英国政府占据中国沿海小岛,希望能把这些小岛变为英国的永久居留地。

> 海军司令和监督,对中国沿海许多岛屿中那些最适合于这个目的,一旦有所决定后,远征军应立刻进行占领一些这类的岛屿。这些场所应该坐落在便于通商的地点;所谓便于通商不仅是指广州,而是指中国沿海其他一般贸易地点而言的。这些地方应该有良好的海港,并对军事防卫提供天然的便利,而且还要易于补给。[2]

厦门的鼓浪屿就是这类型小岛。这使英军对鼓浪屿事实占领一直持续到 1846 年 1 月。鼓浪屿当地居民对这种占领当然不满意,从早期的记载可以清楚看出。

> 英军在鼓浪屿北部尽头的凹地安营扎寨,以高高的小山挡住西南风,对面是个大海湾,这个海湾因为有泥滩,海水是浅浅的。当时,由于种种原因英军死了许多人,所以雇用中国的更夫来守卫军用仓库。英军撤走以后,他们占用的这些房子就被拆掉,他们修的路也被破坏掉,

---

① 费成康:《中国租界史》,上海:上海社会科学院出版社,1991 年,第 107~109 页。

② 马士著,张汇文等译:《中华帝国对外关系史》第 1 卷,北京:商务印书局,1860 年,第 711 页。

英军留下的每一个痕迹都被中国人尽量给清除掉。[①]

这段文字透露出当地居民对英军占领的不满情绪。事实上在中国大部分地区，早期的外国会因租房、购买土地及强占无主空地的问题与当地居民纠纷，最终使土地权属关系极其复杂。鼓浪屿与中国其他地区相比，较早接触过外国侨民群体，在文化上对外国侨民也不算完全陌生，不过对外国侨民在鼓浪屿居住的态度与中国其他区域居民并无差别，在土地问题上的纠纷也不会少。

1853 年小刀会起义，外国侨民在兵船的保护下多数前往鼓浪屿定居。洋商、领事拥入厦门，选择鼓浪屿居住。1963 年，英国在鼓浪屿的领事馆落成，英国领事馆正式从厦门搬到了鼓浪屿上办公。各国领事、海关税务司人员、商人和传教士团体纷纷到那里造房筑宅。鼓浪屿上的地块被外国侨民用"民租"的形式零敲碎打而长期占有，鼓浪屿有限的土地空间，逐渐被外国侨民覆盖。早期租用土地现象在鼓浪屿相当普遍。较早到鼓浪屿的传教士及不同的教会机构是通过租用民房的方式而取得房屋使用权。1842 年美国圣公会的雅裨理、文惠廉抵是以租用民房的形式在鼓浪屿设立了近代福建省第一所小型西医诊所[②]。美国安息日会 1905 年来到鼓浪屿，首任牧师是美国人韩谨恩、安礼逊，初来时先租用泉州路民房开展传教工作。英国长老会于 1915 年租用土地后建造了笔山路 1 号与笔山路 3 号建筑。天主教传教士也来到鼓浪屿。先在田尾租用民房，不久迁到鹿耳礁西班牙领事馆。[③] 1918 年日本鼓浪屿设立博爱会厦门医院（简称博爱医院），开设时也是租用了福建路叶清池的大楼，楼下门诊，二楼病房，三楼宿舍[④]。可见早期的宗教机构、医疗机构租用民房的现象还是较常见的。

1878 年出任英国驻厦代理领事的翟理斯曾细心钻研鼓浪屿地权制度。他用特有的叙事方式阐述自己对"普天之下莫非王土"的理解：

　　　　自从上帝创造宇宙以来就安排众所周知的天子在地上处置万物。土地和地上的一切从此归其所有。人民只有通过他，才能得到为果腹

---

　　①　[英]乔治·休士：《厦门及周边地区》，载何丙仲辑译：《近代西人眼中的鼓浪屿》，厦门：厦门大学出版社，2010 年，第 36 页。

　　②　李启宇、詹朝霞著：《鼓浪屿史话》，厦门：厦门大学出版社，2013 年，第 27 页。

　　③　张镇世、叶更新、杨纪波、洪卜仁：《"公共租界"时期的鼓浪屿》，载中国人民政治协商会议厦门市委员会文史资料研究委员会：《厦门文史资料》第 3 辑，第 52、53 页。

　　④　张镇世、叶更新、杨纪波、洪卜仁：《"公共租界"时期的鼓浪屿》第 3 辑，第 58 页。

而种地的权利。他索取一大堆的款项作为回报,除此之外,每亩地一年还要为皇家所需而被迫缴纳许多粮食。于是,当任何人租用(而不是买)一块地时,地方官吏就发给他一份盖了章的地契,从这个时候起这块地便归他所有,他只要按税率定期纳税便可随其使用。万一没有钱向国库缴税,这块地便收归皇帝所有,不是归皇帝个人所有,而是皇帝以上天托管人的名义收缴这块土地。这种制度一直沿用至今。[①]

鼓浪屿发生土地租赁关系时,除了租赁方的实际需求外,实际上还涉及出租方对土地问题的认知及当地土地租赁的制度。在英国人通过武力入侵中国强占鼓浪屿之前,鼓浪屿在清王朝治理之下,没有发生政策突变,其地方土地政策运作依循的是在中国实践多年并已经能够成熟运作的传统土地买卖制度,其特征表现为有例可循、有一定规范,但在现代意义的法理上却存在概念相对模糊的情况。如中国一直是存在土地买卖,但在长久以来的家国宗法等观念影响下,大部分中国人头脑中又存在"普天之下,莫非王土"的观念,这与土地买卖的存在正好相悖。而中国人头脑灵活,语言丰富,在还没有形成明确的意识和法条的情况下就已经含混地以变通的方式无意间把土地所有权、使用权分离出来,形成了一套在土地租用的过程中相当复杂的租赁方式。早期到达鼓浪屿的外国侨民敏锐地认识到"普天之下莫非王土"与土地买卖实际相悖。鼓浪屿原有居民的情况来说,拥有"地契"就是具有土地证明,用不同形式的地契来区分土地拥有权与土地使用权。

据翟理斯的观察:"另外如果想要开垦一块无主荒地的人,就得义不容辞地先付一大堆钱,以后每年适当提高交纳的地税。然后,他就会得到一张中国人所说的'红契'(盖过章),反之为一张'白契',或没盖过章的契约,准确地说,后者非正式文件,没有任何价值。""一个擅自占地的人,他耕种并定期交税,而这张税费收据被贪官暗中行诈,贪官强辩说,假若一定要耕种者登记土地和交纳例费,后者如果选择退地,那么他这个官吏就既拿不到费也拿不到税了。""闽南地区和鼓浪屿的中国地主手里所有的地契几乎全是白契,"这是因为"太平军造反时,大部分原先代代相传的红契不是被毁掉就是丢失了,档案馆也在那时被毁,到目前为止官府已认可这种说法,并允许所有的人以无可争议的所有权保留以前的土地。这些土地所有者通常依靠记

---

① [英]翟理斯:《鼓浪屿简史》,载何丙仲辑译:《近代西人眼中的鼓浪屿》,厦门:厦门大学出版社,2010年,第173页。

忆把他们能够记得的旧契约写下来,当然全都缺少有效的印章。"①由此可见鼓浪屿原居民对土地的所有权存在一定的模糊界限,翟理斯的上述记载表明,"红契"、"白契"就是对土地拥有不同权限的土地凭证,类似现代概念中的土地所有权与土地使用权的差别,而鼓浪屿的许多人手里掌握的都是白契。外国侨民也注意到中国人凭借"红契"、"白契"可以私下转让土地。"白契"相对"红契"而言就是拥有了土地使用权,把土地使用权转卖给外国侨民,并无太大障碍。

1847 年清政府还不允许外国侨民在通商口岸购地和租地,美国传教士就利用中国信徒购到私人地块,然后献给教会建盖礼拜堂,这也是对土地制度的某种迂回购买②。随着外国侨民占用土地、租用民房,这一问题变得更为复杂。不过厦门外国租赁土地的费用是比较高的。

研究表明:"当地中国官府向租界内土地征收的地税都高于界外的同类土地,这是地税含有年租成份的反映。英人在厦门永租英租界的土地时与上海情况相近,每年向中国业主缴纳远高于当地地税的年租,且并未支付押租或者地价,因而清政府最初在当地收取的是每亩 60 两银子的地租。在1885 年调整地租后,整个厦门英租界每年的地税共为 176 元 7 角 1 分,折算起来每亩约为 5 两银子,仍大大高于当时华界的地税,而与当地的海滩租银相近。"③这为鼓浪屿土地变相买卖的存在提供了一定的利益空间,而鼓浪屿社区的租地制度也逐渐走向规范,最终有了可以遵循的制度详细规定对房屋增收税款。

早期的鼓浪屿外来者很多通过民租方式获得在鼓浪屿上的土地使用权,而在鼓浪屿居住的多国侨民之母国又不断地通过外交不同手段让土地使用合法化。英国在鼓浪屿影响最大,居住的人数也最多。作为当时最大的对华贸易国,英国在选择这些居住地点的时候会充分考虑对华贸易关系。在划定租界时也会考虑如何利用租界建立对华庞大的贸易网络,厦门及鼓浪屿正好是英国租界建设过程中的节点。在 1843—1864 年间英国在近代中国主要在沿海口岸掀起了设立领事馆浪潮;在租界划定后将土地进行划

①　[英]翟理斯:《鼓浪屿简史》,载何丙仲辑译:《近代西人眼中的鼓浪屿》,厦门:厦门大学出版社,2010 年,第 174 页。

②　何丙仲:《鼓浪屿公共租界》,厦门:厦门大学出版社,2010 年,第 46 页。

③　费成康著:《中国租界史》,上海:上海社会科学院出版社,1991 年,第 103 页。

分并租给英国商人和传教士,让其进行建设。因而鼓浪屿出现了英国官方建设过程中的主要标志性建筑,即领事馆及其附属建筑、海关、工部局等政府办公建筑。此外无论是从英国的对华长期政策还是贸易需求来说,英国最早就有独占鼓浪屿的愿望。但在德国、日本、美国不断试图在鼓浪屿获取最大利益的情况下,最终鼓浪屿成为公共租界。在鼓浪屿成为公共租界的这个交涉过程中也涉及鼓浪屿土地制度的确立问题。

1900年,美国领事巴詹声建议把鼓浪屿开辟为"万国公地",他向闽浙总督许应骙提出,联合驻厦各国领事,共同策划所谓"鼓浪屿公界"这既可以杜绝日本独占的野心,还可以兼护厦门。清政府认同这一观点,许应骙遂提出《厦门鼓浪屿公共地界章程》草案的文本,经过反复谈判,1902年1月10日《厦门鼓浪屿公共地界章程》的签订,但要求"兼护厦门"清政府外务部的庆亲王奕劻等最后建议把有关"兼护厦门"的第15条"迳行删除"。1902年11月21日光绪皇帝朱批:"依议",《厦门鼓浪屿公共地界章程》生效。

在各种势力的此消彼长中,鼓浪屿最终未被任何一个国家独占,而是继上海之后正式成为近代中国第二个公共租界。这是外国侨民进入鼓浪屿后在土地问题方面多国博弈的结果。鼓浪屿经过实际开发,岛上原有农业用地逐渐向城市用地转化,鼓浪屿的土地更多显示了城市土地的价值特征。鼓浪屿成为公共租界后,迎来了鼓浪屿社区的第二个重要发展时期,居民对社区空间的需求扩大,而鼓浪屿地域受到限制,并无太大向外发展空间,当城市生存、贸易空间需求扩大时,开始填海筑堤扩大居民生活空间

1902年,英国、美国、德国、法国、西班牙、丹麦、荷兰、瑞挪联盟、日本等九国驻厦门领事与福建省兴泉永道道台延年在鼓浪屿日本领事馆签订《厦门鼓浪屿公共地界章程》和《续订公地章程》,共二十一款,鼓浪屿成为公共租界。[①] 在针对条约内容的商议与签订过程中,双方对中、英文的草案文本已经存在异议,涉及"租界"与"居留地"两个词语的中英的翻译及其背后所包含的不同权益。最后签订的《厦门鼓浪屿公共地界章程》中对鼓浪屿是在"租界"还是"公地"问题上避而不谈,清政府官员用"兼护厦门"为条件签订条约,条约上鼓浪屿是"公地",因而一般也称"公共地界"而非"公共租界"。严格意义上来说签订条约时,鼓浪屿属于"居留地"或"租借地",而实际管理

---

① 张镇世、叶更新、杨纪波、洪卜仁:《"公共租界"鼓浪屿》,厦门市政协文史资料研究委员会编:《厦门文史资料》第16辑,厦门:鹭江出版社,1990年,第90~93页。

过程鼓浪屿更接近"租界"。正是因为在签约时语意的含混，导致鼓浪屿的租界性质的讨论。对于租界的性质，租界制度学界已经有不少研究成果，得出过很多结论。多数学界讨论涉及中英双方对"租界"概念中英文的使用及随之带来的性质及权益差异而引发。中英文词汇的互译方面"租界"概念分"租界"（concession）和"居留地"（settlement）。"土地租赁方式"是区别两个英文单词的根本。"租界"（concession）系中国政府将界内所有土地整个租与外国政府，再由外国政府分租于该国侨商的地区，双方租赁关系之当事人，为中国政府，故而这属于"国租"一般认为丧失的权利更多。"settlement"是外国商民人直接向中国原业主租地居住，地权仍属原主，但出让的土地的使用权，属"民租"。[①] 有的又称为"租借地"，因此这一词汇在具体使用时是混乱不清的，实际情况则更复杂。

　　实际上早期外国侨民在英文使用上这两个单词也有混用情况。随着对租界问题进一步研究的深入，有些学者区分了租借地领土权和管辖权，认为租界是出租国保留领土权，但同时向租借国让渡管辖权。在此基础上西方学者马士（H. B. Morse）根据土地租赁方式对"concession"与"settlement"进行区别。他还据此认定：上海的法租界，虽名为 concession，但实为 settlement，厦门的情况是英领事代表英国政府每年向中国官府交纳租价，再划分地块租给英国商民。英人在厦门永租英租界的土地时每年向中国业主缴纳年租，且并未支付押租或者地价，因而清政府最初在当地收取的是每亩 60 两银子的地租。在 1885 年调整每年的地税共为 176 元 7 角 1 分。[②] 从实际操作层面的租赁方式来看，是"国租"的形式，严格用英文表述应该是"concession"。鼓浪屿的租地情况是，在鼓浪屿划定为公共地界前，已经被外国侨民用租地、购地、永久租赁等"民租"等形式占据。[③] 英国政府试图向中国政府取得界内土地的永租，在谈判和最后签约的结果看，鼓浪屿称谓上是"settlement"，有"公地"、"居留地"的性质，属于民租。但中国政府却完全不能干涉鼓浪屿内部事务，在某种意义上说这又与"concession"有某种相通之处。

　　回到中英双方的谈判现场，能发现在谈判时这一问题就已存在。1901

---

① 费成康著：《中国租界史》，上海：上海社会科学院出版社，1991 年，第 392 页。

② 费成康著：《中国租界史》，上海：上海社会科学院出版社，1991 年，第 103 页。

③ 何丙仲：《鼓浪屿公共租界》，厦门：厦门大学出版社，2010 年，第 46 页。

年中英对鼓浪屿问题进行比较具体的会谈。会谈中发生了争执，英国领事强调鼓浪屿既然作为外国侨民的"租界"，中国政府就无权干预岛上的事务，但中方官员原意却是"公共地界"应同时包括中国人和外国侨民在内，中国既是地主，就不可不过问岛上事务。因此会谈时引起了作为"租界"或"公地"的争论，会议讨论了整整一个上午还不能解决。最后，电报向闽督请示。闽督和省洋务总局复电称："鼓浪屿或作公地，或作租界，均无不可，惟必须加入第十五条款'兼护厦门'以鼓浪屿作公地，各国官商均在界内居住，厦门为华洋行栈所在，商务尤重，应由中外各国一体保护，以杜东邻觊觎，如无此节，即作罢论。'"①

不久，兴泉永遵延年率同各委员和各国领事再会谈，在会上对"公地"或"租界"的问题，不再争辩，开始讨论土地章程的条款②。基于鼓浪屿的特殊情况，有的学者把鼓浪屿的情况单独分列，在租界和居留地两大类基础上，又划分出专管租界6类，专管租界（settlement）专管居留地（concession）、公共租界（international concession，有时被称为 international settlement）、公共居留地（international settlement）、默许公共居留地（international settlement by sufferance）、自辟居留地（voluntary settlement）。在这6项分类中，公共居留地（international settlement）的典型代表是上海，而上海的俗称是公共租界。公共租界（international concession）的典型代表是鼓浪屿，而 international concession 与 international settlement 都同时出现在鼓浪屿公共租界的英文概念之中，由此可以看出鼓浪屿的特殊性，它兼具 concession 与 settlement 的某些特性，在这两个概念有时会混用，按照这6类划分，鼓浪屿名为 settlement 实际为 concession，具有多国参与管理的特性，因而才命名为"公共租界"。③

1902年鼓浪屿成为公共租界成立后，效仿上海公共租界设立工部局等机构，1903年1月，鼓浪屿成立了工部局（municipal council），"专理界内应办事宜"。从此，鼓浪屿逐渐成为西方多国机构的核心驻地和多国侨民的居

---

① 张镇世、叶更新、杨纪波、洪卜仁：《"公共租界"鼓浪屿》，厦门市政协文史资料研究委员会编：《厦门文史资料》第2辑，厦门：鹭江出版社，1990年，第89～90页。

② 张镇世、叶更新、杨纪波、洪卜仁：《"公共租界"鼓浪屿》，厦门市政协文史资料研究委员会编：《厦门文史资料》第2辑，厦门：鹭江出版社，1990年，第89～90页。

③ 费成康著：《中国租界史》，上海：上海社会科学院出版社，1991年，第392～393页。

住地，根据《厦门鼓浪屿公共地界章程》鼓浪屿的土地政策在两个方面有所界定，一方面是对私人土地行为规范，如针对外国侨民在鼓浪屿租地制定了基本原则，另一方面，明确公共地界所属权问题做出了规定，条约明确了土地所属权问题。

> 鼓浪屿虽作公地，仍系中国皇帝土地，所有地丁钱粮及海滩地租，照旧由地方官征收转交公局，贴充经费。嗣后如有新填海滩应完地租，仍归中国地方官收纳，不充公局，以定限制。[①]

在实际执行过程中清政府并没有落实对土地管理的上述权利。从章程内容来看，鼓浪屿是"公共地界"，中国是"地主"，中国政府当然有参与管理岛上事务的权利，但如果鼓浪屿是"租界"，则中国就已经让渡了这种权利。这两种截然不同的含义，在条约签订及执行过程就这么模糊的带过。在鼓浪屿成为公共租界的四十多年的时间内，鼓浪屿还有着"万国租界"、"公共租界"、"万国公地"、"外人租界"等称呼。这都与土地租赁的界定模糊有关系。

根据《厦门鼓浪屿租界土地章程》"鼓浪屿系中国皇帝土地"，这是确认中国拥有土地所有权。而工部局又需要获取完全独立的土地使用权，条约以"所有地丁钱粮及海滩地租，照旧由地方官征收"，这是名义上尊重中国及承认中国在土地方面的权利，而在实际操作上是以"贴充经费"的名义"转交公局"，通过这样的方式达到工部局长时间对鼓浪屿进行实际管理，由此解决了由于地价和契证管理混乱而可能引发的土地纠纷。实际的情况是"惟工部局自成立之时起，一向自己雇用收税员，直接征收地租和海滩税。厦门道台放弃主权，也没有把款项收归国库，然后再行拨出，充作工部局经费"[②]。鼓浪屿成为"公共地界"后，曾经几次填海扩地，这些新填的土地，按照《厦门鼓浪屿租界土地章程》规定，"嗣后如有新填海滩应完地租，仍归中国地方官收纳，不充公局，以定限制"。但黄家渡一大片所填地的地税，也是由工部局

---

① 厦门档案局、厦门档案馆合编：《近代厦门涉外档案史料》，厦门：厦门大学出版社，1997 年，第 302 页。

② 余丰、张镇世、曾世钦：《帝国主义对鼓浪屿的殖民统治》，《厦门文史资料》第 16 辑，第 152 页。

征收,未曾归厦门地方政府收纳。① 外国侨民实际绕过了清政府取得了鼓浪屿的土地权及赋税权。鼓浪屿的土地由外国侨民控制使外商可以通过"永租"的方式获得土地的合法权益,也能因此获得土地增值的利润,这极大影响了鼓浪屿的发展。

《厦门鼓浪屿公共地界章程》(1902年)针对外国侨民租地规定"凡洋人租转地基,应赴中国衙门及各该领事署报知注册之处,悉听历办旧章办理。"②工部局是对租地者行为有所规范。同时,"土地章程"对公业也进行界定,规定公业则归工部局掌管。

> 凡界内现马路、码头、墓亭以及公局之地址房产,均由公局掌业。遇有推广以上各项另需地段之处,准由公局与该业户议价购置。如管业之人不售卖,而公局又系因公起见,如另筑新路、修整旧路、以及别项公用工程、保卫民生必需其地,可将案送候特派领事公堂判定。倘该局系因公起见,所事尚在情理之中,而又实无别地可换者,除传到人证问取供词外,应由公堂将所需之地址,按照随时所值酌断地价,由局照付,如其上有房屋,亦一体约定房价。遇有此项断归地址房屋,其所余之地,或因有而价有涨落,自应随时秉公妥议。公堂判定之后,倘有不遵之处,由掌业及租户之该管衙门设法劝令。再此系专指公局需用公地而言。此外,华洋商民产业买卖价值,悉听业主自便,不得牵引影射。凡道路码头,非先经理巡厅(按:即港务处)允行,由公局核准者,概不得兴筑。③

一切规定都明确了工部局是公业的实际拥有者和管理者。《厦门鼓浪屿公共地界章程》公布确定了"永租制"这一根本制度,在租地程序中保证了只有道台和在中国有领事权的外国侨民对土地协同监管,这已经排除了过去特权阶级、地方与乡族势力等非经济的因素对土地自由转让的干扰,原业主与租出的土地断绝了关系。1854年上海第二次《土地章程》以地税代替年租、地价代替押租,租地人实际上成为交税的土地所有人,完全拥有了土地

---

① 余丰、张镇世、曾世钦:《帝国主义对鼓浪屿的殖民统治》,《厦门文史资料》第16辑,第153页。

② 厦门档案局、厦门档案馆合编:《近代厦门涉外档案史料》,厦门:厦门大学出版社,1997年,第301页。

③ 厦门档案局、厦门档案馆合编:《近代厦门涉外档案史料》,厦门:厦门大学出版社,1997年,第301~302页。

买卖、转让的权利。鼓浪屿土地制度虽然相关资料不多,但在一些资料中依然可以看到鼓浪屿日后并未使用年租而是收纳地税,沿袭上海土地制度,工部局是土地买卖的最大利益获得者。工部局的税收的来源,主要是产业税和牌照税,产业税占总收入平均数的 62.37%,牌照税占总收入平均数的 18.87%,牌照税有 26 种之多,其中一种是建筑执照费,占牌照税的 1.95%。[1]

在鼓浪屿工部局时期租用民用建筑做行政职能办公是比较普遍的情况。1903 年至 1908 年鼓浪屿工部局成立之初曾租用洋行建筑办公,当时工部局租用今天鼓新路 40 号当时和记崎一幢民房,后来,在岭脚建筑办公室、宿舍、监狱 3 幢楼房[2]。鼓浪屿会审公堂就租用黄仲涵两座别墅办公,即笔山路 1 号作为办公地点[3],这一地点原为英国长会老别墅,经两次转手成为厦门籍印尼华侨黄仲涵的住宅,鼓浪屿会审公堂旧址至今保存完好,这是鼓浪屿国际社区住岛华人华侨及各国侨民参与共管的现代管理模式重要的见证。从这两座别墅的转手情况可以知道,租用的土地实质上已经频繁进行公开的买卖了。从买卖的情况看,当时房地产是便宜的,根据厦门市 30 年代地价表,显示当时鼓浪屿的地价与厦门的地价相比便宜很多。就其绝对价值来说也是便宜的,因早年在鼓浪屿建房的居民有很多都是经济实力雄厚的外国侨民和华侨,结合便宜地价,他们所建房屋的体量都很大。[4]

工部局成立的次年,就规定:界内居民,凡欲建筑围墙、新建或修建屋业的,均须向工部局申请执照,并缴纳执照费。建筑价值在 5000 元以下者征收 1%,5000 元以上,加征 0.5%。自夺取建筑牌照权后,外国互相包庇,擅自滥发围墙执照,获取鼓浪屿土地。美,英、日、德领事馆,美国的归正教会及安息日会,英国的长老会及伦敦公会的大片土地,都是凭着工部局滥发的牌照而取得的。工部局成立时,把鼓浪屿的房屋和洋人租用中国人房屋的

---

[1] 余丰、张镇世、曾世钦:《帝国主义对鼓浪屿的殖民统治》,《厦门文史资料》第 16 辑,第 152 页。

[2] 张镇世、叶更新、杨纪波、洪卜仁:《"公共租界"鼓浪屿(1903—1941 年)》,,厦门市政协文史资料研究委员会编:《厦门文史资料》第 16 辑,厦门:鹭江出版社,1990 年,第 19～20 页。

[3] 陈建盛:《鼓浪屿会审公堂》,厦门市政协文史资料研究委员会:《厦门文史资料(内部发行)》第 14 辑,第 28 页。

[4] 陈国强:《鼓浪屿的建筑风格》,《鼓浪屿文史资料》上册,第 109 页。

租金重新估价,提高估值,并根据提高了的估价征收产业税。规定估值在
4000 元以下者征收 1‰,1000 元以上者征收 0.5‰;租金每百元征收 5 元。[①]

最初华人产业估值和外国侨民差不多,随着华侨来到鼓浪屿,华人的产
业税也比外国侨民所付得高。工部局大量出卖地皮,从而出现了华侨投资
鼓浪屿房地产业的热潮[②]。工部局看到中国人的产业越来越多,房屋和地皮
价格比 10 年前涨了一倍,就对鼓浪屿全部产业重新估价,工部局又以征收
地税的方式来处理土地问题获取维持工部局运作经费。每年进行一次产业
估价,1924 年擅自公告征收产业新办法。即:中国人的产业,而由外国侨民
租住的,其 1‰ 的产业税,由业主与租户各半分担。外国侨民的产业,其 1‰
的税款也由业主与租户各半负担。产业税每半年预收一次,欠税的加征税
款的 10‰。[③] 1932 年 6 月洋人纳税者特别会通过决议,重新估订产业价格。

> 凡华人房屋租与洋人者,应纳改房屋估值百分之七厘税率。凡房
> 屋业主无论为华人洋人,其房屋由洋人承租者该承租洋人应按其房屋
> 年租金全数交纳白费之七分税率。[④]

可见到了 1932 年鼓浪屿已经征收地税很长时间。随着土地增加,价值
提高,工部局不断有重新测量土地的愿望。华人被征收的税款过多,与外国
侨民相比权益受损,激发了华人积极争取权益的决心。1927 年工部局华董
的人数升至五人,同时华人于岛上的各项建设大大超过了外国侨民,华人对
鼓浪屿的开发也起到了重要作用,进一步促使鼓浪屿原有农业用地向城市
用地转化,土地交易更为普遍,经过华人的建设鼓浪屿土地更多地显示了城
市土地的商业价值特征。

随着鼓浪屿返乡华侨力量的加强,自身地位的提升,他们对自我权益的
要求更为强化。当华侨遭遇不公平待遇,又熟悉外国侨民在鼓浪屿上所设
立的制度体系时,华侨为维护自身利益开始挑战外国侨民的权威。其中涉
及土地制度有一个著名的案件,即林尔嘉与海关外籍税务司的地产纠纷案。

---

① 余丰、张镇世、曾世钦:《帝国主义对鼓浪屿的殖民统治》,《厦门文史资料》第 16 辑,
第 153、157 页。

② 陈国强:《鼓浪屿的建筑风格》,《鼓浪屿文史资料》上册,第 108 页。

③ 余丰、张镇世、曾世钦:《帝国主义对鼓浪屿的殖民统治》,《厦门文史资料》第 16 辑,
第 153 页。

④ 《鼓浪屿工部局报告书》,1932 年。

富商林尔嘉有较强的法治意识,其四子志宽在英国剑桥大学专攻法律,熟悉法律条文,从民国十八年(1929 年)至民国三十年(1941 年),林尔嘉与洋人税务司因地产契约纠纷打了一场长达十余年之久的官司。在社会舆论与民众的支持下,终于迫使税务司不得不和平解决。这一漫长的土地官司审理过程中涉及"留置权"问题,折射出早期土地权属模糊及华洋权利不对等的矛盾。具体案件是林尔嘉于 1914 年向鼓浪屿洪姓购买山地山园;于1915—1919 年间,先后建造了著名的菽庄花园为自己的住所,并拟定在园中建造海上长桥及配套景观。厦门海关税务司公馆在山顶,因担心破坏公馆观海海景,下海游泳不便,由工部局出面阻止菽庄花园筑桥工程,最后引发了山地留置权之争。① 案件审理过程复杂,持续时间长,在法理上是林尔嘉胜诉,但案件庭外调解。

纠纷核心就是"留置权"问题,留置权是担保物权的一种,指债权人在债权受清偿前,得将其所占有的债务人的动产加以扣留的权利。海关税务司认为海关对税务司公馆围墙外山地拥有留置权地界,正好是林家所购洪姓山地山园范围,因而海关享有购买该地的优先权。林尔嘉认为菽庄花园山地滩地契据、执照齐全,厦门海关之留置权对民无效。在案件审理过程中海关紧抓留置权契约,认为林家垒石筑桥"未得工部局之建筑准单,亦未经理船厅之许可"。根据条约海关有兼管港务设施的权利,海关可优先购买林家筑桥处至电报局海滩。林尔嘉敏锐地认识到案件关键问题在于历任税务司均代表海关,购买土地是税务司个人行为而非海关,将税务司个人行为与其代表海关混为一谈,曲解了代表制。因此引用中外法律论证海关对税务司公馆围墙外西南畔山地留置权不能成立。结果林家胜诉,海关每年付给林家十元租金,表示承认这片海滩山地是林家的,但和解契约又有,"该处山地应划出路径一条,面积首尾各宽二十五英尺,拨归税务司管业。"林尔嘉也有一定的妥协让步。② 林尔嘉是地方颇有实力地方绅士,维权依然艰难,但是在购置土地及发生纠纷时能够抓住问题核心,依法诉讼,可见当时鼓浪屿的土地政策渐呈体系,对不平等条约造成的单一向外国人倾斜的局进行了一定的修正,对居民普通土地交易能够起到保护作用。随着日本占领期间鼓

---

① 连心豪:《菽庄花园与海关税务司公馆讼案始末》,《鼓浪屿文史资料》上册,第 13 页。

② 连心豪:《菽庄花园与海关税务司公馆讼案始末》,《鼓浪屿文史资料》上册,第 14、15、17 页。

浪屿公共租界时期结束,这种以早期条约建立维系的土地制度也宣告结束。

第四节　近代鼓浪屿社区建设与管理的特点

鼓浪屿的最早的开发与建设是由邻近的闽南移民推动,形成了内厝澳、岩仔角、鹿耳礁三个传统居民聚落。这种居民聚落形态与近代城市社区相距甚远。鼓浪屿近代城市社区格局的形成是在外国侨民群体进入鼓浪屿之后,由外国侨民首先推动的。其后,近代鼓浪屿社区建设与管理经历了三个不同的历史阶段。在三个不同历史时期,由不同的社会群体构成的社会力量,对近代鼓浪屿社区建设与管理产生不同的影响和作用。

19世纪40年代以来,随着外国侨民进入,鼓浪屿迎来了社区发展的第一个重要时期。多国侨民在鼓浪屿展开官方及非官方机构建设。受西方城市化进程的影响,全新的居住空间得到开发,原有的传统社区得到拓展,新型的近代社区逐渐形成。鼓浪屿成为卫生、安全条件优于厦门,对外交通便捷的独立地理单元。

19世纪后期的鼓浪屿社区建设是由外国侨民群体主导,社区空间的发展表现出特定分区的趋势,社区建设主要服务外国侨民群体。但限于岛屿面积,及受不同文化影响的居民进入鼓浪屿居住,最终很难保持严格的分区。这一期间,随着厦门开埠后现代市政建设理念被带入鼓浪屿,自19世纪70年代开始,外国侨民为改善自己的生活环境开始对鼓浪屿进行基本的公共设施建设。外国侨民擅自建立"道路墓地基金委员会"这样的特殊机构来开展鼓浪屿公共设施建设,开始系统地修建道路、路灯、墓地等公共基础设施。据载,道路委员会曾准备修筑一条环岛马路,后因害怕委员会债台高筑而作罢。1886年"道路墓地基金委员会"甚至提出社区绿化要求,开展道路两旁的绿化建设。

19世纪60年代以来,外国侨民在鼓浪屿建设日趋繁盛,他们对市政建设的要求也开始提高,建立专门机构,协调社区内公共事务的要求更为强烈。除了上述修整鼓浪屿的马路、开水沟、立路灯等公共设施外,1878年西方侨民便在教育设施方面投入力量,建立的完善近代教育体系,社区内建有:幼教机构、女学堂旧址、护士学校,有的学校代表当时福建最高的教育水平,鼓浪屿成为典型的带有西方色彩的社区。随着鼓浪屿社区的早期建设,社区环境有所改善,在 1892—1901 年海关十年报告中,长期任鼓浪屿道路委员会秘书的约翰麦高恩牧师(John Macgo nan)提到:"本地主要的——事实上也是唯一的,道路方面的改善发生在鼓浪屿岛上。厦门的主要街道和小巷 40 年来还是老样子。"[①]从这段论述可以看到鼓浪屿在市政建设方面的转变比较大,在厦门是首屈一指的。

显而易见,在近代鼓浪屿社区建设与管理演变的第一个历史时期中,是相继入住鼓浪屿的多国侨民群体构成一支新的社会力量,推动了鼓浪屿公共设施建设的萌动与初步发展。同时也尝试引进新的社区管理模式。相应的,这一时期的社区公共设施建设也主要服务于外国侨民。

1903 年鼓浪屿成为公共租界后,鼓浪屿社区的建设与管理迎来的第二个发展时期。社区设立了统一管理机构工部局。在工部局的推动下,鼓浪屿的社区建设得到加强,社区公共设施建设得到进一步推进,近代城市社区基本成型。在这一时期的社区建设与管理发展进程中,最值得关注的是由另一支由新的社会群体构成的社会力量的强劲介入。

19 世纪末以降,闽南籍海外移民从因甲午战争被日本侵占的台湾,以及被英法等国相继辟为殖民地的东南亚各国,携眷属返乡,受到已经初步成形的鼓浪屿新型城市社区的吸引,选择在气候温和、环境安全,又具有现代气息的鼓浪屿定居。他们逐渐形成一支重要的社会力量,成为 20 世纪前期推动鼓浪屿社区建设急速发展,社区管理演进的重要推动力。

这些携带雄厚资本返乡的闽南籍海外移民在鼓浪屿创办实业、兴建住宅,鼓浪屿社区空间得到扩展。因鼓浪屿空间受限,建房时间有先后,返乡华侨华商不可能形成专门的居住空间,他们见缝插针式的建筑模式进一步加快了不同群体居住空间的融合,使鼓浪屿难以保持严格的分区。随着社区建设的推进,逐步改变了鼓浪屿荒凉地貌,创造了更多宜居区域,大大扩充了鼓浪屿岛上的建设区域。返乡移民取代外国侨民成为这一时期鼓浪屿社区建设的主要推动者及社区居住空间的主要拓展者。由于这支新兴的社会力量的加入,使这一时期的鼓浪屿社区公共设施建设发展神速。举凡社区的供水、供电、道路交通、通讯、鼓浪屿与厦门的轮船对渡、公共绿化建设、环境卫生建设以及公园等社区公共活动空间建设,无一不是取得令人瞩目

---

① 戴一峰等译编:《近代厦门社会经济概况》,厦门:鹭江出版社,1990 年,第 316～317 页。

的发展。这一时期的鼓浪屿公共设施建设在很多方面都代表了当时较高水平。与此同时,海外返乡移民群体的经济实力以及在地方上的影响使得他们可以参与地方事务,组织社会团体并在华人团体发挥影响力。

正是随着教育文教设施、医疗设施、宗教设施、公共服务设施、公共基础设施等建设的发展,鼓浪屿社区建设更为完备,经过几个时期的建设,鼓浪屿社区更趋成熟。以至于这一时期的鼓浪屿成为中国国内最具现代化气息的地区之一,并在一定程度上影响和推动了周围原有闽南传统住区向近代社区的转变。

1938 年日本军队占领厦门,随之在鼓浪屿扩展其势力。1941 年日本以军事占领的方式获取鼓浪屿管理权利,最终宣告鼓浪屿作为国际社区特殊时代的彻底终结。这是鼓浪屿社区发生转变的第三个阶段,这一时期鼓浪屿社区受到较大的影响,发展滞后。期间,鼓浪屿建设几无新的发展可言。其破坏性影响一直延伸到新中国的成立。

多种不同利益的交错,多元文化的碰撞,是推动近代鼓浪屿社区形态演化,社区建设与管理发展变化的主导因素之一。这构成了近代鼓浪屿建设与管理的另一个鲜明特点。

鼓浪屿社区居民来至不同国家及地区,他们的需求各不相同,社区管理制度必然要满足与协调在鼓浪屿生活居民的不同需求与利益。如果说鼓浪屿公共租界市政建设的推动导致社区外在环境的变化是社区管理的外在体现,那么鼓浪屿的社区管理体现的则是更深层次政治制度。鼓浪屿早期在中国传统政治体系管理之下,之后社区行政框架则带有明显的西方现代社区管理色彩。但由于以返乡海外移民为主体的华人社会力量介入,参与到鼓浪屿的社区建设与管理的行政体系之中。华侨华人受多元文化因素影响,社区管理理念折射到鼓浪屿的社区,使鼓浪屿社区的管理方式更显示出多方博弈、融合、制衡、妥协的特点。

鼓浪屿社区属于多国侨民与华人共同居住的社区,制度制定时要满足多国利益。"鼓浪屿道路基地基金委员会"成立,征收税款,修筑街道,整治水沟,栽种树的行为给鼓浪屿带来了公共空间治理的文化。但鼓浪屿社区涉及多国,社区居民间的联系纽带相对松散,社区内社会组织间凝聚力也不高,多国侨民之间有一定的竞争与利益冲突。工部局成立后成为鼓浪屿的行政管理的主体,各国争夺对工部局的控制权的争夺,就是这种利益冲突的外在表现。正因为多国政府和侨民对鼓浪屿社区都有一定利益诉求,多方妥协的结果是鼓浪屿沦为"公共租界"。也发生了英国采用领事升格为总领事的方法打破德国、法国长期驻鼓并对值年领袖领事职位的垄断,日本公开公开与英国角逐"领袖领事"等事件。鼓浪屿社区虽然外侨人口不多,但拥有不同的国籍,代表不同利益与文化,在实施社区制度时往往根据需要及实际情况的变化而调整。多方博弈的结果是管理制度相互监督、制衡,又适当的妥协让步。鼓浪屿的社区管理在某些方面呈现了现代管理学的权力监督、柔性管理等特点。虽然这并非鼓浪屿管理主体的主观意愿,但不能否认鼓浪屿社区具备西方现代社区管理的某些特点。社区管理属于公共管理,虽然不以追求利润最大为目标,但是需要以兼顾利益为原则,才能实现社会效益最大化。鼓浪屿社区管理过程中,涉及各个方面的公共消耗,因而在社区管理制度设计中一个重要的环节就是经费问题。在实施过程中,鼓浪屿的每一个职权部门基本上都涉及经费的收缴、使用与监督。虽然不同国家都要争取最大化的利益,但是博弈过程中相互协商、制衡还是基本能达到利益均衡。

20 世纪前期,鼓浪屿以返乡海外移民和新生知识分子群体构成的新的社会力量一定程度上参与社区管理,且参与管理的力度不断加大。这时期的鼓浪屿的社区管理制度又带有更复杂且微妙的多种利益和多元文化交错的特色。返乡海外移民大多受到西方现代管理理念影响,普遍有强烈的建设及改善家乡居住环境的爱国重土之心。结合他们的海外居住经验与对各自乡族文化的不同理解,他们的社区管理的理念不仅融合中西文化元素,还融合了他们各自对中西文化解读融合后的衍生元素。虽然鼓浪屿社区管理模式基本模仿上海公共租界,但表现出细微的差异在鼓浪屿华人群体身上有所体现。鼓浪屿的行政体系中一直有华人的参与。鼓浪屿工部局董事会华人董事的设置要早于上海。公共租地其他的职权部门其下属等多数重要部门均有中国政府委任的华人。由此可见,尽管鼓浪屿管理大权由外国侨民主导,但在鼓浪屿社区管理制度建立的初期已经显示出华人参与的某些特点。

由于华人人口的迅速增长,华人社会力量不断加强,华人积极参与近代鼓浪屿的社区建设与管理,同时也努力维护自身正当利益。鼓浪屿著名华商林尔嘉与厦门海关争地官司,就是一个典型的案例。林尔嘉把厦门海关告上法庭。时任厦门海关税务司侯礼威向总税务司报告。总税务司给出的意见是"命令其会同厦门关监督订期约请当地官厅人员及林姓会商办法"。

侯礼威开始协商时,函请了厦门关监督许凤藻,又转请思明县县长杨廷枢、鼓浪屿会审公堂堂长罗忠谌、办理外交事务交涉员刘光谦,以及林尔嘉本人参加。这些部门与人物都涉及鼓浪屿的行政管理系统,但在会知这些行政部门要员及相关人物参加的同时,还会知日本领事官。① 由此可见此案件涉及多方,显示鼓浪屿管理的复杂情况。林尔嘉是闽南籍返乡移民的重要代表。返乡移民与本土社会贤达名流以及本土接受新式教育成长起来的新型知识分子是鼓浪屿近代后期发展起来的华人社会中坚力量。1924 工部局增设"顾问委员会",鼓浪屿这批社会精英是参与主体,其中第一届 5 位顾问委员是:厦门基督教青年会总干事王宗仁;美孚洋行(三达洋行)买办卓绵成;厦门大学教授薛永黍;中华基督教会牧师陈秋卿;林尔嘉之子林刚义。其后历届华董还有:陈荣芳(菲律宾归侨)、黄奕守(中南银行董事长)、林刚义(绅士世家)、洪朝焕(华侨银行行长)、黄伯权(中国银行行长)、叶谷虚(福民小学、闽南职业中学校长)、许春草(建筑工会主席)等。此外,工部局设立的公安、财政、建设、教育、卫生等五个委员会,历届委员有:周醒南(厦门市政处、路政处会办)、林汉南(电话公司经理)、马锡嘏(中南银行经理)、林遵行(宏宁医院医生)、林荣森(自来水公司工程师)、吴着盉(怀仁女学校长、牧师)、丘崖兢(缅甸归侨、老同盟会会员)、林幸福(孟记钱庄经理)、邵庆元(毓德女中校长)等。② 他们有不同社会背景,从事不同职业,在各自领域中有优秀表现,是快速崛起华人社会群体中的优秀代表。从他们的职业来看,涵盖领域相对多样,由此可见,他们在鼓浪屿社区中的各行各业中都有一定的影响力与话语权。在艰难的时局、复杂的政治环境及有限的社区管理权限空间内,他们一方面推进社区建设,另一方面也为自己争取正当权利和更好的发展空间。

从社区管理理论来说,社区管理是在特定的地理区域、由具有治理能力的人共同制定具有普遍约束力的行为规则,并由此形成特定的组织机构。一个良好的社区具有系统整合功能,能在一定程度上满足社区居民的不同要求,能促使社区趋于安定甚至能对其他地区起到示范作用。在日本军事占领鼓浪屿实施独占统治之前,鼓浪屿在公共租界时期的社区管理,一方面

---

① 连心豪:《菽庄花园与海关税务司公馆讼案始末》,《鼓浪屿文史资料》下册,第 14 页。
② 张镇世、叶更新、杨纪波、洪卜仁:《"公共租界"时期的鼓浪屿》,《厦门文史资料》第 3 辑,第 27 页。

体现了外国在华势力对中国主权的侵夺,但另一方面也使鼓浪屿受西方近代城市社区管理理念影响,呈现出近代城市社区的基本功能。近代鼓浪屿社区的这些建设与管理成果,在一定程度上为鼓浪屿社区居民提供了丰富的活动空间及学习生活环境,也开阔了鼓浪屿华人居民的视野,使鼓浪屿成为孕育社会精英的摇篮,甚至在一定程度上推动了厦门的城市建设。

第七章
结论:鼓浪屿历史的思考与启示

从本书以上各章对近代鼓浪屿聚落空间演化、近代社区形成、社会人口变迁、社会经济发展、宗教信仰和社会风尚变化、文化教育与医疗卫生事业演进,以及社区建设扩展、社区管理制度变迁等各方面的深入探究和剖析,我们已经可以对鼓浪屿近代历史演进、社会变迁的演化路径、基本面貌和主要特征,有一个清晰的认知。由此,我们似乎可以转向本书拟定探讨的核心问题:是什么要素影响和制约着近代鼓浪屿的历史进程,形塑了它的基本样态和形体特征? 这给了我们什么样的启示? 对此,我们有以下三点认知。

第一节　自然禀赋与近代鼓浪屿社会变迁的路径选择

人类的一切活动,无论是生产性的还是非生产性的,都是在两种关系中进行,即人与人的关系和人与自然的关系。人类对这两种关系的感悟、思考、探究、辨识、判断和归纳,构成了人类至今为止的全部知识和智慧。人类也正是在对这两种关系认知的不断积累和更新中演进的。

人类并非生存在真空中,而是生存在一定的自然环境(地理环境)中,由此,人类与其赖以生存的自然环境便形成一定的关系,即人与自然的关系。对人与自然关系的认知,早在人类的远古时期业已发生,并不断积累、演化。远在古希腊时期,希波克拉底、柏拉图和亚里士多德等希腊哲人就从各个角度阐述了自然环境对人类精神、民族特性和社会性质生成的制约作用。这一思想被欧洲启蒙时期的历史学家、社会学家和哲学家所吸纳和进一步阐发,形成了此后广为人知的地理环境决定论,法国启蒙哲学家孟德斯鸠是其代表人物之一。地理决定论虽然曾一度广泛流行于社会学、哲学、地理学、历史学的研究中，影响极深。但其夸大地理环境对人类发展进程产生的作用，将其视为决定性、甚至唯一作用的弊端，使它受到学界持续不断的尖锐、深刻的批评，渐趋衰落。不过，这并不意味着学界否认地理环境对人类社会发展的影响。相反的，学界形成的共识是，自然禀赋是影响、制约人类社会发展进程的因素之一，但不是决定性因素，更不是唯一因素。这或许正是学界在泼掉地理决定论的脏水时留下的脏水里的孩子。

居于上述观点，我们清楚地看到，鼓浪屿的自然禀赋在一定程度上影响和制约着鼓浪屿的历史进程。我们认为，就一个既定的区域而言，该区域的区位、地形地貌、气候、自然景观等自然禀赋，总是或多或少，或强或弱地影响和制约该区域的发展，预设发展的可能前景、路径以及局限性。鼓浪屿也不例外。这可以由以下几点观之。

第一，鼓浪屿地处中国东南沿海福建省南部（即闽南地区）最大河流九龙江出海口的厦门湾里，即处于闽南地区与外部世界交通的出入通道上，与厦门岛仅一水之隔。鼓浪屿的这一区位特点使她易于受到有着悠久的海外交通历史渊源的闽南地区深刻且持久的影响。这种影响是多方面的。

首先，她能在闽南地区居民"以海为田"的海上经略活动中，感受到它的影响。事实上，正如本书的研究说揭示的，鼓浪屿早期的开发是与闽南地区居民的海洋经略活动密切相连的。正是鼓浪屿邻近的闽南地区居民在其海洋经略活动中不断接触鼓浪屿，了解鼓浪屿，熟悉鼓浪屿，才最终促成了他们对鼓浪屿的迁居、开发。

其次，她能在闽南地区居民持续不断的与外部世界的海上交通活动中，感受到这种交流的频频律动。当 15 世纪末以来的地理大发现和新航路的开辟，促发了东西方持续不断扩大规模的物质和人员交流，拓展和加速了东西方文明的交汇、碰撞与交融时，闽南地区居民卷入这场东西方历史性大交通，与先后到来的葡萄牙、西班牙、荷兰和英国等国商民展开规模浩大的私人海上贸易活动，这不能不在鼓浪屿留下它的印记。不管这一时期的鼓浪屿是否直接参与了这场大交通，但可以肯定的是她同样感受了这一大交通带来的影响。鼓浪屿岛上外国人的足迹最早是身份的葡萄牙人和荷兰人，及部分菲律宾西班牙属殖民地与印尼荷兰属殖民地的马来人和欧亚混血儿所留下。现今鼓浪屿上依然保留大航海时期外国人上岛的痕迹，即外国人的墓地。

再次,她能深切感受闽南地区居民在源远流长的海外贸易与移民活动中形成的重商务实,冒险进取,开放求新,灵活兼容的闽南文化特有的内涵,带着开放、兼容、求新和务实的文化心态,积极吸取来自世界各地的多元文化新要素。鼓浪屿岛上至今尚存的带着闽南特有的红砖文化特色的民居,就是一个最好的例证。正是承载着这一文化基因,植根于这一地方性资源所提供的历史的可能性,鼓浪屿开始了她的近代化历程。

第二,作为一座海岛,鼓浪屿面积不大,物理空间有限,且岛上遍布山丘和岩石,东西、南北走向的两条山岭交叉切割了鼓浪屿,形成诸多山坡。从岛上地势最高的龙头山往东西两侧伸入海滨的坡度大约 13 度左右。岛屿基本由花岗岩石构成,覆盖有厚薄不等的土壤。岛上并无地理意义上的河流,但地下水资源丰富且水质优良。鼓浪屿地形、地质和地貌上的这些特点,使得鼓浪屿并不适合发展农业生产,至少是限制了它极其有限的发展规模;更重要的是她更不适合于发展工业生产,尤其是大工业生产。20 世纪30 年代,时人曾将厦门视为"并非生产之地"。实际上,与厦门岛相比,这一时论更适合于描述近代鼓浪屿。1842 年,在鸦片战争中跟随英军,居住在鼓浪屿的海军医院和舰队督察官约翰·威尔逊博士在《在华行医记》曾经对鼓浪屿作如下评论:"大体说来,鼓浪屿是一个贫瘠的不适合生产的地方,尽管它极其美丽,但毫无用处。"①前两个判断说对了,但说鼓浪屿的美丽"毫无用处"却不免有些武断。

人们常说,上天为某个人关上一扇门就会为他打开另一扇门。上天在对一个区域自然禀赋的安排上似乎也是如此。如果说中东的沙漠是上天关闭的那扇门,那么石油就是上天打开的另一扇门。对于鼓浪屿,如果说自然资源条件不适合大工业时代的生产是上天关闭的那扇门,那么,美丽的自然风光和宜人的气候,就是上天打开的另一扇门。鼓浪屿属亚热带海洋性季风气候,雨量充沛,适合植物生长,气候温暖湿润,四季如春,昼夜温差很小,适合人居。全岛四周遍布许多白色的沙滩,形成天然的海滨浴场。从海上望去,岛屿周边海礁嶙峋,岸线迤逦,岛上山峦叠翠,峰岩跌宕,错落有致,给人留下深刻的美好印象。鸦片战争前胡夏米、郭士立等人乘坐"阿美士德"号英船在中国东南沿海进行考察,当船只进入厦门湾时,鼓浪屿吸引他们的

---

① 何丙仲辑译:《近代西人眼中的鼓浪屿》,厦门:厦门大学出版社,2010 年,第 171 页。

正是它的美丽的自然风光。

　　毫无疑问,自然景观和气候是吸引外国侨民入住鼓浪屿的一个重要原因,但并非唯一原因。事实上,在厦门岛周围散布着许多海岛。据地方志书所载,除鼓浪屿外,还有烈屿、大担、二担、澎湖等,均被视为厦门岛的屏障。但与鼓浪屿相比,它们或者太小,如大担、二担;或者太远,如烈屿、澎湖。因此,只有面积接近2平方公里,距离厦门仅600多米的鼓浪屿,最适合成为经常鼓厦之间的外国侨民在厦门岛外生活之地。

　　是故,我们可以看出,厦门开埠后,外国侨民虽然一开始由于对鼓浪屿卫生环境的恶劣印象而一度离开鼓浪屿,但最终还是选择鼓浪屿作为居留地。这绝非偶然,因为上述表明,鼓浪屿的自然禀赋使它潜在地适合发展成为一个居民生活区。于是,厦门开埠后相继来到厦门的西方侨民,逐渐将鼓浪屿视为他们最理想的居住地,尽管他们的经济活动主要是在对岸的厦门岛开展的。这形成厦门开埠后与其他通商口岸不同的空间格局:厦门岛是多国侨民开展经济与政治活动的中心,而与它一水之隔的鼓浪屿岛成了多国侨民居住的生活区。

　　近代以降,随着岛上外国侨民兴建楼宇、修筑道路、栽种树木,以及开展各种公共环境治理活动,鼓浪屿适合人居的潜质得以不断开发、增色,从而吸引了返乡海外闽南籍移民的相继入住,推动了鼓浪屿近代社区公共设施建设的迅速发展,使得鼓浪屿居住环境的品质得以不断提升,最终造就了鼓浪屿名扬海内外的国际社区特质。

　　事实上,整个近代,鼓浪屿一直是作为一个生活区而非生产区发展演化的。她与厦门岛就此形成的空间格局,深刻影响了近代鼓浪屿的历史进程,形塑了鼓浪屿近代社会变迁的基本样貌。这是近代鼓浪屿社会变迁的基本路径和特征。

　　第三,作为一座孤悬海上的小海岛,鼓浪屿四周的大海限制了她物理空间扩展的可能性,却也避免了她在辟为公共租界之后不断扩张可能带来的困扰。另一方面,海岛身份也使她具有地理空间上的相对独立性。加上鼓浪屿远处帝国边陲海疆,远离帝国政治中心,具有中国人常言所谓的"天高皇帝远",少受帝国政治约束的特点,以及上述其自然条件适合生活而非生产的特点,使得鼓浪屿居民可以有较多的灵活性和自主性,多元文化的交流与交融得于在这里得到较为从容、充分的展开和结果。因而,近代鼓浪屿的社会变迁进程能够出现一些不同于其他地方的特色。

第二节　海外移民与近代鼓浪屿社会变迁的主要推手

鼓浪屿近代历史展开的百年，正值19世纪中叶开始启动的全球化发展进程的第二阶段。以英法美德为代表的欧美各国相继完成工业革命，扩展世界性资本市场的需求急速增长，由此带动了商品、人口、资本和信息跨国、跨界流动的大规模扩展，东西方各国、各地区间不同文明、文化的接触、碰撞和交融也迅速扩展。其中最重要的和影响最大的当属人口的跨国、扩界流动，即跨国、扩界移民。而就鼓浪屿的近代历程而言，则是海外移民。

鼓浪屿本质上是一个移民社会，由可以辨识的四种移民身份的移民组成。第一种，早期的闽南地区移民，即在前近代从鼓浪屿四周先后移居鼓浪屿的闽南人。我们不妨称其为华人老移民。这一身份的移民人数不多。从本书第二章的研究中可以看出，这一身份的移民及其后裔，在鼓浪屿迈入近代时，大约有3000人。第二种，近代以来陆续从中国国内各地迁居鼓浪屿的华人。我们不妨称其为华人新移民。这一移民群体以闽南籍移民为主，其中包括相当一部分返乡的闽南籍海外移民的眷属。在20世纪以后，他们的人数激增，尤其是在20年代以来，在地方局势动荡不宁的情势下，鼓浪屿人口猛增到数万的时期。第三种，从台湾和东南亚返乡的闽南籍海外移民。这是闽南地区特有的一支移民群体，也是对近代鼓浪屿社会变迁发挥最重要作用的一支社会群体。这个社会群体加上其眷属，构成了近代鼓浪屿社会的一个多数。第四种，从世界各国来到中国，入住鼓浪屿的外国侨民，他们主要由商人、传教士和政府官员或公职人员及其眷属组成。这个社会群体虽然人数不多，但在近代中外关系的大背景下，他们在近代鼓浪屿的社会变迁中的作用和影响不容小觑。毫无疑问，由不同时期移居鼓浪屿的不同移民群体构成的鼓浪屿居民，共同影响和制约着近代鼓浪屿的社会变迁。但其中最值得关注的是来自各国的侨民和从海外尤其是东南亚返乡的闽南籍海外移民。

事实上，中国东南沿海通商口岸城市的近代发展历程，都或多或少带着移民影响的印记。在这些通商口岸城市，可以清晰地看到其近代社会变迁中，来自外地的国内移民和来自外国的侨民的影响。其中以上海最为突出和典型。鼓浪屿，实际上还有厦门，最大的不同则在于她如此深刻、全面地受到闽南地区移民历史的巨大且持久的影响,如同我们在本书各章的阐述和探讨中所见到的。

和在所有近代中国的东南沿海通商口岸城市的近代化历史进程见到的景况大致一样,来自以欧美为主的世界各国侨民,作为 19 世纪中叶以来全球化大潮流的海外移民的一支,在近代鼓浪屿的历史进程中,影响甚大。近代鼓浪屿的外国侨民在鼓浪屿近代前期,即从 19 世纪 40 年代到 19 世纪末,不仅在鼓浪屿兴建西式楼房,宣传基督教义,创办教育和医疗机构,传播保护妇女儿童的社会文明,引进西洋音乐和西式体育运动,而且建立以维护良好居住环境为目的的组织,开展修筑道路、架设路灯、栽种树木、绿化环境,以及公共环境的卫生治理等各种活动,促进了鼓浪屿近代社区的形成,从而给近代鼓浪屿带来全新的异质文化,展示了其不同的特色与魅力,也给鼓浪屿带来一个整洁、有序和文明的生活环境,产生了一种示范作用,为 20 世纪鼓浪屿的进一步发展,铺设了道路。在鼓浪屿近代历程的后期,即 20 世纪的前 40 年,在鼓浪屿被辟为公共租界之后,以外国侨民为主体建构的鼓浪屿工部局,作为鼓浪屿新生社区建设与管理的行政主管,为推进社区公共设施建设与公共环境治理,维护社会安全,出台一系列制度规范,实施法治管理,并推行带有西方三权分立理念的管理模式,从而为以返乡海外移民为主体的投资人提供一个良好的制度环境,使得鼓浪屿在这一时期,社区建设得到迅速、有效的发展,一个品质优良的社区形象初步建立。直到 1941 年侵华日军残暴的铁蹄终结了其良好的发展势头。

毫无疑问,外国侨民是近代鼓浪屿社会变迁的主要推手之一。不过,相比之下,在近代鼓浪屿的社会变迁中闽南籍返乡海外移民发挥了更为重要的作用,产生更为深刻的影响。

闽南地区居民具有源远流长的海外移民历史,至迟在宋代业已发生。不过,大规模的海外移民则始于明清时期。在南中国海海域,明清时期闽南地区的海外移民取向大致分为两支:一支前往就近的台湾,一支前往远方的东南亚。前者属于国内移民,后者属于国际移民。向台湾的移民在明末清初达到高潮。期间,有百余万闽南人移居台湾。而向东南亚的移民高潮则出现在近代。此时由于西方资本对东南亚等殖民地的经济开发加剧,需要大批廉价劳力;早期形成的中国与东南亚地区的商贸关系使得华工成为首选。因此,闽南地区大批破产的农民、手工业者、小商贩便漂洋过海,到东南亚各地充任劳工。据统计,在近代,至少有 190 万闽南地区移民移居东南亚各地。

明清时期闽南地区大规模的海外移民具有若干与本书研究对象密切相关的突出的特点。其一,清代,尤其是近代以来,闽南地区的海外移民大多以厦门为出入口岸。这使得来往于迁出地和迁入地之间的闽南籍海外移民易于感受由厦门岛和鼓浪屿岛组成的近代厦门地区发生的种种变化,并深受其影响。其二,闽南地区居民移居海外后,一般都与家乡保持密切联系。这一者因为"饮水思源"、"叶落归根"等中国传统文化中深切的地缘观念的影响,移民海外对于他们只是暂时的无奈之举,或求生致富的策略性选择;二者也因为海外移民大多为男性,他们只身离乡背井闯荡海外,家乡还有他们牵挂的父老甚至妻子和子女。因此,闽南籍海外移民长期以来都有向家乡亲人汇款,以及致富返乡,捐赠慈善,回馈乡里的习惯。其三,闽南地区大规模、持续的海外移民,使得移民在东南亚各地形成华人社区,由此在环南中国海逐渐建构起一张由移民网络、商贸网络、金融网络、信息网络等一系列网络构成的复合网络,即建构起一个跨国跨域的社会空间。而厦门正是这张跨国、跨域网络的一个核心节点,也因此受到海外移民深刻而持久的影响。其四,闽南籍海外移民在东南亚地区从事商业、采矿业、种植业、运输业、加工业和服务业等各种经济活动。他们在当地的经济活动和社会生活中已经感受到当地多元文化带来的冲击,尤其是对英法殖民者带来的代表西方近代文明的种种制度安排和行为规范有了一定的认知和熟悉。这使得他们更易于融入近代鼓浪屿的社会变迁中。

正是由于闽南地区海外移民在长期历史中形成的上述特点,加上上述鼓浪屿自然禀赋要素及外国侨民治理下呈现的良好生活环境的吸引,使得在 19 世纪末到 20 世纪前期,大批的闽南籍海外移民由于移居地情势的变动,纷纷从移居地返乡,但却没有选择回到家乡,而是选择居住鼓浪屿,从而在近代鼓浪屿的社会变迁中崭露头角,发挥了不可或缺的作用。事实上,在近代中国,包括闽南地区在内的中国东南沿海地区的海外移民,在厦门地区以致福建省、广东省和国内其他地区,都曾产生或大或小的影响。返乡海外移民成为中国近代史上值得特别关注的一支社会力量。只是在鼓浪屿这样一座地理空间相对狭小的地方,这种影响及其产生的效果,显得更为集中,更为明显,更为突出,也因此更具研究的样本意义。

从本书各章的叙述和讨论中我们不难看到,返乡闽南籍海外移民群体活跃在近代鼓浪屿社会的政治、经济、文化等各个领域。他们在近代鼓浪屿创办工厂、创建银行、经营侨批业、兴办房地产业,有力推动鼓浪屿近代社会经济的发展;他们利用鼓浪屿的有利环境,在这里组织南洋闽侨救乡会,策划南洋闽侨救乡运动,构筑他们实业救乡的时代梦,给近代鼓浪屿的社会经济铭刻上别具风采的一道印记;他们在教会和传教士兴办新式学校和医疗机构示范和带动下,积极介入鼓浪屿近代教育、医疗和文化事业,创办和扶持近 20 所中小学,与教会、传教士创办的学校一道形成近代鼓浪屿较为完整的教育体系,并在推动近代鼓浪屿教育本土化和世俗化方面发挥关键作用;他们与近代鼓浪屿新生的知识分子群体一道,积极推进保护妇女儿童的社会文明,倡导废止社会观念和价值取向的转变,倡导废止相沿已久的溺婴、缠足和蓄养婢女等陋习陋规,积极推动衣着、饮食、居住、婚姻、丧葬、节庆、礼仪,以及言行举止、娱乐休闲方式等诸多社会习俗和社会风尚的转变和改良;同时还在鼓浪屿创办报纸、杂志,建立公共图书馆,开展时政评论,在鼓浪屿建构了一个寻求民族救亡与国家富强,以政治参与为基调的公共领域;他们以雄厚的经济实力,积极创办近代鼓浪屿社区供水、供电、内外交通和通讯等诸多公共设施,为推进鼓浪屿社区的近代化发挥不可或缺的作用;他们还与主要由新式知识分子构成的鼓浪屿其他社会精英群体一道,主动参与鼓浪屿社区的管理,谋求鼓浪屿社区华人社会的利益。凡此种种,无不充分表明这个社会群体是近代鼓浪屿社会变迁的另一个主要推手。

更值得进一步指出的是,返乡闽南籍海外移民中的商人,构成了一个移民企业家群体。他们与历史上由闽粤两地商人为主建构的,由移民网络、商贸网络、金融网络、信息网络等一系列网络构成的环南中国海的华商复合网络密切关联。正是借助由环南中国海的复合网络形成的跨国跨域社会空间,这个社会群体得以将他们在海外,尤其是在东南亚已经形成的对西方文化的认识以及企业经营理念和经验带回鼓浪屿,并借助由这个跨国跨域社会空间所展开的市场网络,开展他们的社会经济活动;也正是借助由环南中国海的复合网络形成的跨国跨域社会空间,这个社会群体得以和家乡保持密切的联系,这使得他们在鼓浪屿开展的种种活动,带着"救乡"的印记,期望能推进家乡的社会经济发展,社会环境的改造和进步;同时也使得他们更易于受到家乡地方性历史资源,即闽南文化的深刻影响。因此,作为近代鼓浪屿社会变迁的主要推手,返乡闽南籍海外移民及其承载的闽南文化,是形塑鼓浪屿近代化历史进程主要特征的基本要素。对此,我们还将在下一节进一步阐述。

第三节　跨文化对话与近代鼓浪屿社会变迁的多元面相

　　毋庸置疑,近代鼓浪屿的社会变迁,本质上是鼓浪屿由一个传统的闽南乡村社会向近代城市社区转型的历史进程。这一历史进程是在全球化浪潮风起云涌,东西方交通大规模展开,近代中国被卷入世界资本市场的大背景下发生的。一方面,相继完成工业革命,实现早期现代化的西方先进国家,凭借先进的科学技术成果,在世界各地开拓市场,争夺殖民地,开展殖民掠夺。地处远东的中国,作为一个潜在的巨大市场,自然不可能不被西方列国所关注和付诸行动。从两次鸦片战争到边疆危机,无不透露出与此攸关的种种信息。19世纪末到20世纪前半期,由于迅速崛起的美国和日本加强在东亚和东南亚的政治与经济势力扩张,国际形势风云变幻,地缘政治格局幡然改观。这使得全球化历史进程显得更为错综复杂,扑朔迷离。期间第一次世界大战的爆发,以及第一次全球性经济危机的发生,都深刻影响了扩展中的全球资本市场格局,也深刻影响了中外关系。另一方面,腐朽的清王朝统治下的远东古老的中华帝国的大门在西方列强的炮轰下洞开,中国东南沿海通商口岸相继开放,中国市场不断向西方列国打开,古老的帝国进入一个全新的历史时期,开始步入蹒跚曲折的近代化历程。和亚洲其他后兴起的现代化国家或地区一样,在全球化浪潮的推动下,中国正在经历着社会转型和制度变迁。西方商人、传教士和政府官员或公职人员相继进入中国东南沿海各通商口岸,在这里引发了形式多样的文化碰撞、冲突与交融。而这一切又都是在中国政府与西方列国政府签订的不平等条约建构的制度环境下进行的,从而增加了它的复杂性和多样性。作为首批通商口岸厦门下辖的一个行政单位,与厦门岛一水之隔的鼓浪屿,自然不可能置之度外。

　　19世纪40年代,由于厦门的开埠,西方各国商人、传教士和官员纷至沓来,并最终选择与厦门近在咫尺的鼓浪屿海岛作为他们理想的生活处所。鼓浪屿由此成了外国侨民的居留地。直到20世纪初的1903年,鼓浪屿在在华列国势力博弈下被辟为公共租界。在此期间,由于鼓浪屿居留地和公共租界的特殊身份,也由于鼓浪屿逐渐显现的良好的居住环境,在国内外局势动荡不宁的情势下,以鼓浪屿所处的闽南地区居民为主的国内华人移民不断移居鼓浪屿,尤其是从台湾、东南亚返乡的闽南籍海外移民不断入住鼓浪屿,鼓浪屿的近代进程由此在各种社会群体代表的不同社会力量的作用下展开。

　　然而,以跨文化的视野视之,近代鼓浪屿共居相处的各种社会群体又是各种文化的载体。在近代鼓浪屿,我们可以清晰地看到两种主要的异质文化。一种是来自西方各国侨民承载的西方文化。尽管这个社会群体来自诸多不同国家,在文化源头和细部上有所差异,但就其在近代鼓浪屿发生效用的文化要素而言,主要是西方在完成从传统社会向近代工业社会转型的历史进程中形成的近代文明。另一种是作为中国地方文化之一的闽南文化。中国地域辽阔,人口众多,各种地方文化虽带有中国传统文化的印记,却各具特色,争奇斗艳,不一而足。闽南文化是在东晋以降中原汉人南迁的历史进程中,由中原文化和东南沿海的闽越文化融合生成的。随后在大航海时代前后的数百年间,因应着海上丝绸之路的繁盛,闽南文化在与各种外来文化的碰撞、交流中已经初显其海纳百川之特征。步入近代,闽南文化由于受闽南地区居民大规模海外移民,尤其是向东南亚移民的影响,带有更为明显的移民文化和海洋文化色彩,形成重商务实,冒险进取,开放求新,灵活兼容的基本特征。因此,近代鼓浪屿的社会变迁,从跨文化对话的角度观之,可以说是这两种异质文化的不断碰撞、交锋、冲突和交融的一个历史进程;与此同时,也是近代鼓浪屿华人社会从乡村社会向城市社会转型背景下,新旧文化交替、交错和并置的历史进程。两个历史进程交错重叠,相互影响,构成近代鼓浪屿社会文化变迁的错综复杂图景。

　　是故,在上述近代鼓浪屿社会变迁基本要素的制约下,近代鼓浪屿的社会变迁,向我们呈现出多元并置的面相。

　　第一种面相,是人们熟知的普遍发生在近代中国通商口岸外国侨民侵染、侵夺居住地管辖权的现象。在鼓浪屿成为外国侨民居留地时期,外国侨民就在条约制度的保护下,利用清朝地方政府的昏庸无能,擅自组建“鼓浪屿道路墓地基金委员会”,实质上攫取了居留地的部分行政管理权。到了鼓浪屿公共租界时期,外国侨民组建的工部局更是取代了中国地方政府的管辖权,将鼓浪屿辟为“飞地”,即人们熟悉的“国中之国”,在鼓浪屿实行自治,推行片面治外法权。这是对中国主权的公然侵犯。这和近代中国东南沿海其他通商口岸的各种形式的租界一样,构成近代中国沉痛耻辱的一页。这一面相显然是近代条约制度制约下中外关系中呈现“以强凌弱”的一幅强权政治的面相。由此激发了近代鼓浪屿公共租界时期鼓浪屿华人社会群体的不满与抗争;促发了由返乡海外移民和新式知识分子构成的近代鼓浪屿社会精英群体在民族主义思潮引领下,组织各种社团,主动参与鼓浪屿社区的管理,甚至要求收回管理权,竭力谋求鼓浪屿社区华人社会的利益。这构成了近代鼓浪屿社会变迁的第二种面相。上述两种面相交相作用,呈现近代鼓浪屿社会政治变迁的基本面貌。不过,近代鼓浪屿社会政治变迁中,还有与文化密切勾连的另一方面,即由外国侨民带进鼓浪屿,在鼓浪屿社区治理中实施的行政、立法和司法三权分立的制度设计与安排,及其背后支撑的代表西方近代文明的启蒙思想与社会思潮。这种与传统中国专制王权统治体制完全异质的政治制度及其理念,无疑给鼓浪屿华人社会展示了一种全新的制度文化,对鼓浪屿的社会变迁起了示范作用,同时也为返乡的闽南籍海外移民大力发展社会经济和公共设施建设,提供了制度保障。是为近代鼓浪屿社会变迁的第三种面相。

由于自然环境和社会环境的双重影响,厦门开埠后,外国侨民、本国华民和返乡的海外移民相继入住鼓浪屿,使这座原本由闽南早期移民开发的、充满闽南乡村气息的海岛,逐渐发展成一个新型的城市生活社区。由此促发了近代鼓浪屿新型城市商业的产生与发展,新旧商业的交替,商业管理模式的变革;促发了新式金融业,尤其是以经营侨汇为主的别具一格的侨批业的兴起和快速发展;促发了社区房地产业的兴盛,以及供水、供电和通讯等城市公用事业的萌生。简言之,即促发了以满足社区居民生活需求为主导的近代鼓浪屿社会经济的发展。呈现出鼓浪屿近代社会变迁的第四种面相。然而,更值得一提的是,近代鼓浪屿社会经济的发展,是与环南中国海的华人网络密切关联的。因此,与近代中国东南沿海其他通商口岸的外国侨民居留地和租界里洋行林立,社会经济发展中外国资本占据主导地位不同,在近代鼓浪屿,返乡的闽南籍海外移民资本,在近代鼓浪屿的社会经济发展中发挥了举足轻重的主导作用。是故,返乡的闽南籍海外移民会在投资鼓浪屿社会经济的同时,在鼓浪屿组建闽侨救乡会,策划救乡运动,将经济诉求和政治诉求相勾连,在鼓浪屿构筑了他们实业救乡的时代梦。由此呈现出近代鼓浪屿社会变迁的第五种面相。上述两种面相,形塑了近代鼓浪屿社会经济变迁的基本特征。

与政治、经济变迁的诸多面相相较,近代鼓浪屿作为一个华洋共居相处的城市社区,其社会变迁中呈现的文化变迁面相,显得更为复杂且影响更为深远。在鼓浪屿居留地时期,外国侨民中的传教士就率先在鼓浪屿创办近

20所学校,形成从幼儿园到中小学,以及各种职业学校的较为完整的教育体系;教会和传教士还在鼓浪屿开办西式医疗机构,开办传授西医的学校,推动西医技术和科学知识在鼓浪屿的发展;在鼓浪屿创办各种新式的报纸杂志,创办出版印刷业,推进鼓浪屿现代文化事业的萌生和发展;传教士还竭力铲除鼓浪屿华人社会积习相沿已久的溺婴、裹脚等种种不良行为;甚至在西洋音乐与西式体育运动的传播上,传教士也发挥了不可小觑的作用。更值得一提的是,鼓浪屿传教士创立的闽南白话字,不仅有力促进了汉语文字拼音的产生,而且成为中西文化合璧的一个典范。此外。鼓浪屿外国侨民纷纷在鼓浪屿兴建的西式楼房,以及开展的音乐、体育活动,也给鼓浪屿华人居民带来了异质文化可资借鉴和吸纳的新元素。由此呈现出近代鼓浪屿社会变迁的第六种面相,并借此促发了近代鼓浪屿社会变迁的另一种面相,即以返乡海外移民和新式知识分子精英群体组成的鼓浪屿新生社会力量在外国侨民传播西方近代社会文明,兴办西式教育、医疗机构,兴办文化事业,推进公共设施建设的刺激和示范下,紧随其后,在新式教育、医疗卫生、新闻出版等领域大展拳脚,并在20世纪前30余年间,在鼓浪屿社区建设方面,独领风骚。由此呈现出近代鼓浪屿华人社会在吸收西方先进的社会文明和异质文化精髓的基础上建构的近代市民文化和市民精神的萌生与成长。与此同时,近代鼓浪屿社区在衣、食、住、行,红白大事仪式,以及娱乐休闲方式等诸多生活习惯、社会习俗和社会风尚方面呈现出新旧文化和中外文化交替、交融和并置的社会文化样貌。凡此种种,无不生动展示了近代鼓浪屿社区社会转型中的多元文化景观。

作为鼓浪屿文化的承载者,近代鼓浪屿居民在建构鼓浪屿文化的同时,也被鼓浪屿多元文化所孕育和形塑。是故,从近代鼓浪屿曾走出一批名扬国内外的华人社会精英,在教育、艺术、文学、医学和科技等各个领域留下鲜亮骄人的业绩。如素有中国文字改革先驱、现代汉语拼音之父美誉的卢戆章,中国体育教育的先行者、奠基者马约翰,中国现代妇产科的泰斗林巧稚、何碧辉,中国现代第一位专业声乐教育家、第一位合唱女指挥家、中国现代音乐事业的先驱者之一周淑安,中国现代语言学和文字改革运动的先驱者之一周辨明,著名文学家、语言学家林语堂,著名歌唱家、咽音学家林俊卿,著名钢琴家、音乐教育家李嘉禄、王政声,著名画家、美术教育家林克恭、周廷旭,以及著名的天文学家余青松、考古学家郑德坤、海洋学家曾呈奎、园艺学家李来荣、生物化学家王应睐、微生物学家白施恩、病毒学家黄祯祥、公共卫生专家胡宣明、禽病专家朱晓屏和船舶设计技术专家顾懋祥等等,不一而足。这些由近代鼓浪屿多元文化塑造的名人,不仅事业有成,而且往往品格高尚,充满人格魅力。事实上,近代鼓浪屿的许多华人居民,尤其是那些受过良好教育的华人居民,大多留给人们一种温文尔雅、循规蹈矩、热心公益、崇尚知识、艺术和体育运动的印象,呈现一种特有的人文气质。[①] 是为近代鼓浪屿文化变迁中的又一种面相。

事实上,上述近代鼓浪屿社会变迁中存在的多元面相,在近代东南沿海通商口岸城市的外国侨民居留地和租界中,均不同程度,以不同方式存在。只是以往的研究更多关注政治面相,尤其是标识着条约制度强权特征的第一种面相,即更多从政治角度考察和评价近代中国的外国侨民居留地和租界,而有意无意地忽视了更为丰富多样的其他面相。不过,二十世纪后期,随着改革开放,中国社会经济发展取得骄人的成就,中国在国际上的地位不断提高,人们对外部世界的认知愈加开阔、全面,对近代中国历史,包括通商口岸城市发展史和租界历史的重新认知和全面深入研究也就此展开。近代中国通商口岸社会变迁中呈现的上述多元面相,得到越来越多的认知、重视和全面评价。

然而,我们尚须指出,上述揭示的近代鼓浪屿社会变迁中呈现的多元面相,虽然在近代中国东南沿海通商口岸均不同程度存在,但作为一种异质文化间的跨文化对话,近代中外异质文化的碰撞、冲突和交融,在各个通商口岸既有其相同的一面,也有其不同的一面。促成这种差异的要素,在很大程度上与所在地居民拥有的文化资源密切相关。当我们考察鼓浪屿这个个案时,我们就可以看到这种差别。这种差别的背后是占近代鼓浪屿华人居民绝大多数的闽南人承载的闽南文化的影响。因此,我们有必要对闽南文化作一番考察。

本书的研究表明,在鼓浪屿近代历史进程中,闽南文化发挥了至关重要的作用。在鼓浪屿三个历史阶段——前近代、近代前期和近代后期中,是作为闽南文化载体的闽南移民将闽南文化带入鼓浪屿并在此播下种子;是以

---

① 参见洪卜仁、詹朝霞:《鼓浪屿学者》,厦门:厦门大学出版社,2011 年;颜允懋、颜如璇、颜园园:《鼓浪屿侨客》,厦门:厦门大学出版社,2010 年;泓莹:《鼓浪屿原住民》,厦门:厦门大学出版社,2010 年;中共厦门市委宣传部、厦门市社会科学联合会合编:《口述历史:我的鼓浪屿往事》(之一、之二两册),厦门:厦门音像出版公司,2012 年和 2013 年。

闽南移民为主体的鼓浪屿本土华人居民以其务实、宽容和开放的精神平和地接受了异域文化在岛上的传播；是以返乡闽南移民为主体的鼓浪屿社会精英群体，以务实、求新、兼容的精神，在多元文化并存与融合中发挥了桥梁的中介功能。因此，要准确把握鼓浪屿的近代历程，我们必须拉长我们的视野，回溯闽南文化形成的历史。

如此，我们将清楚地看到，闽南地区居民的海外移民，在某种意义上可是说是其大陆移民的延伸。地处中国东南沿海的闽南地区包括今日的厦门市、泉州市和漳州市。她背山面水，三面环绕着武夷山脉延伸的山地丘陵，东南面向南中国海。域内的两条河流——九龙江和晋江由西北向东南穿行，注入台湾海峡。流域形成两片面积不大的三角洲平原——漳州平原和泉州平原。除平原地带外，域内多为赤土黄沙，不宜农耕，自然环境严酷。在这片土地上生息繁衍的早期土著居民为熟悉水性、民风强悍的闽越人。秦王朝建立后，在福建设立闽中郡，但并未实施有效的郡县管治。汉武帝时期，因顾忌闽越人的强悍反叛，将闽越贵族、军吏等上层精英强制迁徙到江淮间，即现在的浙江北部和安徽、江西境内等处。一般闽越民众也相继逃入山谷。闽南地区闽越人人口锐减。始自东汉，中原汉人开始迁居闽南地区。西晋以降，由于中原板荡，持续动乱，大量汉人陆续南迁，移居闽南地区。此后历经因战乱导致的数次较大规模的北方汉人南迁，迁居闽南地区的汉人数量不断增长，逐渐形成具有浓厚移民色彩的闽南人族群。

与此同时，迁居闽南地区的汉人似乎并未停止迁徙的脚步，开始由大陆迁徙转入海外迁移。尤其是唐宋以降，随着人口压力的增大，海外商贸的展开，闽南地区汉人的海外移民渐长。在南中国海海域，其移民取向大致分为两支：一支前往就近的台湾，属于国内移民；一支前往远方的东南亚，属于国际移民。向台湾的移民在明末清初达到高潮。期间，有百余万闽南人移居台湾。而向东南亚的移民高潮则出现在近代。期间亦有近 200 万闽南人移居东南亚各地。

显而易见，一部闽南地区开发史实际上就是一部闽南人的移民史。由此积淀形成了独具特色的闽南移民文化。其特色可归纳为以下两点。

其一，重商务实，冒险进取。早在宋代以前，面对严酷的生存环境，闽南人一面围垦造田，经营农作，一面则以海为田，经营海上贸易。宋代以降，由于闽南地区地少人多生存压力的剧增，加上宋王朝实行鼓励海外贸易政策，闽南人的海外贸易更为发展。正所谓"州南有海浩无穷，每岁造舟通异域"。

身为移民孕育的强烈生存意识,以及迁徙途中练就的进取精神,使闽南人敢于面对变幻莫测,危机四伏的海洋环境,冒险求利。这孕育了闽南人重商务实,冒险进取的精神,也给闽南人的移民文化染上浓厚的海洋文化色彩。明清时期,虽然朝廷在大多时间厉行禁海闭关,严禁私自出海贸易,但闽南地区居民依然冒着被处以充军甚至处死的风险,"结党成风,造船出海,私相贸易,恬无畏忌",促成私人海上贸易的繁盛景象,也更加固了闽南人重商务实,冒险进取的文化基因。

其二,开放求新,灵活兼容。中国传统文化原本就具有一定的开放性和包容性。闽南人从中国传统文化根基深厚的中原迁徙到闽南地区,进而移民台湾和东南亚。期间,他们不但消解了中原汉人因"安土重迁"形成的一定程度的保守心态,而且为了在不断变化的生态环境中寻求生存资源而进一步增强了开放和兼容的心态,孕育了灵活求新的精神。尤其在进入东南亚这样一个全新的生存环境后,他们唯有开放兼容才能获得生存,唯有灵活求新才能获得发展。这更增长了他们开放求新,灵活兼容的文化心态。

如若我们以布罗代尔提倡的长时段历史视野回望闽南地区的历史长河,我们不难发现,千百年来,闽南商民在海洋经略活动中早已和各种异质文化有过许许多多的交流和交融。不仅那些跨洋越海的海外移民在海外与各种异质文化有过碰撞和交流,即便是在闽南地区本土,闽南人也与来自世界各地的商人、传教士和旅行者有过异质文化间的碰撞、交流与交融。研究表明,在宋元时期,各种外来宗教曾在闽南地区的泉州传播,流行,包括伊斯兰教、印度教、佛教、摩尼教、犹太教和基督教(景教),以致泉州有"世界宗教博物馆"之美誉。犹如今天的鼓浪屿有"世界建筑博物馆"之美誉一样。足见闽南文化中如"海纳百川"一样的开放与宽容。

闽南文化及其作为这一文化外显形式,即由闽南商民在环南中国海海域建构的跨国跨域社会网络,构成了该地区最引人注目的重要的地方性资源,同时也是该地区社会变迁所嵌入的结构化环境的一个重要组成部分。闽南商民建构跨国跨域网络可以追溯到数百年前。多年前名噪一时的美国学者阿布-卢格霍德的名著《欧洲霸权之前:1250—1350年的世界体系》[①]就指出,在1250年至1350年之间,即在现代世界体系尚未形成之前,曾经有

---

① 中文译本见[美]珍妮特·L.阿布-卢格霍德著,杜宪兵,何美兰,武逸天译:《欧洲霸权之前:1250—1350年的世界体系》,北京:商务印书馆,2015年。

过以中国为中心的世界体系。而这正是闽南地区的泉州成为当时世界最大的都市之一，呈现"市井十洲人"、"涨海声中万国商"，成为联通世界 70 多个国家、地区的"世界第一大港"时期。而在 15 世纪以来的东西方大交通中，则有闽南地区的漳州月港成为中国东南沿海"海舶鳞集，商贾成聚"的对外贸易大港，与 40 多个国家、地区建立贸易往来关系。为闽南地区商民的跨国跨界网络建构提供地方性资源。

正是数百年来不断演化的闽南商民对跨国跨域网络的建构，塑造了该地区早期现代化进程的若干基本特征。承载着这一文化基因的闽南移民，正是植根于这一地方性资源所提供的历史的可能性，带着开放、兼容、求新和务实的文化心态，积极吸取来自世界各地的多元文化新要素，在鼓浪屿的近代化历程中发挥了重要作用，留下了宝贵的文化遗产。

参考文献

一、档案、资料汇编

1. 中文部分

1）陈翰笙编：《华工出国史料汇编》，北京：中华书局，1984 年。

2）陈仪：《对于闽省建设的意见》，1934 年 5 月。

3）陈真编：《中国近代工业史资料》第 2 辑，北京：三联书店，1961 年。

4）程道德等编：《中华民国外交史资料选编（1919—1931）》，北京：北京大学出版社，1985 年。

5）戴一峰等译编：《近代厦门社会经济概况》，厦门：鹭江出版社，1990 年。

6）戴一峰主编，厦门海关档案室编：《厦门海关历史档案选编（1911年—1949 年）》第一辑，厦门：厦门大学出版社，1997 年。

7）第一历史档案馆：《清末海外华商设立商会史料》，《历史档案》1995 年第 1 期。

8）第一历史档案馆：《清末海外华商设立商会史料续编》，《历史档案》1997 年第 2 期。

9）丁世良、赵放主编：《中国地方志民俗资料汇编·华东卷》（下册），北京：书目文献出版社，1995 年。

10）福建省档案馆编：《福建华侨档案史料》，北京：档案出版社，1990 年。

11）福建经济年鉴编委会：《福建经济年鉴》，福州：福建经济年鉴出版社，1985—1997 年。

12)福建省档案馆、厦门市档案馆编:《闽台关系档案资料》,厦门:鹭江出版社,1993年。

13)福建省档案馆编:《民国福建各县市(区)户口统计资料》(1912—1949),1988年。

14)福建省档案馆馆藏档案:福建邮政管理局档案。

15)《福建省第三区行政督察专员兼保安司令公署三十四年度工作报告》,1945年。

16)福建省会公安局:《福建省省会户口统计》(民国二十三年),1934年12月。

17)福建省会公安局:《福建省省会户口统计》(民国二十一年),1932年12月。

18)福建省计划委员会、福建省统计局编印:《福建省统计资料汇编:基本建设部分》(1950—1957),1958年。

19)福建省经济研究室编:《福建省永安县经济调查》,福建省经济研究室,1940年。

20)福建省贸易公司编:《福建省贸易特种股份有限公司报告》,1942年,油印本。

21)《福建省侨汇业社会主义改造历史资料》(未刊稿)。

22)福建省人民政府办公厅编印:《福建省基本统计》,1950年。

23)福建省统计室:《同安县人口农业调查》,1938年。

24)福建省银行经济研究室编:《福建十年》,1945年。

25)福建省政府秘书处公报室:《福建省概况》,1937年10月。

26)福建省政府秘书处统计室编:《福建经济研究》下册,1940年。

27)福建省政府秘书处统计室编:《福建省统计年鉴:第一回》(合订本),1937年。

28)福建省政府秘书处统计室编印:《福建省际贸易问题》,1937年12月。

29)福建省政府统计室编:《各县市最近简要统计》,1946年。

30)福建省政府统计室编印:《福建省统计提要》,1945年。

31)福建师范大学历史系、福建地方史研究室编:《鸦片战争在闽台史料选编》,福州:福建人民出版社,1982年。

32)福州基督教青年会编印:《福州基督教青年会报告》,1928年。

33)傅家麟编:《福建省农村经济参考资料汇编》,福建省银行经济研究室,1941 年。

34)《鼓浪屿工部局报告书》,1932、1935、1937、1940 年。

35)《鼓浪屿市场委员会第四次会议会议纪录》,1935 年 7 月 26 日。

36)《鼓浪屿市场委员会第一次会议会议纪录》,1934 年 12 月 8 日。

37)国民政府主计处统计局编:《中华民国统计提要》,上海:商务印书馆,1936 年。

38)华东军政委员会土地改革委员会编:《福建省农村调查》,1952 年。

39)季啸风、沈友益主编:《中华民国史史料外编——前日本末次研究所情报资料》,桂林:广西师范大学出版社 1993 年影印。

40)《建筑鼓浪屿第一市场商店合约簿》,1934 年手抄本。

41)李桂林等编:《中国近代教育史资料汇编·普通教育》,上海:上海教育出版社,1995 年。

42)林金枝、庄为玑:《近代华侨投资国内企业史资料选辑》(福建卷),福州:福建人民出版社,1985 年。

43)林金枝、庄为玑:《近代华侨投资国内企业史资料选辑》(广东卷),福州:福建人民出版社,1989 年。

44)林金枝:《近代华侨投资国内企业史资料选辑》(上海卷),厦门:厦门大学出版社,1994 年。

45)林遵行:《厦门鼓浪屿医院业务报告》,鼓浪屿"申遗办"档案室藏。

46)刘大钧编著:《中国工业调查报告》,资源委员会,1936 年。

47)刘真、王焕琛主编:《中国近代教育史料丛刊》,台北:编译馆,1970 年。

48)《闽侯城议事会第一次会议速记录》下册,1911 年铅印本。

49)彭泽益:《中国近代手工业史资料》(1840—1949),北京:中华书局,1962 年。

50)齐思和等编:《鸦片战争》(中国近代史资料丛刊),上海:上海人民出版社,1962 年。

51)《清史资料》第一辑,北京:中华书局,1980 年。

52)《厦门华侨概况》,厦门华侨事务局档案,1965 年第 1 卷。

53)厦门市档案馆馆藏档案,档号 A8,A10,A34。

54)厦门市档案馆馆藏档案:财政局档案。

55)厦门市档案局、厦门市档案馆编:《厦门抗日战争档案资料》,厦门:厦门大学出版社,1997年。

56)厦门市档案局、厦门市档案馆编:《近代厦门教育档案资料》,厦门:厦门大学出版社,1997年。

57)《厦门市工厂调查》,《国际劳工通讯》,1936年第3卷第11期。

58)厦门市工商联档案:《厦门淘化大同酱油厂历史资料》,1958年。

59)厦门总商会、厦门市档案馆编:《厦门商会档案史料选编》,厦门:鹭江出版社,1993年。

60)孙毓棠编:《中国近代工业史资料:第一辑》(1840－1895),北京:中华书局,1962年。

61)天津市档案馆、天津财经大学编:《中南银行档案史料选编》,天津:天津人民出版社,2013年。

62)天津市档案馆编:《天津商会档案汇编》(1903—1911),天津:天津人民出版社,1989年。

63)天津市档案馆编:《天津商会档案汇编》(1912—1928),天津:天津人民出版社,1992年。

64)铁道部财务司调查科编:《京粤线福建段福州市县经济调查报告书》,1933年。

65)铁道部业务司调查科编:《京粤线福建段沿海内地工商业物产交通报告书》,1933年。

66)汪方文主编,厦门市档案局、厦门市档案馆编:《近代厦门经济档案资料》,厦门:厦门大学出版社,1997年。

67)汪敬虞编:《中国近代工业史资料》第2辑,北京:中华书局,1982年。

68)汪向荣:《中日关系史资料汇编》,北京:中华书局,1984年。

69)王铁崖编:《中外旧约章汇编》,北京:三联书店,1957年。

70)翁绍耳:《福建省松木产销调查报告》,福建邵武,1941年。

71)翁绍耳:《福建省墟市调查报告》,私立协和大学农学院农业经济系印行,1941年。

72)严中平等编:《中国近代经济史统计资料选辑》,北京:科学出版社,1955年。

73)杨建成主编:《三十年代南洋华侨侨汇投资调查报告书》,台北:中华学术院南洋研究所,1983年。

74)姚贤镐编:《中国近代对外贸易史资料(1840—1895)》第1—3册,北京:中华书局,1962年。

75)中共厦门市委党史办编:《厦门革命历史文献资料选编》(1919年—1927年7月)(内部资料)第二集,1987年。

76)曾伊平、陈丽娘编:《华侨华人研究文献索引(1980—1990)》,厦门:厦门大学出版社,1994年。

77)曾伊平编:《华侨华人研究文献索引(1991—1995)》,厦门:厦门大学出版社,1998年。

78)中共厦门市委资改办公室编:《厦门市私营棉布业历史资料》,1959年(未刊)。

79)《中国埠际贸易统计(1936—1940)》,中国科学院社会研究所丛刊第一种,1951年。

80)《中国共产党福建地方组织历史研究资料》,福建省委党校图书馆省情阅览室藏。

81)中国近代经济史丛书编委会编:《中国近代经济史研究资料》第8辑,上海:上海社会科学院出版社,1987年。

82)中国科学院编:《明清史料》丁编,上海:商务印书馆,1951年。

83)中国社会科学院世界宗教研究所:《中华归主:中国基督教事业统计》(1901—1920年),北京:中国社会科学出版社,1987年。

84)中国银行泉州分行行史编委会编:《泉州侨批业史料》,厦门:厦门大学出版社,1994年。

85)中国银行厦门市分行行史资料汇编编委会编:《中国银行厦门市分行行史资料汇编》上册,厦门:厦门大学出版社,1999年。

86)中华人民共和国文物局:《鼓浪屿申报世界文化遗产世界遗产公约》,2016年。

87)中山大学东南亚历史研究所编:《中国古籍中有关菲律宾资料汇编》,北京:中华书局,1980年。

88)周浩等编:《二十八年来福建省海关贸易统计》,福建省政府统计处,1941年。

89)朱士嘉编:《十九世纪美国侵华档案史料选辑》下册,北京:中华书局,1959年。

90）朱有献主编：《中国近代学制史料》第四辑，上海：华东师范大学出版社，1993年。

91）庄为玑、王连茂：《闽台关系族谱资料选编》，福州：福建人民出版社，1984年。

2. 英文部分

1）B. P. P. : Embassy and Consular commercial Reports，1854—1866，Foochow.

2）B. P. P: Report from the Select Committee of the Lords on Foreign Trade，Trade with East Indies and China，1821.

3）China Maritime Customs：Decennial Reports，Amoy，1882—1891，1892—1901，1902—1911，1912—1921，1922—1931，1932—1941.

4）China Maritime Customs：Trade Reports and Returns，Amoy，1875，1880，1885，1890.

5）China Maritime Customs：Trade Reports and Returns，Amoy，1896—1899.

6）China Maritime Customs：Trade Reports and Returns，Amoy，1901.

7）China Maritime Customs：Trade Reports and Returns，Amoy，1905—1920.

8）China Maritime Customs：Trade Reports，Amoy，1865—1894.

9）China Maritime Customs：Trade Reports，Amoy，1905.

10）China Maritime Customs：Trade Returns，Amoy，1865—1870.

11）China Maritime Customs：Trade Returns，Amoy，1871—1894.

12）China Maritime Customs：Trade Returns，Amoy，1895—1938.

13）The Kulangsu Municipal Council. Report for the Year Ending，1934

3. 日文部分

1）东亚同文会调查编纂部：《支那之工业》，1917年。

2）東亞同文會编：《支那省别全志》第十四卷，福建省，1918年。

3）矶永吉等：《福建省农林视察报告书》，台湾总督府发行，1938年。

4）农商务省水产局：《清国水产贩路调查报告》，1958年。

5）日本农商务省商务局：《对清贸易的趋势及取引事情》。

6）厦門三五公司编：《福建事情實查报告》，台湾日日新报社印，1966年。

7）台湾总督府热带产业调查会编：《南支那の资源と经济：第一卷·福

建省》,南洋协会台湾支部发行,1938 年。

 8)台湾总督官房调查课:《南支那重要港の港势》,1922 年。

 9)臺灣總督府熱帶產業調查會編:《南支那の資源と經濟》,1936 年。

 10)外務省通商局編:《福建事情》,1921 年。

 11)興亞資料經濟編第十二号《福建省事情》,1939 年。

二、报刊、文史资料

 1)(上海)《大陆》第 3 卷第 6 期,1905 年。

 2)《道路月刊》,中华全国道路建设协会,1930 年。

 3)《电气》1914 年第 5 期。

 4)《电政周刊》1927 年第 19 期

 5)《东方杂志》第 3 期,1909 年 4 月 15 日。

 6)《东南日报》

 7)《福建公报》

 8)《福建民报》

 9)《福建日报》

 10)《工业杂志》第 10 卷第 3 期,1922 年。

 11)(厦门)《华侨日报》

 12)《华侨商报》第 2 卷第 8 期,1921 年。

 13)《华侨周报》第 1 卷第 3 期,1932 年。

 14)(厦门)《江声报》

 15)《交通公报》第 274 期,1923 年。

 16)《金融周报》第 10 卷第 3 期,1940 年。

 17)《晋江经济报》2006 年 7 月 14 日。

 18)《经济汇报》第 3 卷第 9 期,1941 年。

 19)《鹭江报》第 60 期,1904 年。

 20)《鹭江报》第 85 期,1904 年。

 21)《闽政月刊》,1940 年。

 22)《侨声》第 3 卷第 2 期,1941 年。

 23)《侨声报》

 24)《厦门日报》

 25)《厦门市政府公报》

26)《申报》

27)《时报》

28)《桃源乡讯》

29)《同安民报》

30)《万国公报》第 302 期,1874 年。

31)《万国公报》第 319 期,1875 年。

32)《新电界》第 3 卷第 14 期,1933 年。

33)《新加坡报》

34)《星岛日报》

35)《业余》第 2 卷第 2—3 期,1942 年。

36)(香港)《中国邮报》

37)《中国与南洋》

38)《中外日报》

39)《北华捷报》(North China Herald)

40)福建省银行:《福建省银行三周年纪念刊》,1938 年。

41)《鼓浪屿怀仁女学校 50 禧年纪念刊》,1927 年。

42)《国际劳工通讯》第 3 卷 第 11 期,1936 年。

43)京农工商部署内商务官报局:《商务官报》,台北:"国立故宫博物院",1982 年影印。

44)吕天宾:《天仙旅社特刊》,天仙旅社发行,1937 年。

45)《南洋闽侨救乡会特刊》,菲律宾,1924 年。

46)《启新洋灰有限公司三十周年纪念册》,1935 年

47)厦门基督教青年会:《厦门基督教青年会廿五周年纪念册》,厦门基督教青年会,1936 年。

48)厦门总商会编:《厦门市商会复员周年纪念刊》,1947 年。

49)厦门总商会编:《厦门总商会特刊》,1931 年。

50)《思明市政筹备处汇刊》,1933 年 11 月。

51)《福建工商史料》

52)《福建文史资料》

53)《福建文史资料选辑》

54)《晋江文史资料选辑》

55)《全闽新日报》

56)《泉州工商史料》

57)《泉州文史》

58)《泉州文史资料》

59)《厦门工商集萃》

60)《厦门文史资料》

61)《厦门文史资料选辑》

62)鼓浪屿申报世界文化遗产系列丛书编委会:《鼓浪屿文史资料》(上册、中册、下册),厦门,2010年。

63)《鼓浪屿研究》第1辑,厦门:厦门大学出版社,2015年。

三、论著

1. 中文部分

(1)古籍

1)(宋)洪迈撰:《夷坚志》,北京:中华书局,1985年。

2)(宋)梁克家修纂,福州市地方志编纂委员会整理:《三山志》,福州:海风出版社,2001年。

3)(宋)赵汝适撰:《诸蕃志》,北京:中华书局,1985年。

4)(宋)周达观撰:《真腊风土记校注》,北京:中华书局,1981年。

5)(宋)周去非撰:《岭外代答》,扬州:江苏广陵古籍刻印社,1995年。

6)(宋)朱彧撰,李伟国校:《萍洲可谈》,北京:中华书局,1985年。

7)(元)马端临撰:《文献通考》,杭州:浙江古籍出版社,2000年。

8)(元)马欢撰:《瀛涯胜览》,北京:中华书局,1985年。

9)(元)汪大渊撰:《岛夷志略》,北京:中华书局,1981年。

10)(明)陈子龙选辑:《明经世文编》,北京:中华书局,1967年。

11)(明)何乔远撰:《闽书》(明崇祯刻本),福州:福建人民出版社,1994年。

12)(明)何乔远撰:《名山藏》,扬州:江苏广陵古籍刻印社,1993年。

13)(明)黄仲昭修纂,福建省地方志编纂委员会主编:《八闽通志》,福州:福建人民出版社,2006年。

14)(明)宋濂撰:《浦阳人物记》,北京:中华书局,1985年。

15)(明)王世懋撰:《闽部疏》,明宝颜堂订正刊本,台北:成文出版社,1975年。

16)（明）谢肇淛：《五杂俎》，北京：中华书局，1959 年。

17)（明）严从简著：《殊域周咨录》，北京：中华书局，1993 年。

18)（明）阳思谦、黄凤翔编纂：《（万历）泉州府志》，明万历四十年刻本，泉州志编纂委员会办公室，1985 年重印。

19)（明）张燮：《东西洋考》，北京：中华书局，1981 年。

20)"中央研究院"历史语言研究所校勘：《明实录》，上海：上海古籍书店，1983 年。

23)（清）顾祖禹：《读史方舆纪要》，上海：上海古籍出版社，1995 年。

24)（清）郭柏苍：《闽产录异》，长沙：岳麓书社，1986 年。

25)（清）贾桢等编辑：《筹办夷务始末》（道光朝），北京：中华书局，1979 年。

26)（清）瞿鸿禨：《使闽豫日记》，铅印长沙瞿氏丛刊本，1933 年。

27)（清）王锡祺辑：《小方壶斋舆地丛钞》，上海：上海著易堂，1891 年。

28)（清）谢章铤：《赌棋山庄全集》，光绪刻本。

29)（清）薛起凤纂，江林宣、李熙泰整理：《鹭江志》，厦门：鹭江出版社，1998 年。

30)（清）赵尔巽等撰：《清史稿》，北京：中华书局，1977 年。

31)（清）郑祖庚纂、朱景星修，福州市地方志编纂委员会整理：《闽县乡土志·侯官县乡土志》，福州：海风出版社，2001 年。

32)（清）周凯纂，厦门市地方志编纂委员会办公室整理：《厦门志》，厦门：鹭江出版社，1996 年。

（2）著作

1)曹洪涛等：《中国近现代城市的发展》，北京：中国城市出版社，1998 年。

2)曹树基：《中国人口史》，上海：复旦大学出版社，2001 年。

3)晁中辰：《明代海禁与海外贸易》，北京：人民出版社，2005 年。

4)陈碧笙：《南洋华侨史》，南昌：江西人民出版社，1989 年。

5)陈达：《浪迹十年》，上海：商务印书馆，1936 年。

6)陈达：《南洋华侨与闽粤社会》，上海：商务印书馆，1937 年。

7)陈高华、吴泰：《宋元时期的海外贸易》，天津：天津人民出版社，1981 年。

8)陈国栋：《东亚海域一千年：历史上的海洋中国与对外贸易》，济南：山东画报出版社,2006年。

9)陈及霖著:《福建经济地理》,福州:福建科学技术出版社,1985年。

10)陈佳源主编:《福建省经济地理》,北京:新华出版社,1991年。

11)陈景盛著:《福建历代人口论考》,福州:福建人民出版社,1991年。

12)陈娟英编著:《板桥林家与闽台诗人林尔嘉》,福州:海风出版社,2011年。

13)陈明:《中国城市公用事业民营化研究》,北京:中国经济出版社,2009年。

14)陈希育:《中国帆船与海外贸易》,厦门:厦门大学出版社,1991年。

15)陈孝华主编:《福建工人运动史要录(1927—1949)》,厦门:厦门大学出版社,1999年。

16)陈旭主编:《清华体育百年》北京:清华大学出版社,2012年。

17)陈支平主编:《福建族谱》,福州:福建人民出版社,1996年。

18)陈支平主编:《福建宗教史》,福州:福建教育出版社,1993年。

19)陈志宏:《闽南近代建筑》,北京:中国建筑工业出版社,2012年。

20)戴均良主编:《中国城市发展史》,哈尔滨:黑龙江人民出版社,1992年。

21)邓孙禄主编,叶志愿等编写:《厦门港志》,北京:人民交通出版社,1994年。

22)杜恂诚:《日本在旧中国的投资》,上海:上海社会科学院出版社,1986年。

23)方汉奇:《中国近代报刊史》,太原:山西教育出版社,1981年。

24)方汉奇主编:《中国新闻事业通史》第1卷,北京:中国人民大学出版社,1996年。

25)方雄普、许振礼编著:《海外侨团寻踪》,北京:华侨出版社,1995年。

26)方友义等编:《厦门城六百年》,厦门:鹭江出版社,1996年。

27)费成康著:《中国租界史》,上海:上海社会科学院出版社,1991年。

28)费孝通:《费孝通学术精华录》,北京:北京师范大学出版社,1988年。

29)冯承钧:《中国南洋交通史》,上海:商务印书馆,1937年。

30)福建档案馆:《老福建——岁月的回眸》,福州:海峡文艺出版社,1999年。

31)福建省地方交通史志编纂委员会编:《福建公路运输史》第一册,北京：人民交通出版社，1987 年。

32）福建省地方志编纂委员会编：《福建省志·城乡建设志》，北京：方志出版社，1999 年。

33）福建省地方志编纂委员会编：《福建省志·教育志》，北京：方志出版社，1998 年。

34）福建省地方志编纂委员会编：《福建省志·金融志》，北京：新华出版社，1996 年。

35）福建省地方志编纂委员会编：《福建省志·民俗志》，北京：方志出版社，1997 年。

36）福建省地方志编纂委员会编：《福建省志·商业志》，北京：中国社会科学出版社，1999 年。

37）福建省地方志编纂委员会编：《福建省志·卫生志》，北京：中华书局，1995 年。

38）福建省地方志编纂委员会编：《福建省志·邮电志》，北京：方志出版社，1996 年。

39）福建省公路局编辑组编：《福建公路史》，福州：福建科学技术出版社，1987 年。

40）福建省华侨史编委会：《福建省华侨史》，福州：福建人民出版社，1992 年。

41）福建省炎黄文化研究会、世界（澳门）闽南文化交流协会编：《闽南文化的当代性和世界性》，福州：海峡文艺出版社，2015 年。

42）傅祖德、陈佳源：《中国人口》，北京：中国财政经济出版社，1990 年。

43）高维廉：《马来亚侨汇与中马贸易之展望》，新加坡：中南联合出版社，1950 年。

44）高友谦：《中国风水》，北京：中国华侨出版社，1992 年。

45）戈公振：《中国报学史》，北京：三联书店，1955 年。

46）葛剑雄：《中国移民史》，福建：福建人民出版社，1997 年。

47）龚洁：《到鼓浪屿看老别墅》，武汉：湖北美术出版社，2002 年。

48）龚洁：《鼓浪屿建筑丛谈》，厦门：鹭江出版社，1997 年。

49）鼓浪屿申报世界文化遗产系列丛书编委会编：《鼓浪屿之路》，福州：海峡书局，2013 年。

50）鼓浪屿申报世界文化遗产系列丛书编委会编，徐家宁撰文：《大航海时代与鼓浪屿西洋古文献及影像精选》,北京:文物出版社,2013 年。

51)顾海:《厦门港》,福州:福建人民出版社,2001 年。

52)顾长声:《从马礼逊到司徒雷登——来华新教传教士评传》,上海:上海书店出版社,2005 年。

53)郭鸿懋等著:《城市空间经济学》,北京:经济科学出版社,2002 年

54)郭梁:《东南亚华侨华人经济简史》,北京:经济科学出版社,1998 年。

55)郭志超、林瑶棋主编:《闽南宗族社会》,福州:福建人民出版社,2008 年。

56)何丙仲:《鼓浪屿公共租界》,厦门:厦门大学出版社,2010 年。

57)何丙仲辑译:《近代西人眼中的鼓浪屿》,厦门:厦门大学出版社,2010 年。

58)何其颖:《公共租界鼓浪屿与近代厦门的发展》,福州:福建人民出版社,2007 年。

59)何书彬:《奔腾年代:鼓浪屿的商业浪潮》,福州:福建人民出版社,2015 年。

60)何晓夏、史静寰:《教会学校与中国教育近代化》,广州:广东教育出版社,1996 年。

61)何一民:《中国城市史纲》,成都:四川大学出版社,1994 年。

62)泓莹:《鼓浪屿原住民》,厦门:厦门大学出版社,2010 年。

63)洪卜仁:《厦门地方史讲稿》,厦门:厦门市总工会,1983 年。

64)洪卜仁:《厦门史地丛谈》,厦门:厦门大学出版社,2007 年。

65)洪卜仁主编:《厦门旧影》,厦门:厦门大学出版社,2008 年。

66)洪明章:《百年鼓浪屿》,福州:福建美术出版社,2010 年。

67)胡序威等主编:《闽东南地区经济和人口空间集聚与扩散研究》,香港中文大学香港亚太研究所,1997 年。

68)黄明德:《菲律宾华侨经济》,台北:海外出版社,1956 年。

69)黄清海:《闽南侨批史记述》,厦门:厦门大学出版社,1994 年。

70)黄逸峰等著:《旧中国的买办阶级》,上海:上海人民出版社,1982 年。

71)黄振良:《闽南民间信仰》,厦门:鹭江出版社,2009 年。

72)江树生译注:《热兰遮城日志》第一册,台南:台南市政府,2002 年。

73)姜涛著:《中国近代人口史》,杭州:浙江人民出版社,1993 年。

74)蒋伯英主编:《福建革命史》,福州:福建人民出版社,1991年。

75)金耀基:《从传统到现代》,北京:中国人民大学出版社,1999年。

76)晋江华侨史编委会:《晋江县华侨史》,上海:上海人民出版社,1990年。

77)蒯世勋等编著:《上海公共租界史稿》,上海:上海人民出版社,1980年。

78)莱特著,姚曾廙译:《中国关税沿革史》,北京:三联书店,1958年。

79)蓝达居:《喧闹的海市:闽东南港市兴衰与海洋人文》,南昌:江西高校出版社,1999年。

80)李厚基等修,陈衍等纂:《(民国)福建通志》,1938年刻本。

81)李国祁:《中国现代化的区域研究:闽浙台地区(1860—1916)》,台北:"中央研究院"近代史研究所,1987年。

82)李金明、廖大珂:《中国古代海外贸易史》,南宁:广西人民出版社,1995年。

83)李金明:《厦门海外交通》,厦门:鹭江出版社,1996年。

84)李金明:《漳州港》,福州:福建人民出版社,2001年。

85)李康华等著:《中国对外贸易史简论》,北京:对外贸易出版社,1981年。

86)李培德:《19世纪香港粤商之商业网络》,东京:汲古书屋,1999年。

87)李启宇、詹朝霞:《鼓浪屿史话》,厦门:厦门大学出版社,2013年。

88)李启宇:《厦门史略》,福州:福建人民出版社,2008年。

89)李锐:《李清泉传》,马尼拉:菲律宾于以同基金会,2000年。

90)李锐:《侨魂:李清泉传》,海口:海南出版社,1990年。

91)李维新主编:《城市经济学概论》,南宁:广西人民出版社,1989年。

92)李长傅:《中国殖民史》,台北:台湾商务印书馆,1970年。

93)李志刚:《基督教与近代中国文化论集》,台北:宇宙光出版社,1989年。

94)林传甲总纂:《大中华福建省地理志》,1919年。

95)林观得编著:《福建地理》,建国出版社,1941年。

96)林荣向:《漳厦铁路图说》,1928年2月。

97)林传沧著:《福州、厦门地价之研究》,台北:成文出版社,(美国)中文资料中心合作出版,1977年。

98)林传沧著:《福州厦门实习调查日记》,台北:成文出版社,(美国)中文资料中心合作印行,1977年。

99)梁漱溟:《中国文化要义》,上海:学林出版社,1987年。

100)廖大珂:《福建海外交通史》,福州:福建人民出版社,2002年。

101)列岛编:《鸦片战争史论文专集》,北京:三联书店,1958年。

102)林丹娅:《鼓浪屿建筑》,厦门:厦门大学出版社,2010年。

103)林国平、彭文宇著:《福建民间信仰》,福州:福建人民出版社,1993年。

104)林金水、谢必震主编:《福建对外文化交流史》,福州:福建教育出版社,1997年。

105)林金枝:《东南亚华人与中国发展》,载林孝胜编《东南亚华人与中国经济与社会》,新加坡:新加坡亚洲研究学会,1994年。

106)林庆元主编:《福建近代经济史》,福州:福建教育出版社,2001年。

107)林仁川著:《明末清初私人海上贸易》,上海:华东师范大学出版社,1987年。

108)林仁川著:《福建对外贸易与海关史》,厦门:鹭江出版社,1991年。

109)林世岩编著:《厦门话白话字简明教程》,厦门:厦门大学出版社,2014年。

110)林孝胜编:《东南亚华人与中国经济与社会》,新加坡:新加坡亚洲研究学会等出版,1994年。

111)林语堂:《林语堂自传》,石家庄:河北人民出版社,1992年。

112)林语堂:《吾国吾民》,《林语堂文集》第8卷,北京:作家出版社,1995年。

113)刘海峰、庄明水著:《福建教育史》,福州:福建教育出版社,1996年。

114)刘海桑:《鼓浪屿古树名木》,北京:中国林业出版社,2013年。

115)刘豪兴主编:《社会学概论》,北京:高等教育出版社,1992年。

116)刘沛林:《风水——中国人的环境观》,北京:三联书店,1995年。

117)刘永峰、新历史合作社:《西学东渐:鼓浪屿教育的昨日风华》,福州:福建人民出版社,2015年。

118)刘峥:《人口理论教程》,北京:中国人民大学出版社,1985年。

119)罗荣渠:《现代化新论——世界与中国的现代化进程》,北京:北京大学出版社,1993年。

120）罗苏文：《女性与近代中国社会》，上海：上海人民出版社，1996 年。

121）罗肇前：《福建近代产业史》，厦门：厦门大学出版社，2002 年。

122）马敏：《过渡形态：中国早期资产阶级的构成之谜》，北京：中国社会科学出版社，1994 年。

123）毛剑杰：《理想年代鼓浪屿建筑的融合之美》，福州：福建人民出版社，2016 年。

124）茅乐楠编：《新兴的厦门》，厦门：厦门萃经堂印务公司，1934 年。

125）孟天运编著：《中国城市史话》，哈尔滨：黑龙江人民出版社，1992 年。

126）聂德宁：《近现代中国与东南亚经贸关系史研究》，厦门：厦门大学出版社，2001 年。

127）宁越敏等：《中国城市发展史》，合肥：安徽科学技术出版社，1994 年。

128）泉州港务局编委会编：《泉州港史·古代部分》，泉州港务局编委会，1988 年。

129）泉州港与古代海外交通编写组编：《泉州港与古代海外交通》，北京：文物出版社，1982 年。

130）泉州华侨志编委会：《泉州市华侨志》，北京：中国社会出版社，1996 年。

131）任贵祥、赵红英著：《华侨华人与国共关系》，武汉：武汉出版社，1999 年。

132）桑兵：《晚清学堂学生与社会变迁》，上海：学林出版社，1995 年。

133）厦门大学历史系考古组编：《厦门史迹》（油印本）。

134）厦门大学历史研究所编著：《福建经济发展简史》，厦门：厦门大学出版社，1989 年。

135）厦门房地产管理局编：《厦门市房地产志》，厦门：厦门大学出版社，1988 年。

136）厦门港史志编纂委员会编：《厦门港史》，北京：人民交通出版社，1993 年。

137）厦门华侨志编纂委员会编：《厦门华侨志》，厦门：鹭江出版社，1991 年。

138）厦门交通志编纂委员会编：《厦门交通志》，北京：人民交通出版社，

1989年。

139)《厦门金融志》编委会编:《厦门金融志》,厦门:鹭江出版社,1989年。

140)厦门工商广告社:《厦门工商业大观》,1932年。

141)厦门市修志局纂修:《民国厦门市志》,北京:方志出版社,1999年。

142)厦门市政府统计室编:《厦门要览》,1946年。

143)厦门市档案局(馆)编:《近代厦门社会掠影》,厦门:厦门大学出版社,2000年。

144)厦门市地方志编纂委员会办公室整理:《厦门市志》,北京:方志出版社,2004年。

145)厦门市粮食局、厦门粮食志编纂委员会编:《厦门粮食志》,厦门:鹭江出版社,1989年。

146)厦门市政协文史资料委员会、厦门总商会编:《厦门工商史事》,厦门:厦门大学出版社,1997年。

147)厦门市政志编纂委员会编:《厦门市政志》,厦门:厦门大学出版社,1991年。

148)厦门市总工会编:《厦门工人运动史》,厦门:厦门大学出版社,1991年。

149)厦门总商会(工商联)编:《厦门商会史》(内部资料),2001年。

150)山东大学经济研究中心:《制度经济学研究》,北京:经济科学出版社,2003年。

151)上海市政协文史资料委员会等编:《列强在中国的租界》,北京:中国文史出版社,1992年。

152)沈建华、徐名文:《侨批例话》,北京:中国邮史出版社,2010年。

153)史全生主编:《中华民国文化史》,长春:吉林文史出版社,1990年。

154)市川信爱、戴一峰:《近代旅日华侨与东亚沿海地区交易圈》,厦门:厦门大学出版社,1994年。

155)舒新城:《收回教育权运动》,北京:中华书局,1927年。

156)苏警予、陈佩真、谢云声等编:《厦门指南》,厦门:厦门新民书社,1931年。

157)苏基朗著,李润强译:《刺桐梦华录:近世前期闽南的市场经济》,杭州:浙江大学出版社,2012年。

158）苏西：《鼓浪屿宗教》，厦门：厦门大学出版社，2011年。

159）孙倩：《上海近代城市公共管理制度与公共空间建设》，南京：东南大学出版社，2009年。

160）台湾基督长老教会总会历史委员会编：《台湾基督长老教会百年史》，台北：台湾基督长老教会总会发行，1965年。

161）檀仁梅、庄明水：《福建师范教育史》，福州：福建教育出版社，1990年。

162）唐恢一编著：《城市学》，哈尔滨：哈尔滨工业大学出版社，2001年。

163）唐力行：《商人与中国近世社会》，香港：中华书局，1995年。

164）陶飞亚：《边缘的历史——基督教与近代中国》，上海：上海古籍出版社，2005年

165）佟新：《人口社会学》，北京：北京大学出版社，2003年。

166）王赓武著，姚楠译：《南海贸易与南洋华人》，北京：中华书局，1988年。

167）王立新：《美国传教士与晚清中国现代化》，天津：天津人民出版社，1997年。

168）王铭铭：《逝去的繁荣：一座老城的历史人类学考察》，杭州：浙江人民出版社，1999年。

169）王日根：《明清民间社会的秩序》，长沙：岳麓书社，2003年。

170）王治心：《中国基督教史纲》，上海：上海古籍出版社，2004年。

171）温雄飞：《南洋华侨通史》，东方印书馆，1929年。

172）吴雅纯辑：《厦门大观》，厦门：厦门新绿书店，1947年。

173）吴凤斌：《契约华工史》，南昌：江西人民出版社，1988年。

174）吴凤斌主编：《东南亚华侨通史》，福州：福建人民出版社，1994年。

175）吴剑雄主编：《中国海洋发展史论文集：第四辑》，台北："中央研究院"中山人文社会科学研究所，1991年。

176）吴瑞炳等主编：《鼓浪屿建筑艺术》，天津：天津大学出版社，1997年。

177）吴志伟：《上海租界研究》，上海：学林出版社，2012年。

178）谢文蕙、邓卫：《城市经济学》，北京：清华大学出版社，1996年。

179）徐鼎新、钱小明：《上海总商会史》，上海：上海社会科学院出版社，1991年。

180）徐晓望：《福建民间信仰源流》，福州：福建教育出版社，1993 年。

181）许纪霖：《公共空间的知识分子》，南京：江苏人民出版社，2007 年。

182）许十方、陈峰：《鼓浪屿教育》，厦门：厦门大学出版社，2012 年。

183）许云樵等：《星马通鉴》，新加坡：新加坡新世界图书有限公司，1959 年。

184）许长安、李乐毅编：《闽南白话字》，北京：语文出版社，1992 年。

185）严中平主编：《中国近代经济史（1840—1894 年）》，北京：人民出版社，2001 年。

186）颜允懋、颜如璇、颜园园著：《鼓浪屿侨客》，厦门：厦门大学出版社，2010 年。

187）杨建成主编：《侨汇流通之研究》，台北：中华学术院南洋研究所，1984 年。

188）杨力、叶小敦：《东南亚的福建人》，福州：福建人民出版社，1993 年。

189）杨念群：《再造"病人"——中西医冲突下的空间政治（1832—1985）》，北京：中国人民大学出版社，2006 年。

190）于云汉、马继云：《中国城市发展史纲》，天津：天津人民出版社，1996 年。

191）郁达夫：《郁达夫文集》，广州：花城出版社，1982 年。

192）佚名：《厦门乡土志》，鼓浪屿英华书院，1940 年。

193）张复合主编：《近代建筑的研究和保护》（4），北京：清华大学出版社，2004 年。

194）张公量：《关于闽南侨汇》（1943 年），泉州：中国银行泉州分行行史编委会，1993 年。

195）张海鹏、张海瀛主编：《中国十大商帮》，合肥：黄山书社，1993 年。

196）张其仔著：《经济社会学》，北京：中国社会科学出版社，2001 年。

197）张钟汝等编著：《城市社会学》，上海：上海大学出版社，2001 年。

198）张仲礼主编：《东南沿海城市与中国近代化》，上海：上海人民出版社，1996 年。

199）张仲礼主编：《近代上海城市研究》，上海：上海人民出版社，1990 年。

200）张遵旭著：《福州及厦门》，铅印本，1916 年。

201）赵德馨：《黄奕住传》，长沙：湖南人民出版社，1998 年。

202)赵冈、陈钟毅著:《中国经济制度史论》,台北:联经出版事业公司,1986年。

203)郑林宽著:《福建华侨汇款》,永安:福建省秘书处统计室,1940年。

204)中共厦门市委宣传部、厦门市社会科学联合会编:《口述历史:我的鼓浪屿往事》(之二),厦门:厦门音像出版有限公司,2013年。

205)中共厦门市委宣传部、厦门市社会科学联合会编:《口述历史:我的鼓浪屿往事》(之一),厦门:厦门音像出版有限公司,2011年。

206)中国银行泉州分行行史编委会:《闽南侨批史纪述》,厦门:厦门大学出版社,1996年。

207)中华人民共和国厦门海关编著:《厦门海关志(1684—1989)》,北京:科学出版社,1994年。

208)周葆銮编:《中华银行史》,台北:文海出版社,1973年。

209)周振鹤:《中华文化通志》《地方行政制度志》,上海:上海人民出版社,2010年。

210)周子峰:《近代厦门城市发展史研究》,厦门:厦门大学出版社,2005年。

211)朱代杰、季天佑编:《福建经济概况》,福建省政府建设厅,1947年。

212)朱维幹著:《福建史稿》,福州:福建人民出版社,1985年。

213)朱英著:《近代中国商人与社会》,武汉:湖北教育出版社,2002年。

214)庄林德、张京祥编著:《中国城市发展与建设史》,南京:东南大学出版社,2002年。

215)庄为玑:《海上集》,厦门:厦门大学出版社,1996年。

216)[德]马克思,恩格斯:《马克思恩格斯选集》,北京:人民出版社,1972年。

217)[德]尤根·哈贝马斯著,童世骏译:《在事实与规范之间:关于法律和民主法治国的商谈理论》,北京:三联书店,2003年。

218)[法]费尔南·布罗代尔:《15至18世纪的物质文明、经济和资本主义》(第一卷),北京:三联书店1992年。

219)[法]费尔南·布罗代尔著;唐家龙、吴模信等译:《菲利普二世时代的地中海和地中海世界》,北京:三联书店1996年。

220)[美]毕腓力著,何丙仲译:《厦门纵横——一个中国首批开埠城市的史事》,厦门:厦门大学出版社,2009年。

221)〔美〕布莱克主编,杨豫、陈祖洲译:《比较现代化》,上海:上海译文出版社,1996年。

222)〔美〕布莱克主编:《现代化的动力》,成都:四川人民出版社,1988年。

223)〔美〕戴维·波普诺著,李强等译:《社会学》(第11版),北京:中国人民大学出版社,2007年。

224)〔美〕道格拉斯·C.诺思著,陈郁、罗华平等译:《经济史中的结构与变迁》,上海:上海人民出版社,1994年。

225)〔美〕凡勃伦著,蔡受百译:《有闲阶级论:关于制度的经济研究》,北京:商务印书馆,1964年。

226)〔美〕费正清:《剑桥中国晚清史》,上海:上海人民出版社,1992年。

227)〔美〕郝延平著,陈潮、陈任译:《中国近代商业革命》,上海:上海人民出版社,1991年。

228)〔美〕杰拉德·F.德庸著,杨丽、叶克豪译:《美国归正教在厦门(1842—1951)》,台北:龙图腾文化有限公司,2013年。

229)〔美〕杰西格·卢茨著,曾钜生译:《中国教会大学史(1850—1950)》,杭州:浙江教育出版社,1987年。

230)〔美〕柯文著,林同奇译:《在中国发现历史:中国中心观在美国的兴起》,北京:中华书局,2002年。

231)〔美〕雷麦著,蒋学楷等译:《外人在华投资》,北京:商务印书馆,1959年。

232)〔美〕马士著,张汇文等译:《中华帝国对外关系史》,北京:三联书店,1957年。

233)〔美〕纳杨·昌达(Nayan Canda)著,刘波译:《绑在一起:商人、传教士、冒险家、武夫是如何促成全球化的》,北京:中信出版社,2008年。

234)〔美〕潘威廉著,潘文功等译:《老外看老鼓浪屿》,厦门:厦门大学出版社,2010年。

235)〔美〕塞缪尔·亨廷顿著,周琪等译:《文明的冲突》,北京:新华出版社,2013年1月。

236)〔美〕塞缪尔·亨廷顿著,王冠华等译:《变化社会中的政治秩序》,北京:三联书店,1989年。

237)〔美〕施坚雅主编,叶光庭等译:《中华帝国晚期的城市》,北京:中华书局,2000 年。

238)[美]施坚雅著,史建云、徐秀丽译:《中国农村的市场和社会结构》,北京:中国社会科学出版社,1998 年。

239)[美]熊彼特著,何畏译:《经济发展理论:对于利润、资本、信贷、利息和经济周期的考察》,北京:商务印书馆,1990 年。

240)[美]伊恩·罗伯逊著,黄育馥译:《社会学》,北京:商务印书馆,1990 年

241)[日]滨下武志:《近代中国的国际契机:朝贡贸易体系与近代亚洲经济圈》,北京:中国社会科学出版社,1999 年。

242)[日]滨下武志:《香港大视野——亚洲网络中心》,台北:牛顿出版股份有限公司,1997 年。

243)[日]滨下武志:《中国近代经济史研究:清末海关财政与通商口岸市场圈》,南京:江苏人民出版社,2006 年。

244)[日]草壁龟雄编:《福建读本》,台北:南支研究会,1938 年。

245)[日]东亚同文会编:《支那省别全志:第十四卷·福建省》,东亚同文会发行,1920 年。

246)[日]桑原骘藏著,杨栋译:《唐宋贸易港研究》,上海:商务印书馆,1935 年。

247)[日]藤田丰八著,何健民译:《中国南海古代交通丛考》,上海:商务印书馆,1936 年。

248)[意]马可·波罗(Marco Polo)著,[法]沙海昂(A. J. H. Charignon)注,冯承钧译,党宝海新注:《马可·波罗行纪》,石家庄:河北人民出版社,1999 年。

249)[英]D. G. E 霍曼著,中山大学南洋历史研究所译:《东南亚史》,北京:商务印书馆,1982 年。

250)[英]M. 格林堡著,康成译:《鸦片战争前中英通商史》,北京:商务印书馆,1961 年。

251)[英]班思德编:《最近百年中国对外贸易史》,海关总税务司署统计科,1931 年。

252)[英]亨特·戴维斯著,李军花等译:《足球史》,广州:希望出版社,上海:东方出版中心,2005 年 5 月。

253)[英]约翰·汤姆森著,杨博仁、陈宪平译:《镜头前的旧中国:约翰

・汤姆森游记》,北京:中国摄影出版社,2001年。

254)[英]约翰・麦嘉湖著,龙金顺等译:《篦笆那边》(*Beside The Bamboo*),英国伦敦传道会1914年出版,中译本由鹭江出版社2015年出版。

（3）论文

1)陈建平:《北洋军阀在福建武装势力的嬗变初探》,《福建史志》1997年第1期。

2)陈君静:《施坚雅中国城市发展区域理论及其意义》,《宁波大学学报》1999年第3期。

3)陈正书:《近代上海城市土地永租制度考源》,《史林》1996年第2期。

4)陈正书:《租界与近代上海经济结构的变化》,《史林》1988年第4期。

5)丛景伦:《爱国爱乡是华侨的光荣传统》,《辽宁大学学报》1990年第3期。

6)戴一峰:《东南亚华侨在厦门的投资:菲律宾李氏家族个案研究（本世纪二十至三十年代）》,《中国社会经济史研究》1999年第4期。

7)戴一峰:《近代福建华侨出入国规模及其发展变化》,《华侨华人历史研究》1988年第2期。

8)戴一峰:《近代福建人口迁移与城市化》,《中国经济史研究》1989年第2期

9)戴一峰:《区位、空间与城市发展厦门个案》,《史林》2008年第2期。

10)戴一峰:《近代闽江航运业初探》,《中国社会经济史研究》1986年第3期。

11)戴一峰:《厦门开埠初期华工出国人数》,《福建论坛》1984年第3期。

12)戴一峰:《网络化企业与嵌入性:近代侨批局的制度建构（1850s—1940s）》,《中国社会经济史研究》2003年第1期。

13)戴一峰:《厦门与中国的近代化》,载张仲礼主编《东南沿海城市与中国近代化》,上海:上海人民出版社,1996年。

14)戴一峰:《海外移民与厦门城市经济的近代化》,载张仲礼主编《城市进步、企业发展和中国现代化》,上海:上海社会科学院出版社,1994年。

15)戴一峰:《移民群体、地方政府与地方性的建构:以南洋闽侨救乡运动为中心》,载"国家、地方、民众的互动与社会变迁"国际学术研讨会暨第九届中国社会史年会论文集》,2002年。

16)丁常清:《近代商会——中国市场第二调控系统》,见胡光明等《首届

商会与近代中国国际学术讨论会综述》,《历史研究》1998 年第 6 期。

17) 葛德基:《基督教中学最近统计》,《教育季刊》第 10 卷第 4 期,1934 年。

18) 寒潭:《华侨民信局小史》,载《南洋中华汇业总会年刊》,1947 年。

19) 韩振华:《五代福建对外贸易》,《中国社会经济史研究》1986 年第 4 期。

20) 行龙:《人口流动与近代中国城市化研究述评》,《清史研究》1998 年第 4 期。

21) 何一民、曾进:《中国近代城市史研究的进展、存在问题与展望》,《中华文化论坛》2000 年第 4 期。

22) 黄挺:《早期侨批业运营的几个问题——以吧城华人公馆〈公案簿〉的记载为中心》,《韩山师范学院学报》2009 年第 2 期。

23) 黄逸平:《上海初期的租界和城市经济近代化》,《学术月刊》1987 年第 5 期。

24) 焦建华:《试析近代跨国商业网络的构建与运作——以福建侨批网络为中心》,《学术月刊》2010 年第 11 期。

25) 柯木林:《新加坡侨汇与民信业研究》,载柯木林、吴振强编:《新加坡华族史论集》,新加坡:南洋大学毕业生协会,1972 年。

26) 李鸿阶:《闽南文化与海外华商的新发展》,《福建论坛(经济社会版)》2003 年第 1 期。

27) 李明欢:《"侨乡社会资本"解读:以当代福建跨国移民潮为例》,《华侨华人历史研究》2005 年 6 月第 2 期。

28) 李明欢:《20 世纪西方国际移民理论》,《厦门大学学报(哲社版)》2000 年第 4 期。

29) 李天锡、王朱唇:《侨批业初探》,载福建省晋江市集邮协会编:《晋江侨批论文集》,晋江:集邮协会,1993 年。

30) 林金枝:《近代华侨投资国内企业的历史及其作用》,载郑民、梁初鸣编《华侨华人史研究集(一)》,北京:海洋出版社,1989 年。

31) 林金枝:《近代华侨投资国内企业的几个问题(一)》,《近代史研究》1980 年第 1 期。

32) 林金枝:《近代华侨投资国内企业的几个问题(二)》,《近代史研究》1980 年第 2 期。

33）林星：《地方军阀对福建社会经济的破坏》，《福建文史》2002年第1期。

34）林星：《近代福建城市社会职业与阶层结构的变化》，《中共福建省委党校学报》2004年第6期。

35）林星：《抗战时期日本侵华日军在福建沿海的暴行》，《福建史志》1995年第5期。

36）林星：《清代前期移民台湾与福建社会经济的变迁》，《福建省社会主义学院学报》2002年第1期。

37）林真：《福建批信局述论》，《华侨华人历史研究》1988年第4期。

38）林联勇：《李汉青与鼓浪屿中山图书馆》，《炎黄纵横》2007年第7期。

39）林娟：《清代行政区划变迁研究》，复旦大学博士学位论文，2004年5月。

40）刘宏：《菲律宾文化的持续：宗亲与同乡会在海外的演变》，载《东南亚华人社会研究》第1卷，台北：中正书局，1985年。

41）刘宏：《海外华人社团的国际化：动力，作用，前景》，《华人华侨历史研究》1988年第1期。

42）刘宏：《新加坡中华总商会与亚洲华商网络的制度》，《历史研究》2000年第1期。

43）刘祺：《西方医学在近代中国（1840—1911——医术、文化与制度的变迁》，南开大学博士学位论文，2012年5月。

44）陆兴龙：《租界在近代上海交通发展中的作用》，《上海经济研究》1996年第10期。

45）马陵合：《人力车：近代城市化的一个标尺——以上海公共租界为考察点》，《学术月刊》2003年第11期。

46）《闽南神学院概况》，《教育季刊》第15卷第3期，1939年。

47）牛何之：《鼓浪屿，死去还是活着》，《闽南文化研究》2008年第14辑。

48）潘洪钢：《汉族妇女缠足起因新解》，《江汉论坛》2003年第10期。

49）彭一万：《伟人长留天地间——记厦门中山公园、中山路和中山图书馆》，《炎黄纵横》，2011年增刊。

50）钱江：《清代中国与苏禄的贸易》，《南洋问题研究》1988年第1期。

51）泉州市归国华侨联合会、泉州市档案馆、泉州学研究所编：《回望闽南侨批——首届闽南侨批研讨会论文集》，北京：华艺出版社，2009年。

52)《侨批局侨汇业务的研究》,《广东省银行月刊》第 3 卷第 8 期, 1947 年。

53)申旭:《回族商帮与历史上的云南对外贸易》,《民族研究》1996 年第 2 期。

54)申旭:《云南回族商帮及其对外贸易的发展》,《回族研究》1996 年 2 期。

55)沈清基:《关于城市发展理论的思考——兼论中国城市发展中的若干问题》,《城市规划》1995 年第 4 期。

56)沈盛湘:《厦门市地下水资源调查及开发利用建议》,《地下水》2007 年第 2 期。

57)沈春红:《城市化与房地产业发展关系研究》,徐州工程学院毕业论文,2013 年。

58)施雪琴:《20 世纪 20、30 年代菲律宾闽侨救乡运动的历史背景》,《南洋问题研究》1995 年第 2 期。

59)施雪琴:《南洋闽侨救乡运动与漳龙路矿计划》,《南洋问题研究》1995 年第 4 期。

60)石忆邵:《明清时期中国商帮崛起的动力机制及地域分异特征》,《同济大学学报(社会科学版)》1997 年第 2 期。

61)史明正:《西方学者对中国近代城市史的研究》,《中国史研究动态》1991 年第 5 期。

62)舒婷:《老房子的前世今生》,《人民文学》2006 年第 2 期。

63)宋美云:《近代天津商会与国内其他商会网络机制的构建》,《中国社会经济史研究》2001 年第 3 期。

64)宋美云:《中国近代经济社会的中介组织——天津商会(1912—1927)》,《天津社会科学》1999 年第 1 期。

65)孙思源:《胡文虎与福建经济建设运动》,《福建论坛》2004 年第 2 期。

66)同文中学校史编写组:《同文书院》,《厦门方志通讯》1986 年第 1 期。

67)王笛:《近年美国关于近代中国城市的研究》,《历史研究》1996 年第 1 期。

68)王笛:《试论清末商会的设立与官商关系》,《史学月刊》1987 年第 4 期。

69)王赓武:《没有帝国的商人:侨居海外的闽南人》,《海交史研究》1993

年第 1 期。

70)王赓武:《南海贸易:华人在南海贸易的早期历史》,载《英国皇家亚洲学会马来西亚分会学报》第 31 卷第 2 期,1959 年。

71)王绵长:《华侨爱国主义的特点及其表现》,载(广州)暨南大学华侨研究所编印《华侨史论文集》,广州:暨南大学出版社,1983 年。

72)王振忠:《历史自然灾害与民间信仰——以近 600 年来福州瘟神"五帝"信仰为例》,《复旦学报》1996 年第 2 期。

73)隗瀛涛、谢放:《近代中国区域城市研究的初步构想》,《天津社会科学》1992 年第 1 期。

74)巫云仙:《论汇丰银行与近代中国的贸易融资和国际汇兑》,《北京联合大学学报(人文社会科学版)》2006 年第 2 期。

75)王世昌:《福州厦门三都澳三大商埠之工业及工人生活概况》,《福建学院月刊》1934 年第 7 期。

76)吴承禧:《厦门的华侨汇款与金融组织》,载"中央研究院"社会科学研究所主办《社会科学杂志》第 8 卷第 2 期,1936 年。

77)吴　慧:《会馆、公所、行会:清代商人组织述要》,《中国经济史研究》1999 年第 3 期。

78)吴春明:《近七十年闽越都城地望探索述评》,《中国史研究动态》1999 年第 1 期。

79)吴凤斌:《略论马来亚契约华工制的发展与变化》,《南洋问题》1987 年第 2 期。

80)《厦门市内婢女调查统计表》,《中国婢女救拔团三周年特刊》1934 年。

81)《厦门私立怀德幼师概况》,《教育季刊》第 14 卷第 4 期,1938 年。

82)肖鸿:《试析当代社会网研究的若干进展》,《社会学研究》1999 年第 3 期。

83)萧春雷:《追寻闽南红砖大厝的起源》,《中国国家地理》2009 年 5 月号。

84)熊月之:《论上海租界的双重影响》,《史林》1987 年第 3 期。

85)熊月之:《论上海租界与晚清革命》,《上海社会科学院学术季刊》1985 年第 3 期。

86)徐翠红:《黄奕住与厦门的近代化——兼论华侨史研究模式的思

考》,《闽南》2012年第1期。

87)徐翠红:《试析近代厦门为闽南经济中心的形成》,《中国经济问题》2009年第1期。

88)徐鼎新:《旧中国商会溯源》,《中国经济史研究》1983年第1期。

89)徐艺圃:《北京图书馆藏清档有关华工史料介绍》,《华侨历史学会通讯》1983年第1期。

90)许纪霖:《近代中国的公共领域:形态、功能与自我理解——以上海为例》,《史林》2003年第2期。

91)严昌洪:《关于社会风俗史的研究》,《江汉论坛》1984年第2期。

92)严建苗、刘伟峰:《近代中国商会的制度分析》,《商业研究》2002年8月(下半月版)。

93)严永通:《论华侨的爱国精神》,《广西社会科学》1987年第2期。

94)杨立强、沈渭滨:《"近代中国资产阶级研究"讨论会综述》,《历史研究》1983年第6期。

95)张崇旺,《试论明清商人的乡土神信仰》,《中国社会经济史研究》1995年第3期。

96)张崇旺:《谈谈徽州商人的宗教信仰》,《安徽史学》1992年第3期。

97)张东刚:《商会与近代中国的制度安排与变迁》,《南开经济研究》2000年第1期。

98)张海鹏、唐力行:《论徽商"贾而好儒"的特色》,《中国史研究》1994年4期。

99)张海鹏:《论徽商经营文化》,《安徽师范大学学报(人文社会科学版)》1999年第3期。

100)张鸣九:《商会档案整理情况介绍》,《历史研究》1987年第4期。

101)张守广:《明清时期宁波商人集团的产生和发展》,《南京师大学报》1993年第3期。

102)张研:《清代市镇管理初探》,《清史研究》1999年第1期。

103)张彬村:《十六至十八世纪华人在东亚水域的贸易优势》,载张炎宪主编:《中国海洋发展史论文集》第三辑,台北:"中央研究院"中山人文社会科学研究所,1988年。

104)章育良、许峰:《厦门鼓浪屿公共租界会审公堂论要》,《求索》2007年第1期。

105）赵津:《租界与天津城市近代化》,《天津社会科学》1987 年第 5 期。

106）赵津:《租界与中国近代房地产业的诞生》,《历史研究》1993 年第 6 期。

107）郑川:《安海侨汇业的前前后后》,载安海乡土史编委会编印:《安海乡土史话》第 1 辑,1957 年。

108）中国第一历史档案馆:《清末商务史料》(下),《历史档案》1992 年第 1 期。

109）中国金融学会金融史研究会:《沿海城市旧银行史研究——中国沿海城市旧银行史专题研究会文集》,1985 年。

110）周积明:《租界与中国早期现代化》,《江汉论坛》1997 年第 6 期。

111）周绍荣:《租界对中国城市近代化的影响》,《江汉论坛》1995 年第 11 期。

112）庄明水:《福建近代教育的奠基人——陈宝琛教育思想探微》,《福建师范大学学报(哲社版)》1996 年第 2 期。

113）[美]施坚雅:《古代的暹罗华侨》,《南洋问题资料译丛》1962 年第 2 期。

114）[美]斯金纳:《泰国华侨社会》,载厦门大学南洋研究所编《南洋问题资料译丛》1964 年第 4 期。

115）[日]斯波义信:《华侨史研究的方法论》,《南洋问题资料译丛》1982 年第 2 期。

116）[日]田川一已:《19 世纪马来亚华人契约移民的特点》,《国外中国近代史研究》第 20 辑。

117）[日]岩生成一:《论安汶岛初期的华人街》,《南洋问题资料译丛》1963 年第 1 期。

118）[日]岩生成一:《下港(万丹)唐人街盛衰变迁考》,《南洋问题资料译丛》1957 年第 2 期。

119）[英]布赛尔:《东南亚的中国人》,《南洋问题资料译丛》1958 年第 2 期。

2. 英文部分

(1)著作

1）Aihwa Ong & Donald Nonini（eds）. Ungrounded Empires：The Cultural Politics of Modern Chinese Transnationalism，New York：

Routledge，1997.

2）Amyot，Jacques S. J. The Manila Chinese：Familism in the Philippine Environment. Quezon City：Institute of Philippine Culture, Ateneo de Manila University,1973.

3）Anderson，Benedict. Imagined Communities. London：Verso. 1991.

4）Baker，Hugh D. R.，Chinese Family and Kinship. New York：Columbia University,1979.

5）Beck，U. A. Giddens and S. Lash. Reflexive Modernization. Cambridge：Polity press，1994.

6）Boissevain，J. F. and J. C. Mitchell. eds.，Network Analysis. The Hague：Mouton,1973.

7）Brettell，C. B and J. F. Hollifield，eds.，Migration Theory. London：Routledge，2000

8）Brysk，Allison. "From Above and Below：Social Movements，the International System，and Human Rights in Argentina." Comparative Political Studies,1993.

9）Bye-laws for the Foreign Settlement Of Kualangsu,Amoy,printed at Man-shing Pringting Office,Amoy,1902；

10）Carino，Chong，Theresa，ed.，Chinese in Philippines. Manila：Chinese Studies Program，De La Salle University，1985.

11）Cartier，Carolynlee. Mercantile cities on the South China coast：Ningbo，Fuzhou，and Xiamen，1840—1930. Berkeley：University of California，1991.

12）Castells，Manuel. The Rise of the Network Society. Oxford：Blackwell Publishers Ltd，1997.

13）Chan Kwok Bun and Claire Chiang. Stepping Out：The Making of Chinese Entrepreneurs. Singapore：Prentice Hall，1994.

14）Chen Da. Emigrant Communities in South China：A Study of Overseas Migration and its Influence on Standards of Living and Social Change. New York：The Institute of Pacific Relations，1940.

15）Chong，Carino Theresa. ed.，Chinese in Philippines. Manila：

Chinese Studies Program，De La Salle University，1985.

16）The Rise of Ersatz Capitalism in Southeast Asia. Singapore：Oxford University Press，1986.

17）Clegg，Stewart R and S. Gordon Redding. eds. ，Capitalism in Contrasting Cultures. Berlin：Walter de Gruyter，1990.

18）Clifford，J. Routes. Travel and Translation in the Late Twentieth Century. Cambridge：Mass，Harvard University Press，1997.

19）Constancy Lever-Tracy，David IP and Noel Tracy. The Chinese Diaspora and Mainland Chinese：An Economic Synergy. Create Britain：Macmillan Press Lid，1996.

20）Cook，James Alexander. Bridges to Modernity：Xiamen，overseas Chinese and Southeast Coastal modernization 1843—1937. San Diego：University of California. 1998.

21）Cushman，Jennifer and Wang Gungwu. ed. ，Changing Identities of Southeast Asian Chinese since World War II. Hong Kong：Hong Kong University Press，1989.

22）East Asia Analytical Unit（EAAU），Overseas Chinese Business Networks in Asia，Canberra：AGPS Press，1995.

23）Evers，H. D. ，Traditional Trading Networks of Southeast Asia. Archipel，1988：35.

24）Faist，T. The Volume and Dynamics of International Migration and Transnational Social Spaces，Oxford：Qxford University Press，2000.

25）Faue & Siu. Down to Earth：The Territorial Bond in South China. Stanford，California：Stanford University Press. 1995.

26）Freedmen，Maurice. ，Chinese Family and Marriage in Singapore. London：Her Majesty's Stationary Office，1957.

27）Freedmen，Maurice. ，Lineage organization in Southeastern China，London：Athlone Press，1958.

28）Freedmen，Maurice. ，The Chinese in Southeast Asia：A Longer View，1965.

29）Freedmen，Maurice. ，Chinese Lineage and Society：Fukien and Kwangtung. London：School of Economics，Monographs on Social Anthropology，1966，No. 33.

30）Fukuda Shozo，With Sweat and Abacus：Economic Roles of Southeast Asian Chinese on the Eve of World War II，Singapore：Select Books Pte Ltd，English Edition 1995.

31）Gary Hamilton，ed，Business Networks and Economic Development in East and Southeast Asia，Hong Kong：The University of Hong Kong，1991.

32）Geertz，Clifford. The Interpretation of Culture. New York：Basic Books，1973.

33）Giddens，Anthony. The Constitution of Society. Cambridge：Polity Press，1984.

34）Glick-Schiller，N. ，L. Basch and C. Blanc-Szanton. Toward a Transnational Perspective on Migration，New York：New York Academy of Sciences，1992.

35）Golay，Frank，ed，Underdevelopment and Economic Nationalism in Southeast Asia，New York：Cornell Unibersity Press，1969.

36）Gosling，L. A. Peter and Linda Y. C. Lim eds. ，The Chinese in Southeast Asia. Volume 2. Singapore：Maruzen Asia Pte Ltd，1983.

37）Hamilton G，Business Networks and Economic Development in East and Southeast Asia，Hong Kong：Centre for Asian Studies，1991.

38）Hamilton，Gary. ed. ，Business Networks and Economic Development in East and Southeast Asia. Hong Kong：Center of Asian Studies，University of Hong Kong，1991.

39）Heidhues，Mary F. Somers. Southeast Asia's Chinese Minorities. Hawthorn，Victoria：Longman Ausrtalia，1974.

40）Hicks，Grove ed. ，Chinese Organizations in Southeast Asia in the 1930s，Singapore：Select Books Pte Ltd，1996.

41）Hicks，Grove ed. ，Overseas Chinese Remittances from Southeast Asian，1910—1940，Singapore：Select Books Pte Ltd，1993

42）James A. Cook，Bridges to Modernity Xiamen，Overseas Chinese and Southeast Coastal Modernization，1843—1937，San Diego：University of California，1998.

43）James，V. Jesudason.，Ethnicity and the Economy: the State, Chinese Business and Multinationals in Malaysia. Oxford: Oxford University Press,1989.

44）Jin Ko-Niu，A Brief Sketch of the Life of Jessie M. Johnston for Eighteen Years W. M. A. Missionary in Amoy,China,London,1907.

45）Kwee Tek Hoay.，The Origans of the Modern Chinese Movement in Indonisia，translated and edited by Lea E. Williams. Ithaca: Cornell University Modern Indonisia Project,1969/1937.

46）Lim，Linda Y. C. and Gosling，L. A. Peter. eds.，The Chinese in Southeast Asia，Volume 1. Singapore: Maruzen Asia Pte Ltd. ,1983.

47）Limlimgan，Victor Simpao.，The Overseas Chinese in Asian: Business Strategies and Management Practices. Manila: Vita Development Corporation，1986.

48）Linda Y. C. L and Peter，L. A，eds，The Chinese in Southeast Asia，Vol. 1，Singapore: Maruzen Pte，1983.

49）Lindsay. H. H.，Report of Proceeding on A Voyage to the Northern Ports of China，London，1833.

50）Mackie，Jamie.，Changing Patterns of Chinese Big Business in Southeast Asia. in Southeast Asian Capitalists. edited by Ruth McVey. Ithaca，New York: Cornell University Press,1992.

51）Mark Elvin and G. william Skinner. Eds. The Chinese City Between Two Worlds. Stanford: Stanford University Press,1974.

52）Max Weber. The Theory of Social and Economic Organization. Translated by A. M. Henderson and T. Parsons. New York: The Free Press，1965.

53）Mcbeath，Gerald A.，Political Integration of the Philippine Chinese. Research Monograph No. 8. Berkeley: Center for South and Southeast Asia Studies，University of California,1973.

54）Menkhoff，Thomas. Trade Routes，Trust and Trading Networks: Chinese Small Enterprises in Singapore. Saarbruken: Breitenbach，1993.

55）Ng Chin-Keong，Trade and Society: The Amoy Network on the China Coast 1683—1735，Singapore: Singapore University Press（Purcell，

Victor, The Chinese in Southeast Asia, London: Oxford University Press, 1965.

56)P. Cohen and J. Schrecker, eds. ,Reform in Nineteensth Century China. Cambridge, Mass.

57)Philip,W. P:In and about Amoy,Shanghai, 1912.

58)PhiliP W. Pitcher, Fifty Year in Amoy or a History of an Amoy Mission in China, New York: Board Publication of the Reformed Church in America,1893.

59)Portes, A. ed. , The Economic Sociology of Immigration: Essays on Networks, Ethnicity, and Entrepreneurship. , New York: Russell Sage Foundation, 1995.

60) Pries, L. ed. , Migration and Transnational Social Spaces. Aldershot: Ashgate, 1999.

61)Purcell, Victor, The Chinese in Southeast Asia, London: Oxford University Press, 1965.

62)Purcell, Victor, The Chinese in Malaya, Kuala Lumpur: Oxford University Press, 1967.

63)Purcell, Victor, The Chinese in Southeast Asia. London: Oxford University Press,1951.

64)Redding, S. G, The Spirit of Chinese Capitalism, Berlin and New York: Walter de Gruyter, 1993.

65)Ruth MeVey, ed, Southeast Asian Capitalists, Ithaca,New York: Cornell University Press, 1993.

66)Rew. Justus Doolittle, Social Life of The Chinese: Religious,Governmental, Educational, and Business Customs and Opinions, Grahm Brash,1986.

67) Skinner, G. William. , Leadership and Power in the Chinese Community of Thailand. Ithaca: Cornell University Press,1958.

68)Skinner, G. William. ,Chinese Society in Thailand: An Analytical History. Ithaca, New York: Conrnell University Press,1962.

69) Suryadinata, Leo ed. , Southeast Asia Chinese and China: The Politico-Economic Dimension. Singapore: Times Academic Press, 1985.

70）Suryadinata，Leo ed. ，The Ethnic Chines in the ASEAN States：Bibliographical Essays. Singapore：Institute of Singapore Asian Studies,1989.

71）Suryadinata，Leo ed. ，Ethnic Chinese as Southeast Asians. Singapore：Institute of Southeast Asian Studies，1997.

72）Tan，Antonio S. ，The Chinese in Philippines，1898,1935：A Study of their National Awakening. Quezon City：Garcia Publishing Company,1972.

73）Tan，Antonio S. ，The Chinese in the Philippines during the Japanese Occupation 1942,1945. Queen City：University of the Philippines Press,1981.

74）Tomlinson John. Globalization and Culture. Chicago：University of Chicago Press，1999.

75）W. J. Cator，The Economic Position of the Chinese in the Netherlands Indies，Chicago Illinois，1936.

76）Wakeman，Frederic. Strangers at the Gate：Social Disorder in South China，1839—1861. Berkeley：University of California Press，1966.

77）Wang Gungwu,China and the Chinese Overseas，Singapo：Time Academic Press，1991.

78）Wellman，B. and Berkowizt，S. D. ,Social Structures：A Network Approach. London：Cambridge University Press,1988.

79）Wickberg，Edgar Bernard. The Chinese in Philippine Life，1850—1898. New Haven：Yale University Press，1965.

80）Wu Yuanli and Wu Chunhsi. ,Economic Development in Southeast Asia and Chinese Dimension. Stanford：Hoover Institute Press,1980.

81）Yan，Xiaoying. Human Impacts of Changing City form：A Case Study of Beijing(China). The University of Michigan,1990.

82）Yen Ching-hwang，A Social History of the Chinese in Singapore and Malaya 1800—1911，Singapore and New York：Oxford University Press，1986.

83）Yen Ching-hwang，The Overseas Chinese and the 1911 Revolution. Kuala Lumpur：Oxford University Press，1970.

84）Yue，Zumou. Development of Regional Systems in Pre-and Early Imperial China. Stanford University，1994.

（2）论文

1）Appadurai，Arjun. "Disjuncture and Difference in the Global Culture Economy. " Theory，Culture and Society，（1990）7：295-310.

2）Appleton，Sheldon. "Overseas Chinese and Economic Nationalization in Philippines. " Journal of Asian Studies（1960）：19.

3）Barton，C. "Trust and Credit：Some Observations Regarding Business Strategies of Overseas Chinese. " In Linda Lim and J. A. Peter Gosling，eds. ，The Chinese in Southeast Asia，Volume 1. Singapore：Maruzen Asia Pte Ltd. ，1983.

4）Barton，C. "The forms of capital" In JG Richardson，ed. ，Handbook of Theory and Research for the Sociology of Education. New York：Creenwood，1988.

5）Brettell，C. B. "Theorizing migration in anthropology：the social construction of networks，identities，communities and globalscapes，" in C. B. Brettel and J. F. Hollifield eds. ，Migration Theory. London：Routledge，2000.

6）Brysk，Allison. "From Above and Below：Social Movements，the International System，and Human Rights in Argentina. " Comparative Political Studies，（1993）26：3：259-285.

7）Camba，G. "Chinese Associations in Singapore". Journal of the Royal Asiatic Society，Malayan Branch，（1996）No. 2.

8）Camba，G. "The Ethnic Chinese and the Philippine Economy：An Overview. " Paper presented in the International Conference on Southeast Asian Chinese，Singapore，1994.

9）Chu，Guiqian. "The Transformation of Chinese Society" in A New History of Malaysian Chinese，3 Volumes（in Chinese）. In Lim Chooi Kwa，Ho Khai Leong，Hou Kok Chung，Lai Kuan Fook，eds. ，Malaysia：the Federation of Chinese Associations Malaysia，1998.

10）Cochran，Sherman. "Intra-Asian Marketing. Aw Boon Haw Commercial Network，1910—1937. " Paper presented to the eleventh international economic history congress, C, 47, Milan (unpunished) 1994.

11)Cohen, Myron. "Cultural and Political Inventions in Modern China: the Case of the Chinese 'Peasants'", Daedalus, 1993, 122:2, 151-170.

12)Daiyifeng, "Overseas Migration and the Economic Modernization of Xiamen City during the Twentieth Century", in L. M. Douw and P. Post eds. , South China: State, Culture and Social Change during the 20 th Century. Amsterdam: Royal Netherlands Academy of Arts and Sciences, 1996.

13)Dirlik, Arif. "The Global in the Local" in Rob Wilson and Wimal Dissanayake, eds. , Global/Local: Cultural Production and the Transnational Imaginary. Durham: Duke University Press, 1996.

14) Glick-Schiller, No. , L. Basch and C. Blanc-Szanton. "Transnationalism: A New Analytic Framework for Understanding Migration," in N. Glick-Schiller, L. Basch and C. Blanc-Szanton eds. , Toward a Transnational Perspective on Migration. New York: New York Academy of Sciences, 1992, 1-24.

15)Godley, M. R. "Chang Pi-shih and Nanyang Chinese Involvement in South China's Railroads, 1896—1911. " Journal of Southeast Asian Studies, 1973, 4:1,16-30.

16) Godley, M. R. "The Late Ch'ing Courtship of the Chinese in Southeast Asia. " Journal of Asian Studies, 1975,34:361-385.

17)Godley, M. R. "Overseas Chinese Entrepreneurs as Reformers. " In P. Cohen and J. Schrecker, eds. , Reform in Nineteenth Century China. Cambridge: Mass, 1976,59.

18)Godley, M. R. "Bacchus in the East: a Note on the Chinese Grape Wine Industry. " Business History Review 1986, 60:3, 383-409.

19) Godley, M. R. "The Sojourners: Returned Overseas Chinese in People's Republic of China. " Pacific Affairs, 1989, 62:3.

20) Grove, Linda. " Macro Networks and Asian Trade. " Paper Presented to the Eleventh International Economic History Congress, 1994, C. 47, Milan (unpublished).

21) Guarnizo, Luis E. "Going Home: Class, Gender and Household

Transformation Among Dominican Return Migrants. " In Patricia R. Pessar ed. , Caribbean Circuits: New directions in the Study of Caribbean Migration. New York: Center for Migration Studies, 1997.

22)Jameson, Frederic. , "Postmodernism, or the Cultural Logic of Late Capitalism," New Left Review,1984,146:53-92.

23)John muccio. "Growing Market for Automobiles in Fukien". China Weekly Review, August 15,1931.

24)Langley, Elvin. "The Chinese City between Two Worlds" (Book Review). Perspective(Washington, DC),(1975:Apr.)

25) Litten, Frederick S. "The CCP and the Fujian Rebellion" in Republican China, November 1988, Vol. XIV, Number 1,57-74.

26)Mackie, Janmie. "Changing Patterns of Chinese Big Business in Southeast Asia. " In Ruth Mc Vey. Ithaca ed. , Southeast Asian Capitalists. New York: Cornell University Press, 1992.

27)Omohundro, John. T. ,"Social Networks and Business Success for the Philippines Chinese", in Lim, Linda Y. C. and Gosling, L. A. Peter. eds. The Chinese in Southeast Asia, Volume 1. Singapore: Maruzen Asia,1983.

28)Portes, A. "Economic Sociology and the Sociology of Immigration: A Conceptual Overview," in The Economic Sociology of Immigration, A. Portes ed. , New York: Russell Sage Foundation, 1-41.

29)See, Chinben. ,"Persistence and Preservation of Chinese Culture in the Philippines: the Development of Clan and Hometown Association in Overseas Chinese Community". Taibei: Bulletin of the Institute of Ethnology, Academia Sinica,1976, No. 42.

30) Shambaugh, D. "Change and Persistence in Chinese Culture overseas: a Comparison of Thailand and Java," (1960) JSSS 16, 86-100.

31)Shambaugh, D. "The Structure of Chinese History", Journal of Asian Studies, (1985):44:271-292.

32)Wang Gungwu. ,"Great China and the Overseas Chinese" in The China Quarterly, 1993,136,926-948.

33)Weightman, George Henry. , A Preliminary Ecological Description of the Chinese Community in Manila. Manila：Philippine Sociological Review 3，1955，No. 4.

34）Yao，Souchou. "The Fetish of Relationships：Chinese Business Transactions in Singapore." Sojourn 1987，2，1：89-111.

35）Yen Ching-hwang.，"The overseas Chinese and Late Ch'ing Economic Modernization." Modern Asian Studies. 1982，16：2，217-32.

36）Yen Ching-hwang.，"The Wing On Company in Hong Kong and Shanghai：a Case Study of Modern Overseas Chinese Enterprise，1907—1949." in Proceedings of the Conference on the Eighty Years History of the Republic of China. Volume 4，Social and Economic History. Taibei：1991，77-117.

37）Yen Ching-hwang.，"Early Fukienese Migration and Social Organization in Singapore and Malaya before 1900" in Zhang Binchun，ed.，Zhongguo Haivang Fazhanshi Lunwen Ji（Collection of Essays on the History of China Marin Development），volume 5. Taibei：Academia Sinica. 1993，679-740.

3. 日文部分

著作

1）别所孝二：《新厦门》，大阪每日新闻社，1940 年。

2）根岸佶：《华侨杂记》，朝日新闻社，1942 年

3）沟口雄三等，《アジアガら考える》（7 卷本），东京大学出版会，1993—1994 年。

4）古田和子：《上海ネットワーヶと近代東アジア》，東京出版會，2000 年。

7）廖赤陽：《長崎華商と東アジア交易網の形成》，汲古書院，2000 年。

8）市川信爱编：《近代台湾海峡两岸交易に关する总和的研究：长崎华商泰益号关系文书を中心》，九州国际大学国际商学部，1990 年。

后　记

在键盘上敲打出本书正文的最后一个字，轻轻松了一口气。于是，起身离开书房，步出阳台，但见皓月当空，小区里月光如水。渐渐地，有关这本书稿的片段记忆，一点一点地涌上脑海。

作为一个生于斯长于斯的厦门人，鼓浪屿对我而言并不陌生。青少年时期的我，鼓浪屿是经常光顾的地方，尤其是港仔后海沙滩，那是游泳玩耍的好去处。"文革"期间，毓德女学堂地处的观海园是省干部休养所，我有一位好朋友在那里当图书馆管理员，喜好读书的我自然不会放过。因此我时常到那里看书借书，顺便也在里面漫步，记得还在里面的临海一栋别墅里住过一夜。厦门大学求学期间，我的导师陈诗启先生家住鼓浪屿原日本领事馆——后来成为厦门大学教工宿舍，于是我们经常从厦门渡海到他家上课。课余时间也顺便逛逛鼓浪屿。印象中的鼓浪屿，最为深刻的还是岛上琳琅满目、神态各异、美轮美奂的建筑，以及港仔后和菽庄花园的秀丽景观。至于建筑背后主人的身影则多少有些模模糊糊，若隐若现。总之是感性的多，理性的少。

留在厦门大学从事教学、科研工作后，由于我的研究领域涉及区域史研究、海外华侨华人研究、中外经济关系史研究，因此时常会涉及鼓浪屿的历史，并在我撰写的有关厦门历史的论文中涉及鼓浪屿，对鼓浪屿多了几分了解。但却从未以鼓浪屿为独立研究对象，做过专题研究。就如同我在绪论里所指出的，这也是鼓浪屿研究长期以来的突出特点。我自己也没能例外。朦胧中似乎感觉，作为独立研究对象，鼓浪屿体量太小，样本的内涵不够丰富，学术探讨空间有限。如今本书呈现的事实显然证明我的朦胧感觉错了。

这回撰写本书，似乎是个意外，起因是鼓浪屿申请世界文化遗产。2015

年8月中旬，鼓浪屿管委会徐晋民先生给我打电话，告知鼓浪屿申遗进入攻坚阶段，近日将在北京召开对申遗文本初稿的评审会，有领导点名力荐邀请我出席，机票已经预定。作为厦门人，鼓浪屿申遗本应鼎力相助，况且听徐先生口气，非上北京不可，我于是应允。不料，此后便"越陷越深"，可谓一发不可收拾。在参与申遗文本几易其稿的修订工作中，以及和文本撰写人的几次对话交流中，脑海里渐渐形成对近代鼓浪屿历史进程特征的点点认知，研究兴趣也由此渐浓。直到有一天在交谈中徐先生建议我就我在讨论文本修订时提出的一些见解，展开研究，撰写成文，我欣然应允。于是，按现在坊间的流行话语，我"摊上大事了"。

2015年12月，课题启动。我邀请了厦门大学、厦门理工学院和厦门大学嘉庚学院的几位教师，即本书各章的撰写人，组成课题组。他们都曾经跟随我攻读博士学位，彼此间比较相熟，易于沟通。我先草拟了一个研究的设计大纲，包括课题的主题、子课题内容的安排和分工、资料的搜集和考证，以及理论探索的基本要求，等等。

为了能为申遗文本撰写小组修改文本提供些许帮助，课题研究时间很紧。按照对管委会的承诺，课题组在半个月内先完成一份2万多字的大纲。在2016年8月，完成课题报告50余万字。此后，我没有立即转入编写本书的工作。一者由于课题完成时间比较仓促，提交的课题成果虽然份量很足，但也比较粗糙，由于各个子课题承担者原先对鼓浪屿的熟悉程度不同，学术积累不同，叙事风格也不同，因此存在这样那样不同的问题，要在此基础上编写一本书，难度甚大；二则，更主要的是因为课题研究的主要目的和初衷已经达到，申遗文本已经定稿，编写成书可以不必赶工了。因此，编写本书的工作就进入一个慢慢磨合的状态。期间利用出外开会的时机，顺便查阅史料，以及和与会学者交流、讨论。尤其是今年7月中旬在上海参加"跨学科视野下的城市人文遗产研究与保护"的国际学术研讨会，我在会上做了题为《人文遗产与历史记忆：鼓浪屿历史建筑里的移民身影》的报告。由于与会学者关切的问题比较接近，讨论也比较深入。会议期间还应上海电视台的邀请，接受了他们关于鼓浪屿申遗的采访。

如此一晃就是一年多，本书的问题意识更加清晰，对鼓浪屿近代历史进程特点及其成因的思考也进一步深化，对本书框架的设计也更加明朗，于是开始本书编写工作。但由于修改整合难度较大，加上学校公务在身，难得有充分时间专心致志于编写工作，于是写写停停，进展甚慢。直到上个月徐先生来电询问书稿是否完成，我才下决心加快进度。现在书稿总算杀青，可以了却一桩压在心头一年多的心事了，但个人对鼓浪屿研究的兴趣不会就此终结。

如前所述，本书是在课题成果的基础上完成的，是集体合作的成果。下面是本书各章分工情况。

第一章：戴一峰

第二章：焦建华、李艳林

第三章：水海刚

第四章：应莉雅

第五章：焦建华、徐翠红

第六章：水海刚、李艳林

第七章：戴一峰

参考文献由李艳林帮助整理。水海刚则负责完成了全书的格式处理。

由于课题成果完成时间稍感仓促，原来的课题成果稍嫌粗糙，编写本书时我虽然已经做了较大修改，包括对叙事框架的调整，部分章节的重写等，但存在的问题肯定还不少。只能期待在得到方家的批评指教后，将来进一步完善。如今鼓浪屿申遗成功，相信会吸引更多的学者进入这一研究领域。鼓浪屿研究领域定将进一步拓宽，相关研究也将更加深入、全面。

最后，要衷心感谢鼓浪屿管委会提供了这次参与鼓浪屿申遗工作并就此开展鼓浪屿专题研究的机会，以及在课题组工作期间，给予的各种方便和帮助，尤其是为本书的出版提供了经费资助。同时也衷心感谢在此期间提供各种帮助的机构和个人。

戴一峰

2017 年 10 月 8 日

于厦门大学海韵园